落語登場人物事典

矢野誠一 編

白水社

落語登場人物事典

編者＝矢野誠一
本文・付録執筆者＝太田博、小佐田定雄、長井好弘、布目英一、原健太郎（五十音順）
装幀＝唐仁原教久

緒言

矢野誠一

その揺籃の時期の求め方によって、三百年とも四百年とも言われている、この国独自の舌耕藝落語の歴史だが、こんにちほど人口に膾炙している時代はないし、それに携わる藝人の頭数も空前の数字を示している。

いまから百年ほど前は、木戸銭支払って寄席の客になるほか、落語を聴く手だてがほとんどなく、それも東京・京阪神といった大都会に限られていたことを思えば、昨今の落語の置かれた社会的状況は未曽有のものといっていい。

しかも、活字による速記本に始まり、レコード、ラジオ、テレビ、ビデオ、ついには多種にわたるIT機器など、メディアの驚異的かつ急速な発展にともない、舌耕藝落語はすこぶる多様化し、さまざまな位相を見せている。いまやこれらのメディアに頼ることで落語にふれている人びとの数は、落語家の高座にじかに接してその藝を楽しんでいる人を圧している。このように多彩で特徴的な貌を持つに至った落語だが、ひとりの藝人が終いにオチのついた面白おかしく、そしてほろ苦いはなしを演ずるという本質はまったく変わらない。

多様化の道をたどりながら、落語が愛好者を着着と増やしてきた理由の第一は、面白くて人を楽しませる要素にあふれているところにあるのは言うまでもない。そしてその面白さを支えているものといったら、ユニークきわまる登場人物たちだろう。風態、思想、性格、行動、人物像を形成するあらゆる側面が落語に固有のもので、同様にさまざまな人物の登場を不可欠にしている文学、演劇、映像などのジャンルの藝術のそれとは、はっきり一線を劃している。

こうした落語の登場人物たちの暮らしぶりが、それを演ずる落語家や聴いて楽しんでいる客をふくめた、同時代を生きる市井の人物たちのそれと、まったく同列であった情景を一変させたのが、大正十二（一九二三）年九月一日の関東大震災のもたらした風俗革命である。

関東大震災は、明治の変革いらいわずかに生き長らえていた江戸の残影を一掃すると同時に、震災復興に名を借りた新しい文化を陸続と生み出し、伝統的な風俗、習慣、道徳に大きな変容をもたらして、勢いは全国津津浦浦に浸透していった。文化が辛うじて文明を凌駕していた時代が終わりを告げたのだ。

この衣食住全般にわたる生活習慣の大きな変化に、しごく従順だった一般市民とともに、その一般市民化した落語家の演ずる落語の登場人物ばかりは、旧態依然の生活感を発揮したままでいる。つまり落語の登場人物は、関東大震災以前の世態のなかに凍結した状態で、独自の存在感を誇示しているのだ。

『落語登場人物事典』は、もはや他に類を見ない個性ゆたかな人物像の要覧である。もとより定本のない落語とあって、執筆者の恣意に委ねた記述になっているあたりが眼目だ。

曠古と言えるこの企画は、平成二十四（二〇一二）年十二月十日に一期を終えた小沢昭一との共同によるものだった。共編者として名を連ねることがかなわなくなったが、満足していただけるものに仕上がったことを、墓前に報告したい。

平成二十九年十一月

目次

【凡例】

①本事典は、現在、東京や大阪の寄席・落語会で演じられている古典落語、約七百五十席のなかから、それぞれの演目に登場する主要人物約二千五百名を抽出し、解説を試みたものである。落語の性質上、人間のみならず犬・馬・狸などの動物や、神仏、妖怪、幽霊なども含まれる。

②古い速記本や雑誌に記されている落語であっても、今日、演じられる機会が少ない演目や、内容が著しく人権を侵害するものは割愛した。また新作落語として発表された作品でも、後進によって演じられているものは収録した。

③見出しを人物名とし、その下の丸カッコ内に演目名を示し、別題のあるものは列記した。配列は人物名の五十音順とし、同名人物が複数あるものは代表演目名の五十音順に列記した。

④人物名は速記や演者によって異なる場合があるが、本書では、もっとも一般的と思われる名称を採用した。また呼び名や愛称は統一した名称を採用し（例＝半公・半ちゃん・半の字など→半）、女性の頭に付く「お」は、そのままとした（例＝菊→お菊）。

⑤具体的な名称がない人物、不明な人物は、職業や続柄、呼び名等を見出しとした（例＝兄貴、棟梁、若旦那）。ひとつの演目に同名の人物が複数登場する場合は区別した（例＝「時そば」のそば屋①、②）。

⑥東西の演目で構成や内容の類似したものは一方に集約し、もう一方は別題を示すにとどめた（例＝「反対俥」「いらち俥」）。ただし、類似しているが、別の演目ととらえるべきものは、それぞれを立項した（例＝「大山詣り」「百人坊主」）。

⑦与太郎、甚兵衛、番頭など、多くの演目に登場する人物には「総論」を設け、人物の特徴をより俯瞰的に知ることができるよう配慮した。

⑧落語家名で代数を明示していないものは、当代の落語家（例＝柳家小三治）、ないし、没後、現時点で襲名されていない落語家を示す（例＝三遊亭圓生）。

⑨本文中には一部、現在では人権上不適切と思われる表現の含まれる引用箇所があるが、落語の歴史的背景・文化等を考慮し、当時の速記や音源等はそのまま使用した。（編集部）

落語登場人物事典　本文

《あ行》

〈あ〉

相川新五兵衛《あいかわしんごべえ》(『怪談《かいだん》牡丹燈籠《ぼたんどうろう》』)

旗本。御《お》広敷添番下《ひろしきそえばんした》百俵五人扶持。水道端に住む。一人娘のお徳が、旗本飯島平左衛門家の若党黒川孝助の忠義心に惚れ込み、患いついたのを知って養子に迎える。「気の変わらぬうちに早く婚礼の儀を挙げよ」などと急かせるそそっかしい性分ながら、侍の誇りと矜持をしっかり身に着けているなかなかの武士。「娘よりわしが(忠義心に)惚れた」と、ことあるごとに孝助の仇討ちを裏で助ける。(太田博)

青《あお》(『塩原《しおばら》多助一代記《たすけいちだいき》』)

炭商、塩原多助の農夫時代の愛馬。多助が土岐《とき》伊予守家臣の原丹治に待ち伏せされて殺されそうになった時、歩みを止め、主人の危難を救う。多助が江戸へ出立する時には別れを惜しみ、涙を流す。多助の妻、おえいと丹治の息子、丹三郎が婚礼を挙げようとしたのを分家の太左衛門が止めたために丹三郎が抜刀したのに驚いて暴れる。丹三郎とおえいをかみ殺し、丹治に殺される。(布目英一)

青木久次郎《あおききゅうじろう》(「やんま久次《きゅうじ》」「大《おお》べらぼう」)

三百石取りの旗本青木家の次男。「生涯無役、冷や飯食い」の境遇に嫌気がさして家に寄り付かず、本所近辺の鉄火場に通う毎日だ。背中一面に「やんまとんぼ」の彫物があり、「やんま久次」と呼ばれている。遊びの金に困って実家へ無心に行くが、居合わせた剣の師匠大竹大助に「腹を切れ」と迫られ、見苦しくも助命を願う。老母の口添えで何とか許された後、師の意見を神妙に聞いていたが、一人になると、がらりと様子が変わる。「何をぅ、母に孝を尽くし、兄に忠を励み、そうして身を謹んで生きろとな。おきゃあがれっ」で始まる長い長いタンカ(↓付録「口上・言い立て」)の末に「大べらぼうめえっ!」と叫んで、颯爽と去って行く。「無法者の捨て台

詞」とだけでは片付けられない、人間の本音と欲望と屈折が心を揺さぶる。（長井好弘）

青木《あおき》久之進《きゅうのしん》（「やんま久次《きゅうじ》」「大《おお》べらぼう」）
番町御厩谷《おんまやだに》に屋敷を構える、三百石取りの旗本の当主。無頼の弟久次郎の身を案じながらも、たびたびの無心に怒りをつのらせている。これまでは老母のためと我慢していたが、剣術家大竹大助の意見を入れ、久次郎に切腹を迫る。（長井好弘）

赤井《あかい》御門守《ごもんのかみ》（「妾馬《めかうま》」「八五郎出世《はちごろうしゅっせ》」）

落語でもっとも有名な殿様。丸の内に、赤い御門のある屋敷を構える。石高十二万三千四百五十六石七斗八升九合一摑半《ひとつかみはん》で、先祖は公家と伝えられる。丹塗《にぬ》りの赤門は、三位《さんみ》以上の大名に嫁いだ、将軍家の娘の居住する奥御殿に建造されたもので、格式の高い大名であることを意味している。

　裏長屋に住む大工八五郎の妹おつるを見初め、側室として屋敷に迎える。世継ぎ誕生の折、八五郎を屋敷に招いたところ、その優しい心根をたちまち見抜き、家臣として召しかかえることに。落語に登場する他の大名たちと較べ、はるかにまっとうな常識人。ただし、八五郎が唄う都々逸のほめ言葉は理解できず、「さようか」と応えるのみだった。（原健太郎）

赤壁《あかかべ》周庵《しゅうあん》（「辛子《からし》医者《いしゃ》」）

医者。大阪の町中で開業。玄関番の書生がいる。ある日、余計なことばかり言う患者を診察し、煎じ薬を調合。「一合の水を二合に煎じて上げ飲め」と指示する。「一合の水を二合にて、ほかになんぞ入れまんのか？」と質問するので「ワサビか辛子をどっさり入れなさい」と答え、患者に笑われる。

　大阪には「白壁」という医者の家柄があるが、とくに関係はない。「赤壁」という名は、病院の建物の壁が赤土か赤レンガでできていたからだろう。

　笑福亭仁鶴が昭和四十六（一九七一）年に、その偉業を讃える「男・赤壁周庵先生」というレコードを出している。（小佐田定雄）

赤壁周庵（「ちしゃ医者《いしゃ》」）

医者。枕詞に「藪」という文字が付くのが気がかり。大阪近郊の農村に住み、久助という下男を一人使っている。深夜に駕籠に乗って往診に出かけるが、先方に到着する前に病人が死んでしまったため、久助と二人で駕籠をかついで帰らなくてはならなくなる。その途中で下肥を汲みに回っていたお百姓と出会い、駕籠を担ぐという労働からは解放されるが、それ以上の悲惨な目に合わされることになる。腕のほうはいささか頼りない部分もあるが、人柄は抜群。（小佐田定雄）

赤螺屋《あかにしや》吝兵衛《けちべえ》（「位牌屋《いはいや》」）
商家の主人。落語ではケチの代名詞になるほどの著名人。凡百のケチとの違いは、きわめて攻撃的であること。子供が生まれ、経費がかさんでも、消極策はとらない。自ら店頭に立って行商人を呼び込み、悪知恵を絞って朝晩の菜を無料調達する。無茶な値切りで八百屋を怒らせ、こぼれた摘み菜をかき集めて、味噌汁の具にする。芋屋と世間話をしながら相手の煙草をただのみする。影響を受けた奉公人たちもケチの実践に励み出した。赤螺屋の未来に栄光あれ。（長井好弘）

赤螺屋吝兵衛（「片棒《かたぼう》」）

大店《おおだな》赤螺屋の主人。「吝嗇家《りんしょくか》」を自他共に認める。齢七十を迎え、築いた身代を息子にゆずる時がきたので、三人の息子に、自分の葬式をどのようにとりおこなうかを聞きただし、見込みのある者にゆずることにする。長男から順に話を聞いてみたところ、三男が自分とどっこいどっこいのけちん坊であることを知り、ひとまず安心する。

「赤螺屋吝兵衛君、平素粗食に甘んじ、ただ貯金額の増加を唯一の娯楽となしおられしが、栄養不足のため、おっ死《ち》んじまった。人生面白きかな。また、愉快なり」（次男の銀次郎が計画する葬儀で、親戚総代が朗読することになる弔辞の文句）。（原健太郎）

赤螺屋吝兵衛（「味噌蔵《みそぐら》」）
大店《おおだな》の味噌屋の主人。質素倹約を旨とする。嫁をもらうと出費がかさむという理由で独身を通していたが、商人は女房を持って初めて一人前と認められるという親戚のすすめでいやいや所帯をもつ。関わりをもつと無駄に金を遣う羽目になりかねないと、寝るのも別々にしていたが、自分は煎餅布団で、女房は綿だくさんの布団。ある冬の晩、あまりの寒さに眠ることができず、女房の布団に入れて温めてもらう。あくる晩も、次の晩も寒く、温まりに行っているうちに、春になっても女房の布団に通うようになる。すると女房の腹の中にあったかまりのかたまりができてしまい、天罰だと悔やむ。出産はなにかと入費がかかるので節約のため女房を実家に帰す。息子誕生の知らせを受けて出かけているうちに、店の者は鬼の居ぬ間の洗濯と、店の金を使って宴会を始めていた。そのありさまにカンカンになっていると、豆腐屋が田楽を届けにくる。「焼けてきました」ということばに火事だと早とちり。戸をあけると、味噌のにおいがするので味噌蔵へ火が入ったと勘違いする。三代目桂三木助は吝嗇屋《しわいや》吝兵衛の名で演じていた。（布目英一）

赤間《あかま》源左衛門《げんざえもん》（「お富与三郎《とみよさぶろう》」）
木更津のやくざの親分。元深川の芸者で妾の横櫛お富と江戸者の与三郎が深い仲になったのを知り、密会の現場に踏み込む。面目をつぶされた怒りから、子分の海松杭《みるくい》の松とともに与三郎の顔や体、三十四か所を無残に斬り刻み、半死半生の目に合わせるが、お富には逃げられてしまう。（長井好弘）

赤《あか》ん坊《ぼう》（「穴《あな》どろ」）
浅草新堀端《しんぼりばた》辺りの商家の子供。はいはいして家の中を這い回る。祝宴の夜、出来心で侵入してきた男と鉢合わせをし、騒動を招く。赤ん坊ではなく、幼児として登場することもある。（原健太郎）

赤ん坊（「子《こ》ほめ」）
竹の長男。お七夜を迎えたばかりの赤ん坊。世辞を言って酒をふるまってもらおうという魂胆の熊五郎に、「一歳にしちゃあ若い」とほめられる。（原健太郎）

赤ん坊（「もう半分《はんぶん》」）
男児。棒手振《ぼてふ》りの老人が置き忘れた五十両をねこばばし、老人を死に追いやった居酒屋夫婦の間に生まれた。外見は死んだ老人そっくり。真夜中に起き出して行灯《あんどん》の油を舐め、それを見つけた父親に「もう半分」と老人の口癖を真似て油をねだる。死者の怨念が赤ん坊を狂わせたか、

それとも老人の転生か。(長井好弘)

足《あし》(「胴斬《どうぎ》り」)
辻斬りに真二つにされた胴体の下半分。こんにゃくを踏む仕事についたところ、「わき見もせず、休みなく働く」と評判がいい。驚くことに会話もできる。どこに口の代わりがあるのかというと……。(長井好弘)

遊《あそ》**び人**《にん》(「樟脳玉《しょうのうだま》」)
悪漢二人組。最愛の女房おきんを失った捻兵衛《ねじべえ》に目をつけ、おきんの幽霊をでっち上げる。恐れおののく捻兵衛を「幽霊が出るのは、着物に気が残っているからだ。わっちらがお寺へ納めてあげます」と言いくるめ、まんまと着物を巻きあげる。「次は金だ」と再度幽霊を出すが、人魂代わりに樟脳玉を燃やしたため、捻兵衛は「これに気を残しているに違いない」と、樟脳くさい雛人形を出してきた。(長井好弘)

遊び人(「水屋《みずや》の富《とみ》」)
水屋の向かいの住人。千両富に当たった水屋が出かける際、金を縁の下に隠すのを知り、忍び込んで盗む。結果、大金を手にして戸惑う水屋の精神状況を救う。(太田博)

あたり屋《や》(「時《とき》うどん」)
夜鳴きの屋台のうどん屋。九つ(午前零時)ごろにやってきた二人連れの男に、うどんを一杯出したところ、勘定の時に十六文を一文銭だけで支払い、なぜか途中で時刻を尋ねられる。帰宅してから売り上げを勘定してみると一文足りなかったにちがいない。(小佐田定雄)

穴釣《あなづ》**り三次**《さんじ》(「穴釣《あなづ》り三次《さんじ》」「闇夜《やみよ》の梅《うめ》」「忍岡恋《しのぶがおかこい》の穴釣《あなづ》り」)
土井大炊頭《おおいのかみ》の家臣、早川三左衛門の次男。本名三次郎。鰻の穴釣りを道楽としていたので、この名がつく。子供のころから手癖が悪く、十九歳で勘当となる。甲州屋の娘お梅を殺し、五十両を奪う。さらに植木屋九兵衛と名乗って、お梅と恋仲の粂之助からも八十両を奪おうとして失敗する。粂之助が弟、長安寺の住職玄道が兄とわかり、悪行を告白し、奉行所に名乗り出る。三宅島送りになるが、数年後に赦免され、玄道の弟子となり、後に長安寺の住職となる。(布目英一)

兄《あに》（「鼠穴《ねずみあな》」）

大店《おおだな》の主人。越後の農家の息子。父親が他界した際、弟の竹次郎と田地田畑を分け合い、金に換えて江戸に出て商売を始め、成功を収める。遺産を食いつぶした竹次郎が「兄のもとで奉公をしたい」と訪れた時、自分で商売を始めた方がいいとすすめ、元手として三文を与えて帰す。この仕打ちに竹次郎が発奮をして十年後、大店の主となって訪れた時、「あの時はまだ道楽根性が抜けていないと見抜き、わざと、はした銭を渡した」と告白し、和解する。しかし三文しか渡さなかったのは、本当に竹次郎を目覚めさせるためだったのか、単に金が惜しかっただけだったのか、本心はわからない。（布目英一）

兄（「はなむけ」）

身に入ったものは決して出さないという、名代のしみったれ。そこへ正反対の性格で、金にだらしない弟が「旅に出るのではなむけを」と無心に来る。もちろん一文も出さないが、金をもらえない弟が最後っ屁とともに「旅立ちにおならひとつが置きみやげ」と詠んだ歌には、「あまりのくささに鼻向けもせず」と応じた。（長井好弘）

兄貴《あにき》（「家見舞《いえみまい》」「肥《こい》がめ」）

新築祝いに行く仲間の一人。竹兄いに所望された水がめが買えず、道具屋にあった掘り出したばかりで臭いの残る肥がめを格安の値段で買って贈呈するが、祝い膳に肥がめに溜めた水を使った冷豆腐やご飯、香《こう》のものを出されて慌てる。（太田博）

兄貴（「一文笛《いちもんぶえ》」）

元は大阪でも凄腕のスリ。足を洗って堅気になり、貧しいながらもまじめに暮らしている。昔の仲間の秀の器量と才気を惜しんで折にふれ堅気になるようにすすめていたが、秀の好意が仇となって、罪のない子供の命にかかわる事件が起こり、厳しく戒める。その言葉で、秀はスリの生命である右手の人差し指と中指を詰めてしまうのだが……。（小佐田定雄）

兄貴（「臆病源兵衛《おくびょうげんべえ》」）

町内の若い衆。仲間の八五郎を幽霊に仕立て、臆病な源兵衛を洒落で脅かそうとするが、逆上した源兵衛が八五郎を殴り倒してしまったので、源兵衛に死体（実は気絶しただけ）の遺棄を指示する。殺伐とした事件には慣れっこなのか、妙に冷静なのが不気味だ。（長井好弘）

兄貴（「かぜうどん」）

町内の若い者。毎晩のように仲間十人と博打を打っている。腹がへったので、うどんを十杯、あたりをはばかって小声で注文する。うどん屋も機転をきかせて小声で応対したのを気に入り、過分なつり銭を与えたうえ、「明日の晩も来いよ」と声をかけたことで、純朴なうどん屋に「小声でしゃべる客は気前がいい」という誤った印象を与えてしまう。（小佐田定雄）

兄貴（「肝《きも》つぶし」）

苦労人。大恩人の息子久太が、夢に見た女に恋患いをし、衰弱しているのを知り、衝撃を受ける。医者の見立てでは「亥の年、亥の月、亥の刻に生まれた者の生き肝を飲ませれば治る」。妹が亥の年月がそろっていることを思い出し、恩返しのために殺害を決意。寝込んだところを出刃包丁で刺すつもりだったが、逡巡しているうちに妹が目を覚ます。驚いた妹が「肝をつぶした」ため、殺人計画は中止になる。（長井好弘）

兄貴（「長者番付《ちょうじゃばんづけ》」「うんつく」）

江戸っ子。酒好き。弟分と二人で旅に出る。田舎の造り酒屋に飛び込んで酒を売ってくれと頼むが、一、二升のはした酒は売れないと断られたため、どじとか、まぬけを意味する「うんつく」という言葉を吐き捨てる。店の若い者たちに取り囲まれ、その意味を問い詰められたので、そばに貼ってあった長者番付を指差して、「江戸ではこれを『うんつく番付』と呼び、西の横綱鴻池善右衛門も東の横綱三井八郎右衛門も、運が付くで『うんつく』でえらくなった」と苦しまぎれに答える。この嘘八百が思いがけず功を奏し、機嫌をよくした酒屋に酒をふるまわれる。（原健太郎）

兄貴（「田楽食《でんがくぐ》い」）

町内では気前がいいと評判の男。いつも台所に酒樽が据えてあり、人の出入りも多い。近所の豆腐屋が田楽を始

めた日に、町内の若い連中が集まって、「ん廻し」という言葉遊びを始める。（小佐田定雄）

兄貴分《あにきぶん》（「あくび指南《しなん》」「あくびの稽古《けいこ》」）
職人。どんな習い事も長続きしない弟分のあくびの稽古につきそう。いい大人二人が夢中になって稽古をしているのを見て思わずあくびが出る。その間合いの良さを師匠にほめられる。（布目英一）

兄貴分（「鮑《あわび》のし」「祝《いわい》のし」）
婚礼の祝いに鮑を持って行き、縁起が悪いと突き返された甚兵衛に、「鮑のどこが縁起が悪いんだ。祝い物についているのしをはがして返すのかと聞いてやれ。のしは鮑からできているんだ。その鮑は志州鳥羽浦で海女が採るんだ。海女ったって色の白いのは絵空事で、本当の海女は潮風に吹かれて色が真っ黒けだ。その色の黒い海女が、海へ飛び込んで採った鮑をのしにするのは、後家でいけず、やもめでいけず、仲のいい夫婦が一晩よらなきゃ、のしってえものはできないんだ。その根本の鮑をなんだって返すんだ。一円じゃ、安いや、五円寄越せと言って、尻をまくってあぐらをかけ」と教えて、もう一度行かせる。兄貴分ではなく、甚兵衛に鮑を売った魚屋が再登場する演出もある。（布目英一）

兄貴分（「越後屋《えちごや》」）
町内の若い衆。長屋で臥《ふ》せっている弟分の八五郎を見舞ったところ、恥ずかしがって病名を言おうとしない。無理やり「恋患いだ」と白状させたが、行きがかり上、「相手は町内一の金持ちの娘で、長屋の共同便所で待ち伏せた」などと、釣り合わぬ相手への少々汚いアプローチを延々、聞かされるはめになる。（長井好弘）

兄貴分（「おもと違《ちが》い」）
職人。弟分の棟梁に、墨流しという最高級の万年青《おもと》の盆栽を預け、世話をしてもらっている。お店《たな》の奉公人が駆け込んできて、棟梁が旦那から預かっている娘お元を、「打《ぶ》ち殺して、洞穴《ほらあな》に埋めた」と言われる。棟梁を呼びつけて真相をたしかめようとするが、平謝りするばかりで事の重大さに思いいたっているようには見えない。実は、まとまった金を工面する（洞穴を埋める）ために、万年青の墨流しを、川上という質屋に質入れした（打ち殺した）のを、奉公人が勘違いして騒いでいるとわかり、胸をなでおろす。ただし、墨流しを勝手に質入れされた事実は変わらない。（原健太郎）

兄貴分（「胡椒《こしょう》のくやみ」「くやみ丁稚《でっち》」）

世話好きの男。地主の娘の葬式に出かける笑い上戸の八五郎に悔やみの文句を教える。先方で失敗をしないように「承りますれば、お嬢さまがお亡くなりになったそうで、ご愁傷さま」という短い口上を教える。さらに涙を流すことも大事と、胡椒をなめてから挨拶する知恵も授けるが、懸念した通り、失敗する。（布目英一）

兄貴分（「手紙無筆《てがみむひつ》」「平の陰《ひらかげ》」）

職人。「自分には学問がある」と豪語しているが、実は無筆。無筆の八五郎に「手紙を読んでくれ」と頼まれ、昼間なのに「俺は鳥目だから読めない」と言ったり、裏返しに見て、「墨色判断では、このように薄墨で書く人は短命だ」と言ってはぐらかそうとする。八五郎の言動から手がかりを得ようと考え、「本膳の道具を借りに来たのではないか」という推理に至るが、質問攻めにされ、答えに窮していく。（布目英一）

兄貴分（「壺算《つぼざん》」）

町内の買い物上手。弟分の吉公に頼まれて、瀬戸物町で水がめを買う。まず一荷入りのかめを値切って買い、近所をひと回りして店に戻り、「実は、二荷入りのかめが欲しかった」と、値切った時の値段の二倍で買い求める。その上、一荷分の下取りを要求する。巧妙かつ複雑な計算法に、店の番頭は大混乱する。「長さん」「徳さん」「源さん」でやる人もいる。（太田博）

兄貴分（「猫《ねこ》の災難《さいなん》」）

酒好きの男。一杯やろうと弟分の熊五郎を誘いにいくと、鯛の尾頭付きがあるので、「それじゃ、こいつを肴に飲もう」と酒を買いにいく。酒屋から戻ると、「隣の猫が鯛をくわえていった」と言われ、今度は肴を買いに出る。ところが帰ると、部屋は荒れ放題で酒が一滴もない。熊五郎を問い質すと、しどろもどろに、「隣の猫がまたやってきて、酒をみんなこぼしていった。……おれは、こ

ぼれたのを吸っただけ」。そこへ、隣の女房が怒鳴り込んできて、事の真相をすべて知る。（原健太郎）

兄貴分（「風呂敷《ふろしき》」）
世話好きな長屋の住人。やきもちを焼く亭主が留守の間に知り合いの男を家に上げ、お茶を飲んでいたところに亭主が帰ってきたため、男を押入に隠すと、亭主は押入の前であぐらをかき、動かないので困っているという相談を受ける。「じかに冠をかぶらず（李下に冠を正さず）」「おでんに靴をはかず（瓜田に履《くつ》をいれず）」「貞女屏風にまみえず（貞女両夫にまみえず）」「女三階（界）に家なし」といったあやしげな故事を引き合いに出しながら隠れていた男を風呂敷一枚使っただけで逃がす。（布目英一）

兄貴分（「やかん泥《どろ》」）
泥棒一家の若い衆。民家の台所に侵入するが、見張り役の与太郎に、ことごとく足を引っ張られる。それでも「あっしは与太郎が好き」。いいヤツだが、泥棒としての出世は覚束ない。（長井好弘）

あにさん（「厩火事《うまやかじ》」）
髪結いのお崎夫婦の仲人。夫婦喧嘩の末、「年下の夫の本心がわからない」と愚痴をこぼしにやって来たお崎に、留守の間に火事で焼け死んだ大事な白馬のことは咎めず弟子の無事を喜んだ、という孔子《こうし》の「論語《ろんご》」にある逸話や、階段から転落した妻の怪我より家宝の皿を心配した麹町の旦那の逸話を例に、馬や皿より人間が大事と諭す。亭主の大事にしている瀬戸ものをわざと割って、亭主の了見を確かめろ、と知恵を付ける。（太田博）

姉《あね》（「搗屋幸兵衛《つきやこうべえ》」）
麻布古川に住む家主田中幸兵衛の先妻。余命いくばくもないと知り、妹を後妻にと言い残して他界するが、毎朝、その位牌が動く怪奇現象が起こる。（布目英一）

姐貴《あねき》（「三枚起請《さんまいぎしょう》」）
難波新地のお茶屋大梅の女主人。元は北の新地から芸妓で出ていたが、馴染みの旦那に落籍《ひか》され店を持たせてもらうが、その直後に旦那は死んでしまう。遊女小輝が三人の客に起請を発行していたことを知って客に同情し、

三人が小輝を問い詰める場所に座敷を提供。自ら小輝に貰いをかけに出向く。（小佐田定雄）

姉御前《あねごぜん》（「深山隠《みやまがく》れ」）

肥前天草の山賊の親分。森宗意軒《もりそういけん》の長女。噺家山御霊ヶ《ざんおんりょうが》嶽《たけ》の山中に棲む。二十三、四歳で色の浅黒いぞくっとするような美しい女。洗い髪を藁で束ねている。妹と大勢の手下を蟹田源吾《かにたげんご》に討ち取られ、その復讐をしようと源吾に戦いを挑むが、反対に斬り殺される。（小佐田定雄）

あばばの茂兵衛《もへえ》（「お玉牛《たまうし》」）

大坂近郊の堀越村の百姓。村一番の美女であるお玉に岡惚れしていて、野良仕事をしているところ、通りかかったお玉から「わての好きなんは、あんたですわ」と告白されて有頂天になる……という夢を見た。

友人に「半鐘のチャン吉」、「釣鐘のいぼいぼ」、「そんなら宗助」、「しめて十助」など、意味不明な愛称をもった連中がいることから考えて、「あばば」という愛称には特に意味はないと思われる。（小佐田定雄）

油屋《あぶらや》（「はてなの茶碗《ちゃわん》」「茶金《ちゃきん》」）

放蕩が過ぎて勘当され、京で行灯《あんどん》の油を商っている。父親も高齢なので親元に帰りたいとは思うが、手ぶらでは帰りにくい。清水寺の茶店で日本一の鑑定家茶屋金兵衛（茶金さん）が、店の茶碗をひねくりまわしたあげく、「はてな」と意味ありげな一言を残して去っていくのを目撃。「この茶碗は値打ちものだ」と早合点し、店主から無理やりゆずり受け、茶金の店へ持ち込む。（小佐田定雄）

油屋九兵衛《あぶらやくへえ》（「お初徳兵衛《はつとくべえ》」「お初徳兵衛浮名桟橋《うきなのさんばし》」）

遊び好きの商家の旦那。芸者のお初にご執心だが、色よい返事をもらえない。取引先の番頭の接待を受け、お初も連れて、船頭徳兵衛の漕ぐ船で浅草へ向かうが、途中で気が変わり吉原へ行くことに。芸者を連れて吉原に行くことはできないので、山谷堀からお初一人を徳兵衛の船で帰したが、これがお初と徳兵衛の恋の手引きになるとは思いもしなかった。（長井好弘）

安部玄益《あべげんえき》（「さじ加減《かげん》」）

神田に住む医師。名医安部玄渓の息子。品川の芸者おなみに入れあげて勘当される。芸者遊びをやめたので勘当は許されたが、おなみは気鬱《きうつ》の病にかかってしまう。おなみを引き取り、全快させ、抱え主との金銭上のもめ事も納め、末には夫婦となる。（布目英一）

阿部新十郎《あべしんじゅうろう》（「怪談阿三の森」《かいだんおさんのもり》）

旗本。元は本所の直参旗本松岡半之進の三男だが遠縁の旗本阿部家の養子に入る。医師松山玄哲に梅見に誘われた先の団子屋の娘お三と知り合い、腹違いの妹であることを知らずに相思相愛の仲となる。母親がいまわの際に話したことからその事実を知り、お三の元へ通うのを止める。医師玄哲からお三が会えなくなったのを悲観して死んだと聞き、ねんごろに弔うが、毎夜お三の亡霊に悩まされる。さらに妻を娶ると夫婦の寝間に蛇となって現れるので良観和尚に祈禱を頼み、捕まえた蛇を深川蛤町の小山に埋める。自身も仏門に入ってそこへ小庵を結ぶ。この祠《ほこら》を「お三さま」と呼ぶようになった。（太田博）

あほだら坊主《ぼうず》（「天王寺詣り」《てんのうじまいり》）

乞食坊主。彼岸中の大阪四天王寺の境内で小さな木魚を二つチャカポコと交互に叩きながら、「阿保陀羅経」と称するでたらめなお経をあげている。（小佐田定雄）

甘井羊羹《あまいようかん》（「金玉医者」《きんたまいしゃ》）

藪医者。飯炊き兼助手の権助と二人暮らし。気鬱《きうつ》という病を患う、伊勢屋の娘の往診を毎日続けている。何かおかしがらせて気を引くのが肝要と考え、診察のたびに立て膝をし、自分の股間のものをちらちら見せたために、娘は快方に向かう。（原健太郎）

甘井羊羹（「派手彦」《はでひこ》）

医者。調子がよく、そそっかしいところもあるが、乗物町の酒屋松浦屋の堅物番頭佐兵衛の気鬱の原因は恋わずらいだと見立てる。（布目英一）

甘井羊羹（「藪医者」《やぶいしゃ》）

藪医者。患者が「ヤブ」と噂するのではなく、患者自体がまるで来ない。やむなく下男の権助を客に仕立て「千客万来」に見せかけようと芝居をさせるが、ことごとく失敗する。四代目柳家小さんは「金玉医者」を前半で切って、「藪医者」の題で演じた。現行は別の噺だが、素行や性癖を見れば「金玉医者」の主人公とは同一人物の可能性が高い。（長井好弘）

尼ヶ崎《あまがさき》幸右衛門《こうえもん》（「操競女学校《みさおくらべおんながっこう》」「お里《さと》の伝《でん》」）
讃岐丸亀の大名京極備中守の家臣。三十石取りの下級武士。二十九歳。妻お艶に懸想した上役岩淵伝内に斬り殺され、お家断絶となる。十九年後、娘お里によって岩淵は討たれ、尼ヶ崎家は再興する。（原健太郎）

阿弥陀《あみだ》（「大神宮《だいじんぐう》」「お祓《はら》い」）
磯部大神宮に誘われて吉原へ出かける。若い衆が勘定を請求した時、廓独特の表現で「おつとめを」と言ったので、お経を読み始める。「いや、お払いを」と言い直されると、「お祓いは大神宮様」。（布目英一）

飴屋《あめや》（「初天神《はつてんじん》」）
飴玉を売る露天商。子供連れの客に指をなめながら選ばれ、どの飴もべとべとになる被害を受ける。（布目英一）

あや（「高田馬場《たかたのばば》」「仇討屋《あだうちや》」）
仇討屋の娘。浅草奥山で、弟と蟇《がま》の油売りをしている。実は、武士姿の父親を「親の敵」と擬した芝居を仕組んで、金儲けをする親子三人組の一人。（太田博）

新井屋《あらいや》（「稲川《いながわ》」「千両幟《せんりょうのぼり》」）
魚河岸の旦那。「関取の稲川は、おこもさん（乞食）が持参した蕎麦を食うか」という話が出たとき、ただ一人「食べる」と主張し、自らおこもさんに扮して稲川に会う。蕎麦を平らげた稲川の心意気に感激し、魚河岸連中を誘い贔屓になる。（長井好弘）

荒木《あらき》またずれ（「おすわどん」「おすわ」）
浪人中のへっぽこ剣術家。「おすわどーん」と、毎夜後添いの名前を呼ぶ不気味な声に怯える浅草阿部川町の呉服屋上州屋の主人に、犯人探索を頼まれ、夜泣き蕎麦屋を見付ける。その呼び声が「おそばうどーん」。（太田博）

嵐民弥《あらしたみや》（「いいえ」「嵐民弥」）
女形役者。女装で旅回りをしている途中で会った馬子に、

「婿が嫌いで逃げ出した」と嘘をつき、女装にだまされた馬子の女房と同じ布団に寝かされる。大阪では、女形役者と題名を「尾上多見江《おのえたみえ》」でやる人もいる。（太田博）

荒物屋《あらものや》（「江戸《えど》荒物《あらもの》」）

新規開店の店主。江戸の荒物は粋だと定評があるので、上方の品物を江戸製だといえば高く売れると算段し、にわか仕込みの江戸弁で応対している。本物の江戸っ子が来店し、威勢よく「タワシは有るかい」と尋ねられたが、何を買いたいのかわからず、まごついていると「そこに有るじゃねぇかい。幾らだよ」と言われる。「幾ら」の意味がわからず「イクラでもいいです」と答えたため、「幾らでもいいのか。気前がいいなあ」と安値で持っていかれてしまう。田舎者の女中が来たので江戸弁でふっかけてやろうとするが、田舎言葉がさっぱりわからない。ようようのことで「釣瓶《つるべ》縄《なわ》が欲しい」とわかったが、あいにく店になかった。江戸弁の「あります」の反対語は「ない」を丁寧に言えばよいからと「ないます、ないます」と答えると、「今からのう（綯《な》う）とったんでは間に合わん」。（小佐田定雄）

荒物屋（「ぞろぞろ」）

お稲荷様の門前で茶店をかねた店を営む。古女房に言われてお稲荷様にお参りに行ったところ、その御利益か、売れ残りのわらじを売ると、客が店を出たとたんに新しいわらじがぞろぞろっと出てくるようになり、客もぞろぞろとやってくる。これぞお稲荷様の御利益と、早速、夫婦でお礼参りをするとともに、客の来ない床屋に功徳を教える。老父と娘という演出もある。（布目英一）

在原業平《ありわらのなりひら》（「洒落《しゃれ》小町《こまち》」）

「伊勢物語」の主人公として知られる、実在の歌人。色男の代名詞。天長二（八二五）年〜元慶四（八八〇）年。愛人の生駒姫のもとに毎晩通っていたが、奥方井筒姫の知的な才覚で、ぴたりと浮気をやめたというエピソードを今に残す。

落語「千早振る」では、「百人一首」に収められた業平の歌「ちはやふる神代もきかず竜田川　からくれなゐに水くくるとは」が、知ったかぶりの隠居によって珍妙に解釈されている。（原健太郎）

淡路《あわじ》屋《や》岩太《いわた》郎《ろう》（「外法頭《げほうあたま》」）
播州飾磨《しかま》の回船問屋の主。抜け荷（密貿易品）を船に積んで航海中、海坊主に出会う。魔除けの刀で斬りつけて追い払い、無事に飾磨に帰ったところ、妊娠していた女房が産気づいて赤子を産み落とす。岩松と名づけられたその子の頭が海坊主の祟りで外法さん（福禄寿）のように長くなってしまう。訪ねてきたお坊さんのすすめで、大坂道修《どしょう》町の薬問屋葛城屋に奉公に出す。（小佐田定雄）

庵主《あんじゅ》（「七度狐《しちどぎつね》」）
尼僧。伊勢街道から外れた山の中にある尼寺に一人で住む。道に迷った大坂の旅人喜六、清八に「べちょたれ雑炊」をふるまった後、二人を残して葬式のために下の村に出かけて行く。喜六と清八が狐にだまされて見た幻想の中の人物。（小佐田定雄）

安中草三郎《あんなかそうざぶろう》（「安中草三《あんなかそうざ》」「安中草三郎《あんなかそうざぶろう》」「後開榛名梅香《おくれざきはるなのうめがか》」）
土屋家の家臣、恒川半三郎の家来。文化文政ごろの人。十代で柳生流免許皆伝の腕前となる。重役久保田伝之進の無法を主人半三郎が許せず、殺害したので、身代わりとなって入牢する。牢内で知り合った盗賊白蔵と脱獄をし、江戸へ逃げた後、上州に戻り、悪家老を懲らしめたりする義侠心に富んだ人物。（布目英一）

あんま幸治《こうじ》（「緑林門松竹《みどりのはやしかどのまつたけ》」「あんま幸治《こうじ》」）
盗賊。盲目を装って丁子風呂《ちょうじぶろ》でまくら探しをするなど悪行を重ねる。仕事先の湯屋で、上総屋の番頭藤七と愛人のおさきが若旦那と花蔭左五郎の妹おなつの婚礼をぶちこわそうとたくらんでいるのを知り、藤七にゆすりをかけると「事が発覚すれば、店にいられない。金を着服し、高価な質物の茶入れを盗んで上方へ逃げるつもりだ」というので、仲間になるフリをする。実は父親の幸平が花蔭の旧主家の若党であり、花蔭の父の供をして賊に襲われ、殺された上、拝領の茶入れを奪われた。藤七が店から盗み出そうとしている茶入れこそ、まさにその品であり、それがあれば花蔭の息子左五郎が屋敷へ帰参できると確信。盗賊仲間のおせきに藤七を殺させ、上総屋へ金を戻し、茶入れを花蔭の元へ返した後、「一命が助かったら真人間になる」と花蔭に約束して南町奉行所に名乗って出る。旧主への帰参が叶った花蔭が手を回したうえ、元々人殺しをしているわけではないので、佃島の寄せ場送りになった後、放免される。花蔭との約束どおり、剃髪して法衣をまとい父親の菩提を弔った。（長井好弘）

〈い〉

飯島佐七郎《いいじまさしちろう》（「お祭佐七《まつりさしち》」）
元久留米藩士。文武にたけた上に美男子のため女にもてるので朋輩の嫉妬を買い、讒言《ざんげん》を受けて藩を追放される。御番頭《ごばんがしら》を勤める父飯島佐右衛門にも勘当されて、め組の鳶頭《かしら》清五郎宅に居候し、「お祭佐七」と呼ばれる。名前の由来は、往来を歩いていると女が集まり、お祭り騒ぎになることからとも、男っぷりがよく木遣りがうまいので、祭りに佐七がいないと引き立たないことからともいわれる。火消しになりたいと清五郎に懇願するが、させてもらえない。め組の若い者たちに誘われて品川に女郎買いに行き、勘定が払えず、居残りしたが、雑巾掛けをしながら裸足で抜け出してきて、清五郎をあきれさせる。二十五人力と自慢する四紋竜という大男に喧嘩を売り、放り投げてしまう。（布目英一）

飯島平左衛門《いいじまへいざえもん》（「怪談牡丹燈籠《かいだんぼたんどうろう》」）
牛込に住む直参旗本。色白。二十一、二歳の時、酒に酔ってからむ浪人黒川孝蔵を斬る。平太郎を名乗っていたが、父の死後、家督を相続して平左衛門を襲名。妻はお露を生んで死去したため、女中、お国を妾にする。後、黒川の遺児と知りながらあえて家来にした孝助に仇を討たせてやる。（太田博）

飯田丹下《いいだたんげ》（「ねずみ」）
伊達家抱えの彫刻師。仙台で、左甚五郎の彫ったねずみに対抗して、商売敵の虎屋から虎の彫り物を依頼された。甚五郎のねずみにはそれが猫に見えたという。もちろん史実を裏付ける資料はない。（太田博）

言《い》い訳屋《わけや》（「にらみ返《がえ》し」）
にらむだけで借金取りを撃退するのを商売にしている男。一刻《いっとき》につき二分《ぶ》の手間賃を稼ぐ。熊五郎の家に掛取りにきた米屋、酒屋、薪屋、瀬川栄助の代理人那須政勝を、煙草を吸いながら不動明王のような顔をしてひたすらにらみ、次々に追い返す。約束の時間になり延長を頼まれるが、「これから家へ帰って、私の分をにらむ」と言って、悠然と立ち去る。（原健太郎）

家主《いえぬし》（「鮑《あわび》のし」「祝《いわい》のし」）

長屋の大家。店子《たなこ》の甚兵衛が息子の婚礼の祝いに鮑を持ってきたので「縁起でもない。『磯の鮑の片思い』という言葉を知らないのか」と突き返す。兄貴分に知恵をつけられた甚兵衛が再びやってきて、祝い物についているのしの元は鮑だとまくしたてられたので腹をたて、のしの種類を尋ねる。甚兵衛がそこまで覚えてきたのは感心と温かい心で尋ねるという演出もある。また地主で演じられることもある。（布目英一）

家主（「井戸《いど》の茶碗《ちゃわん》」）

六十恰好。浪人千代田卜斎が住む芝西応寺前の裏長屋を管理。世話好きで分別がある。卜斎が屑屋に売った仏像の中から出た五十両を巡って、買い主の高木作左衛門とゆずり合っていたのを、双方が二十両ずつ受け取り、十両は屑屋に与えるという解決策を提示する。しかし卜斎が承知しないため、二十両と引き換えに愛用の茶碗を作左衛門に与えるようすすめて、その場を収めたが、それが次の騒動を生むことになる。（布目英一）

家主（「掛取《かけと》り」「掛取り万歳《まんざい》」「狂歌家主《きょうかいえぬし》」）

狂歌好き。大晦日、店賃の催促に行くが、店子の熊さんが繰り出す珍妙な狂歌に乗せられて、来春まで支払いを猶予する。店子熊さんの「貧乏をすれどこの家に風情あり、質の流れに借金の山」など、貧乏臭い狂歌ばかりにあきれる。（太田博）

家主（「黄金《きん》の大黒《だいこく》」）

ひとの良い大家。息子が金無垢《きんむく》の大黒天を掘り当てた祝いに、店子《たなこ》を招待してご馳走しようとするが、次々と繰り出す珍口上に、あきれたり、驚いたり……。（太田博）

家主（「喧嘩長屋《けんかながや》」）

長屋の差配人。店子《たなこ》の作さんとお松さんの夫婦喧嘩の仲裁に入るが、頭を殴られた上に、作さんに「うちの嬶《かか》、

一膳よばれよと思うてるやろ」などと言いがかりをつけられて激怒。喧嘩に参戦することになる。（小佐田定雄）

家主（「孝行糖《こうこうとう》」）
長屋の大家。世話好き。親孝行の徳で、店子《たなこ》の与太郎がお上から下しおかれた褒美の金青緡五貫文《あおざしごかんもん》を、当人の身の立つように使ってやりたいと、町役五人組と相談し、飴の行商をやらせる。（原健太郎）

家主（「黄金餅《こがねもち》」）
下谷山崎町の裏長屋を差配。年とった身寄りのない店子《たなこ》、願人坊主の西念《さいねん》が急死したため、長屋の住人を集めて葬式をとりおこなう。家の菜漬けの樽を、西念の早桶がわりに使われてしまう。（原健太郎）

家主（「後家馬子《ごけまご》」）
長屋のお竹が大声で呼ぶので井戸端に行ってみると、お竜とお松がつかみあいの喧嘩をしていた。そこで仲裁をして立ち去る。（小佐田定雄）

家主（「昆布巻芝居《こんまきしばい》」）
長屋の差配人。飯時になると長屋のやもめが遊びにくるので困っている。昆布巻を鍋で炊いていると、その匂いを嗅ぎつけてやってくる。鍋の中を見せるのを拒んだため、やもめが一人でしゃべる宮本武蔵と異人の鍋蓋試合の芝居「敵討二嶋英勇記　雪山中の場」の話を長々と聞かされる。（小佐田定雄）

家主（「三方一両損《さんぼういちりょうぞん》」）
①神田竪大工町の長屋の大家。店子《たなこ》の大工吉五郎と白壁町の左官金太郎との喧嘩の仲裁に入るが、「このくそったれ大家、店賃《たなちん》は毎月入れているのに、てめえはちり紙一枚持ってきたことがあるか！」と吉五郎にタンカを切られて激怒。奉行所への訴えを決意する。
②神田白壁町の長屋の大家。江戸っ子の了見をもつ店子《たなこ》の左官金太郎がお気に入り。金太郎と竪大工町の大工吉五郎の喧嘩の顛末をきき、「（吉五郎を召し連れ訴えするという）あちらの家主に先を越されては面子が立たぬ」とすぐさま奉行所へ訴え出る。（長井好弘）

家主（「たらちね」「延陽伯《えんようはく》」）
店子《たなこ》の八五郎に嫁を世話する。女は、器量、教養とも申し分ないが、言葉が馬鹿ていねいなのが玉《たま》に瑕《きず》、と言いながらも、「思い立ったが吉日」と、婚礼まで取り仕切り、八五郎に新妻の名前さえ教えず、「高砂や～」の一節だけでそそくさと帰ってしまう。（太田博）

家主（「唐茄子屋政談《とうなすやせいだん》」「唐茄子屋」）
誓願寺店を家作に持つ悪徳大家。勘当され、唐茄子を売る徳三郎が浪人の女房に与えた売り上げを取り上げ、女房が首を吊る騒ぎとなる。そのため、やかん頭を徳三郎にやかんでぽかりとなぐられる。（布目英一）

家主（「抜《ぬ》け裏《うら》」）
人のいい大家。長屋の路地を近道に利用する人が多く、対策に頭を悩ませるが、犬の鳴きまねがうまいヨッちゃんにワンワンと激しく吠えてもらう作戦が大当たり。だが今度は、気まぐれなヨッちゃんの面倒を見るのにてんてこ舞いとなる。（長井好弘）

家主（「猫怪談《ねこかいだん》」）
深川蛤町の貧乏長屋を家作に持つ。六十六歳。長屋の与太郎の義父が亡くなったため、与太郎に代わって葬式一切を仕切り、谷中まで死骸を運ぶ指図をする。小言も多いが、面倒見もいい。（布目英一）

家主（「双蝶々《ふたつちょうちょう》」「小雀長吉《こすずめちょうきち》」）
湯島大根畑の長屋の家主。横町で番太郎をしながら焼き芋を売っていたが、家主株を買って大家となる。店子《たなこ》の長兵衛が息子の長吉のことで夫婦喧嘩を始めたので仲裁に入る。長吉が子供とは思えぬ悪事ばかり働いていることを明らかにした上、根性をたたき直すため奉公に出すようにすすめる。（布目英一）

家主（「妾馬《めかうま》」「八五郎出世《はちごろうしゅっせ》」）
世話好きな大家。差配する長屋の娘おつるが、赤井御門守に見初められたことを知り、これはよい話だと、おつるの母親と兄の八五郎に話をまとめに行く。八五郎が御門守と初めて対面する際、褌《ふんどし》をふくめ衣装一切を貸し与え、話し方まで指南する。ただし、言葉の頭に「お」を、下に「たてまつる」を付ければていねいな言葉づかいになるという、とっておきの心得が、功を奏したかどうかは疑わしい。（原健太郎）

家主（「吉野狐《よしのぎつね》」）
店子《たなこ》のうどん屋安平のもとに島三郎という若い男が同居しだした。理由を聞いてみると身投げをしようとしていたのを安平が助けて連れて帰って来たとのこと。その島三郎を慕って新町の娼妓吉野が千円の持参金を持ってきたことから、安平にその千円を元手に道頓堀にうどん屋の店を開くことをすすめる。（小佐田定雄）

笊屋重兵衛《いかきやじゆうべえ》（「米揚《こめあ》げ笊《いかき》」「ざる屋《や》」）
大阪天満源蔵町の「いかき（笊《ざる》）」販売業。丼池《どぶいけ》の甚兵衛に販売員の世話を頼んだが、やってきたのはとんでもない男だった。二月と八月に切った竹は粉の出ることから、その竹で編んだ笊は店で売らないで、行商で売り歩くのが「いかき」業界の常であった。（小佐田定雄）

いかけ屋《や》（「いかけ屋」）
鍋釜の修理業。道端で仕事をしているので、子供たちが集まってきて仕事の邪魔をされる。本名は不明だが、「いかけ屋のおったん」と慕われている。女房と男の子と三人暮らしらしい。（小佐田定雄）

雷《いかづち》 五郎吉《ごろきち》（「幸助餅《こうすけもち》」）
大坂相撲の名力士。江戸へ下って大関に出世して戻ってくる。贔屓客の大黒屋幸助に五十両の祝儀をもらったが、それは相撲に凝って潰れてしまった幸助の店を再建するため、妹が新町に身を売ってこしらえた金だった。返金を求める幸助をあえて冷たくあしらい、発憤した幸助は店を建て直す。（小佐田定雄）

幾代太夫《いくよだゆう》（「幾代餅《いくよもち》」）
吉原の姿海老屋で全盛を誇った花魁《おいらん》。大名のお遊び道具といわれる格式をもつ。搗米屋《つきごめや》の職人清蔵が一年かけて金を貯めて会いに来たことに心を打たれ、香箱のふたを渡して、年《ね》季《ん》が明けたら夫婦になる約束をし、添い遂げる。夫婦で餅屋を始め、店の名を幾代餅とした。幾代の顔見たさの客で繁盛し、名物となる。三人の子をもうけ、

天寿をまっとうしたという。(布目英一)

池田公《いけだこう》(「備前徳利《びぜんどっくり》」)

備前池田藩主。いつの時代の藩主かは不明。酒豪の大名の相手をし、機嫌よく帰した功績で大酒家の家来を三百石に取り立てる。(太田博)

池田宗我《いけだそうが》(「熱海《あたみ》土産《みやげ》温泉《いでゆの》利書《ききがき》」)

元武士の隠居。風流人。吉原の花魁お濱から、実は恋人近藤弥三郎を追いかけ三島から八王子までやってきたが、だまされて吉原に売られたという身の上話を聞き、大いに同情。身請けをするが手はつけず、父親のようにお濱を可愛がる。湯治に訪れた熱海で出会ったお濱の実父と妹の面倒まで見てやる。後に自身が弥三郎の命の恩人だったことが判明、お濱をいったん父親の元へ返し、弥三郎の近藤家への復縁の仲介をし、二人の婚約のおぜん立てをする。(長井好弘)

生駒弥太郎《いこまやたろう》(「団子坂奇談《だんござかきだん》」)

本所の旗本の次男坊。評判の団子坂での花見の帰途に入った、おかめやという蕎麦屋の看板娘で、小町と言われるおきぬに一目惚れ。屋敷に戻るや、恋わずらいで寝込んでしまう。「身分違いだが、倅の命には代えられない」という両親を通して、おきぬを嫁にと申し込むが、おかめやの主人に「親一人子一人で、店はおきぬが切り盛りしているから嫁にはやれない」と断られる。それでも諦めきれず、「自分が町人になって婿入りする」と店の裏手に空き店を借り、親の仕送りを受けて強引にそば職人の修業を始める。陰日向なく働くので、主人にも気に入られ、婿入りは決まったも同然となったが、蒸し暑い夏の夜、夜更けに家を抜け出したおきぬを不審に思い、後をつける。三崎坂から谷中の墓地へ入ったおきぬが、新しい土饅頭を掘って赤ん坊の死骸を取り出し、腕にかじりつく姿を目撃してしまう。翌朝、主人に一部始終を打ち明け、暇を願うと、主人は平然として「おきぬが赤ん坊の腕をかじったぐらい、なんでもない。お前だっていまだに親のすねをかじっている」。理屈には合っているような気がするが……。(長井好弘)

伊三郎《いさぶろう》（「名人競《めいじんくらべ》」）
荻江節の名人。三代目荻江露友。通称伊三《いぞう》。五歳のとき母を亡くし、元芸者の祖母のもとで三味線と唄を学ぶ。九、十歳のころ、深川の豪商近江屋喜左衛門に美しい唄声を見込まれ、荻江節の名人二代目荻江露友に預けられる。稽古を重ね、次第に名声を得るが、狂言師で踊りの師匠坂東須賀に歌曲《うた》を提供したことが、露友の怒りを買い、「今後三十年間は修業を積むように」と言い渡される。一緒に育った露友の娘お又とは、たがいに末は夫婦になるつもりでいるが、そのお又に外から婿を取ると露友から告げられ、落胆する。喜左衛門の取り持ちで深川の芸者小美代と深い仲になるが、お又が気を病み、師匠とともに伊豆福浦に引きこもったと知り、小美代とは別れる。しばらくのちに喜左衛門と福浦を訪ねた際、門口で露友の唄を立ち聞きし、芸の妙所を会得。和解も叶い、三代目荻江露友の襲名を許される。（原健太郎）

石川五右衛門《いしかわごえもん》（「お血脈《けちみゃく》」）
安土桃山時代に出没した、実在の盗賊。生年不詳。文禄三（一五九四）年、釜煎りの刑に処される。地獄が不景気風におそわれているのは、信州善光寺の血脈の御印が流行り、誰もが極楽往生してしまうためと知った閻魔大王より、善光寺から血脈の御印を盗み出すよう命を受ける。歌舞伎の衣裳ごしらえで、首尾よく盗み出したところまではよかったが、「これさえあれば大願成就。ありがてえ、かっちけねえ」と、自分の額に御印を捺して、はからずも極楽往生する。（原健太郎）

石川五右衛門（「強情灸《ごうじょうきゅう》」）
釜煎りの刑に処される際、熱さに耐えながらも、辞世の句「石川や浜の真砂は尽きるとも世に盗人の種は尽きまじ」を残したことで、放火事件で火刑に処された八百屋お七とともに、強情者のお手本として一部の江戸っ子たちに敬愛されている。（原健太郎）

石川五右衛門（「骨《こつ》釣り」）
太閤秀吉の寝所に忍びこんだところを捕らえられ、京都三条河原で釜茹での刑に処せられる。死骸は川に流されたが、そのしゃり頭《こうべ》を釣り上げた幇間《たいこ》の繁八に回向してもらったのを恩に思い、夜中に繁八宅を訪問。「閨中の

お伽などいたさん」と言うので、「やっぱりカマに縁がある」と言われる（→付録「口上・言い立て」）。（小佐田定雄）

石川藤左衛門《いしかわとうざえもん》（「粟田口《あわたぐち》」「粟田口霑笛竹《あわだぐちしめすのふえたけ》」「澤紫《さわのむらさき》ゆかりの咲分《さきわけ》」）

剣客。浅草田原町に道場を開く。娘みえの幼少時に金森家重役稲垣小左衛門の子息小三郎の許嫁《いいなずけ》にする。妻が早世したため、男手一つでみえを育てる。王子権現参詣の帰りに何者かに鉄砲で撃ち殺される。（布目英一）

石川《いしかわ》みえ（「粟田口《あわたぐち》」「粟田口霑笛竹《あわだぐちしめすのふえたけ》」「澤紫《さわのむらさき》ゆかりの咲分《さきわけ》」）

浅草田原町で町道場を営む石川藤左衛門の娘。金森家の重役稲垣小左衛門の息子小三郎の許嫁《いいなずけ》。幼少期に母親を亡くし、藤左衛門も何者かに鉄砲で撃ち殺されたため、下総矢切村に住む乳母しのを訪ねる途中、駕籠屋にだまされて長持に押し込められる。金森家の宝刀「粟田口国綱」が紛失した責任を取って浪人となった小左衛門に偶然助けられるが、間もなく小左衛門は不慮の死をとげ、「刀の詮議に二百両が必要だ」という小三郎からの手紙が偽物であるとは気づかず、金策のため吉原で音羽という遊女になる。

　しののせがれで、小左衛門の家来でもあった丈助が「取り返した刀を小三郎が金森家に届ける際、供ぞろいで出かけるので百両かかる」と無心に訪れたので、目の不自由な客から百両を奪おうと考えるが、客は帰ってしまう。その座敷を改めると、百両と一緒に自分に宛てた小三郎からの手紙があった。実はその客は小三郎で、盲目の姿となっていることを知ったら、みえが嘆くだろうと百両と手紙を残して姿を消したのだった。みえと小三郎は幼い時に親どうしが許嫁にし、成長してからは会っていなかったので、顔が分からなかった。客のあとを追うため、男に化けて廓を抜け出し、小三郎であることを確認する。そのまま小三郎が住む深川扇町の家へと向かうが、廓を足抜けした形となったので、荷足りの仙太に身請けの算段をしてもらう間、小三郎と一緒に、しのの家に身を寄せる。

　悪事が露見し、しのに殺された丈助のいまわの際の言葉から、刀を盗ったのも藤左衛門を殺したのも金森家の元家臣大野惣兵衛であるとわかる。小三郎とあだ討ちを果たし、「粟田口」も取り戻したので、晴れて夫婦とな

ることができた。（布目英一）

石子伴作《いしこばんさく》（「名人競《めいじんくらべ》」「錦《にしき》の舞衣《まいぎぬ》」）
八丁堀吟味与力金谷東太郎の配下。金谷の意向を常に忖度し、忠実にしたがう。「大塩の乱」の残党宮脇数馬をかくまったかどで、絵師狩《か》野毬信《のうまりのぶ》を捕縛し、宮脇を自害に追い込む。「牢につながれた毬信を助けたければ、金谷に身をまかせろ」と、毬信の妻坂東須賀にしつこく迫り、金谷に長年の思いを遂げさせる。（原健太郎）

医者（いしゃ）
江戸時代は国家試験などなかったので、「医者」の看板を掲げさえすれば、その日から、誰もが大手をふって仕事をすることができた。そのためか、落語に登場する医者には「藪」が多い。いよいよいけないときに、必ず「ご寿命でございましたなぁ」という「寿命医者」、「なんでもっと早く連れてこんのじゃ。手遅れじゃ」と言うばかりの「手遅れ医者」、来る患者来る患者に葛根湯《かっこんとう》の服用をすすめる「葛根湯医者」など、頼りない者が多い。「先生、先生！」と、門前で使用人に叫ばせ、患者がひっきりなしに訪れているふうを装っている者もいれば（「金玉医者」「藪医者」）、旗本屋敷や大店《おおだな》に出入りしてご機嫌を取り持ち遊興に励む、「お幇間《たいこ》医者」なる輩もいる（「怪談牡丹燈籠」「幾代餅」）。
だがまれに、人間に犬の目を移植するほどの高等技術の持ち主（「犬の目」）や、研究に研究を重ね、疝気《せんき》の患者を苦痛から解放した者（「疝気の虫」）、死神から授けられた呪文を唱え、重病人を完治させた〝迷医〟（「死神」）も登場する。うわばみの腹の中に薬籠を忘れてきたことに気づき、急いで山に引き返し、「もう一度呑んでくれ」と談判した、誠実にして勇猛果敢な田舎医者玄清《げんせい》（「夏の医者」）の姿には、今日の医療現場への鋭いメッセージを見出すこともできよう。（原健太郎）

医者（「義眼《ぎがん》」「入《い》れ目《め》」）
開業医。異物を飲み込んでしまった患者を診察。腹の中に悪い物が入っているらしい、と尻の穴から器具を差し込んで覗いてみると、向こうからも間違って飲んだ義眼がギロリ……。（太田博）

医者（「熊《くま》の皮《かわ》」）
長屋の先生。同町内に住む人の良い甚兵衛のことが大好きなのに、甚兵衛の方はそれほどでもないらしい。お屋敷のお嬢さんの病を治し熊の皮をもらうほどの腕をもつが、甚兵衛からは「珍しいこともあるものだ」と妙な感心をされるばかり。（長井好弘）

医者（「疝気《せんき》の虫《むし》」）
腰や下腹の内臓が痛む病、疝気の治療法を研究している。夢の中で、疝気の虫から、虫たちは蕎麦が好きで、人が食べたのをいただくと威勢がよくなり、筋を引っ張ったりして人を苦しめる。逆に、苦手なのは唐辛子で、体につくと腐って死んでしまう——と聞き、手近な患者でさっそく試してみる。（原健太郎）

医者（「転失気《てんしき》」）
知ったかぶりの和尚の主治医。診察の際、「転失気はあるか」と、わざわざ医術の専門用語で尋ねたため、周囲に波紋を広げる。（原健太郎）

医者（「綿医者《わたいしゃ》」）
天下の名医か、はたまたマッドサイエンティストか。「痛んだ内臓を全摘し、代わりに綿を詰める」という、とんでもない手術をやってのける。手術は成功したが、術後のケアが実にいい加減なのだ。飲酒・喫煙を許したため、患者の腹中で、酒が染み渡った綿にタバコの火が回り、「ああ、胸が焼ける」。（長井好弘）

和泉屋《いずみや》（「言訳座頭《いいわけざとう》」）
薪屋の主人。頑固者。大晦日、甚兵衛が按摩の富の市をともない、借金が返せない言い訳にやってくる。『春まで待ってもらうようにしてあげますよ』と請け合った、あっしの顔をつぶすんなら、おう、殺してもらおうじゃないか」と富の市に凄まれ、仕方なく返済をもう少し待つことにする。（原健太郎）

和泉屋与兵衛《いずみやよへえ》（「帯久《おびきゅう》」）
本町四丁目の呉服屋。商売敵、帯屋久七から借金の依頼があり、快く貸す。溜まった百両を返しにきた際、うっかりしまい忘れ、帯屋に持ち逃げされてしまう。それ以来ツキが変わり、次々と不幸に襲われる。恨みを晴らそうと、帯屋に火を付けようとして見つかり、大岡裁きとなる。判決は、六十一歳の和泉屋に「五十年後に火あぶりの刑」。（太田博）

伊勢吉《いせきち》（「不孝者《ふこうもの》」）

大店《おおだな》の大旦那。道楽者の倅に頭を悩ませ、奉公人に化けて柳橋の料亭でどんちゃん騒ぎをする息子を迎えに行く。表向きは堅物で通っているが、若き日の放蕩はかなりのもの。座敷の喧騒を聞きながら昔を思い出していたところ、思いがけずかつて世話をしていた芸者の金弥に再会。やけぼっくいに火がつきそうになる。（長井好弘）

伊勢屋《いせや》（「火事息子《かじむすこ》」）

神田三河町の質店の主。跡取りに納まるはずの息子が大の火事好きで、臥煙《がえん》（火消し人足）になったことに腹を立て、勘当する。ある時近所に火事があり、番頭と一緒に蔵の戸のすきまの目塗りをするが、駆けつけた息子と久々に対面しても、世間体をはばかって冷たくしながら、女房には「拾うやつがいるからその辺に紋付袴《はかま》などいろいろな品物を捨てておけ」と言い付ける。（太田博）

伊勢屋（「つづら」「つづら間男《まおとこ》」）

質屋の主人。十八年前に女房を亡くす。亭主持ちのお兼と知り合い、借金の肩代わりをする。茶屋女にはない純粋さにひかれて亭主の由蔵が留守の時に訪れているのを由蔵に知られ、葛籠《つづら》に隠れるが、葛籠ごと伊勢屋に運ばれ、質草にされる。（布目英一）

伊勢屋（「平林《ひらばやし》」）

商家の主人。小僧の定吉に平河町の平林さんへ手紙を届けるようにと命じるが、教えたそばから届け先を忘れてしまうので、「『平林さん、平林さん……』と言いながら行けばよい」と教える。（布目英一）

伊勢屋（「四段目《よだんめ》」「蔵丁稚《くらでっち》」）

商家の主人。芝居狂いで仕事が滞る小僧の定吉を懲らしめるため、晩飯抜きで蔵に押し込める。定吉が蔵にあった刀を持ち出し、「仮名手本忠臣蔵　四段目（判官切腹の場）」の真似をしているのを、本当の切腹と勘違いした女中の話を聞いて、空腹であることを思い出し、あわてて「御膳！」とおはちごと差し出す。人気役者が馬の脚をやるはずはない、など定吉の芝居の嘘を見破るところはなかなかの芝居通である。（太田博）

伊勢屋勘右衛門《いせやかんえもん》（「三軒長屋《さんげんながや》」）

横町の大店《おおだな》伊勢屋の主人。通称「伊勢勘」。その容貌から、陰で「やかん頭」「枇杷種《びわだね》」などと呼ばれている。三軒長屋の真ん中の家に年増の妾を囲い、毎晩のように通っている。引っ越しをせがむ妾にいい顔をするため、両隣を追い立てる計画があることを打ち明けたことから、騒動がもちあがる。（原健太郎）

伊勢屋喜八《いせやきはち》（「金玉医者《きんたまいしゃ》」）

八丁堀の大店《おおだな》伊勢屋の主人。気のふさぐ病を患う娘をもつ。診察のたびに立て膝をする医者甘井《あまい》羊羹《ようかん》の怪しい治療により、娘が回復してきたので、仕上げは自分がしっかりやろうと、見よう見まねで立て膝をし、「娘よ、下を見てごらん」。（原健太郎）

伊勢屋のお嬢《じょう》**さん**（「短命《たんめい》」「長命《ちょうめい》」）

伊勢屋の一人娘。三十代。今まで三人の養子をもらうが、いずれも早死にされてしまう。店は番頭任せなので、常に夫婦水入らず。献身的に尽くせば尽くすほど亭主が衰弱してしまうのだった。水もしたたるようないい女であることが、亭主の短命の原因であることを当人は知っているのだろうか。（布目英一）

磯貝浪江《いそがいなみえ》（「怪談乳房榎《かいだんちぶさえのき》」）

謎の浪人。二十八、九歳。色浅黒く、鼻筋高く、やせぎす。絵師菱川重信の妻おきせに横恋慕し、おきせ目当てに重信に取り入って、まんまと弟子になる。重信が高田砂利村の南蔵寺へ仕事に出た留守宅で「思いが叶わねば、子供を殺す」とおきせを脅し、わがものにする。さらに、金と義理で抱き込んだ下男の正介に手伝わせ、落合の蛍狩りの帰り道で重信を襲い殺害する。だが重信の一子、真与太郎を殺しそこなったことから、数年後、練馬赤塚村の乳房榎前で、重信の霊に守られた五歳の真与太郎に討たれる。（長井好弘）

磯七《いそひち》（「釜猫《かまねこ》」）
床屋の職人。町内の幇間《たいこ》風。放蕩が過ぎて自宅の二階に軟禁された若旦那に頼まれ、脱出の手伝いをする。味噌豆を炊くと称し、若旦那の家に大きな釜を借りに行き、その釜の中に若旦那を隠し連れ出そうとするが、計画を親旦那に聞かれて失敗に終わる。（小佐田定雄）

磯七（「鯉船《こいぶね》」）
回り髪結い。役者の屋号めかして磯村屋などと呼ばれ、幇間《たいこ》のような一面もある。客のお供で網打ちに行き、立派な鯉を捕え船端で料理しようとするが、片方のヒゲを剃り落としたところで逃げられた。（小佐田定雄）

磯七（「そってん芝居《しばい》」）
回り髪結い。芝居が好きで、お客に「仮名手本忠臣蔵二段目」本蔵松切りの場の仕方話をしているうちに、夢中になって剃刀でお客を斬りつけてしまう。（小佐田定雄）

磯部大神宮《いそべだいじんぐう》（「大神宮《だいじんぐう》」「お祓《はら》い」）
雷門の西側にあった社の主。吉原へ繰り込む連中ののろけを聞き、阿弥陀を誘って登楼する。（布目英一）

亥太郎《いたろう》（「業平文治《なりひらぶんじ》」「業平文治漂流奇談《なりひらぶんじひょうりゅうきだん》」）
左官屋。二十人力で酒乱。浅草見附のそば屋で暴れているところを業平文治に取り押さえられたのに逆上し、見附の鉄砲を持ち出したので牢に入れられる。出獄後、年老いて寝たきりの父親に文治が十両の見舞金を持ってきたことを知り、文治の子分になる。（布目英一）

市川右三郎《いちかわうさぶろう》（「まめだ」）
明治時代の上方の歌舞伎役者。ケレンの名手であった初代市川右団次の門人、まだ下回り。三津寺の前で「家伝びっくり膏《こう》」という膏薬を売って生計を立てている老母と二人暮らし。トンボの名手で、雨の夜、傘の上に豆狸をのせたままでトンボを返ったこともある。その時の疵で豆狸が死んだことを知り、葬ってやる。（小佐田定雄）

市川團蔵《いちかわだんぞう》（「淀五郎《よどごろう》」）
「目黒團蔵」こと四代目（延享二［一七四五］年～文化五［一八〇八］年）。小柄で、宙乗りや早替りを得意とした。

「差出《さしだ》し」（蠟燭を使った照明器具）の発案者。「仮名手本忠臣蔵」の四段目、判官切腹の場の判官役に、名題にもならない格の低い役者、沢村淀五郎を大抜擢した。しかし、「皮肉團蔵」「意地悪團蔵」と呼ばれる面目躍如。由良之助役で出演し、判官役の淀五郎が「近《ちこ》う、近《ちこ》う」と言っても近付かず、大恥をかかせる。実は、愛の鞭である。この噺の「忠臣蔵」は、安永八（一七七九）年八月の江戸・森田座と思われる。現在の團蔵（昭和二十六［一九五一］年～）は九代目。（太田博）

市助《いちすけ》（「市助酒《いちすけざけ》」）
町内の番人。個人の名前ではなく、役の名前。江戸でいう番太郎。昼間は使い走りなどもしているが、夜は火の用心で町内を回っている。酒が大好きで、夜回りの際にも酔っ払って、何度も「火の用心を大切にお願いいたします」と声をかけたので、質屋の番頭に「どびつこい（しつこすぎる）！」と叱られる。（小佐田定雄）

市助（「三人兄弟《さんにんきょうだい》」）
船場の火の番。商家の長男作治郎に頼まれ、遊びがすぎて軟禁されている二階の屋根に梯子をかけてやるが、作次郎だけでなく次男の彦三郎もその梯子を利用して色町に出かけて行く。（小佐田定雄）

市兵衛《いちべえ》（「手水《ちょうず》まわし」）
丹波貝野村の住人。長い頭がトレードマーク。五尺の手ぬぐいで頬かむりができないほどの長さで「外法《げほう》の市兵衛」と呼ばれている。村の宿屋に泊まった大阪のお客が「手水《ちょうず》を廻してほしい」と言ったのを宿屋の主が「長頭《ちょうず》を廻してほしい」と勘違いしたため、お客の前で自慢の頭をグルグルと回すはめになる。（小佐田定雄）

市丸《いちまる》（「どうらんの幸助《こうすけ》」）
大阪市中の稽古屋の門弟。古くから通っているが飽き性で、難しいとじきに「ここ、嫌いでんねん」と辞めようとする。ところが、「桂川連理柵《かつらがわれんりのしがらみ》 帯屋の段」のお婆んの嫁いじめのくだりだけは迫真の演技で語るので、表で聞いていた胴乱の幸助が本当のもめ事だと思い込み、仲裁のため京都へ向かう。枝雀型では「佳木《かぼく》」という俳名になっている。（小佐田定雄）

一竜《いちりょう》（「けんげしゃ茶屋《ぢやや》」）

ミナミの芸者。鶴の家の娘芸者国鶴の朋輩。元日早々、お座敷がかかって鶴の家へとやってくるが、客に名前を「生き霊」と間違えられて嫌な気分になる。（小佐田定雄）

一八（「愛宕山《あたごやま》」）

大阪ミナミの幇間《たいこ》。朋輩の繁八とともにお茶屋をしくじり、京の祇園町にやってくる。室町辺の旦那に連れられ、愛宕山に野駆け（ピクニック）に行くが、的に当てて遊ぶ「かわらけ投げ」の勝負で意地になり、「大阪の人間は金貨を投げる」と自慢する。それを聞いた旦那が対抗心から小判を投げたので、谷底に落ちた小判を拾おうと、大型の傘を使ってダイビングする。首尾よく小判を拾い集めたが、戻る算段がつかず、とっさの知恵で着物を裂いて縄を綯い、竹の反動を利用して元の場所に無事着くが、肝心の小判を谷底に置き忘れてくる。愛宕山の谷底のどこかに「一八先生遭難の地」の石碑が建てられていると聞くが、確認されていない。（小佐田定雄）

一八（「鰻《うなぎ》の幇間《たいこ》」）

野幇間《のだいこ》。羽織を着て身なりがいい。真夏の昼下がり、浴衣に手拭をぶらさげた男に、「どうしたい？　師匠」と声をかけられ、鰻屋に引っ張っていかれる。男が誰だか思い出せないので、住まいを聞いてみるが、「先《せん》のとこ」というばかりで見当がつかない。連れていかれた鰻屋は、およそ粗末な建物で、座敷も汚く、手習いをしていた子供が追い払われるような、世辞にも繁昌しているとは言えない代物。酌をし合っているうちに鰻も焼き上がり、相伴にあずかっていると、男が便所に立つ。「あの客、大事にしておこう」などとつぶやき、ひとりほくそ笑んでいるが、男はなかなか戻ってこない。しくじってはならないと、便所に迎えにいってみるが、姿がない。店の女中から、男が先に、しかも勘定を済まさず帰っていったと教えられ、男が幇間になりすまして逃げていったことに気づく。

鰻も酒も香物《こうこ》もまずいし、床の間の掛け軸も安物だ、などと、残った酒を飲みながら腹いせに悪態をつくが、勘定を聞くと、これがべらぼうに高い。男が三人前の土産を持っていったからだと言われ、いよいよ情けなくなる。泣き泣き、着物の襟に縫い付けておいた十円札を抜き取り、勘定を済ませるが、今度は、今朝買ったばかりの下駄が見つからない。女中、「あれは、お供さんがはいて帰りましたよ」。（原健太郎）

一八（「山号寺号《さんごうじごう》」）

ダジャレ好きの幇間《たいこ》。上野広小路でばったり会った若旦那に「山号寺号を言えば祝儀を出すよ」と言われ、「時計屋さん今十時」「肉屋さんソーセージ」などと珍回答を連発。おかげでだいぶもうけたが、最後は若旦那に金を持ち逃げされ「南無三仕損じ！」。（長井好弘）

一八（「地獄八景亡者戯《じごくばっけいもうじゃのたわむれ》」）

大阪ミナミの幇間《たいこ》。遊びにあきた道楽者の若旦那と食べた河豚にあたって冥土にやってくる。芸者も交えた若旦那ご一行のツアコン的な役割を務めるが、三途の川を目前に、娑婆で若旦那の持ち物を失敬したことが発覚。「白状してしまえば懺悔と言うて罪がなくなる」と聞き、前科を次々としゃべりだす。（小佐田定雄）

一八（「たいこ腹《ばら》」）

協調性に富むが主体性のない幇間《たいこ》。何事も客の言うがまま、世辞と追従で座を取り持つ、なじみ客の若旦那に茶屋に呼び出され、新しい道楽「鍼治療」の実験台になる。壁、枕、猫と試した後が自分の番だと聞き、身の危険を感じて抵抗するが、「打たせれば羽織と祝儀がつく」と言われ、あっさり陥落。大事な腹部に鍼を打たせたが、案の定、鍼が折れて出血する騒ぎに。若旦那に逃げられ、花柳界でならしたたいこ（幇間の俗称）も「皮が破れてなりませんでした」。（長井好弘）

一八（「ちきり伊勢屋《いせや》」）

幇間《たいこ》。札の辻から品川遊郭へ向かうため辻駕籠を拾ったが、駕籠屋の片割れがかつての贔屓客、ちきり伊勢屋伝二郎の落ちぶれた姿と知り仰天する。「昔、俺がやったものだから」と羽織と一両を巻き上げられるが、これが元で伝二郎の運が開けるのだから、いわば幸運の使者である。後に家を再興した伝二郎から、さぞや莫大な祝儀が届いたことだろう。（長井好弘）

一八（「つるつる」）
酒にだらしない幇間《たいこ》。芸者のお梅（正式名は小梅）に「四年半も岡惚れ」している。しつこく口説くと、「今夜、二時を打ったら私の部屋に来い」とうれしい返事をもらうが、途中で客と会って飲まされる。へべれけに酔って帰宅、寝てしまう。それでもお梅の元に行こうと、明かり取りから帯を伝って、下りると、置屋の主人が朝食の真最中。「どうしたんだ」。苦し紛れに「井戸替えの夢を見ました」。恋する女との逢瀬の絶好機にも、客を優先させざるを得ない幇間の哀感がにじむ。（太田博）

一八（「土橋万歳《どばしまんざい》」）
大阪ミナミの幇間《たいこ》。難波の一方亭《いっぽうてい》で芸者を集めて遊ぶ若旦那の座敷に侍っていたが、迎えにきた番頭をうっかり通したため、ご機嫌を損なう。座敷を代えようと難波の土橋まできたところで、追い剥ぎが現れたので、若旦那をほったらかして一目散に逃走する。（小佐田定雄）

一八（「冬《ふゆ》の遊《あそ》び」）
大坂新町の幇間《たいこ》。なじみの堂島の相場師が真夏に厚着をして遊んでいる座敷へ夏物の衣装で出て大しくじり。失地挽回のため、厚着をした上に火鉢を座敷に持ち込んで、今度は相場師連中を困らせる。（小佐田定雄）

一八（「木乃伊取《みいらと》り」）
野幇間《のだいこ》。お調子者。吉原に居続けしている大店《おおだな》の若旦那を連れて帰ろうと、勇んで出かけた鳶頭《かしら》にくっついていく。「とにかく一杯いただきましょう」と、座敷に腰を下ろしたのが最後、ずるずるべったり、二人して帰らず終いとなる。（原健太郎）

稲垣小左衛門《いながきこざえもん》（「粟田口《あわたぐち》」「粟田口霑笛竹《あわだぐちしめすのふえたけ》」「澤紫《さわのむらさき》ゆかりの咲分《さきわけ》」）
金森家の重役。七百五十石取り。刀屋岡本政七の番頭重三郎に金森家家宝の名刀「粟田口国綱」を預けた際に無理に屠蘇を飲ませて泥酔させたため、「粟田口」が何者かに奪われる。その責任を取って主家を去り、家来の丈助と市川で商売を始める。八幡《やわた》の八幡宮参詣の帰りに長持を担いだ人足に言いがかりをつけられたので、こらしめると、長持を置いて逃げてしまった。中から、かどわかしにあった娘が出てきて、息子小三郎の許嫁《いいなずけ》石川みえとわかり、家に置く。丈助と風光明媚な国府台の総寧寺《そうねいじ》を訪ね、夕霧が立ち込める中、一節切《ひとよぎり》の笛を吹いていると、背後から忍び寄った頭巾の侍に川へ突き落とされて落命する。行年四十九歳。忠義一途に見える丈助が裏で手引きしていたのだが、丈助がそのような悪人だとは最期まで知らずにいた。（布目英一）

稲垣小三郎《いながきこさぶろう》（「粟田口《あわたぐち》」「粟田口霑笛竹《あわだぐちしめすのふえたけ》」「澤紫《さわのむらさき》ゆかりの咲分《さきわけ》」）

金森家の重役稲垣小左衛門の息子。小左衛門の落ち度で金森家の宝刀「粟田口国綱」が盗難にあい、詮議のため諸国を旅する。その疲れがたまったのか盲目となる。荷足りの仙太らの世話で深川扇町に住む。「刀を入手するために二百両が必要」という偽手紙を信じて許嫁のみえが吉原に身を売って山口屋の遊女音羽となっていると知り、百両を渡しに行くが、盲目の姿を見たら嘆くだろうと、手紙と一緒に百両を寝巻にくるんで妓楼を出る。木場の材木置き場で小左衛門に仕えていた丈助に襲われるが、肩口を斬られただけですんだばかりか、この傷で悪血が抜けて目が治る。追いかけてきた音羽こと、みえと再会し、扇町の家に連れて行くが、足抜けをさせた形となったため、仙太に身請けの手はずを整えてもらう間、矢切村に住むみえの乳母しのの家に身を寄せる。丈助がしのの手にかかって死ぬ間際、刀を盗んだり、みえの父石川藤左衛門や小左衛門を殺したのは金森家の元家臣大野惣兵衛だと白状したため、居場所をつきとめ、あだ討ちに成功する。刀も取り戻して金森家に帰参がかない、みえと夫婦になる。（布目英一）

田舎 侍《いなかざむらい》（「首提灯《くびぢょうちん》」）

地方出の武士。夜半、酔った男に道を尋ねた際、悪態をつかれ、痰まで吐きかけられた腹いせに一刀の下に首を斬る。相手が首を斬られたのも気付かない凄腕である。落語の田舎侍といえば薩摩藩が相場。地元で鍛えた剣術の腕は、ひ弱な江戸の武士など及びもつかない。（太田博）

田舎侍（「棒鱈《ぼうだら》」）

俗に「浅葱裏《あさぎうら》」と揶揄される、野暮な勤番侍。覚え立てのお座敷遊びが面白く、お国言葉ではしゃぎまくる。鮪《まぐろ》の赤身を「赤べロべロの醤油漬け」、蛸の三杯酢を「えぼえぼ坊主の酸っぱ漬け」と呼び、芸者を相手に「いちがち（一月）は、まちかじゃり（松飾り）」などと珍妙な唄をたて続けにがなるので、隣座敷の江戸っ子に殴り込まれる。（長井好弘）

田舎者《いなかもの》（「勘定板《かんじょういた》」）
江戸の宿屋で、若い衆に便所の場所を尋ねるが、いっこうに埒《らち》があかず、ついに差し出された算盤《そろばん》の上で用を足すことになる。（原健太郎）

田舎者（「五《ご》人廻《にんまわ》し」）
吉原の妓楼の廻し部屋の客。「日本橋の在から来た」と称するとおりのあか抜けない風情だが、これがなかなか食えない男で、部屋の畳を全部上げて「昨夜買った花魁《おいらん》が紛失したから、一緒に探してくれ」と謎をかけ、若い衆を困らせる。（長井好弘）

稲川《いながわ》（「稲川」「千両幟《せんりょうのぼり》」）
大坂相撲の強豪。勢いを駆って江戸へ進出し、十日間勝ち続けたが、何故かちっとも人気が出ず、「いっそ上方に帰ろうか」と悩んでいる。そこへ訪ねてきたおこもさん（乞食）に、粗末な蕎麦を振る舞われる。感激して平らげると、「実は私は魚河岸の者。関取の了見を試したんだ」と正体を明かされる。魚河岸連中を揃って贔屓にしたことで、江戸中の評判になり、人気も定着した。稲川重五郎という実在の力士もおり、こちらは人形浄瑠璃「関取千両幟《せきとりせんりょうのぼり》」のモデルになった。（長井好弘）

稲荷《いなり》（「ぞろぞろ」）
さびれてはいるが実は霊験あらたかな神様。四谷左門町のお岩稲荷、浅草田んぼの太郎稲荷、大阪の赤手拭《あかてぬぐい》稲荷神社、あるいは他の無名の神社。熱心に信心すれば、売れ残りのわらじを買いに客がぞろぞろとやってきて、客が店を出たとたんに新しいわらじがぞろぞろっと出てくる御利益を施してくださることもあるが……。（布目英二）

犬《いぬ》（「犬《いぬ》の目《め》」）
医者のシャボン先生の近所に暮らす。干した人間の目玉が好物らしく、シャボン先生の患者の目玉を食べて、自分の目玉をくりぬかれることになる。シャボン先生曰く、「犬の腹の中に入った目玉から、春になったら芽（目）が出るだろう」。（原健太郎）

犬糞踏太《いぬくそふんだ》兵衛《べえ》（「苫ケ《とまが》島《しま》」）
紀伊大納言頼宣の家来。山坂転太《やまさかころんだ》とペアを組むことが多い。殿様が領内の苫ヶ島で狩をするのについて行き、参加をするが「熊を一匹、射取った」と自慢する。実際は兎を捕まえただけであった。（小佐田定雄）

猪之《いの》（「池田《いけだ》の猪買《いのか》い」）
池田の山中で山猟師の父六太夫と暮らす少年。猪之吉か猪之助であろうが、父親に「猪之よ！」と呼ばれると無邪気に「うーっ！」と答える。（小佐田定雄）

猪之（「船徳《ふなとく》」）
柳橋の船宿大枡《だいます》の船頭。新造舟が気になってたまらず、まだ親方の試し乗りもすんでいないのに、こっそり大川へ漕ぎ出す。ところが、うっかり橋杭へ舳先《ともさき》をぶつけて、鼻先を欠いてしまう。大工へ回して修繕せず、先の方を荒縄でぐるぐる巻きにしてごまかしていたのが親方にバレたと早合点し、兄貴分に謝ってもらったら、「いつやったんだ、ちっとも知らなかった」。（長井好弘）

伊之《いの》（「辰巳《たつみ》の辻占《つじうら》」「辻占茶屋《つじうらぢゃや》」）
商家の若旦那。本名は伊之助、伊之吉か。深川遊郭の遊女照香《てるか》にぞっこんだが本心がわからない。伯父から、心中を持ちかけて確かめろ、と教授される。真っ暗な川に飛び込む手筈が、実はお互い石を投げ込んだ。その後二人は気まずい出会いをする。深川遊郭は江戸城から見て辰巳の方角（南東）にある。（太田博）

伊之（「花見《はなみ》の仇討《あだうち》」「八笑人《はっしょうじん》」「桜《さくら》の宮《みや》」）
長屋の若い衆。本名は伊之助、伊之吉など。花見の趣向に仇討の仮装を企てた四人仲間の一人。巡礼兄弟の弟の役を受け持ち、仇敵《かたき》の浪人を探して行脚している設定。約束の場への途中、本物の侍にぶつかって平謝り。「民さん」でやる演者もいる。（太田博）

猪《いのしし》（「弥次郎《やじろう》」）
巨大な雄猪。馬乗りになった大ぼら吹きの弥次郎に、急所を握りつぶされ、絶命。「死の間際、腹の中から十六匹の子供が出てきた」と、弥次郎は証言する。（原健太郎）

猪之助《いのすけ》（「三枚起請《さんまいぎしょう》」）
唐物屋《とうぶつや》の若旦那。吉原の遊女喜瀬川から起請文《きしょうもん》をもらって通い続けていたが、仲間の大工の棟梁源兵衛と経師屋《きょうじや》の清造も同文の起請をもらっていたことがわかり、三人で仕返しに行く。見世の押し入れに隠れて喜瀬川の来るのを待っていると、「色が白くてぶくぶく太って、水瓶に落っこちたお飯《まんま》っ粒みてえなの。おもちゃ代わりに渡したんだよ」と陰口を言われ腹を立てるが、「まあ、そこにいたの？　色白できれい…」と混ぜっ返され、「女郎は客をだますのが商売」と開き直られる。（太田博）

伊之助《いのすけ》（「ちきり伊勢屋《いせや》」）
紙問屋福井屋の跡取り。道楽が過ぎて勘当の身の上に。品川で、家財一切を失った幼なじみの、ちきり伊勢屋伝二郎と遭遇。長屋に連れ帰り、二人で辻駕籠屋を始める。慣れぬ商売で苦労するが、それがきっかけで伝二郎の運が一気に開け、自身の勘当も許《ゆる》される。（長井好弘）

位牌屋《いはいや》（「位牌屋」）
人の良い親方。横丁で位牌の製造販売を営む。仏師屋とも。母親、夫婦と子供に職人の五人暮らし。お店《たな》の吝《けち》な旦那のまねをしようと、煙草をただのみしたり、余った位牌をねだったりする小僧定吉を、呆れつつも本気で心配する。（長井好弘）

伊八《いはち》（「煙草《たばこ》の火《ひ》」）
大坂キタの一流の御茶屋綿富《わたとみ》の番頭。ふらりと遊びにきた和泉の大富豪飯佐太郎《めしのさたろう》のかかりとなるが、その正体を知らず、祝儀の立替を断ったため、小判の漬物になりそこなう。失地挽回のため、千両箱を山積みにして、飯の旦那の到来を待つ。（小佐田定雄）

伊八（「宿屋《やどや》の仇討《あだうち》」「庚申待《こうしんまち》」「宿屋仇《やどやかたき》」）
神奈川宿武蔵屋の若い衆。客引きした万事世話九郎という侍を、望みの「静かな部屋」に案内する。が、その後、隣りの部屋に入れた江戸の魚河岸の三人連れがどんちゃん騒ぎをするので、世話九郎から、「伊八、伊八！」と再三呼び付けられる。三人のうちの源兵衛が色事話で侍を斬って逃げていると話すと、実は世話九郎が探している仇敵と告げられ、縛り上げる手伝いをさせられる。

東京に「庚申待」という同種の噺がある。どちらも、客と若い衆、町人と侍の立場の違いなど江戸庶民の赤裸々な姿を活写してやまない。（太田博）

茨木屋《いばらきや》（「冬《ふゆ》の遊《あそ》び」）
大坂新町の揚屋の主人。太夫の道中を堂島に知らせるのを忘れたため、当日に相場師連中が新町に乗り込んで来て、前代未聞の大騒ぎになる。（小佐田定雄）

妹御《いもうとご》**前**《ぜん》（「深山隠《みやまがく》れ」）
肥前天草、噺家山御霊ヶ《はなしかざんおんりようが》嶽《たけ》を根城にしている山賊の頭分。なかなかの美人。年齢は十六、七歳。森宗意軒《もりそういけん》の次女。自ら旅の娘のなりをして山道で旅人を待ち伏せ、巣窟に誘い込んでいた。山賊退治にやってきた蟹田源吾《かにたげんご》を、色香に迷わせて誘いこもうとしたが、塗り下駄を履いたまま丸木橋を渡ったのを不審に思った源吾に正体を見破られ、斬り捨てられる。（小佐田定雄）

芋屋《いもや》（「位牌屋《いはいや》」）
赤螺屋吝兵衛《あかにしやけちべえ》の吝《けち》商売の犠牲者第二号。神田竪大工町で親子三人暮らし。行商の途中店に呼び込まれ、吝兵衛の質問攻めにあう。この間、芋を何本も無料でとられ、煙草をただ飲みされてしまう。（長井好弘）

岩佐屋《いわさや》**松兵衛**《まつべえ》（「宗珉《そうみん》の滝《たき》」）
紀州熊野権現前の旅籠《はたご》の主人。紀州家留守居役の定宿。おとこ気があって面倒見がよく、骨董品の鑑定眼もある。名工横谷宗珉の弟子だった宗三郎のために仕事場を提供する。紀州公から刀の鍔《つば》に那智の滝を彫ってほしいという注文を取り付け、大仕事を前に酒に逃げようとする宗三郎を叱咤し、断食をして仕事の成功を祈る。（布目英一）

岩田《いわた》**馬之丞**《うまのじょう》（「妾馬《めかうま》」「八五郎出世《はちごろうしゅつせ》」）
赤井御門守に仕える侍。馬術指南。主君の側室おつるの兄八五郎がしがみついた暴走馬の前に、悠然と立ちはだ

かって騒ぎを鎮める。（原健太郎）

岩田《いわた》の隠居《いんきょ》（「天災《てんさい》」）
長屋の長老。八五郎はじめ、長屋の住民たちの面倒をよく見ている。母親と妻の「離縁状」を書いてくれと飛び込んできた八五郎を改心させるため、長谷川町新道の心学者、紅羅《べにら》坊《ぼう》名《な》丸《まる》の元へ手紙を持たせる。紅羅坊も、隠居の依頼ならと快く引き受け、物分かりの悪い八五郎を諄々と諭す。（太田博）

岩淵伝内《いわぶちでんない》（「高田馬場《たかたのばば》」「仇討屋《あだうちや》」）
一家三人で「営業」している仇討業の父親。浅草奥山で娘と息子が蟇《がま》の油を売っているところに、「二十年前の古傷にも効くか」と尋ねる武士の役。姉弟は豹変して「親の敵……」となるのだが、そこは茶番。仇討ちは日延べ、場所も高田馬場に変更。翌日、野次馬が押しかけて大繁盛している茶屋の売り上げの一割を懐に酒盛りをしている。この珍商売、自分で考案したとしたら相当の知恵者である。（太田博）

岩淵伝内（「操《みさお》競《くらべ》女《おんな》学校《がっこう》」「お里《さと》の伝《でん》」）
讃岐丸亀の大名京極備中守の家臣。伴頭役《ともがしらやく》。三百石取り。今井田流の使い手。下役の尼ヶ崎幸右衛門の妻お艶に横恋慕し、しばしばみだらな振る舞いをする。正月七草の夕刻、お艶に強引に迫っていたところ、帰宅した尼ヶ崎ともみ合い、抜き打ちざまに斬り殺して逃走。このとき、お艶に脇差を投げ打たれ、左肩に傷を負う。小泉文内の変名で江戸に潜伏し、御進物御取次番頭坂部安兵衛の用人となる。尼ヶ崎を殺害してから十九年後、五十一歳のとき、坂部家の正月七草の酒席で、酔いにまかせて過去の色恋沙汰をしゃべったことから素性が知られ、父の仇を討つために剣術修業につとめた尼ヶ崎の娘お里に、本懐を遂げさせる。（原健太郎）

岩松《いわまつ》（「外法頭《げほうあたま》」）
播州飾磨《しかま》の廻船問屋淡路屋の息子。父の岩太郎が退治した海坊主の祟りで頭が長くなってしまう。大坂道修町の薬問屋葛城屋の丁稚《でっち》になる。芝居見物で出会った娘に頼まれ、乳の腫物を舐めて治してやったことから「生き神様」と評判になり、出開帳まで始める。（小佐田定雄）

岩村玄石《いわむらげんせき》（「名人長二《めいじんちょうじ》」「指物師名人長二《さしものしめいじんちょうじ》」）
鍼医《はりい》。亀甲屋半右衛門の妻お柳と手代の幸兵衛に金をつかまされ、半右衛門を鍼で突き殺し、病死を装う。二十九年後、半右衛門殺しを共謀した美濃屋茂二作《みのやもじさく》の前にひょっこり現れ、金をゆするが、直後に捕縄される。南町奉行の裁きで遠島に処される。（原健太郎）

隠居（いんきょ）
横丁に住む長屋の知恵袋。苗字は岩田が多いようだ。娘を嫁に出し、月々の仕送りで悠々自適の暮らし。俳句、掛け軸の収集、植木の手入れ、雑学研究など、多彩な趣味の持ち主。こうやって並べると文句のつけようもない人物だが、視点をかえれば、意外な事実に気づく。落語の中で起きる事件の多くが、隠居の家から始まっているのだ。長屋連中はわからないことがあると、すぐに聞きに来る。いわば、よろず相談所。彼らはここで教わったあれやこれやを、髪結床や湯屋など、人の集まる場所で吹聴する。だが、うろ覚えだから、たいていは失敗に終わる。これが、いわゆるオウム返し。「つる」も「子ほめ」も「道灌」も「十徳」も「松竹梅」も「高砂や」も、隠居がいらぬ知恵をさずけなければ、長屋に事件は起こらなかったのではないか。中には鶴の名の由来など、でっち上げの嘘情報も混じっている。とはいえ、隠居がものを教えなければ、噺自体も存在しなくなる。してみると落語の救世主か、それとも落語のトラブルメーカーなのか。今日も「こんちは、隠居さんいますか？」と八五郎が茶を飲みにやって来た。さて、どんな事件が勃発するのだろうか。（長井好弘）

隠居（「植木《うえき》のお化《ば》け」）
町内の通人。築山に毎晩現れる植木のお化けを見ながら晩酌を楽しんでいる。うわさを聞いて訪ねてきた熊五郎に、お化けの解説をすることも。「植木の世話を嫌った使用人が煮え湯をかけた恨みだろう」と推測するが、植木のお化けたちは芝居っ気たっぷり。サカキ（酒木）とラン（乱）が酒乱になって「梅は咲いたか」をうたい、ユキノシタとオミナエシ（女郎花）が「三千歳《みちとせ》と直侍《なおざむらい》」を演じるなど、幽霊劇場は今夜も千客万来。（長井好弘）

隠居（「浮世根問《うきよねどい》」「無学者《むがくしゃ》」）

自称物知り。八五郎が、「婚礼をなぜ嫁入りと言うのか、奥さんとはどういう意味か、鶴は千年、亀は万年生きるのか、極楽や地獄はどこにあるのか」など根掘り葉掘り問いただすのを根負けせずに答え続ける。（布目英一）

隠居（「加賀《かが》の千代《ちよ》」）

悠々自適の老人。素直で人の良い甚兵衛を愛しているが、金銭に関してはしっかり女房のほうを信用しているようだ。大晦日《おおみそか》甚兵衛に借金を申し込まれても「金なんて見たこともない」ととりつく島もないが、これが女房の指図とわかると、一転満面の笑顔で「それだけで足りるかい？　もっと持って行くかい？」と応じ、甚兵衛をむくれさせる。（長井好弘）

隠居（「伽羅《きゃら》の下駄《げた》」）

目利きの老人。豆腐屋が持ち込んだ下駄を、仙台公のものと即座に見極める。香木の名品、伽羅で作った下駄が片方でも百両、と値を付け、豆腐屋をあわてさせる。「家主」でやる人もいる。（太田博）

隠居（「口合根問《くちあいねどい》」）

「口合（駄洒落）」に凝った男に往来で呼び止められ、「どこか痛いところはないか？」といきなり質問される。「鼻か腹が痛い」と答えていたら、「鼻（腹）が痛くば吉野へござれ」という口合を聞かされるところだったが、「足が痛い」と答えたため、男は困って「足が痛くば……どこへも行けんわ」と言ってしまう。（小佐田定雄）

隠居（「後生鰻《ごしょううなぎ》」）

大家《たいけ》の旦那。信心深く、殺生を嫌い、蚊に刺されても、かゆいのをじっと我慢している。鰻屋の親方が鰻に錐《きり》を通そうとしているのを戒め、鰻を買い取り、前の川に放す。以来毎日、同じことを繰り返す。鰻屋の悪心で、鰻は日ごとに小さくなり、値段もつり上げられるが、いっこうに気にしない。鰻を切らした鰻屋が、欲をかいて自分の赤ん坊をまな板の上にのせると、それも買い取り、前の川へ持っていって、ざぶうぅり……。形骸化した信心のおかしさを表した人物として、「小言念仏」の親父と双璧である。（原健太郎）

隠居（「子《こ》ほめ」）

世辞を手ほどきする老人。ただで酒を飲ませてもらうにはどうしたらよいかと、熊五郎に相談される。とにかく機嫌をとることだと、大人をほめるときは年を四つ、五つ若く言い、子供をほめるときは「梅檀《せんだん》は二葉より芳しく、蛇《じゃ》は寸にして人を呑む」と言って、家族をほめるようにするとよい、と教授する。（原健太郎）

隠居（「強飯《こわめし》の女郎買《じょろうか》い」「子別《こわか》れ」）

世話好きな質屋、伊勢屋の先代主人。山谷での葬式帰り、したたかに酔った熊五郎に「吉原へ行こう」と誘われるが、「そんな年じゃない」と断るついでに、「遊び金があればかみさんや子供のために使え」と説教したため、かえって熊五郎を怒らせ、吉原へ行かせてしまう。このことが数日後に熊五郎一家が別離のきっかけになるとは、夢にも思っていない。（長井好弘）

隠居（「雑俳《ざっぱい》」）

悠々自適な横町の老人。書画、俳諧を楽しむ。暇にまかせて長屋の八五郎に俳句の手ほどきをするが、「見たまでいい」といえば「初雪や方々の屋根が白くなる」と見たまま過ぎる句を詠むなど、いっこうに上達しない。それではと、次に同じ言葉を重ねる「りん廻し」を伝授するが、今度はあまりにぎやかで、ラッパの稽古と間違えられる。（長井好弘）

隠居（「地獄八景亡者戯《じごくばっけいもうじゃのたわむれ》」）

新参の亡者。冥土の道で後から来た喜六に声をかけられる。自分の葬式の手伝いに来ていて、香典をごまかしていた喜六も数日後に鯖にあたってこちらに来たらしい。脚気を患っていたので、後から来た喜六に追いつかれたようだ。「急ぐ旅でもない」と二人仲良く会話を楽しみながら歩き続ける。（小佐田定雄）

隠居（「十徳《じっとく》」）

横町の老人。長屋の八五郎から、いつも着ている十徳のいわれを問われ、「立てば衣のごとく。座ったところは羽織のごとく。『ごとく』と『ごとく』で十徳だ」と説明する。もちろん口から出まかせだが、八五郎ならずと

も信じてしまう説得力だ。（長井好弘）

隠居（「洒落《しゃれ》小町《こまち》」）
熊五郎とがちゃ松夫婦の仲人。亭主の浮気のことで相談にやってきたがちゃ松に、在原業平の故事を紹介し、駄洒落のひとつも言って優しくしてやれば、外に出なくなるはず、と知恵をつける。（原健太郎）

隠居（「松竹梅《しょうちくばい》」）
世話好きな長屋の老人。お店《たな》の婚礼に呼ばれた松、竹、梅の三人に、三人のめでたい名にちなんで謡曲の節で「なった、なった、じゃになった。当家の婿殿、じゃになった」「何《なに》じゃになられた」「長者になられた」と謡う余興をしたらよいと提案する。（布目英一）

隠居（「高砂《たかさご》や」）
冠婚葬祭に詳しい老人。伊勢屋の若旦那に仲人を頼まれた八五郎に御祝儀の謡「高砂」を謡うように勧める。謡の調子がつかめない八五郎に、豆腐屋の売り声をまねて「高砂やこの浦舟に帆をあげて」と途中まで謡えばよいと言ったために……。（布目英一）

隠居（「短命《たんめい》」「長命《ちょうめい》」）
勘のいい老人。勘の悪い八五郎に、伊勢屋の一人娘の養子はなぜ次々と若死にをするのかと尋ねられ、「店は番頭に任せきりで、他にすることはない。目の前にはふるいつきたくなるようないい女」が短命の理由であると、身振りまじりで諭す。（布目英一）

隠居（「千早振《ちはやふ》る」）
物知りで通っている老人。知らないということが言えない。百人一首にある在原業平の歌「千早振る神代もきかず竜田川　からくれなゐに水くくるとは」の意味を聞かれる。苦しまぎれに、竜田川という大関が千早花魁《おいらん》と神代花魁に振られて、故郷に帰って豆腐屋になったところ、乞食になった千早花魁がやってきたが、おからをあげなかったために、千早は井戸に飛び込んでしまったという物語を即興で作り上げる。（布目英一）

隠居（「茶《ちゃ》の湯《ゆ》」）

元は蔵前の大店《おおだな》の大旦那。根岸の里で、小僧の定吉と隠居生活を送る。何の趣味もなく、ただただ時間を持て余している。隠居所の茶室で茶の湯を始めるが、作法がわからない。定吉に思いつくままに材料を集めさせ、二人で茶会の真似事をするが、青きな粉を調達してきたばかりか、何か泡の立つものが必要と椋《むく》の皮を混ぜたりして、とても飲めた代物ではない。それでも誰かにふるまいたくなり、長屋の店子《たなこ》に声をかけるが、サツマイモを濾過したものを黒砂糖と蜜で練り、灯油を塗って型からとった、およそ食品とはいえぬ茶菓子を自家製造して、客を悩ませる。持ち前の知ったかぶりと風流へのあこがれが、周囲の者たちに多大な迷惑をかけるが、もちろん悪気はみじんもない。（原健太郎）

隠居（「転失気《てんしき》」）
看板倒れの物知り。寺の小僧珍念が、「転失気」なるものを貸してくれとやってくるが、何のことやらわからない。医術の専門用語など知る由もなく、「あいにく、ねずみが棚から落として壊れたから、今日は貸せない」などと適当なことを言って、追い返す。（原健太郎）

隠居（「道灌《どうかん》」「小町《こまち》」）
物知りの老人。掛け軸の古歌「七重八重花は咲けども山吹の　実の一つだになきぞ悲しき」にまつわる太田道灌の故事を、遊びに来た八五郎に解いて聞かせる。真意を理解しないまま感心している八五郎に、その歌を書いて持たせる。「家主」でやる場合も。（太田博）

隠居（「二十四孝《にじゅうしこう》」）
博識の老人。親不孝の熊五郎に、唐（中国）の「二十四孝」の話を聞かせて、改心させようとする。この故事や、芝居の「本朝二十四孝」の例が直ぐに出てくる辺り、なかなかの博学者。「天災」の隠居と同類。（太田博）

隠居（「のめる」「二人《ににん》ぐせ」）
長屋の知恵袋。「口癖を言ったら罰金を払う」という賭けに勝つ法を聞きにきた頼りない若い衆に、妙案を授ける。第一案は感づかれたが、敵の好きな詰将棋を使った次案が功を奏し、見事口癖の「つまらない」を引き出す。一勝一敗、なかなかの名コーチぶりだ。（長井好弘）

隠居（「八問答《はちもんどう》」）

横丁の知恵者。「八という字はありがたい」が持論で、与太郎に「大坂が八百八橋、京都は八百八公家、江戸は八百八町で旗本八万旗」などと、「八」にまつわる、ありとあらゆる蘊蓄を披露する。「八」が付いているなら、多少のこじつけもいとわない。隠居の権威を守るためには、博覧強記にも牽強付会にもなるのである。（長井好弘）

隠居（「八九升《はつくしょう》」）

商家の老主人。耳が遠いため、相手の顔の表情だけで判断している。丁寧なことばづかいであっても、不愛想な顔をしていると、「馬鹿にしている」と怒り出し、けなされていても、笑みを浮かべている相手には機嫌がよい。これを心得た番頭にはいつも罵詈雑言を浴びせられているが、満面の笑みにだまされ、店で一番信頼を置いている。「このあいだ買った米は一両でいくらしたのか」と尋ねると、笑みを浮かべた番頭に、こよりを鼻に突っ込まれる。思わずくしゃみをして、「ハックション。ああ、八、九升ぐらいか」。（布目英一）

隠居（「一目上《ひとめあ》がり」）

書画骨董を趣味にする老人。掛け軸の絵に添えられたことばの意味が何だかわからずにほめた八五郎に、「『結構な賛（三）でございます』と言えば、敬われるようになるよ」と教える。（布目英一）

隠居（「坊主《ぼうず》の遊《あそ》び」）

坊主頭の老人。研《と》ぎ屋の親方と吉原へ遊びに行くが、女が悪態を付いたうえ、背中を向けて寝てしまったので、腹いせに持っていたカミソリで女を坊主にしてしまう。この年で吉原遊びとはお盛ん。（太田博）

隠居（「元犬《もといぬ》」）

変わり者好きの老人。女中のおもとと暮らす。口入屋《くちいれや》の上総屋吉兵衛が、只四郎と名のる風変わりな若い衆を連れてくるが、敷居に顎をのせて寝たり、舌をだらりと伸ばしたり、突然犬のようにチンチンを始めたり……で、さすがにもてあます。（原健太郎）

隠居（「やかん泥《どろ》」）
高齢ながら、きかん気の主人。与太郎ら二人の泥棒の侵入を察し、「こっちから手玉に取ってやろう」と乗り出したものの、つるつる頭をやかんと間違えられる。その見事なやかん頭は、はたして盗まれたのかどうか、噺の続きが聞きたい。（長井好弘）

隠居（「弥次郎《やじろう》」）
北海道帰りの弥次郎から、土産話を聞かされる老人。理屈に合わない摩訶不思議な話には、そのつどツッコミを入れるが、弥次郎の屁理屈と調子のよさに乗せられ、ついつい聞き入ってしまう。（原健太郎）

引導鐘《いんどうがね》の僧《そう》（「天王寺詣《てんのうじまい》り」）
四天王寺の坊さん。彼岸の三日目に引導鐘を撞《つ》いていると、陽気な男がやって来て「俗名クロ」という不思議な名前の仏を供養させられる。三回打つ引導鐘の三つ目を撞かせてくれと頼まれ、撞かせてやるとみごとに撞きそこねた。（小佐田定雄）

〈う〉

植木屋（「植木屋曽我《うえきやそが》」）
下寺町で営業。桜の木を所望する武士に、仇討の曽我兄弟の兄十郎にゆかりの桜を十両（十郎）で売ろうとした。武士は五両（五郎）に負けろ、という。武士との対応に、兄弟の仇討話で掛け合いする物知り。（太田博）

植木屋（「雛鍔《ひなつば》」）
親代々の職人で三十代。八歳の息子と親子三人の長屋暮らし。職人の世界の仁義にはめっぽううるさい。大名屋敷で仕事をしている際、息子と同い年の「お八歳」の若様が一文銭を拾って「お雛様の刀の鍔《つば》かな」と言って放り投げたのを見て、大名家だけあって、銭を知らずに育っていることに感心。いつも銭をほしがってばかりいるわが子もこのように育てたいと女房に話す。これを立ち聞きした息子が来客の前で銭を手にして、「これはお雛様の刀の鍔かな」と語り、芝居とは気づかない客にほめられたので、ご満悦となる。（布目英一）

植木屋（「松医者《まついしゃ》」）

大名の出入り職人。家老から、枯れそうになった大殿拝領の松の治療を仰せつかる。手に負えないとみて、よく似た松を探し出して、差し出した。だが、その松に余病が……。家老はすべて承知だった。（太田博）

植村弥十郎《うえむらやじゅうろう》（「盃《さかずき》の殿様《とのさま》」）

大名の家来。殿の威厳を誰よりも重んじる、馬鹿っ正直なご意見番。突然「傾城買いをしたい」と言いだした主人に、「ただ見るだけなら」という条件をつけて、一緒に吉原へ素見《ひやかし》に繰り出す。これより想像を絶した一大ロマンスの幕が上がる。金弥や三太夫の名で登場することもある。（原健太郎）

魚勝《うおかつ》（「ざこ八《はち》」）

雑穀商ざこ八に出入りの魚屋。前の主の命日に三崎の鯛を持ち込んだため、魚好きの主人鶴吉と、「先の仏の精進日」を気にする女房のお絹が大喧嘩。あわてて仲裁に入り、つい「今の仏も」と失言する。（長井好弘）

魚勝（「芝浜《しばはま》」）

魚の行商人。名は勝五郎。無類の酒好きで商売に身が入らず、いつも女房を泣かせている。年の暮れの早朝、暗い浜に出て顔を洗っていると、四十二両という大金の入った革財布を拾う。もう仕事などやってはいられないと、家に戻って友達を呼び、飲めや歌えのどんちゃん騒ぎを始める。翌朝目を覚ますと、女房が「この支払いはどうする気か」と尋ねるので、「革の財布があるだろう」と答えるが、「そんなものは知らない。夢でも見たんだろう」と言われる。これは大変なことになったと、以来ぴたりと酒を断ち、生まれ変わったように働きだす。表通りに店をかまえ、奉公人を二、三人も置くようになった、三年後の大晦日、うっすら見覚えのある革財布を、女房に差し出され……。

夢と現実の区別さえ失わせ、人を狂わす酒などもう懲りごりと、猛烈に仕事に励みだす姿には、共感を覚える現代人もいるにちがいない。魚金や熊五郎の名で登場することもある。（原健太郎）

魚喜《うおき》（「蛸芝居《たこしばい》」）

船場の商家に出入りの魚屋。「魚喜、よろし」と声をかけてお得意さんの家を訪れる。歌舞伎好きで、商売の最中も芝居の世界に入って叱られる。（小佐田定雄）

魚金《うおきん》（「言訳座頭《いいわけざとう》」）

魚屋の親方。喧嘩っ早い。大晦日《おおみそか》、甚兵衛が按摩の富の市をともない、借金の言い訳にやってくる。富の市から、「甚兵衛さんは魚金の親方へ借金が返せず、死んでも死に切れないそうだ」と下手に出られ、泣き落とし作戦の犠牲者となる。（原健太郎）

魚金（「掛取《かけと》り」「掛取り万歳《まんざい》」）

魚屋。喧嘩好き。大晦日《おおみそか》、長屋の八五郎のところへ掛取りに行くが、「勘定《かんじょう》取らないうちは一寸も動かねえ」とたんかを切ったところ、「喧嘩好き」を逆手に取られ、「じゃあ、一歩も動かさない」と返される。進退窮まり、勘定を棒引きにされる破目になる。（太田博）

浮草《うきくさ》**のお浪**《なみ》（「業平文治《なりひらぶんじ》」「業平文治漂流奇談《なりひらぶんじひょうりゅうきだん》」）

本所中之郷の杉の湯の湯女でヤクザの女房。混浴の湯船の中で、生薬屋の番頭の九兵衛がしきりにさわってくるので、これをネタにゆすろうと考えるが、業平文治に懲らしめられる。（布目英一）

牛《うし》（「お玉牛《たまうし》」）

紀伊と大和の国境、堀越村の百姓与次平に飼われている。気が荒いところを買われて、娘お玉の代わりに布団に入り、夜這いに来た源太をこらしめる。（小佐田定雄）

宇治五蝶《うじごちょう》（「雪《ゆき》の瀬川《せがわ》」「松葉屋瀬川《まつばやせがわ》」）

吉原の気の良い幇間《たいこ》。勝負事が好きで、いつも博打の借金に追われている。同様に人の良いかみさんと二人、吉原のスター瀬川花魁《おいらん》と、若旦那善次郎とのあやういロマンスの数少ない応援団である。（長井好弘）

丑造《うしぞう》（「ねずみ」）

仙台の旅籠《はたご》虎屋の番頭。女中頭のお紺と結託して、元の主人卯兵衛・卯之吉親子を追い出して主《あるじ》におさまっている。卯兵衛親子が物置を改造して営業している鼠屋に泊まった左甚五郎が、親子に同情して彫った動くねずみの人気で客を奪われたため、ねずみに対抗して伊達公お抱えの彫物師、飯田《いいだ》丹下《たんげ》に虎を彫ってもらう。（太田博）

うどん屋《や》（「かぜうどん」）
夜の町を売り歩く屋台の主《あるじ》。酔っ払いにからまれたあげく、商売にならず腐っていたところ、小声で声をかける男がいた。博打を打っていた若い衆で世間をはばかって小声で、うどんを十杯注文してくれる。（小佐田定雄）

うどん屋（「替《かわ》り目《め》」）
気のいい流しのうどん屋。たちの悪い酔っ払いにつかまり、家に呼び込まれたのが運の尽き。燗をつけさせられるだけで、うどん一杯食べてもらえぬまま追い払われる。その女房にも声をかけられたので、「そろそろ銚子の替り目時分ですから」と言って逃げ出す。（原健太郎）

うどん屋（「一人《ひとり》酒盛《さかもり》」）
屋台で営業。初めての客が、近所の長屋に鍋焼きうどんを二人前出前するように頼んで帰る。注文の品を届けに行くと、その客が怒りながら飛び出してくる。家の中をのぞくと酔っ払いがいたので、「いま、そこですれ違うたお方、さいぜん注文に来はった人とちがいますか？えらい怒ってはりましたで」と尋ねると、「ほっとけ、ほっとけ。酒癖の悪いやっちゃ」とのこと。（小佐田定雄）

鰻屋《うなぎや》（「いかけ屋」）
大阪下町で営業。店先で蒲焼を焼いていると、いかけ屋をからかうのに飽きた悪童どもが集まってきて、いたずらの限りを尽くす。（小佐田定雄）

鰻屋（「後生鰻《ごしょううなぎ》」）
川岸で営業。割《さ》こうとした鰻を言い値で買い取ってくれる隠居が現れて以来、商売に身が入らなくなる。隠居の信心深さにつけこみ、鰻の値をふっかけたため、のちに大事件を引き起こす。（原健太郎）

卯之吉《うのきち》（「ねずみ」）
仙台の旅籠《はたご》虎屋の息子。番頭一味に父親ともども追い出され、向かいの物置小屋を改装して仮営業している鼠屋の客引きをしている健気な少年。たまたま通りかかった名工左甚五郎を呼び込み、ふとん、夕食、酒等は別料金であると断り、甚五郎を驚かす。（太田博）

乳母《うば》（「外法頭《げほうあたま》」）
船場の大家《たいけ》の奉公人。お嬢さんの胸の腫物を治すには長い頭の人に舐めてもらうといいと聞く。芝居の桟敷で長い頭の丁稚《でっち》を発見。腫物をなめてもらう。（小佐田定雄）

乳母（「もう半分《はんぶん》」）
丈夫一式の田舎女。たいていのことには驚かぬ太い神経を持っているはずなのに、奇っ怪な赤ん坊の世話を引き受けたところ、数日で「やめたい」と言い出す。「一度見てもらえばわかる」と主人に願ったことから、赤ん坊の怪異が明らかになる。（長井好弘）

乳母（「ろくろ首《くび》」）
屋敷住まいの、ろくろ首の娘に仕えている。娘の縁談相手である松公が初めて挨拶にやってきたとき、「ご両親も草葉の蔭でお喜びでしょう」と言うと、「ごもっとも、ごもっとも。あとはなかなか」と意味不明な受け答えをされ、面食らう。（原健太郎）

卯兵衛《うへえ》（「おかふい」）
麹町の質店萬屋の主人。あごで蝿を追うアゴハエ病を患う。自分の死後、ほかの男に取られてなるまいと、美人の女房の鼻を削ぐ。思いがけず全快するが、鼻なしになった女房をうとんじたために訴えられ、白洲で、今度は自分の鼻を削がれる。（原健太郎）

卯兵衛（「ねずみ」）
元は仙台の旅籠《はたご》虎屋の主人。五年前、女房に死なれ、女中頭のお紺を後添《のちぞい》にしたが、番頭の丑造に階段から突き落とされて腰が立たなくなる。お紺は丑造と通じていて、せがれ卯之吉ともども物置小屋に追い出されるが、小屋でささやかな宿屋鼠屋を営んでいる。（太田博）

馬《うま》（「柳《やなぎ》の馬場《ばば》」）
旗本の屋敷に連れてこられた癖馬。按摩の富の市から駄馬呼ばわりされて、カチンとくる。ひと鞭入ると大きな

馬場をぐるぐると走り回り、鞍壺《くらつぼ》にしがみつく富の市をふるえあがらせる。（原健太郎）

馬（「らくだ」）

無頼漢。図体が大きく、仕事もせずにのそのそしているので、付いたあだ名が「らくだ」。本名は、馬吉とか馬三郎などと推測されるが、不詳。大酒飲みで、長屋中の嫌われ者。引っ越してきて以来三年間、店賃《たなちん》を一度も払っていない。自分で鍋にしたふぐに当たり、一巻の終わり。生前かわいがってくれた兄貴分丁の目の半次が、たまたまやってきた屑屋の久六に手伝わせ、葬式の用意をしてくれるが、大家の家に連れていかれ、「かんかんのう」を踊らされるなど、死んでもおちおち休んではいられない。ちっとも切れないカミソリで髪をむしられ坊主になると、菜漬けの樽に押し込まれ、落合の火屋まで運ばれる予定だったが……。

江戸時代には、中国船やオランダ船が、象、駝鳥、鰐、ライオンなど、さまざまな種類の動物を異国から運んできた。文政四（一八二一）年、オランダ船に乗って長崎に上陸した雌雄のラクダは、上方や江戸の両国に見世物として登場し、大いに人気を博した。このころから、大きくてのろまなものを「駱駝《らくだ》」と呼ぶようになった、といわれる。（原健太郎）

馬之助《うまのすけ》（「滑稽清水《こっけいきよみず》」）

杢《もく》の市の女房の間男。杢の市が清水の観音さまに開眼の願掛けをしているのを知り、杢の市の目を開けないように観音さまに祈る。（小佐田定雄）

梅《うめ》（「松竹梅《しょうちくばい》」）

職人。松、竹とともにお出入り先のお店《たな》の婚礼に呼ばれ、三人で隠居から教わった言い立ての余興をやる。松の「なった、なった、じゃになった。当家の婿殿、じゃになった」、竹の「何じゃになぁられた」の後、自分の担当の「長者になられた」という言葉が出てこない。「大蛇になられた」とか「亡者になられた」とか言って大しくじりをし、しょげ返る。（布目英一）

梅（「堀川《ほりかわ》」）

大工。梅助か梅吉だろう。同じ長屋に住む乱暴者の源兵衛の友人。女房おまさと二人の男の子、「お爺《じ》やん」と呼ばれるおまさの父親が同居している。平穏な朝食のひとときを、火事と間違えて駆け込んできた源兵衛にむちゃくちゃにされる。（小佐田定雄）

梅吉《うめきち》（「稲荷俥《いなりぐるま》」）
俥夫。高津四番町に住み、頭に「ばか」がつくほどの正直者。乗り合わせた客が、産湯稲荷の狐のふりをしたのを真に受け、俥代をもらいそこなう。ところが、俥の中に置き忘れていた大金を発見。お稲荷さまのご利益と大喜びする。（小佐田定雄）

梅《うめ》ちゃん（「生兵法《なまびょうほう》」「胸肋鼠《きょうろくねずみ》」）
気のいい男。自称武術家の伊勢六の若旦那に「殺した鼠を生き返らせる」と言われて、持っていた南京鼠を渡し、握りつぶされてしまう。（布目英一）

梅津《うめづ》長門《ながと》（「大坂屋花鳥《おおさかやかちょう》」）
花魁にほれて人生を狂わせた天保期、小普請組の旗本。悪友に誘われ、初めて上がった吉原大坂屋の花魁、花鳥と相思相愛の仲になる。吉原通いの金に窮し、大恩寺前で町人を斬って二百両を奪い取り、花鳥の下へ。だが、殺しの現場を目明かしの手先に見られたため、大坂屋は捕方に包囲される。一度は「逃げられない」と観念するが、花鳥が妓楼に火を放ち、その混乱に乗じて上野の森へと逃れる。（長井好弘）

梅若礼三郎《うめわかれいざぶろう》（「梅若礼三郎」）
義賊。二十代後半。優れた能役者だったが、芸に行き詰まり、悪の道に転落。商人、職人、侍と姿を変えて盗みを働く。大名屋敷や物持ちの家などに忍び込み、困っている者に施しをする。寝たきりの亭主を持ち、神田の鎌倉河岸で袖乞いをしている隣人おかのに盗んだ金九両二分を恵む。この金には目印として山型に三の刻印が打ってあったために、おかのが召し取られたことを知って、奉行所に名乗り出る。（布目英一）

浦里《うらさと》（「明烏《あけがらす》」）
江戸吉原の美人花魁《おいらん》。年齢十八。初心《うぶ》な日向屋の若旦那、時次郎の相方《あいかた》。若旦那に興味を持ち、自ら相方を買って出る。翌朝、時次郎が皆と一緒に帰ろうとするのを、布団の中で、手をしっかり捕まえて帰そうとしない。

　元は、新内の名曲「明烏」に登場。その後「明烏夢泡《ゆめのあわ》雪《ゆき》」や「明烏後正夢《のちのまさゆめ》」などの芝居になり、山名屋浦里、春日屋時次郎として名が売れた。落語は、この二人の名前と背景の廓《くるわ》を拝借し、滑稽噺に仕立てた。（太田博）

浦島《うらしま》太《た》郎《ろう》（「小《こ》倉船《くらぶね》」）
漁師。丹後国与謝郡《よさのこおり》の生まれ。助けた亀に連れられて竜宮城にやってくる。何度目かの城訪問の時、先に贋の浦島が来ていることを知って驚く。（小佐田定雄）

うわばみ（「うわばみ飛脚《ひきゃく》」）
大蛇。山奥で平穏な暮らしをしていたが、うっかり通りかかった飛脚を呑みこんだため腹の中を走り抜けられてしまう。（小佐田定雄）

うわばみ（「そば清《せい》」「蕎麦《そば》の羽織《はおり》」）
大蛇。信州辺りに棲む。人間を呑み込んで苦しがるが、岩陰の赤い草をなめると、腹が次第に小さくなる。蕎麦好きの清兵衛がこの様子を見ていて、こっそり草を摘んで帰ったのに気が付かない。（太田博）

うわばみ（「田《た》能久《のきゅう》」）
大蛇。十坂峠（鳥坂峠と記す速記本もある）に古くから住む。白髪白髯《はくはつはくぜん》の老人姿に変身して、人を丸呑みする。峠にやってきた役者の久兵衛（田能久）を狸と思い込み、その化けっぷりに大いに感心する。長く山中で孤独な生活をしているためか、久兵衛に心を許してしまい、友達気分を満喫。世の中で一番恐ろしい物は煙草のヤニだ、と思わず教えてしまう。のちに裏切られたと知るや、復讐の鬼と化す。（原健太郎）

うわばみ（「夏《なつ》の医《い》者《しゃ》」）
大蛇。三代目桂雀三郎の言葉を借りると「ヘビー級のヘビ」。往診に向かう医者と連れの者を呑み込むが、腹の中に下剤をまかれてひどいめにあう。（小佐田定雄）

〈え〉

栄吉《えいきち》（「梅若礼三郎《うめわかれいざぶろう》」）
表向きは魚屋と称しているが、実は遊び人。神田錦町の長屋に住む独り者。三十二歳。博打で取られてばかりで、いつもぴいぴいしている。隣に住む背負《しょ》い小間物商、利兵衛宅から八両二分盗み、吉原で豪遊したため、怪しまれる。使った金に盗みの訴えが出ている豪商の刻印があったことから召し捕られる。（布目英一）

栄蔵《えいぞう》（「鏡《かがみ》ヶ池《いけ》操松影《みさおのまつかげ》」「江《え》島屋《じまや》騒動《そうどう》」）
元鍼医《はりい》の悪党、倉岡元仲の手下。おすが、お雪、藤蔵の死骸の片付けを頼んだ元仲からの手紙を、元仲の相棒伴野林蔵に届ける。（原健太郎）

易者《えきしゃ》（「御慶《ぎょけい》」「富八《とみはち》」）
大道営業だが、なかなかの見識を持つ。鶴がはしごの上に止まる夢を見て、「鶴は千年、はしごは八四五だから、鶴の千八百四十五番のくじが当たる」という客の八五郎に、「ハシゴは下るより登る方に役立つ。鶴の五百四十八番だ」と助言する。ズバリ千両富を当てた八五郎から、どれだけ見料をせしめたのだろう。（長井好弘）

易者（「人形《にんぎょう》買《か(が)》い」）
長屋の住人。うるさがた。神道者の息子の初節句の人形は太閤さまと神功皇后さまのどちらがよいか易を立てる。そして商売だからと見料を要求する。（布目英一）

易者（「日《ひ》和《より》違《ちが》い」）
裏長屋の住人。同じ長屋の米《よね》さんから「今日の天気はどうなるでしょう？」と質問され「降るような日和じゃない」と、どちらでも取れるような名（迷？）回答をひねりだす。（小佐田定雄）

絵師《えし》（「だくだく」「書割盗人《かきわりぬすっと》」「つもり泥《どろ》」）
墨絵の名手。同じ長屋に越してきた知人に家財道具一式を描くよう頼まれる。画法は3D技法を習得しているのかと思われるほどリアルで、陰影も鮮やか。あくびをする猫、金庫からあふれ出る札束、ラジオから流れる音までも表してみせる。（布目英一）

絵師（「抜《ぬ》け雀《すずめ》」）

狩野派の絵師。二十五、六歳。姓名不詳。酒が何よりの好物。小田原宿の旅籠《はたご》で人のよさそうな宿屋の亭主に呼び込まれる。毎日三升の酒を飲んで一週間過ごし、宿代を請求されるが、無一文だったので担保として衝立に雀の絵を描いて旅立つ。この雀が衝立から抜け出すため、大騒ぎとなり、大久保加賀守の目に留まって千両の値がつく。この絵を見ようと客が押し掛け、宿屋は繁昌する。二度目に訪れた時には立派な身なりに変化。絵の修業を怠っていたため、師匠でもある父親に勘当されていたが許され、金が送られてきたということらしい。ところが、衝立の絵には止まり木が描かれていないので雀は疲れて死ぬと指摘して鳥籠を描いた人物がいたことを亭主から知らされ、絵を見て、父親が描いたことを確認する。慢心せずに励めという親心に感謝するとともに長年の親不孝を恥じる。またこの絵は止まり木が描かれたことで二千両になるが、権利を気安く亭主にゆずる。（布目英一）

江島屋治右衛門《えじまやじえもん》（「鏡ヶ池《かがみいけ》操《みさお》松影《のまつかげ》」「江島屋《えじまや》騒動《そうどう》」）

古着商。芝日蔭町に、四間間口に袖蔵付きの大店《おおだな》を構える。五十歳に近い。客の目をごまかし、粗悪な着物を販売して高利をむさぼる。糊で付けただけの、いかものの婚礼衣装を売りつけられたおさよから、娘お里が命を絶ったのは江島屋のせいと、呪いをかけられる。はたして満願の日から、次つぎと不幸に襲われる。女房のおとせが突然病死すると、女狂いを始め、妾のお仲にそそのかされるままに、夫婦養子の安次郎とお菊を店から追い出す。お里の一周忌に、店の蔵にお里の幽霊が現れ、激しく目が痛み出し、失明。江島屋没落後、因果応報、いかものの着物を身に着けていたために、木下川《きねがわ》の激流に呑み込まれ絶命する。（原健太郎）

越後屋《えちごや》（「富久《とみきゅう》」）

芝神明近辺の商家の主人。幇間《たいこ》の久蔵をひいきにしていたが、酒を飲むとすぐに乱れるのにあきれて、出入りを禁じた。近所で火事があった晩に、久蔵がわざわざ浅草から駆けつけてきたので、再び出入りを許し、酔態も大目に見る。久蔵が火事で焼け出されると、無条件で店に置いてやる。演者によって、久保町の旦那、日本橋石町《こくちょう》の旦那という設定もある。（布目英一）

江戸っ子（えどっこ）

江戸で生まれ育った人。とくに、三代以上にわたり住み続けている人をいう。威勢がよくて、やせ我慢、義理人情に厚く、いついかなるときにも粋《いき》でありたいと願っている。それゆえ、田舎から出てきた奉公人や侍たちとは、しばしば騒ぎを起こす（「首提灯」「たがや」「棒鱈」「百川」）。命がけで吉原に繰り込もうとする裸の男に、「もうすんだか」と声をかける追い剝ぎも、野暮とは対極の粋な人物である（「蔵前駕籠」）。石川五右衛門をひきあいに、熱いお灸にひたすら耐える男は、やせ我慢の鑑（「強情灸」）。喧嘩の手打ちの集まりで、懲りずにまたすぐ喧嘩を始めてしまう若い職人たちは、気持ちのよいほど血の気が多い（「三軒長屋」）。大人の貫禄をそなえた者でも、一度キレたらもう手がつけられない。因業な大家を相手に、文字通り立て板に水の勢いで長い長い啖呵をまくしたてる棟梁のカッコよさは、全盛期の東映任俠映画を観ているようだ（「大工調べ」）。

「江戸っ子は宵越しの金は持たぬ」ということわざもあるように、金銭に淡泊であることも江戸っ子の美学である。「おれの懐を嫌って飛び出していった銭だから、持っていけ」「てめえの銭とわかって、持っていけるもんか」と、落とし物の財布をめぐってお白洲で争う二人の男は、出世するのも野暮と考えている（「三方一両損」）。

落語では、おおむね脇役に甘んじているが、エラそうにしている侍に唐突く町人を見ると、むやみに声援を送ってしまう連中も、まぎれもない江戸っ子だ（「たがや」「岸柳島」）。娘を吉原に売ってつくった金を、身投げしようとしている男にくれてやる博打好きの左官長兵衛は、あらゆるエッセンスが詰め込まれた理想的な江戸っ子像だが、上方出身者には逆立ちしても理解できないだろう（「文七元結」）。（原健太郎）

江戸っ子（「幾代餅《いくよもち》」）

初物好きの若い衆。年季明けした幾代太夫と搗米屋の職人清蔵夫婦が両国に餅屋を開いたのを聞きつけ、幾代会いたさに店に押しかける。（布目英一）

江戸っ子（「居残《いのこ》り佐平次《さへいじ》」「居残り」）

佐平次の遊び仲間。一人一両の割前で品川の大見世に誘われ、仲間四人で出かける。居残りするつもりの佐平次の魂胆を心配するが、母親に届ける金を預かって、翌朝早く下楼する。（太田博）

江戸っ子（「江戸荒物《えどあらもの》」）タワシを買いに入ったところが純大阪人の店主が東京弁で応対する「江戸荒物」というコンセプトで経営している店だった。江戸っ子弁でポンポンとまくしたてたところ、勢いに押された店主に一つ八銭のタワシを三つ十銭で売ってもらう。（小佐田定雄）

江戸っ子（「祇園会《ぎおんえ》」「祇園祭《ぎおんまつり》」）「口先ばかりで腸（はらわた）はなし」を絵に描いたような若い衆。友達三人で京まで物見遊山の旅へ。仲間二人が江戸へ帰った後も、地元の伯父の家に居候しながら都見物をしている。祇園祭の当日、茶屋の二階で祭り見物と洒落込むが、伯父の友人の京男と互いのお国自慢で真っ向対立。「よそ者だから」と初めは遠慮していたが、京男の慇懃無礼な言動に怒り心頭、「江戸っ子なんか、所詮東夷《あずまえびす》の田舎者どすな」とまで言われ、ついに堪忍袋の緒が切れる。周囲につばをまき散らしながら江戸名物を並べ立て、ついには威勢のいい神田囃子を口拍子で見事にまくしたて、京男を啞然とさせる。（長井好弘）

江戸っ子（「強情灸《ごうじょうきゅう》」）強情な男。灸をすえてきた話を友達から聞き、そんなものが熱いわけはないと、アイスクリームのような大きな灸をすえ、「ほら見ねえ。煙が浅間山のようだぜ」と、やせ我慢をしてみせる。耐え切れなくなっても、口から出るのは負け惜しみの言葉ばかり。「おれは熱くはないが、石川五右衛門はさぞ熱かったろう」。（原健太郎）

江戸っ子（「紺屋高尾《こうやたかお》」）物見高い若い衆。紺屋職人と一緒になった高尾太夫が店を手伝っていると聞き、競って出かける。褌《ふんどし》まで染めに出し、家の中に白いものがなくなる。（布目英一）

江戸っ子（「三人旅《さんにんたび》」「発端《ほったん》」）「無尽で当たった金はすべて使ってこないと家に置かない」と父親に言われ、伊勢詣りを兼ねて上方見物に行く

三人組の一人。（布目英一）

江戸っ子（「さんま芝居《しばい》」）

仲良し二人組。旅の途中、海辺の村の宿でさんまばかりを食わされた後、村芝居を見物に行くと、「蔦紅葉宇都《つたもみじうつの》谷峠《やとうげ》」で殺された文弥の幽霊が現れる場面の煙が生臭い。何と、さんまを焼く煙で代用していた。（長井好弘）

江戸っ子（「棒鱈《ぼうだら》」）

若い職人。仲間と上がった料理屋の隣座敷の客が田舎侍。お国丸出しで、鮪《まぐろ》の刺し身を「赤ベロベロの醤油漬」と呼んだり、「十二月」「琉球《りきゆう》」など、珍妙な唄をがなるのを襖越しに聞かさせる羽目になる。始めは粋な都々逸で対抗していたが、だんだん怒りがこみ上げてきて、ついには酔いにまかせて侍の座敷に乱入。赤ベロベロを侍の顔に投げつけたことから、芸者まで巻き込んでの大騒動となる。（長井好弘）

江戸屋《えどや》（「九州吹き戻し《きゅうしゅうふきもどし》」）

肥後熊本の旅籠《はたご》の主人。江戸では湯島同朋町《どうぼうまち》の大和屋の旦那だったが、商売に失敗して熊本へ流れ着いた。自分と同様に江戸を売った幇間《たいこ》、きたり喜之助に親近感を持ち、仕事の世話をするばかりではなく、将来は暖簾分けをとまで考えていたが、四年後望郷の思いを募らせる喜之助の願いを聞き入れ、大枚の餞別を与えて江戸へ送り出してやる。（長井好弘）

円次郎《えんじろう》（「塩原多助一代記《しおばらたすけいちだいき》」）

農夫。塩原多助の友人。多助がひく愛馬の青が立ち止まって動かないので、代わりにひいてやったところ、多助と勘違いをされて、待ち伏せしていた武士、原丹治に殺されてしまう。（布目英一）

園長《えんちょう》（「動物園《どうぶつえん》」）

移動動物園の経営者。売り物のブラックタイガーに死なれたが、その着ぐるみに人間を入れて歩かせればよい、と名案を思いつき、さっそく実行に移す。死んだのはブラックタイガーではなく、虎やライオンとして演じられる場合もある。（原健太郎）

遠藤盛遠《えんどうもりとお》（「袈裟御前《けさごぜん》」）
北面《ほくめん》の武士。同僚の妻袈裟御前に一目惚れをする。「私のことをそれほど思っているのなら、わが夫を討って」と乞われ、寝間に忍び込んで首をはねるが、夫と寝所を入れ替わっていた袈裟御前の首だった。これがもとで出家し、のちに文覚上人となる。（長井好弘）

閻魔大王《えんまだいおう》（「朝友《あさとも》」）
閻魔の庁の最高責任者。松月堂のお里に一目惚れ。配下の赤鬼、青鬼に「亭主の康次郎を（「殺せ」ではなく）生かせ」と命じ、生塚《しょうづか》の婆《ばば》にお里を責めさせるが、まんまと逃げられる。（長井好弘）

閻魔大王（「お血脈《けちみゃく》」「善光寺《ぜんこうじ》骨寄《こつよ》せ」）
閻魔の庁のボス。信州の善光寺が、極楽往生を約束した血脈の御印を売り出したために、地獄はたいへんな不景気に見舞われる。そこで一計、石川五右衛門をつかわし、血脈の御印を盗み取ることにする。（原健太郎）

閻魔大王（「地獄八景亡者戯《じごくばっけいもうじゃのたわむれ》」）
閻魔庁の裁判長。亡者の行き先を極楽か地獄か決める。仕事に飽きたのか、選挙が近いのか「一芸ある者は極楽へ通してやる」などと言い出して、閻魔の庁を素人演芸大会の会場に一変させる。（小佐田定雄）

閻魔大王（「死《し》ぬなら今《いま》」）
閻魔の庁のトップ。あちらの世界でも役人は賄賂に弱いらしい。悪徳商人の亡者が持参した三百両に目がくらみ、地獄行きを免除してやるが、三百両がニセ小判と発覚、見る目嗅ぐ鼻、赤鬼、青鬼らと極楽刑務所に送られる。だから「死ぬなら今」。（長井好弘）

〈お〉

お秋《あき》（「菊模様皿山奇談《きくもようさらやまきだん》」）
勝山の城主粂野美作守の側室。若様菊之助の母。正室が男子を出産せず他界しているので奥向きにはかなりの権力を持つ。美作守の跡目に菊之助を据えようとして、美作守の弟紋之丞前次と跡目争いになる。実父で町医者の山路宗庵も加わり、紋之丞毒殺の企てなど数々の悪事を

重ねていくが、不正がすべて露見し、剃髪の上、国元に幽閉されてしまう。（布目英一）

お安喜《あき》（「庖丁《ほうちょう》」「庖丁間男《ほうちょうまおとこ》」）
清元の師匠。周囲の反対を押し切り、遊び人の久次を情夫にする。よそに若い女が出来た久次の計略で「間男を引きずり込んだ」という濡れ衣を着せられかけたが、久次の手先だった寅を懐柔して新しい亭主に据え、逆に久次を追い出してしまう。手のひらを返すように男を乗り換えるという心情は複雑だ。女一人、浮世を生き抜くための知恵なのか。（長井好弘）

おいち（「長崎《ながさき》の赤飯《こわめし》」）
八丁堀岡崎町の町方取締役渡辺喜平次の娘。十七歳。女の道ひととおりを身に付けた器量よし。質両替商金田屋金左衛門の一人息子金次郎との縁談が浮上し、輿入れの運びとなるが、間際に破談。父の許しを得て、かねてからの希望で尼となる。（原健太郎）

お市《いち》（「井戸《いど》の茶碗《ちゃわん》」）
浪人千代田卜斎の娘。十代後半という年ごろ。身にはそぼろをまとっているが、磨けば光る美人。早くに母を亡くし、父親とともに裏長屋暮らし。武士の娘として厳しく育てられ、女の道一通りに通じている。長屋を通行する屑屋を呼び込んだのがきっかけで、美談を生み、のちに細川家の家臣高木作左衛門のもとに嫁ぐ。（布目英一）

お糸《いと》（「中村仲蔵《なかむらなかぞう》」）
初代中村仲蔵の妻。「仮名手本忠臣蔵　五段目（山崎街道）」の斧定九郎《おのさだくろう》役の名演技で、こんにちまで伝わる人気狂言に仕立てた夫を支えた。（太田博）

お糸（「雪《ゆき》とん」）
本町二丁目の糸屋の娘。男嫌いで評判。佐野のお大尽《だいじん》の若旦那兵右衛門が自分への恋わずらいで寝込み、「盃の一つももらって故郷に帰りたい」と言っていると女中お清に聞かされる。「会ってあげないと死んでしまう」と言われ、言葉に従う。ところが、お清が兵右衛門と間違えて美男子のお祭佐七を招き入れたため一目ぼれをしてしまい、一晩泊めて送り出す。（布目英一）

追《お》い剝《は》ぎ（「蔵前駕籠《くらまえかご》」）
無頼の浪人集団。幕末の江戸、蔵前通りに徒党を組んで夜な夜な出没し、吉原通いの駕籠客に刃を突きつける。「我々は徳川家に味方する浪士の一隊。軍用金に事欠いておる。命が惜しくば、身ぐるみ脱いで置いて行け」が決まり文句だ。（長井好弘）

花魁（おいらん）

吉原の高級遊女。侍階級が主な客だった江戸初期から中期にかけて、最上級の遊女を表す「太夫」というランクが存在したが、作法、格式など厳密かつ詳細な決め事が多く入費も相当な額になることから次第に廃れ、江戸中期以降はいくつかの上級ランクを合わせて花魁と呼ぶようになった。

　花魁の語源には諸説あるが、「おいらのところの姉女郎」という廓内の慣用表現が「おいらんとこ」、さらには「おいらん」と簡略されたという説明が有力だ。「狐狸は尾で化かすが、花魁は尾ではなくて口で化かす。尾がいらないから、おいらん」という廓噺のまくらは、眉に唾つけて聞くべきだろう。

　落語には太夫も花魁も登場する。「紺屋高尾」の高尾太夫、「幾代餅」幾代太夫。さすがは大名道具、松の位の太夫職、茶の湯、生け花、俳諧、書道、囲碁、将棋と何でもできるが、自分の事を一途に慕う若い職人にころりとまいってしまうのが弱点だ。

　花魁にも太夫に匹敵する名妓がいる。八百両も使ってくれた若旦那のために足抜けまでした「雪の瀬川」の瀬川花魁、見事な花魁道中で大名を虜にした「盃の殿様」の花扇花魁は、錦絵から抜け出たようないい女だという。

　もっとも、幕末から維新あたりになると、花魁もかなり庶民的になってくる。「お見立て」で杢兵衛大尽《だいじん》を嫌い抜き、「五人廻し」で客を振りまくり、「三枚起請」では同時に三人の男を手玉に取る喜瀬川花魁などは、どう贔屓目に見ても「高級」とは思えない。

　江戸っ子たちは、「遊女」三千人御免の場所へ「女郎《じょうろ》買い」に行く。見世の座敷で向かい合えば「花魁」「花魁」と呼びかけ、喧嘩をすれば「この○○女郎！」と罵ったりもする。そして烏カアで夜が明けて、仲間たちと先夜の戦果を確かめ合う時は、各々の相手を「敵娼《あいかた》」あるいは、ただ「妓《おんな》」と呼ぶのである。

遊女、女郎、花魁、敵娼、妓。数多くの呼び名が示しているように、吉原の女たちは、愛すべき江戸っ子たちにいろいろな顔を見せてくれたのだろう。（長井好弘）

花魁（「磯《いそ》の鮑《あわび》」）
吉原の遊女。初会客の与太郎に「花魁、お前は俺を知るまいが私はお前を知っているよ」といきなり口説かれるが、明らかに挙動不審の与太郎がなぜか通人のようなセリフを連発するので、気味が悪くてしかたがない。それでも適当に相槌を打っていると、決め台詞の「磯の鮑の片思い」を「伊豆のワサビの片思い」と言い間違えた与太郎に、思い切り太ももをつねられる。あまりの痛さに「涙が出るよ」と訴えると「ああ、今のワサビがきいたのだろう」。（長井好弘）

花魁（「お茶汲《ちゃく》み」）
吉原の安見世の遊女。三十に近い、相当な手練れ。初会で上がった客の半公に「駆け落ちし、死なれてしまった男にそっくり。年が明けたら夫婦になりたい」と、湯飲みの茶を目頭に塗って同情を買う。敵討ちに行った半公の友人に「死なれた女にそっくり……」と逆襲されると、魂胆を見抜いて、「いま、お茶を汲んでやる」。田毎《たごと》と呼ばれることもある。（太田博）

花魁（「とんちき」）
吉原の遊女。さほど売れっ子でもないが、雨風のはげしいような晩には、なじみの客が大勢遊びにやってくる。どういうわけか夜中に寿司や刺身を食べたがり、客にいやがられている。（原健太郎）

花魁（「錦《にしき》の袈裟《けさ》」）
吉原の与太郎の敵娼《あいかた》。錦の袈裟を褌《ふんどし》代わりに締めて登楼した与太郎を「殿様の隠れ遊び」と思い込んだため、扱いは最上等に。袈裟輪のない、ただの錦の切れを締めている仲間を「さがれ、この輪なし野郎！」と珍妙な表現で一喝する。（長井好弘）

花魁（「坊主《ぼうず》の遊《あそ》び」）
吉原の女郎。坊主頭の隠居に尻を向けて寝たばかりに、

頭を坊主にされてしまうが、気がつかない。（太田博）

扇屋《おうぎや》（「王子《おうじ》の狐《きつね》」）
王子稲荷の参道にある著名な料理屋の主人。二階座敷を人間と狐の化かし合いに使われるが、「店の繁盛はお稲荷様あってこそ。使い姫の狐もおろそかにできない」との信念から、狐を追い払った奉公人を叱る。（長井好弘）

阿武松緑之助《おうのまつみどりのすけ》（「阿武松」）
江戸後期、実在の力士。六代横綱。本名、佐々木長吉（か）。能登（石川県）七海村出身。江戸相撲の武隈文《たけくまぶん》右衛門《えもん》に入門したが、人並み外れた大食いのため追い出される。死を覚悟して泊まった板橋宿の旅籠《はたご》の主人から、新たに錣山喜平治《しころやまきへいじ》を紹介され、小緑《こみどり》のしこ名をもらう。以後、とんとん拍子に出世して六代横綱を張る。大食漢のために破門されたという落語、講談は作り話。（太田博）

近江屋《おうみや》（「九段目《くだんめ》」「素人芝居《しろうとしばい》」）
呉服屋の隠居。長寿の祝いに「仮名手本忠臣蔵　九段目」山科閑居の場の芝居を打つ。素人役者たちが数々の失敗を繰り返す。（太田博）

近江屋（「住吉駕籠《すみよしかご》」）
大坂堂島の米相場師。京の祇園町で出会った友人に、三十石船で大坂まで連れてこられる。住吉街道で駕籠の二人乗りに付き合わされる。駕籠の中で相撲談義が始まったが、大柄で立派な錦絵のような力士が好きだと言ったため、小柄な力士が好きな友人と座ったままで相撲を始め、駕籠の底を突き破ってしまう。（小佐田定雄）

近江屋（「試《ため》し酒《ざけ》」）
お店《たな》の主人。得意先回りの最中、大店《おおだな》の旦那に、「一緒に酒を飲むのを楽しみにしていた」と引き止められる。供に連れてきた下男の久蔵《きゅうぞう》が五升の酒を飲む酒豪であると話したところ、信じてもらえず、本当に飲めるかどうか賭けをすることになる。（原健太郎）

近江屋（「冬《ふゆ》の遊《あそ》び」）
堂島の米相場師。大坂新町の廓で太夫道中を行うにあたっての挨拶がないのに腹を立て、仲間の相場師たちと当

日に新町の揚屋吉田屋に乗り込んで、道中のスターである栴檀太夫《せんだんだゆう》を座敷に呼べと無理を言う。（小佐田定雄）

近江屋卯兵衛《おうみやうへえ》（「文七元結《ぶんしちもっとい》」）

日本橋横山町三丁目、鼈甲《べっこう》問屋の主人。小梅の水戸屋敷へ手代の文七を五十両の集金に行かせる。屋敷から「文七が碁に夢中になって五十両を忘れた」と金が届くが、文七が帰ってこないので心配する。夜遅くになって文七が五十両を持って戻ってきたので、番頭に調べさせ、「金をすられたと思って吾妻橋から身を投げようとしたところ、恵んでくれた方がいた」という話を聞き出す。見ず知ずの者に大金を恵むことなど商人の自分にはできることではないと感心し、文七が金をもらう際に聞いた「十七になるお久という娘が吉原の佐野槌に身を売って、この金をこしらえた」という話から妓楼を探し出し、お久を請け出すとともに、父親は達摩横町の左官の長兵衛だと突き止める。翌朝、文七を連れて長兵衛宅を訪れ、事情を話して五十両を返し、礼として二升の酒の切手（商品券のこと）、肴としてお久を届ける。長兵衛の人柄を見込み、文七の親代わりになってもらい、親類付き合いを願い出る。さらに文七とお久を夫婦にし、麹町貝坂に元結屋を開業させる。（布目英一）

近江屋喜左衛門《おうみやきざえもん》（「名人競《めいじんくらべ》」「錦《にしき》の舞衣《まいぎぬ》」）

深川北川町の豪商。芸事に精通し、芸人らの面倒を見る。取り巻きの幇間《たいこ》、寿楽、一兼、金八とともに、多摩川へ鮎漁に出かけた折、布田《ふだ》の百姓屋で、荻江節をみごとに唄う少年伊三郎と出会う。その素質を見込んで祖母から引き取ると、二代目荻江露友に預け、芸人としての成長を見守る。一方で、絵師狩野毬信《かのうまりのぶ》を後援。「せめて雪舟、元信の十分の一でも描けるようになるまでは、名を書くのは恥ずかしい」と言う毬信の心根を愛し、名前も落款もない絵を家に飾っている。（原健太郎）

お梅《うめ》（「穴釣《あなづ》り三次《さんじ》」「闇夜《やみよ》の梅《うめ》」「忍岡恋《しのぶがおかこい》の穴釣《あなづ》り」）

浅草三筋町の紙問屋甲州屋の娘。十七歳の器量よし。恋仲となり、暇を出された手代粂之助を追って五十両を持って出たところを穴釣り三次に殺される。（布目英一）

お梅（「敵討《かたきうち》札所《ふだしょ》の霊験《れいげん》」）

藤屋七兵衛の女房。元は根津遊廓の女郎で小増と名乗っていた。なじみ客の下級武士の水司又市を袖にしたことで、人生の歯車を狂わせる。間夫《まぶ》の中根善之進を水司に殺された後、藤屋七兵衛に身請けされるが、商売不振で越中高岡へ移り住む。ところが、同地で住職になっていた水司と再会。ずるずると関係を結んだ末に、水司が亭主の七兵衛を殺したため、二人で逃亡する。のちに、江戸深川で七兵衛の二人の子供に仇を討たれる。（長井好弘）

お梅（「背虫《せむし》茶屋《ぢゃや》」）

住吉大社の裏手にある一見茶屋の女子衆。「かったい」を患うお客にからまれ、あばたづらで頬ずりをされたのに腹を立て割箸で客の頬を突く。じつは「かったい」が趣向の作り物であることを知り、恥じ入る。（小佐田定雄）

お梅（「つるつる」）

吉原の芸者。本名小梅。岡惚れしている幇間《たいこ》一八《いっぱち》のしつこい誘いに「今宵二時に私の部屋へ来て……。五分でも遅れたら、ない縁とあきらめて下さいね」とその場逃れの色よい返事をするが……。（太田博）

お梅（「手切《てぎ》れ丁稚《でっち》」）

船場の商家の旦那の妾。旦那が高齢のため、そろそろ手を切ろうと思案している。友達に心の内をしゃべっているのを、旦那の店の丁稚《でっち》定吉に聞かれてしまうが、一円の小遣いを渡して「さっきわたいらの言うてたこと、旦那はんに言うたらあかん。わたいが、旦那はんに惚れてるて言うてたと言うねんで」と言い聞かす。旦那に様子を聞かれた定吉が「旦さんのためなら、どんなことでもするて言うたはりました」と述べたまではよかったが、「わしに心中立てっちゅうて、指でも切るっちゅうたか」と尋ねられて「指どころやおまへんで、手え切る言うたはりました」と答えるという予想外の展開が起こるとは見通せなかった。（小佐田定雄）

おえい（「塩原《しおばら》多助《たすけ》一代記《いちだいき》」）

炭問屋、塩原多助の農夫時代の妻。幼いころ、道連れ小平とその母、股旅おかくに誘拐され、江戸で引手茶屋の娘となる。大火でおかくとはぐれたところを上州沼田から来ていた農夫、塩原角右衛門に助けられ、角右衛門の後妻となっている母親おかめと再会、角右衛門の遺志により、角右衛門の養子多助に嫁ぐ。再び小平に誘拐されそうになるが、土岐《とき》伊予守家来の原丹治、丹三郎親子に助けられる。これが縁となり、丹三郎と忍び合う仲になる。邪魔者扱いをされて丹治らに命を狙われた多助が家出したため、丹三郎と婚礼を挙げる。しかし、分家の太左衛門に止められて丹三郎が刀を抜いたのに驚いて暴れ出した多助の愛馬の青に丹三郎とともにかみ殺される。繁華な江戸で茶屋娘として持てはやされた身には草深い田舎暮らしは刺激が少なかったのだろう。質素倹約を旨とし、真っ黒になって働くだけの多助よりも世事にたけた色男の丹三郎にひかれるのも無理からぬところもあるが、多助を追い詰めたため、青に仇をとられ、非業の死を遂げることとなる。（布目英一）

大岡越前守（おおおかえちぜんのかみ）

江戸中期の幕臣。第十四代江戸南町奉行。名は忠相《ただすけ》（一六七七［延宝五］～一七五一［宝暦元］）。名実とも、江戸一番の実在の名奉行。落語、講談、浪曲などに伝えられる「大岡裁き」の多くは、中国の故事や日本の説話を題材に後世の作者が創作した。実録では、忠相が実際に扱った裁きは「白子屋お熊」事件のみという説がある。奈良奉行、根岸肥前守鎮衛《やすもり》ら他の奉行が裁いた事件も「大岡裁き」とすることが多い。

四十一歳で八代将軍徳川吉宗に登用されて江戸町奉行に就任。町火消の創設、私娼の取り締まり、小石川養生所の設置など庶民受けの施策で知られる。六十歳で寺社奉行。実像は地味な能吏だったらしい。加増を重ね、一万石の大名となった。宝暦元（一七五一）年死去。菩提寺は神奈川県茅ヶ崎市の浄見寺。現在も「大岡越前祭」が毎年行われる。（太田博）

大岡越前守（「帯久《おびきゅう》」）

江戸南町奉行。町内二軒の呉服商、帯屋久七（帯久）と和泉屋与兵衛の争いを裁く。帯久の家に放火したのは和泉屋だが、争いの元がそもそも帯久の悪事であることを見抜く。六十一歳の和泉屋に死刑を宣告するが、「ただし、五十両の借金を、年一両ずつの年賦払いとし、払い終わったら刑を執行する」とする人情判決。（太田博）

大岡越前守（「五貫裁《ごかんさば》き」「一文惜《いちもんお》しみ」）

名奉行。八百屋開業の資金を求めてきた初五郎に一文しか与えず、煙管で額を打って怪我までも負わせたことから訴えられた徳力屋万右衛門の一件を裁く。一文であっても天下の通用金であり、それを投げつけた初五郎に落ち度があると判定し、初五郎に過料五貫文を命じる。徳力屋はおとがめなしとした。ただし、貧しい初五郎が五貫文を一度に払うのは無理なので、日に一文ずつ徳力屋に持参させ、徳力屋が奉行所に届けるよう申し渡す。その際、代理は認めず、万右衛門本人が町役人五人組付添いの上、持参することと厳命する。三遊亭圓生の「一文惜しみ」では、五貫文は開業資金として貸し与えたという設定になっている。（布目英一）

大岡越前守（「小間物屋《こまものや》政談《せいだん》」「万両婿《まんりょうむこ》」）

江戸南町奉行。旅に出ている間に女房に再婚されてしまったという小間物商相生屋小四郎の訴えを裁く。同業の若狭屋甚兵衛の死骸を小四郎と取り違えたことが原因と判明。小四郎に「死んでしまえ」と言い渡す。これは甚兵衛の妻およしと再婚して若狭屋甚兵衛として三万両の身代を受け継げという謎をかけたものだった。これも名裁きの一つといえる。（布目英一）

大岡越前守（「さじ加減《かげん》」）

名判官。芸者おなみを身請けしたと主張する医師阿部玄益と、年季証文が手元にあるので身請けは成立していないと主張する品川の芸者置屋松本屋との訴訟を裁く。「証文が松本屋にある以上、身請けは成立しない」と宣告したが、「ただし、おなみの気鬱《きうつ》を治した玄益に療代千二百六十両を松本屋は支払うように」と命じる。見事なさじ加減により、松本屋におなみを取り返すことをあきらめさせた。（布目英一）

大岡越前守（「三方一両損《さんぽういちりょうぞん》」）

ご存じ、名奉行。三両入った財布を拾って持ち主に届けた左官金太郎と、その金を受け取らない大工吉五郎の大げんか。たわいない騒動だが、当事者二人にとっては江戸っ子の面子に関わる一大事を、「三方一両損」で裁いてみせる。問題の三両に奉行が一両を足し、二人に二両ずつ配れば、皆が一両ずつ損をする。どちらの顔も立てる名裁きで、一件落着。二人に飯までふるまうのは、それほど江戸っ子びいきだということか。（長井好弘）

大岡越前守（「城木屋《しろきや》」）
江戸南町奉行。奉公先の娘に振られた腹いせに店の五十両を盗んで逃げた番頭を裁く。事件の経緯を問うと、東海道の宿場名づくしで証言（→付録「口上・言い立て」）する番頭に、負けじと「この不忠（府中＝現在の静岡市）者め」と一喝する（太田博）

大岡越前守（「大工調《だいくしら》べ」）
江戸南町奉行。店賃《たなちん》滞納の抵当《かた》に、大工の与太郎が大家源六に道具箱を取られた訴えを、取り調べる。与太郎には、棟梁から八百文借りて不足分を返すようにいい、大家には、質屋の鑑札を持たぬのに道具箱を抵当に取ったと指摘し、与太郎が仕事に出られなかった期間の手間賃を肩代わりするよう、命じる。（原健太郎）

狼《おおかみ》（「狼講釈《おおかみこうしゃく》」）
芸州藩（広島県）海田市の深山に棲む。山中に迷い込んできた泥丹坊堅丸《どろたんぼうかたまる》という噺家を取り囲んだところ、でたらめな講釈を聞かされるはめになる。（小佐田定雄）

大久保加賀守《おおくぼかがのかみ》（「抜《ぬ》け雀《すずめ》」）
小田原城主。城下の旅籠《はたご》に謎の絵師が描き残した雀が抜け出す衝立を千両で譲ってほしいと所望する。絵師との約束で売れないと言われたが、待つ間に鳥籠を描いた人物が現れて雀が止まり木に止まるようになったと知り、二千両につり上げる。（布目英一）

大阪《おおさか》**から来**《き》**た男**《おとこ》（「京《きょう》の茶漬《ちゃづけ》」）
京都の知人の家に行くたび、帰り際に必ず「まあお茶漬けでも」と声をかけられるが、一度もごちそうしてもらえないので、その幻の茶漬を食べるためにだけ京を訪れる。友人は留守だったが、女房と丁々発止の心理戦をくりひろげ、ようやく一膳の茶漬にありつくことに成功。おかわりをいただこうとして、女房からみごとなしっぺ返しにあう。（小佐田定雄）

大坂《おおさか》の客《きやく》（「手水《ちょうず》まわし」）
丹波の貝野村の宿で一泊し、翌朝、顔を洗おうと「手水《ちょうず》を回しておくれ」と宿の女子衆に頼んだところ、意味が理解できなかったものか長頭《ちょうず》の男が座敷に現れ、全力で長頭を回転させて目を回してひっくり返る。あまりの意味不明さに、とっとと大坂に逃げ帰る。（小佐田定雄）

大竹大助《おおたけだいすけ》（「やんま久次《きゅうじ》」）
「やんま久次」こと青木久次郎の剣術の師匠。浜町に道場を持つ。「お前がいては家名に傷がつく」と久次郎に切腹を迫るが、老母の助命で思いとどまる。久次郎に対する厳しい態度は、鋭い太刀筋を見込んで目をかけたかつての弟子への失望と、自らの無力への怒りのためか。「真っ当に生きろ」「忠孝を尽くせ」という真摯な意見が、武士の倫理や価値観を嫌悪する久次郎にはまったく通じないことが、何とも哀しい。（長井好弘）

太田道灌《おおたどうかん》（「道灌」）
室町中期の武人、軍師、歌人（一四三二［永享四］〜八六［文明十八］年）。本名は持資《もちすけ》、資長《すけなが》（道灌は入道名）。江戸城築城で知られる。落語の、狩りの帰りに雨具を借りようとして断られた「山吹の枝」の原話は、初代林屋正蔵作「笑富林」（天保四年）にある。（太田博）

太田藤助《おおたとうすけ》（「代書《だいしょ》」）
代書屋の客。色町の箱屋に就職するため、履歴書を書いてほしさに代書屋を訪れ、その主人中濱研造を悩ます。本籍は大阪市南区日本橋五丁目五百十六番地。太田安兵衛の三男。明治十五（一八八二）年九月二十一日生まれ。小学校を一年半で中退して後、いくつかの職を経て「ガタロ」（河川に埋没した廃品を回収する仕事）を稼業とする。原作者の四代目桂米團治の「代書」に初めて登場する。演者によって田中彦次郎（別稿）、河合浅次郎、松本留五郎などでやる。（小佐田定雄）

大旦那（「菊江《きくえ》の仏壇《ぶつだん》」「白《しろ》ざつま」）
大店《おおだな》の主。跡取り息子が、お花という良妻を迎えても道楽をやめないのを気に病む。だが、体面ばかり気にして、息子に対して断固たる態度を取れず、お花の死という悲劇を防ぐことができなかった。（長井好弘）

大旦那　（「擬宝珠《ぎぼし》」）
商家の主人。気鬱の病にかかって寝込んだ息子の心の内を熊さんに探ってもらったところ、金属の味に興味を覚え、浅草寺の五重塔の擬宝珠をなめたいと懇願していることを知る。実は自分も女房も同様の嗜好があり、全国の擬宝珠をなめつくしているので、親子の証と喜ぶ。職人を手配し、五重塔に足場を架けさせて息子に擬宝珠をなめさせる。（布目英一）

大旦那　（「七段目《しちだんめ》」）
芝居好きの息子に手を焼く大店《おおだな》の主人。二階で芝居の真似ごとに興じている息子を、小僧の長松に命じて止めさせようとしたが、長松も大の芝居好きだったため、二人で「仮名手本忠臣蔵　七段目」を始めてしまい、火に油を注ぐ結果となる。（太田博）

大旦那　（「千両《せんりょう》みかん」）
大店《おおだな》の主人。真夏には出まわっていないみかんが食べたくなって寝込んだ息子のために番頭に命じ、江戸中を探しまわらせる。ようやく見つけた一個のみかんに惜しげもなく千両を支払う。（布目英一）

大旦那　（「二《に》階《かい》ぞめき」）
大店《おおだな》の主人。頼りにしている息子が吉原通いに凝り始めたため、世間体が悪く、気苦労が絶えない。いよいよ勘当しなければならないか、と心の内を番頭にこぼす。ある晩、二階から喧嘩騒ぎのような物音が聞こえるので、小僧の定吉を見に行かせると……。（原健太郎）

大旦那　（「山崎屋《やまざきや》」）
横山町三丁目の鼈甲《べっこう》問屋の主《あるじ》。番頭と鳶頭《かしら》の仕組んだ大芝居を信用して吉原（北国）の花魁《おいらん》を息子の嫁に迎えて隠居する。嫁に「どこに奉公していた」と問うと……。北国の意味がわかったかどうか。（太田博）

大旦那　（「夢《ゆめ》の酒《さけ》」）
大黒屋の主人。無類の酒好き。夢に見た浮気話で喧嘩になった息子夫婦の仲裁に入ったために、嫁に無理やり昼寝させられ、向島の女のところへ出向く同じ夢を見る。

小言を言うはずが、そこでさんざんもてなしを受け、出された酒の燗を待つうちに嫁に起こされて、「冷やでもよかった」。元の話は「夢の瀬川」だが、鼻の圓遊（初代三遊亭圓遊）が改作した。（太田博）

大旦那《おおだんな》（「よかちょろ」）
大店《おおだな》の主人。せがれ孝太郎の廓通いに手を焼いている。孝太郎が集金したまま店に入れてない二百円の行方を尋ねるが、「よかちょろを四十五円で買った」などと、意味不明な言い訳にあきれはて勘当する。（太田博）

大槻玄蕃《おおつきげんば》（「竹《たけ》の水仙《すいせん》」）
長州萩の太守《たいしゅ》、毛利大膳大夫《もうりだいぜんだゆう》の側用人。大名行列の途中、宿の店先にあった左甚五郎作の「竹の水仙」を購入するように命じられる。あまりの高額に買わずに帰ったところ、「もし買えなかったら、身は切腹、お家断絶」と叱責され、あわてて下駄と草履《ぞうり》を片方ずつ履いて水仙を買いに大急ぎで宿へ駆け戻る。（太田博）

大野《おおの》惣兵衛《そうべえ》（「粟田口《あわたぐち》」「粟田口霑笛竹《あわだぐちしめすのふえたけ》」「澤紫《さわのむらさき》ゆかりの咲分《さきわけ》」）
金森家の元家臣。非道な振舞いが重なり、金森家を追放させられる。重役稲垣小左衛門が殿様に進言したのが原因だろうという憶測から逆恨みし、金森家の宝刀「粟田口国綱」を盗んで小左衛門の落度にさせ、浪人となった小左衛門を殺害する。「粟田口」を探し当てたと金森家に申し出て、主家帰参をもくろむが、八橋周馬《やつはししゅうま》という偽名を使って堀切に住んでいるところを小左衛門の息子小三郎らに突き止められて討ち取られる。（布目英一）

大橋《おおはし》（「隣《となり》の桜《さくら》」「鼻《はな》ねじ」）
隣の漢学者の庭に出た満開の桜の枝を無断で切られてしまったことに腹を立て、丁稚《でっち》の定吉に苦情を言わせたところ、逆ねじをくらわされ逆上。意趣返しをするため芸者を呼んだり、料理と酒をあつらえたりと、莫大な散財をする羽目になってしまう。（小佐田定雄）

大橋（「ふぐ鍋《なべ》」）
旦那の機嫌を取る名手。プロの幇間《たいこ》ではない。すすめられたテッチリ（ふぐ鍋）を食べる勇気がなく、ちょうどやって来た乞食に試食させ、大丈夫と判断して旦那と二人でふぐをすっかり平らげるのだが……。このキャラクターを得意としていた三代目林家染丸の本名が「大橋駒次郎」で、実生活でもべんちゃらの名手であったため、林家以外の落語家が演じる場合でも、役名は染丸に敬意を表して「大橋」を踏襲している。（小佐田定雄）

大春《おおはる》（「名人競《めいじんくらべ》」）

元深川の芸者。六十四歳。多摩川中流の布田《ふだ》で、母親を亡くした五歳の孫伊三郎と暮らし、唄と三味線を仕込む。旧知の豪商近江屋喜左衛門に伊三郎の素質を見込まれ、「一流の芸人に育て上げたいので、預らせてもらいたい」との申し入れを喜んで受ける。（原健太郎）

大家（おおや）

江戸時代には長屋の管理人を指し、家主《いえぬし》とも呼ばれる。大阪では「いえぬっさん」と発音する。長屋の所有者から給料をもらって管理を委託された。長屋の糞尿も大家の収入となったので、「三方一両損」で描かれているように、大家に不満を持つ店子《たなこ》に「長屋の便所に糞をたれねえぞ」と悪態をつかれることもあった。大家になるには家主株が必要だったことは「大工調べ」や「双蝶々」で触れられている。店子から罪人が出れば大家も罪に問われたし、町内に同じ商売が何軒もあっては不都合なことから「小言幸兵衛」「搗屋幸兵衛」のように入居者の選別は念入りに行い、商売や家族構成などを調べた上で「店請証文《たなうけしょうもん》」を取った。また家賃の取り立ても行った。

落語で活躍する大家は裏長屋の大家が多く、「唐茄子屋政談」の誓願寺店の大家や「大工調べ」「花色木綿」「らくだ」のように取り立てが厳しく、因業と呼ばれる者もいれば、「長屋の花見」や「掛取り」「黄金の大黒」のように寛容な者もいた。さらに町役人《ちょうやくにん》として防犯防火の取り締まり、「三方一両損」や「天狗裁き」のように喧嘩の仲裁、奉行所への訴え（奉行所への訴えには「五貫裁き」「大工調べ」も）、「髪結新三」で描かれているように戸籍の管理なども行った。そのため嫁の世話をする「たらちね」「不動坊」、葬式の世話をする「猫怪談」などを始め、「妾馬」「孝行糖」「井戸の茶碗」「小間物屋政談」のように店子の生活の多くに大家が関与することとなり、「大家といえば親も同然、店子といえば子も同然」ということばも生まれた。（布目英一）

大家（「御慶《ぎょけい》」「富八《とみはち》」）
人の良い家主。長屋の八五郎が千両富に当たったのをわがことのように喜ぶ。立派な裃姿で年始の挨拶に行きたいという八五郎に、「御慶」という便利なあいさつの言葉を伝授する。（長井好弘）

大家（「近日息子《きんじつむすこ》」）
長屋の差配人。何不自由なく暮らしているが、唯一の心配の種は、三十歳過ぎてもぼんくらな一人息子のこと。「芝居の初日がいつか見てきてくれ」と頼めば、「近日開演」の札を見て「近日は一番近い日だから、明日開演だ」と勘違いする。「先へ先へと気を利かせろ」と小言をくらわせた後で「腹の具合が悪い」とこぼしたのが運の尽き。「気を利かせた」つもりの息子に、医者と葬儀社と寺の手配をされた上、家の表に「忌中」の札まで出されたから、町内の衆から悔やみに来られて閉口する。激怒して息子をしかりつけると、『忌中』のそばに『近日』としてあらア」と返される。こんなことが続けば、「近日忌中」も冗談ではなくなりそう……。（長井好弘）

大家（「さんま火事《かじ》」）
知恵者。長屋の連中から、「二癖半ある者」と尊敬されている。しわい屋で知られる地主をやりこめたいという長屋の衆に、地主は油屋だから、七輪をずらりと並べてさんまを焼き、その煙を火事と思わせ驚かせたらいいと、前代未聞の計略を授ける。（原健太郎）

大家（「長屋《ながや》の花見《はなみ》」）
見栄っ張りの家主。貧乏長屋の店子《たなこ》連中を世間並みの花見に誘う。酒は番茶を薄めたもの、卵焼きはたくあん、かまぼこは大根で代用。これでなんとか陽気に楽しもうと「酔ってみせろ」などといった無理な注文をつける。上方落語「貧乏花見」には登場しない。（布目英一）

大家（「花色木綿《はないろもめん》」「出来心《できごころ》」）
貧乏長屋の家主。店子《たなこ》の顔を見れば店賃《たなちん》の催促ばかりしている。布団の裏地には丈夫で温かな花色木綿を使っているらしい。（長井好弘）

大家（「一目《ひとめ》上《あ》がり」）
掛け軸の漢詩を見て「結構な賛（三）だ」とにわか仕込みでほめた八五郎に「これは亀田鵬斎先生の詩（四）だ」と教えてやる。（布目英一）

大家（「不動坊火焔《ふどうぼうかえん》」「不動坊《ふどうぼう》」）
面倒見の良い家主。客死した講釈師不動坊火焔の女房お滝が亭主の残した借金に苦しんでいるのを救おうと、長屋で一番の働き者の吉兵衛と所帯を持たせる。（布目英一）

大家（「らくだ」）
因業な家主。引っ越してきて以来三年間、店賃《たなちん》を一度も払ったことのないらくだの馬が急死したと、らくだの兄貴分、丁の目の半次の使いでやってきた屑屋の久六から聞き、大いに喜ぶ。「通夜をするから、酒と肴と飯を用意してくれ」と頼まれるが、突っぱねる。「らくだの死骸を連れてきて、『かんかんのう』を踊らせる」と脅されても、まったく動じない。ところが、いざ、らくだの死骸が半次と久六によって運び込まれ、それが踊り出すと、肝をつぶして要求を丸呑み。三升の酒と煮しめを女房に持っていかせる。名代のけちだけに、「大家といえば親も同然、店子《たなこ》といえば子も同然」という言葉が、さぞや理不尽に思えたことだろう。（原健太郎）

おかく（「越後屋《えちごや》」）
裕福な煮豆屋の娘。美人で親切、気だてもいい。たまたま店を手伝っていて、客の八五郎に豆を渡した際、手と手が触れたことから、八五郎を恋の虜にしてしまう。長屋の共同便所で待ち伏せされるなど、ストーカーまがいのアプローチをされるが、八五郎がドジなのですべて未遂に終わり、本人はまるで気がついていない。（長井好弘）

お梶《かじ》（「小烏丸《こがらすまる》」）
神田石町の質屋伊勢屋幸右衛門の後添い。先妻の死後、酒の相手をしながら取り入った。後妻に納まると豹変、酒におぼれ、出入りの鍼医《はりい》定安と密通、店を乗っ取ろうとするが、先妻の娘に仇をとられる。（太田博）

尾形清十郎《おがたせいじゅうろう》（「野《の》ざらし」）
長屋住まいの老武士。自称、彰義隊の生き残り。隣家に住む八五郎から、昨夜部屋にいた女は誰と責められ、「釣りに行った向島で見つけた野ざらしのどくろに酒をかけ、回向してやると、お礼にと、若い女が訪ねて来て何くれと世話を焼いてくれた」と話す。江戸期の二代目三遊亭圓生の本名、尾形清治郎（清次郎とも）からの借用。（太田博）

お兼《かね》（「つづら」「つづら間男《まおとこ》」）
左官由蔵の女房。由蔵が博打でこしらえた莫大な借金の催促から逃れるために質屋伊勢屋の旦那と密通し、肩代わりしてもらう。その後も旦那を家に引き入れていたところを由蔵に見つかり、旦那を葛籠《つづら》に隠すが、すぐに露見する。逆上する亭主に、「借金取りが来なくなったのも、この葛籠のおかげだよ」と諭す。（布目英一）

おかの（「梅若礼三郎《うめわかれいざぶろう》」）
神田鍋町の長屋に住む小間物屋、利兵衛の女房。三十二、三。亭主が寝たきりとなったので、神田の鎌倉河岸で袖《そで》乞《ご》いをする。義賊梅若礼三郎に九両二分を恵んでもらうが、隣に住む魚屋にその大半を盗まれる。金に刻印があったことから魚屋ともども捕らえられる。（布目英一）

女将《おかみ》（「明烏《あけがらす》」）
吉原の茶屋の取り仕切り。「お稲荷さんのお籠《こも》り」とだまされてやってきた堅物の若旦那時次郎に、遊女を巫女《みこ》、自身は「お巫女頭《みこがしら》」と称して応対する。露見しないうちにと、時次郎を急ぎ妓楼へ送り出す。（太田博）

女将（「愛宕山《あたごやま》」）
京都の祇園でお茶屋を経営。早春、室町辺の旦那のお座敷で愛宕山まで野がけをしようと話がまとまる。好き嫌いの多い旦那のため、特別メニューの弁当をこしらえるが、重箱を持つ係になった一八《いっぱち》が踊りながら山を登ったため、ぐちゃぐちゃになってしまう。（小佐田定雄）

女将（「お藤松五郎《ふじまつごろう》」）
米沢町の料理屋草加屋の女主人。出入りのお藤を探しに来た中野の芸人菅野松五郎に、お藤と松五郎が恋仲だとは知らず、うかつなとりつくろいをしたために二人の仲を裂くことになる。（布目英一）

女将（「親子《おやこ》茶屋《ちゃや》」「夜桜《よざくら》」）
お茶屋の女主人。大阪ミナミの宗右衛門町で営業。正体不明だが身元のしっかりしている旦那を二階座敷に通して「狐つり」という古風な座敷遊びに興じていると、顔なじみの若い客が来て「わしも一座させてほしい」と頼まれる。渋る旦那を説得し、めでたく一座させるが、二人が実の親子であることが判明する。（小佐田定雄）

女将（「釜猫《かまねこ》」）
お茶屋藤乃家の女主人。放蕩が過ぎて自宅に軟禁されていた若旦那が抜け出して遊びに来ると聞いて待っていると、髪結いの磯七が大きな釜を持ってやって来る。この釜を二階座敷に上げたところ、中から腹をこわした猫が飛び出して糞をまき散らしながら逃げ回るので、座敷中大騒ぎになる。（小佐田定雄）

女将（「幸助餅《こうすけもち》」）
大坂新町のお茶屋三つ扇屋の女主人。先代からの馴染である餅米問屋大黒屋の幸助が相撲に凝って店を潰したのに同情し、三十両を二度も貸し与える。（小佐田定雄）

女将（「三枚起請《さんまいぎしょう》」）
吉原の茶屋井筒の女将。若い衆三人から、なじみの女郎喜瀬川がそれぞれに起請文《きしょうもん》を書いたので懲らしめてやりたい、と相談を受ける。それを知って若い衆の一計に協力する。客の側に立つ茶屋の女将は珍しい。（太田博）

女将（「しじみ売《う》り」）
芝汐留の船宿、伊豆屋の女主人。しじみ売りの少年与吉の身の上話に涙を流し、金を差し出す人情家。寄り合いに行ったきり三日も帰ってこない亭主に、いささかむかついている。（原健太郎）

女将（「たいこ腹《ばら》」）
茶屋の女主人。プロ意識が高い。若旦那と幇間《ほうかん》の一八《いっぱち》が、昼から座敷にこもって何やらやっていても見て見ぬふり。若旦那に腹部へ鍼を打たれ血塗れの一八に、「いくらかにはなったんだろ？」と尋ねる。（長井好弘）

女将（「たちぎれ線香《せんこう》」）
ミナミのお茶屋紀《き》ノ庄《しょう》の女主人。一人娘で芸者の小糸が船場の商家の若旦那と恋仲になるが、八十日も来ないので焦がれ死ぬ。最初は若旦那を恨んでいたが、三七日に訪れた若旦那から、お茶屋通いを責められ、店の蔵に軟禁されていた事情を聞いて許す。（小佐田定雄）

女将（「船徳《ふなとく》」）
柳橋の船宿大枡《だいます》の女房。万事に如才ないが、強く頼まれると断れない性格らしい。四万六千日の参詣で船頭が出払って、亭主も留守という時に、馴染み客に懇願され、ついつい見習い船頭の若旦那、徳に舟を任せてしまう。いざ出発となると、さすがに不安になり「いいですか、すぐに（先輩船頭が）後から追いかけますから、もうダメだと思ったら、そこにいるんですよ。誰か助けに行きますから」とこっそりアドバイスするが、不安は見事に的中し、大川で一騒動持ち上がる。（長井好弘）

女将（「坊主《ぼうず》茶屋《ちゃや》」）
大阪の最下級のお茶屋の女主人。手《て》古《こ》鶴《づる》という鼻のない女郎を座敷に出したため、職人の客を怒らせ、女郎を坊主にされてしまう。（小佐田定雄）

女将（「雪《ゆき》とん」）
両国の船宿の女房。昔世話になった佐野のお大尽《だいじん》の若旦那兵右衛門を居候させる。兵右衛門が本町二丁目の糸屋の娘お糸を見そめて寝込み、「せめて盃の一つももらって故郷に帰りたい」と懇願されたため、糸屋の女中お清に小判二枚を渡して、夜中の四つ刻に若旦那が黒塀をトントンとたたいたら、お糸に引き合わせるようにと、手はずを整える。（布目英一）

女将（「吉野狐《よしのぎつね》」）
大阪新町のお茶屋の女主人。元は時計屋の若旦那で、今は道頓堀でうどん屋になっている島三郎と三年ぶりに再会し、島三郎と深い仲になっている吉野がじつは狐であることを告げる。（小佐田定雄）

おかみさん（「町内《ちょうない》の若《わか》い衆《しゅう》」）
職人清《せい》さんの女房。産み月が近い。帰宅した夫から、

「出入り先の奥さんは、茶室の普請が出来たのも亭主の働きではなく町内の若い衆の協力のお蔭だと謙遜するのには感心した。お前には出来ないだろう」と言われ、「言ってやるから茶室を作ってみろ」と反論する。夫が風呂に行っている間に来た仲間から、臨月の腹を見ながら「この不景気に子供を作るとは感心だ」と褒められると、「町内の若い衆が寄ってたかってこしらえてくれた」と、重大発言をする。（太田博）

おかめ（「おかめ団子《だんご》」）
麻布飯倉片町の名物店「おかめ団子」の一人娘。十八歳で、評判の器量よしだ。気の進まぬ縁談を苦に庭の松の木に首をくくろうとしたところを、やむにやまれぬ事情で盗みに入った大根屋の多助に助けられる。のちに「命の親」の多助を婿にとる。（長井好弘）

おかめ（「塩原《しおばら》多助一代記《すけいちだいき》」）
姦婦。姉の亭主で安部伊予守家臣、塩原角右衛門の家来岸田右内と密通して江戸に逃げる。旅商人となった右内を探しに出た旅の途中、護摩の灰の股旅おかく、道連れ小平親子に娘のおえいを誘拐される。一人になったところを悪漢に襲われたが、義兄と同姓同名の百姓塩原角右衛門に助けられる。右内の死を知り、角右衛門の妻も亡くなったので、後添えになる。十二年後、角右衛門が江戸からおえいを連れ帰り、再会を喜んだのもつかの間、角右衛門が病死する。角右衛門の遺言に従い、多助とおえいを夫婦にする。間もなく土岐《とき》伊予守家来、原丹治と密通を重ねるようになり、おえいも息子の丹三郎と忍び合うようになったので、多助殺しをくわだてる。殺害は失敗したが、多助が身を隠したので、おえいと丹三郎を夫婦にしようとする。分家の太左衛門が止めに入ったため逆上した丹三郎が刀を抜き、多助の愛馬の青が丹三郎とおえいをかみ殺す騒ぎとなり、丹治と逃げる。四万《しま》温泉で四万太郎を出産し、尼になったおかくの寺に泊まったところ、金の争いから丹治は殺されてしまい、逃げ惑った末に四万太郎を抱いて川に落ちる。数年後、四万太郎を連れて盲目の乞食となっていたのを多助に救われ、裏店《うらだな》に住まわせてもらう。男好きのする面立ちを武器に男遍歴を重ね、己の不料簡ゆえに路頭に迷う典型的な因果応報の人生を送る。多助の慈悲に感謝をして本当に改

心したのであればよいが……。（布目英一）

おかめや（「団子《だんご》坂《ざか》奇《き》談《だん》」）

団子坂で評判の蕎麦屋の主人。一人娘のおきぬに一目惚れをした旗本の次男坊、生駒弥太郎から嫁入りの申し出があるが、「親一人子一人で、おきぬが店を切り盛りしているから」と断わる。諦めきれない弥太郎が「町人になって婿入りする」と強引に弟子入りしてきた。当初は困惑したものの、弥太郎が性格も素直で陰日向なく働くことから、婿入りは決まったも同然となる。ところが、夏の早朝、真っ青な顔をした弥太郎が暇を願ってきた。わけを聞くと、おきぬが夜中に家を抜け出し、谷中の墓地で死骸の腕にかじりつくのを見たというので、動じることなく「腕をかじるぐらい何でもない、お前だっていまだに親のスネをかじっている」と答えた。（長井好弘）

小《お》川《がわ》市松《いちまつ》（「稽古屋《けいこや》」）

横町にある稽古屋の師匠。上方舞の小川流の名取か？　大人だけでなく、子供にも人気のあるお師匠はんだが、自由奔放な喜六という弟子に手をやく。（小佐田定雄）

荻《おぎ》江《え》露《ろ》友《ゆう》（「名人競《めいじんくらべ》」）

荻江節の名人。二代目。五十九歳。深川の豪商近江屋喜左衛門から、親のない伊三郎という少年を預かり、稽古をつける。伊三郎の才能を信じ、次第に高まる評判を喜ぶが、自分に断ることなく、狂言師で踊りの師匠坂東須賀《ばんどうすが》に歌曲《うた》を提供したことに憤慨し、「これから三十年間、命がけで修業をしろ」と言い渡す。これが原因で、伊三郎と末は夫婦になるつもりでいた娘お又が気病みを患ったため、江戸を払って伊豆福浦へ引きこもる。しばらくのち、「伊三郎は不実な男だ」と思いながら、家で三味線を持ち、唄っていると、唄い納めた瞬間にポーンと手を打つ音が聞こえる。あたりを見回すと、喜左衛門をともない詫びを入れにきた伊三郎が、門口に立っている。感極まった伊三郎の「芸の妙所を得ました」の言葉に、素直に怒りを鎮め、かねがね心に決めていた三代目荻江露友の襲名も認める。（原健太郎）

お菊《きく》（「鏡《かがみ》ヶ池《いけ》操《みさおの》松影《まつかげ》」「江《え》島屋《じまや》騒動《そうどう》」）

芝日蔭町の古着商江島屋の養子、治平の女房。三浦志摩守の家臣、久津見半左衛門の娘。幼きころ、父の同僚であった野口安兵衛の子、安次郎（のちの治平）の許嫁《いいなずけ》となる。江島屋の妾お仲にだまされ、治平と離縁させられたのち、元医師の悪党倉岡元仲に吉原の松葉屋に売られ、花魁《おいらん》小松となる。倉岡が父を殺害した男であると知り、治平とともに討つ。（原健太郎）

お菊（「皿屋敷《さらやしき》」「お菊《きく》の皿」）

姫路の代官、青山鉄山家の腰元。家宝の「葵の皿」を割ったとの濡れ衣を着せられ、殺害された上に、遺骸は井戸の中に落とされてしまう。その夜から、鉄山を怨んで化けて出るようになった。

井戸から登場すると一枚、二枚と皿の数を数え出し、「九枚」という声を聞いた人間は命を落とすといわれる。なかなかの美人で、その美しさに惹かれた男たちが、怖いもの見たさ半分で、毎夜井戸のまわりに詰め掛けたため、幽霊の仕草が派手になり、鉄山の屋敷は幽霊のテーマパークと化してしまう。（小佐田定雄）

お菊（「転宅《てんたく》」）

さる大旦那の囲い者。元、娘義太夫の太夫。自称、高橋お伝の孫で、はんぺん。日本橋浜町辺で黒板塀に見越しの松という造りの家に住む。気風《きっぷ》がよく機転もきく。忍び込んできた泥棒と夫婦約束をした上に、金までまきあげて帰す。すぐ大旦那に知らせ、その晩のうちに引っ越してしまう。（布目英一）

おきせ（「怪談乳房榎《かいだんちぶさえのき》」）

絵師菱川重信の妻。二十四歳。住まいが柳島で、役者の瀬川路考似であることから「柳島路考」と呼ばれる美人。夫の留守に、重信の弟子磯貝浪江に「思いが叶わねば、子供を殺す」と迫られ身を任す。初めは浪江を嫌っていたが、逢瀬を重ねるうちに情が移り、ついには夫重信殺しを浪江に持ちかける。葬儀の後、悪事の発覚を恐れる浪江の計略で、泣く泣くわが子真与太郎と別れる。数年後、浪江と共に、乳房榎と呼ばれる大木の下で、五歳の真与太郎に討たれる。（長井好弘）

おきぬ（「団子坂奇談《だんござかきだん》」）

団子坂で評判の蕎麦屋おかめやの看板娘。界隈では小町といわれる美人。一目惚れされた旗本の次男坊、生駒弥太郎から我が嫁にと懇願されるが、「親一人子一人で店を切り盛りしているので嫁にはいけない」と断る。それでも諦めきれない弥太郎が「町人になって婿に入る」と店でそば職人の修業を始めたので、父とともに困惑していたが、陰日向なく働く弥太郎に次第に心が動かされていく。だが、それでも弥太郎には言えない秘密があった――。寝苦しい夏の夜、こっそりと家を抜け出し、谷中の墓地で赤ん坊の死骸を掘り出して、腕にかじりついているところを、後をつけてきた弥太郎に見られてしまう。帰って弥太郎の寝所をのぞくと、布団をかぶって震えているので、「今夜見たことはけっして他言をしないように」と懇願するが、翌朝、弥太郎はすべてを主人に話してしまう。(長井好弘)

お絹《きぬ》(「ざこ八《はち》」)
今小町と言われた、雑穀商ざこ八の一人娘。婚礼の当日に逃げられた鶴吉を忘れられず、鶴吉に似た男を婿に迎えるが、これが道楽者で、ざこ八の身代を食いつぶしたあげくに病死する。自身も病に倒れ、乞食同然の暮らしをしているところを、十年ぶりに江戸に戻った鶴吉に救われ、念願の夫婦に。鶴吉の頑張りで、ざこ八の店は再建され、子宝も授かるが、なぜか「先の仏」の命日だけは気にしている。(長井好弘)

お絹(「柳田格之進《やなぎだかくのしん》」「柳田角之進《やなぎだかくのしん》」)
浅草阿部川町の浪人、柳田格之進の聡明な娘。十八歳。早くに母親と死別した。洗濯や針仕事をして家計を支える。萬屋の番頭徳兵衛に五十両盗難の疑いを掛けられた格之進が切腹をして潔白を示そうとした時、「盗みが知られたために腹を切ったと言われたら、武士道がたちません」と諭して、思いとどまらせる。親子の縁を絶ち、吉原の遊女となって五十両を作る。格之進の疑いが晴れると、萬屋源兵衛に請け出され、徳兵衛に嫁ぐ。男の子を出産し、柳田の家名を継がせる。これが講談から伝わる筋立てといわれ、武士の娘としての生き方を示しているが、苦界に身を沈めた後、自害するという演出、旧家に帰参がかなった格之進に身請けされたが、一間に閉じこもったままでいる演出、萬屋主従を許すが、徳兵衛とは一緒にならないという演出などもある。特に現在の女性客は男性に都合がよいだけの結末に納得できず、お絹に幸せになってもらわぬと救いがないという思いが強い傾向がある。その心情を痛切に感じる演者によって今後も結末は模索されていくだろう。（布目英一）

お清《きよ》（「芋俵」《いもだわら》「芋どろ」）
お店《たな》奉公に慣れたベテラン女中。夜なべ仕事で腹が減っても自分では動かず、「芋俵から一本もらってても誰も気づかないよ」と、同僚の小僧に芋泥棒をすすめる。だが、俵の中に本当の泥棒が潜んでいた……。（長井好弘）

お清（「蔵丁稚」《くらでっち》「四段目」《よだんめ》）
船場の商家の女子衆。丁稚《でっち》定吉が芝居狂いのため三番蔵に閉じ込められたのを心配して、物干しから蔵の中をのぞいたところ、中で定吉がピカピカ光る刀を振り回していたので、切腹するものと勘違いし、あわてて「定吉っとんが蔵の中で……」と旦那に告げる。（小佐田定雄）

お清（「背虫茶屋」《せむしぢゃや》）
大阪中船場の金満家の旦那に使える女子衆。洗濯をしようと鍋で糊を炊いているところへ、髪結いの磯七がやって来て糊、梅干、砂糖、綿を「かったい（あばたづら）」のメイクをするため持って行ってしまう。（小佐田定雄）

お清（「蛸芝居」《たこしばい》）
船場の商家の女子衆。台所を預かっている。お店《たな》全員が芝居好きという恐ろしい環境の中、自らもササラを振り回して「水気」と呼ばれるこしらえものの水煙を表現してみせる。（小佐田定雄）

お清（「なめる」「菊重ね」《きくがさね》）
女中。乳房の下にできものがある娘に仕える。娘のできものは二十二歳の男になめさせれば治癒する、と易者に教えられ、該当する男を捜しながら、芝居小屋など、人の集まるところに出没している。（原健太郎）

お清（「八九升」《はっくしょう》）
商家の女中。人柄はよいが不愛想なために、耳の遠い隠居に「悪口を言っている」とあらぬ疑いをかけられてしまう。食事の用意ができたことを伝えても、「くたばりぞこないと言ったな」と怒られる。いくら説明しても怒りが収まらないので、べそをかきながら番頭に訴える。「このようにすればいいんだ」と言われて、番頭が隠居に接する様子を見ると、にこにこしながら相手をけなす言葉を吐き続けている。聞こえていない隠居が笑顔にだまされて喜んでいる様子に思わず笑い出してしまい、またしかられる。（布目英一）

お清（「雪《ゆき》とん」）

本町二丁目の糸屋の女中。両国の船宿の女将に小判二両を渡され、糸屋の娘お糸に惚れこんだ佐野のお大尽《だいじん》の若旦那兵右衛門がお糸に会えるようにする。塀をトントンとたたいたら中に入れることにしたが、雪が降って足駄にはさまった雪を落とすために足駄を塀にトントンとぶつけたお祭佐七を間違えて入れてしまう。（布目英一）

お清（「四段目《よだんめ》」）

伊勢屋の奉公人。芝居にうつつをぬかす小僧定吉が蔵に入れられたのを心配する。見に行くと、蔵にあった刀を抜いて腹を切ろうとしているのであわてて旦那に知らせるが、判官《はんがん》切腹の芝居の真似だった。（太田博）

おきん（「小言幸兵衛《こごとこうべえ》」）

花屋。六十九歳。麻布古川に居住。家主田中幸兵衛の女房の友人。この女房の勘違いか、事実かはわからぬが、「尻の軽い浮気者」として引き合いに出されているのを当人は知らずにいるようだ。（布目英一）

奥方《おくがた》（「やかんなめ」）

商家の女房。梅見に出かけて蛇に遭遇し、持病の癪《しゃく》が起こる。その合い薬（治療薬）が「金物類を舐めること」だというから面白い。出先で金物類が見つからず、供の女中の機転で通りかかった侍のやかん頭を代役として、頭部に歯形がつくまで舐めまわす。荒唐無稽な話に思えるが、「癪や山椒にむせた時に金物類をなめると発作がおさまるといった俗説が、江戸時代には広く知られていた」（武藤禎夫『落語三百題』）という。いったいどんな味がするのだろう。（長井好弘）

奥様《おくさま》（「青菜《あおな》」）

お屋敷の細君。出入りの植木屋をもてなす。仕事を終えた植木屋をもてなす夫に、「菜があるか」と、聞かれ、「鞍馬から牛若丸が出でまして、その名（菜）を九郎（食らう）判官」と、隠し言葉で応対する奥床しさで、植木屋を感心させる。（太田博）

奥《おく》さん（「按七《あんしち》」）
田中家の夫人。横丁に住む鈴木七兵衛が突然訪ねて来て、「七」の字の書き方を教えてほしいと言われ火箸で教えるが、その火箸を曲げられてしまう。（小佐田定雄）

奥さん（「町内《ちょうない》の若《わか》い衆《しゅう》」）
職人の女房。兄弟分の職人清《せい》さんがやって来て茶室の普請を亭主の働きがいいからと褒められると、「町内の若い衆が寄ってたかってこしらえてくれたようなもの」と謙遜する。（太田博）

おくし（「後家馬子《ごけまご》」）
裏長屋の住人。大阪の玉造稲荷の近所に住む。孝行娘で、髪結いの弟子として修業中。母親のお竜が馬方の八蔵と深い仲になって、八蔵のことを父親と呼べというのが悲しさに天満橋から身を投げるが、川下で網を打っていた亡父の弟の儀助に助けられる。（小佐田定雄）

お国《くに》（「怪談牡丹燈籠《かいだんぼたんどうろう》」）
飯島平左衛門の妾。元は飯島家の女中。美人で如才ない。隣家の宮野辺源次郎と密通、平左衛門を暗殺し、財産を奪う。逃走先の栗橋宿で料理屋に勤め、同じ江戸から逃げて来た旧知の荒物屋、関口屋の主伴蔵とねんごろになる。主人平左衛門の仇を探す孝助に討たれる。（太田博）

お熊《くま》（「鰍沢《かじかざわ》」）
鰍沢の山中のあばら屋で暮らす年増女房。元は吉原遊廓で全盛を誇った、熊蔵丸屋の月の戸花魁《おいらん》。首から喉元へかけて鋭い刃物疵が、鄙にも希な美貌に凄絶さを加えている。馴染み客だった生薬屋の若旦那と心中騒ぎを起こしたが死にきれず、手に手を取って山里へ逃げ込んだ。亭主が熊の膏薬《こうやく》を売るだけでは生活は苦しく、華やかな江戸も恋しくなってきた。鬱屈した日々の中で、大雪に吹かれて迷い込んできた旅人が、女郎時代の客であり、大金を所持しているのを知り、毒入りの玉子酒を飲ませて殺そうとするが、誤って亭主がそれを飲んでしまう。激流をいかだに乗って下る旅人に火縄銃を放つが、すんでのところで逃げられ、命も金も奪うことはできなかった。亭主に死なれ、金もなく、悪事に手を染めたとあっては、山里にもいられまい。かといって、将来を悲観して自害するほど、柔な了見は持っていない。転落の人生、第二幕の始まりである。（長井好弘）

お熊（「髪結新三《かみゆいしんざ》」「白子屋政談《しろこやせいだん》」）
材木商白子屋庄三郎の一人娘。派手好き。持参金付きの養子又四郎を嫌い、奉公人の忠七といい仲になっている。廻り髪結の新三にそそのかされて、忠七と駆け落ちをはかるが、忠七と離され、新三の家に監禁される。家主長兵衛の尽力で解放される。（布目英一）

お熊（「真景累ヶ淵《しんけいかさねがふち》」）
旗本深見新左衛門の妾。酒乱の末に妻を斬り殺した新左衛門に取り入って家に入り込み、お賤《しず》を産むが、深見家が改易になったため、深川の実家に戻った。後には娘とも別れ、老尼となったが悪心は変わらない。住まいである下総国塚前村の観音堂を訪れた旅人を殺して金を奪うなど、悪事を繰り返していたが、雨宿りに迷い込んだ駆け落ち者が、娘のお賤と腹違いの兄の新吉と知り、すべての事情と自らの罪状を白状する。因果因縁の強さにおそれをなした新吉が、かつての恋人お久を殺した鎌でお賤を殺し、自らも命を絶つ。それを見て観念し、自分も同じ鎌で自害する。（長井好弘）

お熊（「縮《ちぢ》み上《あ》がり」）
内藤新宿、豊倉屋の女郎。堀之内のお参り帰りの江戸っ子を縮みあがらせるほどの美人だが、新潟の小千谷出身で訛りも凄い。そのため、客と二人きりになってもほぼ無言で通している。（長井好弘）

お熊（「藁人形《わらにんぎょう》」）
千住小塚原《こづかっぱら》、若松屋の女郎。小さいながらも部屋持ちの売れっ子。龍閑町《りゅうかんちょう》の糠屋《ぬかや》の娘で、かつて小町娘と謳われたこともある。だがその正体は、人のよい願人坊主西念《さいねん》をたぶらかし二十両の金を巻き上げた、情状酌量の余地

のない悪女。（原健太郎）

お後室《こうひつ》あん（「釜猫《かまねこ》」）
身分のある家の後家。手に数珠を持ち往来を歩いていると、突然お茶屋の二階の窓から猫が降って来て、頭の上で汚い物を垂れ散らかし、着物を汚されたので、お茶屋の主に文句を言う。（小佐田定雄）

お古乃《この》（「怪談《かいだん》阿三《おさん》の森《もり》」）
深川蛤町の漁師善兵衛の娘。お三の母。漁師の娘に似合わぬ器量よし。奉公先の本所の旗本松岡半之進のお手付きとなって子を宿すと実家に戻される。生まれた子がお三。十九歳で早死にしたため、残されたお三は祖父善兵衛夫婦に育てられる。（太田博）

お駒《こま》（「駒長《こまちょう》」）
長屋の女房。元は深川の岡場所の女郎だった。借金取りに来る上方者の丈八が女郎時代の客であり、まだ自分に気があると見抜いた亭主長兵衛の計略で、丈八に美人局《つつもたせ》をしかけるが、逆に「わいと一緒に逃げよう」と口説かれる。実はつくづく貧乏暮らしが嫌になり、「あんな亭主といては一生うだつが上がらない、この上は」と思っていたところだったので、長兵衛がまだ帰ってこないのを幸い、家財道具を一切合切かき集め、丈八と駆け落ちをする。火鉢の上に残した書き置きの文句がキツイ。「嘘から出たまこと。丈八様をお慕い申し候。それに引きかえお前の悪性、つくづくいやになりました。ああいやな長兵衛づら、ちいちいぱあぱあ数の子野郎。丈八さんと手に手を取り長の道中変わらぬ夫婦とあいなり候……。書き残したき事数々あれど、先を急ぐ旅ならば。あらあらめでたきかしこ」。（長井好弘）

お駒（「城木屋《しろきや》」）
日本橋新材木町の材木商、城木屋の一人娘。すこぶる付きの美人。番頭の丈八に横恋慕されるが、母親が見つけて注意する。振られてヤケになった丈八に殺されそうになるが、丈八の失態で難を逃れる。（太田博）

おこも（「ふぐ鍋《なべ》」）
乞食を意味する「こもかぶり」の略称。お屋敷に「お余り」をもらいに行ったところ、なんとふぐ鍋をいただく。早速食べようと思ったのだが、誰やらが様子を探っているので、食べたふりをして、しばらくたってからお屋敷を再訪。旦那方の無事を確かめてから、ゆっくり味わってちょうだいした。（小佐田定雄）

おさき（「甲府《こうふ》い」）
豆腐屋の女房。亭主に劣らずたいそう人がよい。奉公人の善吉を気に入り、娘お花の婿にすることを提案。若夫婦が店を切り回すようになってからは、近所で亭主と隠居暮らしをする。（原健太郎）

おさき（「てれすこ」）
多度屋茂兵衛の女房。沖合でとれた珍魚を「てれすこ」「すてれんきょう」と二つの名前で呼んだ亭主が、牢に入れられてからというもの、「火もの」断ちをしている。蕎麦粉を水でといたものばかり飲んでいるので、ひどくやつれている。（原健太郎）

おさき（「胴斬《どうぎ》り」）
辻斬りにあった男の太っ腹な女房。亭主の胴体を二つにされても、あわてず騒がず。次の日から、胴体と足を相手に、いつも通りの日常生活を続けている。（長井好弘）

おさき（「緑林門松竹《みどりのはやしかどのまつたけ》」）
下谷広徳寺前の鼈甲《べっこう》商、上総屋の仲働き。酒好きでおしゃべり。いい仲になった番頭藤七に頼まれ、若旦那との婚儀が決まった花蔭左五郎の妹おなつに「かんざし泥棒」の罪を着せる。ところが、悪だくみがあんま幸治に知られたため、店の金を盗んで藤七と上方へ逃げるつもりだったが、ふだんのおしゃべりが災いし、口封じのため藤七に殺される。（長井好弘）

お崎《さき》（「厩火事《うまやかじ》」）
女髪結い。恋愛で一緒になったものの、毎日ブラブラしている七つ年下の「髪結いの亭主」を食わせるくらいの甲斐性はある。その自信過剰が、頻繁に起きる夫婦喧嘩のタネになっている。亭主の本性を知りたくて、仲人のあにさんに相談すると、大切にしている皿を割って本心を探れと入れ知恵される。唐土は孔子の厩の火事のたとえを玉蜀黍《とうもろこし》と解したり、麹町のさるお屋敷を動物の猿と誤解するなど故事を解する教養はないが、亭主をかばうかわいい女である。（太田博）

お咲《さき》（「天狗裁《てんぐさば》き」）

喜八の女房。亭主が昼寝をしている表情を見て、なにかいい夢を見ていると思い込み、その夢の話をするようにしつこく食い下がったため大喧嘩になり、あげくに近所の住人の徳さん、家主、奉行、鞍馬の天狗などを巻き込んだ大事件に発展する。（小佐田定雄）

お咲（「百人坊主《ひゃくにんぼうず》」）

鱶《ふか》の源太の女房。大坂近郊の農村に住む。村の亭主たちがそろって伊勢参りに出かけたが、亭主の源太だけが一人で帰ってきたのでわけを聞くと、琵琶湖で船の転覆事故にあい、全員が水死したとのこと。悲しみのあまり女房たちは髪を下ろして尼になるが、自分一人は黒髪のままでいた。（小佐田定雄）

お里《さと》（「朝友《あさとも》」）

小日向の松月堂の娘。生前顔なじみだった文屋康次郎と地獄で再会し、夫婦約束をする。閻魔大王に横恋慕され、生塚《しょうづか》の婆《ばば》に雪の中で責めさいなまれても康次郎との誓いを貫き通し、二人で奇跡の生還を果たして現世でめでたく結ばれる。（長井好弘）

お里（「鏡《かがみ》ヶ池《いけ》操《みさお》松影《のまつかげ》」「江島屋《えじまや》騒動《そうどう》」）

医師倉岡元庵の娘。母のおさよと下総大貫村に暮らす、美しい十七歳。名主源左衛門の息子源太郎に見初められ、婚礼の運びとなるが、芝日蔭町の古着商江島屋で買った婚礼衣装が、糊付けの粗悪品だったため、祝いの席で、帯際から下が破れ落ちる失態をさらす。恥をかかされたと激怒した源左衛門に、母娘を村から追い出すと宣言され、悲しみのあまり利根川に身を投げて果てる。死体の上がらぬまま、自害から一年目に、江島屋の蔵に幽霊の姿で現れる。（原健太郎）

お里（「操競女学校《みさおくらべおんながっこう》」「お里《さと》の伝《でん》」）

孝女。京極備中守の家臣尼ヶ崎幸右衛門の娘。三歳のとき、父が上役の岩淵伝内に斬り殺される。母お艶に懸想した岩淵が強引に迫っていたところ、帰宅した父ともみ合い、抜き打ちざまに斬られたのである。このとき、刀の柄に手をかける間もなく倒されたのは武士の恥である、と断じられ、尼ヶ崎家はお家断絶。お艶とともに、伯父の関根元右衛門に引き取られるが、「お里が男の子であれば、仇を討って家名を立てようもの」と言い残し、まもなく母は死ぬ。七歳のとき、伯母の寝物語で父の死の真実を知り、仇討と尼ヶ崎家の再興を心に誓う。

十六歳のとき、岩淵が江戸に潜伏しているとの噂を耳にし、江戸の旗本屋敷に奉公に出してほしいと、伯父夫婦に訴え、思いを打ち明ける。感心した伯父から、江戸詰めを予定している村瀬東馬を紹介され、村瀬旧知の旗本本永井源助の屋敷に奉公することになる。真影流の使い手である永井に剣術を指南され、一心不乱に稽古する。三年後の元禄十五（一七〇二）年十二月、赤穂浪士討ち入りの報に接し、身につまされて涙を流していたところを永井に見られ、理由を問われる。本懐を打ち明け、翌春、免許皆伝を得る。

岩淵の行方をいよいよ捜す段となり、三年の間に七十五もの旗本屋敷に奉公する。七十五軒目の奉公先、本所《ほんじょ》北割下水《きたわりげすい》の御進物御取次番頭坂部安兵衛家で、ついに岩淵を発見。正月七草の酒宴で酌に付いた用人の小泉文内に、若い時分の色恋沙汰を自慢げにしゃべらせ、国元が讃岐丸亀で、旧名が岩淵伝内だと打ち明けさせる。父を殺して逃げる際、母が脇差を投げ打ってつけた左肩の傷も認め、この男こそ父の仇岩淵伝内である、と確信する。翌朝、いそいで永井に報告すると、村瀬から京極備中守に話が届き、坂部家を通じて岩淵は召し捕られる。

仇討は、芝新橋《しばあたらしばし》の京極家上屋敷において、殿の御前でおこなわれる。引き際に額に切り傷を負ったが、殿から「待った」がかかり、助太刀を許された永井が時間稼ぎをしている間に養生し、ふたたび刀を構える。背後から気合をかける永井の声にまどわされた岩淵に、一瞬のすきができたところに一刀を浴びせ、「天命思い知ったか」と叫んでとどめを刺す。父の死から十九年後のことであった。感服した京極備中守は、尼ヶ崎家の再興を約束し、二百石を加増、石高二百三十石となった。村瀬の息子金之丞を養子に迎え、家名を相続させる。

三遊亭圓朝作の長編で、本作「お里の伝」のほか、「お民の伝」「お蝶の伝」「お辰の伝」「お婉の伝」の全五

話より成る。（原健太郎）

おさな（「名人長二《めいじんちょうじ》」「指物師名人長二《さしものしめいじんちょうじ》」）
指物師長二の育ての親。湯河原の竹藪に捨てられていた、赤ん坊の長二を拾った、長左衛門の女房。九歳のとき、自分の背中の疵《きず》に初めて気づいた長二に仔細を尋ねられたが、泣いて答えなかった。（原健太郎）

おさよ（「鏡《かがみ》ヶ池《いけ》操松影《みさおのまつかげ》」「江《え》島屋《じまや》騒動《そうどう》」）
医師倉岡元庵の未亡人。下総国大貫村に住む。お仲とお里の二人の娘がいる。末娘お里の婚礼用に、芝日蔭町の古着商江島屋から、衣装その他を四十二両で買いそろえるが、それがいかものだったため、結婚は破談、お里は非業の死を遂げる。のちに藤ヶ谷新田の茅《あば》ら家《や》に一人で暮らすが、江島屋への恨みは晴れず、夜な夜な婚礼衣装の片袖を裂いては囲炉裏の火にくべ、灰に目の字を書いて火箸で突つき、呪い続けている。ある晩、商用で下総へやってきたという男に、呪いの儀式をのぞき見られてしまったため、ことのいきさつを一人語りすることに。男——偶然にも江島屋の番頭金兵衛だった——は、夜明けを待つと、急いで家を出ていった。一念が通じたのか、その後、江島屋の主人の両目から血が噴き出し、ほどなく店もつぶれる。（原健太郎）

お小夜《さよ》（「七度狐《しちどぎつね》」）
後家。金貸業。伊勢街道から山奥に入った村に住む。死亡して尼寺にかつぎこまれるが、棺桶の中から姿を現し「金返せ」と請求を続ける。狐にだまされた喜六、清八の見た幻影の中の人物。（小佐田定雄）

おさわ（「緑林門松竹《みどりのはやしかどのまつたけ》」）
大門町の菓子売り、平三の娘。盗賊小僧平吉の妹。江戸を引き払って故郷へ戻る平三に連れられ、常陸の大宝を目指す。途中、護摩の灰に有り金全部盗まれ、門付《かどづ》けをして飢えをしのいでいたが、空腹に耐えかねホーソ村の豪農の家で雑穀を盗み捕えられてしまう。その晩、豪農の家に入り込んだ兄平吉に助け出され、平吉が勘当されて以来の再会を果たす。（長井好弘）

おさん（「おさん茂兵衛《もへえ》」）

一膳めし屋の女将。上尾宿の博打うち金五郎の女房。二十三、四歳の美人。元は品川の芸者。金のためなら女房も女郎屋に沈めかねない亭主の了見に、ほとほと嫌気がさしている。亭主の親分三婦《さぶ》に三十両の金を差し出され、江戸から商用でやってきた呉服屋の手代、茂兵衛に会ってほしいと頼まれる。仕方なく会いにいくと、「あなたにお目にかかれ、思い残すことはないが、主人の金に手を付けてしまったからには、身を投げて死ぬしかない」と、深刻な覚悟を打ち明けられる。茂兵衛と亭主の心をくらべたら雪と墨ほど違う、と心を移し、手に手を取って逐電する。（原健太郎）

お三《さん》（「怪談阿三の森《かいだんおさんのもり》」）

亀戸天神、梅見団子屋の娘。漁師善兵衛の娘お古乃《この》と奉公先の旗本松岡半之進との間に出来た子。母親の死後、善兵衛夫婦に育てられる。「梅見団子の小町娘」と呼ばれる別嬪。梅見に訪れた旗本の三男坊阿部新十郎に一目惚れ、相思相愛の仲となって出逢いを重ねるが、突然新十郎が現れなくなったために焦がれ死ぬ。実は新十郎が腹違いの兄であった事実は知らず仕舞いだった。妻を娶った新十郎の寝間に蛇の化身となって現れるが、良観和尚の祈禱で捕らえられ、深川蛤町の小山に埋葬される。ここを「お三の森」と呼ぶ。（太田博）

おじ

若い時分に道楽をして人生の辛酸をなめている苦労人が多い。そのため若い者にとっては両親以上によき理解者である。「写真の仇討ち」「辰巳の辻占」のように色恋の相談に乗ることもある。また厳しい顔をしていても、心中では常にその者の行く末を案じている。道楽が過ぎて勘当された若旦那には「唐茄子屋政談」のように勘当が許される助けになる商売を見つけたり、与太郎や松公のようなおっとりとした者には「道具屋」や「かぼちゃ屋」「厄払い」のような彼らにもできそうな商売を探してやったりする。さらに「ろくろ首」のようによき伴侶の世話をするほど面倒見のよい者もいる。皆、出来の悪い甥ほどかわいいようで、「牛ほめ」の左兵衛や「幸助餅」のおじもそのような一人である。しかし時には物わかりの良さが行き過ぎて「宮戸川」のように「飲み込み久太」

といったあだ名をつけられる御仁もいる。その一方で、甥のことをまったく信用しない「花見の仇討ち」のおじのような者もいる。この人物も「天神山」のおじも、年配であるため耳がいささか不自由であり、そこから間違いも生まれている。（布目英一）

おじ（「おせつ徳三郎《とくさぶろう》」「花見小僧《はなみこぞう》」「刀屋《かたなや》」）
職人。日本橋銀町《しろがねちょう》に住む。日本橋横山町の大店《おおだな》に出入りし、甥の徳三郎を奉公させる。お店《たな》の一人娘おせつと徳三郎が深い仲になったため、暇を出された徳三郎を引き取る。「今夜、お店のお嬢様のところにお婿さんがやってくる」と言って、徳三郎を驚かす。信じない徳三郎に、おせつが周囲に、「大家《たいけ》の息子株は、奉公人とくらべたら月とスッポン、提灯に釣鐘。奉公人なんぞはババッチイ」とふれ回っていると、聞いていることをみな教え、逆上させる。（原健太郎）

おじ（「かぼちゃ屋《や》」）
八百屋。甥の与太郎の将来を心配し、かぼちゃ売りの仕事を世話する。売るときは「上を見ろ」とだけ教えるなど、いまひとつ言葉がたりないために、与太郎がしでかす失敗を未然に防ぐことができない。（原健太郎）

おじ（「写真《しゃしん》の仇討《あだうち》」「指切《ゆびき》り」）
士族出の苦労人。甥の信次郎が芸者に裏切られ、「仇討ちをする」と息巻くので、中国の故事を引いて説教する。「何でもいいから、女にもらったものを切れ」。意見は通じたものの、女の写真をズブリとやった仇討ちは、本人が指を切って大失敗。（長井好弘）

おじ（「厄払《やくはら》い」）
甥の与太郎がいい歳をして遊んでいるのを心配し、節分の厄払いをさせる。口上を口移しで教えるが、覚え切れないので、仮名で書いて渡す。厄払いの口上を知っていたのは、若いころやっていたからとも、寄席に通ううちに覚えたからとも言われている。（布目英一）

おじ（「ろくろ首《くび》」）
松公の親戚。女房と二人暮らし。甥の松公に、どうしても嫁がほしいとせがまれ、夜中に首が伸びること以外は

申し分のない娘との、養子の口を世話する。（原健太郎）

伯父《おじ》（「三年酒《さんねんしゅ》」）
酒好きの甥播磨屋又七が訪ねてきて、いろいろな酒を飲んだあげく、秘蔵の「三年酒」という唐土渡りの酒まで飲まれてしまう。ところが、「三年酒」には飲んだら三年間醒めない副作用があったため、死んだものと間違え葬式の手配をする。（小佐田定雄）

伯父（「辰巳《たつみ》の辻占《つじうら》」）
夜遊び好きの若旦那、伊之《いの》の伯父。辰巳（深川）の女郎と一緒になりたい、という伊之のために、女の本心を確かめるには心中を持ちかけろ、と入れ知恵する。その心中のやり方はとんでもないもの。（太田博）

伯父（「花見《はなみ》の仇討《あだうち》」）
半公の伯父。住まいは本所。耳が遠く、酒と腕っぷしが滅法強い。花見の趣向に企んだ仇討茶番で、擂鉢山に向かう六十六部《ろくぶ》の役の甥の半公にばったり出くわす。「花見の趣向」を「相模から四国」と聞き違え、力ずくで本所に連れ帰り、説教する。逃げ出したい半公に酒を飲まされるが、逆に、半公がつぶれてしまい、「花見の趣向」の芝居を台無しにする。（太田博）

叔父《おじ》（「五月幟《ごがつのぼり》」）
熊の親戚。大酒飲みで女房を泣かせてばかりいる甥っ子に、頭をかかえている。息子の初節句に五月人形を買ってやれと、熊の女房に金を与えるが、それも熊が飲んでしまったと知り、問い詰める。必死にごまかそうとする熊に、「てめえがそういうなら、おれもひとつ祝ってやろう」「叔父さん、大きな声だな」「この声（鯉）を吹き流しにしろ」。（原健太郎）

叔父（「指南書《しなんしょ》」）
近江の草津に住む。京の甥が五十両の金を持ってくることになっていたが、乗ってくるはずの渡し舟がにわかの嵐で転覆して心配していたところ、甥は陸路でやってくる。わけを聞くと、亡父にもらった「指南書」という本を開くと、「急がばまわれ」と書いてあったからとのことだった。（小佐田定雄）

叔父（「天神山《てんじんやま》」）

大阪寺町で花屋を営む。六十五、六ではげ頭。でっぷり太っていて、いささか耳が遠い。甥の保平《やすべえ》の女房お常が、狐の正体を現して天窓からスーッと姿を消し、保平もその後を追ってどこかへ行ってしまった。長屋の連中がやって来て「保さんは、ここへは来なんだか？」と尋ねたのに「保平なら、ここには来ん来ん」と答えたので狐の仲間と間違えられる。（小佐田定雄）

叔父《おじ》（「唐茄子屋政談《とうなすやせいだん》」「唐茄子屋《とうなすや》」）

本所達磨横町の長屋の家主。酸いも甘いもかみ分けた人情家。吾妻橋から身を投げようとした、甥の徳三郎を助け、早く勘当が許されるように尽力する。人目につく商売をしていれば、改心したといううわさが父親の耳にも早く入るだろうと、唐茄子の行商をさせる。「自分が稼いだ金で吉原に行くのならいい」と甘い言葉をかけると、「それじゃあ、今晩ご一緒に」などとすぐ増長するので、徳三郎には厳しく当たるが、だれにでも顔がわかるように浅い笠をかぶせたり、夏の暑いさなかに慣れない仕事をして気のぼせたりしないよう、笠の下には青葉を入れるように指示したりする心の細やかなところもある。徳三郎が売り上げを与えた誓願寺店のおかみさんが家主にその金を取られたのを苦に首をつったのを知り、すぐに医者の手配をする。（布目英一）

おしくら（「おしくら」「三人旅《さんにんたび》」）

神奈川宿の飯盛女。「夕顔の炭とり」のような顔をした、七十六歳（八十三歳とも）の比丘尼《びくに》。相手にした半公を、夜中三度も便所に起こし、別の意味で一晩中寝かさなかったつわもの。（原健太郎）

おじさま（「上方見物《かみがたけんぶつ》」）

田舎の住人。ひょこ作という若者と二人で大阪見物にやってくる。たちまち道頓堀で迷子になり、通りがかりの大阪人に声をかけて、あちらこちらへの行く道を尋ねたり、見るもの聞くもの珍しく、あんころ餅と間違えて炭《た》団《どん》を食べて大騒ぎをしたりする。（小佐田定雄）

お賤《しず》（「真景累ヶ淵《しんけいかさねがふち》」）
下総羽生村の名主惣右衛門の妾。旧知の新吉と再会し、懇ろな仲になる。惣右衛門をたぶらかして自分に都合の良い遺言書を書かせたあげく、新吉をそそのかして惣右衛門を絞殺させる。この悪事を知り、強請に来た土手の甚蔵を射殺し、新吉と二人、村を逐電する。逃走中に、新吉の義父三蔵も殺して金を奪う。だが、雨宿りに入った塚前村の観音堂で、老尼となっていた実母のお熊に巡り合い、新吉とわが身が腹違いの兄妹であり、殺害した甚蔵は実兄だったと知り、愕然とする。因縁の深さを恐れて、出家をすすめる新吉に反抗するが、結局、新吉に鎌で斬り殺される。（長井好弘）

お七《しち》（「お七の十《じゅう》」）
本郷二丁目、小間物屋「八百屋」の娘。恋しい小姓の吉三に会いたい一心で、自宅に放火する。鈴ヶ森の刑場で火あぶりになるが、吾妻橋から身を投げた吉三と地獄で巡り合った。二人が抱き合うとジュウと音。お七が火、吉三が水で死んだからジュウ。あるいは、「七」と「三」だからジュウ。その後、毎晩鈴ヶ森へ幽霊になって出るが、武士に片足を斬り落とされ、「片足ァ（あたしゃ）本郷へ行くわいな」。（長井好弘）

お島《しま》（「名人長二《めいじんちょうじ》」「指物師《さしものし》名人長二《めいじんちょうじ》」）
浅草蔵前の大店《おおだな》、坂倉屋助七の娘。南町奉行筒井和泉守の屋敷で、名を島路《しまじ》と改め行儀見習いをしている。父親が見初めた指物師長二が、親殺しの罪を問われた際、長二の気性がまことに潔白で、無益な喧嘩をするような粗暴な人物ではないことを、筒井和泉守に証言。のちに、長二と所帯をもつ。（原健太郎）

お爺《じ》やん（「堀川《ほりかわ》」）
大阪の裏長屋に住む、大工の梅やんの父親。朝ごはんの最中に、「火事だ、火事だ」と隣裏の乱暴者の源やんが乱入して来て無理矢理外に出されるが、源やんに上下さかさまに背負われたため、地面に頭を引きずって血が噴出した。（小佐田定雄）

和尚（おしょう）
隠居、先生と和尚は、長屋住まいの人々にとっての三大知識人である。とりわけ、和尚は仏典などを紐解き、おめでたい名前を調べて赤ん坊の命名に一役買ってくれたりする（「寿限無」）から、かなりの権威者だ。ただ、落語の和尚は、他の登場人物同様に、極めて人間くさいのである。俗世間を超越している高僧などはめったにいない。小坊主を相手に知ったかぶりをし（「転失気」）、「ありがたいお寺の和尚さん」と持ち上げられれば檀家にもらった大事な袈裟もあっさり与太郎に貸してしまうし（「錦の袈裟」）、茄子の精に口説かれればふらりとよろめいてしまう（「茄子娘」）。実際、同じ僧形の医者だと偽って、遊廓や岡場所に通う和尚が、とりわけ品川、上野あたりに多かったという事実が、落語にもそのまま反映している。ただ、落語には、和尚＝権威への反発というほどのものは見当たらない。破戒僧としてではなく、「和尚さんもお好きですねェ」と茶化してみせる。権威者を自分のところまで引きずり下ろしても、それを見る側の視線があたたかいのである。

「坊主」は元々、高僧の敬称だったが、次第に僧侶一般の呼称になった。禅宗、浄土宗では「おしょう」だが、他にも「わしょう」「わじょう」など、宗派によって微妙に発音が異なる。ちなみに住職は、宗門から派遣されて寺院に住み、管理する者のことで、お寺の所有者ではないから、問答に破れて唐傘一本で叩き出される（「蒟蒻問答」）こともあるようだ。（長井好弘）

和尚（「植木《うえき》屋《や》娘《むすめ》」）
大坂の寺の住職。親しくしている門前の植木屋の主人幸右衛門から、寺小姓の伝吉を娘の養子に所望され、断るのに苦労する。この噺に限らず、上方落語の和尚さんは「おっさん」と呼ばれている。五代目桂文枝は寺の名を「浄増寺《じょうぞうじ》」と言っていた。（小佐田定雄）

和尚（「黄《こ》金餅《がねもち》」）
麻布《あざぶ》絶口釜無村《ぜっこうかまなしむら》木蓮寺の住職。経机を膳に酒ばかり食らっているので、寺は荒れ放題。法衣もとうに酒代に化けており、破れた風呂敷を頭からかぶったその姿は、さながらほおずきの化け物のよう。払子《ほっす》の代わりにはたきを持って本堂に向かうが、金気のものは何もなく、叩けばなんとか音が出る丼鉢や湯呑みが、古道具屋よろしく並べられている。檀家の金兵衛が、長屋の住人たちと願人坊主西念《さいねん》の仏を運んでくるが、ちょうど一杯やっていたところなので、しぶしぶ腰をあげる。案の条、読み始めた経たるや、珍妙極まりないもの。嗚呼……。（↓「口上・言い立て」）。（原健太郎）

和尚（「三年酒《さんねんしゅ》」）
大坂下寺町ずく念寺住職。檀家の播磨屋又七が亡くなるが、生前、神道で葬式を挙げたいという望みをもっていたことを知らされる。始めは断っていたが、頼みに来ていた小突きの源太が「爪の先で背中ぴーっと引き裂いて、身を両側へ開けてすーっと骨抜き出して、酢に漬けて食てまうで」と脅したのに対して「まるで人を鰯みたいに」とついポロリと言ってしまい、「料理の仕方だけで、よう鰯とわかったな。おのれ、鰯食うてけつかるな」と弱みを知られてしまい、結局は神道の葬式を許さざるをえなくなる。上方落語によく登場する「ずく念寺」の「ずく」の字は不明であるが、僧侶のことを「みみずく入道」を略して「ずくにゅう」と嘲って呼ぶところから付けられたのでもあろうか。（小佐田定雄）

和尚（「寿限無《じゅげむ》」）
博識の住職。長屋の熊五郎の息子の命名のために、経文の中から数多くの「おめでたい名前」の候補を選び出す。めでたさばかりが優先して、中には人名としてふさわしくないものも混じっているのではと思うのは、気のせいだろうか。（長井好弘）

和尚（「手水《ちょうず》まわし」）
丹波貝野村ずく念寺の住職。大阪の客に「ちょうず（大阪言葉で洗顔のこと）をまわしてくれ」と頼まれたため、宿屋の主人から意味を問われる。「わからない」とは言えないので「ちょうず」とは「長い頭」のことだと答えてしまう。（小佐田定雄）

和尚（「転失気《てんしき》」）
知ったかぶりの住職。腹部が張る病を患っている。医者から、「転失気はあるか」と聞かれ、何のことかわからぬくせに、思わず「ありません」と答えてしまう。小僧の珍念を使いに出し、転失気とは何かを探ろうとするが、それが何かを知った珍念に、「盃です」と嘘をつかれる。

「おお、そうだ。呑酒器と書く」と、わかったようなことを言うが、回診にきた医者に秘蔵の盃を見せ、大恥をかくことになる。（原健太郎）

和尚（「茄子娘《なすむすめ》」）
平塚、鎌倉山に近い山間の寺の住職。四十歳前後か。趣味と実益を兼ね、野菜作りに精を出していたが、夏の夜、丹精込めて育てていた茄子の精が人間の娘の姿で現れたため、心を乱し、情を通じてしまう。翌日、自らの未熟を恥じて、諸国修行の旅へ出る。四年後、荒れ果てた寺に戻り、茄子との間にできた娘と再会を果たす。この時つぶやいた一言が、「親は茄子とも子は育つ」。数ある落語の中で出色の「脱力系サゲ」である。（長井好弘）

和尚（「錦の袈裟《にしきけさ》」）
人のよい老住職。与太郎に「ありがたい和尚」とおだてられ、さらには「娘に憑《つ》いた狐を落とすため」とせがまれ、檀家に贈られた上物の袈裟を貸してしまう。与太郎が褌《ふんどし》代わりに袈裟を締めて女郎買いに行ったと知れば、さぞや仰天するだろう。（長井好弘）

和尚（「ぬの字鼠《じねずみ》」）
大阪の某寺の住職。小坊主の珍念が実は自分の子供であることをよそでしゃべるのに業をにやして、本堂の裏手の柱に縛り付ける。（小佐田定雄）

和尚（「八五郎坊主《はちごろうぼうず》」）
大坂下寺町にあるずく念寺の住職。寺の境内には大きな銀杏の木があり、敷石の両側には秋になると鶏頭の花が咲く。知人の甚兵衛の紹介で無駄に陽気な八五郎という男が出家を望んで来るので剃髪してやる。（小佐田定雄）

和尚（「百人坊主《ひゃくにんぼうず》」）
大坂近郊、某村の旦那寺の住職。絵がうまく、伊勢参りの村人の着物に「松に鶴」、「梅に鶯」、「桜に幔幕」など花札のような絵柄を頼まれて閉口する。伊勢詣りから一足先に帰って来た源太から「旅に出た村人は舟の事故で自分以外は全員死んでしまった」という報告を受けたのを信じ、残された女房たちは全員頭を丸めてしまう。そのあと、無事帰宅した亭主たちが女房たちの坊主頭を笑ったため、腹を立てた女房連に全員坊主にされてしまい村人全員が坊主頭になった時、なぜかただ一人髷《まげ》を結って現れる。（小佐田定雄）

和尚（「万金丹《まんきんたん》」「鳥屋坊主《とやぼうず》」）
山寺で清貧生活を送る。転がり込んできた旅人二人を坊主にする。京都の本山に行く用ができ、ひと月ほど留守をして寺に戻ると、新仏の万屋金兵衛に「官許伊勢朝熊《かんきよいせあさま》霊宝万金丹《れいほうまんきんたん》」とでたらめな戒名をつけたことを知るが、今さら訂正するわけにもいかず、法事でもその戒名を高らかに読み上げたことだろう。（布目英一）

和尚（「名人長二《めいじんちょうじ》」「指物師名人長二《さしものしめいじんちょうじ》」）
指物師長二の養父長左衛門の菩提寺、谷中三崎《やなかさんさき》天龍院の住職。ねんごろな回向をし、経机を寄付してくれた長二に、仏との関係を尋ねる。たまたま居合わせた屋敷稼業の亀甲屋幸兵衛に、実は捨て子であったことなど、長二の身の上を詳しく話す。（原健太郎）

和尚（「悋気《りんき》の火《ひ》の玉《たま》」）
見識ある僧侶。立花屋の主人に頼まれて、妻妾二つの火の玉が激突する騒動が起きた大音寺前に出向き、成仏できるよう経を読む。（布目英一）

お嬢《じょう》さん（「崇徳院《すとくいん》」）
大家《たいけ》の一人娘。お茶の稽古の帰りに上野の清水堂で茶ぶくさを落としたのを商家の若旦那風の男に拾ってもらい、恋心を抱く。桜の枝から落ちた短冊に崇徳上皇の歌の上の句「瀬をはやみ岩にせかるる滝川の」が書かれていたので若旦那に渡す。下の句が「割れても末にあはむとぞ思ふ」なので、「末には夫婦になりましょう」という意味が隠されていて、好意を伝えるが、その後、会うことかなわず、恋わずらいで寝込んでしまう。（布目英一）

お嬢さん（「代脈《だいみゃく》」）
江戸蔵前の大店《おおだな》伊勢屋の娘。漢方医尾台良玄の診察を受けている。病は不明だが、快方に向かっているらしい。良玄の不肖の弟子銀南の代診の際、腹部のしこりを押されて思わず放屁し、赤面する。（長井好弘）

お杉《すぎ》（「穴釣《あなづ》り三次《さんじ》」「闇夜《やみよ》の梅《うめ》」「忍岡恋《しのぶがおかこい》の穴釣《あなづ》り」）

浅草三筋町の紙問屋甲州屋の女主人。亭主とは死別。一人娘のお梅が手代の粂之助と忍び合う仲となったのを知り、店の者が騒ぎ立てれば、のれんに傷がつくと思い、粂之助に一時、暇を出し、ほとぼりがさめたら養子に迎えようと考える。若い者どうし、早まったことだけはしてくれるなと心配していたが、お梅は殺され、店の金五十両も盗まれる被害に遭う。（布目英一）

お杉（「文違《ふみちが》い」）

内藤新宿の女郎。情夫の由次郎《よしじろう》から、眼病を治すための薬代と三十両の用立てを頼まれ、田舎の親と縁を切るのに必要だからと、なじみの客半七から十両、病気の母親に高価な唐人参を飲ませたいからと、角蔵からは二十両を巻き上げる。由次郎が落としていった手紙から、由次郎には別に女がおり、金はそちらに回っていることを知る。部屋に戻ると、由次郎からの手紙を読んだ半七になじられ、すったもんだの騒動となる。おすみの名で登場することもある。（原健太郎）

おすが（「鏡《かがみ》ヶ池操松影《いけみさおのまつかげ》」「江島屋《えじまや》騒動《そうどう》」）

千住掃部宿《せんじゅかもんじゅく》の荒物屋、加賀屋与兵衛の女房。久津見半左衛門の妹。三十四歳。与兵衛の死の前後より、医者の息子倉岡元仲と情を交わし、半左衛門に叱責される。倉岡に毒殺される。（原健太郎）

おすわ（「おすわどん」「おすわ」）

浅草阿部川町の呉服問屋上州屋徳三郎の後添い。元同家の女中。先妻おそめの病死後、周囲のすすめもあって後妻となった。徳三郎にも店の者にも評判は良かったが、数日後から毎晩のように表で「おすわどーん」と呼ぶ声がするのを聞いた徳三郎や奉公人が気味悪がっているのを苦にして、患い付く。気立てもよく、徳三郎によく尽くす女に描く桂歌丸版のほか、おすわを先妻をいびる性悪女に描いた演出もある。（太田博）

おすわ（「緑林門松竹《みどりのはやしかどのまつたけ》」）

医師山木秀永のお囲い者。元柳橋の芸者。本所一つ目に妾宅を構え、山木との間にできた一子新太郎と暮らしていたが、実は極悪人の盗賊である山木宅の飯炊き男、新助市に見込まれ、山木を毒殺された上、女房にされてしまう。江戸を逃れて深谷から熊谷の間で掛け茶屋を始めたが、暫く大人しくしていた亭主の新助市が昔の恩人である手習いの師匠就学堂を毒殺し、娘お時を吉原に売り飛ばしたのに怒り、息子新太郎と共に、酔って寝ている新助市を殺害しようとするが、返り討ちにあって母子とも命を落とす。（長井好弘）

おせき（「緑林門松竹《みどりのはやしかどのまつたけ》」「またかのお関《せき》」）

女盗賊。元は品川遊廓の女郎。三十二、三歳。器量は良いが手癖が悪く、客の紙入れから中身を抜き取る「まくら探し」を「またか」と言われるほど繰り返したため「またかのお関」と呼ばれるようになる。車坂の一軒家に「静観堂」という女易者の看板を上げ、あやしげな商売をしていたが、広小路で名を売る「巾着切《きんちゃっき》りの小僧平吉」と夫婦同然となる。可愛い平吉が、義理ある阿波屋の息子惣二郎と吉原松葉屋の常盤木との恋を成就させようと百両の身請け金調達に奔走しているのを知り、平吉を男にするため力を貸す。思わぬ再会を果たした元亭主の新助市がヨリを戻そうとするのをだまして毒殺し、有り金を奪って身請けの資金に。平吉が三ノ輪にある天城の道場で袋叩きにあうと、復讐のため道場へ乗り込み、天城を色仕掛けでだまして毒殺。無事常盤木を身請けして、惣二郎に送り届け、平吉と二人で逐電する。

　逃避行の途中、常陸近くのホーソ村で、平吉を勘当した父親平三が入水自殺を図ろうとしているのを助ける。事情を聞けば、江戸の住まいをたたんで田舎へ引っ込もうと娘おひさを連れて常陸の大宝を目指すが、護摩の灰に有り金全部盗まれる。門付《かどづ》けをして飢えをしのいできたが、娘おひさが豪農の家で盗みを働き縛られたと聞き、前途を絶望したという。平吉と二人、豪農の家に入り込み、因業な主人夫婦を殺害。おひさを救け出して平三の元に届ける。そこで平三から、惣二郎に渡した身請けの金が盗まれたものであったため、惣二郎が牢に入れられたと聞かされ、急遽江戸へ戻ることに。ところが、ホーソ村の追っ手に見つかり、平吉が捕らえられたので、頭を丸めて尼僧に化けて村人たちに近づき、「諸病に効き目あり」と毒入りの湯を飲ませ、村人全員を殺して平吉を救い出す。

　江戸に入って、かつての盗賊仲間、あんま幸治の「仕事」を手伝い、下谷広徳寺前の鼈甲《べっこう》商、上総屋の金を着服して上方へ逃げようという番頭を殺害した後、平吉と共に南町奉行所へ名乗り出て、これまでの経緯と自らの悪行をすべて告白。惣二郎が釈放されたのを見届け、それまで多くの人の命を奪ってきた毒薬「与石」を飲み、牢内で夫婦共々自害する。「大悪なるもの程善にも強く、道も情も知りながら何ゆえ賊になるものか。是皆因縁とでも申事であろう」という登場人物の台詞《せりふ》だけでは、悪事と慈善が入り交じった不可解な人生を説明することはできない。（長井好弘）

おせつ（「おせつ徳三郎《とくさぶろう》」「花見《はなみ》小僧《こぞう》」「刀屋《かたなや》」）
日本橋横山町の大店《おおだな》の娘。十九歳。評判の器量よし。幼いときに母を失う。店の手代徳三郎と深い仲になっているので、婿取りの縁談があるたびに、あれやこれやと難癖をつけて断っている。乳母《ばあや》と小僧の長松をお供に、徳三郎と向島に花見に行ったことが父に知られ、婿を取るよう命じられる。相手は大家《たいけ》の次男で、いい男。それで周囲には、「奉公人とくらべたら月とスッポン、提灯に釣鐘。奉公人なんぞはババッチイ」と、この縁談に得心した風を見せるが、胸の内では、暇を出された徳三郎のことが忘れられない。

婚礼の夜、裸足で庭口から逃げ出し、両国橋まで駆けていくと、今にも川に飛び込もうとする徳三郎を見つける。「徳かえ、あたしゃ、お前に話があったよ」「お嬢さん、私だって」。だが、「迷子やぁい！」と、捜索する声が追いかけてきて、再会をのんきに喜んでなどいられない。徳三郎と二人、深川の木場の橋まで逃げていくが、ここにも「迷子やぁい！」の声。「徳や、おとっつぁんの言うことにそむいたからには、私はもう生きていけない」「それなら、私もご一緒に」。徳三郎が「南無阿弥陀仏」と唱えたので、「徳や、うちの宗旨は日蓮さんだよ」。たがいに手に手を取りかわし、「南無妙法蓮華経」の題目を陽気に唱えて飛び込むが、木場だけに川にはいっぱいの筏。「徳や、死ねないね」「よかった。お材木（題目）で助かった」。（原健太郎）

おせつ（「鬼《おに》の面《めん》」）
大阪の商家の奉公人。池田出身。おもちゃ屋にもらったお多福の面が母親にそっくりなので、毎晩自分の部屋で面にしゃべりかけている。それを知った旦那が、いたずらで鬼の面と取り替えたため、母親の身を案じ、夜中に店を抜け出し、池田の実家まで歩いて帰る。（小佐田定雄）

お仙《せん》（「縁切榎《えんきりえのき》」「両手《りようて》に花《はな》」）
古道具屋美濃屋を営む山野半六の女房。美人ではないが、色白で愛敬のある顔立ち。両国の舟宿松葉屋で働いていた時に半六と知り合う。元旗本の次男、野呂井照雄に柳橋の芸者小いよと元旗本の娘おとめのどちらを女房にしたらよいかと相談されて当惑した半六に「本妻なら旗本の娘、妾なら芸者がよい」と助け船を出す。小いよにも、おとめにも未練が残った照雄がどちらとも別れることができずに戻ってきたので、「板橋の縁切榎に出かけ、願を掛けたらよい」とすすめる。（布目英一）

お園《その》（「真景累ヶ淵《しんけいかさねがふち》」）
根津七軒町の座頭、皆川宗悦の次女。父親が旗本深見新左衛門に斬殺された後、谷中七面堂の質屋、下総屋に女中奉公する。器量よしで気だても良いことから、実は新左衛門の長男である同僚の新五郎に言い寄られるが、どうにも虫が好かずに拒絶する。だが、進まぬ恋に焦れた新五郎に迫られ、抗ううちに誤って押し切り（藁切り庖丁）の上に倒れて死ぬ。（長井好弘）

お園（「長崎《ながさき》の赤飯《こわめし》」）
長崎の回船問屋長者屋の娘。美人にして貞女。江戸の質両替商金田屋金左衛門の一人息子金次郎と所帯をもち、身ごもる。置手紙を残して、金次郎が実家に帰ったまま戻らないので、乳母と二人で迎えにいくが、途中ではぐれたため、乞食の姿に身をやつしてようやく江戸にたどりつく。金田屋を訪ねると、忠義一途の番頭に、「若旦那は、長崎から帰って三日目に死にました」と嘘をつかれるが、そこへ金次郎が戻り、晴れて再会。きれいな姿に戻り、金左衛門と女房をよろこばせる。金次郎と娘おいちの婚礼を待ちかねていた、八丁堀岡崎町の町方取締役渡辺喜平次に、「取り調べることがある」と連れ去られるが、婚礼の席に綿帽子をかぶって現れ、みなを感激させる。金次郎への思いを理解してくれた喜平次の、慈悲深い算段だった。男の子金太郎を産み、これを回船問屋長者屋の跡取りとし、金田屋を相続した金次郎と江戸

で幸せに暮らす。（原健太郎）

おそめ（「おすわどん」「おすわ」）

浅草阿部川町の呉服問屋上州屋徳三郎の先妻。仲のいい夫婦だったが病死。死ぬ間際、女中のおすわを徳三郎の後添いにするよう暗にほのめかす。（太田博）

お染《そめ》（「品川心中《しながわしんじゅう》」）

品川宿白木屋《しろきや》の飯盛女。江戸っ子。客の選り好みがきつい。長い間最上位の板頭《いたがしら》を張ってきたが、寄る年波で、紋日《もんび》の移り替え（衣替え）の金にも事欠いている。なじみ客に手紙を書いて金の工面をするが、梨《なし》の礫《つぶて》。こうなったら死ぬよりほかないと決心するが、どうせなら誰かと心中して浮名でも立てようと、神田から通ってくる貸本屋の金蔵に白羽の矢を立てる。心中の当夜、品川の桟橋から真っ暗な海に飛び込む段となり、怖気づく金蔵の腰を突いて、海に落とす。いざ己の番となったとき、妓楼の若い衆がとんできて、「金の算段がついたから死ぬことはない。なあに、金蔵ならようがす」と言われ、「いずれあの世でお目にかかれます。今まで長々失礼」と、海に向かって手を合わせ、あっさりと踵《きびす》を返す。あとで、死んだはずの金蔵が幽霊になりすまして姿を現し、肝をつぶす。

林家彦六は、海をのぞむ品川が舞台なので、鮫になぞらえ、おさめの名で演じた。（原健太郎）

尾台良玄《おだいりょうげん》（「代脈《だいみゃく》」）

漢方の名医。江戸の中橋に住む。愚か者の弟子銀南に診察経験を積ませようと、出入りの大店《おおだな》、蔵前の伊勢屋の娘の代診を命じる。実際の診療から茶受けの羊羹《ようかん》の食べ方まで、事細かに注意を与えるが、銀南はことごとく失敗する。名医は名伯楽にあらず。大事な出入り先を一軒、失ったかも。（長井好弘）

お孝《たか》（「禍《わざわい》は下《しも》」）

船場の旦那の妾。ある夜、突然やってきた旦那の袴《はかま》を畳み、おともについてきていた丁稚《でっち》定吉に持たせて先に帰らせる。袴があまりにもきっちり畳めていたため、定吉はご寮人《りょん》さんから「誰が畳んだんや？」と詰問されることになる。（小佐田定雄）

お滝《たき》（「猫定《ねこさだ》」）
博徒の魚屋定吉の女房。猫嫌い。定吉の旅の留守に若い男を引きずり込んで楽しんでいたが、亭主が戻り逢瀬がかなわなくなったため、間男に亭主殺しを依頼する。間男がまんまと定吉を殺したのを知らず、自宅でその首尾を心配していたところ、引き窓から入ってきた飼い猫の熊に喉笛を切られ、仇を討たれる。（長井好弘）

お滝（「不動坊火焔《ふどうぼうかえん》」「不動坊《ふどうぼう》」）
講釈師不動坊火焔の女房。器量よし。旅先で死んだ夫が残した多額の借金を抱える。真面目に働いて金もある吉兵衛と大家のすすめで再婚する。（布目英一）

お滝（「操競女学校《みさおくらべおんながっこう》」「お里《さと》の伝《でん》」）
仲働き。本所北割下水《ほんじょきたわりげすい》の坂部安兵衛家に奉公。正月七草の酒席で、坂部家の用人小泉文内に酒を飲ませ、過去の色事を詳細に語らせる。讃岐丸亀の出で、旧名が岩淵伝内、肩に古傷があることなどから、この男が同僚の奉公人お里の父の仇であることを確信する。（原健太郎）

お竹《たけ》（「菊模様皿山奇談《きくもようさらやまきだん》」）
粂野家の重役渡辺織江の娘。器量よく聡明。武家の娘だけに気が強く、ものおじしない。織江が暗殺され、渡辺家が改易になると、父親の仇討をすべく弟と長旅に出る。所持金目当てに命をねらわれたりするのを乗り越えて大願成就し、粂野家の重役に嫁入りする。（布目英一）

お竹（「後家馬子《ごけまご》」）
大阪の玉造稲荷近所の裏長屋の女房。同じ長屋のお竜とお松の喧嘩のとばっちりで、井戸ばたで洗っていた米を桶ごと井戸に落とされてしまう。（小佐田定雄）

お竹（「三軒長屋《さんげんながや》」）
下女。三軒長屋の真ん中の家に暮らす、伊勢屋の妾に仕える。隣の鳶頭《かしら》の家に出入りする威勢のいい職人たちから、「人三化七《にんさんばけしち》」と呼ばれるほど、気の毒なお面相の持ち主。引っ越しをしたいとせがむ妾に、伊勢屋が気休めのつもりで話した両隣の追い立て計画を、長屋の住人にペラペラしゃべってしまう。（原健太郎）

お竹（「締《し》め込《こ》み」）

八五郎の女房。おしゃべりだが、器量も性格もよく、八五郎曰く「生きた弁天様」。湯屋へ行っている間に、空き巣に入られる。泥棒がつくった風呂敷包みを見て、「誰か男と駆け落ちする算段にちがいない」と思い込んだ八五郎に、家に戻るなり大声で怒鳴られ、煮え立ったやかんを投げつけられる。あわや離縁となるところを……。おふくの名で登場することもある。（原健太郎）

お竹（「心眼《しんがん》」）

按摩梅喜の女房。梅喜には口答えをしたことがなく、ろくろく寝ないで針仕事や手内職をして、家計を助けている。盲人であることを憂える梅喜が、「茅場町の薬師様に願をかけて目を治したい」と言うと、「自分の寿命を縮めても信心する」とやさしく励ます。梅喜が見た夢の中では、周囲から「人三化七《にんさんばけしち》」どころか、「人無化十《にんなしばけじゅう》」などと言われている。器量はともかく、たいへん気持ちのよい女性。（原健太郎）

お竹（「反魂香《はんごんこう》」「高尾《たかお》」）

熊五郎が住む長屋の隣家の女。焚くと高尾大夫の姿が現れるという反魂香を熊が越中富山の反魂丹と取り違えてくべたために生じた煙にむせて出てゆくと、熊の死んだ女房のお梅と見間違われる。（太田博）

お竹（「夢《ゆめ》の酒《さけ》」）

大黒屋の若旦那が見た夢に出てくるご新造宅の女中。雨宿りをしている若旦那を見つけて家に誘う。その後、やはり夢の中に現れた大旦那が、嫁に頼まれて談判にやって来たので酒のお燗番を仰せつかるが、燗が付かず、大旦那を残念がらせる。「お清」でやる人もいる。（太田博）

お谷《たに》（「鰻谷《うなぎだに》」）

大坂鰻谷の料理屋菱又《ひしまた》の女将。時化のために、町の侠客・浪花五人男たちと薩摩の侍の喧嘩の仲直りの座に出す魚がないので、それまでは口にしたら死ぬとまで言われていた鰻を料理として出した。（小佐田定雄）

おたね（「けつね」）

大和の猟師甚九郎の娘。父の命令で狐の真似をして、旅の侍を騙し五両の金をだまし取る。「お金が入ったら奈良か郡山の町で着物や帯、かんざし、櫛、紅、白粉などを買いたい」とはしゃいでいたが、取った小判がいつの間にか木の葉になっていた。（小佐田定雄）

お玉《たま》（「お玉牛《たまうし》」）

元をただせば禁裏北面《ほくめん》の武士、松本丹下の一人娘の玉菊。父と二人で旅の途中、紀伊と大和の国境の堀越村へさしかかったところ、大雪に見まわれ与次平という村人の家に厄介になる。その夜、旅の疲れが出たものか父は頓死してしまう。それからは与次平の女房お累の妹として同居する。

　都育ちの美人だから、村の若い男たちの憧れの的となる。中で小突きの源太に、暴力に訴えてお玉の寝間に忍んで行く約束をさせられたので、兄に相談したところ、寝間に牛を寝かせておくことになった。（小佐田定雄）

おちょね（「船弁慶《ふなべんけい》」）

大阪南地の年増芸者。色気抜きの喧嘩友達の喜六に夏の夜、遊山船に呼ばれて大騒ぎする。（小佐田定雄）

おちょぼ（「坊主《ぼうず》茶屋《ぢゃや》」）

上方のお茶屋の使い走りの小女。「おちょやん」と呼ばれている。朝、お客を起こしに行ったところ、当人はおらず、なぜか見知らぬ坊主頭の男二人が寝ているのを発見する。（小佐田定雄）

夫《おっと》（「未練《みれん》の夫婦《ふうふ》」）

会社員。妻の帰りが遅いので腹をたてる。「あなたの靴下を買いに行っていた」と言われて機嫌を直すが、靴下とは比較にならないほど高額の腰巻を買っていたことを知り、また怒り出す。「出ていけ」と怒鳴ったところ、妻が化粧を始めて出ていこうとするので未練が残り、「離縁をされた者が玄関から出るということがあるか」ととがめる。すると妻が裏口へまわったので、「裏からこそこそ出られたら困る」と告げたため、「それでは出て行かれないじゃないの」と答えたので、「だったら、家にいたらいい」。（布目英一）

お常《つね》（「天神山《てんじんやま》」）
狐の化身。仔狐たちの餌を天神山に拾いに来て猟師に捕らえられるが、胴乱《どうらん》の保平に助けられる。そのお礼に若い女お常に化けて保平の押し掛け女房になり、童子という男子までもうける。近所の人に正体を見破られ、子供を残し天神山の古巣へ逃げ帰る。「保平」は「安倍保名」のもじりで、「童子」という名前も「芦屋道満大内鑑」のパロディになっている。（小佐田定雄）

お艶《つや》（「操《みさお》競《くらべ》女学校《おんながっこう》」「お里《さと》の伝《でん》」）
尼ヶ崎幸右衛門の妻。二十四歳。貞淑な美人。夫の上役岩淵伝内に懸想され、迷惑している。強引に迫られているところに帰宅した夫が、岩淵に斬り殺された際、逃げる岩淵に脇差を投げ打ち、左肩に傷を負わせる。尼ヶ崎家断絶ののち、姉の嫁ぎ先関根元右衛門を頼るが、まもなく、三歳の娘お里を残して死去。いまわのきわに、「お里が男の子であれば、仇を討って家名を立てようもの」と、姉に言い遺す。（原健太郎）

お露《つゆ》（「怪談《かいだん》牡丹《ぼたん》燈籠《どうろう》」）

旗本、飯島平左衛門の娘。評判の美人。十七歳。父の妾、お国と折り合いが悪く、柳島の寮に女中、お米と暮らす。梅見の折に知り合った浪人、萩原新三郎に恋慕するが再会出来ず、焦がれ死んで新幡随院に葬られる。幽霊となって、お米とともに牡丹燈籠を提げ、新三郎のもとを訪れるが、幽霊と教えられた新三郎に、家中にお札を貼られて会えなくなる。萩原家の使用人伴蔵を百両で買収してお札をはがさせて侵入、新三郎を取り殺す。

　幽霊には足がないはずだが、牡丹燈籠を提げ、カランコロンと下駄の音を立てて新三郎のもとに通うくだりは、この物語の屈指の名場面である。（太田博）

おつる（「妾馬《めかうま》」「八五郎《はちごろう》出世《しゅつせ》」）
八五郎の妹。気立てのよい十八歳。裏長屋で母と兄の三人で暮らす。味噌《みそ》漉《こ》しを持って路地に入っていく姿を、駕籠で通りかかった赤井御門守に見初められ、屋敷に奉公に出る。名目は奉公だが、その実は側室、つまり妾である。やがて世継ぎを産み、「おつるの方様」「お部屋様」に出世。鼻にかかった声で、「御前様、御前様」と殿に

甘え、兄の八五郎を屋敷に招いてもらったことから、八五郎の出世の道が開ける。（原健太郎）

おてる（「小烏丸《こがらすまる》」）
神田新石町の質屋伊勢屋の一人娘。父、幸右衛門の後添いお梶の密通相手である鍼医《はりい》の定安が色目を使っているのを利用して、欲しがっていた家宝の名刀、小烏丸と金を持ち出して飛鳥山《あすかやま》までおびき寄せる。（太田博）

弟《おとうと》（「はなむけ」）
金銭感覚のない男。入ってきた金はすぐに使ってしまうから、いつも家計は火の車。家賃も払えないので、正反対の性格を持つ吝《けち》の兄貴の元へ借金に来る。『旅に出る』といえばはなむけにいくらかくれるだろう」と算盤《そろばん》をはじいていたのだが、兄はいっこうに察してくれない。やむなく、帰りがけに屁を一発。「旅立ちにおならひとつが置きみやげ」と詠めば、兄も負けずに「あまりのくささに鼻向けもせず」と返してきた。どっちもどっちの兄弟である。（長井好弘）

おとき（「小間物屋《こまものや》政談《せいだん》」「万両婿《まんりょうむこ》」）
小間物商相生屋小四郎の女房。京橋五郎兵衛町に住む。三十歳前後。小四郎が旅先で死んだと聞き、家主のすすめで小四郎のいとこで同業の三五郎と再婚する。ところが死んだのは別人で、小四郎はほどなく帰宅。小四郎と三五郎のどちらを亭主に選ぶかと問われ、気持ちのやさしい三五郎を選んだことから、これを不服とする小四郎に訴えられる。（布目英一）

お時《とき》（「大丸屋《だいまるや》騒動《そうどう》」）
祇園富永町の三舛屋の抱え芸者。伏見京町にあった大丸屋の次男惣三郎と深い仲になる。大丸屋からは、いずれ嫁として店に入れるので、しばらくは惣三郎と別居してほしいと頼まれるが、その事情を知らない惣三郎に、愛想をつかされたものと勘違いされ、妖刀村正で斬殺されてしまう。（小佐田定雄）

お時（「緑林門松竹《みどりのはやしかどのまつたけ》」）
手習いの師匠就学堂の娘。十八歳の時、父に連れられ前橋へと旅に出るが、途中出会った父の古い教え子新助市にだまされ、父を毒殺され、吉原江戸町の松葉屋に売り飛ばされる。花魁《おいらん》となった後、客として通ってくる阿波屋の若旦那惣二郎と恋仲になる。ところが、剣客天城豪右衛門に横恋慕され、強引に身請け話を進められる。家の金を持ち出して勘当同然の惣二郎に百両の工面はできず、この上は二人で心中をとまで思い詰めるが、阿波屋に恩義がある巾着切《きんちゃっき》りの平吉と、その女房で女盗賊のおせきの手助けで天城の魔手から逃れることができた。だが、天城一党がおせきに毒殺されたり、平吉から融通された身請けの金が不正金だったため惣二郎が捕らえられるなど、自分のために多くの人命が失われたことに心を悩ます。惣二郎が無事放免になっても一緒にはならず、剃髪して仏門に入り、惣二郎の援助を得て三河島村に常磐木地蔵を建立した。（長井好弘）

お時（「山崎屋《やまざきや》」）

吉原の遊女。横山町の鼈甲《べっこう》問屋山崎屋の若旦那と相思相愛。番頭佐兵衛の策略で、いったん鳶頭《かしら》の家に預けられ、そこから嫁に出るという算段が成功、玉の輿《こし》に乗る。大旦那から奉公先を問われ、「北国《ほっこく》（吉原の別称）ざます」。「お花」でやる演者も。（太田博）

お徳（「船弁慶《ふなべんけい》」）

喜六、お松夫妻と同じ長屋に住むおかみさん。昼間は外出から戻ってきたお松に、なぜ帰宅が遅れたかの事情を延々と聞かされる。夜はお松に誘われて、難波橋《なにわ》へ夕涼みに行ったところ、喜六が屋形船で芸者遊びをしているのを目撃。お松をたきつけ、二人で屋形船に乗り込み大立ち回りを演じる。騒動の火付け役であり、火に油を注ぐ典型的な「大阪のおばはん」。（小佐田定雄）

男《おとこ》（「明石飛脚《あかしびきゃく》」）

大阪の長屋の住人。足自慢を見込まれ、今晩中に明石まで手紙を一本届けてほしいと頼まれる。西へ向かって走りながら、西宮、三宮、兵庫などで「大阪から明石までは何里おます？」と尋ねたところ、各地で「十五里」と答えられ、これではいくら走っても明石に近づかない、と思い込んでしまう。明石の人丸神社に着いたとたん、疲れで寝込んでしまうが茶店の人に起こされ、ここはどこかと聞けば明石だというので「ああ、走るより寝てた

ほうが早い」。（小佐田定雄）

男（「あくび指南《しなん》」「あくびの稽古《けいこ》」）

職人。唄、踊りと何を稽古してもものにならず、長続きしない。町内に「あくび指南所」ができたのを知り、今度こそはと兄貴分を誘って稽古に出かける。隅田川の舟遊びでもよおす「夏のあくび」を稽古してもらうが、今回も習得できそうもない。稽古の動機は師匠の女房を師匠と間違えたからという演出もある。（布目英一）

男（「阿弥陀池《あみだいけ》」「新聞記事《しんぶんきじ》」）

あまり新聞を読まない男。「新聞なんか読まいでも世間のことはなんでも知ってる」と偉そうに言ったため、知人に「阿弥陀池の和光寺に盗人が入ったが尼さんに諭されて改心した。尼さんが盗人に『誰かにそそのかされて来たのであろう。誰が行けと言うた？』と尋ねたら盗人が『あみだが行けと言いました』」、「裏の米屋に盗人が入って、店主の首を切り落とし糠《ぬか》の桶の中へ放り込んで逃げて、いまだに捕まらん。こんな話、聞いたか？」と尋ねるので「聞かん」と答えると「聞かんはずや、糠に首や」と、矢継ぎ早に嘘のニュースを聞かされたことが悔しく、自分も同じ話で友人をひっかけてやろうと目論むが、一軒目ではあえなく失敗。二軒目ではうまくいきかけたものの、隣町の米屋に弟が奉公している家だったため、「弟が盗人に殺された」と誤解した友人が大騒ぎしてしまい、またもや失敗してしまう。（小佐田定雄）

男（「意地《いじ》くらべ」）

強情っぱり。三十円の金を貸してくれるまでここを動かないと、やはり強情者の知人宅に座り込む。理由を聞かれて、「竹井屋に返す金だ。都合のよいときに返してくれればよいと言われたが、自分は一か月で返そうと決めたので、今日中に返したい」と答える。こうして三十円借りて返済に行くが、無理してつくった金と見た、これも強情な竹井屋から、「そんな金は受け取らない」と言われ、やむなく不要になった金を知人に返しに行く。だが、「返済期日がくるまでは受け取らない」と断られたため、仕方なく、また竹井屋に行くと……。「強情の八」の名で登場することもある。（原健太郎）

男（「魚《うお》の狂句《きょうく》」）
狂句や川柳好き。女郎買いに誘いにきた友達に、色町や女子衆を魚に見立てた狂句を即興で披露してみせる。例えば新町なら「潮煮や鯛の風味の名も高し」、島之内なら「鯛よりもその勢いを初鰹」、北の新地なら「風鈴の音も涼しき洗い鯉」など。また女房のことを「これはまたなくてはならぬ鰹節」と詠んだ。（小佐田定雄）

男（「牛《うし》の丸薬《がんやく》」）
職業不詳。春先、庭に干しておいた大和炬燵（泥製の簡易炬燵）が雨に濡れたのを、小さく丸めて丸薬状のものを大量にこしらえた。たまたま訪れて来た友人に「この何にも効かん丸薬をなんかに効かせてやろうと思うてるんで、二円の日当を出すさかい明日付き合え」と誘う。翌日、友人と二人連れで見知らぬ田舎の百姓家へ出かけていく。あらかじめ、自分がなんだかんだ話をする間に「牛小屋を探して、キセルに胡椒を詰めて牛の鼻の穴へフッと吹き込め」と指示、その通りに友人が行うと牛が苦しみ始めた。驚く百姓に「これは牛の流行病だ。幸い、いい薬を持っている」と持ちかけて、炬燵の丸薬をすっかり売ってしまった。帰り道、友人に「だいぶと懐がぬくもったやろ」と聞かれ「ぬくもるはず、元は大和炬燵や」と自慢顔。（小佐田定雄）

男（「馬《うま》のす」）
釣り好き。釣り糸の代用に馬のしっぽを抜く。それを知った友達の勝に「大変なことをした」と言われ、不安になって酒を飲ませ、枝豆を食べさせて理由を聞き出そうとするのだが……。（布目英一）

男（「近江八景《おうみはっけい》」）
松島新地の女郎紅梅に惚れている。年季が明けたら所帯をもつ気でいるが、友達に「あの女はほかに間夫《まぶ》がいる」と意見をされる。八卦で見てもらったところ、易者にまで「だまされ面じゃ」と馬鹿にされるが、それでも納得がいかず女からの恋文を取り出した。近江八景にことよせた名文だが、易者も負けずに近江八景尽くしで女の不実を言い立てる。落胆してそのまま帰ろうとすると、易者に「銭を置いていけ」と言われるが、「近江八景に膳所《ぜぜ》（銭）はいりません」。（小佐田定雄）

男（「おごろもち盗人《ぬすっと》」「もぐら泥《どろ》」）
商売人。支払いの金を女房に使い込まれてしまい、算盤勘定にあくせくしていたところ、土間の隅に掘った穴から盗人が手を差し入れ、入口を開けようとしているのを発見。「ほんの出来心です」という盗人の弁解に耳も貸さず、手首をしばりあげカンヌキにくくり、「翌朝警察に届けて褒美の金をもらおう」と算段した。（小佐田定雄）

男（「お化《ば》け長屋《ながや》」「借家怪談《しゃくやかいだん》」）
①長屋の借り手。小心者。ニセ差配の杢兵衛から、空き家には殺された女のお化けが出ると脅され、濡れ雑巾で顔を擦られたあげく、蟇口《かまぐち》まで落として逃げ帰る。
②新所帯用の空き家を探している気の荒い職人。ニセ差配の杢兵衛が、借り手撃退の手段にでっち上げた怪談をものともせず、強引に引っ越して来るが、祝いがてらひやかしに来た職人仲間が仕組んだお化けの仕掛けに驚いて逃げ出す。（太田博）

男（「笠碁《かさご》」）
商家の主。碁好き。碁敵《ごがたき》が毎日のようにやってくる。ある日、「待った」なしを提案するが、自分の方から「待った」をかけてしまったことが原因で、仲違いをしてしまう。だが、雨が続くとたちまち退屈し、碁敵が恋しくなる。ふと外を見ると、被り笠（菅笠）をかぶって、こちらの様子をうかがっている碁敵の姿が目に入ったので、碁盤を持ち出し、パチパチ叩いて誘い込む。「碁敵は憎さも憎し懐かしし」（「誹風柳多留」）から、そのまま飛び出してきたような人物。相模屋の名で登場することもある（その場合、碁敵は美濃屋）。（原健太郎）

男（「辛子《からし》医者《いしゃ》」）
奇病病み。頭にシビレが切れて、股ぐらにアカギレが切れる。世話焼きの甚兵衛の紹介で、洋行帰りの名医赤壁周庵先生の診察を受け、辛子入りの薬を調合してもらう。初代桂春團治のレコードでは「アサヒヤキロクチ」と名乗っている。（小佐田定雄）

男（「替《かわ》り目《め》」）
酒好きの亭主。毎晩のように酔っ払って帰宅し、女房ばかりか関わり合う者みなに迷惑をかけている。俥引きには、家の前から車に乗り込み、うどん屋は、銚子の燗をつけさせるだけで追い払い、新内流しには無理矢理都々逸を弾かせる始末……。

寝酒をするからと、女房につまみを買いに行かせた留守中、「口ではこんなことを言っているが、あんないい女を女房に持てるなんて、もったいない」と、一人でのろけ始めたところ、まだ女房が出かけていないことに気づく――これをサゲにし、後段の「銚子の替り目」のくだりをカットしたのは古今亭志ん生。脳溢血で倒れた翌年、昭和三十七(一九六二)年十一月十一日に、高座(新宿末広亭)に初めて復帰した際、選んだ演目が「替り目」であるなど、大事な節目にこの演目を高座にかけている。島耕二監督「銀座カンカン娘」(昭和二十四年・新東宝)には、落語家桜亭新笑に扮した志ん生が、新婚カップル(灰田勝彦・高峰秀子)へのはなむけに「替り目」を演じる姿が残されている。(原健太郎)

男(「義眼《ぎがん》」「入れ目《いめ》」)

義眼の遊び人。吉原で敵娼《あいかた》が驚かぬよう、義眼をコップに入れて枕元に置いた。夜中、隣室の寝ぼけた客に、水とともに飲み込まれてしまう。(太田博)

男(「くやみ」)

ぼんやりした亭主。くやみを女房に教わって、お店《たな》の旦那の葬式に参列する。おかみさんの前で経をあげながら「旦那に冷奴で焼酎をご馳走になったが、腹が痛くなって、はばかりに行ったら紙を忘れて」と言ったかと思うと、「旦那が先に死んで、こんないい女を一人で置くのはもったいない。あらもったいないったら、ンニャアモリョリョン」と変なお経を唱え始める。(布目英一)

男(「喧嘩《けんか》の仲裁《ちゅうさい》」)

町内の若い衆。友人の竹と喧嘩の仲裁に入ってくれたおやっさんの所へ酒の切手を持参して礼に行く。その切手を酒に換えてこいとおやっさんに言われると、「その酒屋、まだおまっしゃろか」とたよりない答え。よくよく見ると、押し入れの奥のボテ(葛籠《つづら》)の底に張ってあった古い切手をはがして持ってきたもので、天保か嘉永時代のものだった。(小佐田定雄)

男（「五月幟《ごがつのぼり》」）

熊の弟分。たまたま通りかかった熊を、若い衆の喧嘩の手打ち式に引っぱり込んで酒を飲ませる。結果、この日の熊の用事を果たさず終いにする。（原健太郎）

男（「小倉船《こくらぶね》」）

大坂と九州を往来する商人。小倉から馬関へ渡る船中で、道中詐欺師にねらわれるが、逆に一両ふんだくることに成功。意気揚々と船の隅から小便をしていると、海中に店の金五十両の入った財布を落としてしまう。同乗の船客が長崎から仕入れたフラスコに入って潜るが運悪くフラスコが割れてしまう。海底の竜宮城にたどり着くと、浦島太郎に間違われ乙姫さまに手厚くもてなされる。そこへ本物の浦島が到着、偽者とバレて命からがら逃げる途中 猩々《しょうじょう》の駕籠屋に出くわす。安く乗せてやると言われるが、酒飲みの猩々なら駕籠賃は安くても酒代が高くつく、と断った。（小佐田定雄）

男（「小粒《こつぶ》」）

ごく小柄な大人。「小さい小さい」とバカにされるので、横町の先生に「山椒は小粒でぴりりと辛いと言い返せ」と教わったが、舌足らずでうまく言えない。大きくなりたい一心で千葉芝山の仁王様に願を掛ける。満願の日、仁王様から夢枕で「身の丈を三寸のばす」と告げられ、目を覚ますと、布団から三寸ほど足が出ているではないか！ 喜んで起き上ったが、よく見ると、布団を横にして寝ていた。（長井好弘）

男（「碁《ご》どろ」）

碁敵《ごがたき》。商家の主人ふう。家には小さな子供が大勢おり、騒がしい。対局中、夢中になって煙草の吸殻をまき散らし、畳を焼け焦げだらけにしたため、碁を打ちに日参している家の女房から厳重注意を受ける。「それなら、座敷をトタン張りにしよう」とか、「池の中で対局すれば安全だ」とか、無茶な提案をする。（原健太郎）

男（「こぶ弁慶《べんけい》」）

京の綾小路麩屋町在住。土が好物。大津の宿屋岡屋半左衛門の壁土をたくさん食べたところ、右肩が大きくはり出し弁慶の顔が現れた。この壁には浮世又平が描いた弁慶の絵姿が塗りこめてあり、男の体を借りて世に出てきたという。弁慶に体をのっとられたため、蛸薬師さんに願をかけることにしたが、その帰り道大名行列に出くわし、弁慶が暴れだし難渋することに。（小佐田定雄）

男（「米揚《こめあ》げ笊《いかき》」「ざる屋《や》」）
笊の売り子。丼池《どぶいけ》の甚兵衛さんの紹介で、天満の源蔵町にある笊屋重兵衛で働く。「大間目、中間目、小間目に米を揚げる米揚げ笊」を売り声に堂島を歩いていると、米相場の家から「米が上がるとはゲンがえぇ」と呼び止められ、「暖簾は頭で上げて入る」「買うてもろたらお家へ放り上げる」「飛び上がるほど嬉しい」と、「上がる」「のぼる」尽くしで米相場師を狂喜させる。（小佐田定雄）

男（「持参金《じさんきん》」）
職業不詳。起き抜けに知人の番頭から二十円という借金を今晩中に返してほしい、と催促され困っていたところ、金物屋の佐助さんが訳ありの娘との縁談をすすめにきた。すでにお腹に子があると聞き、始めは渋っていたものの、持参金が二十円付くと聞いてその日のうちに縁談が調った。翌朝、借金を取りにきた番頭と世間話をしているうちに、娘のお腹の子の父親が番頭であること、催促した借金を持参金の二十円に充当するつもりであることを知り「あぁ、金は天下の回りものや」。（小佐田定雄）

男（「始末《しまつ》の極意《ごくい》」）
始末（節約）の名人。その極意を習いにきた男に、扇子一本を孫子の代まで伝える方法や、鰻の匂いをおかずにご飯を食べる方法、ただで鰹の出汁を取る方法などを教える。最後には、男に松の枝にぶら下がらせ、片手を離させ、指を小指から一本ずつ離させ、人差し指と親指だけ残ったところで「離すなよ。これ（お金の意味）離さんのが始末の極意じゃ」と諭した。（小佐田定雄）

男（「探偵《たんてい》うどん」）
強奪事件の被害者。二十四、五歳。深川高橋《たかばし》で、見知らぬ男に頭突きをくらい、転んだすきに三百円入った財布を盗まれたので、近くの交番に駆け込む。（原健太郎）

男（「長者番付《ちょうじゃばんづけ》」「うんつく」）

江戸っ子。兄貴分と旅に出る。田舎の造り酒屋で、兄貴が吐いた「うんつく」という言葉からトラブルになり、身の危険を感じるが、兄貴分のとっさの機転によってことなきをえる。（原健太郎）

男（「鉄砲勇助《てっぽうゆうすけ》」）

自称大阪一のウソの名人。またの名を「千三屋《せんみつや》」。日本国中を歩いて旅して回った話として、木曽の山中で山賊に会ったり猪に追われたこと、北海道で声や火事が凍る話を得意気にしては周りに呆れられている。花の頓狂島という所にうそつき名人の鉄砲勇助という男がいることを知り、ウソ比べに出かける。（小佐田定雄）

男（「天狗《てんぐ》刺《さ》し」）

欲深の変わり者。十円札を九円で仕入れて十一円で売ろうとしたり、餅つきの臼を天井にも据えて、上下で同時に餅をつこうという不思議なアイデアを考えるが、どれも実現は不可能。次に天狗のすき焼き屋を開こうと店の段取りまでしたものの、肝心の天狗をどこで仕入れてよいのかわからない。人に聞いて京都の鞍馬山の奥の院まで足をのばしたのはいいが、天狗と間違え鳥もちで高僧を捕まえ、京の町に連れ帰る。（小佐田定雄）

男（「動物園《どうぶつえん》」）

移動動物園の従業員。ホワイトライオンの着ぐるみを着て、ブラックタイガーの檻に入るように言われる。ブラックタイガーがガタガタふるえて念仏を唱えているので、「心配するなって。おれも園長から雇われた」。園長自身がホワイトライオンの着ぐるみに入る演出もある。他にも、ライオン、もしくは虎の着ぐるみを着させられる場合もある。（原健太郎）

男（「時《とき》うどん」）

夜鳴きうどん屋の客。友人と遊郭をひやかしに行った帰り道、二人合わせて十五文しか持っていなかった。友人は「一杯十六文のうどんを十五文で食べよう」と言って屋台のうどん屋に一杯だけ注文して一人で食べ始める。全部食べられてしまうのではないかと心配になって袖を引くと「引っ張りな！」と叱られる。ようよう、うどんの鉢を渡された時には、うどんが三筋ほどしか残っていなかった。いよいよ支払いの段になって、友人は一文銭で「ひとつ、ふたつ、三つ、四つ、五つ、六つ、七つ、八つ」と数えたところでうどん屋に「今なんどきや?」と尋ねる。うどん屋が「九つで」と答えると、それに続けて「十、十一、十二、十三、十四、十五、十六」と数えて一文ごまかすことに成功する。あまりに鮮やかな手口に嬉しくなり、「同じようにやったろ」と翌日も出かけるが、二人分の台詞を一人でしゃべったためにうどん屋から不審に思われたうえ、出かける時刻が早かったため三文損してしまう。(小佐田定雄)

男(「時《とき》そば」)

①二八そば屋の客。江戸っ子。ペラペラしゃべってやたらに調子がいい。そば屋の手際のよさを始め、行灯に描いた屋号を示す絵、割り箸、出汁、そば、具材など、一切をほめちぎったあげく、十六文のそば代を払う段になり、「銭ぁ、細かいんだ。手ぇ出してくれ。……ほら、一(ひい)、二(ふう)、三(みい)、四(よ)、五(いつ)、六(むう)、七(なな)、八(やあ)、今、何刻《なんどき》だい?」「へえ、九つ(午前零時)です」「十(とお)、十一、十二、十三、十四、十五、十六」と、一文かすめてぷいと立ち去る。

②二八そば屋の客。ぼうっとした江戸っ子。そば屋をほめちぎったあげく、勘定を一文ごまかした男①の一部始終を見ていて、翌日、自分も真似てみる。男①のように調子よくほめてみようとするが、この日のそば屋は、前日とは別人で、もたもたしていて時間はかかるし、割り箸の使い回しなど、不衛生きわまりない。丼は縁が欠けてのこぎりのよう。出汁は濃くてしぶいし、そばはうどんのように太くて、ねちゃねちゃと腰がない。竹輪のはずが案の定、竹輪麩どころか本物の麩で、それもかんなで削ったように薄っぺらという、この世の物とは思えぬまずいそばを食わされる。いざ勘定の段となり、「銭ぃ、細かいんだ。手ぇ出してくれ。……一(ひい)、二(ふう)、三(みい)、四(よ)、五(いつ)、六(むう)、七(なな)、八(やあ)、今、何刻《なんどき》だ?」「へえ、四つ(午後十時)です」「五(いつ)、六(むう)、七(なな)、八(やあ)……」。気がはやり、そばやをつかまえた時刻が早すぎたために、余計に銭を払うことになる。(原健太郎)

男（「夏泥《なつどろ》」「置泥《おきどろ》」「打飼盗人《うちかいぬすっと》」）
裏長屋に住む大工。無一文。根太をはがして燃やし、蚊いぶしにして、褌《ふんどし》一つで寝ている。それを知らずにやってきた泥棒にこのままでは立ちゆかないから殺してくれと懇願したり、おどしたりして、家賃、質屋の支払い、着る物、食べ物をねだっていき、ついには泥棒の有り金すべてをまきあげてしまう。怒る泥棒に「季節の変わり目にまた来てくれ」。（布目英二）

男（「軒《のき》づけ」）
浄瑠璃に凝っている。おさらいの会で「仮名手本忠臣蔵五段目」を語り、調子はずれの節で顰蹙《ひんしゅく》を買った話を友人にしたところ、「軒づけで修業したらどうや」とすすめられる。はじめはよその家の軒下で語るなんてと嫌がっていたが、浄瑠璃のお礼に鰻の茶漬けをご馳走してもらったこともあると聞いて気が変わり、勇んで参加する。一軒ごとに「鰻の茶漬けは出まへんか」と聞いてみなからいやがられる。（小佐田定雄）

男（「のめる」「二《に》人《にん》ぐせ」）
長屋の住人。何かにつけて「一杯飲める」と言うのが口癖。何かにつけて「つまらない」という友達と「お互いの口癖を言ったら罰金を払う」という賭けを始めるが、どう見ても友達の方が一枚上手で連戦連敗。横丁の隠居に何度も知恵を借りてようやく勝利を収めるが、うれしさのあまり、最後に「これで一杯飲める」と大失言。儲けは差っ引きに。（長井好弘）

男（「羽団扇《はうちわ》」）
職業、年齢不詳。弁舌さわやかで目端の利く所を見ると、親方、棟梁と呼ばれる貫目の職人か。正月二日の夜、「吉夢を見て」と女房に言われ、寝床の下にお宝（宝船の摺り物）を敷いて寝た。「夢を見た」「見ない」で女房と喧嘩になり、仲裁に入った天狗の羽団扇を奪って空中散歩。誤って落下したのが、七福神の宝船――。波乱万丈の夢の中でも、機転を利かせてうまく立ち回る。これなら現実に戻っても、「天狗」にさえならなければ、お宝を得ることが出来そうだ。（長井好弘）

男（「花色木綿《はないろもめん》」「出来心《できごころ》」）

貧乏長屋の住人。空き巣に入られ、褌《ふんどし》一本盗まれたのを天恵と考えた。簞笥《たんす》や衣類など家財道具一式を盗まれたと家主に申告し、当月の家賃を免除してもらおうというのだ。だが、布団以外のすべての家財道具についても「裏は花色木綿」と言ってしまい、まだ縁の下に隠れていた泥棒にも「俺は褌しか盗んでいない」と反論され、たちまち馬脚を現す。（長井好弘）

男（「一人酒盛《ひとりさかもり》」）

長屋の住人。引っ越しして来たところに、友達（桂枝雀演出では芳）が訪ねてきたので、「手伝うてもらわいでもええ。ただ、飲んで帰ってもろたら結構」と言いながら、鍋焼きうどんを注文に行かせたり、なにやかやと手伝わせる。その上、酒を飲む段になってからも、自分ひとりが飲んでいて、友達に酒をつごうとするのだが、「燗がぬるい」とか「湯呑に茶殻が付いている」ことを言い訳に、一杯も注いでやらない。しまいには憮然としている友達に「何を機嫌の悪い顔しとんねん。帰れ！」とまで言ってしまう。怒った友達が帰ってしまうと、入れ違いにうどん屋が鍋焼きうどんを届けに来る。うどん屋が「いま、すれ違うた人、さっき注文に来たお人と違いますか？　えらい怒ってはりましたけど」と言うので「ほっとけ、ほっとけ。酒癖の悪いやっちゃ」。

初代桂南天から桂米朝に伝えられた型。この男はすっかり相手も飲んでいると勘違いしている設定。六代目笑福亭松鶴型では、仕事のある友達をわざわざ呼び出して「ええ酒が手回ったので一緒に飲もう」と言って、酒の燗や肴を作らせたりしたあげく、一杯も飲まさない。初めから飲ませるつもりがなかったようだ。（小佐田定雄）

男（「不精《ぶしょう》の代参《だいさん》」）

筋金入りの不精者。能勢の妙見さん（能勢妙見堂・大阪能勢の古刹）まで代参を頼まれ、断るのがじゃまくさいので出かける。賽銭をあげるのも拝むのもじゃまくさい、と近くの人に代わってもらう。首にくくりつけた弁当がじゃまなので誰かに食べてもらおうと思い、ポカッと口を開けた参詣人に声をかけてみると、「腹が減ってるのやない、笠の紐がゆるんだのを顎で止めてんねん」と言われる。（小佐田定雄）

男（「身投《みな》げ屋《や》」）
ただいま「身投げ屋」修業中。悪友にそそのかされ、身投げのふりをして、助けてくれた相手に無心をするという珍商売を始める。深夜の両国橋で初仕事。最初は金持ち紳士をだまして大金をせしめて調子に乗るが、あろうことか同業者の身投げ芝居に引っかかり、もうけを全部はき出してしまう。詐欺商売に向かないのは善人の証拠だが。有崎勉こと柳家金語楼の作。（長井好弘）

男（「四人癖《よにんぐせ》」）
長屋の若い者。やたらに鼻の下をこする癖がある。他人の癖はすぐに見抜くのだが、自分の癖は、指摘されるまでわからないもの。違う癖を持つ仲間が四人そろったところで、「一度でも癖を出したら罰金を払う」という賭けを思いつく。（長井好弘）

男たち（「どうらんの幸助《こうすけ》」）
町内の若い衆。たまたま喧嘩の仲裁を趣味とする「胴乱の幸助」と異名をとるおやっさんが通りかかったのを良いことに、嘘の喧嘩を始める。ところが、加減がわからず喧嘩が本物になってしまい、小料理屋で幸助に飲ませてもらう。（小佐田定雄）

男の患者《かんじゃ》（「ドクトル」）
山田ドクトルの診療所に通院。年齢、職業不明。子供とラジオ体操をしている最中、背中が「コキンッ」と鳴り、以来、大きく手をふる動作が止まらなくなった。「四年にいっぺんずつ流行する体操病だ」と診断されるが、間違って「神経を高揚させる薬」を調合されたため、手の振りがいっそう激しくなる。（長井好弘）

おとし（「鏡《かがみ》ヶ池《いけ》操《みさおの》松影《まつかげ》」「江《え》島屋《じまや》騒動《そうどう》」）
鍼医《はりい》年の市の娘。父の内弟子倉岡元仲の友人、伴野林蔵に殺される。（原健太郎）

おとせ（「鏡《かがみ》ヶ池《いけ》操《みさおの》松影《まつかげ》」「江《え》島屋《じまや》騒動《そうどう》」）
芝日蔭町の古着商江島屋治右衛門の女房。夫婦養子の治平とお菊をかわいがる。江島屋に粗悪な婚礼衣装を売りつけられて自殺した娘、お里の母親おさとに呪われ、突

然病死する。（原健太郎）

お富《とみ》（「お富与三郎《とみよさぶろう》」）

元は深川の売れっ子芸者。「横櫛のお富」で通っていた。やくざの親分赤間源左衛門に落籍され、移り住んだ木更津で同じ江戸者の若旦那与三郎と運命的な出会いをする。二人のただならぬ仲を知った源左衛門に密会現場へ踏み込まれ、与三郎は顔を斬り刻まれ半死半生の目にあうが、自分は海に飛び込んで逃げる。後に江戸の玄冶店《げんやだな》で、見るも無惨な面相になった与三郎と再会し、「こんな顔にしたのは私のせいだ」といとしさを募らせる。以降、夫婦気取りで様々な犯罪に手を染め、若旦那の与三郎をいっぱしの悪党に仕立て上げる。（長井好弘）

お富（「冬《ふゆ》の遊《あそ》び」）

大坂新町の揚屋、吉田屋の名物仲居。梅檀太夫の道中の当日店に乗り込み「新町から道中の挨拶がなかった。太夫を座敷へ呼べ」という堂島の相場師連中の無理難題に道中を停め、ちょっと一休みとごまかし、太夫を平知盛の衣裳のまま座敷に連れてくる。（小佐田定雄）

おとめ（「縁切榎《えんきりえのき》」「両手《りょうて》に花《はな》」）

元旗本、本庄彦兵衛の娘。二十二歳。両親は他界し、お仲という婆やと秋葉原で二人暮らし。本所にいた時分に隣屋敷の次男、野呂井照雄と深い仲になり、将来を誓いあっていたが、別れ話を持ちかけられ、自殺をほのめかす。照雄に別の婚約者がいると知り、板橋の縁切榎に願掛けに行ったところ、照雄と芸者小いよと鉢合わせになる。照雄に「おとめは小いよと縁を切らせ、小いよはおとめと手を切らせて、二人とも僕を亭主にしたいのだね」と言われたので、小いよと声をそろえ、「いいえ、あなたと縁が切りたい」。（布目英一）

おとら（「真田山《さなだやま》」）

幽霊。真田山（大阪天王寺区・真田幸村が陣を構えた）に埋めたわが娘お兼の骨壺を掘りだしてもらおうと、喜六の前に化けて出て「とらのこのカネがほしい」と訴えるが、真意が伝わらない。（小佐田定雄）

お寅《とら》（「手切《てぎ》れ丁稚《でっち》」）
妾お梅の友達。七月の昼下がり、お梅の家を訪れ、旦那と手を切るつもりだと打ち明けられる。（小佐田定雄）

おとわ（「腕《かいな》食《く》い」）
商人、徳兵衛の女房。店の前に立った汚い乞食が大阪中船場にある本家の若旦那であることを知り、あまりに落ちぶれた姿に泣き出してしまう。（小佐田定雄）

お直《なお》（「夢八《ゆめはち》」）
長屋のおかみさん。近所で首吊りがあり、検屍が済むまで現場保存に一役買っている。死体の番人のために弁当をこしらえてやる。（小佐田定雄）

お仲《なか》（「鏡《かがみ》ヶ池《いけ》操《みさお》松影《のまつかげ》」「江島屋《えじまや》騒動《そうどう》」）
芝日蔭町の古着商江島屋治右衛門の妾。養子の治平をそそのかし、女房のお菊を離縁させたあげく、治平と幼い娘おみちを店から追い出し、路頭に迷わす。下総大貫村に母を訪ねた際、江島屋のいかものに端を発する因果の数々を聞き、己の業を悔いて尼となる。（原健太郎）

お仲（「清正公酒屋《せいしょうこうさかや》」）
饅頭屋虎屋の一人娘。酒屋の若旦那清七と恋仲だが、親同士の不仲のために結ばれない。ついに心中を決行。その時、清正公様が現れ、「清七は助けてやる。お仲は敵の饅頭屋の娘だからだめだ」と見捨てられる。海中でさぞや怒っていることだろう。（長井好弘）

お仲（「たちぎれ線香《せんこう》」）
南地の茶屋紀ノ庄の女子衆。娘芸者の小糸が若旦那への恋患いで倒れた時、献身的な看護をする。若旦那から届いた三味線を弾こうとした小糸を、背後から抱き起こして支えてやるが、小糸は息を引き取る。（小佐田定雄）

女子衆《おなごし》（「江戸《えど》荒物《あらもの》」）
横町の長谷川家の奉公人。主人に命じられ、近所に新規開店した荒物屋に七尋半の釣瓶縄《つるべなわ》を買いに行かされるが、お国訛りが激しすぎて、荒物屋の主人に用件がなかなか伝わらない。（小佐田定雄）

女子衆（「口入屋《くちいれや》」「引越《ひっこし》の夢《ゆめ》」）
船場の古手（古着）屋、布屋奉公人。京の寺町の万寿寺の生まれで、幼い時に両親には死別。大阪の心斎橋の八幡筋に住んでいた伯父さんの世話になっていた。三年前に久七という男と所帯をもつが、半年で死別してしまい、奉公に出ることになる。歌舞音曲はもとより文武両道に優れていて、数多くの資格をもつ。奉公しなくとも、稽古屋の師匠ぐらいにはなれる才女。（小佐田定雄）

女子衆（「猿後家《さるごけ》」）
川上屋の奉公人。町内の若い者が後家のことを「猿そっくり」と言ったのを聞き「お家さんはちっとも猿に似てやしません」とフォローするが、つい「猿がお家さんに似ておりますので」と言ってしまい、顔を掻きむしられた上、クビになる。（小佐田定雄）

女子衆（「代書《だいしょ》」）
書家滴堂の奉公人。中浜賢三代書事務所に、「お邪魔料」を届けにくる。主人が主人だけに文字も上手で、あまりうまいとは言えない中浜代書人の代わりに受け取りを書いて感心させる。（小佐田定雄）

女子衆（「焼《や》き塩《しお》」）
商家の奉公人。故郷から手紙が届いたが、字が読めないので通りかかった若い侍に読んでもらう。ところが、その侍が手紙を見てポロポロ涙をこぼしたので、「きっと悪い知らせにちがいない」と泣いてしまう。（小佐田定雄）

おなつ（「緑《みどりの》林《はやし》門《かどの》松竹《まつたけ》」）
菊屋橋の手習いの師匠、花蔭左五郎の妹。評判の美人。十八歳。鼈甲《べっこう》商上総屋の息子清三郎に望まれて、武家から商家へ嫁ぐ決心をするが、横恋慕する番頭藤七の悪だくみで、婚礼直前にまくら探しの濡れ衣を着せられ、入水自殺しようとしたところをならず者に拉致され、行方不明となる。数日後、評判の易者に居所を占ってもらおうと王子稲荷まで足を延ばした清三郎に発見される。殺された父親の若党のせがれで今は盗賊のあんま幸治の奔走により、兄左五郎は屋敷に帰参が叶い、自らも泥棒の汚名をそそぎ、無事嫁入りする。（長井好弘）

おなべ（「仔猫《こねこ》」）
大阪船場の女子衆。安芸の国の海田《かいた》の出身。個性的な風貌の持ち主であるが、まことに心優しい働き者。夜中に店を抜け出して謎の行動をとるのを店の者に怪しまれ、猫の生き血を吸っていることを白状する。（小佐田定雄）

おなべ（「持参金《じさんきん》」）
大阪の商家の女子衆。かなり個性的な容貌。酒に酔った番頭を介抱したのがきっかけで深い仲になり妊娠してしまう。二十円の持参金を付けてよそに嫁に出されてしまうことになったが、嫁入り先の男は、どうやら番頭の知り合いのようである。（小佐田定雄）

おなみ（「さじ加減《かげん》」）
品川の売れっ子芸者。松本屋義平のお抱え。客である医師阿部玄益と恋仲になり、夫婦約束をするが、突然、玄益が訪れなくなり、気鬱《きうつ》の病にかかる。玄益の献身的な治療で全快すると、松本屋に二人の仲を裂かれそうになる。大岡越前守のさじ加減のきいた名裁きにより、玄益と添い遂げることができる。（布目英一）

お鳴《なり》（「月宮殿星《げっきゅうでんほし》の都《みやこ》」）
雷の五郎蔵の女房。中天に住む。下界からやってきた徳兵衛を、霰《あられ》の三杯酢、稲光の塩焼き、雹《ひょう》の油揚げ、虹の時雨煮など雷ならではの手料理でもてなす。（小佐田定雄）

鬼《おに》（「朝友《あさとも》」）
閻魔大王の手下。亡者のお里に惚れた閻魔に命じられ、お里と夫婦約束をした文屋康次郎を蘇生（殺害ではない）させようとする。ところが、高利貸しの父親が康次郎の棺に入れておいた娑婆の焦げ付き証文を渡され、手もなく買収されてしまう。（長井好弘）

鬼（「お血脈《けちみゃく》」「善光寺《ぜんこうじ》骨寄《こつよ》せ」）
地獄の下級役人。閻魔大王に仕える。赤鬼と青鬼がいる。頭に角をはやし、一年中、虎の皮の褌《ふんどし》一つで暮らしている。地獄が不景気風におそわれたため、その大切な褌まで売り飛ばすはめになる。（原健太郎）

鬼（「地獄八景亡者戯《じごくばっけいもうじゃのたわむれ》」）

三途の川の渡しの船頭。乗り合いの亡者たちから、お産で死んで三四の十二銭、心中は二人で死ぬから二四が八銭など、それぞれの死因によって駄洒落で別料金を徴収する。（小佐田定雄）

鬼熊《おにくま》（「つづら」「つづら間男《まおとこ》」）

ならず者。左官の由蔵が博打でこしらえた借金を執拗に取り立てようとしている。返せないならば女房をかたに取るとすごむ。（布目英一）

おねおねの太助《たすけ》（「三年酒《さんねんしゅ》」）

言語不明瞭の男。しゃべることがオネオネオネオネオネと、どこが尾やら頭やら皆目わからないところから「おねおね」というあだ名を付けられた。その特技を買われて、友人の又七の葬式を神道であげるのを檀那寺の和尚に認めさせる説得役に抜擢される。（小佐田定雄）

尾上多見江《おのえたみえ》（「いいえ」「嵐民弥《あらしたみや》」）

女形の旅役者。座頭《ざがしら》と喧嘩して飛び出し、途中で会った馬子には姑《しゅうとめ》との不仲で家出したと偽り、家に泊めてもらう。本物の女と勘違いされて、その家の女房と一緒に寝かされる。その後、一家全員と怪しい仲になってしまう。嵐民弥、佐野川市松の芸名もある。（太田博）

小野小町《おののこまち》（「道灌《どうかん》」）

六歌仙のひとり。平安期の女流歌人。絶世の美女伝説。隠居と八五郎の茶飲み話に登場する。床の間に掛かる、小町が雨乞いをしている図の短冊が、八五郎には「洗い髪の女が夜着を着て考えている絵」に見える。（太田博）

伯母《おば》（「宮戸川《みやとがわ》」）

霊岸島に住む。若いころ、清元の稽古で知り合った三つ違いの久太と大恋愛を経て、夫婦となって幾星霜、似合いの夫婦だが、子宝には恵まれず、甥の半七をかわいがる。寝ているのを起こされて、「小網町の半七」を「小網町で半鐘が鳴った」と聞き間違え、位牌を持って逃げようとする。半七が夜分に若い女を連れてきたので年甲斐もなく胸がときめく。（布目英一）

叔母《おば》（「唐茄子屋政談《とうなすやせいだん》」「唐茄子屋《とうなすや》」）

本所達磨横町の長屋の家主のかみさん。亭主の気性に惚れぬいて一緒になったものと思われる。仲のよい夫婦なのに、子供はいないようだ。それだけに親戚中で一番出来の悪い徳三郎のことをいつも夫婦で気にかけている。勘当されて情けない姿になった徳三郎を見ると、不憫《ふびん》でたまらず、ご飯のおかずはおいしい魚をとか、寝ていて蚊に刺されぬように蚊帳を吊ってあげたいとか、朝はゆっくり寝させてあげたいというように、どうしても甘やかしてしまう。（布目英一）

お化けと幽霊

ばけものと呼ばれる「物の怪」にはお化けと幽霊がある。人間離れした能力を有し、妖怪に変身して人を恐怖に突き落としたり、怨念を晴らすため執拗に付きまとう。だが、落語に登場するばけものはなぜか愛嬌者が多い。ちっとも怖くない。呑兵衛の「応挙の幽霊」、博打好きの「へっつい幽霊」、観光化した「お菊の幽霊（皿屋敷）」、幇間《たいこ》が化けた「野ざらし」、気が弱くニンゲン臭い「化物使い」などなど……。しかも、お化けと幽霊の区別が付けにくい。民俗学者の柳田國男は「お化けと幽霊の違い」を『妖怪談義』で明快に説いている。「第一に、お化けは出現する場所が決まっているので避けて通れば大丈夫だが、幽霊は狙われたら最後、百里逃げても追い掛けて来る。第二に、お化けは相手を選ばないが、幽霊は狙った相手にだけ怨念をぶつけてくる。第三に、幽霊が丑みつの鐘が響く頃に出るのに対し、器量のあるお化けは白昼でも周囲を暗くして出て来る。しかも、人に見せて怖がらせることを旨としているから、薄明りの夕方が絶好機となる。幽霊のように人通りの絶えた丑三つどきに出て来るお化けは前座」なんだそうだ。柳田説に従えば、前述の幽霊たちはみんなお化け的である。どこか間が抜けていて滑稽だ。本来のお化けはと言えば、艶っぽい女に化ける「王子の狐」、人を七回も騙す「七度狐」、亭主に化けた「猫の忠信」、命を助けた恩返しに何にでも化けてくれる「狸賽」「狸の札」「狸の釜」などということになる。本格的な幽霊は、圓朝作品に登場するたくさんの幽霊に尽きる。噺家は「美人が死ぬと幽霊になり、それ以外のヒトが死ぬとお化けになる」との説を唱えるが、もちろん「楽説」（楽屋の説）である。（太田博）

お婆《ばあ》さん（「本能寺《ほんのうじ》」）
田舎の老女。大阪に住む孫に会いにやってきた。途中で芝居小屋に立ち寄り、最前列で見物していると、紙袋に入れていた蝗《いなご》が逃げ出して、舞台に飛び上がり芝居をめちゃくちゃにしてしまう。（小佐田定雄）

おばさん（「酒《さけ》の粕《かす》」）
心配性なおかみさん。与太郎が「酒を飲んだ」というのを真に受けて、「冷やは毒だからお燗をしたんだろうね」と尋ねる。（布目英一）

お初《はつ》（「お初徳兵衛《はっとくべえ》」「お初徳兵衛浮名桟橋《うきなのさんばし》」）
柳橋近辺では随一と評判の高い美人芸者。男嫌いで通っているが、実は子供時代から、地主の若旦那だった徳兵衛に憧れており、勘当されて船頭になった徳兵衛に会いたい一心で、芸者の世界に飛び込んだという。ひょんなことから徳兵衛の漕ぐ船で二人きりになるという幸運に恵まれ、雨宿りのために係留した首尾の松の下、雷鳴とどろく船中で、徳兵衛に「後生……」と積年の思いのたけを打ち明ける。（長井好弘）

お花《はな》（「お文《ふみ》さん」）
大阪船場の酒屋萬両の嫁。若旦那との間に子供がないのを苦にしている。店先に捨てられていた男児を育てようと乳母まで雇うが、実は男児は若旦那作次郎と北の新地の梶川席の芸妓・お文との間の子で、乳母が母親であったと女子衆のお松の忠言によって知り、すべては若旦那の策略とさとり逆上する。（小佐田定雄）

お花（「菊江《きくえ》の仏壇《ぶつだん》」「白《しろ》ざつま」）
大店《おおだな》の若旦那に嫁入りした貞淑な女房。才色兼備で、何でも人並み以上にこなすが、なぜか亭主に疎まれる。菊江という愛人を作られたうえ、病を得て実家に戻り、若旦那の見舞いを心待ちにしながら死ぬ。（長井好弘）

お花（「肝《きも》つぶし」）
亥の年、亥の月、亥の日に生まれた娘。「亥の年月がそろった生まれの者の生き肝があれば、恩人の息子の命を救える」と思いこんだ兄に殺されかけるが、驚いて「肝

をつぶした」ため、命拾いする。（長井好弘）

お花（「甲府《こうふ》い」）
豆腐屋の一人娘。十九歳。憎からず思っていた奉公人の善吉と所帯をもち、店を切り盛りする。親孝行の真似事がしたいという善吉にしたがい、かつて夫が世話になった甲府の伯父の家まで初めての旅をする。お孝の名で登場することもある。（原健太郎）

お花（「小言幸兵衛《こごとこうべえ》」）
古着屋の一人娘。十九歳。麻布古川の田中幸兵衛の長屋に住む。清元、都々逸などのたしなみがある。幸兵衛の妄想の中で、向かいの仕立屋で得意ののどを披露したことから仕立屋の一人息子と心中させられる。家の宗旨は真言宗。演出によっては天理教、イスラム教などの場合もある。いずれも芝居の心中の場面が台無しになると幸兵衛をいらだたせる。（布目英一）

お花（「誉田屋《こんだや》」）
京三条室町通り縮緬問屋、誉田屋の一人娘。「今小町」と呼ばれる美人。十八歳の時にぶらぶら病にかかり、急死。三百両入れた財布を首にかけられたまま棺桶に入れて土葬されてしまう。天下通用のお金を埋めることを惜しんだ番頭久七に墓を掘り返されたところ蘇生し、久七とともに江戸へ出て浅草で三百両を元手に誉田屋という屋号で商売を始める。後に巡礼のため江戸に出て来た両親と再会を果たす。（小佐田定雄）

お花（「算段《さんだん》の平兵衛《へえべえ》」）
大坂近辺の庄屋の妾。鄙にもまれなべっぴんさん。何不自由なく暮らしていたが、本妻さんの知るところとなって縁を切られ、村で一番やりくり算段のうまい平兵衛の女房に押し付けられる。一転、その日の暮らしにも困るようになったことから、平兵衛の算段で庄屋相手に美人局《つつもたせ》をさせられる。（小佐田定雄）

お花（「塩原《しおばら》多助一代記《たすけいちだいき》」）
本所の炭商、塩原多助の妻。父親は御用達の豪商藤野屋杢左衛門。勤勉実直な多助を見染める。婚礼の日に千両分の炭が届くと、式を中断して荷揚げを手伝い、振袖をなたで断ち切って共働きの覚悟を示した。内助の功によって、津軽大名と並ぶ本所名物の炭屋となるまでに店を繫繁させた。（布目英一）

お花（「指南書《しなんしょ》」）

京の商家の息子清吉の嫁。旦那が悋気深く何かというと手を上げるので生傷が絶えなかった。清吉が草津へ使いに行っている間、実家の母親が泊まりにきたが、家の表から覗いた清吉に間男と勘違いされる。（小佐田定雄）

お花（「星野屋《ほしのや》」）

水茶屋の女。星野屋の旦那の囲い者。旦那に心中を持ちかけられ、吾妻橋まで付いていくが、金銭や俗世間への未練が勝って、川へは飛び込まない。星野屋出入りの重吉に「先に飛び込んだ旦那が化けて出るぞ。供養のために髪を切れ」と脅されるが、髪の代わりにかもじを渡してごまかすなど、「何度も心中の経験がある」とうそぶく母親と共にしぶとく抵抗。星野屋から今後の援助は期待できずとも、最低限の利益は確保した。（長井好弘）

お花（「宮戸《みやと》川《がわ》」）

小網町の船宿桜屋の娘。かるた取りで夜遅くなり、閉め出しをくい、同様に閉め出された隣家の半七に強引に頼み込み、半七の伯父の家に泊ることに。この伯父の早合点で二階の一つ布団に寝かされたことから、のちに伯父の仲人で夫婦になり、横山町に店を持つ。（布目英一）

お花（「夢《ゆめ》の酒《さけ》」）

大黒屋の若旦那の妻。やきもち焼き。昼寝をしていた若旦那が、夢で向島の乙《おつ》なご新造《しんぞ》と酒を飲んだり、一つ布団に寝た話に嫉妬して、泣きわめいたうえ、義父の大旦那に言い付ける。淡島様《あわしまさま》の上の句を言えば、夢の世界に行けると、義父を夢の小言を言いに行ってくれと頼む。淡島様の句とは「我頼む人の悩みの和めずば　世に淡島の神と言はれじ」。（太田博）

お濱《はま》（「熱海《あたみ》土産《みやげ》温泉《いでゆ》利書《のききがき》」）

相州小田原、大久保加賀守の下役、溝口三右衛門の長女。直情径行。思いこんだら命がけ、武家の息女とは思えぬ行動力を発揮するが、その性格のため、波乱の生涯を送ることになる。

奉公先の重役近藤家で次男弥三郎と恋仲になるが、家格の違いから引き離され、お役御免となった父三右衛門と三島へ移り住む。父が当地で贔屓にする力士、琴の浦政五郎から「弥三郎が勘当になり、八王子にいる乳母の息子、髪結いの金蔵の元へ身を寄せている」という噂話を聞かされ、家中の金をかき集めて家出する。だが、八王子で会った金蔵、おさわの夫婦は稀代の悪党。「弥三郎が悪事を働いて寄せ場送りになった。助けるには五十両の金が要る」とだまされ、吉原の岡本楼に売られて初島という名で見世に出る。そこへ金蔵から「弥三郎は死んだ」という偽りの手紙が届き、毎日泣き暮らしていたが、そんな身の上を哀れんだ通人の隠居、池田宗我に身請けされる。宗我の供で熱海に湯治へ行って、父や妹と再会。死んだと思った弥三郎とも巡り合い、婚約をする。勘当が許された弥三郎はいったん小田原の実家に戻り、自身も宗我の粋な計らいで父親の元へ帰って祝言の日を待っていた。ところがそこへ「弥三郎が金蔵に殺された」という悲報が突然届く。仇討ちを決意し、若侍の姿に身を変えて八王子へ。金蔵夫婦を殺してお上へ名乗り出たが、これまでの金蔵の悪事が次々と露見したことからおとがめなしとなる。釈放後、弥三郎が生きており、兄の急死で家を継がなければならず、家老の娘をめとって子までなしていたことを知って愕然とする。最後の名残にと小田原へ向かい、金で追い返そうとする弥三郎と対面する。その後、髪を下ろして尼となり、父とともに念仏三昧の日々を送る。（長井好弘）

お早《はや》（「雨夜《あまよ》の引窓《ひきまど》」「引窓与兵衛《ひきまどよへえ》」）
武蔵国葛飾郡横堀村の名主与左衛門の妾。元日本橋芳町《にほんばしよしちょう》の芸者。与左衛門の女房の提案を受け、横堀村で一緒に暮らすことになる。与左衛門の世話で元髪結職の与兵衛と所帯をもつが、博打場通いにうつつをぬかす亭主に嫌気がさし、江戸に帰りたいと思っている。雨の夕方、下駄を借りにきた与左衛門と話をしているところに、与兵衛が帰宅。二人の関係を疑われ、もみ合うが、止めに入った与左衛門が与兵衛の手にかかって殺され、呆然とする。与左衛門の死体を担いで出ていった与兵衛を待っていると、どこからどうやって手に入れたのか、大金を持って帰ってきた。夜のうちに与兵衛に連れられ村を出る。

中瀬の渡し近くの早川にさしかかると、与兵衛におぶわれ川を渡る。突然、深みに投げ込まれ、急流に流されるが、さいわい浅瀬に乗り上げ一命をとりとめる。このため、与兵衛の悪事が露見する。（原健太郎）

お婆《ば》ん（「ちしゃ医者《いしゃ》」）

大阪近郊の農村に住む。いつも来る肥汲みに「たまには野菜を持って来い」と苦情を言う。「今日は何もない。駕籠に医者がおるだけ」と言われたのを「ちしゃ」と聞き間違え、駕籠の中に手を突っ込んだところ、驚いた医者にけり倒され大騒ぎになる。（小佐田定雄）

お久《ひさ》（「真景累ヶ淵《しんけいかさねがふち》」）

根津惣門前の小間物屋、羽生屋の娘。富本の師匠、豊志賀が若い新吉と懇ろになり、他の女弟子が離れて以降もせっせと通っているのは、折り合いの悪い継母から逃れたいのと、新吉へのほのかな思慕のためだった。「下総で質屋を営む叔父の元へ行きたい」と新吉に相談したことから、二人は急接近。豊志賀が病死した後、新吉と駆け落ちをするが、目指す下総羽生村を目の前にした累ヶ淵で転倒、雷雨の中、豊志賀の霊に惑わされた新吉に鎌で惨殺される。（長井好弘）

お久（「文七元結《ぶんしちもっとい》」）

本所達磨横町の左官長兵衛の娘。十七歳。親思いの優しい性格。借金がなくなれば博打狂いの長兵衛も料簡を改めるだろうと考え、吉原の大見世佐野槌に身を売る。女将の好意で来年の大晦日までは見世に出なくてよいという約束で五十両を借りた上、手習い、生け花、茶の湯なども習えることになる。翌朝には日本橋横山町三丁目の鼈甲《べっこう》問屋近江屋卯兵衛に身請けされ、今までの粗末な身なりとは打って変わり、文金高島田に高価な着物という姿で両親のもとに戻される。長兵衛が身投げを助け親代わりにもなった近江屋の手代文七に嫁ぎ、麹町貝坂で元結屋を開いて、「文七元結」と評判を取る。（布目英一）

帯屋久七《おびやきゅうしち》（「帯久《おびきゅう》」）

本町二丁目の呉服屋の主《あるじ》。同じ四丁目の和泉屋《いずみや》与兵衛とは商売敵だが、「売れず屋」と言われるほど商売が下手。和泉屋に借金を頼むと、喜んで貸してくれる。返金に行ったが、忙しそうだったので、返す金を懐に戻して知らん顔。数年後、商売運が逆転し、病で落ちぶれた和泉屋が借金の依頼にくるほど金持ちになる。断った上、それまでの恩を忘れ、額《ひたい》を打つ始末で訴訟騒ぎとなる。大岡越前の裁きは、六十一歳の和泉屋に五十両を毎年一両ずつ帯屋に支払わせ、払い終わったら、和泉屋を火あぶりの刑に処する、というもの。（太田博）

おひろ（「ぼんぼん唄《うた》」）

蔵前天王橋で迷子になった娘。玉子屋新道に住む子供のいない小間物屋の源兵衛夫婦に拾われる。拾われた子だから「おひろ」。実の子同様に育てられるが、口ずさんでいた「ぼんぼん唄」の「江戸一番、相生町の踊り」という歌詞から、同所の材木問屋越前屋の娘おたまであることが判明する。（長井好弘）

お藤《ふじ》（「お藤松五郎《ふじまつごろう》」）

両国の水茶屋いろはの看板娘。年は十九。実は万屋清三郎の囲い者。一中節の菅野松五郎との仲を清三郎に知られていさかいになる。翌日、松五郎に会いに行く途中、料理屋にいる清三郎に見つかり、無理やり相手をさせられたことから「よりが戻った」と誤解した松五郎に斬殺されてしまう。（布目英一）

お文《ふみ》（「お文さん」）

大阪北の新地梶川席所属の芸妓。船場の酒屋萬両の若旦那作次郎と深い仲になり男の子を産む。親子が離れて住むのが辛いと若旦那に訴え、親子ともども策略をもって店に入り込むことに成功する。（小佐田定雄）

おまき（「吉野狐《よしのぎつね》」）

夜鳴きうどん屋木谷安平《あんぺい》の女房。うどん屋の符丁で、「小田巻」のことを「まき」というところからの名前であろうか。（小佐田定雄）

おまさ（「堀川《ほりかわ》」）

大阪の裏長屋に住む大工梅の女房。仕事に持って行く弁当の用意をしてくれと亭主に口を酸っぱくして言われても、洗濯をしていて耳を貸そうとしない。（小佐田定雄）

お政《まき》（「名人長二《めいじんちょうじ》」「指物師《さしものし》名人長二《めいじんちょうじ》」）
指物師清兵衛の娘。養子恒太郎の女房。酒に酔って現れ、清兵衛に悪態をついた長二を、弟子入り時分の話をしてたしなめる。（原健太郎）

お又《また》（「名人競《めいじんくらべ》」）
荻江節の師匠。二代目荻江露友の娘。十九歳。ぽっちゃりとした赤ら顔。父が芸を仕込んでいる伊三郎と一つ屋根の下に育ち、末は夫婦になるつもりでいるが、父から今後三十年間の修業を言い渡され、気落ちした伊三郎に、「堅気の人の方がいいじゃありませんか」と、心にもなく婿を取ることをすすめられる。これがもとで気病みとなり、父とともに伊豆福浦の田舎へ引きこもる。のちに伊三郎がやってきて、父と和解。伊三郎の三代目襲名も決まり、病も癒えていく。（原健太郎）

お松《まつ》（「お文《ふみ》さん」）
大阪船場の酒屋の女子衆。河内出身。乳母として店に入り込んできた女を、若旦那作次郎の愛人の芸妓と見破り、ご寮人《りょん》さんに忠言する。（小佐田定雄）

お松（「喧嘩《けんか》長屋《ながや》」）
気の強い女房。亭主の作さんと毎日夫婦喧嘩。家主の証言によると「夫婦が引っ越してきた当座は、彼女の顔が怖いので長屋の住人たちは夜になると表に出ることができなかった」という。（小佐田定雄）

お松（「後家馬子《ごけまご》」）
俥夫の女房。大阪玉造稲荷神社近くの裏長屋に住む。同じ長屋のお竜と着物は質に置くか、屑屋に売るかでつかみあいの喧嘩になる。（小佐田定雄）

お松（「大丸屋騒動《だいまるやそうどう》」）
京の富永町の芸妓・お時の家の奉公人。突然妖刀村正を持って訪れてきたお時の恋人大丸屋惣三郎に、お時ともども斬殺される。（小佐田定雄）

おみち（「鏡ヶ池《かがみいけ》操松影《みさおのまつかげ》」「江島屋騒動《えじまやそうどう》」）
芝日蔭町の古着商江島屋の養子夫婦、治平とお菊の娘。江島屋治右衛門の妾お仲にうとまれ、父治平とともに店

を追い出される。五歳のとき、父に吉原の松葉屋へ売られ、禿《かむろ》となる。（原健太郎）

おみつ（「鮑《あわび》のし」「祝《いわい》のし」）
甚兵衛の女房。頼りない亭主とは対照的にしっかり者で町内での信用も厚い。米を買う金がないので、近所で金を借り、亭主に尾頭つきの魚を買わせ、家主の息子の婚礼の祝いにしようと考える。家主のお返しの中から借りた分を返し、残った金で米を買うつもりが、甚兵衛が尾頭つきでなく、鮑を買ってきたために、家主と縁起がいい悪いの喧嘩になってしまう。（布目英一）

おみつ（「植木屋娘《うえきやむすめ》」）
寺の門前の植木屋幸右衛門の一人娘。たいへんな美人。十七歳。「悪い虫がつく前に、いい婿養子をとって楽隠居」と願う父親が、男前で頭もよい寺小姓の伝吉との縁を結ぼうと画策するが……。（小佐田定雄）

おみつ（「氏子中《うじこじゅう》」）
与太郎の女房。浮気性で、亭主の出張中、何人も男をくわえ込んだ揚げ句に妊娠する。荒神様のお神酒で赤ん坊の胞衣《えな》を洗う「父親検査」をすると、答えは「神田明神氏子中」。町内の男全員がナントカ兄弟！（長井好弘）

おみつ（「子別《こわか》れ」「子《こ》は鎹《かすがい》」）
数ある落語の中で屈指のしっかり女房。酒と女がやめられぬ亭主に愛想を尽かし、家を出て、女手一つで一粒種の亀坊を育てている。それでも別れた亭主には未練があり、「悪いのはお酒。酒さえ飲まなければいい人よ」と亀坊に夫婦のなれそめを聞かせることも。別れて三年、亀坊のおかげで縒《よ》りが戻り、親子三人が再び暮らせるようになると、「子は夫婦のかすがいだ」とうれし泣き。「器量はいいし、人当たりもいい」（お店《たな》の番頭）、「貧乏慣れしてるってェか、切り回しはうめえ女」（亭主）。そういう女にはダメ男がつきものなのか。亭主は生涯頭が上がらないだろう。（長井好弘）

おみつ（「双蝶々《ふたつちょうちょう》」「小雀長吉《こすずめちょうきち》」）
担ぎ商いの八百屋長兵衛の後妻。先妻の子である長吉がなつかず、手向かいしても憎んだりはせず、常に愛情を注いでいた。成長した長吉が奉公先で人殺しをしたため、本郷大根畑の長屋を出て、亭主とともに転々とする。本所の番場の裏長屋に越してからは亭主の容体がすぐれず、女の手内職では暮らしがたたないので、多田の薬師の石置場で物乞いをするようになった。ここでお尋ね者の長吉と再会し、長年のわだかまりが氷解する。（布目英一）

おみつ（「骨違《ほねちが》い」）

大工熊五郎の女房。本所達磨横町の長屋に住む。棟梁の息子の源次郎を間男と間違えて亭主が殺してしまったので、死骸を川に捨てようとする。その様子を見た亭主の弟分の吉五郎のはからいで、死骸を吉五郎の住まいの床下に埋める。二年後、亭主の浮気が原因で夫婦喧嘩となり、この時のことを怒鳴り散らしたのを同心に聞かれ、悪事が露見する。（布目英一）

おみつ（「ぼんぼん唄《うた》」）

小間物屋清兵衛の女房。子供のいない寂しさから、蔵前の天王橋で拾った迷子のおひろを実の子として育てる。一年後におひろの身元が判明しても、「返したくない。黙っていよう」と亭主に懇願する。清兵衛の説得で泣く泣く実家へ娘を帰すが、その気持ちを汲んだ実の両親の計らいで、先方へ乳母代わりに迎えられる。（長井好弘）

お光《みつ》（「百人坊主《ひゃくにんぼうず》」）

大坂近郊の農家の主婦。亭主が伊勢詣りの途中、琵琶湖で水難事故にあって命を落としたという鱶《ふか》の源太の話を真に受け、井戸に身を投げようとするが、「生きて亭主の菩提を弔え」と説得されて思いとどまり、女房連中の先頭を切って髪を下ろして尼になる。（小佐田定雄）

おみね（「怪談牡丹燈籠《かいだんぼたんどうろう》」）

浪人萩原新三郎家の使用人伴蔵の妻。新三郎のもとへ通って来るお露の幽霊の手引きをしたお礼の百両を手に、伴蔵の故郷、栗橋宿で荒物屋関口屋を開く。繁盛して余裕の出来た亭主が、小料理屋の酌婦になっているお国と怪しい仲になっているのを馬子の久蔵から聞き出し、伴蔵を責めるが、逆に幸手堤で殺害される。その霊が荒物屋の女中おますに取り付き、伴蔵を困らせる。これが放浪中の医師、山本志丈の知るところとなって、夫婦ともども破滅に陥ることに——。小心者の伴蔵を終始そそのかして、悪行の加担をするが、貧乏奉公人時代のことを忘れず、亭主に意見をいう。それが高じて伴蔵に疎まれ、殺害される不幸な身の上といえる。（太田博）

おもよ（「貝野《かいの》村《むら》」）

①丹波の貝野村の三が町の束ねをする庄屋の一人娘。貝野村出身で、大坂で大工の棟梁をしている甚平の世話で船場の大きな商家に女子衆として奉公に上がっている。十八歳で「今小町」と評される美女。若旦那と恋仲になる。若旦那が商用のため二か月ほど九州に出かけている間に母親が病気のために貝野村に呼び戻される。母親の病は完治するが、今度は自分が原因不明の病で寝こんでしまう。そこへ大坂から甚平が訪れてきて、若旦那が自分に恋こがれて寝込んでいるという知らせを聞き、すぐに大坂へ駕籠で駆けつけ、若旦那とはめでたく夫婦になる。一人息子と一人娘のこととて、いったん貝野村で形ばかりの婿入りの儀式を済ませたあと、大坂へ嫁入りをすることにするが、婿入りの翌日に貝野村で手水《ちょうず》をつかおうとしたことから事件が起こる。

②大坂船場の商家の女子衆。出身地は不明。「人間一分で化け物九分」と称される個性的な容貌の持ち主で年齢は十八歳。前に勤めていた同名のおもよという女子衆が若旦那が商用で二か月ほど九州に出かけている間に母親が病気で実家に呼び戻されるので、その代わりに勤めることになった。旅から戻った若旦那が「おもよ」と呼ぶので顔を出したところ、若旦那はショックのあまり寝込んでしまう。（小佐田定雄）

おもよ（「大師《だいし》の杵《きね》」）

武州橘郡平間村の名主源兵衛の娘。十八歳。鄙《ひな》にもまれな美人。修行途中に泊まった空海上人（後の弘法大師）に思いを寄せるが、「修行の身」を理由に断られると「自害する」と訴える。「夜中にしのんで来い」という上人の窮余の言葉を信じて行ってみると、寝床はもぬけの殻で、杵だけが残っていた。半狂乱になって追いかけるが、見失って六郷川に身を投げる。川崎大師建立の言い伝えだが、そこに杵はないそうだ。（太田博）

親方（おやかた）

鳶の鳶頭《かしら》や大工の棟梁、床屋の主人、芸事の師匠など、一定の技能を必要とする社会や組織の責任者。多くは鷹揚な性格だが、責任感が強く、周囲から一目置かれている。自分が後見人になっている男の家と、男と恋仲だった娘を預かる剣術使いの家との間を、真相究明のために何度も往復したり（「お若伊之助」）、胸のすくような啖呵をきって、店賃《たなちん》滞納の抵当《かた》に取られた仲間の大工道具を取り返そうとしたり（「大工調べ」）……と、その行動には侠気《おとこぎ》があふれている。鰻を追いかけて町中をかけまわった鰻屋の主人も、この例にもれない（「素人鰻」）。自分が不在だったために、常連客に多大な迷惑をかけた船宿の主が、いったいどんな詫びを入れたのか、想像するだけでも楽しい（「船徳」）。（原健太郎）

親方（「浮世床《うきよどこ》」）
髪結床の主。店に集まった若い者たちの無駄話に気を取られているうちに、畳屋の職人が勘定を払わずに帰ってしまったのを気づかずにいる。（布目英一）

親方（「氏子中《うじこじゅう》」）
長屋の住人。「出仕事の間に女房が孕んだ」と与太郎から相談され、「子供が生まれた時、荒神さまのお神酒《みき》で胞衣《えな》（胎児を包む膜）を洗うと、必ず胞衣に相手の男の紋が浮き出る」という昔ながらの「父親判別法」を試すようすすめる。「女房は相手にくれてやれ。代わりは俺が世話するから」と見得を切るが、明らかになった「相手」の数が半端ではなかった。（長井好弘）

親方（「鰻屋《うなぎや》」）
鰻屋の主。自らは修業を積んだことがなく、鰻を割《さ》くどころかつかむこともできない。職人だのみの鰻屋なのに、職人がいなくなったため、やむなく自分で鰻をさばくことになる。手からすりぬけようとする鰻を追いかけて、しばしば町内を走り回っている。「……え、どこへ行くか？　前へまわって鰻にお聞きなさい」。（原健太郎）

親方（「ぞろぞろ」）
お岩稲荷（太郎稲荷とも）の近くの床屋の主。向かいの荒物屋が急に商売繁盛したのを見て、自分もあやかろうと考える。お参りの際に「荒物屋と同じように」と願ったために、ぞろぞろと客が押し寄せるようになったのはいいが、ひげを剃ると、あとから新しいひげが「ぞろぞろ」と出てくる。（布目英一）

親方（「花筏《はないかだ》」）
人気力士花筏の師匠。重病の花筏に替わり、うり二つの提灯屋を旅興行に連れて行く。花筏は病気なので相撲は取らない約束だったが、土地の素人相撲の王者千鳥ヶ浜との取り組みを懇願され、承諾してしまう。（布目英一）

親方（「無精床《ぶしょうどこ》」）
髪結床の亭主。ずぼらで愛想が悪く、客を客とも思わないので、店はがらがら。本来は客の頭を湿すためにある水がめに、無数の孑孑《ぼうふら》を飼い、芸まで仕込んでいる。たまに来る客は小僧の実験台にする。小僧に小言をいいながら剃刀を使い、うっかり客の頭を叩いたり、耳をそぎ落としたこともある。（長井好弘）

親方（「船徳《ふなとく》」）
柳橋の船宿大枡《だいます》の主。出入りの大店《おおだな》を勘当になった若旦那を預かっている。若旦那から「お前の家の船頭になりたい」と頼まれ頭を抱えるが、強く出られると断れず、「汗を流して働いているのが大旦那の耳に入れば勘当が許されるかも」と見習いとして採用する。船頭を集め「皆と同じに扱う」と宣言するが、遊び気分の若旦那が修業に身を入れるわけもなく、いずれ、あれこれと騒動の後始末をさせられることになるのは確実だ。（長井好弘）

親狐《おやぎつね》（「紀州飛脚《きしゅうびきゃく》」）
紀州一円の狐の親分。通りかかった飛脚が草むらで寝ていた仔狐の頭に小便をかけたことに腹を立て、お姫様に化けて飛脚を閨の内にひっぱりこんで、そのイチモツを食い切ってしまおうと画策する。（小佐田定雄）

おやじ（「親子酒《おやこざけ》」）
無類の酒好き。一年の禁酒を二年に延長して一日おきに飲む妙案を考えるなど、志ん生の酒噺のまくらに頻繁に登場、呑兵衛の本性を活写する。（太田博）

おやじ（「猫《ねこ》の皿《さら》」「猫《ねこ》の茶碗《ちゃわん》」）

田舎の茶店の主。高麗の梅鉢という高価な皿で、猫に餌をやっている。町からやってきた果師《はたし》に、「猫をゆずってくれ。ついでに、その皿も一緒に」と、何食わぬ顔で商売をもちかけられるが、「皿は高級品だから、売るのは猫だけだ」と言って、結構な金額で猫を売りつける。常に猫を絶やさず、こんなことを繰り返しおこなっている食えない老人。（原健太郎）

親父（「住吉駕籠《すみよしかご》」）
住吉街道にある茶店の亭主。掃除のあと、塵芥《ごみ》を捨てて店に戻ろうとすると新米の駕籠屋に声をかけられて駕籠をすすめられる。あきれながらも、しばらくは相手をしてやるが、営業妨害されたうえ、自分の顔すら覚えていないことに腹を立てる。（小佐田定雄）

親旦那《おやだんな》（「親子茶屋《おやこぢゃや》」）
船場の商家の店主。息子（若旦那）がお茶屋遊びにうつつを抜かしているのを苦々しく思っており、雷を落とすがさっぱり効果がない。実は若旦那より二三枚上の極道者。仲に入ってくれた番頭に若旦那の監視を頼み、島之内の万福寺へお説教を聴聞に出かけると外出するが、お寺の前を素通りして宗右衛門町の馴染のお茶屋へ。いつもの芸者連中を集めて扇子で目隠しをする「狐つり」という鬼ごっこ遊びを始める。機嫌よく遊んでいると、古風な遊びの好きなどこかの若旦那が「勘定を半分持つので一緒に遊ばせてほしい」と申し入れてくる。了解して「狐つり」で遊んだあと、目隠ししていた扇子を取って挨拶すると息子だったので、言葉に詰まり「必ず博打はならんぞ」。（小佐田定雄）

親旦那（「釜猫《かまねこ》」）
商家の主。極道が過ぎて二階に軟禁している若旦那が、大きな釜の中に入って脱走するという計画を知り、当人を釜の中から追い出した上で、代わりに腹をこわした猫を入れておく。（小佐田定雄）

おやっさん（「風《かぜ》の神送《かみおく》り」）
町内の物知り。年齢は五十代で所帯持ち。町内の若い者から一目置かれている存在。町内で風邪予防のための「風の神送り」の人形をこしらえる話が起こり、若い者

に奉加帳の作り方などを教示してやる。「おやっさん」とは「おやじさん」の大阪訛り。（小佐田定雄）

おやっさん（「喧嘩《けんか》の仲裁《ちゅうさい》」）
町内の若い衆が往来で喧嘩をしているところに行きあわせて仲裁をする。後日、二人が礼にやって来たので、しょうもない喧嘩の原因を聞き出す。（小佐田定雄）

おやっさん（「饅頭《まんじゅう》こわい」）
町内で一目置かれている老人。若い連中が「怖いもの」を言い合っている所に姿を現し、自分が若い時に体験したという怪談噺を披露して一同を恐怖のどん底に突き落とすが、実は夢の話だった。（小佐田定雄）

親《おや》ノ池《いけ》善《ぜん》右《え》衛門《もん》（「花《はな》の都《みやこ》」）
鴻池善右衛門よりも一段上の大金持ち。「子の池」より大きいから「親の池」というわけである。（小佐田定雄）

親《おや》ノ池《いけ》の嬢《とう》やん（「花《はな》の都《みやこ》」）
親ノ池善右衛門の一人娘。能勢の妙見さんに「いい婿をお世話願います」と願ったところ、急に鼻が伸びてしまう。「お鼻修繕所」の喜六先生の力でもとどおりに治してもらう。（小佐田定雄）

親分《おやぶん》（「釜《かま》どろ」「釜盗人《かまぬすっと》」）
泥棒。釜ゆでの刑で亡くなった石川五右衛門の供養のため、世の中の釜すべてを盗もうとたくらむ。釜の中で人が寝ているとは知らず、盗み出す。（布目英一）

親分（「看板《かんばん》のピン」）
侠客。六十代。博打は四十二歳でやめている。若い衆に乞われて、骰子《さいころ》一つを使うチョボイチの胴元になる。壺皿の外に骰子がこぼれて「一《ピン》」が出るが、「張りな」とすすめ、皆がピンにばかり張ったのを見届けてから「看板のピンはしまって……俺が見るところ、中はグ（五のこと）だな」と言って壺を上げると、その通りになっている。「だまされた」と悔しがる若い衆に「俺だからいいが、他の野郎なら銭は全部持ってかれちまう。銭は返してやるから、これに懲《こ》りたら博打はやめろ」と説教をして立ち去る。この後、懲りない奴の一人が騒動を起こ

すとは知らない。（布目英一）

親分（「品川心中《しながわしんじゅう》」）

賭場を開帳するやくざの元締め。女郎のお染から心中を持ちかけられ、あやうく一命をとりとめた貸本屋の金蔵の話を聞き、侠気《おとこぎ》に火がつく。一計を案じ、金蔵を幽霊に仕立ててお染を脅しにいく。（原健太郎）

親分（「鈴《すず》ヶ森《もり》」）

泥棒の親方。後継者育成に悩んでいる。三か月かかっても仕事を覚えない見習いを何とか一人前にしようと尽力し、深夜に鈴ヶ森まで連れ出して追い剝ぎの実習（？）をさせるが、教え込んだ口上も満足に言えず、大失敗。実は町内の防犯委員らしい。（長井好弘）

親分（「花色木綿《はないろもめん》」「出来心《できごころ》」）

泥棒の元締。大マジメに稼業に取り組む。一向に盗みの腕の上がらない子分にあきれながらも、「真心に立ちかえり、真っ当な泥棒になれ」と諭す。捕まったときの言い訳は「貧の盗みの出来心」が一番と確信し、子分にもたたき込む。（長井好弘）

お雪《ゆき》（「鏡《かがみ》ヶ池《いけ》操《みさおの》松影《まつかげ》」「江《え》島屋《じまや》騒動《そうどう》」）

三浦家家臣久津見半左衛門の女房。夫の死後、義理の妹おすがと鍼医《はりい》倉岡元仲を夫婦にし、深川に医家を開業させる。のち、倉岡の計略により体よく出羽に追い出される。出羽の主人川辺《かわべ》文之進《ぶんのしん》が江戸詰めになり、お供で江戸に出た際、倉岡の悪事を知り、当人に詰問したところ包丁で刺し殺される。（原健太郎）

およし（「小間《こま》物屋《ものや》政談《せいだん》」「万両婿《まんりょうむこ》」）

芝露月町の小間物商若狭屋甚兵衛の女房。二十代半ば。目を疑うほどの美人。亭主の甚兵衛が湯治先の箱根で追いはぎに遭い、下山した小田原で病死したため、後家になる。甚兵衛との間に子はなく、大岡越前守のすすめに従って同商売の相生屋小四郎を二代目甚兵衛として迎え入れて再婚する。（布目英一）

およし（「鼠穴《ねずみあな》」）

深川蛤町の大店《おおだな》の主、竹次郎の幼い娘。火事で店も財産もなくし、兄の援助も受けられなかった父親を助けるため、二十両で吉原に身を売る。しかしこれは竹次郎が見た夢の中のできごとだった。（布目英一）

お由《よし》（「名人長二《めいじんちょうじ》」「指物師《さしものし》名人長二《めいじんちょうじ》」）
屋敷稼業亀甲屋幸兵衛の後見人、美濃屋茂二作の女房。指物師長二の実父半右衛門の妻お柳に、幸兵衛を取り持ち、不義にいたらしめる。幸兵衛と共謀して半右衛門を殺害した罪で、夫婦ともに遠島に処される。（原健太郎）

お米《よね》（「怪談牡丹燈籠《かいだんぼたんどうろう》」）
旗本飯島家の娘お露付きの女中。お露が向島の寮で会った浪人萩原新三郎に恋焦がれて死んだ後を追うように死ぬ。お露の幽霊のお供で、カランコロンと牡丹燈籠を提げて新三郎のもとに通うが、この世のものではないと心変わりしたため、萩原家の下男の伴蔵に百両を渡して、魔除けのお札をはがしてもらう。（太田博）

おりえ（「おかふぃい」）
萬屋の主人卯兵衛の女房。美人にして貞女。余命いくばくもないと悟った卯兵衛に、「自分の死後、他の男に取られてはとても死にきれない」と、鼻を削がれる。ところが、卯兵衛の病気が治ってしまい……。（原健太郎）

お柳《りゅう》（「名人長二《めいじんちょうじ》」「指物師《さしものし》名人長二《めいじんちょうじ》」）
浅草鳥越片町、屋敷稼業亀甲屋幸兵衛の女房。四十過ぎだが、いまだ色香を失っていない美人。亀甲屋の先代半右衛門の女房だったが、手代の幸兵衛と不義密通をしたあげく、医師玄石の力を借りて半右衛門を殺した過去がある。指物師長二が、二十九年前に自分の胤《たね》とは認めぬ幸兵衛と、湯河原の竹藪に投げ捨てたわが子だと知る。ある晩、長二から、「お前《めえ》を産んだおふくろだ」と言ってくれと背中の疵《きず》を見せながら懇願される。あくまでも白《しら》を切る幸兵衛と長二がもみ合うなか、幸兵衛が抜いた短刀が乳の下を貫き、絶命する。（原健太郎）

お竜《りゅう》（「後家馬子《ごけまご》」）
後家。大阪の玉造稲荷近くの裏長屋に住んでいる。髪結い見習いの娘おくしと二人暮らし。自分は働こうとせず娘の乏しい収入で贅沢をしており、長屋の住人からは浮いた存在でもめごとが絶えない。深い仲の馬方の八蔵といずれは一緒になるつもりだが、娘が認めてくれないのでいらついている。（小佐田定雄）

お累（「真景累ヶ淵《しんけいかさねがふち》」）
下総羽生村の質屋、三蔵の妹。江戸の小間物屋羽生屋の娘お久は、実の姪。お久の墓前で会った新吉に思いを寄せる。囲炉裏端で誤って熱湯をかぶり、顔に大やけどを負うが、それを隠して新吉と祝言を挙げる。やけどの跡が、かつての愛人豊志賀の顔を思い出させ、生まれた男児与之助が獄門になった兄の新五郎にそっくりなので、夫の新吉に気味悪がられ、さんざん暴力をふるわれたあげく、自らも病を得る。あげくに夫に殴られたはずみで与之助が熱湯をかぶって死んだことから、鎌で喉をかき切って自害する。その鎌は、かつて新吉がお久を殺した時のものだった。（長井好弘）

お若《わか》（「お若伊之助《わかいのすけ》」「根岸《ねぎし》お行《ぎょう》の松因果塚《まついんがづか》の由来《ゆらい》」）
日本橋横山町の生薬屋、栄屋の娘。十八歳（十六歳とも）の器量よし。一中節の師匠菅野伊之助と恋仲になるが、母親の反対にあい、根岸で町道場を開くおじ長尾一角の家に蟄居《ちっきょ》を命じられる。伊之助恋しさに鬱々としているところに乗じられ、伊之助に化けて密会してきた古狸と交わり、狸の子を産むことに。（原健太郎）

女《おんな》（「宇治《うじ》の柴船《しばふね》」）
井上素山の絵の中の女。手ぬぐいを姉さんかぶりして、眉を落としてお歯黒をつけ、赤いたすきを斜めにかけ、片方の褄をからげて小さい風呂敷包を手に持っている。その絵の女に恋患いした若旦那が宇治に出養生に行った先に姿を現すが……。（小佐田定雄）

女（「佃祭《つくだまつり》」）
船頭の女房。三年前、奉公先の金をなくして、本所一ツ目の橋で身投げをしようとしたとき、五両の金をめぐんでくれた小間物屋の次郎兵衛と、佃島の渡し場で再会。お礼がしたいと家に連れていき、酒を供するが、そのために次郎兵衛は仕舞船《しまいぶね》に乗りそこなう。だが、その船が人を詰め込みすぎて転覆、大惨事となり――、結果的に恩返しができた。（原健太郎）

女（「唐茄子屋《とうなすや》政談《せいだん》」「唐茄子屋《とうなすや》」）

浪人の妻。誓願寺店の裏長屋に住む。金の工面に出た亭主がひと月あまり戻ってこず、子供に三日ばかり何も食べさせていない。なけなしの金でにわか八百屋の徳三郎から唐茄子を買う。同情した徳三郎から一日分の売り上げすべてを与えられ、返そうとしているところを家主と出くわし、たまった店賃《たなちん》の足しにと取り上げられてしまう。思い余って首をつるが……。（布目英一）

女（「ふたなり」）

自殺志願。森の中で出会った土地の親分亀右衛門に、首のくくり方を実技指導してもらう。熱が入りすぎた亀右衛門が死んでしまうと、急に死ぬのが怖くなり、その場を逃げ出す。（原健太郎）

女（「遊山船《ゆさんぶね》」）

夕涼みの客。稽古屋の連中とそろいの碇《いかり》模様の浴衣で大川へ船で乗り出すと、難波橋の上から「さってもきれいな碇の浴衣」と声をかけられたので、「風が吹いても流れんように」と当意即妙に答える。（小佐田定雄）

女の患者《かんじゃ》（「ドクトル」）

山田ドクトルの診療所に通院する。三か月間、涙が止まらず、泣きっぱなしという不思議な症状。寄席で「こみなみ（小南）」という間抜けな噺家を見て、母親に「あんな者でも嫁さんのなり手があるの？」と尋ねると、「割れ鍋にも綴じ蓋、ああいうのにはああいうのがくっつく」と教えられ、それを聞いた途端に、「その人が可哀想で可哀想で、それから涙が止まらなくなった」とドクトルに訴える。「神経を高揚する薬」をもらうところが、間違って他の患者に与えるはずの「神経を抑える薬」を調合され、滂沱の涙を流し始める。（長井好弘）

隠坊《おんぼう》（「黄金餅《こがねもち》」）

桐ヶ谷の焼き場で働く。願人坊主西念《さいねん》の遺体を運び込んできた金兵衛に、仏の遺言だからと、腹の部分を生焼きにしてくれと頼まれる。翌朝、「焼けたか？」と戻ってきた金兵衛から「俺が拾っている間、こっちに近寄るんじゃねえぞ」と脅される。（原健太郎）

《か行》

〈か〉

加賀屋長兵衛《かがやちょうべえ》（「髪結新三《かみゆいしんざ》」「白子屋政談《しろこやせいだん》」）
江戸で有名な資産家。材木商白子屋庄三郎の頼みを聞いて、庄三郎の娘お熊に五百両の持参金付きの養子又四郎を世話する。（布目英一）

角《かく》（「百人坊主《ひゃくにんぼうず》」）
三十石の船頭。伏見に着いた船の中で坊主の客が眠っているのを見つける。酒の上のしくじりで寝ている間に坊主にされてしまったらしい。（小佐田定雄）

学者《がくしゃ》（「隣《となり》の桜《さくら》」「鼻《はな》ねじ」）
漢学者。隣の庭から自宅の庭に伸びてきた桜の枝を切ってしまう。隣の家から抗議されるが「塀越しに隣の庭へ出た花は　ねじょと手折ろと心任せじゃ」と歌を返したため、後々ひどい目にあわされる。（小佐田定雄）

角蔵《かくぞう》（「文違《ふみちが》い」）
田舎の百姓。お人好し。内藤新宿の女郎、お杉のなじみ客。「病弱の母親に唐人参を飲ませたい」というお杉に同情し、二十両の金をめぐんでやる。同様に十両を工面した半七が、お杉の無心が偽りと知り、「色男！」「金！」と叫びながら喧嘩を始めたのを、自分のことを噂しているものと勘違いし、顔を赤らめる。角右衛門の名で登場することもある。（原健太郎）

駕籠屋（「軽石屁《かるいしべ》」）
東海道は鈴鹿峠を職場にする。お客のお供にすすめられた酒を飲んだところ、屁が止まらなくなる。（小佐田定雄）

駕籠屋（「蔵前駕籠《くらまえかご》」）
宿駕籠の担ぎ手。主に吉原通いの客を相手にする。世情不安の幕末、蔵前通り周辺に追い剝ぎが横行するため、暮れ六つの鐘を合図に「以後は一切営業停止」としていたが、命がけで女の元へ行こうとする江戸っ子客の心意気に感じ、「追い剝ぎの出るところまで」という約束で駕籠を出す。（長井好弘）

駕籠屋（「小倉船《こくらぶね》」）
竜宮の裏門に近い珊瑚樹畑に住む猩々《しょうじょう》が営業している。大坂の天保山まで二分《ぶ》と運賃は安いが、猩々は大酒飲みなので酒手が高くつく。（小佐田定雄）

駕籠屋（「住吉駕籠《すみよしかご》」）
住吉街道に出ている。新しい相棒が頼りない男で、茶店の親父に駕籠をすすめたり、やりすごそうとしたたちの悪い酔っ払いに声をかけてしまい、さんざんにからまれる。ついには、堂島の相場師に二人乗りをされ、駕籠の底を抜かれてしまう。（小佐田定雄）

駕籠屋（「そってん芝居《しばい》」）
夜中に堺までの客を乗せるが、追い剝ぎの用心のため裸で駕籠に乗り、寒さしのぎに口いっぱいに唐辛子をほおばっている。案の定、途中で追い剝ぎに遭遇し、客を放り出して逃げる。（小佐田定雄）

駕籠屋（「紋三郎稲荷《もんざぶろういなり》」）
利根川の取手の渡し周辺で営業。普段、上客を乗せたことがないので、言い値で乗った侍の客を「値切らないのがかえって怪しい」と疑う。侍が割羽織の下に狐の毛皮を着込んでおり、そのしっぽの部分が駕籠の外にはみ出しているのを本物と早合点し、「お狐様の化身だ！」と信じ込む。紋三郎稲荷を信仰する松戸の本陣、高橋清左衛門方まで案内した後、駕籠代、酒手をたっぷりもらう。「後で木の葉に化けるのでは」とびくびくしていたが、もちろん、何の実害もなかった。暢気な田舎の宿場だけに、「お稲荷様の眷属《けんぞく》を乗せた」と、しばらくは自慢話ができそうだ。（長井好弘）

崋山《かざん》（「雪《ゆき》の瀬川《せがわ》」）
両国の幇間《ほうかん》。もとは虎屋という大店《おおだな》の生薬屋の倅。医者になろうと勉強していたが、柳橋の芸者に夢中になって身を持ち崩し、「幇間《たいこもち》あげてのすえの幇間」を地でいく境遇になった。堅物の若旦那善次郎を「身代をぶっつぶすほどの道楽者にする」と請け合い、実際、その通りにしてしまう。育ちが良くて学問もあり、立ち居振る舞いに品がある。これだけそろえば、かえって客のほうが恐縮しないかと心配になる。（長井好弘）

かしく（「木乃伊《みいら》取《と》り」）
吉原の大見世《おおみせ》、角海老の花魁《おいらん》。若旦那の居続けの席にはべっていたところ、大旦那に指名され、若旦那を連れ戻しにやってきた堅物、飯炊きの清蔵をも、もののみごとに手玉にとる。（原健太郎）

菓子屋《かしや》（「日和違《ひよりちが》い」）
有平糖を作っていると、通りすがりの男から「今日は雨かな？」と声をかけられたので「いやいや、飴やない。有平糖というて砂糖でこしらえるのじゃ」。（小佐田定雄）

鍛冶屋《かじや》（「紀州《きしゅう》」）
江戸城近くで営業。八代将軍を決める朝、トンテンカンと槌《つち》を打つ音が、通りかかった尾州公に「天下取る」と聞こえた。将軍が紀州公と決まっての帰り道、落胆した尾州公の耳に槌音はやはり「天下取る」と聞こえる。「それではもう一度余に将軍職がまわってくるのか」と喜んだ時、焼けた鉄を水に入れる音が「キシュー」。（太田博）

頭《かしら》（「眼鏡屋盗人《めがねやぬすっと》」）
大阪の盗人。頼りない子分二人を連れて眼鏡屋に押し入ろうとするが、戸の節穴から中の様子を覗いた子分が「ここは化け物屋敷でっせ」とか「丁稚《でっち》が七人、手習いしている」と答えるので、業を煮やして自ら覗いて見る。すると、やたらと店の奥が遠くに見えたので、子分に時刻を尋ねる。「午前三時」との答えが返ってきたので「ここへは入れんわい。奥へ行くまでに夜が明けるやろ」と判断した。（小佐田定雄）

鳶頭《かしら》（「おせつ徳三郎《とくさぶろう》」「花見小僧《はなみこぞう》」「刀屋《かたなや》」）
日本橋横山町の大店《おおだな》に出入り。お店《たな》の娘おせつが、婚礼の席から逃げ出したので、店子《たなこ》連中と「迷子やぁい！」と声を上げながら捜索する。日本橋村松町の知り合いの刀屋に寄り、小銭を借りがてら、花嫁脱走のいきさつを話すと、顔なじみの徳三郎が、血相を変えて店から飛び出していった。刀屋の主に「私も連れてってくださいまし」と言われ、二人で両国橋へ向かう。（原健太郎）

鳶頭（「高野違《こうやちが》い」）

職人。年始に行ったお店《たな》で、旦那から弘法大師の歌「忘れても汲みやしつらん旅人の　高野の奥の玉川の水」の解釈を聞き、「高野の玉川には毒がある」と早合点し、大和巡りする親方のところへ行って、「玉川の水は毒を含んでいる」とご注進するが……。（太田博）

鳶頭（「後生鰻《ごしょううなぎ》」）

鰻屋の常連客。お調子者。毎日通りかかるたびに、うなぎを言い値で買い取ってくれる隠居が現れたため、左団扇になった鰻屋に、「隠居付きで店を買おうじゃないか」と持ちかける。（原健太郎）

鳶頭（「茶《ちゃ》の湯《ゆ》」）

根岸の里の仕事師。大家である蔵前の隠居から、茶の湯の席に招かれるが、作法がまったくわからない。「いっそ大恥をかいてくる」と啖呵を切るが、女房と母親に止められ、若い衆からは、「親分子分の縁を切ってくれ」と懇願される。同じく隠居から招待された豆腐屋の六兵衛らと、対策を講じる。（原健太郎）

鳶頭（「富久《とみきゅう》」）

浅草阿部川町に住む。幇間《たいこ》久蔵の長屋が火事の時、布団や釜と一緒に大神宮のお宮を取り出して預かる。深川八幡の富くじの抽選日に久蔵に会い、お宮を預かっていることを告げると、いきなり「泥棒」と怒鳴られ、喉首を締め上げられる。お宮の中に千両富の当たり札を隠していたという真相を聞き、久蔵が半狂乱になったのも無理はないと納得する。（布目英一）

鳶頭（「寝床《ねどこ》」）

仕事師。大家でもあるお店《たな》の主人から、毎度へたくそな素人義太夫の会に招かれ、弱っている。「成田の講中にごたごたが起き、深川の出張所では話がまとまらないため、明朝一番で立たなければならない」と、いったんは断るが、「義太夫を聞かない者はお店立《たなだ》て」の一言に、

あわてて駆けつける。（原健太郎）

鳶頭（「派手彦《はでひこ》」）
長谷川町《はせがわちょう》三光新道《さんこうじんみち》に住む踊りの師匠板東お彦の義理の兄。人情味があり、世話好き。出入り先の酒商松浦屋の旦那に頼まれ、お房に恋わずらいをして寝込んだ番頭とお彦が夫婦になる仲立ちをする。（布目英一）

鳶頭（「木乃伊取《みいらと》り」）
大店《おおだな》に出入りの仕事師。大旦那に頼まれ、吉原で居続けをする若旦那を連れ帰ろうと、火事装束のこしらえで出かけていく。ところが、最初の威勢はどこへやら、一杯の酒であっさり籠絡される。（原健太郎）

上総屋《かずさや》（「心眼《しんがん》」）
浅草馬道の商店主。按摩の梅喜を贔屓にしている。梅喜の夢の中に登場して、梅喜の女房お竹は「人三化七《にんさんばけしち》」ならぬ「人無化十《にんなしばけじゅう》」といえるほど器量は悪いが、たいへん気立てのよい女である、と熱く語る。（原健太郎）

上総屋吉兵衛《かずさやきちべえ》（「元犬《もといぬ》」）
口入屋《くちいれや》の主人。信仰心厚く、浅草蔵前の八幡様に毎朝お参りにいく。境内にいた丸裸の若者（実は野良犬のシロ）に着物と食事を与え、奉公先を世話する。若者の度重なる奇行も、なぜか不思議に思わない。（原健太郎）

数《かず》の子《こ》を調達《ちょうたつ》した男《おとこ》（「寄合酒《よりあいざけ》」）
町内の若い衆。皆で酒を飲むことになり、肴を求めて乾物屋に行く。桶に入った数の子の上に風呂敷を広げ、「くわいをくれ」と言うと、「うちは乾物屋です。くわいは向かいの八百屋にあります」と言われたので、「ああそうかい」と言いながら風呂敷をひっこめたら、「数の子がいっぱいついてきた」。塩でもんで食べることを知らず、煮てしまい、代わりにネギを塩でもむ。（布目英一）

刀屋《かたなや》（「おせつ徳三郎《とくさぶろう》」「花見小僧《はなみこぞう》」「刀屋《かたなや》」）
日本橋村松町で営業。人のよい老人。若い男が、唇の色を変え、体をぶるぶるふるわせながら、「よく切れる刀を見せてほしい」と言ってやってきたので心配になる。「何を切るのか」と尋ねると、「これは友達の話だが」と断り、「お店《たな》の娘と深い仲になった奉公人が、暇を出されている間に、断りもないまま娘が婿をもらうことになったので、婚礼の席に暴れ込んで女と婿を斬り殺し、自分も死のうとしている……」と言う。友達の奉公人というのが当人だと察し、「あなた……、いや、あなたのお友達は、とんだ心得ちがいをしている。世の中、その女ばかりが女じゃない。一生懸命働いて、そのお嬢さんよりもっといい女を女房にして、『どうだ、おれのような働き者をなぜ婿にしなかった』と、お店の前を威張って通るのが、男らしい仕返しだ。だが、それができないんなら、娘に手を下さないで殺す工夫がある。両国橋から飛び込むと、お友達の名前は土左衛門に変わる。河岸に流れついたそれを、娘が見つけ、『ああ、申し訳ない。面目ない』と、乳母《ばあや》の手を振り払って大川へドボーン。そうなりゃ死骸が二つになって、主殺しと言われず、心中と浮名が残るんだ。ただし、向こうが死ぬほど惚れているか惚れていないかの見定めのつかぬうちは、一徹に思い込まず、粋に暮らすが上分別」と、つまらぬ決心を思いとどまるように諭す。そこへやってきた鳶頭《かしら》から、「婚礼の席を蹴って、お店のお嬢さんが逃げ出した」と聞く。すると、男が血相を変えて店を飛び出していったので、「若い者ひとり、殺すなぁ可哀相だ」と、鳶頭と一緒に走って後を追う。（原健太郎）

片山清左衛門《かたやませいざえもん》（「備前徳利《びぜんどつくり》」）

備前池田藩の御台所役人。大酒豪。池田家に招かれた酒豪の大名と飲み比べして勝ち、三百石に取り立てられる。風邪をこじらせ、いまわの際に、「国産の備前徳利にわが姿を書いて後の世まで残したいので殿様に願い出てくれ」と言い残す。（太田博）

がちゃ松《まつ》（「洒落小町《しゃれこまち》」）

熊五郎の女房。本名はお松。いつもがちゃがちゃと騒がしいので、このあだ名がついた。熊五郎の穴っぱいり（浮気）が気に入らず、仲人の隠居に相談にいく。隠居から、在原業平とその奥方井筒姫の故事になぞらえ、少しは亭主にやさしく接し、歌の代わりに得意な駄洒落でも言ってなごませてみてはどうか、と知恵をつけられる。教えられたとおり熊五郎をつかまえて、「うるせえ？うるさぎ、うさぎ、何見てはねるぅ……ぴょんぴょん」

と歌いながら踊ったり、「言うな？　いうなお（夕顔）棚《だな》のこなたより……」と義太夫節でうなったりと、たいそうくだらない駄洒落を連発し、頭がおかしくなったのではないかと心配される。亭主がなぜ浮気をやめないのか、おそらく生涯気がつくまい。（原健太郎）

花鳥《かちょう》（「大坂屋花鳥《おおさかやかちょう》」）

吉原江戸町二丁目、大坂屋宇兵衛の抱え遊女。本名、虎。吉原へ通う金ほしさに大音寺前で強盗殺人を犯した相思相愛の旗本、梅津長門を逃がすため妓楼に放火。自身は八丈島へ流罪となった。（長井好弘）

勝《かつ》（「穴《あな》どろ」）

浅草の商家に出入りの鳶頭《かしら》。「向う見ずの勝つぁん」と呼ばれている割に、からきし度胸がない。お店《たな》の土間の穴蔵に落ちた泥棒を捕らえるよう頼まれるが、「てめえの踵《かかと》に食らいつく」と泥棒に脅かされると尻込みし、期待を裏切る。（原健太郎）

鰹節を手に入れた男《かつおぶしてい　おとこ》（「寄合酒《よりあいざけ》」）

無一文の男。仲間と酒宴を開くために肴を調達に出かけ。空き地で鬼ごっこをしている子供たちの中に乾物屋の息子がいるのを確認し、「鬼になるから、角の代わりになるよう鰹節を二本持ってきな」と持ちかける。その鰹節を角にして「鬼だぞう」と叫ぶと、子供たちが怖がって逃げてしまったため、そのまま持ってきた。鰹節を削って出汁《だし》を取るように頼まれるが、ザルに一杯になった出殻《だしがら》の方を料理に使うのかと思い、出汁には褌《ふんどし》をつけてしまう。（布目英一）

勝五郎《かつごろう》（「小烏丸《こがらすまる》」）

仲町の質店、伊勢屋に出入りする鳶頭《かしら》。主《あるじ》、幸右衛門の後添いお梶が、鍼医《はりい》と浮気をしているのを知って注意するが、聞き入れられない。後、お梶と鍼医らに殺された幸右衛門の一人娘を救う。（太田博）

勝太郎《かったろう》（「居残り佐平次《いのこさへいじ》」「居残り」）

品川の妓楼の客。「紅梅さんとこの勝っつぁん」で通っている。おだてに乗りやすい男。敵娼《あいかた》の紅梅は来ないし、刺身のしたじ（醤油）もないので、「したじがなくって生魚が食えるかい、猫じゃねえやー」と憤慨していると、聞いていた佐平次が廊下にあったそばつゆをしたじと称して持って来たので若い衆と勘違いする。居残りの佐平次からさんざんお世辞を言われてその気になり、酒肴、祝儀までせしめられる。（太田博）

勝《かつ》ちゃん（「馬《うま》のす」）
酒好きの男。釣り好きの友達が馬のしっぽを抜いたのを知り、さもいわくありげに驚き、酒を飲ませればその理由を話すと言って、御馳走になる。枝豆と酒をじゅうぶんに味わい、もったいをつけたあげく、語った理由は「馬が痛がるから」。（布目英一）

勝ちゃん（「佐々木《ささき》政談《せいだん》」「佐々木《ささき》裁《さば》き」）
十二、三歳児。新橋竹川町に住む。桶屋のせがれ四郎吉たちとお奉行ごっこをする。「一つから十《とお》まで『つ』がそろっているか」と尋ねたところ、相手が答えられなかったためになぐった科《とが》により、奉行役の四郎吉に裁きを受けることになる。（布目英一）

葛城屋《かつらぎや》（「外法頭《げほうあたま》」）
大坂の道修町の薬問屋。生まれつき頭が長いので「げほう」（福禄寿のこと）と呼ばれた淡路屋岩松を引き取り、丁稚《でっち》として使う。（小佐田定雄）

金物屋《かなものや》（「寝床《ねどこ》」）
長屋の住人。大家でもあるお店《たな》の主人から、毎度、人命にかかわるほどへたくそな素人義太夫の会に招かれ、辟易している。「今晩、親もらいの無尽がある」と、いったんは断るが、「義太夫を聞かない者は店立《たなだ》て」の一言に、あわてて駆けつける。（原健太郎）

金谷《かなや》東太《とうた》郎《ろう》（「名人競《めいじんくらべ》」「錦《にしき》の舞衣《まいぎぬ》」）
八丁堀吟味与力。四十五歳。絵師狩《か》野《のう》毬信《まりのぶ》の妻で踊りの師匠坂東《ばんどう》須賀《すが》に、十年余り岡惚れしている。「大塩の乱」の残党宮脇数馬を、毬信が根津清水の家にかくまっていると見破る。宮脇が芸者姿に身を変えているのを利用し、須賀に「おまえの亭主は、芸者小菊と深い仲になっている」とたきつけ、嫉妬した須賀を乗り込ませる。毬信と須賀が言い争い、たまりかねた宮脇が姿を現したところに、石子伴作ら配下の捕り方を踏み込ませ、宮脇を切腹に追い込み、毬信を捕縛する。「金谷に身をまかせれば、毬信を放免する」と、石子に言わせ、須賀を我が物にする。約束をたがえ、毬信が牢死させられたことを知った須賀から、「毬信が死んだあとは、旦那ばかりが頼りです」としたためた手紙をもらい、根津の料理屋安達屋に呼び出され、刺し殺される。（原健太郎）

蟹田《かにた》源吾《げんご》（「深山隠《みやまがく》れ」）

肥後天草の庄屋、蟹田源左衛門《かにたげんざえもん》の次男。女盗賊を退治しに出かけたまま戻って来ない兄蟹田新吾を訪ねて噺家山《はなしかざん》御霊ヶ嶽《おんりょうがたけ》という深山に入って行く。山中には姉妹が率いる山賊が棲んでいて、旅人を捕らえては金品と命まで取っていた。まずは、待ち伏せしていた妹を倒して、山賊の巣窟に乗り込む。山賊たちを皆殺しにした上、姉も斬り殺す。さらに姉妹の母親の森宗意軒《もりそういけん》の妻も登場するが、これも捕らえて川で水攻めにする。落語国で一、二という侍であろう。（小佐田定雄）

蟹田《かにた》新吾《しんご》（「深山隠《みやまがく》れ」）

肥後天草の庄屋、蟹田源左衛門の長男。蟹田源吾の兄。女盗賊を退治しに噺家山御霊ヶ嶽《はなしかざんおんりょうがたけ》という深山に入って行くが、そのまま消息を絶った。（小佐田定雄）

金田屋《かねだや》金左衛門《きんざえもん》（「長崎《ながさき》の赤飯《こわめし》」）

質両替商。日本橋金吹町《かねふきちょう》で営業。三年前に勘当した一人息子金次郎の消息がわからず、気をもんでいたところ、女房には季節の変わり目ごとに手紙があり、長崎で所帯をもち、元気に暮らしていると知る。番頭の久兵衛に「おとっつぁん、時々《じじ》一生の大病」と手紙を書かせ、金次郎を呼び寄せて再会を果たす。金次郎が長崎に帰らぬよう、八丁堀岡崎町の町方取締役渡辺喜平次の娘おいちと所帯をもたせようと画策。婚礼を間近にひかえた日、金次郎が長崎で女房にした回船問屋長者屋の娘お園が、身重の物乞い姿で現れる。「金次郎は死んだ」と久兵衛に言わせ、追い返そうとしたところに金次郎が戻る。身づくろいをして、元の美しい姿に戻ったお園を見て、たちまち気に入り、嫁に迎えることにする。縁談を御破算にされた喜平次がやってきて、「取り調べることがある」と、お園を連れていったため、番頭に金を持たせて談判に行かせるが聞き入れられず、「こうなったら、おいちさんを嫁にもらい、その間にお園さんをとり戻し、あとで理由をつけておいちさんを出せばよい」と、金次郎をなだめる。だが、輿入れの晩、現れた花嫁はおいちではなく、お園だったので驚く。お園の金次郎への思いを知った喜平次の、慈悲深い算段によるものと知り、涙にくれる。隠居して家督を金次郎夫婦にゆずり、お園が産んだ男の子金太郎に、回船問屋長者屋を継がせる。初節句に日本橋十軒店《じっけんだな》で買った人形を長崎に送ると、返礼に赤飯《こわめし》が届く。（原健太郎）

兼松《かねまつ》（「名人長二《めいじんちょうじ》」「指物師《さしものし》名人長二《めいじんちょうじ》」）
指物名人、清兵衛の弟子。兄弟子長二の手伝いをした際、のみで足の指を突いて大怪我をしたため、長二に連れられ湯河原に湯治にでかける。そこで、長二の身の上に関する思いがけない話を聞く。長二を心から慕い、崇拝している。（原健太郎）

狩野毬信《かのうまりのぶ》（「名人競《めいじんくらべ》」「錦《にしき》の舞衣《まいぎぬ》」）
絵師。謙虚で高い志をもつ。深川の豪商近江屋喜左衛門に才能を見込まれ、後援される。踊りの師匠坂東須賀《ばんどうすが》を尊敬し、恋心をいだくが、一人娘ゆえに母親が手放してくれない。須賀に静御前の絵を贈るが、左手の描き方が拙劣《まず》いと難をつけられ、「それが本当に描けるようになったら夫婦になりましょう」と言われる。この言葉に奮起し、京都で再修業。静御前の絵を六年間に百四十六枚描き、最後に描いた一枚を表装して江戸に持ち帰る。この絵に須賀も納得し、晴れて夫婦となる。根津清水に住まいをかまえるが、須賀は実家の霊岸島にとどまり、おたがいこれまでどおり修業を第一とする。

天保八（一八三七）年、越前の殿様から、谷中日暮《やなかひぐらし》の南泉寺の欄間に天人の絵を描くよう依頼される。寺にこもって最後の仕上げをしているさなか、宮脇数馬という若い侍が忍んでくる。聞けば、「大塩の乱」の残党で、大坂から逃げてきたと言う。京都時代に大塩平八郎と親交があったので、芸者姿に身を変えた宮脇を家にかくまうことにする。須賀に横恋慕している与力金谷東太郎の機略で、宮脇を浮気相手と思い込んだ須賀に乗り込まれたため、宮脇は自害に追い込まれ、自らは捕縛される。牢に入れられ、拷問により死ぬ。

三遊亭圓朝作の長編だが、後半の「お須賀毬信」の物語には原作がある。フランスの劇作家ヴィクトリアン・サルドゥ作の戯曲「ラ・トスカ」（一八八七年初演）で、この筋書きを、劇作家でジャーナリストの福地桜痴が圓朝に伝えたとされる。圓朝が初めて高座にかけた年月は特定されていないが、永井啓夫の研究によれば、明治二十四（一八九一）年にはすでに口演されているようだ。プッチーニ作曲のオペラ「トスカ」も「ラ・トスカ」を原作とするが、初演は一九〇〇年で、圓朝の初演より十年ほど後のことである。（原健太郎）

加《か》納《のう》屋《や》源《げん》兵衛《べえ》（「さじ加減《かげん》」）
品川の料理茶屋の主。やくざ上がり。気鬱《きうつ》の病で座敷に出られなくなった芸者おなみの身請けを希望する医師阿部玄益に三両払わせる。おなみを抱える置屋松本屋には「三両出せば、玄益におなみを引き取らせる」と述べて、計六両をせしめる。おなみが全快したと聞くと、おなみを取り戻して座敷づとめをさせようと画策する。しかし玄益の長屋の家主の抵抗により断念することになるばかりか、家主に十両取られる。（布目英一）

蟇《がま》の油《あぶら》売《う》り（「がまの油《あぶら》」）
浅草奥山に出没する香具師《やし》。黒紋付袴《はかま》、白鉢巻、白襷《だすき》、腰に大刀という物々しいいでたちで、がまの脂汗を原料とする膏薬《こうやく》を、長い長い口上（→付録「口上・言い立て」）を述べながら販売する。売上げがよいので一杯ひっかけ、まだ人出もあるからと再度商売を始めるが、飲み過ぎたためにろれつが回らず、口上は支離滅裂。クライマックスでわが腕を試しに斬ったところ、力が入り過ぎ、血がどくどくと流れ出すが、もちろん、売っている膏薬など効くはずがない。しかたなく、「お立ち会いの中に、血止めはないか？」。（原健太郎）

蒲鉾屋《かまぼこや》（「兵庫船《ひょうごぶね》」）
大坂雑喉場《ざこば》で営業。兵庫の鍛冶屋町の浜から大坂まで通う船に乗り合わせていたところ、鱶《ふか》が乗り合いの巡礼の娘二人に魅入られて船が動かなくなってしまう。そこで、機転を利かし鱶の口に煙草の火を落として追い払う。周りの乗船客が「あんた、えらいお人でんなあ」とほめるので「鱶でも鮫でも、すりつぶしてしもたるのやさかい」

と自慢する。（小佐田定雄）

上方者《かみがたもの》（「茶代《ちゃだい》」）
江戸見物の旅の者。供の者に「茶屋で『おい六助』と言ったら茶代を六文、『八助』と言ったら八文置け」と命じる。浅草の観音様に行く途中で夕立にあい、お供に傘を宿まで取りに行かせ、茶店に入る。雨が上がったため「八助が戻ったら茶代を払って観音様に来いと伝えてくれ」と亭主に告げる。（布目英一）

紙屑屋《かみくずや》（「紙屑屋《かみくずや》」「浮《う》かれの屑撰《くずよ》り」）
紙屑の撰別業者。知り合いの職人から、道楽者で居候の若旦那を受け入れ、「白紙は白紙、烏は烏、線香紙は線香紙、陳皮《ちんぴ》は陳皮、毛は毛……」と、独特な調子の撰り分け作業を教えるが、当人はまったく仕事に身が入らず、何の効果もない。（原健太郎）

紙屑屋（「子別《こわか》れ・上《じょう》」「強飯《こわめし》の女郎買《じょろうか》い」）
長屋の住人。山谷で行われた町内の隠居の弔いの帰り道、大工の熊五郎に誘われて吉原へ。紙屑屋という職業を知られるのを嫌うが、「じゃあ、紙屋の大将だ」と熊五郎に呼ばれ、満更でもない顔。（長井好弘）

雷《かみなり》**のお松**《まつ》（「船弁慶《ふなべんけい》」）
喜六の女房。長屋の女房のリーダー格。口のそばにホクロがあることからもわかるように大変なおしゃべり。亭主を尻に敷いているように見えるが、実は溺愛しており、呑気《のんき》者の亭主の行動が歯がゆくて常にイライラしている。近所のおかみさんと橋の上で夕涼みしていると、喧嘩の仲裁に行ったはずの亭主が、仲間の清八らと船遊びをしているのを見つけ、怒りが爆発。能の「船弁慶」もどきの夫婦喧嘩を演じる。（小佐田定雄）

雷の五郎蔵《ごろぞう》（「月宮殿星《げっきゅうでんほし》の都《みやこ》」）
大嵐の日、雲の破れ目から下界に墜落。大阪順慶町、丼《どぶ》池《いけ》の箱屋の徳兵衛の家の縁先で腰の骨を強打するが、徳兵衛夫妻の看護で、再び天に戻ることができた。のちに天にやってきた徳兵衛と再会。看護のお礼に天の月宮殿の祭を案内する。（小佐田定雄）

雷の重五郎《じゅうごろう》（「芝居《しばい》の喧嘩《けんか》」）

町奴幡随院長兵衛の子分。二十歳前半。山村座の花道の七三のつけぎわで芝居を見ていたところ、半畳改めに「半畳（有料入場者に渡す敷物）を持っているか」と聞かれ、「持っていない」と答えたので退場を促されたが従わず、袋だたきにあう。「俺は幡随院長兵衛の子分の雷の重五郎だ。金を払ったが、半畳がなかったので、ここで待っていたのだ。さあ殺せ」と大の字なりにひっくり返ったため、旗本白柄組の金時金兵衛に張り倒され、裏木戸から放り出される。それを見ていた長兵衛の子分の唐犬権兵衛が金兵衛を張り倒し、騒ぎは収まるどころか、白柄組と町奴の騒動へと広がっていく。（布目英一）

紙屋《かみや》（「万病円《まんびょうえん》」）

腰は低いが、したたかな商人。持ち前の商品知識に加え、屁理屈も達者なので、手ごわい客との論戦もいとわない。「解毒剤の『万病円』は本当に万病に効くのか」と侍に問われ、「病の数は四百四病。これに百日咳を加え、疝気を入れると千五百四病……」と積み上げていく頓知頓才は見事なものだ。（長井好弘）

神谷《かみや》幸右衛門《こうえもん》（「大仏餅《だいぶつもち》」）

盲目の乞食。元は、お上の御用達をつとめていた大店《おおだな》の主だったが、火事で焼け出された際、盲人となり、乞食に身を落とす。仲間の縄張りを荒らしたため袋叩きにあい、怪我を負わされるが、旧知の河内屋金兵衛に助けられ、目も見えるようになる。六歳の利発な男の子がいる。

　昭和四十六（一九七一）年八月三十一日、国立劇場小劇場でおこなわれた「落語研究会」で、八代目桂文楽は、この落語を口演中、神谷幸右衛門の名が出ず、絶句。「勉強し直してまいります」という言葉を残して高座を降り、再び高座に戻ることはなかった（同年十二月十二日死去。享年七十九）。（原健太郎）

紙屋《かみや》の子《こ》（「いかけ屋」）

町内の道端で営業中のいかけ屋の周りに集まる子供のうちの一人。一見おとなしそうだが、他の子供と同様口の達者な悪童である。（小佐田定雄）

神代太夫《かみよだゆう》（「千早振《ちはやふ》る」）
吉原の遊女。隠居がとっさにこしらえた在原業平の歌の珍解釈に登場する千早太夫の妹分。大関竜田川に名指しされるが、千早が振った後だったので、「姉さんがいやなものはわちきもいやでありんす」。（布目英一）

亀《かめ》（「子別《こわか》れ」「子は鎹《こかすがい》」）
九歳児。三年前に父親熊五郎と別れ、母一人子一人で苦労したせいか、機転が利き、時に大人と対等の口をきく。母の仕立て仕事の得意先の坊ちゃんに怪我をさせられても、「母子二人が食べていくため、我慢したよ」といえる強さ、けなげさを持つ。だが、久しぶりに父親と再会するや、たちまち子供に返って、甘える。法外な小遣いをもらい、「おいら、おつりないよ」ととまどうのがいじらしい。翌日、鰻屋の二階で再び父と会い、母親も呼び寄せて、「子は鎹」を地でいくように両親の仲を取りもち、復縁に一役買う。（長井好弘）

亀右衛門《かめえもん》（「ふたなり」）
土地の親分。何でも呑み込む（相談にのる）ので、通称「鰐鮫《わにざめ》」。二人の猟師から金の工面の相談を受けるが、余裕がないので自ら高利貸しに借りにいく。ところが、途中の森の中で、今まさに自殺をしようとしている若い女に会い、首の吊り方を教えているうちに、熱が入り過ぎて息絶える。（原健太郎）

亀吉《かめきち》（「蛸芝居《たこしばい》」）
船場の商家の丁稚《でっち》。同僚の定吉とは芝居好き仲間で、表の掃除をしながら水撒き奴の真似をしたり、坊《ぼ》んの子守をしている定吉と立ち回りをする。（小佐田定雄）

亀吉（「土橋万歳《どばしまんざい》」）
船場の商家で働く丁稚《でっち》。定吉と比べると小柄なので、葬式の行列に参加する番頭から「おまえが裃挟み担いでヒョコラ、ヒョコラついてくると、人が見て笑いよんねん」と言われて、極道者の若旦那が外出しないように張り番をしている定吉と交代させられる。ところが、定吉が若旦那を逃がした後だったので、誰もいない部屋の張り番をすることになる。（小佐田定雄）

亀屋佐兵衛《かめやさへえ》（「亀佐《かめさ》」）
大阪の商人。隠居であろうか？　今年、六十歳で頭も禿げている人物。講中でありながら和尚さんのお説教を聞きながら居眠りをしてしまい、大きな鼾《いびき》をかいて周囲の人から「講中鼾邪魔のあたり。頭禿げ、本卦亀屋佐兵衛さん。ゆすり起こすえー」と、もぐさ売りの口上のパロディで揺り起こされる。（小佐田定雄）

鴨地玄林《かもじげんりん》（「百川《ももかわ》」）
外科医。日本橋長谷川町に住む。人がよく、職業意識が高いので、金のない患者からは金を受け取らない。料理屋の百川の使いに、「魚河岸の若い衆が四、五人斬られまして（来られまして）……」と告げられると、「また喧嘩か」と、あたふたとかけつける。（原健太郎）

雁金文七《かりがねぶんしち》（「鰻谷《うなぎだに》」）
元禄ごろの大坂の侠客グループ「浪花（雁金）五人男」のリーダー。河竹黙阿弥作「白浪五人男」のモデル。薩摩の侍と諍《いさか》いを起こすが、川魚料理屋、菱又の主人が間に入り手打ちをする。その座敷に供された蒲焼が、人類が初めて食べた鰻料理と伝えられている。（小佐田定雄）

ガリガリの宗次《そうじ》（「三軒長屋《さんげんながや》」）
鳶の若い衆。喧嘩っ早い。横丁の湯屋で、仲間のへこ半の屁を、ポコポコポコ……と横っ面に浴びたことが原因で、取っ組み合いの喧嘩を始める。鳶頭《かしら》の家の二階で手打ちをすることになるが、ここで新たな騒動がもちあがる。惣次と表記されることもある。（原健太郎）

刈豆屋吉左衛門《かりまめやきちざえもん》（「御神酒徳利《おみきどっくり》」）
馬喰町一丁目の老舗旅籠《はたご》の主人。徳川家康と共に三河から江戸へ出た先祖が、旅籠屋の総取り締まりを許された。その際に拝領し、家宝にしていた御神酒徳利が暮れの煤払いの際に紛失するという騒ぎで肝を冷やすが、番頭の善六の怪しげな算盤《そろばん》占いによって無事見つかり、胸をなで下ろす。（長井好弘）

花梨胴八《かりんどうはち》（「豊竹屋《とよたけや》」）
口三味線の名手。日常会話のすべてを義太夫節にしてしまう豊竹屋節右衛門といいコンビ。「江戸は三味線堀の出だ」と称しているが、話す言葉はべたべたの大阪弁である。三味線の胴や棹に花梨の木が使われることからの命名だろうか。（小佐田定雄）

家老《かろう》（「松医者《まついしゃ》」）
藩の重役。父親の代に大殿から拝領した松の病気に悩んでいる。枯れたら切腹ものなので、植木屋に療治を頼むと、活きのいい松が届く。だが、似たような別の木であることを見抜き、礼金を請求する植木屋に「木（気）が違ごうた」と反論。（太田博）

河合《かわい》（「有馬小便《ありましょんべん》」）
有馬温泉の湯治客。二階で将棋をさしている最中に尿意をもよおすが、駒を動かされるのがいやで便所に行こうとしない。ちょうど窓の下を通りかかった小便屋に頼み、竹筒を使って二階から小便する。河合は二代目、三代目春團治の本姓。（小佐田定雄）

河合浅次郎《かわいあさじろう》（「代書《だいしょ》」）
代書屋の客。三代目春團治の「代書」に登場。実は父親二代目春團治の本名である。（小佐田定雄）

川上《かわかみ》（「おもと違《ちが》い」）
質屋。大の万年青《おもと》好き。棟梁から、墨流しという最高級の万年青の盆栽を質種として預かるが、これが「少女殺人死体遺棄事件」の発端になるなど、夢にも思っていない。もし、名前が「川上」でなかったら、この物語に登場することはなかっただろう。（原健太郎）

川路聖謨《かわじとしあきら》（「鹿政談《しかせいだん》」）

奈良町奉行。豆腐屋六兵衛が誤って鹿を殺した事件を担当。六兵衛の命を救った上に汚職を摘発するダブルプレーのお裁きをする。桂米朝が一時この名前で演じていた。

享和元（一八〇一）年豊後日田の出身。佐渡奉行、小普請奉行、奈良奉行、大坂町奉行を経て勘定奉行になった。慶応四（一八六八）年、江戸開城のうわさを聞いてピストル自殺した。その日記に「鹿を殺した者を死罪にするのは芝居の中のことだけと思ったが、実物にあって困る」との記述があることからも、この噺の奉行には一番ふさわしい人物かもしれない。

東京の三遊亭圓生は根岸肥前守、上方の古い型では松野河内守や松本肥後守の名前で演じる人もあり、米朝も以前は曲淵甲斐守で演じていた。（小佐田定雄）

川添富弥《かわぞえとみや》（「菊模様《きくもよう》皿山奇談《さらやまきだん》」）
粂野家の家臣。勝山城主粂野美作守の弟紋之丞に仕える忠義者。妻が手に入れた古着に縫い込まれていた密書から紋之丞暗殺のくわだてを知る。殺害に毒入りの水飴を使うとわかり、紋之丞から水飴を取り上げ、庭に投げ捨てる。紋之丞は一時、激怒するが、わが身を案じての行為と理解する。（布目英一）

河内屋《かわちや》金兵衛《きんべえ》（「大仏餅《だいぶつもち》」）
大店《おおだな》の主。助けた盲目の乞食の身の上を聞くと、昔つきあいのあった商家の主人、神谷幸右衛門であることがわかる。たがいに茶の心得があるので、一服立てることにし、お茶請けがわりに大仏餅を出す。幸右衛門が餅をのどにつまらせたので、背中を叩くと、その拍子に開眼。その代わり、鼻がおかしくなる。「食べたのが大仏餅。目から鼻にぬけました」。（原健太郎）

官員《かんいん》（「五《ご》人廻《にんまわ》し」）
権柄ずくの役人。喜瀬川花魁《おいらん》を待つ、廻し部屋の客。妓《ぎ》牛太郎《ゆうたろう》の喜助を「小使！　給仕！」と呼び、「この勘定書きに、娼妓揚げ代とあるがね、オイこら何じゃ」と役人らしく文書（？）にクレームをつける。（長井好弘）

患者《かんじゃ》（「犬《いぬ》の目《め》」）
目を患った男。シャボン先生の診療を受け、洗浄すればよくなるとの見立てで、いったん目玉を取り外し、洗ってもらう。乾かしているところを犬に食われたので、代わりに、その犬の目玉を入れられる。今までより遠目がきくようになったが、電信柱を見ると片足を上げたくなる副作用に悩む。（原健太郎）

患者（「疝気《せんき》の虫《むし》」）
疝気持ち。往診にやってきた医者に、女房には蕎麦を食べさせ、自分は匂いだけを嗅ぐように、と指示される。奇妙な治療だが、そのとおりにすると、疝気の痛みはぴたりと治まり、代わりに、なぜか女房が苦しみ始める。

実は疝気の虫は蕎麦好きで、旦那の体から女房に棲《す》み処《か》を移したからである。（原健太郎）

患者（「綿医者《わたいしゃ》」）
にわかの腹痛に苦しむ若い男。医者に「内臓が無茶苦茶だ」と診断され、はらわたを全部摘出され、かわりに綿を詰められてしまう。術後に酒と煙草をやったために、腹の中が火事になって、大いに胸が焼けた。火事の後はどんなメンテナンスを施すのだろうか。（長井好弘）

勘蔵《かんぞう》（「真景累《しんけいかさね》ヶ淵《ふち》」）
下谷大門町の煙草屋。元は旗本深見新左衛門の下男。当主の錯乱からお家断絶、一家離散になった後は、新左衛門の幼い次男新吉を甥として育てる。新吉が宮本節の師匠、豊志賀の家の下働きになったときも、何かと相談に乗る。豊志賀の死後、新吉が下総羽生村でお累と所帯を持ったころに病を得た。新吉を江戸に呼び、新吉の出自や深見家の因縁のすべてを打ち明けた後、新吉に看取られてこの世を去る。（長井好弘）

願鉄《がんてつ》（「眼鏡屋盗人《めがねやぬすっと》」）
泥棒。頭《かしら》の次に偉い。眼鏡屋に押し入ることになり、戸の節穴から中の様子を覗くと、丁稚《でっち》が七人、一匹ずつ猫を置いて手習いしているのを目撃する。交代して覗いた頭が突然「今、何時や？」と尋ねるので「どこぞの時計が三時を打ちましたで」と答えた。（小佐田定雄）

願人坊主《がんにんぼうず》（「らくだ」）
酒好きの乞食僧。夜中、高田馬場辺りの道端で酔っぱらって寝ていたところを、らくだの馬の死骸と間違えられて、樽に入れられ落合の焼き場に運び込まれる。危うく火葬されそうになるが、そんな生き地獄のなかでも、酒のことが頭から離れない。熱燗を好むが、飲めれば冷やでも大歓迎。（原健太郎）

関白鷹司公《かんぱくたかつかさこう》（「はてなの茶碗《ちゃわん》」）
公家。出入りの茶道具屋金兵衛から、ひびもないのに水が漏れる不思議な茶碗を見せられ、「清水《きよみず》の音羽の滝の音してや　茶碗もひびにもりの下露」という歌を詠んだため、茶碗の価値がぐんと上がる。（小佐田定雄）

乾物屋《かんぶつや》（「上方見物《かみがたけんぶつ》」）
大阪の道頓堀近くで営業。田舎者の客に「風味（味見）は無料や」とうっかり言ってしまったために、持参した弁当の飯の上に売り物のチリメンジャコをたらふく振りかけられてしまう。（小佐田定雄）

勘六《かんろく》（「三十石《さんじゅっこく》」）
三十石船の主船頭。その名前は、中書島の遊女たちにも知られている。下り夜船を担当していた際、枚方の手前で盗難事件が起こり、犯人は下船して逃亡を謀る。船をUターンさせ、上り船に仕立て、乗り込んで来た犯人を見事捕らえる。（小佐田定雄）

〈き〉

菊江《きくえ》（「菊江の仏壇《ぶつだん》」「白《しろ》ざつま」）
新地の芸者。お花という賢妻を持ちながら茶屋遊びを続ける大店《おおだな》の若旦那とねんごろになる。お花が実家で危篤だという夜に、若旦那の家に呼ばれ三味線を弾く。金のためか、芸者の意地か、それとも若旦那の放蕩にどこまでも付き合う気なのか。ただ、お花への遠慮や心配りは本物だ。お花の死後、実家から戻った大旦那にお花の幽霊と間違われたときの、「私も消えとうございます」というひとことが哀れ。（長井好弘）

木《き》こり（「田能久《たのきゅう》」）
山仕事の男。十坂峠のふもとに暮らす。夜分、峠を越えようとしている役者の田能久に、「この峠を無事に夜越しした者はない。何かが出るそうだから、よしなさい」と注意する。（原健太郎）

岸田《きしだ》右《う》内《ない》（「塩原《しおばら》多助《たすけ》一代記《いちだいき》」）
旅商人。元は阿部伊予守家臣塩原角右衛門の家来。角右衛門の妻の妹おかめと密通をして江戸に逃げ、岸田宇之助と改名し、商人になる。浪人をしている角右衛門と日光小川村で再会し、仕官のための五十両の金策を頼まれる。農夫から金を奪おうとしたのだが、猟師に鉄砲で撃たれて死ぬ。（布目英一）

紀州公《きしゅうこう》（「紀州《きしゅう》」）
八代将軍を巡って、尾州公継友と争う。尾州公がいったん辞退したのに対し、任にあらずと言いながら、「……なれども下万民《しもばんみん》のためとあらば任官いたすべし」と引き受ける。これはフィクションで、史実では、吉宗が八代将軍に就いたのは六代将軍家宣の正室だった天英院の推挙によるといわれる。（太田博）

紀州公（「須磨《すま》の浦風《うらかぜ》」）
紀伊徳川家の当主。夏の日、御用商人の鴻池善右衛門宅で須磨の浦から仕入れてきた「須磨の浦風」の接待を受けるが、長持の中身の風が屁と入れ替えられていたため、ときならぬ異臭が漂う。恐縮する善右衛門に、「よいよい。この温気《うんき》じゃ。須磨の浦風腐ったとみえる」と言って、窮地を救う。洒落た殿様である。（小佐田定雄）

紀州公（「宗珉《そうみん》の滝《たき》」）
御三家の一。刀剣や骨董品の収集を趣味とし、鑑定眼が高い。腰元彫りの宗三郎に刀の鍔《つば》に那智の滝を彫るように命じたが、仕上がったものに納得しない。三度目に滝に打たれて彫り上げた図柄はさほどでもないが、滝のしぶきで持つ手がぬれた。名作とほめたたえ、宗三郎を百石で紀州家お抱えとする。（布目英一）

紀州大納言頼宣《きしゅうだいなごんよりのぶ》（「苫ケ《とまが》島《しま》」）
紀州徳川家の祖。家康の十男（慶長七［一六〇二］年〜寛文十一［一六七一］年）。領内の苫ケ島（現在の友ヶ島）で狩をすると神罰仏罰が当たって命を失うと家来たちが止めるが聞き入れず、御座船を仕立てて狩猟に出かける。獲物が一匹も捕れない上ににわかの雷雨に見舞われたのに腹を立てて、天に向かって鉄砲を撃たせる。と、威光に打たれたのか風雨は止む。再び狩りを始めると、今度は芦原の中から大蛇が現れて大暴れするので、家来の牧野弥兵衛が退治する。（小佐田定雄）

喜助《きすけ》（「お見立《みた》て」）
吉原の若い衆。喜瀬川花魁が嫌う杢兵衛《もくべえ》大尽《だいじん》を、あの手この手で追い返そうとする。「病気になった」と言えば、「見舞いにいく」と言い、「死んだ」と言えば、「墓参りに連れていけ。墓はどこだ」と尋ねるので、うっかり、

「寺は山谷《さんや》だ」と出まかせを言ったために、案内することになる。適当な寺に入り、適当な墓を指して、「これが花魁の墓だ」と教えるが、「安耄養空信士」と書かれた男の墓だったり、「妙栄童女行年三歳」とある子供の墓だったり、「陸軍歩兵上等兵」の墓だったり。あまりのいい加減さに、李兵衛を怒らせてしまう。（原健太郎）

喜助（「五人廻《ごにんまわ》し」）
吉原遊廓の若い衆。四十六歳。喜瀬川花魁《おいらん》に待ちぼうけを食っている廻し部屋の客たちに怒鳴られ、嫌みを言われ、あげく「玉代（娼妓揚げ代）を返せ」と迫られる。吉原の主役はあくまでも女郎たち。男衆は、忍耐の日々なのである。（長井好弘）

喜助（「品川心中《しながわしんじゅう》」）
品川の女郎屋、白木屋《しろきや》の若い衆。紋日《もんび》の移り替え（衣替え）に必要な金の工面がつかず、客と心中をすることにしたお染に、「番町の旦那が金を持ってきた」と伝え、間一髪のところ、思いとどまらせる。先に桟橋から海へ飛び込んだ心中のかたわれ、貸本屋の金蔵のことなど気にも留めていない。（原健太郎）

喜助（「手水《ちょうず》まわし」）
丹波の貝野村にあった宿屋の料理人。大坂からの宿泊客が朝起きるなり「ちょうずをまわしてくれ」と注文する。料理の名前と思った宿屋の主人から相談を受けるが知らなかった。そのため、主人はお寺の和尚の「ちょうずは長い頭のことである」という説を信じ、長い頭の村人を座敷に送り込んで頭を回させる。あきれた客が怒って帰ってしまったので、「ちょうずをまわす」という謎の言葉の真相を探るため、主人と二人で大坂の宿を訪れる。そして翌朝、宿の女子衆に「ちょうずをまわしとくれ」と頼むと、満々と湯が入った金盥《かなだらい》と塩と房楊枝が届けられる。それを見て、主人に「これは飲み物でおます」と断言したため、洗面のための湯を飲む羽目になる。どうやら「ちょうずをまわす」の真意は理解せずに村へ戻ったようだ。歌舞伎の「伊勢《いせ》音頭恋寝刃《おんどこいのねたば》」にも、料理人の喜助が登場するところから、上方では喜助というのは板場の代表的な名前だったと想像される。（小佐田定雄）

喜助（「出歯吉《でばきち》」）
茶屋の男衆。大坂難波新地で働く。娼妓の小照と組み、のぼせ上がっている出歯吉をあの手この手でだまそうと画策する。（小佐田定雄）

喜助（「文違《ふみちが》い」）
内藤新宿の女郎屋の若い衆。ときおり女郎のお杉をこっそり訪ねてくる目の不自由な間夫《まぶ》、由次郎に心から同情し、あたたかい言葉をかける。（原健太郎）

儀助《ぎすけ》（「後家馬子《ごけまご》」）
網打ち。大阪片町に住む。天満橋の下で網を打つと、姪のおくしが引っかかる。事情を聴くと、義理の姉にあたるおくしの母親が若い馬子といい仲なのを苦にした入水とわかり、義姉のもとに抗議に行く。（小佐田定雄）

儀助（「百年目《ひゃくねんめ》」）
船場の商家の二番番頭。店を抜け出して女郎買いに行ったことを一番番頭の次兵衛に突き止められ、ぐうの音も出ないほど叱られる。（小佐田定雄）

喜瀬川《きせがわ》（「お見立《みた》て」）
吉原の花魁《おいらん》。わがままな売れっ子。とっさの悪知恵に長けている。金回りの悪いときは、大嫌いな客とも平気で夫婦約束をしてしまう。そんな客の一人、杢兵衛大尽《もくべえだいじん》がやってきたので、若い衆の喜助に、自分は病気になったから会えないとか、杢兵衛さんに会いたい思いが募って焦がれ死にしてしまったなど、まことしやかな作り話を語らせ、意地でも追い返そうとする。（原健太郎）

喜瀬川（「五人廻《ごにんまわ》し」）
吉原の売れっ子花魁《おいらん》。廻し部屋の客四人に待ちぼうけを食わせ、お大尽《だいじん》客に付きっきり。大尽は自分のことを「間夫《まぶ》だ」と信じているが、単なる安全パイとしか思っていない。他の廻し客を帰すために必要な玉代を大尽に払わせたうえ、その金を大尽にも差し出し「皆と一緒に帰っておくれよ」。（長井好弘）

喜瀬川（「三枚起請《さんまいぎしょう》」）
吉原、朝日楼の花魁《おいらん》。本名中山みつ。自称二十四歳。

「女郎は男をだますのが商売」の毒舌通り、典型的な廓の女。通ってくる経師屋の職人清造、唐物屋《とうぶつや》の猪之助、大工の棟梁の三人に、「年季が明けたら夫婦になる」という同文の起請文《きしょうもん》を渡す。それがばれて、三人に乗り込まれるが、「女郎は客をだますのが商売」と開き直り、「いやで起請を書く時は熊野で烏が三羽死ぬ」と詰め寄られると「いやな起請をどっさり書いて、世界中の烏を殺したいねえ……勤めの身だもの朝寝がしたいよ」、と居直ってしまう。

サゲの文句は、幕末の志士、高杉晋作の作と伝えられる「三千世界の烏を殺し、主と朝寝がしてみたい」が下敷き。これも、熊野権現の「起請一枚書くごとに、権現様の大切な烏が三羽死ぬ」に由来する。（太田博）

木曽義仲《きそよしなか》（「源平盛衰記《げんぺいせいすいき》」）

源姓。平安末期の信濃の武将。旭将軍《あさひしょうぐん》。三十歳。巴御前《ともえごぜん》は側室。倶利伽羅峠《くりからとうげ》で牛の角に松明《たいまつ》をくくり付けて平知盛の軍勢になだれ込んであわてさせるなど平家討伐に功績を挙げ、京に上るが、粗暴なふるまいを咎められ、従兄弟の源義経に粟津《あわづ》の戦いで滅ぼされる。（太田博）

きたり喜之助《きのすけ》（「九州吹《きゅうしゅうふ》き戻《もど》し」）

江戸の幇間《たいこ》。元は大店《おおだな》の若旦那だが、道楽で身を持ち崩す。幇間になっても湯水のように金を使う癖が直らず、不義理と借金を重ね、夜逃げ同様に江戸を出奔。流れ流れて肥後の熊本へたどり着き、懐かしさのあまり江戸屋という名の旅籠《はたご》に泊まると、主人はかつて江戸で馴染み客だった。そのまま江戸屋に居着いて板場や座敷で働き、足かけ四年で九十六両の金を貯める。主人からは当地での暖簾分けの声がかかるが、望郷の念やみがたく、江戸行きを決行。千五百石の荷船にまんまと便乗したが、玄界灘で大嵐に遭遇し、鹿児島は桜島の浜に打ち上げられる。桜島から江戸までは四百里、熊本から江戸までなら三百五十里。あまりに帰りを急ぎ過ぎたため、かえって五十里吹き戻された。（長井好弘）

吉《きち》（「しびん」「花瓶《かびん》」）

道具屋。客の勤番侍が、店内にあった尿瓶を「しびんという名工が焼いた花器」と勘違いしたのを察し、目先の金欲しさに五両という法外の価格で売ってしまう。すぐに真相を知った侍が憤怒の形相で戻ってきたのを見て、咄嗟に「悪いこととは知りながら、母の薬代欲しさに」と陳謝して、あやうく命拾いする。こんな危険な目に遭っても、反省の色はまるでなく、「金を返せと言わなかったのは偉い」と侍をほめる隣人に「小便はできないんだよ。しびんが向こうにあるから」なんて、いけしゃあしゃあと言ってのける。小便は買わずという意味の道具屋の符牒。「蛙の面に小便」から。（長井好弘）

吉（「壺算《つぼざん》」）
長屋の住人。口下手。二荷入りの水がめを買うのに、口達者な兄貴分、長さんに付いて来てもらう。長さんが、店の番頭をうまくだましているのに、余計な口を出していぶかしがられる。（太田博）

吉五郎《きちごろう》（「三方一両損《さんぼういちりょうぞん》」）
若い大工。神田竪大工町に住む。柳原の土手で落とした財布を、白壁町の左官金太郎が届けてくれるが、江戸っ子の見栄もあり、受け取ろうとしない。金太郎との意地の張り合いが家主まで巻き込む大喧嘩に発展し、ついには奉行所にまで持ち込まれる。結局、大岡越前守の名裁き「三方一両損」で一件落着。金太郎と仲直りして、奉行の前で仲よく飯を食う。（長井好弘）

吉五郎（「骨違《ほねちが》い」）
大工。本所中之郷の長屋に住む。兄貴分の熊五郎夫婦がはずみで殺してしまった棟梁の息子の死骸を川に捨てようとしていたのをとどめ、吉五郎宅の床下に埋めさせる。これを犬の死骸と取り換えておいたので、熊五郎が裁きを受けた時には犬の骨しか出てこず、おとがめなしとすることができた。（布目英一）

吉三《きちざ》（「お七《しち》の十《じゅう》」）
駒込吉祥寺の小姓。火事で家が焼け、寺に預けられた町娘お七に一目惚れされる。恋人吉三に会いたい一心で放火事件を起こし、火あぶりになったお七を追い、吾妻橋から身を投げる。地獄で再会した二人が抱き合うと、「七」と「三」でジュウと音がした。（長井好弘）

吉兵衛《きちべえ》（「一分茶番《いちぶちゃばん》」「権助芝居《ごんすけしばい》」）

大店《おおだな》の番頭。旦那の誕生祝いに催す町内の素人芝居で、誰もが嫌がる「有職《ゆうしよく》鎌倉山《かまくらやま》」の泥棒権平の役を、「国へ帰ればお役者様だ」とほらを吹く飯炊きの権助に一分の小遣いを与え、引き受けさせる。（太田博）

吉兵衛（「大山詣り《おおやままいり》」）
大山詣りの先達。毎年、長屋の衆と講中を組む世話好きな男。道中の無事を図り、怒ったら二分の罰金、喧嘩をしたら坊主頭にするという定式《きめしき》をつくる。酔って暴れたために坊主にされた熊五郎の策略で、長屋の女房たちがみな坊主にされても気にも留めず、「お毛が（怪我）なくって、おめでたい」と、大役を無事つとめられたことに安堵する。（原健太郎）

吉兵衛（「お七《しち》」）
縁起かつぎの男。女の子が生まれ、お初と名づけるが、兄弟分の熊五郎が現れ、縁起の悪いことを並べた揚げ句、「お初なら徳兵衛と心中する」とまで言われる。その後、熊五郎にもお七という子が生まれたと聞き、さっそく仕返しに行くが、敵もさるもの、「お七なら火付けの罪で火あぶりだ」と逆に熊五郎から言われ、「だから火の用心には気をつけねェ」。（長井好弘）

吉兵衛（「紺屋《こうや》高尾《たかお》」）
神田紺屋町《こんやちよう》の染物屋の主人。奉公人の久蔵が吉原一の花魁高尾太夫に恋わずらいをし、「会えなければ死ぬ」と言い出したので、「三年働けば、その金で会うこともできる」となだめる。久蔵がその言葉を忘れず、三年間まじめに働いて金を貯めたため、女郎買いの名人である医師竹之内蘭石の力を借りて、思いをかなえてやる。久蔵と高尾が所帯を持ったのを機に、のれん分けをする。六兵衛とする演者もいる。（布目英一）

吉兵衛（「鹿政談《しかせいだん》」）
奈良三条横町の町役人。誤って鹿を殺した正直者の豆腐屋六兵衛の裁判に出廷。死んだ鹿を見せられ「鹿によう似た犬です」と六兵衛をかばう証言をする。（小佐田定雄）

吉兵衛（「三味《しやみ》線《せん》栗毛《くりげ》」「錦木検校《にしきぎけんぎよう》」）
酒井家の中間《ちゆうげん》。大名雅《う》楽頭《たのかみ》の末っ子ながら、父と折り合いが悪く、下屋敷暮らしをしいられている角三郎に仕える。内職をしたり、按摩の錦木《にしきぎ》を連れてきたり、また時に説教をしたりと、かいがいしく尽くす。のちに、角三郎の出世にともない用人《ようにん》となる。（原健太郎）

吉兵衛（「鍋草履《なべぞうり》」）

相撲好きな男。芝居は嫌いだが、仲間の太兵衛から、一幕だけ付き合えと誘われる。見物席に寄せ鍋料理を届けさせたが、他の客がうっかり草履を履いたまま、鍋に足を突っ込んでしまったことなどつゆ知らず、「くずし豆腐」と言いながら食べ始める。（太田博）

吉兵衛（「のっぺらぼう」「こんな顔《かお》」）

背負《しょ》い小間物屋。四谷左門町、播州浅野家の浪人田宮伊右衛門の家の三軒隣りに住む。碁好き。一番のお得意先であり、碁敵でもある赤坂の旗本屋敷で夜遅くまで碁に興じる。この日に限って三番立て続けに負けて屋敷を辞する。赤坂見附の溜池まで来ると、橋の中ほどで身投げをする娘がいるので、助けたらノッペラボーだった。走って逃げ、四谷見附で屋台のそば屋に助けを求めたが、そば屋もノッペラボー。あわてて家まで戻ったが、女房もノッペラボーと知り、気絶する。女房に起こされ、今までの出来事はすべて夢だとわかって安堵し、女房を見ると、やはりノッペラボー。気を失ったところ、女房に起こされ、顔を見ると……。これが永遠に続く。六代目三升家小勝作。（布目英一）

吉兵衛（「不動坊火焔《ふどうぼうかえん》」「不動坊《ふどうぼう》」）

働き者。急死した講釈師不動坊火焔の女房お滝に惚れていた。不動坊が残した多額の借金を肩代わりするため、お滝と一緒になってくれという大家のすすめを喜んで受ける。鉄瓶を持って湯屋に行き、のろける。調子に乗って長屋の独身三人組の悪口を言ったために、やきもちを焼いた三人に幽霊騒ぎの仕返しをされる。（布目英一）

吉松《きちまつ》（「三人兄弟《さんにんきょうだい》」）

船場の商家の三人兄弟の三男。「こぼん」と呼ばれている。河内縞の三宅のジャガ（ジャガード織の織物）を身巾七五三に仕立てた着物、その下には一針抜きの腹掛け、盲縞の股引に盲縞の足袋を身に着けている。南部表の五分高、八幡黒の鼻緒をすげた糸柾《いとまき》の神戸下駄を履き、阿波座の遊び人と付き合うというような荒っぽい遊びをしている。極道が過ぎて兄たちとともに自宅の二階に軟禁されている。夜中に目を覚まして、色町での惚気話《のろけ》をしても反応がないので、長兄と次男の布団をめくってみると二人とも既に抜け出している。そこで、自分も二階の屋根から飛び降りて新町に出かけて行く。（小佐田定雄）

亀甲屋幸兵衛《きっこうやこうべえ》（「名人長二《めいじんちょうじ》」「指物師名人長二《さしものしめいじんちょうじ》」）

浅草鳥越片町の屋敷稼業。五十一、二歳。中肉中背色白、目つきの鋭い丸顔で、鼻準《はなすじ》が高い。本所柳島に別荘をもつ。もとは経師屋桃山甘六《ももやまかんろく》の弟子。腕のよさを買って重用している指物師長二が、女房お柳の子で、かつて湯河原の竹藪に放り捨てた赤子であることを知る。「本当のお父《とっ》つあんか、それとも義理のお父さんか聞かしてくだせい」と迫る長二と、柳島押上堤の上でもみ合いになり、自ら抜いた短刀で胸先を刺し貫かれ、命を落とす。のちに、お柳らと謀り亀甲屋の先代半右衛門を殺したことが明らかになる。（原健太郎）

狐《きつね》（「七度狐《しちどぎつね》」）

七度人をだます妖獣。草むらで昼寝をしていたところ、突然飛んできたすり鉢が頭に当たり、額に傷を負ってしまう。その恨みを晴らすため、畑を川に変え、野中に古寺を出現させ、石地蔵を老婆の幽霊に見せるなどして、犯人の喜六と清八にみごと恨みを晴らす。（小佐田定雄）

喜八《きはち》（「天狗裁き《てんぐさばき》」）

長屋の住人。昼寝をしていたら女房に揺り起こされ「いったい、どんな夢見てたん？」と聞かれる。「夢なんか見てへん」と頑固に答え続けたため、友人の徳さんと喧嘩になり、家主には店だてをくい、奉行の裁きでまで「どんな夢を見たのか」と訊ねられる。ついには、大天狗に鞍馬山まで連れて行かれて「どのような夢を見たのだ」と詰問されるが、「ほんまに見てまへん」と答えたため、恐ろしい思いをするが……。よく言えば自分に忠実な、悪く言えば融通のきかない男である。（小佐田定雄）

喜兵衛《きへえ》（「抜け雀《ぬけすずめ》」）

小田原宿の旅籠《はたご》相模屋の亭主。正直で親切。他人を疑うことがなく、何度も一文なしを呼び込み、そのたびに女房に責められている。またもや一文なしの絵師を泊めるが、この男が宿賃替わりに描いた雀が衝立から抜け出て羽ばたくのが評判となり、宿屋は繁盛し始める。そこへ止まり木がないと雀は疲れて死ぬと忠告する人物が現れたので、鳥籠を描いてもらう。これがまた評判を呼び、宿屋は一層繁盛する。城主大久保加賀守が高額で買い求めたいと言っても、絵師との約束を守って勝手に売ることはせず、絵師の帰りを待ち続ける。宿泊客を見る目や美術品の鑑定眼がないために、「見えない目ならくり抜いて銀紙を貼っておけ」と言われるほど目の評判は悪いが、高級な墨のにおいをかぎ分ける嗅覚にすぐれた鼻の評判はよい。（布目英一）

木村又兵衛《きむらまたべえ》（「宗珉《そうみん》の滝《たき》」）

紀州藩の留守居役。八百石取り。定宿にしている岩佐屋に頼まれて、腰元彫りの宗三郎が紀州公から彫金の仕事を頂けるように取り図らう。（布目英一）

木谷安平《きやあんぺい》（「吉野狐《よしのぎつね》」）

夜鳴きうどん屋。女房はおまき。瓦屋橋で身投げしようとしていた時計屋の若旦那島三郎を見つけ、わが家に連れ帰る。翌日、島三郎の親元を訪ね事情を話すが、父親が物堅い人で島三郎を許すことはできないというので、養子に迎えることにする。うどん屋の符丁で、「しっぽく」のことを「きや」、「はんぺん」のことを「あんぺい」というところからの名前であろうか。（小佐田定雄）

客《きゃく》（「いびき駕籠《かご》」）

吉原へ繰り出す遊客。駕籠に乗る際に「これ（規定料金）限り」と宣言し、何をされても狸寝入りで、一切祝儀を払わない。反対に、「乗りっぷりがいいのだから」と祝儀をねだり、駕籠屋を降参させる。（長井好弘）

客（「鰻屋《うなぎや》」）

町内の男。ちゃっかり者。開店当日の鰻屋の客となったが、鰻割《さ》きの職人が不在のため、胡瓜の香物《こうこ》だけで二時間酒を飲まされたあげく、黒焦げになった丸焼きの鰻を食わされる。そのとき、勘定を払わずにすんだことに味をしめ、再びただ酒にありつこうと、今度は友達を連れ

て出かけていくが……。（原健太郎）

客（「応挙《おうきょ》の幽霊《ゆうれい》」）

幽霊画の収集家。古道具屋から圓山応挙が描いたと伝わる見事な幽霊画を買い求める。明朝、届けてもらうように依頼する。（布目英一）

客（「お直《なお》し」）

左官職人。吉原で登楼したが、敵娼《あいかた》が馬面なのでやめ、最下級の女郎、蹴転《けころ》の客となる。元花魁の蹴転を見初めたり、仲直りした蹴転夫婦に「直してもらいなよ」と声をかけるなど、なかなかの遊び人。（長井好弘）

客（「巌流島《がんりゅうじま》」「岸柳島《がんりゅうじま》」）

渡し舟の乗客。若侍と屑屋、老武士のいさかいを横目で見ながら茶々を入れる。侍二人が、岸に上がって決着を付けようと舟を岸に着けたとたん、老武士だけが舟に残る。岸に残された若侍が泳げないと思い込み、さんざん悪態をついたところへ、若侍が裸になって川へ飛び込んだので顔色を変える。（太田博）

客（「蔵前駕籠《くらまえかご》」）

吉原通いの決死隊のような江戸っ子。花魁から手紙をもらい、「ぜひとも今夜は」と意気込む。世情不安の幕末の蔵前通り、追い剝ぎが出るからと渋る駕籠屋を説得し、褌《ふんどし》一丁の姿で乗り込み、待ち伏せをしていた追い剝ぎを煙に巻く。（長井好弘）

客（「ぜんざい公社《こうしゃ》」）

どこにでもいるサラリーマン。平社員らしい。「ぜんざい公社」のチラシを見て、「久しぶりにぜんざいを食べよう」と思ったのが運の尽き。公社職員の小役人丸出しの応対に振り回される。窓口をたらい回しにされ、何通りも書類を書かされ、そのたびに手数料を払わされたあげく、ようやくありついたぜんざいは、味も何もない。「甘い汁」は全部公社に吸われていたのだ。他人事とは思えない怖さと現実感がある。（長井好弘）

客（「付《つ》き馬《うま》」「早桶屋《はやおけや》」）

遊び人。金もないのに吉原で遊び、付き馬の若い衆を引っぱり回したあげく、勘定を踏み倒して逃走する。あることないことぺらぺらしゃべり、若い衆のふところで朝湯に入り、湯豆腐まで食う。浅草界隈をうろうろした後、「田原町のおじさん」と称する早桶屋に連れて行く。若い衆には、「これから行って、おじに勘定を用立ててもらう」と言い、早桶屋には、「あそこにいる男の兄貴が、ゆうべ、腫れの病で亡くなったのだが、大柄な男なので、『図抜け大一番小判型』の早桶をこしらえてもらいたい」と、小声で頼む。若い衆を店に呼び、「こしらえてくれるそうだ」と自信たっぷり言うと、安心した若い衆をその場に残し、まんまと逃げ去る。(原健太郎)

客（「辻八卦《つじばっけ》」）
大坂道頓堀の通行人。角の芝居で「仮名手本忠臣蔵」を見て、登場人物の将来が気になり、大道易者に次々と質問して困らせる。(小佐田定雄)

客（「殿様《とのさま》だんご」）
甘党と辛党の二人。友人の源太に頼まれて、だんご屋を訪れる。旧幕時代は大名であり、「殿様」と呼んでいた大小路源右衛門が店に出ているので驚く。甘党の男は床に落ち、ごみがついた餡《あん》だんごを、辛党は唐辛子と梅干を詰めて塩をまぶした蜜だんごを食べる。蜜だんごはあまりにも辛く、水をもらってしのぐが、源右衛門の前なので「ああ、うめえ」と世辞を言う。「余が作りしだんご、無骨か」と聞かれたので、ごまかすために「酸《す》いな味」と答え、「粋《すい》な味」と言ったと勘違いさせて源右衛門を喜ばせる。(布目英一)

客（「とんちき」）
吉原に通う半可通。遊びの粋を解さないため、なじみの花魁や他の客から、「とんちき」(とんまやまぬけの意)とあだ名されている。雨風の日を狙ってせっかくやってきたのに、大勢客がいることを知り、こちらも、「あのとんちきが」と言って気をまぎらわせる。(原健太郎)

客（「反対俥《はんたいぐるま》」「いらち俥《ぐるま》」）
人力俥に乗りこんだ男。上野駅へ急いでいる。俥夫が病弱でまともに走らないので、別の俥に乗る。ところが、次の俥夫は威勢ばかりがよく方向が定まらないスピード

狂という、運のなさ。（原健太郎）

客（「無精床《ぶしょうどこ》」）

髪結床の客。何も知らず「無精床」に入ってしまったために、様々な災難に遭遇する。ズボラな親方の命令で、孑孑《ぼうふら》入りの水で髪を洗わされ、小僧に下駄の歯を削った剃刀で月代を剃られ、しまいに耳を落とされそうになる。無精ではなく厄災床か。（長井好弘）

客引き《きゃくひ》（「こぶ弁慶《べんけい》」「宿屋町《やどやまち》」）

大津の宿、岡屋半左衛門の奉公人。「定宿がある」と言いながらやって来る旅人を見つけ、定宿の名前を尋ねると「定宿屋定兵衛」などといいかげんな答えをするので、腕ずくで自分の店に引っ張り込む。（小佐田定雄）

久次《きゅうじ》（「庖丁《ほうちょう》」「庖丁間男《ほうちょうまおとこ》」）

遊び人。清元の師匠お安喜の情夫。お安喜に「間男」の汚名を着せて追い出し、若い女と暮らすため、悪友の寅にわが女房を口説かせる。計略は図に当たると思いきや、土壇場で嫌気がさした寅に裏切られ、真相を知ったお安喜に、逆に追い出される。女は口説けても、友の気持ちを測ることは出来なかった。（長井好弘）

久七《きゅうしち》（「口入屋《くちいれや》」「引越しの夢《ひっこしのゆめ》」）

船場の商家の手代。新しく奉公にきた女子衆に「亡くなった亭主と同じ名前ですね」と言われたためにのぼせあがり、その夜、女子衆の寝床へ夜這いをかけようとするが、誤って井戸に落ちる。（小佐田定雄）

久七（「誉田屋《こんだや》」）

京の三条室町の縮緬問屋誉田屋忠兵衛の奉公人。主人の娘お花が急死し、三百両の金とともに埋葬されたのを知り、お上に知れると罪になることもあり、墓をあばいて金を取り出そうとする。ところが、死んだと思っていたお花が息を吹き返したので、お花と二人で三百両を手に逐電する。後に江戸浅草で誉田屋という縮緬問屋を開く。そこへお花の冥福を祈るためお遍路をする忠兵衛夫妻が訪れて、喜びの再会を果たす。（小佐田定雄）

久七（「百年目《ひゃくねんめ》」）
船場の商家の手代。一番番頭の次兵衛から得意先に出す手紙を出し忘れたのを叱られ、「ご町内のお弔いの送りに立つのと、ご親類へ年会を知らせてまわるのと、そのほか、なんぞ一人前にできることがおますか」と責められ、「お向かいのお店まで、三足半で飛んで行けます」と口答えしてまた叱られる。（小佐田定雄）

久助《きゅうすけ》（「ちしゃ医者《いしゃ》」）
大阪近郊の村の医師・赤壁周庵の下男。気楽な先生に対して、的確にして辛辣な「突っ込み」を入れることもあるが、心底では先生の人間の大きさを愛しており、「どこまでもついていこう」と思っている。（小佐田定雄）

久助（「文七元結《ぶんしちもっとい》」）
日本橋横山町三丁目、鼈甲《べっこう》問屋近江屋の二番番頭。主人卯兵衛に内緒で吉原にしばしば出かけているらしい。手代の文七が吾妻橋から身投げをしようとしたところを助けてくれた男が「娘が吉原に身を売った金だ」と話したことから、手際よく見世の名と場所を突き止め、卯兵衛を感心させる。「吉原に詳しいのは吉原細見で知識を得たため」と弁明するが、日ごろの行状はすべて卯兵衛がお見通しのようだ。（布目英一）

久助（「矢橋船《やばせぶね》」）
商家の奉公人。矢橋から大津までの「矢橋船」に旦那と乗船。船中で酒の燗をしようとするが、燗徳利を忘れて来たので、他の船客が持っていた新品の尿瓶《しびん》で代用する。ところが、同じ型の尿瓶を使っていた病人が同船していたことから、とんでもない騒動が発生する。（小佐田定雄）

久蔵《きゅうぞう》（「怪談牡丹燈籠《かいだんぼたんどうろう》」）
栗橋宿の馬方。江戸から逃げて来た伴蔵の遠縁に当たる。伴蔵・おみね夫婦の荒物屋関口屋開業に協力する。店の繁盛とともに遊びを覚えた伴蔵と、出入りしている料理屋の酌婦との仲を疑った女房おみねに酒を飲まされ、小遣いまでたっぷり頂戴したうえ、巧みな誘導尋問に引っ掛かる。酌婦が江戸から流れて来た亭主持ちのお国であること、大枚の小遣いを与えていることなど、伴蔵に口止め

されていることも忘れてしゃべってしまう。（太田博）

久蔵（「紺屋高尾《こうやたかお》」）

紺屋の職人。神田紺屋町の吉兵衛方で働く。高尾太夫の花魁《おいらん》道中を見て、恋わずらいになる。親方に「会うには三年間働いて金を貯めろ」と言われて、寝る目も見ずに働き、医師竹之内蘭石の手助けにより、高尾に会う。夢のような一夜が明け、紺屋の職人では会ってもらえないと思ったので流山のお大尽《だいじん》と偽ってきたことを明かす。これに感激した高尾と所帯を持つ約束をし、翌年三月の高尾の年季明けを待って、親方からのれん分けをしてもらい、高尾も店を手伝い、繁盛した。（布目英一）

久蔵（「試し酒《ためざけ》」）

近江屋の下男。田舎者。礼儀知らずだが、主人思い。得意先の大店《おおだな》の旦那に、「もし五升の酒が飲めたら、褒美に小遣いをあげる」と言われるが、飲めない場合は、自分の主人が散財すると知り、「少し考えさせてほしい」と外へ出ていく。間もなく戻り、「武蔵野」と名づけられた一升入りの大盃で、みごと五升の酒を飲み干す。「さっき外へ出たのは、いくら酒を飲んでも酔わないまじないでもしてきたのか」と、旦那に問われ、「おらぁ、五升の酒なんて飲んだことがねえから、表の酒屋で試しに五升飲んできただ」。

常人では思いつかない予行演習に挑んだ、大胆不敵にして石橋を叩いて渡る慎重派。しかも、大量の酒を飲むことができる特異体質。久造と表記されることもある。作者は落語研究家今村信雄。（原健太郎）

久蔵（「富久《とみきゅう》」）

幇間《たいこ》。浅草阿部川町の長屋住まい。酒の上の失敗が絶えず、あちこちの旦那をしくじっている。それでも酒がやめられず、深川八幡の富くじを買い、大神宮のお宮にしまった際にもお神酒を飲み始めて寝込んでしまう。目が覚めると半鐘の音がして、芝神明辺りが火事だと知らされ、出入り止めとなった越後屋がその方角なので、寒さもいとわず火事見舞いに駆けつける。幸い火は回っておらず、「浅草からよく駆けつけた」と旦那に喜ばれ、出入りを許される。早速、火事見舞い客の応対を買って出るが、酒が届くと、もう上の空。ひとりで酒を飲み、皿を割る失態を演ずる。真夜中に再び半鐘が鳴り、今度は浅草付近が火事。急いで戻ったが、家は丸焼けで、越後屋の居候になる。気兼ねをしながら過ごすうち、買った札が一番富に当たるが、「証拠の札がなければ駄目だ」と言われて半狂乱となる。鳶頭《かしら》が火事場から大神宮のお宮を取り出していることを知り、富札の無事を確かめて安堵する。久蔵と越後屋の場所の設定について、八代目桂文楽は久保田万太郎に「阿部川町と芝神明では遠すぎる」と指摘されて日本橋横山町に変更したことがある。また、演者によって、浅草三間町と芝久保町、浅草三間町と日本橋石町《こくちょう》、日本橋へっつい河岸と芝久保町、深川按針町と芝久保町など工夫がこらされている。富興行の場所も椙森《すぎのもり》神社、湯島天神という設定もある。（布目英一）

久蔵（「化物使《ばけものつか》い」）
田舎出の若者。真面目一徹だが、大の化け物嫌い。人使いが荒いので敬遠されている隠居、吉田某の家に、「一人が一人を使うんだから、たかが知れている」と、あえて奉公することに。はたして、「骨休み」と言いながら、薪割り、炭切り、草むしりなどを次々とさせたり、「手紙を品川に届けるついでに」と言って、はるか千住に回って用足しをさせたりと、人使いは尋常ではなかったが、辛抱強く働いて三年が過ぎる。だが、隠居が化け物屋敷に引っ越すという噂を聞きつけるや、「お暇をくれ」と、あわてて逃げ出す。（原健太郎）

久太《きゅうた》（「宮戸川《みやとがわ》」）
隠居。霊岸島に住む。苦労人で察しがよすぎるために、飲み込み久太というあだ名がついている。清元の稽古で知り合った三つ違いの古女房と暮らしている。夜遅く戸を叩く甥の半七と無理について来たお花を恋仲と早合点して、一枚のふとんに寝かせたことがお花半七の馴れ初めとなり、二人を夫婦にする。（布目英一）

久兵衛《きゅうべえ》（「位牌屋《いはいや》」）
赤螺屋《あかにしや》の番頭。主人吝兵衛《けちべえ》の吝哲学に毒されていない、数少ない奉公人。跡取りが生まれた吝兵衛に「お祝いなので、店の食事の味噌汁に実を入れていただきたい」とささやかな願いを申し出る。（長井好弘）

久兵衛（「田能久《たのきゅう》」）

旅役者。阿波国在田能村出身。元は百姓だが、生来芝居がうまく、村の若い者たちと田能久一座をこしらえ、座《ざ》頭《がしら》となる。伊予の宇和島で興行中、国もとの母親が病の床に着いたと、女房から知らせを受ける。急いで村に帰る途中、十坂峠の頂上あたりで、白髪白髯《はくはつはくぜん》の老人に変身したうわばみに出くわし、「おれに潔く呑まれろ」と迫られる。うわばみが、田能久の名を、「狸」と聞き間違えたのをさいわいに、持ち合わせていたかつらで早替わりをしてみせ、化け物の仲間であると信じ込ませる。友達となった証に、たがいに一番恐ろしい物を内緒で教え合うことになり、うわばみは煙草のヤニ（唐辛子の場合もある）、自分は金《かね》だと答える。こうして無事に峠を越えるが、地元の木こりにこの話をしてしまったため、うわばみは木こりたちにヤニをぶつけられるはめになる。怒ったうわばみが田能村にやってきて、「復讐だ」と、一万両の小判の箱を投げつけられる。母親に会いたい一心で行動した結果、思いもよらぬ大金を手に入れるが、一座を率いるなかで、金の怖さをいやというほど思い知らされた経験があるのだろう。（原健太郎）

久兵衛（「長崎《ながさき》の赤飯《こわめし》」）

番頭。質両替商金田屋に奉公。弁巧者。主人金左衛門の意向を常に忖度し、命令には忠実にしたがう。乞食の姿に身をやつし、若旦那金次郎の女房お園が長崎から訪ねてきたときは、「若旦那は死んだ」と冷たくあしらう。八丁堀岡崎町の町方取締役渡辺喜平次の娘と金次郎の縁談を取り持った小間物屋の重兵衛が、輿入れの日取りの相談にきたときは、「千年万年待ったとて……」と義太夫の文句を語って憤慨される。お園を連れ去った喜平次に、お園を返してほしいと二百両の金を持って談判にいったときは、「関所破りは天下の大罪人」と脅されて、すごすごと帰ってくる。いつも課題とは熱心に取り組むが、あまり成果は上がっていない。（原健太郎）

久兵衛（「山崎屋《やまざきや》」）

横山町の鼈甲《べっこう》問屋、山崎屋の番頭。実直そうに勤めているが、内緒で隣町に妾を囲っている。そのことを若旦那に付け込まれて、店の金の横流しを強要される。北国《ほっこく》（吉原のこと）の花魁《おいらん》を嫁にしたいが大旦那に反対されると悩んでいる若旦那のため、出入りの鳶頭《かしら》と組み、花魁を鳶頭の女房の妹ということにして、持参金をつけて勘定高い大旦那をだます。（太田博）

久兵衛（「雪《ゆき》の瀬川《せがわ》」「傾城瀬川《けいせいせがわ》」）
大店《おおだな》下総屋の江戸店の番頭。若旦那善次郎の堅物ぶりを心配する大旦那の意を受け、善次郎を吉原へ連れ出そうとするが見事に失敗。幇間《ほうかん》の華山に、善次郎の道楽指南役を依頼する。（長井好弘）

久六《きゅうろく》（「猫久《ねこきゅう》」）
長屋住まいの八百屋。おとなしいので猫久とあだ名されている。平生とはうって変わり、真っ青な顔をして家に戻り、「今日という今日は勘弁ができない。刀を出せ」と女房に命じる。それを見た近所の者は「変人だ」「女房はもっとおかしい」と言い、それを聞いた武家は「おかしいと思う方がおかしい」と述べ、さまざまな噂や憶測が行きかうが、久六が何に怒ったのかは不明。当人が実際に話す場面はなく、その行動は他の人物の言動で説明されている。（布目英一）

久六（「らくだ」）

屑屋。六十八歳の母親と女房、十二歳を頭に三人の子供たちを養う仕事熱心な男。おとなしく、争い事を好まぬ性格だが、ひとたび酒が入ると豹変。人が違ったように粗暴になる。元はそれなりの暮らしをしていたが、酒のために身を持ちくずしたとされる。

　出入りの長屋で、河豚に当たって急死した、らくだの馬と呼ばれる無頼漢の兄貴分、丁の目の半次につかまったのが運の尽き。商売道具の鉄砲笊と秤を取り上げられ、らくだの馬の葬式のために、一日棒に振ってしまう。長屋の月番のところへ行って、嫌がる住人たちを説得し、香典を集めるように頼んだり、角の八百屋へ行って、早桶代わりの菜漬けの樽を調達したりと、忙しく駆け回る。らくだの馬の遺体を背負って、通夜の拠出を拒んだ大家の家で、「かんかんのう」を踊らせるという、生涯に二度とないであろう貴重な体験もする。

　通夜の準備が整い、仕事に戻れるかと思ったが、大家が届けた酒を清めだからとすすめられ、仕方なく飲みだす。二杯、三杯と盃を重ねるうちに、酒乱の本性が現れ、二人の立場が逆転する。遺体の頭を丸めると、二人で天秤棒をかつぎ、落合の火屋《ひや》（火葬場）まで仏を運ぶ。途中、樽の底がぬけて、らくだの馬を道端に落とすが、酔っているので気づかない。火屋に着いてあわてて探しに戻るが、道端で酔いつぶれていた願人坊主を樽におさめて、火屋に舞い戻る。

何度か映画化もされている「らくだ」だが、久六の面白さは、石原均監督「らくだの馬さん」（昭和三十二［一九五七］年・東映）のエノケン（榎本健一）が出色。半次役の花沢徳衛を相手に、しだいに酒乱と化していく様が愉快に描かれている。らくだ役は中村是好。実は昭和十年に、エノケンはいちはやく「らくだ」を演じている。浅草松竹座でおこなわれた榎本健一一座公演「らくだの馬さん」（大町龍夫作）だ。この舞台では、半次に扮した柳田貞一（浅草オペラ出身で、エノケンの師匠）が、らくだ（このときも中村是好）の亡骸の前で、「ＬＯＵＩＳＥ（ルイズ）」（当時、モーリス・シュバリエが歌ったヒット曲）のメロディにのせて、「なーむあーみだーぶっ　なーむあみだー……」と軽妙に念仏を唱えている。大家を演じたのはジャズシンガーの草分け二村定一という、溜息の出るような陣容だった。

近年の舞台では、平成三（一九九一）年二月、東京宝塚劇場で上演された「喜劇・雪之丞変化」（小野田勇脚本、三木のり平演出・主演）で、古今亭志ん五が演じたらくだの馬が印象に残る。「らくだ」は、歌舞伎のレパートリーとしても知られるが、現役俳優では、四代目片岡亀蔵のらくだの馬が絶品といえよう。平成二十年八月の歌舞伎座公演「らくだ」（岡鬼太郎作、榎本滋民改訂・演出）では、亀蔵のらくだの馬に伍して、中村勘三郎が久六、坂東三津五郎が半次を演じていた。（原健太郎）

京男《きょうおとこ》（→祇園会《ぎおんえ》「祇園祭《ぎおんまつり》」）

商人風の男。「江戸っ子が嫌う京の嫌らしさ」を体現している。京は四条大橋近くの茶屋の二階で祇園祭の見物中、同席した江戸っ子とのお国自慢の応酬がエスカレート。「武蔵の国の江戸やなく、むさい国のへどや」と挑発しては、そのたびに「京は王城の地。日本一の土地柄や。あっはっは」と嫌みな口調で繰り返す。ついに堪忍袋の緒が切れた江戸っ子から、強烈な啖呵《たんか》の洪水を浴びせられる。（長井好弘）

京極備中守《きょうごくびっちゅうのかみ》（「操競女学校《みさおくらべおんながっこう》」「お里《さと》の伝《でん》」）
大名。讃岐丸亀で六万三千石を領する。十九年前に、家臣の岩淵伝内と尼ヶ崎幸右衛門との間で起こった事件が、再浮上。尼ヶ崎の娘お里による岩淵への仇討を、芝新《しばあたらし》橋《ばし》の上屋敷でおこなわせる。父の仇を討ったお里に感服し、尼ヶ崎家の再興を認める。（原健太郎）

恭太《きょうた》（「粟田口《あわたぐち》」「粟田口霑笛竹《あわたぐちしめすのふえたけ》」「澤紫《さわのむらさき》ゆかりの咲分《さきわけ》」）
湯島のはさみ鍛冶職人の弟子。技術が一向に上達しないまま親方は他界したので、親方の妹しのの家で暮らす。しのの息子の丈助が老僕勇助を殺害した現場を目撃し、しのに伝える。（布目英一）

清女《きよじょ》（「たらちね」「延陽伯《えんようはく》」）
八五郎の新妻。幼名鶴女。長じて清女。十八歳。容姿も十人並以上。家主の口利きで結婚。夏冬のものはひと通り揃っていて申し分ない。唯一の欠点は、言葉がていねい過ぎること。朝の挨拶にも「今朝は土風激しゅうて、小砂眼入す」。八五郎が名前を尋ねると、「みずからの姓名は、父はもと京の産にして、姓は安藤、名は恵蔵、字《あざな》を五光《ごこう》と申せしが……」、といった具合（→付録「口上・言い立て」）。このあまりに違い過ぎる夫婦、いつまで持つか——は、余計な詮索か。（太田博）

喜六（きろく）

上方落語のボケ役のスター。東京の与太郎とちがい、職業もあり、下駄屋を営むことも。女房もいる。愚か者というよりも、おもしろいことを言ったりしたりするのが大好きな、大阪弁でいうイチビリ（お調子者）。友人の清八とコンビで伊勢神宮や讃岐の金毘羅大権現の旅をし、多くのエピソードをこしらえて回ったことで知られる。若いころはこれといった定職につかずブラブラしている期間も長かったが、いつも甚兵衛を始めとする周囲の親切な世話焼きが仕事を紹介してくれる。（小佐田定雄）

喜六（「有馬小便《ありましょんべん》」）
無職渡世。元手なしで金儲けする。有馬温泉に行き、宿屋の泊まり客に二階から小便をさせるという珍商売を始める。中の節を抜いた二間ほどの長い竿と小便を受ける手桶を提げ、法被《はっぴ》腹かけの小粋な姿で「小便屋」と流して歩くが、女性客に出会い、漏斗《ろうと》も持ってくるべきだったと反省する。（小佐田定雄）

喜六（「按七《あんしち》」）

町内の若い衆。叔父の遺産で質屋を開業したとたん偉そうにし始めた元按摩の七兵衛に恥をかかせる片棒を担ぐことになる。無筆の七兵衛が矢立を腰に差していたのに目を付けていた清八が「七の字が書けなかったら首を引き抜く。書けたら一円やる」と言ったために、賞金の一円の半分の五十銭を都合させられる。七兵衛に文字を書かせるための襖を古道具屋で、太い筆を提灯屋から借りて来るよう言いつけられる。（小佐田定雄）

喜六（「いもりの黒焼《くろやき》」）

もてない男。女にもてたい念願から、甚兵衛に教えてもらい、惚れ薬のいもりの黒焼きを手に入れ、娘に振りかけるつもりが風に流され、そばの米俵にかかってしまい、米俵に追いかけられる羽目になる。（小佐田定雄）

喜六（「色事根問《いろごとねどい》」）

もてない男。骨太で鰤《ぶり》のアラのような血なまぐさい風貌。子供の着物にお婆さんの帯を締めるというファッションセンスが原因で、女と全く縁がない。甚兵衛にもてる十の条件を教えてもらうが「一見栄、二男、三金、四芸、五精、六おぼこ、七台詞、八力、九肝、十評判」のすべてに当てはまらないことを思い知らされる。このあと、甚兵衛の世話で芸を身に着けるために稽古屋へ行ったり（「稽古屋」）、首を取り換えるために医者に行く（「首の仕替え」）ことになる。（小佐田定雄）

喜六（「片袖《かたそで》」）

盗賊の手下。大阪市西区の警察の八木刑事に頼まれ、三隅亘という謎の人物を調査したところ、亘本人から盗賊であることを打ち明けられ、いや応なく手下にされる。その夜、一心寺へ行って墓返しの手伝いをさせられ、分け前をもらって姿を消すが……。（小佐田定雄）

喜六（「軽石屁《かるいしべ》」）

伊勢参りの男。帰り道、鈴鹿峠で足が痛くなる。同行していた清八が「駕籠屋と値段の応対をしてやる」と言い残し、自分だけが駕籠に乗って行ってしまう。茶店に先回りして清八を待つ間に軽石の粉を飲むと屁が止まらなくなることを思い出し、店先にあった軽石を混ぜた酒を駕籠屋に飲ませて清八に復讐を果たす。（小佐田定雄）

喜六（「紀州飛脚《きしゆうびきやく》」）

足自慢。今日の内に和歌山まで手紙を届けることを頼まれるが、途中で小便がしたくなり、立ち止まらず走りながら用を足す。そのまき散らされた小便が道端で寝ていた仔狐にかかったため、紀州の狐たちの色仕掛けの仕返しにあうことになる。（小佐田定雄）

喜六（「口合根問《くちあいねどい》」）

もてない男。全く女と縁がないので甚兵衛に相談すると、上手な「口合（駄洒落）」ができるともてると教えられ、急遽訓練を開始。下駄があったら「下駄（下手）の横好き」、靴があれば「靴（打つ）や太鼓の音も澄みわたり」などと教えてもらい、友達の家でやってみようとするが下駄を見ては「下駄は横向きには履けんわ」と言ったり、靴を見ては「靴があったら……半革打っとけ」などとスカタンなことを言ってしまう。最後の手段として、相手の体の痛いところを尋ねて「腹が痛い」と言うと「腹（花）がい（見）たくば吉野へござれ」、鼻が痛いというたら「鼻（花）がい（見）たくば吉野へござれ」と言う作戦を隠居相手に実行にうつすが、隠居は腹でも鼻でもなく、「脚気で足が痛い」と答えるので「足が痛くば……どこへも行けんわ」。（小佐田定雄）

喜六（「くっしゃみ講釈《こうしやく》」）

町内の独身者。小町娘と暗がりで話をしていたところに通りかかった講釈師後藤一山に、顔に犬糞を塗りつけられたのを恨みに思い、友人の政やんの知恵を借り、講釈場で唐辛子を焚き、口演中の後藤一山をくしゃみ地獄に落とし入れる。（小佐田定雄）

喜六（「首の仕替《くびのしかえ》」）

もてない男。その個性的な風貌が原因で、女と全く縁がない。なんとか女に好かれたいとの念願から、甚兵衛に医者を紹介してもらい、首を取り換えてもらうことにす

るのだが……。（小佐田定雄）

喜六（「稽古屋《けいこや》」）

もてない男。なんとか女に好かれたいとの念願から、甚兵衛の紹介で町内の小川市松師匠の稽古屋に通おうとしたが、初日早々から騒動を起こす。師匠に「色ごとのできる芸を教えとくなはれ」と頼むが「色は指南（思案）のほかでおます」と体よく断られる。（小佐田定雄）

喜六（「骨釣《こつ》り」）

鑿《のみ》を商売道具にしているというから大工か？　隣の幇間《たいこ》繁八が、娘のしゃり頭《こうべ》を釣り上げ、供養してやると幽霊になって夜中に礼にやってきたのを見て、自分も木津川に釣りに行く。そこで、見つけたのが大きなしゃり頭。それを持ち帰り供養したところ、その夜、石川五右衛門の幽霊がやってくる。（小佐田定雄）

喜六（「鷺《さぎ》とり」）

町内の若い衆。「どんな商売をしても損ばかりしてる」とぼやくと、甚兵衛が大阪北野円頓寺の池に降りてくる鷺を捕まえろと知恵を授ける。円頓寺に忍び込み、寝ている鷺を大量に捕まえるが、目を覚ました鷺が一斉に羽ばたいたため宙天高く飛ばされ、四天王寺の五重塔の九輪につかまったものの、降りることができなくなる。四天王寺の坊さん四人が大きな布団の四隅をつかみ、飛び降りたところ、当人は助かったが……。（小佐田定雄）

喜六（「真田山《さなだやま》」）

若い衆。宿替えした家に真夜中、五十歳くらいの女の幽霊が出て「真田山に埋めた『とらのこのかね』を掘りだして」と頼まれる。友達の清八と一攫千金を夢見て真田山へ行くが、出て来たのは骨壺だった。（小佐田定雄）

喜六（「三年酒《さんねんしゅ》」）

町内の若い衆。朝から徳さんの家、髪結床、鍛冶屋、饅頭屋へとあちこち遊び歩いていたが、仲間の清八から共通の友人である播磨屋又七が急に亡くなったと教えられる。早速、又七の女房のおとわに悔やみを言いにいくのだが、生来のゲラ（笑い上戸）のため、うまく口上が言えない。しかし、それがかえっておとわの気分をほぐし

たようである。（小佐田定雄）

喜六（「地獄八景亡者戯《じごくばっけいもうじゃのたわむれ》」）
町内の若い衆。よそからもらった大きな鯖を二枚に下ろして片身を造りにして食べたところ、中毒死して冥途へやって来た。現世へのただ一つの未練は、食べ残した鯖の片身だという。（小佐田定雄）

喜六（「商売根問《しょうばいねどい》」）
いろいろと商売に手を出すが失敗ばかりしている男。一攫千金を狙って、動物園にも居ない珍獣ガタロ（河童）を捕えに行くが、誤って川に転落。這い上がって来た姿を目撃した子供にガタロと間違えられる。（小佐田定雄）

喜六（「高宮川天狗酒盛《たかみやがわてんぐのさかもり》」）
伊勢詣の男。参詣の帰り道の高宮の宿に、大金持ちと偽って泊まったが、散財をするはめになる。とても支払えないので、同行の清八と夜中に逃げ出すが、途中で山賊一味と出会ってしまう。あわてて、木に登って難を避けようとするが、折悪しく便意を催し、木の上から小便と大便を落としたところ、山賊たちは天狗の仕業と勘違いして逃げ出す。（小佐田定雄）

喜六（「近眼《ちかめ》の煮売屋《にうりや》」）
町内の若い衆。友達の清八の家に遊びに行くと、結構な料理を並べて一杯やっている。隣町の煮売屋に行って好きなものを買い、金を払う段になって「金を落とした」と言い、近眼の親父がかがんで金を探そうとするところを上から押さえつけて、親父がへたばっているすきに逃げてきたとのこと。早速、真似をしてやろうと隣町の煮売屋へ行くのだが……。（小佐田定雄）

喜六（「天神山《てんじんやま》」）
長屋の住人。仲間の清八に「保平の女房のお常はほんまは狐や、もの言うたあと必ずコーンと言いよる」と教えられ、二人で確かめに行く。物陰で様子を見ていると、お常が狐の正体を現したので仰天する。（小佐田定雄）

喜六（「天王寺詣《てんのうじまい》り」）
長屋の住人。甚兵衛から彼岸の意味を教えられ、死んだ愛犬と、ついでに父親の供養のための引導鐘を撞《つ》きに四天王寺に出かける。坊さんの叩いた鐘の残響が愛犬のうなり声に似ていることに感動し、自分も力いっぱい撞くと、勢い余ってクワーンという犬の悲鳴のような音になってしまう。(小佐田定雄)

喜六(「野崎詣《のざきまい》り」)

野崎詣りの男。仲間の清八と一緒に住道《すみのどう》から舟に乗る。清八の指導で名物の口喧嘩を試みる。堤の上を相合傘で歩いているカップルに「夫婦気取りで歩いてけつかるけど、おのれの嬶《かか》やあるまい。どこぞの稽古屋のお師匠はんを連れ出して、住道あたりで酒塩でどんがらいためてボーンと蹴倒そと思うてけつかるけど、おのれの面では分不相応じゃ。稲荷さんの太鼓でドヨドン、ドヨドン(雑用損、雑用損)」と言うように教えられるが、うまくいかない。清八に叱られてへこんでいると、堤の参詣人から「片仮名の『ト』の字のチョボがへたった」と声がかかる。つまり、背の高い清八を「ト」の字の「たて棒」に、低い喜六を「チョン」になぞらえて揶揄したわけだ。それに気づいて、今一度リベンジを図り「小さい小さいと軽蔑さらすな。山椒は小粒でもヒリヒリ辛いわーい」と教えられるのだが「山椒はヒリヒリと辛いわーい」と小粒を言い落してしまう。堤を歩いていた男に「小粒が落ちてるぞ」と指摘されると、小粒銀が落ちていると勘違いして、うつむいて「どーこーにー」。(小佐田定雄)

喜六(「花《はな》の都《みやこ》」)

金儲けを切望する男。能勢の妙見さんのご利益で、扇ぐと鼻を伸び縮みさせることのできる長短一組の羽団扇を手に入れ、それを使って大金持ち娘の鼻を伸ばし、元の高さに縮めてやることで大儲けする。(小佐田定雄)

喜六(「兵庫船《ひょうごぶね》」)

金比羅詣りの男。清八と二人で参詣の帰り道、兵庫の鍛冶屋町の浜から大坂まで船に乗る。船上で客たちは「謎かけ」で遊んでいるので、参加するが今ひとつ遊びのルールをつかみきれていない。船客の一人が鱶《ふか》に魅入れられたため、船が止まってしまうが、各自の持ち物を流して水中に引き込まれたらその持ち主が魅入られていると聞き、自分の持ち物を投げ込むと沈んでしまう。それも

当然で、銅製の文鎮を投げ込んでいた。（小佐田定雄）

喜六（「船弁慶《ふなべんけい》」）
長屋の恐妻家。夏の昼下がり、仲間の清八が舟遊びに誘いにくる。女房の雀のお松の厳しい詮議を「友達の喧嘩の仲裁に行く」と嘘をついてかいくぐり、友達の待つ屋形船に乗り込む。船の上で褌《ふんどし》一丁になって源平踊りに興じていると、その様子を難波橋に夕涼みに来ていたお松に目撃され、壮絶な能がかりの夫婦喧嘩になる。夕涼みの客に船弁慶の仁輪加と間違えられ、「ようよう、舟の上の弁慶さん」と声をかけられる。（小佐田定雄）

喜六（「へっつい盗人《ぬすっと》」）
長屋の住人。友達の竹の宿替えに祝の品を送ろうと思うが、資金不足のため、清八と二人で丼池《どぶいけ》筋の道具屋へ夜中に行って、黙ってへっついを借りてくることにする。ところが、目的の道具屋に着いても石灯籠を倒したはずみに三輪車のラッパに手をついて鳴らしてしまったり、大きな音をさせて小便をして、清八に大いに迷惑をかけることになる。（小佐田定雄）

喜六（「向《む》う付《づ》け」「三人《さんにん》無筆《むひつ》」）
かわいがってくれていた十一屋のご隠居が亡くなったので葬式の手伝いに出かけ、帳場を頼まれるが、肝心の文字が書けない。帳場は二人というのでもう一人の男を頼りにしようとするが、なんとその男も無筆だった。そこで、男のアイデアで参列者に帳面に名前を書いてもらう「向う付け」という新システムを編み出してしのごうとするのだが……。（小佐田定雄）

喜六（「遊山船《ゆさんぶね》」）
長屋の住人。行水を済ませたあと、友達の清八と二人で浪花橋の上で夕涼みをする。清八がちょうど橋の下を通りかかった屋形船の稽古屋の女が碇《いかり》の模様の浴衣を着ていたのを見て「さってもきれいな碇の模様」と言うと、女が「風が吹いても流れんように」と答える洒落たやり取りにいたく感動。帰宅してから女房を相手に再現しようと試みるが……。（小佐田定雄）

金《きん》（「甲府《こうふ》い」）

豆腐屋の奉公人。店先の卯の花に手を伸ばし、無断で食べている若者善吉を見つけ、打ち叩いているところを、主人にたしなめられる。（原健太郎）

金（「素人鰻《しろうとうなぎ》」）
鰻職人。以前は名店神田川の板場にいた。旧知の士族、中村の旦那に鰻屋の開業をすすめ、自ら店の料理人となる。腕は確かで好人物だが、酒乱の癖《へき》がある。下の流しから、料理、出前まで、店の切り回し一切をまかされることになったので、金比羅様に願をかけて酒を断つことを誓う。だが開業式で、顔なじみの麻布の旦那から酒をすすめられ、気がつけば大トラ。さんざんからんだあげく、店を飛び出してしまう。翌朝戻って詫びがかなうが、その後も、酒を飲んではしくじりを繰り返し、ついに店を出たまま行く方知れずになった。（原健太郎）

金（「心眼《しんがん》」）
按摩梅喜の弟。横浜で暮らす。東京からわざわざ訪ねてきた梅喜を、「このどめくら、食いつぶしにきやがったな！」などと口汚くののしり、ひどく嘆かせる。何か商売をしているようだが、不景気の波をもろにかぶっているらしい。（原健太郎）

金（「宿屋《やどや》の仇討《あだうち》」「宿屋仇《やどやかたき》」）
神奈川宿に泊まった江戸魚河岸の若い衆三人連れの一人。相撲を取って大騒ぎをしたあげく、連れの源ちゃんに、仇討ちの作り話を聞かされ、「源兵衛は色事師」とはやしたところ、隣室の侍に敵呼ばわりされ、三人もろとも朝まで縛りあげられてしまう。（太田博）

金魚《きんぎょ》（「金魚の芸者《げいしゃ》」）
丸っ子という珍種。育ててもらった本所の金魚屋、六左衛門に恩返しをしようと、人間の姿になって柳橋の吉田屋から芸者に出ることになった。元は金魚だが、声（鯉）もいいとか。（長井好弘）

金魚（「猫《ねこ》と金魚《きんぎょ》」）
商家の旦那に飼われている。絶えず隣の猫の脅威にさらされており、それを防ごうとする間抜けな番頭によってたなざらしにされたり、風呂屋の煙突の上に置かれそう

になるなどの災難に見舞われている。（布目英一）

金五郎《きんごろう》（「おさん茂兵衛《もへえ》」）
上尾宿の博打うち。品川の芸者上がりの、おさんという美しい女房を持つ。祭りの費用が工面できず、「二、三日、木崎宿の女郎屋に身を沈めてくれ」「いや、行かぬ」と、おさんと押し問答しているところに、親分の三婦《さぶ》がやってきて、「おさんに、茂兵衛という男に会ってもらいたい」と言われ、三十両の金を差し出される。この話に飛びつき、気の進まないおさんを二人で説き伏せ、送り出すが、これが女房との今生の別れとなる。（原健太郎）

金次郎《きんじろう》（「長崎《ながさき》の赤飯《こわめし》」）
質両替商金田屋金左衛門の一人息子。真面目だが、やや優柔不断。唄の稽古を始めたことで、三年前に金左衛門から勘当を言い渡されるが、母親の手筈で伊勢の大叔父に預けられる。商用で出かけた長崎で回船問屋長者屋の娘お園と一緒になり、近々父親になる予定。「おとっつぁん、時々《じじ》一生の大病」と書かれた手紙が届き、置手紙を残して江戸に舞い戻る。再会を喜んだ金左衛門の画策で、八丁堀岡崎町の町方取締役渡辺喜平次の娘おいちと、否応なく所帯をもつことになる。仕事先から帰ると、お腹の大きな女房のお園が乞食の姿に身をやつして、はるばる長崎から訪ねてきていた。そのことを知った喜平次が、「取り調べることがある」と言って、お園を連れ去ったが、「いったん、おいちさんを嫁にもらい、その間にお園さんをとり戻し、あとで理由をつけておいちさんを出せばよい」との金左衛門の言葉にしたがい、婚礼の席にのぞむ。ところが綿帽子の下に見えた顔は、おいちではなく、お園だったので驚く。お園の自分への思いを知った喜平次の、慈悲深い算段によるものとわかり、感激する。金左衛門から家督をゆずられ、お園が産んだ男の子金太郎に、長者屋を継がせる。（原健太郎）

銀次郎《ぎんじろう》（「片棒《かたぼう》」）
赤螺屋《あかにしや》吝兵衛《けちべえ》の次男。道楽者。父の葬式をどのようにとりおこなうかを問われ、「兄貴は何を考えてるんだ。通夜なんか一晩でいい」と、ここまではよかったが、歴史に残るような、破天荒で色っぽい弔いをおこなうと宣言。紅白の幕を張りめぐらせ、鳶頭《かしら》連中の木遣《きやり》を先頭に、芸者の手古舞《てこまい》、算盤《そろばん》を手にした吝兵衛の生き人形をのせた山車《だし》に続いて、神田囃子の腕っこきが「てててててんてんてんてんてん、すててんてん、てんてん、てんてん、どどん、ちしいり……」とにぎやかに繰り出す。神輿《みこし》を「わっしょい、わっしょい」と担ぎ、行列が町のはずれまで来たところで花火を打ち上げ、「あかにしや〜っ！」。親類代表の弔辞朗読のあと、一同で「ばんざーい！」……。「これじゃ、まるで祭りだ」と、吝兵衛を激怒させる。竹次郎の名でも演じられる。（原健太郎）

金蔵《きんぞう》（「熱海土産温泉利書《あたみみやげいでゆのききがき》」）
稀代の悪党。表稼業は八王子の髪結いだが、裏では女房のおさわと共謀し、あらゆる悪事に手を染めている。母親が乳母をしていた近藤弥三郎が勘当され、その弥三郎恋しさに八王子まで追ってきたお濱を言葉巧みにだまし、「弥三郎が罪を犯して牢に入っている。助けるためには五十両の金が要る」と吉原にたたき売ってしまう。のち、「金蔵が弥三郎を殺した」という虚報を信じたお濱に夫婦共々斬殺される。（長井好弘）

金蔵（「品川心中《しながわしんじゅう》」）
神田の貸本屋。独り者。馬鹿で大食らいで助兵衛で欲張り。品川宿白木屋の飯盛女お染から、「一緒に死んでほしい」と心中の相談を持ちかけられ、惚れた弱みで涙ながらに引き受ける。翌日、家財道具を売り払い、白無垢一枚と腰から下のない胴裏《どううら》のようなものと匕首《あいくち》一本を買い、長年世話になった親分のところへ暇乞いにいく。「どこへ行くんだ」と問われ、「西の方へ」。「道程《みちのり》十万億土の遠方で、お盆の十三日には帰ります」と、それとなく死に行くことをほのめかす。その晩、いよいよ心中する段になって、親分の家に匕首を置き忘れてしまったことに気づき、品川の海に飛び込むことに計画を変更。暗闇の中、桟橋で足をすくませていると、「私もあとから行くから、先行っとくれ」とお染に腰を突かれ、もんどり打って海中に。苦しまぎれに暴れてみると、水は腰までしかなく、足が立つ。お染が家の中に入っていく姿を、ざんばら髪で見送り、「覚えていやがれ」と悔しがる。遠浅の海を歩いて高輪の雁木《がんぎ》に上がり、親分の家に行って表戸を叩いたところ、おりからガラッポン（賽子《さいころ》博打）の真っ最中で、手入れと間違えられ大混乱。「心中をして、あっしだけが死に損ない、女の方は飛び込みもしなかった」と訴えると、幽霊に化けてお染に仕返しをしようという話がまとまる……。

川島雄三監督「幕末太陽傳」（昭和三十二［一九五七］年・日活）は、「居残り佐平次」「三枚起請」「お見立て」「五人廻し」などの「廓噺《くるわばなし》」に材を取った映画だが、「品川心中」もその一つで、小沢昭一が金蔵役を演じている。現在、高座ではほとんど演じられることのなくなった、金蔵がお染（左幸子）に仕返しをする後段のくだりが面白く描かれている。（原健太郎）

金太《きんた》（「女天下《おんなてんが》」）
魚屋。居候しているうちに商売を継ぎ、入り婿になったため、女房の言いなりになっていた。銀行員の山田さんに「女は亭主をたてるべきだ」と意見をしてもらおうとしたが、山田さんも奥さんの尻に敷かれていた。そこで二人で学者の根津先生を訪ねる。「いくじなし」としかられたが、先生も奥さんにはかなわなかった。（布目英一）

金太郎《きんたろう》（「片棒《かたぼう》」）
赤螺屋吝兵衛《あかにしやけちべえ》の長男。父から、「自分の葬式はどのようにとりおこなうつもりか」と聞きただされ、店を二日休んで二晩通しで通夜をやり、翌日仮葬を出してから本葬をおこなう、と宣言。僧侶数十人を寺に集めて三日三晩経をあげさせ、参列者一人ひとりに最高級の料理をふるまい、車代を出す……など、大盤振る舞いの限りを尽くすと答え、「お前が生きている間は、絶対死なない」と、どなられる。松太郎の名でも演じられる。（原健太郎）

金太郎（「三方一両損《さんぽういちりょうぞん》」）
神田白壁町の左官職人。柳原の土手で三両入りの財布を拾い、持ち主である神田竪大工町の大工吉五郎の家へ届けるが、「俺の財布を出た金なんぞいらねえ」とにべもない。意地の張り合いが、家主まで巻き込んでの大喧嘩に。ついには「恐れながら」と奉行所に訴え出て、大岡越前守の登場となるが、「三方一両損」という名裁きで一件落着する。（長井好弘）

金時金兵衛《きんとききんべえ》（「芝居《しばい》の喧嘩《けんか》」）
旗本奴、水野十郎左衛門の四天王の一人。木挽町の山村座で幡随院長兵衛の子分の雷の重五郎が芝居小屋の若い衆ともめていたため、横っ面をなぐって裏木戸から放り出した。これを見ていた長兵衛の身内の唐犬権兵衛に張り倒されたので、四天王のもう一人渡辺綱右衛門が権兵衛を切ろうとしたため、騒ぎがさらに大きくなり、末には水野が率いる白柄組と長兵衛率いる町奴の大喧嘩となってしまう。（布目英一）

銀南《ぎんなん》（「代脈《だいみゃく》」）
漢方医、尾台良玄の不肖の弟子。蔵前の商家の娘の代診を命じられたが、出された羊羹《ようかん》に気を取られて診察を忘れ、「娘の腹を押さぬよう」と師にくどく注意されたのに、思い切り押して娘の放屁を促す。失敗を悔やむどころか、面白がっているふしもある。銀南の名こそあるが、実体は与太郎に近い。（長井好弘）

銀之《ぎんの》**助**《すけ》（「干《ひ》物《もの》箱《ばこ》」）
道楽息子の若旦那。遊びが過ぎて父親に外出禁止を言い渡されたが、花魁《おいらん》が恋しくてたまらない。「湯へ行く」と家を抜け出し、声色のうまい貸本屋の善公に、「女と会っている間、家で身代わりを」と頼む。まんまと計画が図に当たると思われたが、紙入れを忘れてしまい、家に戻ると、まさに善公の身代わりがばれたところ。「この罰当たりめ！」。父親の雷を聞いても、「善さんは器用だ。親父そっくり」と感心する。外出禁止期間が二倍以上に増えるのは間違いない。（長井好弘）

勤番《きんばん》**侍**《ざむらい》（「しびん」「花瓶《かびん》」）
江戸藩邸詰めの武士。田舎者とはいえ、黒羽二重の五ッ所紋、金銀をちりばめた大小を手挟んだ姿や、華道や書画骨董の趣味などを見れば、それなりの身分、教養をもつ上級藩士か。国元への土産を探して訪れた道具屋で見つけた尿瓶《しびん》を、「しびん」という名の陶工が焼いた花器と勘違いし、道具屋の甘言にも乗って、言い値の五両で買い求める。宿へ戻って、尿瓶に花を活けていたところ、来合わせた本屋に真相を聞かされて激怒。刀をわしづかみにし、足袋裸足のまま道具屋に駆け戻るが、「病の母の薬代に」という道具屋のとっさの言訳に、「親孝行に免じ、金も命もその方にくれてやるわ！」と潔く矛を収める。「花は桜木、人は武士」と称賛の声も上がったが、

「金を返せ」と言わなかったのは、尿瓶を宿に置いてきたため、小便（「買わず＝蛙に行く」の符牒）できなかったからだという説もある。（長井好弘）

金兵衛《きんべえ》（「おかふい」）
萬屋の番頭。新宿の女郎屋で病気をもらい、鼻がない。たがいに鼻なしになった主人卯兵衛とその女房が、「旦那がいとふい」「お前がかわふい」と言っているのを聞いて、「これはおかふい」。（原健太郎）

金兵衛（「鏡《かがみ》ヶ池《いけ》操松影《みさおのまつかげ》」「江《え》島屋《じまや》騒動《そうどう》」）
芝日蔭町の古着商江島屋の番頭。集金した金を奪われ困り果てていた糶《せり》呉服商島伝の小僧安次郎（のちの治平）を助け、江島屋に奉公させる。下総へ商用の途中、大雪の中で道に迷い、藤ヶ谷新田の茅《あば》ら家《や》に宿を乞う。夜半、主の老婆が美しい着物を囲炉裏の火にくべ、何者かを呪っている姿をのぞき見る。呪いの相手が江島屋の主人治右衛門であると知り、恐怖のあまり逃げ出す。主人の治右衛門に、いかもの売りが原因で老婆の娘が死んでしまったことを話し、阿漕《あこぎ》な商法をたしなめるが、取り合ってはもらえない。増長する治右衛門の妾お仲の気ままに堪えかねて、店を出る。（原健太郎）

金兵衛（「黄金餅《こがねもち》」）
貧乏長屋の住人。金山寺味噌を商う。病の床に就いた隣家の願人坊主西念《さいねん》が、貯めたお金を餅と一緒に飲み込んだまま絶命するのを盗み見て、これを手に入れようとする。遺体を麻布絶江釜無村《あざぶぜっこうかまなしむら》の木蓮寺に持ち込んで怪しげなお経（→付録「口上・言い立て」）で葬式を済ませると、桐ヶ谷の火葬場に運び、腹部だけを半焼きにしてもらって金をせしめる。その金を元手に、目黒に餅屋を開き、江戸名物「黄金餅」として繁盛した。不正入手した資金で餅屋を開く、という後味悪い結末。（太田博）

金兵衛（「鉄拐《てっかい》」）
貿易商上海屋唐右衛門の手代。創業記念祝賀会の余興に腹の中から分身を出す術を披露する鉄拐仙人を出演させたところ大人気を博したため、本業よりも仙人の出演交渉などマネージャー業が忙しくなる。（布目英一）

金兵衛（「にせ金《きん》」）

御弓町の道具屋。如才なく客の取り持ちができ、茶の心得があり、納める品物もたしかなことから、商売は順調らしい。古くからの贔屓客の屋敷で馳走になった際、「旦那のためなら命もいらない」と啖呵を切ったところ、「実は親友が集まって珍物会を催す。そこに出品するから、大きいと評判のお前の睾丸を切ってもらいたい」と懇願される。「私のは評判ばかりで実は小さい」と抵抗するが、引っ込みがつかなくなり、五十両で売ると約束させられる。翌朝、青い顔で屋敷を訪れ、「病院で切ってもらった」と睾丸の入った包みを差し出し、ひどい二日酔いで睾丸の売買の約束を覚えておらず呆然とする旦那から、五十両と治療費をもらい帰っていく。ところが、包みの中は睾丸ではなく、蛸の頭を二つゆでたものと判明したため、三日たたぬうちに「にせ金つかい」の容疑で捕まった。（長井好弘）

金兵衛（「初音《はつね》の鼓《つづみ》」「ぽんこん」）

古道具屋。得体の知れぬ品を集めて喜ぶ殿様に、打つと傍にいる者に狐が乗り移ってコンと鳴く、という触れ込みで初音の鼓の贋物を持ち込んだ。殿様が打つと、金兵衛がコン。金兵衛が打つ時は側用人《そばようにん》の三太夫を買収してコンと鳴かせる。ついには金兵衛が打つと殿様までコンと鳴きはじめ、まんまと百両で売ったものの、からくりを見抜いた殿様と三太夫の鳴き賃を差っ引かれ、もうけはたったの一両に。（太田博）

金兵衛（「はてなの茶碗《ちゃわん》」「茶金《ちゃきん》」）

茶道具商。京で一番……ということは日本一。衣棚に店を構えている。年齢は五十五、六歳だが、鑑定家としても超一流の目利きで、金兵衛が「この品は」と言っただけで十両の値打ちがある……と言われる。京の人からは「茶金さん」と呼ばれ尊敬されている。宮中に上がることも許されており、大坂の豪商鴻池善右衛門とも親交がある。

　清水寺の音羽の滝の前の茶店で休憩していたところ、茶を飲んでいた茶碗が傷もないのにポタリポタリと漏るので、思わず「はてな」とつぶやいたことが御所を巻き込む大騒動のきっかけとなった。（小佐田定雄）

金坊《きんぼう》（「真田小僧《さなだこぞう》」）
こまっしゃくれた男の子。父親の留守中に母が呼んだ按摩を、「知らないおじさん」と称して思わせぶりな話に仕立て、佳境に至ると、「惜しい、切れ場だ」と、小遣いを巻き上げる。父親が寄席で聞いてきた「真田三代記」のくだりをすぐに覚えてしまい、真田の定紋、六連銭の並び方を尋ねる。父親が六枚の銭を二列に置いて説明しようとしたところで、かっさらって逃げ出す。「どこへ行くんだ？」「今度は焼き芋を買うんだい」「ああ、うちの真田も薩摩へ落ちた」。（原健太郎）

金坊（「初天神《はつてんじん》」）
熊五郎の一人息子。七歳前後の腕白ざかり。父親が初天神に出かけようとするのを目ざとく見つけて、今日は「何を買って」とは言わない約束で連れていってもらう。屋台の飴玉を大泣きしてねだるが、しゃぶっていると、父親に背中をたたかれ、飲み込んでしまう。続いて団子をねだると父親に蜜をなめられてしまう。さらに凧をせがみ、広場で揚げようとするが、父親が夢中になって持たせてもらえない。「こんなことなら、おとっつあんなんか連れて来なきゃよかった」。（布目英一）

金坊（「雛鍔《ひなつば》」）
長屋住まいの植木屋の息子。植木屋の仕事先である大名屋敷の若様と同じ「お八歳」だが、鼻水が二本垂れている腕白ざかり。大人の揚げ足を取ることにたけていて、うまく小遣いをせびる。「若様は銭を知らずに鷹揚に育っている」と父親が感心していたのを立ち聞きし、お店《たな》の番頭が来た時に、穴あき銭を振りかざして「こんなもの拾ったあ。真ん中に四角い穴が空いていて波の模様があって、裏には字が書いてあるから、お雛さまの刀の鍔かな」と、若様の真似をして番頭を感心させ、手習いの道具を買ってもらう約束を取りつける。喜んだ父親に「そんなきたねえもの捨てちまえ」と言われると、「やだい。これで芋を買うんだ」。（布目英一）

金坊（「桃太郎《ももたろう》」）
五歳の男児。子供とは思えぬほどの物知りで、いつも父親を閉口させている。寝つけないと訴えると、父親が昔話の「桃太郎」を聞かせてくれる。だが、「昔、昔って、西暦（元号）では何年？」から始まり、「あるところって、何処？」「おじいさん、おばあさんの名前は？」「なぜ、おじいさんは山へ、おばあさんは川へ行ったの？」「山は何ていう名前、川は何ていう名前？」などなど、話を中断させては質問攻めにする。父親が答えに窮すると、話術たくみに、長々と説得力のある答えを披露。気がつくと、話をしていた父親のほうが寝入っている。「ああ、親なんて、罪のないもんだ」。（原健太郎）

金坊（「藪入《やぶい》り」）
熊五郎の倅《せがれ》。初めての藪入りで三年ぶりに里帰りする。大人びた挨拶が出来るほど成長した。奉公中、ペスト予防の鼠退治の懸賞金が当たり、大金を持って帰ったため母親に誤解される。（太田博）

金弥《きんや》（「盃《さかずき》の殿様《とのさま》」）
大名の家来。気鬱《きうつ》の殿様を元気づけようと、吉原の花魁《おいらん》道中を描いた東錦絵《あずまにしきえ》を見せる。「傾城ばかりは絵空事とも申せません」と断言するなど、粋筋に通じている。茶坊主珍斎として登場することもある。（原健太郎）

金弥（「不孝者《ふこうもの》」）
柳橋の芸者。男嫌いを通しているが、かつては伊勢吉の旦那の囲い者だった。店の事情でやむなく別れたが、息子の茶屋通いをいさめに来た旦那と再会し、変わらぬ気持ちを伝える。焼けぼっくいに火がつくか。（長井好弘）

欣弥《きんや》（「目黒《めぐろ》のさんま」）
江戸家老。殿様と目黒へ遠乗りに出かける。昼時になり、空腹の殿様のために近くの百姓家から大根おろしを添えた焼きたてのさんまを調達する。下魚《げうお》のさんまを食したことは口外なさらぬようにと念を押すが、殿様はさんまの味が忘れられない。（布目英一）

〈く〉

空海上人《くうかいしょうにん》（「大師《だいし》の杵《きね》」）
後の弘法大師《こうぼうだいし》。若作り。諸国修行中、武蔵国平間（現在の川崎市）の名主源兵衛宅に宿泊するが、一目惚れした娘おもよに言い寄られたため、夜間、寝床に杵を置いて逃げ出す。半狂乱になった娘が自害したのを知って、「出家にあるまじき行為」と女除けのお守りを作った。死体を葬ったのが、現在の川崎大師という。（太田博）

楠運平橘正猛《くすのきうんぺえたちばなのまさたけ》（「三軒長屋《さんげんながや》」）

剣術指南の浪人。三軒長屋の端の家で道場を営む。連日連夜、騒がしく稽古に励み、隣家に暮らす伊勢屋勘兵衛の妾を震えあがらせている。反対側の端に住む鳶頭《かしら》の政五郎から、両端の家の実質の大家である勘兵衛が、店立《たなだ》てを計画していると聞かされ、二人で対抗策を講じる。門弟に、石野地蔵、山坂転太《やまさかころんだ》、北風寒右衛門《きたかぜさぶえもん》らがいる。楠運平橘正国の名で登場することもある。（原健太郎）

屑屋《くずや》（「巌流島《がんりゅうじま》」「岸柳島《がんりゅうじま》」）

渡し舟の乗客。客の若侍が水中に落とした銀製煙管《きせる》の雁《がん》首《くび》の片割れ、吸い口を買い取ろうと申し出て、怒りを買う。商売熱心が裏目に出た。無礼討ちされるところを、老武士の機転に救われる。（太田博）

薬屋《くすりや》（「両国八景《りょうごくはっけい》」）

両国広小路の露天商。どんな難病でも治せるというねり薬を試しになめさせた酔っ払いに、うまいからもっとなめさせろと言われ、困惑する。（布目英一）

久津見半左衛門《くづみはんざえもん》（「鏡ヶ池操松影《かがみいけみさおのまつかげ》」「江島屋騒動《えじまやそうどう》」）

三浦志摩守の家臣、おすがの兄。おすがと悪徳医師倉岡元仲の密通を知り、激怒。三河島で倉岡の待ち伏せにあい、殺害される。（原健太郎）

国鶴《くにづる》（「けんげしゃ茶屋《ぢゃや》」）

南地のお茶屋鶴の屋の娘芸者。たいへんな「けんげしゃ」（御幣《ごへい》かつぎ）。いたずら好きの旦那に正月早々縁起の悪いことを連発され困りはてる。さらに名前を「首吊る」と間違えられて逆上する。（小佐田定雄）

首吊り《くびつ》（「夢八《ゆめはち》」）

長屋の男。原因は不明だが、梁に縄をかけてぶら下がった。真夜中、年古く棲む黒猫の魔力で口をきくようになり、通夜の番をする八兵衛を仰天させる。（小佐田定雄）

首屋《くびや》（「首屋《くびや》」）

自分の首を売りに出している男。落語に登場する数々の職業の中で、最も奇抜にして人を食った珍商売。「ええ、首屋でござい。生首はいかが……」と、売り声をあげていると、番町辺りの旗本屋敷から、「買いたい」と声がかかる。七両二分の代金を受け取り、首を差し出すが、殿様が刀を振りおろすとひらりと体をかわし、首に巻きつけていた風呂敷包みを広げて張子の首を放り出す。「こっちの首は看板でございます」。（原健太郎）

熊《くま》（「擬宝珠《ぎぼし》」）

職人。ふさぎ込んで寝たきりになった出入り先の若旦那の徳の胸のつかえを聞き出してくれるよう、大旦那に頼まれる。金属の味に取りつかれ、浅草寺の擬宝珠をなめたがっていることを探り出し、動転する。（布目英一）

熊（「黄金《きん》の大黒《だいこく》」）

長屋の住人。息子が黄金の大黒天を掘り当てた祝いに家主から招かれる。席上、「いたずらしたら、家主の子と思わないで小言を言ってくれ」といわれ、図に乗って金槌で殴ったことを白状する。（太田博）

熊（「五月幟《ごがつのぼり》」）

長屋の住人。大酒飲み。叔父から、「息子の初節句に、五月人形ぐらい買ってやれ」と金をもらい、家を出るが、途中、喧嘩の手打ち式に上がり込んで酒を飲み、ふところの金を祝儀としてやってしまう。酔っ払いながら手ぶらで帰ると、来合わせた叔父に「人形はどうした」と問い詰められ、梯子段をトントンと上がって「今朝から初めて二階に上がったので、これが初昇り（幟）」、「酒に酔って真っ赤になった面《つら》が金太郎で、酔いがさめると正気（鍾馗）になる」などと、その場しのぎの大熱演で煙に巻こうとするが……。（原健太郎）

熊（「三軒長屋《さんげんながや》」）

鳶の若者。横町の湯屋で喧嘩を始めた、宗次とへこ半を仲裁。鳶頭《かしら》政五郎の家の二階を借りて、手打ちの宴を催すが、案の定、酔った勢いで暴れ出す。実は、仲間の誰よりも喧嘩っ早い。（原健太郎）

熊（「さんま火事《かじ》」）

長屋の住人。恐ろしく声が大きい。しわい屋の油屋に仕返しをしようと、長屋の連中総出でさんまを焼き、煙がもうもうとなったところで、「魚竹じゃ間に合わない。河岸（火事）だ、河岸だ！」と大声で騒ぐ、重要な役目を受け持つ。（原健太郎）

熊（「猫定《ねこさだ》」）

不思議な力をもつ黒猫。居酒屋三河屋の二階で縛られ、あわや殺されかけたところを、博徒の魚屋定吉に引き取られる。定吉の着物の懐に入って一緒に博打場へ行き、恩返しのつもりか、丁半博打のサイコロの目を自在に読む〝特技〟を使って連戦連勝させることで、定吉の懐を満たし、男を上げる手助けをする。愛宕下の藪加藤での博打の帰り、采女が原で定吉が女房の間男の手にかかって惨殺されたため、間男と女房の喉元を食いちぎって仇を討つ。定吉の通夜で、隣家の壁越しに遺体を動かして町内の連中を驚かすが、浪人に見破られ斬り殺される。のちに「主人のあだを討った忠義な猫だ」と評判になり、御上から二十五両の褒美が出たため、両国回向院に猫塚が建てられた。（長井好弘）

熊（「猫《ねこ》の災難《さいなん》」）

職人。無類の酒好き。隣家の女房から、飼い猫の病気見舞いだという食べ残しの鯛をもらい、まな板の上に乗せ、擂鉢《あたりばち》をかぶせておく。擂鉢からはみ出た鯛の頭と尾を見て、立派な鯛があると思い込んだ兄貴分が、「これを肴に飲もう」と酒を買ってきたので、「鯛の中身は隣の猫がくわえていった」と作り話をする。酒を置き、肴を買いに兄貴分が出ていったあと、今度は酒瓶に手を付け、一杯、また一杯と、ついに飲み干してしまう。戻ってきた兄貴分には、またしても隣の猫のせいだ、と言い張るが、しどろもどろに説明するのですべてばれ、おまけに、隣家の女房からも抗議される。（原健太郎）

熊（「花見酒《はなみざけ》」）

酒好きの男。向島の花見で酒を売って儲けようと、弟分の辰に持ちかける。灘の生一本を二升、樽に詰めて運ぶが、途中、釣り銭用の十銭で、たがいに客になって酒を買い合ううちに、すべて飲み干してしまう。（原健太郎）

熊（「へっつい幽霊《ゆうれい》」）

遊び人。「向こう傷」と異名をとる。幽霊が出ると噂のあるへっついを同じ長屋の若旦那と道具屋から三両付きで引き取るが、運ぶ途中で破損して中から金が飛び出す。その金を山分けして博打で使い果たしたところ、幽霊が現れ、「金を返せ」と懇願されたので、若旦那の実家に用立ててもらう。幽霊相手に丁半博打を持ちかけ、全額巻き上げてしまう。（布目英一）

熊（「四人癖《よにんぐせ》」）

若い大工。「こいつはいい」といいながら、手をポンと打つのが癖。仲間三人と「癖を出したら罰金」という賭けをして、見事勝ち残るが、「これで一杯飲める。こいつはいい」と思わず手を打ってしまう。（長井好弘）

熊五郎《くまごろう》（「青菜《あおな》」）

植木屋。夏の夕刻、出入りのお屋敷での仕事を終え、主人から酒肴のもてなしを受ける。東京で「直し」と呼ぶ焼酎の味琳割柳蔭《やなぎかげ》に驚き、鯉のあらいに「こんな白くなるまで洗って」と感心し、「この氷はよく冷えてる」と言って笑われる。菜を所望する際に、主人夫婦が使った隠し言葉「鞍馬から牛若丸が出まして、その名（菜）を九郎（食ろう）判官」というのが気に入り、帰宅後、遊びにきた大工の八五郎を相手に普通の燗酒を柳影、焼き鰯を鯉のあらいと称して試してみるが、付け焼き刃の悲しさ、ことごとく失敗する。（太田博）

熊五郎（「安産《あんざん》」）

粗忽者の亭主。臨月の女房が産気づくや、薪の代わりにゴボウを火にくべ、有名な神仏の名を並べ、「安産の暁には金無垢の鳥居を収めます」と口から出任せの願を掛ける。それでも無事男の子が誕生する。（長井好弘）

熊五郎（「家見舞《いえみまい》」「肥《こい》がめ」）

江戸っ子の職人。兄貴の新築祝いに、水瓶を買おうとしたが、持ち金が足りなくて、超廉価の古肥がめを持って行く。が、そこで御馳走になった冷奴やご飯が肥がめの水を使ったと聞いて……。（太田博）

熊五郎（「植木《うえき》のお化《ば》け」）
長屋の住人。隠居の家の庭にお化けが出ると聞き、夜中、隠居と一緒に恐る恐る幽霊見物をする。築山を舞台に見立て、次々と「芸」を披露する植木のお化けに、「高麗屋！」などと声をかける。（長井好弘）

熊五郎（「宇治《うじ》の柴船《しばふね》」）
手伝《てった》い職。船場の商家に出入り、簡単な大工仕事や左官の仕事をする。幼馴染の作次郎が絵に描いた女に恋わずらいして寝込んだので、気分転換するために宇治に保養に出かけるのにお供する。（小佐田定雄）

熊五郎（「大山詣《おおやままい》り」）
長屋暮らしの男。酒癖が悪く、あることないこと、いい加減な話ばかりするので、「千三つ」だの「ほら熊」だのと呼ばれている。長屋連中の大山詣りでも、毎年問題を起こしており、今年は、怒ったら二分の罰金、喧嘩をしたら坊主頭という定式《きめしき》で同行を許される。帰りの神奈川宿で、風呂場の屁をめぐって仲間に乱暴を働いたため、酔いつぶれている間に坊主にされる。翌朝、坊主頭の自分を残して、先に宿を払った連中に仕返しをしようと、早駕籠に乗って長屋に先回りする。金沢八景見物で船が沈み、自分一人を残して全員死亡したと、女房たちにでたらめの報告をし、頭の手拭いを取って、「俺と一緒に、亭主の菩提を弔おう」。計略どおり、自分の女房をのぞく全員の頭を丸めてしまう。（原健太郎）

熊五郎（「お七《しち》」）
長屋の住人。偽悪趣味か、験《げん》担ぎをからかうのが面白いのか。兄弟分の吉兵衛の家で赤ん坊を肴に縁起の悪い話を連発する。吉兵衛が逆襲に転じるや、先回りして相手を封じ込める。野暮ではないが嫌な奴。（長井好弘）

熊五郎（「お茶汲《ちゃく》み」）
職人。仲間の半公が、吉原の女が騙しの手口に「涙顔を作るのに、湯飲みのお茶を目の周りに塗った」と聞き、便乗しようと出かけたが、敵は見抜いていて、「今、お茶を汲んであげる」。（太田博）

熊五郎（「狂歌家主《きょうかいえぬし》」）

長屋の住人。大晦日《おおみそか》に餅もつけない甲斐性なし。店賃《たなちん》を取りにきた家主が、狂歌が好きだと聞いて、「貧乏の棒も次第に長くなり　振り回される年の暮かな」「貧乏をしても下谷の長者町　上野の鐘のうなるのを聞く」など迷狂歌を聞かせて家賃の払いを引き延ばす。（太田博）

熊五郎（「子《こ》ほめ」）

職人。ただ酒にありつくためにはどうすればよいか、そればかりを考えている。隠居から、相手の年齢を実際より若く言って喜ばしてやれば、ごちそうになれるかもしれないと教えられ、さっそく試してみるが、付け焼刃で応用が効かない。赤ん坊が生まれたばかりの友達、竹の長屋に行き、お七夜を迎えた赤ん坊に、「一歳《ひとつ》にしちゃあ若い。どうみても……ただだ（「半分」と言ってサゲる演出もある）」と言って、家族を啞然とさせる。八五郎の名で登場する場合もある。（原健太郎）

熊五郎（「子別《こわか》れ」「強飯《こわめし》の女郎買《じょろうか》い」「子《こ》は鎹《かすがい》」）

大工。腕はいいが、酒と女にからきし弱い。山谷での弔いの帰りに吉原へ繰り出し、かつて品川でなじみだった遊女と再会する（上）。居続けをした後、素面では体裁が悪いので、一杯引っかけて帰宅。言い訳をするつもりが、つい惚気話になってしまい、怒った女房に頰を張られる。お定まりの夫婦喧嘩の末、女房は一粒種の亀坊を連れて家を出てしまう。その後、年季明けした遊女を家に入れるが、すぐに逃げられる。侘しい一人暮らしになって始めて、自分の馬鹿さ加減に気がついた（中）。それからは酒も女もやめて仕事一筋。暮らしが楽になると、女房子供が恋しくなる。仕事で木場まで行く途中、学校帰りの亀坊に再会。子供の成長ぶりと、母子のつましい暮らしぶりを聞く。翌日、鰻屋の二階で家族が集い、「子は鎹《かすがい》」を地でいく亀坊の働きで、夫婦のヨリを戻す（下）。いつの時代の、何処の町にもこんな奴はいる。実は俺もそうだったという聴き手の共感が、「落語長屋の熊五郎」に永遠の命を与えている。（長井好弘）

熊五郎（「質屋蔵《しちやぐら》」）

手伝《てつだ》い職。大阪の大きな質屋に出入り。右腕は昇り竜、左腕は下り竜。背中に「水滸伝」の英雄九紋竜の彫り物をしているのが自慢。腕には自信があるが、化け物には弱い。質屋の三番蔵にお化けが出るという噂が立ったのを気にした旦那に正体を見極めるために呼び出されるが、店の酒や漬物の横領が露見したと早とちりして、ペラペラと悪事を白状してしまう。結局、番頭と二人で蔵の怪異の正体を見極めさせられるが、現れた火の玉が庭石に当たった音に腰を抜かしてしまう。（小佐田定雄）

熊五郎（「死神《しにがみ》」）

甲斐性無し。金策に悩んだあげく、女房から「豆腐の角にでも頭をぶつけて死んじまえ」と、悪口雑言を浴びせられる。首を吊ろうとしているところに現れた死神から、人間の寿命のあるなしを見極める法——すなわち、長患いをしている患者には、必ず足元か枕元に死神がついており、足元にいるときは、手を二つ打って「あじゃらかもくれんきゅうらいす　てけれっつのぱーっ」（後半部は演者によってさまざま）と唱えれば、死神ははがれ、病人は助かるが、枕元にいるときは、寿命が尽きているので助かる見込みがない——を教わり、にわか医者となって稼ぎまくる。ところが調子にのって、患者の寝ている布団を一八〇度回転させ、枕元の死神を無理やり退散させるという、掟破りの行動に出たため、死神の逆鱗にふれる。無数のろうそくが立ち並ぶ場所に連れていかれ、「ろうそくの炎の勢いが、その人の寿命を表している」と言われる。今にも消え入りそうな自分のろうそくに、必死になって火を接《つ》ごうとするが……。（原健太郎）

熊五郎（「地見屋《じみや》」）

長屋の住人。ただいま失業中。隣人が金目のものを拾い歩く地見屋だと知り、強引に仲間になる。講習料五十銭も払わず、東京中を歩き回るが収穫ゼロ。逆に一円入りの財布を落としてしまう。家に帰ると、地見屋が自分の財布を拾っているので強引に取り返したが、未払いの講習料をさっ引かれ、残りは五十銭に。（長井好弘）

熊五郎（「洒落《しゃれ》小町《こまち》」）

女好きの亭主。女房は、「がちゃ松」とあだ名される騒がしい女。穴っぱいり（浮気）に夢中になっているため、「むじな野郎」とか「たぬき野郎」などと呼ばれている。女房の常軌を逸したおしゃべりに、新たに駄洒落攻撃が加わり、困惑。この日を境に、ますます穴っぱいりに励

むことになる。（原健太郎）

熊五郎（「寿限無《じゅげむ》」）

長屋の住人。待望の男子が誕生し、長生きをする、いい名前を付けようと和尚に相談。和尚が挙げためでたい名前の数々を、「どれも捨てがたい」と全部付けた（↓付録「口上・言い立て」）。前代未聞の長い名前を、そのまま命名してしまう度胸は尋常ではない。（長井好弘）

熊五郎（「崇徳院《すとくいん》」）

手伝《てつだ》い職。船場の商家に出入りする。若旦那の作次郎とは幼馴染で、作次郎が住所氏名が不明のお嬢さんに恋患いで寝込んだため、大阪中を走り回って恋の相手を捜索する羽目になる。始めの三日間は黙って歩いていたが「黙って歩いてて、わかるほうが不思議や！」と女房に叱られ、四日目は「瀬をはやみ岩にせかるる滝川の」と手がかりになる崇徳院の歌の前半を大声で叫びながら、人が集まる床屋や風呂屋を回る。（小佐田定雄）

熊五郎（「粗忽長屋《そこつながや》」）

粗忽者。女房など、身より頼りの類はない。そそっかしい兄貴分がやってきて、「浅草の観音様の近くで、おまえが行き倒れになっているから、早く死骸を引き取ってこい」といわれる。「死んだ気はしない」と答えるが、「誰かほかのやつに持っていかれちまうぞ」と説得され、「当人」として現場におもむく。死骸を見ると、自分より少し顔が長い気はするものの、わが身と納得し、涙ながらに抱き上げる。その瞬間、ふと我に返り、「抱かれているのは、たしかにおれだが、抱いているおれはいったい誰だろう……」。（原健太郎）

熊五郎（「天災《てんさい》」）

喧嘩っ早い職人。母親と女房に暴力を振るったうえ、二人への離縁状を隠居に依頼する。隠居に紹介された長谷川町新道の心学者、紅羅坊名丸《べにらぼうなまる》から我慢や孝行が大切であることを、「——烏《からす》に反哺《はんぽ》の孝あり、鳩に三枝《さんし》の礼あり、羊はひざまずいて親の乳を吸う。雀は忠《ちゅう》と鳴き、烏は孝と鳴く、鳥類でさえ忠孝忠孝と鳴く、ましてや万物の霊長たる人間は忠孝忠孝と鳴いて欲しい」などと、さまざまな例えを駆使し、諄々と諭される。家に戻ると、隣の吉兵衛が、浮気をしたと大騒ぎしているので、受け売りの心学を披露しようとするが、「堪忍のなる堪忍は誰もする、ならぬ堪忍するが堪忍」を「神主の……奈良の神主駿河の神主、中に天神寝てござる」と間違えるなど、付け焼き刃の教訓を台無しにする。（太田博）

熊五郎（「菜刀息子《ながたんむすこ》」「弱法師《よろぼし》」）

手伝い職。家出をした出入りのお店《たな》の若旦那俊三の行方を必死になって捜索するが発見できない。俊三が失踪した一年後、甘いものが好きだった俊三のために安治《あじ》川口で当時最新流行のドロップの瓶を買ってお店へお参りにやって来る。（小佐田定雄）

熊五郎（「二十四孝《にじゅうしこう》」）

長屋の親不孝者。心配した家主から、中国故事の「二十四孝」の話を教えられる。母親が蚊に食われてはいけないと、自分の身体に酒を塗って寝て、蚊を自分のところへおびき寄せた、という呉猛《ごもう》の話が気に入り、自分も孝行しようと家に帰るが、酒を塗らずに飲んで寝てしまったため、逆に夜っぴて団扇で扇いでもらう。（太田博）

熊五郎（「にらみ返《がえ》し」）

長屋の住人。大晦日《おおみそか》の夜、次々にやってくる、米屋、酒屋などの掛取りに往生していたところ、にらみ返すだけで追い払うという男が現れ、地獄に仏とばかり仕事を依頼する。ひと言もしゃべらず掛取りを追い返す男に感動して、延長を申し出るが、「これから自分のほうをにらみに帰ります」と断られる。（原健太郎）

熊五郎（「猫久《ねこきゅう》」）

大工。二十七歳。向かいの長屋に住む猫久の女房が突然怒って帰宅した亭主に命ぜられて刀を神前で三度いただいてから亭主に渡すのを目撃した話を髪結床でしたところ、それを聞いた侍から、猫久夫婦は見上げた人物だと教えられる。家に戻り、女房に受け売りの話をしていると、猫にいわしを持っていかれる。引っぱたこうとして、すりこぎを出すように女房に命じると、悠然と三度いただいてから渡された。（布目英一）

熊五郎（「初天神《はってんじん》」）

職人。三十歳前後。初天神に出かけようとするところを息子の金坊に見つかり、何も買わないという約束で連れて行くことになる。ところが境内に出ている屋台の前に来ると金坊にねだられて、指をなめながら飴を選んだり、蜜をなめてしまった団子をもう一度蜜壺につけたりする。さらに凧を買わされ、広場で揚げ始めると、おもしろくなり、金坊そっちのけで興じる。（布目英一）

熊五郎（「反魂香《はんごんこう》」）
長屋に住む男やもめ。隣家の浪人島田重三郎が毎晩、伏《ふせ》鉦《がね》を叩いてうるさいので苦情をいうと、「反魂香を焚いて、鉦を叩くと、死んだ女房、高尾太夫の霊が浮かんでくる」と言われる。三年前に亡くした女房おさきに会いたくて、香を買いに行くが、間違えて越中富山の「反魂《はんごん》丹《たん》」を買ってしまう。くべると煙が出て隣の女房お竹がむせながら現れる。（太田博）

熊五郎（「富士詣《ふじまい》り」）
長屋の若い衆。女好き。富士詣りの講に加わり、五合目まで来たが、荒天で立ち往生。山の神を鎮めるために仲間の前で懺悔をするが、これがとんでもない色事話。湯上がりの年増と仲良くなり、口説いているがなかなかうんといわない。その相手が講の先達の女房だともらしたことから、大騒ぎになる。（長井好弘）

熊五郎（「骨違《ほねちが》い」）
大工。本所達磨横町の長屋に住む。間男と間違えて撲殺した棟梁の息子の死骸を川に捨てようとしたが、それを見ていた弟分の吉五郎のすすめで、吉五郎宅の床下に埋める。急死した棟梁のあとを継ぎ、羽振りが良くなるものの、女狂いがもとで夫婦喧嘩となり、女房に人殺しの一件をわめき散らされる。それを同心に聞かれ、お裁きを受けることになるが、吉五郎の機転のおかげで人骨が見つからず、おとがめを受けずにすむ。（布目英一）

熊五郎（「藪入《やぶい》り」）
長屋の職人。一人息子の金坊が奉公に出て、初めての「藪入り」を一睡もせずに待っている。帰ってきたら、好きな納豆、シジミ汁、刺身、てんぷら、鰻、みつ豆、汁粉、牡丹餅……、を食べさせ、日光を始め、松島、函館の五稜郭、加賀の兼六園、美濃の養老乃瀧、伊勢参り、京都見物、四国の金毘羅さんへも連れて行こうかと考えを巡らせるが、いざ帰ってくると、嬉しさのあまり緊張して他人行儀になってしまう。息子が、似合わぬ大金を持っていたのを知り、悪いことでもしたのでは、と殴りつける。ペスト予防の鼠《ねずみ》の懸賞に当たったと聞いて、「チュー（忠）のお蔭だ」。（太田博）

熊蔵《くまぞう》（「しじみ売《う》り」）
鼠小僧次郎吉の仲間。俠気《おとこぎ》にあふれた人物。通称、須走りの熊蔵。次郎吉の盗んだ金をめぐまれたことから御金蔵破りの汚名を着せられた、しじみ売りの少年与吉の義兄の無実を晴らすために、次郎吉の身代わりとなって奉行所に名のり出る。（原健太郎）

熊蔵（「夢金《ゆめきん》」）
船頭。無類の欲張り。雪の夜に「百両ほしい。五十両でもいい」と寝言を言っているところをたたき起こされ、深川まで屋根舟を出すことに。客の浪人者から、連れの娘が大金を持っているので殺して金を山分けしようと持ちかけられる。承諾したふりをして侍を隅田川の中州へ置き去りにし、娘を助ける。礼として娘の親から待望の百両をもらうが、すべて夢だった。（布目英一）

粂《くめの》之助《すけ》（「穴釣《あなづ》り三次《さんじ》」「闇夜《やみよ》の梅《うめ》」「忍岡恋《しのぶがおかこい》の穴釣《あなづ》り」）
浅草三筋町の紙問屋甲州屋の手代。土井大炊頭《おおいのかみ》の家臣、早川三左衛門の三男。十九歳。甲州屋の娘お梅と深い仲となったため暇を出され、兄玄道が住職をつとめる谷中の長安寺に身を寄せる。植木屋九兵衛と名乗る男に「お梅と駆け落ちをする手助けをするので、金を用立ててくれ」と言われ、本堂の修繕の金八十両を盗む。その金を九兵衛に渡せずにいるうちに、お梅殺害の濡れ衣を着せられたため、玄道と甲州屋に行き、身の潔白を晴らそうとした時、懐から八十両が出てきたので自害しようとする。そこへ九兵衛が現れて真実を告白したため濡れ衣が晴れ、甲州屋の養子となり、下谷の古着屋紺田屋の娘をめとり、義母お杉に孝行を尽くす。（布目英一）

粂野《くめの》美作守《みまさかのかみ》（「菊模様《きくもよう》皿山《さらやま》奇談《きだん》」）
勝山城主。二万三千石。心臓病をわずらったため、弟君

と若君の間で跡目争いが起こる。（布目英一）

倉岡元仲《くらおかげんちゅう》（「鏡《かがみ》ヶ池《いけ》操《みさおの》松影《まつかげ》」「江《え》島屋《じまや》騒動《そうどう》」）

悪党。下総大貫村の医者倉岡元庵《くらおかげんあん》の子。放蕩のため二十二歳のとき勘当となる。江戸へ出て、鍼医《はりい》年の市の世話で形ばかりの医者となるが、長続きせず飛び出す。旧知の伴野《ともの》林蔵《りんぞう》と結託し、殺人、強盗、謀略など、悪行の限りを尽くす。

浪人野口安兵衛を殺害。密通相手の兄、久津見半左衛門を殺害。己の悪事を知った半左衛門の女房、お雪を殺害。さらに、お雪とその娘お菊を引き取り、そばめにする……など、その所業には、およそ人間性のかけらもない。鏡ヶ池（現在の台東区橋場辺り）で、野口の息子治平と、半左衛門の娘お菊、年の市の息子である左官の甚吉に、林蔵とともに仇を討たれる。（原健太郎）

俥屋《くるまや》（「替《かわ》り目《め》」）

運がいいのか悪いのかよくわからない俥引き。夜分、自分の家の前で乗り込んだ酔っ払いを、車輪が一回り半したところで降ろし、その女房から詫び料をもらう。ついでながらたしかに「車を差し上げたい」とは言ったが、決して力持ちではない。（原健太郎）

俥屋（「反対俥《はんたいぐるま》」「いらち俥《ぐるま》」）

①病弱な中年の人力俥夫。昨日まで豚を運搬していたという汚い俥を引いている。上野駅へ急ぐ客を乗せるが、心臓が弱く、スピードが出せない。若い俥屋ばかりか、年寄りの俥屋にも追い抜かれ、憐れんだ客に金をめぐまれる。どうやら、この金で病院へ戻るらしい。

②やたらに威勢のいい人力俥夫。病弱な俥屋をあきらめた、上野駅へ急ぐ客を乗せる。「橋を渡って北へまっすぐ」と言われ、猛スピードで駆け出すが、方向が定まらず、自分で止まることさえできない。あっという間に東京を飛び出し、どこかの土手にぶつかってようやく止まる。急いで上野駅へ引き返すが、またもや見当違いのはるか遠方に……。（原健太郎）

クロ（「鴻池《こうのいけ》の犬《いぬ》」）

黒犬。一本の差し毛もない。弟犬二匹とともに船場南本町にあった池田屋の店先に捨てられる。「クロ」と名づけられて池田屋で飼われることになったが、遊んでいる姿を目撃した鴻池家の手代が「うちの坊んがかわいがっていた黒犬が亡くなりましたんやが、おたくのクロがその犬に生き写しでございます」ともらわれることになる。鴻池家でスクスク育ったクロは、体も大きくなり、人望ならぬ犬望も高く、船場の犬の大将になる。町内に迷い込んできた病犬の身の上を聞くと、実の弟であることがわかり、再会を喜ぶ。（小佐田定雄）

黒川孝蔵《くろかわこうぞう》（「怪談牡丹燈籠《かいだんぼたんどうろう》」）

悪浪人。本郷丸山本妙寺中屋敷に住む。忠義の若党、孝助の父親。酒色におぼれ、身持ちも悪い。無銭飲食の常習。本郷の刀屋の前で、酒に酔って旗本のせがれ飯島平太郎にからみ、斬殺される。後に、成人した遺児孝助が飯島家の若党となり、敵を討つ。（太田博）

黒川先生《くろかわせんせい》（「二《に》番煎《ばんせん》じ」）

謡の師範。おっとりとした性格。風邪をひかぬよう娘に酒を持たされて火の番廻りに初参加。あまりの寒さに拍子木をたもとに入れて打ったり、謡の調子で「火の用心」と言ったりする。番小屋では鍋を囲みながら酒に酔って下手な句をひねる。（布目英一）

黒田《くろだ》**屋**《や》（「風《かぜ》の神送《かみおく》り」）

商家の主人。悪い風邪が流行ったので、町内の若い衆が集まり風邪の神の人形を張りぼてで制作し、それを川に流す「風の神送り」をすることになった。資金集めの町内の連中が最初に訪れてきたので、天保五枚……五百文だけ寄付する。ただし、帳面上は初筆の景気づけとして「天保十枚」と記されている。（小佐田定雄）

鍬潟《くわがた》（「鍬潟」）

二尺二寸の小男。相撲好き。隣家の甚兵衛から、三尺二寸の初代鍬潟が、七尺余の大関、雷電為《らいでんため》右《え》衛門《もん》を負かした話を聞き、二代目鍬潟を目指して相撲部屋に入門する。背丈四尺でやる人もいる。落語の世界にしか登場しない超小兵力士である。（太田博）

〈け〉

警官《けいかん》（「探偵《たんてい》うどん」）
深川高橋《たかばし》近くの交番に勤務。「三百円入った財布を盗まれた」と若い男が駆け込んできたので、犯人確保のため、深川から本所にかけて非常線を張る。（原健太郎）

刑事《けいじ》（「探偵《たんてい》うどん」）
深川高橋《たかばし》の強奪事件を担当。かつぎ屋台の鍋焼きうどん屋に変装し、捜査する。見知らぬ男に「茶番でうどん屋をやるんで」と頼まれ、衣裳を交換し、屋台をかつがせる。吾妻橋を渡って花川戸から弁天山に来たところで、男が強奪犯で、うどん屋になりすまして非常線を破った、と告白。お礼にと一円を差し出されるが、「商売もののうどんを一杯食っていけば、一円もらう」と答えると、「おれはうどんが嫌いだ」「いや、おまえは、必ずうどんを食べることになる」と押し問答。「おまえはいったい誰だ」と尋ねられたので、「刑事だ」。「ああ、とうとう一杯食わされた」。（原健太郎）

芸者《げいしゃ》（「親子《おやこ》茶屋《ぢやや》」）
国松、幾松、唐松、荒神松、そしておそ松と「松」づくし名前をもつ。宗右衛門町のお茶屋の座敷で、年配の野暮なお客の「狐つり」という古風な遊びにつきあわされて、いささかうんざりしている。（小佐田定雄）

芸者（「虱茶屋《しらみぢやや》」）
いたずら好きの旦那に運勢を見てやるとだまされて、襟元に虱を入れられる。（布目英一）

芸者（「たちぎれ線香《せんこう》」）
南地の芸妓。朋輩の小糸が若旦那への恋患いで亡くなり、その三七日《みなのか》に小糸の親元紀ノ庄を陽気に訪れるが、実はその前に風呂屋で、番台に飾ってあった小糸の名入り提灯を見て大泣きしている。小糸の死のもとになった若旦那が来ていることを知って、「小糸ちゃんの仇」といきりたつが、百日の蔵住まいを強いられていたという小糸の母の説明で誤解を解く。（小佐田定雄）

芸者（「花《はな》の都《みやこ》」）
新町の芸妓。二人連れの客の座敷に呼ばれるが、客の身なりがよくないのでつんとしていたところ、羽団扇であ

おがれ、なぜか鼻が急に伸び出す。その鼻の先は京の円山まで届いたという。（小佐田定雄）

芸者（「棒鱈《ぼうだら》」）
田舎侍の座敷に呼ばれたベテランの姐さん。野暮な勤番侍の扱いには慣れているが、「たぬきゃーの腹鼓」（百舌《も》鳥《ず》の嘴《くちばし》）、「にがちー（二月）はテンテコテン」（十二か月）、「ひとつ蒸けたら食わんば食わんばパーッパッ」（琉球）など、お国言葉丸出しで奇っ怪な唄をうたわれては、褒め言葉が見つからない。「まあ、どうしましょう」とあきれている所へ、隣座敷の江戸っ子が乱入。大混乱の中、騒ぎを聞いて料理の途中で駆けつけた板前から胡椒の粉を浴びせられる。（長井好弘）

袈裟御前《けさごぜん》（「袈裟御前」）
北面の武士、渡辺亘の妻。絶世の美女。夫の同僚、遠藤盛遠に思いをかけられて悩む。盛遠には「夫を亡きものに」と言い、自分は夫と寝所を入れ替わって、忍んできた盛遠に首をはねられる。（長井好弘）

下足番《げそくばん》（「鰻《うなぎ》の幇間《たいこ》」）
鰻屋の若い衆。帳場の女中同様、見た目から、羽織を着た野幇間《のだいこ》の一八《いっぱち》が旦那で、浴衣がけの男がお供だと思い込んでいる。先に男が店を出ていくとき、一八の真新しい上等な下駄をはき、汚い下駄は新聞紙に包んで持っていっても、何ら疑問をもたない。（原健太郎）

吝兵衛《けちべえ》（「あたま山《やま》」）

吝嗇《りんしょく》な男。年齢、職業不詳。落ちているさくらんぼを拾って食べたが、種をはき出すのがもったいないので飲み込んでしまう。種は体の中に根を下ろし、頭の上に芽が顔を出す。引き抜くのが惜しいので放っておくと、すくすくと育ち、大木になった。翌年の春、みごとに花が咲き、「あたま山の桜」として評判になる。大勢の花見客がぞくぞくと訪れて、朝から、飲めや歌えやのドンチャン騒ぎ。喧嘩を始める者も現れ、やかましくてならない。思いっきり頭を振ると、「すわ大地震！」と、花見客はあわてて逃げ出す。

　毎年毎年これでは我慢ならぬと、桜の木を引き抜いたところ、頭に大きなくぼみができた。そのくぼみに雨水が溜まったが、捨てるのはしのびないのでそのままにしていると、鮒や鯉などの魚がわき、正真正銘の池となる。すると、釣り竿を手に子供たちがやってきて、池の中で泳いだり、周囲を走り回ったりと大はしゃぎ。夜は、釣り船が現れ、大人たちが投網で漁を始める。「ああ、もう、うるさくてたまらない……」と、自分の頭に身を投げて、はからずも、欲や未練とは無縁の永遠の安らぎを手に入れる。（原健太郎）

吝兵衛（「死《し》ぬなら今《いま》」）
自他共に認める悪徳商人。「自分が死んだら地獄行きは確実。閻魔の庁で賄賂をばらまくための三百両を棺に入れて」と言い残してこの世を去る。だが、親戚たちは「本物の金はもったいない」と芝居で使う贋小判を入れてしまう。そんなこととは露知らず、当人は賄賂をばらまいて、地獄行きを免れる。小判の大量流入のため、地獄は空前の好景気に沸くが、まもなく閻魔大王を筆頭に地獄の役人は贋金使いの罪で全員逮捕され、極楽の刑務所へ。「死ぬなら今」ともっぱらの噂だ。（長井好弘）

家来（「将棋《しょうぎ》の殿様《とのさま》」）
将棋好きな殿様の家臣。わがまま勝手な将棋を指す殿様に、勝ってる将棋をいつもひっくり返され、辟易している。そのたびに鉄扇で叩かれるので、頭はコブとコブが地続き状態。（原健太郎）

家来（「そばの殿様《とのさま》」）
大名の家臣。殿様が我流でこしらえたそばを食べ、腹をくだしたので、御意見番に助けを求める。（布目英一）

家来（「たがや」）
徒歩《かち》の供侍《ともざむらい》二人。馬上の主君に仕える。川開きの日、混雑をきわめた両国橋の上で、威勢のいいたがやともめごとを起こす。手討ちにするつもりが、抜いた刀は赤錆だらけで、逆に斬り殺される。日頃、剣術の稽古を怠っていたせいか。（原健太郎）

家来（「能狂言《のうきょうげん》」）
辺鄙な小国の家臣団。「能狂言をやれ」という殿様の一言でパニックとなる。口で楽器の役代わりをするなど、

にわか指南役の噺家にこき使われながら、領民が誰一人知らない能狂言の上演にむけ奔走する。（長井好弘）

家来（「目黒《めぐろ》のさんま」）
供侍。目黒まで遠乗りする殿様と駆け比べをするが、主を追い抜けば機嫌を損ねるし、遅過ぎると怒り出すので、加減が難しい。昼食の用意を忘れたため、近郊の農家からさんまを求め、殿様に献上したところ、食べ残しの骨のみ頂戴することができた。（布目英一）

源《げん》（「穴子《あなご》でからぬけ」）
兄貴分。与太郎相手になぞなぞの賭けをして、まんまとはまってしまう。「真っ黒で角が二本、足が四本、モウと鳴く」など簡単な謎を解いて稼いだが、賭け金が大きくなったところで、与太郎に難問を出される。（太田博）

源（「町内《ちょうない》の若《わか》い衆《しゅう》」）
職人。仲間の清さんから「うちに寄って、おれのことを褒めて、かかぁがどんな挨拶をするか試してくれ」と頼まれる。だが簞笥《たんす》ひとつなく、褒めるものは皆無。「なまじ道具がないだけに、六畳が六畳のまんま、座敷が広く使える、……座布団には綿がない、……土瓶は口がねえ」と、苦しまぎれの誉め言葉を並べる。が、かみさんの腹が臨月と気付き、「兄いは偉いね。この諸物価高騰の折、赤ん坊をこせえるなんて……。やっぱり働きもんだ」と褒める。八五郎でやる人もいる。（太田博）

乾坤坊良輔《けんこんぼうりょうすけ》（「今戸《いまど》の狐《きつね》」）

落語家。五十八歳。乾坤坊良斎門下の落語作者だったが、食べていけないと、初代三笑亭可楽に入門し、落語家となる。可楽の世話で今戸の小梅あたりに家を持ち、落語の修業そっちのけで、今戸焼の狐の彩色に精を出している。筋向かいに住む、千住《こつ》の女郎あがりのおかみさんにも、この内職を世話する。

　チャリン、チャリンと寄席の給金を配分する音を、たまたま聞いたやくざ者が現れ、「できてるキツネをすべてよこせ」とすごまれる。「キツネ」とは、やくざの符牒で、賽子《さいころ》博打の一種。つまり、博打の上がりをゆすりにきたのだが、そんな符牒は知らないので、「今日はまだ、狐はできていないが、戸棚の中に少しならある」と答える。はたして戸棚から泥の狐が出てくると、「てやんでいっ。おれが探してるのは、骨《こつ》の賽《さい》（上等な賽子）だ！」「こつのさい（千住の妻）なら、向かいのおかみさんでございます」。

乾坤坊良斎が自分の体験を、弟子の菅良助《かんりようすけ》（二代目）に託して創作した落語といわれている。（原健太郎）

源左衛門《げんざえもん》（「鏡《かがみ》ヶ池操松影《いけみさおのまつかげ》」「江《え》島屋《じまや》騒動《そうどう》」）

下総大貫村の名主。息子源太郎の嫁に村娘のお里を迎えるにあたり、お里の母おさよに支度金五十両をわたすが、婚礼衣装がいかもので、披露宴が台無しになってしまったため、怒りと恥辱で破談を言いわたす。（原健太郎）

源《げん》さん（「酒《さけ》の粕《かす》」）

気のよい男。与太郎が「酒を飲んだ」と言うので、量を尋ねると、「このくらいのかけらで一つか二つ」と答えたため、酒粕を食べたと察知し、「酒を飲んだと言うのだったら、これくらいの茶碗で一杯か二杯と言え」と教える。（布目英一）

源治《げんじ》（「薬《くすり》違《ちが》い」「いもりの黒焼《くろやき》」）

町内の若い者。家主の伊勢屋の娘に恋患いをする。友達の六兵衛が惚れ薬のイモリの黒焼きを買ってきて、「これを相手の着物にかけろ」とすすめられ、その通りにすると、娘から呼び出しの手紙が届く。大喜びで出かけたところ、案に相違して、店賃《たなちん》を催促される。六兵衛に確かめると、「イモリと間違えてヤモリの黒焼きを買った」という。ヤモリ（家守）だから店賃の催促かと納得してがっかり。（長井好弘）

源次郎《げんじろう》（「骨《ほね》違《ちが》い」）

大工の棟梁政五郎の息子。十七歳。本所達磨横町の長屋に住む。気が弱く、政五郎の後添いにいじめられても歯向かうこともできないでいる。隣家のおみつにやさしくされるが、おみつの亭主に間男と間違えられて殴り殺されてしまった。（布目英一）

源助《げんすけ》（「天神山《てんじんやま》」）

通称「へんちき（変わり者）」の源助。頭の半分は丸坊主でもう半分は髪の毛を伸ばしている。着物も肩が袷《あわせ》、腰のあたりがひとえ、裾が綿入の「四季の着物」を身につけ、白足袋と紺足袋、草履《ぞうり》と高下駄を片方ずつ履いている。他人が驚くようなことばかりしている。みんなが花見に行くと言うので、逆らって墓見に行ったことがきっかけで、幽霊を女房にする。「へんちき」と呼ばれるのを生きがいにしている。（小佐田定雄）

玄清《げんせい》（「夏《なつ》の医者《いしゃ》」）

田舎医者。辺鄙な山村から、さらに山裾を回って六里半のところに住み、のんびり野良仕事をしている。ひょうひょうとしてとらえどころがないが、病人のためには最善の治療をほどこす。「父親の病気を診てほしい」と、山一つ越した隣村から勘太がやってきたので、往診に出る。途中、山の中でうわばみに呑み込まれるが、腹の中で下剤をまき、腹をこわしたうわばみの体内より無事に生還。ようやく隣村にたどりつき、診察を終えて薬をわたそうとしたとき、薬籠《やくろう》をうわばみの腹の中に忘れてきたことに気づく。ふたたび山に引き返し、まだ苦しそうにしているうわばみに、「もういっぺん、ちょっくら呑んでくれ」と頼むが……。「医は仁術」を体現した名医。玄伯の名で登場することもある。（原健太郎）

源太《げんた》（「お玉牛《たまうし》」）

大坂近郊の堀越村の百姓。かなりの乱暴者で「小突きの」と呼ばれている。村一番の器量よしお玉に惚れて、何度も手紙を書くが返事をもらえないのに業をにやし、お玉に直談判して「うん」という答えを得、勇躍お玉の部屋に夜這いを敢行するが、待っていたのはお玉ではなく……牛だった。（小佐田定雄）

源太（「源太の産《さん》」）

長屋の若い衆。若い産婆に恋患いをする。思いあまって臨月の妊婦に変装し、産婆を呼びにやる。近眼の娘が下半身に顔を近づけるので、男のモノが大きくなる。「元気なお坊ちゃんです」と言われても……。（長井好弘）

源太（「三年酒《さんねんしゅ》」）

通称小突きの源太。大坂の町中に住んでいて、友人又七の葬儀を神道で出すことを、頑固な檀那寺の和尚に納得してもらうための説得役に任命される。お得意の喧嘩腰

の応対で、みごと説得に成功する。同じ乱暴者だが「お玉牛」の源太とは別人のようである。（小佐田定雄）

源太（「殿様《とのさま》だんご」）
平民。徳川時代には大名家にも出入りしていた縁で、侍従を務める苗字不詳の三太夫から主人大小路源右衛門が始める新商売について助言を求められる。しかし源右衛門が「呉服商」を「くれぶくしょう」と読んだり、「警察を始めたらもうからないか」と持ち掛けられたりするので、あきれてしまう。「だんご屋なら、粉を丸め、餡《あん》や蜜をつければよいのだろう」と言われて親身に忠告するのが馬鹿馬鹿しくなり、無責任にすすめて、そそくさと帰ってしまう。（布目英一）

源太郎《げんたろう》（「鏡《かがみ》ヶ池《いけ》操《みさおの》松影《まつかげ》」「江《え》島屋《じまや》騒動《そうどう》」）
名主源左衛門の息子。意志薄弱で、万事父親の言うがまま。村娘のお里を見初め、婚礼の日を迎えるが、花嫁衣装がいかものだったために、源左衛門が激怒。婚礼は取り止めとなる。（原健太郎）

源《げん》ちゃん（「生兵法《なまびょうほう》」「胸肋鼠《きょうろくねずみ》」）
町内の若者。武術に凝っている伊勢六の若旦那に「拙者の胸倉をつかめ。人差し指と親指で振りほどいてみせるから」と言われ、力をこめてつかんだため、両手を爪でひっかかれる。（布目英一）

玄道《げんどう》（「穴釣《あなづ》り三次《さんじ》」「闇夜《やみよ》の梅《うめ》」「忍岡恋《しのぶがおかこい》の穴釣《あなづ》り」）
谷中の長安寺の住職。土井大炊頭《おおいのかみ》の家臣、早川三左衛門の長男。末弟の粂之助が奉公先の甲州屋の娘お梅と不義を働いたので寺に引き取り、粂之助がお梅殺害の犯人に疑われた時も粂之助をかばう。ところが粂之助が寺の金八十両に手をつけているのがわかり、「勘当された長弟の三次郎同様、泥棒根性を持っている」としかる。この様子を隠れて聞いていた三次郎が自首し、数年後に赦免されると、三次郎を弟子に取り、後に長安寺の住職となるまでに徳を積ませる。（布目英一）

玄伯《げんぱく》（「百年目《ひゃくねんめ》」）
幇間《たいこ》医者。大阪船場の大家に出入り。旦那のお供で桜ノ宮へ花見に行き、堅物と評判の番頭が、芸者、幇間に囲

まれて散財している現場を目撃する。（小佐田定雄）

源八《げんぱち》（「名人長二《めいじんちょうじ》」「指物師名人長二《さしものしめいじんちょうじ》」）
家主。店子《たなこ》の指物師長二が、お柳幸兵衛殺しの疑いで裁きを受けた際、この六年間、一度も家を空けたことがなく、店賃《たなちん》は毎月十日前には納める、几帳面で気立てのやさしい人物である、と証言する。（原健太郎）

見物客（「五目講釈《ごもくこうしゃく》」）
講釈場を聞きに行く長屋の住人たち。生薬屋《きぐすりや》の若旦那が読む義士伝、伊達騒動、天保六花撰《てんぽうろっかせん》など、時代も登場人物も混ぜこぜになった珍講談に、「生薬屋だけによく講釈が調合されている」。（太田博）

見物客（「佐野山《さのやま》」）
相撲のひいき。初日から負け続けの佐野山と全勝の谷風の対戦は「女を取られた谷風の遺恨相撲だ」と憶測を膨らませ、相撲場に押しかける。佐野山の手がまわしに触れたら何両、二本さしたら何両と判官びいきで祝儀の額をつりあげていく。（布目英一）

見物客（「船弁慶《ふなべんけい》」）
夕暮れ時、難波橋の上で下を行きかう遊山船をながめながら涼んでいたところ、川市丸という船の上と川の中で派手な喧嘩をしているのを、幇間《たいこ》と仲居が演じる「知盛の祈り」の仁輪加《にわか》と勘違いし、「ようよう。本日の秀逸秀逸。川の中の知盛はんもええけど、船の中の弁慶はーん！」と声援を送る。（小佐田定雄）

源兵衛《げんべえ》（「明烏《あけがらす》」）
町内で札付きの遊び人。相棒は多助。日本橋田所町の日向屋の主人半兵衛に頼まれ、堅物の息子時次郎を、「お稲荷さんのお籠《こも》り」とだまして吉原へ誘い出す。見返り柳を御神木、大門《おおもん》を鳥居、茶屋を巫女《みこ》の家、女将をお巫女頭などと称すが、妓楼の二階へ上がったところでさすがにばれてしまう。「大門には番所があって、三人で入ったのに一人で戻ると、怪しい奴だと止められてしまう」などと言いながら引き留める。酒が入り、なんとか、花魁の部屋に送り込む。翌朝、ふられた者同士、多助とともに時次郎の部屋に行ってみると――。昔はどこの町内

にも、二人のような社会・世事学の先輩がいて、世の中の俗なルールを教えたものだ。（太田博）

源兵衛（「臆病源兵衛《おくびょうげんべえ》」）
町内の若い衆。独り身で女好き、並はずれた怖がり。日の暮れに雨戸を閉め切ってガタガタ震えているところを、「お前に惚れた女が来ている」と悪い仲間に嘘で誘い出され、兄貴の家で思い切り脅かされる。あまりの怖さに錯乱し、幽霊に扮した八五郎を殴って失神させ、「殺した」と早合点する。やむなく八五郎の「死体」を葛籠《つづら》に入れ、不忍池《しのばずのいけ》へ捨てに行くが、暗い夜道が怖くてたまらず、池の手前で葛籠を放り出して逃走する。（長井好弘）

源兵衛《げんべえ》（「お化《ば》け長屋《ながや》」「借家怪談《しゃくやかいだん》」）
長屋の住人。物置代わりに使っている空き家を他人に貸すからあけろ、と家主から言われて仲間の杢兵衛と画策、借り手を撃退する片棒を担いで、家探しに来た男を杢兵衛のところへ案内する。（太田博）

源兵衛（「小間物屋政談《こまものやせいだん》」「万両婿《まんりょうむこ》」）
京橋五郎兵衛町の長屋の家主。面倒見はいいが、せっかち過ぎて失敗も多い。店子《たなこ》の小四郎が小田原で死んだという知らせを受け、現地に向かう。遺体を見るのを避け、着物の柄だけで別人を小四郎と判断する。残された女房おときに「女一人で暮らすのは間違いのもとだ」と、小四郎のいとこの三五郎と再婚させる。死んだはずの小四郎が帰宅したことから大騒ぎになり、ついには大岡越前守の判断をあおぐことになる。（布目英一）

源兵衛（「三枚起請《さんまいぎしょう》」）
大工の棟梁。独身。吉原の遊女、喜瀬川から起請文《きしょうもん》をもらって通い続け独身を通していたが、仲間の唐物屋《とうぶつや》の猪之吉、経師屋の清造も、同様な起請をもらっていたことがわかり、三人で仕返しに行く。二人を押し入れや衝立の陰に隠すなどの作戦を立てるが、相手はしたたか者、見事に返り討ちに遭う。（太田博）

源兵衛（「大師《だいし》の杵《きね》」）
武蔵国平間の名主。娘おもよが、自宅に宿泊した修行中の空海上人に思いを寄せているのを不憫に思いながらも、

諦めるように説得する。（太田博）

源兵衛（「鼻利《はなき》き源兵衛」「出世《しゅつせ》の鼻《はな》」）

元は下谷長者町の八百屋。日本橋に新店を開いたが商売は振るわない。向かいの呉服商白木屋の土蔵に、一枚の布が飛んできて釘に引っ掛かったのを目撃する。布は、武士から鑑定依頼された品で、紛失騒ぎになっていることを知り、「探す術を心得ている」とうそぶき、鼻を利かせるしぐさで、まんまと二百両の謝礼を手にする。信じた白木屋から、今度は京の公家、近衛家で預かった（藤原）定家の色紙を紛失したので鼻で探して欲しいと、依頼がきた。逃げるわけにもゆかず、京見物のつもりで軽く引き受けると、またまた運よく賊を捕まえ、その功績で吉野山に御殿まで賜る。（太田博）

源兵衛（「花《はな》の都《みやこ》」）

町内の若い衆。友人の喜六から「楽して遊んで暮らせる方法」を聞かれ「能勢の妙見さんにでもお願いせえ」と無責任な知恵を授ける。ところが、喜六が大成功を収め、千両箱を抱えて礼に来たのでびっくり仰天。（小佐田定雄）

源兵衛（「堀川《ほりかわ》」）

裏長屋に住む三度の飯より喧嘩の好きな男。年寄った母親と二人暮らし。寝起きが悪く、母親は毎朝、どうやって起こして仕事に行かそうかと腐心している。同じ長屋の猿回しの与次兵衛に「猿回し唄」で起こされたのが気に入って、それからは毎朝、猿のように機嫌よく目を覚ますようになった。（小佐田定雄）

源兵衛（「ぼんぼん唄《うた》」）

背負《しょ》い小間物屋。八丁堀の玉子屋新道に住む。子供がほしくて浅草の観音様に願を掛けた。結願の日、蔵前の天王橋で迷子を拾い、神様の授けものとして育てる。一年後、子供が口ずさんだ「ぼんぼん唄」の歌詞から、本所相生町の材木問屋、越前屋が生家と知れる。「返したくない」「返さなければ」の葛藤を乗り越え、子供を越前屋へ返したのは、正直一途な生き方のため。のちに越前屋の世話で、一軒店の小間物屋を出す。（長井好弘）

源兵衛（「宿屋《やどや》の仇討《あだうち》」）

魚河岸の若い者。清八、喜六の三人連れで上方からの帰りに神奈川宿の旅籠《はたご》武蔵屋に泊まる。明日は江戸入りというのでどんちゃん騒ぎをするが、隣室の侍から苦情が出る。では静かに色事話でもと、三年前、川越で小間物屋の手伝いをしている時分、わりない仲になった武家新造と義弟を殺し、五十両を持って逃げたと自慢する。二人が「源兵衛は色事師、色事師は源兵衛」とはやし立てるのを聞いた侍が、「拙者の仇だ」と名乗り出た。驚いて、出まかせの嘘だったと言い訳したがすでに手遅れ、三人もろとも朝まで荒縄で縛り上げられる。（太田博）

源兵衛（「幽女買《ゆうじょが》い」）

女郎買いが過ぎて死んだ男。多忙を極めた閻魔の庁で、未決のまま放っておかれる。後から冥土にやってきた仲間の太助を誘い、新吉原ならぬ「死吉原《しによしわら》」に繰り込む。この男の辞書に「反省」の文字はない。（原健太郎）

源六《げんろく》（「大工《だいく》調《しら》べ」）

大家。自他共に認める因業者。町役もつとめ、一目置かれる存在だが、もとをたどれば、寒空に浴衣一枚で町に転がり込んできた、どこの馬の骨だかわからない人物。飲まず食わずで銭をため、死んだ焼きいも屋、六兵衛の連れ合いを女房にしたことから、現在の地位を得た。

店賃《たなちん》の抵当《かた》として、大工の与太郎から道具箱を取り上げ、それを受け出しにきた棟梁の政五郎に、「目も鼻もねえ丸太ん棒みてえな野郎」などと罵倒され、奉行所へ訴えられる。お白洲では、質屋の鑑札を持たずに道具を抵当にとった廉《かど》で、与太郎に二十日間の手間賃として三百文払うよう、申し付けられる。（原健太郎）

〈こ〉

鯉《こい》（「鯉船《こいぶね》」）

鯉目鯉科の実在する淡水魚。大川で機嫌よく泳いでいるところを網にすくわれる。包丁が使える床屋に片方のヒゲを剃り落とされるが、隙を狙って、まな板を尾で叩いて飛び上がり、水の中へと逃亡する。片方だけになったヒゲが気になり、水面に顔を出して床屋に「今度はこっちゃがわのヒゲも剃っとくなはれ」。（小佐田定雄）

小泉熊山《こいずみゆうざん》（「九段目《くだんめ》」「素人芝居《しろうとしばい》」）
藪医者。暇なので昼間は煙草を刻む副業に精を出している。近江屋の隠居の祝いで、「仮名手本忠臣蔵　九段目」をやることになり、代役で加古川本蔵の役を仰せつかるが、とんでもない大根役者。血止めに売り物の煙草を使うのを見た客席から「芸が細かいぞ」と声が掛かると、「なあに、手前切りです」。「手前切り」とは、自家製の刻みの粗いたばこのこと。（太田博）

小糸《こいと》（「たちぎれ線香《せんこう》」）
南地の茶屋紀ノ庄の娘芸者。船場の商家の若旦那と恋に落ちる。若旦那の遊びが過ぎたため、百日の間、蔵に軟禁され、便りのないのを「嫌われた」と思い込み、焦がれ死にする。百日たって蔵から出た若旦那が訪れてきてくれたので、わが身は魂になっているのか仏壇に供えられた三味線で、若旦那の好きな地歌「雪」を線香一本分だけ弾いて迎える。（小佐田定雄）

小糸（「天神山《てんじんやま》」）
長屋の変人、ヘンチキの源助の嫁。生前は京都西陣、織屋清兵衛の娘だった。父が商売に失敗したため色町に身を売るが、ある客と深い仲になる。とても一緒になれないと、一心寺で心中するも、男のほうは小糸の死に姿を見て、恐れをなして逃げてしまう。遺骨は一心寺に葬られる。実は幽霊だが、源助に供養されたのが縁で押しかけ女房になる。（小佐田定雄）

小《こ》**いよ**（「縁切榎《えんきりえのき》」「両手《りょうて》に花《はな》」）
柳橋の売れっ子芸者。将来を約束した元旗本の次男、野呂井照雄に縁切り話を持ちかけられ、「上州の叔母を頼って機織り女になり、生涯独身で暮らす」と答える。照雄には意中の女性がいることがわかったので、板橋の縁切榎に願を掛けに行ったところ、照雄だけでなく、照雄が両天秤を掛けている士族の娘おとめとも出くわす。感激した照雄が「おとめは小いよと手を切らせ、小いよはおとめと縁を切らせて、二人とも僕を亭主にしたいのだね」と言うので、おとめと声をそろえて「いいえ、あなたと縁が切りたい」。（布目英一）

御院《ごいん》**さん**（「指南書《しなんしょ》」）

京のある寺の住職。檀家の息子の清吉が悋気深さを直すために通ってくるので、わが身が亡くなったあと、判断に困った時に読むようにと「指南書」を書いて渡す。浄土真宗では住職のことを「御院さん」と呼ぶ。（小佐田定雄）

幸右衛門《こうえもん》（「植木屋娘《うえきやむすめ》」「植木屋」）
植木屋の主人。大坂下寺町のずく念寺の門前で営業。身代はざっと千両というから、そこそこ立派な植木屋である。女房と娘のおみつと三人暮らし。年ごろの娘にいい養子を迎えて跡を継がせたいと考え、寺小姓の伝吉に目をつけ、わが家に呼びつけて娘と二人きりにして物陰から監視し、伝吉がおみつの手を握りでもしたら「うちへ養子においなはれ」と引きずり込もうという一大作戦を繰り広げることにする。（小佐田定雄）

幸右衛門（「小烏丸《こがらすまる》」）
神田仲町の質商伊勢屋の主人。女房に先立たれ、娘おてると暮らす。出入りの鍼医定安《はりいていあん》と密通している浮気女とも知らず、奉公人お梶を後妻に迎える。鳶頭《かしら》の勝五郎に忠告されるが、「間男するような女は男にくれてやる」と取り合わない。（太田博）

幸右衛門（「六尺棒《ろくしゃくぼう》」）
商家の主。堅物。道楽者の息子幸太郎を懲らしめるため閉め出して勘当を宣告。幸太郎が家に火をつけると言い出したので六尺棒を持って追いかけるが、見失う。やむなく家に戻ると、戸は閉められ、中には先まわりした幸太郎がいて、親子の立場が逆転する。「うちにも幸右衛門という父親がいるが、金勘定ばかりしている。ああいう者をうっちゃっておくと、いくら金を残すか知れないので、親類相談の上、勘当した。世間の親父を見習ったらどうだ。せがれさんに『酒でも飲め。小遣いをやるから女の所へ遊びに行け』と言う。そばで見ていて涙が出た」と逆に説教される。（布目英一）

講釈師《こうしゃくし》（「桑名舟《くわなぶね》」「鮫講釈《さめこうしゃく》」「兵庫船《ひょうごぶね》」）
旅回りの芸人。尾張の熱田から桑名へ向かう渡し船に乗り込むが、鮫に囲まれて立ち往生する。「持ち物を海に投げ、沈んだ者が人身御供《ひとみごくう》に」と船頭に促され、チリ紙を投げ入れるとブクブクブク……。覚悟を決めて「この世の名残に一席を」と張り扇で船縁を叩きながら熱演すると、不思議なことに鮫があわてて逃げ出して行く。「講釈が鮫の心を動かした」と船客から大喝采をうける。だが真実は、鮫が張り扇の音を聞き、天敵の蒲鉾屋と勘違いしたためだった。その後、この男の芸が開眼したのかどうかは不明。（長井好弘）

講釈師（「人形買《にんぎょうか(が)》い」）
長屋の住人。苦情の多いやかましや。月番から神道者の男の子の初節句に贈る人形は太閤さまと神功皇后さまのどちらがよいかと問われて「太閤記」の一席を読み始めて、「豊臣家は三代続かなかったので太閤さまの人形は縁起が悪い」と答えた後、木戸銭と座布団代、さらに茶代まで請求する。（布目英一）

口上言《こうじょうい》い（「軽業《かるわざ》」「軽業講釈《かるわざこうしゃく》」）
軽業師和《わ》矢《や》竹野《たけの》良《ら》一《いち》一座の花形総合司会者。弁舌はさわやかだが、野良一が綱渡りから墜落（「軽業」）しても気が付かずに口上をしゃべり散らしているあたり、自己陶酔型の芸人なのかもしれない。（小佐田定雄）

孝助《こうすけ》（「怪談牡丹燈籠《かいだんぼたんどうろう》」）

旗本飯島平左衛門家の若党、姓は黒川。忠義心が厚い。主人平左衛門の妾お国の不義の相手と誤って平左衛門を槍で突く。瀕死の主人から、「実はお前の父黒川孝蔵は、若い時に私が斬り殺した。私はお前の敵である」と知らされる。後、生母と対面、その手引きで宇都宮へ行き、主人の敵お国と宮野辺源次郎を討って本懐を遂げる。黒川姓から養子先の相川姓となり、主君飯島家を再興する。

お露の幽霊で知られる三遊亭圓朝作の大長編の中で、主君への忠誠に終始する孝助は、お馴染みの話とは異なる筋の主人公である。（太田博）

幸助《こうすけ》（「三年酒《さんねんしゅ》」）
通称「高慢の幸助」。いつも高飛車に理屈をこねて相手を煙に巻く。その高慢を買われて、神道に凝った又七の葬式を神道で執り行うため、オネオネの太助と小突きの源太とともに檀那寺の和尚に交渉する。（小佐田定雄）

幸助（「どうらんの幸助」）

割り木屋の主人。明治維新以前に、丹波の篠山から大坂に出て来て、腕一本で奉公人の三人も使う割り木屋の店を表通りに出すまでになった。一生懸命に働くだけの男で、この世の中に芝居や浄瑠璃などというフィクションの世界があることを知らない。唯一の趣味が喧嘩の仲裁で、稽古屋から聞こえてきた義太夫「桂川連理柵《かつらがわれんりのしがらみ》 帯屋の段」の嫁いじめのくだりを実際のできごとだと信じこみ、京の柳馬場まで仲裁に出かける。その際、最新技術であった陸蒸気に乗らず、昔ながらの三十石船に乗ったために、あとで後悔することになる。橘ノ圓都によると苗字は「廣瀬」。（小佐田定雄）

幸太《こうた》郎《ろう》（「六尺棒《ろくしゃくぼう》」）
商家の若旦那。道楽三昧で深夜の帰宅が続き、閉め出しを食う。「家に火をつけてやる」と言ったため、父親に六尺棒で追い回される。それを振り切って家に戻り、逆に父親を閉め出してしまう。（布目英一）

孝太《こうた》郎《ろう》（「よかちょろ」）
若旦那。廓通いが収まらず、父親さえ小馬鹿にする度し難い道楽者。集金した二百円を廓で使い果たし、問われると「髭剃りに五円……、普通の床屋じゃない、花魁《おいらん》の三階の角部屋。十二畳の座敷。縮緬の座布団……、前に百三十円という姿見がある、……花魁がいます、新造衆がいます、後ろに床屋の若い衆……、前に金盥《かなだらい》が……、ここに猫がいたりいなかったり（の床屋）……。あとがよかちょろを四十五円……、女ながらもまさかの時は、……しんちょろ、味みちゃよかちょろ、……よかちょろパッパー」と、遊郭で覚えた意味不明の歌を口ずさみ、あきれがらせ、結局勘当される。（太田博）

鴻池《こうのいけ》善《ぜん》右《え》衛門《もん》（「鴻池《こうのいけ》の犬《いぬ》」「大《おお》どこの犬」）
大阪一というより日本一の大金持ち。今橋二丁目に屋敷を持っている。飼い犬のクロが死んだため、代わりの犬を捜して二代目とする。二代目クロはすくすくと育ち、やがて大阪の犬のリーダー的存在となる。（小佐田定雄）

鴻池善右衛門（「須磨《すま》の浦風《うらかぜ》」）
日本一の大金持ち。今橋二丁目に屋敷を持つ。真夏に紀州公がお立ち寄りになるというので、須磨の浦まで涼風

を葛籠《つづら》に集めに行かせたところが、長持に詰められて届けられたのはとんでもないものだった。（小佐田定雄）

鴻池善右衛門（「はてなの茶碗《ちゃわん》」「茶金《ちゃきん》」）
大坂の豪商。日本一の大金持ち。好事家であり、帝の箱書きのある「はてなの茶碗」を京茶道具屋の金兵衛から千両で買い取る。（小佐田定雄）

紅梅《こうばい》（「居残《いのこ》り佐平次《さへいじ》」「居残り」）
品川宿の娼妓。「紅梅さんとこの勝っつぁん」と呼ばれて悦に入ってるなじみ客の勝太郎に対してはさほど興味はない。客を取り巻いている佐平次が居残りであることをばらしてしまう。（太田博）

紅梅（「近江八景《おうみはっけい》」）
松島遊郭の遊女。鼻筋がツーッと通って色白のきめの細かい肌をしており、おちょぼ口で笑うとえくぼがペコッとへっこむなかなかの美女で、初会の晩から親身のもてなしをしてくれる。その上、なかなか教養もあり文才もあるようだが、残念ながら間夫《まぶ》がいる。（小佐田定雄）

紅梅（「首《くび》ったけ」）
吉原のやり手の花魁《おいらん》。口八丁手八丁で贔屓客の間をうまく泳いでいたが、客の辰を甘く見て、ぞんざいに扱ったため、向かいの見世の若柳花魁に取られてしまう。廓の昼火事で逃げ回り、お歯黒どぶに落ちたところへ、通りかかった辰に、「ホラ、この通り、今度ばかりは首ったけだよ」と助けを求める。（長井好弘）

幸兵衛《こうべえ》（「小言幸兵衛《こごとこうべえ》」）
田中幸兵衛。麻布古川の長屋の家主。裏長屋ばかりでなく表通りにも家作がある。七十歳前後。朝、長屋をまわって、「飯が焦げくさいぞ」「はばかりの中で変な声出して唄うんじゃねえ」「こんな所で犬がつるんでいるぞ。邪魔だからあっちへ行け」「なんという天気だろう。降るなら降る、晴れるなら晴れるとはっきりしてもらいたい」などと住人、出入りのあきんど、犬や猫、天気にまで小言を言わないと朝食がうまくないという御仁。家主は町役人の末端として防火防犯に努めなければならない。その思いが、生まれつきの小うるさい性格を年齢とともに高じさせてしまった。親分肌で、目下、年下の者にしっかりしてもらいたいという思いが根本にはある。また身内を大事にする気持ちもある。町内にすでにある商売と同業が越してきたら客の奪い合いになるので居住希望者のなりわいも根ほり葉ほり聞く。やかましさばかりが目立つ人物になってしまったが、芝居の心中の模様をきっちりと描いたり、邦楽の素養も垣間見えたりする。とぼけた古女房には始終小言を言っているが、これで気が合っており、幸兵衛自身、酒を飲むと、ひょうきんになることもあるようにも思われる。（布目英一）

幸兵衛（「搗屋《つきや》幸兵衛《こうべえ》」）

麻布古川の長屋の家主。小言幸兵衛と同一人物。奉公の末、荒物屋を一人で始めた。世話好きの源兵衛のすすめにより、器量よしで働き者だが道楽者の亭主を持ったために出戻った女性と所帯を持つ。ところがこの女房が風邪をこじらせて他界。「後添えを持つなら妹と」という遺言に従い、再び源兵衛の世話で先妻以上に器量よしの妹をもらう。朝、仏壇の掃除をした時には正面を向いている先妻の位牌がお茶を供える時には後ろを向いているので「姉さんは私を恨んでいる」と思い込んだ後妻もこの世を去る。原因は隣家の搗米屋《つきごめや》が米を搗《つ》く振動だった。そのため搗米屋には積年の恨みがあった。以上が本人の語る経歴だが、搗米屋が唄う米搗唄を見事に唄っており、芸事の素養があるのは確かだ。（布目英一）

幸兵衛（「天狗《てんぐ》裁《さば》き」）

家主。長屋の差配人。店子《たなこ》の喜八と友人の徳との喧嘩の仲裁に入る。喜八が見た夢の話を聞かせてくれないことから起こったもめごとを聞いてあきれる。徳を追い返したものの、自分もその夢の話が聞きたくなり、権柄《けんぺい》ずくで「話をしないのなら長屋から追い出す」と言ったため奉行所を巻き込む大騒動になる。（小佐田定雄）

こうもり傘《がさ》の旦那《だんな》（「船徳《ふなとく》」）

四万六千日の参詣客。福引で当たったハイカラなこうもり傘を日傘代わりに浅草寺へ向かったが、途中、暑さに閉口した友達に「舟で行こう」と誘われ、半ば強引に柳橋の船宿大枡《だいます》へ連れて行かれる。臆病かつ泳げないために、恐る恐る舟に乗るが、不安は的中し、実は勘当息子のなれの果てという、若い船頭の乱暴な舵さばきに翻弄される。舟が石垣に張り付き、逆切れした船頭の命令で、こうもり傘で石垣を突いて舟を流れに戻すことに成功するが、大事な傘は石垣に刺さったまま。大揺れの舟の中で「もう一度舟を戻せ」とむなしく叫ぶが、既にギブアップ寸前の船頭には余力がなかった……。もう一生、舟には乗らないかもしれない。（長井好弘）

仔狐《こぎつね》（「王子《おうじ》の狐《きつね》」）

王子稲荷の裏手の穴に住む。毛並みはいいらしい。人間に化かされ重傷を負った母狐を看病している。謝罪にきた男が土産に持ってきたぼた餅を食べようとするが、すっかり人間不信に陥った母狐に「馬の糞かもしれない」と止められる。（長井好弘）

仔狐（「紀州飛脚《きしゅうびきゃく》」）

紀州に生息する狐。草むらで昼寝をしていたところ、通りかかった飛脚に頭から小便をひっかけられる。その仕返しをしようと親分狐に相談したところ、親分がお姫様に化けることになり、自分もお姫様の一部分に化けて飛脚の大切なものを食い切ろうとするが、作戦に失敗。死ぬような目に合わされる。（小佐田定雄）

後家《ごけ》（「猿後家《さるごけ》」）

横町にある川上屋の女主人。年齢は三十八、九歳で後姿はなかなかだが、顔が猿にそっくりであることを気にして、奉公人はもとより、出入りの者まで「猿」を禁句にしている。お気に入りの太兵衛という男が奈良見物の土産話をしていて、うっかりと「猿沢の池」と言ってしまったのに激怒。即座に出入り禁止を言い渡すが、「猿沢の池」ではなく、「あまり深そうなので落ちたらどうしようかとゾッと寒気がする『さむそうの池』」の聞き間違いだったとの説明を受けて機嫌を直す。（小佐田定雄）

九重《ここのえ》（「備前徳利《びぜんとっくり》」）

吉原の大見世佐野槌《さのづち》の花魁《おいらん》。備前池田藩の御台所役人片山清左衛門の倅清三郎を夢中にさせる。（太田博）

腰元（「べかこ」）

肥前佐賀の城勤め。上方から芸人が来たと聞いて、「どんなよい男かしら」と控えの間をのぞいてみる。ところが芸人というのが噺家で、その珍妙な顔を見て笑ったところ、噺家が怒って「べかこ（あかんべえ）」をするので驚いて城中を逃げ回る。（小佐田定雄）

小四郎《こしろう》（「小間物屋政談《こまものやせいだん》」「万両婿《まんりょうむこ》」）

背負《しょ》い小間物屋。屋号は相生屋《あいおいや》。三十代半ば。京橋五郎兵衛町の家主源兵衛の長屋に住む。女房を残して上方に商いに出る。箱根の山中で追い剝ぎにあった豪商若狭屋甚兵衛を助け、名前と住所をしたためた紙を添えて着物と一両を貸す。ところが甚兵衛が小田原の宿屋で急死。小四郎の名が書かれた紙を所持していたので、「死んだのは小四郎だ」と判断される。上方での商いも無事に終えて、江戸へ戻ると女房は家主の世話で再婚していたため騒動となる。大岡越前守の裁きで二代目若狭屋甚兵衛として生まれ変わり、三万両の身代と若くて美しい妻をめとることができた。（布目英一）

小僧《こぞう》（「按摩《あんま》の炬燵《こたつ》」）

お店《たな》の使用人。長どんと呼ばれている。寒い晩、番頭の発案で出入りの按摩杢市に酒を飲ませ、その体温で暖を取ることになった。大勢の奉公人仲間と「按摩こたつ」にあたり、夢を見ながら、「もう我慢できない。やっちまうぞ」と寝小便をする。（太田博）

小僧（「幾代餅《いくよもち》」）

搗米屋《つきごめや》の奉公人。三月半ば、丸髷《まるまげ》姿となった吉原の幾代太夫が夫婦約束をした、店の清蔵を訪ねてきたのを取り次ぐ。「清《せい》さんがいなんしたら、吉原から幾代が来たとそう言ってくんなまし」と太夫の口真似で親方に告げ、「どうしまほう」とおどけてみせる。（布目英一）

小僧（「居酒屋《いざかや》」）

居酒屋の店員。十歳前後。血色のよい健康優良児。グローブのように指が太く、酔っ払いに「肉がいっぱい詰まっていそうだが、月夜にとれたか」とからかわれ、「蟹じゃありません」と答える。肴の名を早口で「できますものは、ツユ、柱、鱈、昆布、あんこうのようなもの、ブリにおイモに酢蛸でございます」とそらんじれば「ようなものを持ってこい」と言われ、壁の品書きを見るように促せば「『とせうけ』というのは何だ」と尋ねられる。「にごりが打ってあるので、どぜう汁と読みます」と説明したところ、「にごりって何だ」「ポチポチと点が打ってあることです」「お前の鼻の横にもにごりがあるので、バナだな」とホクロで揚げ足を取られる。酔っ払いを相手にしても精一杯接するのが愛嬌となっているので店では重宝がられているようだ。（布目英一）

小僧（「芋俵《いもだわら》」「芋どろ」）
まだ夜なべがつらい年頃の奉公人。お清どんにそそのかされ、泥棒が中に潜んでいる芋俵から夜食用に一本抜こうと手を突っ込んだら、泥棒がたまらずおならを一発。何の疑いも抱かず「気の早いお芋だ」とは、よほど空腹だったのか。（長井好弘）

小僧（「人形買《にんぎょうか（が）》い」）
人形屋の奉公人。十三、四歳。「その歳《とし》にしては、なりが小さいな」と言われて「そのかわり、よくひねています」と答えるなど人を食ったところがある。おしゃべりで、松と甚兵衛が買った人形を長屋まで届ける途中で、旧年の売れ残りだと明かしたり、若旦那と女中がいちゃついている様子を話して小遣いをせびったりする。目はしが効き、愛嬌があるので大旦那に気に入られており、茶碗蒸しのかみきれない栗をもらう。（布目英一）

小僧（「浜野《はまの》矩随《のりゆき》」）
芝神明の道具屋若狭屋の奉公人。よく働くが、おしゃべりでおっちょこちょい。朝の掃除の際、出入りの彫金師浜野矩随が主人に叱責されたのを苦に死んでしまったかも知れないと案じていたところに当人が現れたので幽霊が現れたと勘違いする。（布目英一）

小僧（「無精床《ぶしょうどこ》」）
髪結床の見習い。まだ十一、二歳か。奉公先が「無精床」とあだ名される店なので、客が少なく、普段は表を通るチンドン屋をぼうっと見ている。たまに客が来ても、高下駄を履き、剃刀片手によろよろ歩くので、客が怖がって仕事にならない。このままでは、親方同様の無精職人になりかねない。（長井好弘）

小僧（「宮戸川《みやとがわ》」）
横山町の商家の奉公人。女房お花がかどわかされたという悪夢にうなされている主人半七を起こす。（布目英一）

小僧平吉《こぞうへいきち》（「緑林門松竹《みどりのはやしかどのまつたけ》」「またかのお関《せき》」）

下谷界隈で知られた掏摸《すり》の親方。二十七歳。体が小さいので「小僧」のあだ名がある。恩義のある阿波屋の若旦那惣二郎が吉原松葉屋の常盤木花魁といい仲になったものの、横恋慕した剣客天城豪右衛門が強引に身請けしようとして窮地に立たされているのを知り、若旦那のために身請けの金百両を都合しようと奔走する。夫婦同然の女盗賊おせきが昔の亭主新助市を殺して奪った金などを集め、松葉屋に身請けを申し込む前に先約の天城の三ノ輪道場へ断りに行くが聞き入れられず、逆に弟子たちに袋叩きにされる。その傷がいえるや、怒りが収まらぬおせきと再び三ノ輪に行き、天城をおせきの色仕掛けでだまし毒殺。無事常盤木の身請けをして惣二郎のもとへ連れていった後、おせきとともに逐電する。

　逃避行のさなか、常陸近くのホーソ村で、江戸にいるはずの父親平三と勘当されて以来の再会を果たす。事情を聞けば、住まいをたたんで田舎へ引っ込もうと娘おひさを連れて常陸の大宝を目指したが、護摩の灰に有り金全部盗まれ、やむなく門付《かどづ》けをして飢えをしのいでいたところ、娘おひさが豪農の家で盗みを働き縛られたと聞き、前途を絶望して自殺を図ったという。おせきと二人、豪農の家に入り込み、因業な主人夫婦を殺害しておひさを救い出し無事平三の元へ届けるが、そこで平三から、惣二郎に渡した身請け金が実は盗まれたものであったため、惣二郎が牢に入ったと聞かされ、慌てて江戸へ戻ることに。途中、ホーソ村の追っ手に捕らえられるが、尼僧に化けたおせきが「諸病に効き目あり」と毒入りの湯を飲ませ村人全員を殺して助け出される。

　江戸に戻って、馴染みの盗賊あんま幸治の仕事を手伝った後、南町奉行所に名乗り出てそれまでの経緯と悪行をすべて告白。惣二郎が釈放されたのを見届け、これまで多くの人の命を奪ってきた毒薬「与石」を牢内で飲み、夫婦共々自害する。「大悪なるもの程善にも強く、道も情も知りながら何ゆえ賊になるものか。是皆因縁とでも申事であろう」という登場人物の台詞だけでは、女房のおせきともども、悪事と慈善が相半ばする人生をすべて

説明することはできないだろう。（長井好弘）

五蝶《ごちょう》（「お藤松五郎《ふじまつごろう》」）
幇間《たいこ》。道具商万屋清三郎の取り巻き。お藤を見つけて、座敷に上げたばっかりに悲劇が起こる。（布目英一）

骨董《こっとう》屋（「ふだんの袴《はかま》」）
上野広小路に店を構え、谷文晁と思われる掛け軸など高級品ばかりを扱う。高貴な人や文人墨客などと付き合いがあり、自然と気品がそなわっている。おかしな恰好をした八五郎が店に入ってきたので驚く。（布目英一）

千住《こつ》の妻《さい》（「今戸《いまど》の狐《きつね》」）
小間物屋の女房。今戸の長屋に住む。元は千住《こつ》の女郎なので、所帯をもってからもこの名で通っている。働き者で近所の評判もいい。筋向かいの落語家乾坤坊良輔《けんこんぼうりようすけ》が、内職に今戸焼の狐に彩色しているのを見て、仕事を世話してほしいと相談する。（原健太郎）

小輝《こてる》（「三枚起請《さんまいぎしよう》」）
大阪難波新地の宇津木という置き屋に所属している女郎。本名はたね。橘ノ圓都によると苗字は白崎。以前は堺の新地に出ていた。友達であることを知らずに源兵衛、清八、喜六の三人にそれぞれ起請を書いて与えてしまう。その三人が顔をそろえて文句を言いに来たので言い抜けできず、近頃は初会から起請を書いて渡していると告白する。あきれた源兵衛に「仇に起請を一枚書けば熊野で烏が三羽死ぬちゅうねんぞ。おまえみたいに書いてたら熊野中の烏が死んでしまうぞ」と言われても、「熊野中どころか世界中の烏を殺したい。わても勤めの身、烏殺して、ゆっくり朝寝がしてみたい」。（小佐田定雄）

小照《こてる》（「出歯吉《でばきち》」）
難波新地の都という店の娼妓。年は二十七、八で色の白い、丸顔の、鼻筋の通った女。熱心に通って来ている出歯吉という男に結婚をちらつかせて六十両の金をだまし取ろうとするが、出歯吉から心中を持ちかけられて途方に暮れる。（小佐田定雄）

後藤一山《ごとういっさん》（「くっしゃみ講釈《こうしやく》」）

講釈師。東京出身。全く知らないうちに人の恋路の邪魔をしてしまい、その仕返しに「難波戦記」を口演中に客席最前列で火鉢に唐辛子をくべられ、煙にいぶされてくしゃみを連発。ついに悶絶した悲劇の主人公。その語り口は明治の中ごろに大阪で活躍していた玉田玉痴という講釈師にそっくりと伝えられている。（小佐田定雄）

琴《こと》の浦政五郎《うらまさごろう》（「熱海《あたみ》土産《みやげ》温泉《いでゆの》利書《ききがき》」）
三段目の相撲取り。元は小田原の煙草屋の倅。好人物だが、すぐに人を信じてはだまされる。贔屓客の娘お濱に「恋人の近藤弥三郎が勘当されて八王子にいる」というホラ話を伝えたため、お濱が家出し、ついには女郎に売られてしまう。後に自らの失態を知り、名誉挽回のため、お濱をだました八王子の金蔵宅を襲うが、口のうまい金蔵夫婦に丸め込まれ、身内同然となる。（長井好弘）

子供《こども》（「馬《うま》の田楽《でんがく》」）
村の悪餓鬼。つないだ馬が行方不明となり、探している馬子に責められて、「馬の腹の下で遊んでいるうちに、まん中にぶらさがっている五本目の足でほおをたたかれたので腹いせにしっぽの毛を五、六本抜くと、馬が走り去った」と告白する。（布目英一）

子供（「大仏餅《だいぶつもち》」）
元大店《おおだな》の主、神谷幸右衛門の子息。六歳。火事で焼け出され、盲目の乞食に身を落とした父とともに、雪の中を素足で物乞いに歩く。（原健太郎）

子供（「唐茄子屋政談《とうなすやせいだん》」「唐茄子屋《とうなすや》」）
誓願寺店の貧乏長屋に住む浪人の息子。四、五歳。三日ばかり何も食べておらず、やせて顔色悪く、目ばかりぎょろっとしている。徳三郎が弁当を食べる様子を見て、「おまんまだ。おまんまだ」と叫び、与えられた弁当を手づかみで食べ出す。徳三郎に無理やり渡された金を家主にひったくられ、返せなくなった申し訳なさから首をつった母親の足にすがり、「もうおまんまと言わないから、降りてきておくれ」と泣き叫ぶ。（布目英一）

子供（「堀《ほり》の内《うち》」「あわてもの」「いらちの愛宕詣《あたごまい》り」）
飛び切りの粗忽者の父を持つ男の子。五、六歳。父親に

湯屋（風呂屋）に連れて行かれるのを泣いて拒むのは、しばしば湯舟に逆さまに入れられるから。（太田博）

小春《こはる》（「しじみ売《う》り」）
しじみ売りの少年与吉の姉。二十三歳。新橋で芸者をしていたときに、紙問屋の若旦那庄之助と恋仲になり駆け落ちをする。鼠小僧次郎吉にめぐまれた金が御金蔵破りの小判であったことから、庄之助が牢送りになり、母と弟の三人で暮らす。気の病を患っている。（原健太郎）

小春（「心眼《しんがん》」）
浅草山ノ《やまの》宿《しゅく》、春木屋のかかえ芸者。通称「山の小春」。按摩の梅喜を贔屓にしている。梅喜の夢の中に、梅喜に岡惚れする美人として登場する。（原健太郎）

五兵衛《ごへえ》（「かつぎ屋」）
呉服屋の主人。町内でも有名な御幣担《ごへいかつ》ぎ。正月はいつにも増して縁起を気にする。元旦に奉公人の権助が不吉な言葉を連発、しぶと（渋屋藤兵衛）、ゆかん（湯屋勘兵衛）など縁起の悪い名前の客ばかり年始に来るのでふさぎ込む。二日は、宝船売りが「この店は七福神がそろっている。旦那が大黒、お嬢さんが弁天様で、商売が五福（呉服）」などと、調子のいい台詞を並べるので、気持ちよく祝儀を切る。これだけわかりやすい性格で商売の駆け引きができるのか不安になる。（長井好弘）

小間物屋《こまものや》（「今戸《いまど》の狐《きつね》」）
今戸の商人。落語家乾坤坊良輔《けんこんぼうりょうすけ》と筋向かいの長屋に住む。店はなく、毎日、背負《しょ》い小間物の商いに出ていく。年《ねん》期の明けた千住《こつ》の女郎を、女房に迎えたばかり。（原健太郎）

小間物屋（「寝床《ねどこ》」）
長屋の住人。大家でもあるお店《たな》の主人から、毎度、人命にかかわるほどへたくそな素人義太夫の会に招かれ、うんざりしている。「女房が臨月で、今朝から急に虫がかぶった（陣痛が起こった）」と、いったんは断るが、「義太夫を聞かない者はお店立《たなだ》て」の一言に、血相を変えて駆けつける。（原健太郎）

小美代《こみよ》（「名人競《めいじんくらべ》」「錦《にしき》の舞衣《まいぎぬ》」）

深川の芸者。豪商近江屋喜左衛門の取り持ちで、荻江節の師匠伊三郎と深い仲になる。それを知った父の長兵衛に、伊三郎のことはあきらめ、根岸の料理屋安達屋に嫁に行くよう説得されて、泣き泣き別れる。のちにこの安達屋の寮が、踊りの師匠坂東須賀が絵師の夫狩野毬信《かのうまりのぶ》の仇を討つ、凄惨な事件の現場となる。(原健太郎)

米屋《こめや》(「にらみ返し《がえ》」)
掛取り。大晦日《おおみそか》の夜、熊五郎の家に取り立てにいくが、しきりに煙草を吸う見知らぬ男ににらみつけられ、何を聞いても返事がない。薄気味悪さに耐え切れず、仕方なく引き返す。(原健太郎)

小柳彦九郎《こやなぎひこくろう》(「宿屋仇《やどやかたき》」「宿屋の仇討《あだうち》」)

高槻藩の侍。留守中に女房を小間物屋の源兵衛に間男され、それをとがめた弟の大蔵と女房を殺害され、五十両の金を盗まれた。その仇を追って諸国を経巡っている……という噂話が三十石船の中で交わされていた。この人物は、近松門左衛門作の「堀川波鼓《ほりかわなみのつづみ》」の主人公小倉彦九郎のもじりと思われる。女房が間男をする相手も宮地源右衛門……つまり「源やん」である。

大坂日本橋の宿屋で起こった仇討騒動の際、万事世話九郎にその名を騙られた。(小佐田定雄)

ご寮人さん《りょん》(「口入屋《くちいれや》」「引越《ひっこ》しの夢《ゆめ》」)
大阪の商家布屋の店主夫人。べっぴんの女子衆がいると若い男の奉公人がよからぬ行為を起こしかねないので、できるだけ不細工な娘を採用するように心掛けていたところ、番頭の策略で美人が来てしまう。それでも多才ぶりを聞いて採用することにするが、恐れていたとおり、夜中に奉公人たちの情けない姿を目撃する。(小佐田定雄)

ご寮人さん(「仔猫《こねこ》」)
船場の質流れ品を扱う問屋の店主夫人。店先が騒がしいので様子を見に出ると、「口入屋から来た」という個性的な容貌の娘と男の奉公人たちが押し問答をしている。話を聞くと、おもしろそうな娘なので、女子衆として採用することにする。(小佐田定雄)

ご寮人さん（「向《むこ》う付《づ》け」「三人無《さんにんむ》筆《ひつ》」）
十一屋の店主夫人。隠居の葬式の采配を振るが、よりによって文字の書けない男を二人も帳場に派遣してしまい、参列者の帳面付けが混乱する。（小佐田定雄）

ご寮人さん（「禍《わざわい》は下《しも》」）
商家の女房。旦那のおともで出かけた丁稚《でっち》の定吉が先に戻って来た。行先を確かめている内に、定吉が持って帰った旦那の袴《はかま》がきちんと畳まれていたことから、妾の存在を見抜く。なかなかの推理力である。（小佐田定雄）

権《ごん》右《え》衛門《もん》（「鏡《かがみ》ヶ池《いけ》操松影《みさおのまつかげ》」「江《え》島屋《じまや》騒動《そうどう》」）
下総大貫村の住人。名主から六番目に座る、そこそこの家柄。名主の長男源太郎と村の器量よしお里の仲人を頼まれるが、思いがけない事件が起こり、突如婚礼は取り止めとなる。（原健太郎）

権《ごん》九《く》郎《ろう》（「双蝶々《ふたつちょうちょう》」「小雀長吉《こすずめちょうきち》」）
下谷山崎町の玄米問屋《くろごめどんや》山崎屋の番頭。上方者。吉原の遊女吾妻に入れあげている。日ごろから一癖ありそうだと目をつけていた店の若い者の長吉が十八歳の時、銭湯へ出かけるふりをして盗みを働いているのをつきとめ、それをネタに店の金を盗むようにとおどしたが、百両盗んだ長吉に居直られ、西河岸田圃の六郷さまの屋敷前で殺されてしまう。（布目英一）

権助（ごんすけ）
商家やお屋敷で、飯炊き、薪割り、使い走り、庭仕事などの雑事を担う地方出身の男衆。「権助」は個人の名称ではなく、男の雑用係の一般人称。お店《たな》では同種の使用人を代々「権助」と称することが多い。信州、越後、上州、房総など比較的江戸に近い地域からの出稼ぎ者。通常、下女や乳母と同じく桂庵（口入屋）を通して雇われる。半年の約束で働く半季奉公、一年契約の一季奉公というように短期間の契約であった。働き者で、性格はさほど悪くないが、粗野で無神経、藁縄の帯の身だしなみ、手鼻をかむ習慣など、衛生観念は皆無（「権助提灯」）。使用言語は、上州、越後、信州弁などをない交ぜにした多地方語。落語では、その馬鹿正直で無遠慮な言動が雇い主との軋轢を呼び、諧謔性を生む（「かつぎや」「権助提灯」）

。無知をさらけ出した言動も多い（「権助魚」「一分茶番」）が、愚鈍を装っているだけなのかどうかは不明。主人がそれに油断して、自身の言動を全てさらけ出すので、弱点をしっかり握られていて、頭が上がらない（「権助提灯」「宗論」）。「むくどり」とも称された。俳人一茶は信州柏原から江戸に奉公に出て、「椋鳥と人に呼ばるる寒哉」と詠んだ。もくもくと仕事をする様子が餌をついばむ姿に似ている。寛政年間の「契情実之巻」に「飯たきの権助」とあり、式亭三馬の「浮世風呂」にも登場する。落語では清蔵の名でも登場し、主人をやり込める痛快な働きを見せる（「しの字ぎらい」「木乃伊取り」）。（太田博）

権助（「一分茶番《いちぶちゃばん》」「権助芝居《しばい》」）
中橋辺りの大店《おおだな》の奉公人。素人芝居で、「有職鎌倉山《ゆうしょくかまくらやま》」の非人権平の役を降りた男の代役を一分の謝礼で頼まれる。田舎では「お役者さま」と呼ばれ、「提灯ぶら」（忠臣蔵）で尼っ子形（女形）のお軽を演じたのが自慢だが、本番では客席から「権助が縛られた」の声がかかると、「縛られたように見せているだけ」と、縄を解いて踊り出す始末。（太田博）

権助（「鶴満寺《かくまんじ》」）
寺男。大坂長柄の鶴満寺で三代の住職に仕えているのが自慢。大変な酒好きで、住職から「留守中に花見の客を境内に入れてはいかん」と言いつけられていたが、船場の旦那に買収されて境内で大宴会を開いてしまう。鶴満寺は当時、しだれ桜で有名だった。（小佐田定雄）

権助（「かつぎ屋」）
呉服屋の奉公人。飯炊き。世辞のいえない性格で、何事にも縁起を担ぐ旦那を冷ややかに見ている。元日に井戸神様に橙《だいだい》を供えるよう旦那に命じられるが、その際に添える「新玉の年立ち返るあしたには若柳水を汲みそめにけり、これはわざとお年玉」という歌を、「目の玉のでんぐりげえる明日には末期の水を汲みそめにけり、これはわざとお人魂」と詠むなど、ついつい縁起の悪いことを口走ってしまう。（長井好弘）

権助（「権助魚《ごんすけざかな》」「熊野《くまの》の午王《ごおう》」）
商家の飯炊き。けたはずれの山出し。女のもとに通う旦那のあとをつけるように、おかみさんに命じられたが、逆に旦那に買収されてしまう。三十分もたたずに戻ってきて、旦那に教わった段取り通りに芸者遊びや隅田川での網打ちに興じてきたと語り、「隅田川で獲れた網取り魚だ」とスケソウダラや鰊に目刺、かまぼこを買ってくるといううかつなところもある。すぐに見破られそうなうそもつくが悪意はない。（布目英一）

権助（「権助提灯《ごんすけぢょうちん》」）

飯炊き。信越方面から江戸に出てきて奉公している。遠慮がなく、腹にあることはすべて話さないと気がすまない気質。風の強い夜半、旦那のお供で本宅と妾宅を何度も行き来させられ、からかい半分に「おかみさんを二人持つのはむだではないか」と諫言《かんげん》したり、さんざ揚げ足をとったりする。（布目英一）

権助（「蒟蒻問答《こんにゃくもんどう》」「餅屋《もちや》問答《もんどう》」）

上州安中薬王寺の寺男。にわか住職の八五郎に、寺の仕事を教える一方、二人で毎日大酒を食らっている。寺の収入がまったくないので、弔いがありそうな病人の情報をこっそり集めている。（原健太郎）

権助（「宗論《しゅうろん》」）

商家の奉公人。信州の生まれ。宗派は不明。正義感が強く、主人親子の宗論の争いの仲裁に入るが、「浄土真宗」を「信州」と誤解する。（布目英一）

権助（「藪医者《やぶいしゃ》」）

天下の藪医者、甘井羊羹《あまいようかん》の下男。「あそこの先生はヤブだ」という噂を打ち消すため、主人の命令で贋患者に扮するが、「本当に患者が来たら可哀想だ」と思っているから、失敗ばかり。奉公は長く続くまい。（長井好弘）

誉田屋忠兵衛《こんだやちゅうべえ》（「誉田屋《こんだや》」）

京の三条宝町通りにあった縮緬問屋の主人。夫婦と十八歳になる一人娘のお花の三人暮らしだったが、お花が新粉屋新兵衛の新粉餅を食べたところ急死してしまう。落胆した忠兵衛は、妻とともに巡礼に出る。江戸の浅草にやってきたところ、誉田屋という暖簾を見つけ、店をのぞいて見たところ、元気なお花の姿が……。（小佐田定雄）

近藤《こんどう》（「禁酒番屋《きんしゅばんや》」「禁酒関所《せきしょ》」）
ある藩の家来。大酒豪。家中の者が、酒の上で粗相をしたため、殿から禁酒令が出たのがこたえている。外出した際、出入りの酒屋で一升飲んだうえ、寝酒用の一升を届けるよう、強引に依頼する。酒屋の番頭や奉公人が、酒の持ち込みを規制するために設けられた「禁酒番屋」を突破するのに「水カステラ」とか「油」と偽って持ち込もうとどれだけ苦労したのは知る由もない。（太田博）

近藤（「花見《はなみ》の仇討《あだうち》」「桜《さくら》の宮《みや》」「八笑人《はっしょうじん》」）
酔っ払い武士。御成街道で、花見の趣向で巡礼兄弟に扮した江戸っ子の仕《し》込杖《こみづえ》を顔面に当てられ、「手討ちにする」と憤るが、「親の敵を討つ大望がある」と、聞かされると「見上げた孝子」と、許す。上野の山で趣向の仇討が始まると、連れの侍と共に「助太刀いたす」と、乱入したため、仇討芝居を滅茶苦茶にしてしまう。（太田博）

近藤弥《こんどうや》三郎《さぶろう》（「熱海《あたみ》土産《みやげ》温泉《いでゆ》利書《ききがき》」）
相州小田原、大久保加賀守の側用人近藤弥右衛門の次男。奉公人のお濱と情を通じたことから、勘当されて家を出る。侍の社会に嫌気がさし、大坂へ出て茶道具屋になろうとする。三年後に熱海でお濱と再会、それまでずっと恋人のお濱が自分の行方を追い続け、苦難の日々を送っていたことを知る。事情を知ったお濱の旦那、池田宗我の計らいで勘当が解け、お濱と共に故郷に戻る。ところが、当主の兄が急死し、後継ぎになったことから、家老の娘を娶って一児をもうける。そんな事情を知らぬお濱が自分のために人殺しまでしたことを知るが、お家大事、お役大事と、お濱を遠ざける。（長井好弘）

権兵衛《ごんべえ》（「権兵衛狸《ごんべえだぬき》」）
山里で独り暮らしの老人。野良仕事の傍ら、髪結床を営む。毎夜、トントンと雨戸をたたき「ゴンベ、ゴンベ」と呼びかけるものがいるので、捕らえてみたら狸だった。親の祥月命日なので殺生はせず、狸の頭をそり上げ丸坊主にして放してやる。翌晩、「ゴンベさん」と呼び声が変わった。またいたずらかと外に出ると、「親方、今度はヒゲを当たっておくれ」。こんな牧歌的な日々が、今日も繰り返されているのだろう。（長井好弘）

《さ行》

〈さ〉

西行《さいぎょう》（「西行」）

平安末期〜鎌倉初期の僧（元永元［一一一八］年〜文治六［九〇］）年。歌人。元は佐藤兵衛尉憲清《のりきよ》という北面《ほくめん》（近侍）の武士。二十三歳で出家、東北から中国、四国まで行脚したことで知られる。「新古今集」に九十四首が集録。歌集に「山家集」。落語「西行」では、絶世の美女、染殿内侍《そめどののないし》に思いをかけるが、相手にされない。内侍の送る和歌での伝言が理解できず、それを恥じて、武門を捨て、西行と名を改め、和歌の修業に励む。「伝え聞く鼓ヶ滝に来てみれば　沢辺に咲きしたんぽぽの花」を、滝の近くに住む翁、媼、娘に手直しされる逸話はよく知られ、落語、講談になっている。（太田博）

才五兵衛《さいごべえ》（「花色木綿《はないろもめん》」「出来心《できごころ》」）

長屋の住人。こんな珍名が実在するのだろうか。空き巣に入った泥棒から「才五兵衛さんの家はどこですか」と聞かれ、「才五兵衛は俺だ」と答える。名字はおそらく、「伊達」か「伊立」だろう。（長井好弘）

斎藤留太夫《さいとうとめだゆう》（「ねぎまの殿様《とのさま》」）

御膳番。殿様に「ニャアを食べたい」と言われて困惑する。側用人の三太夫からお忍びの際に上野広小路で食したねぎま鍋のことだと教わる。（布目英一）

西念《さいねん》（「黄金餅《こがねもち》」）

年老いた願人坊主。下谷山崎町の裏長屋に一人住まい。何やら重い病を患っているが、金《かね》に気が残って死ぬに死ねない。医者には行かず、水を飲んで病を下らせている。貯め込んだ七十両ほどの金を、隣家の金兵衛に買ってこさせたあんころ餅に包んで飲み込み、喉に詰まらせ息絶える。のちに生焼けにされ、金兵衛から腹の中の金をすべて盗られることなど、知る由もない。（原健太郎）

西念（「仏馬《ほとけうま》」）

寺の小坊主。年嵩の僧弁長とともに、本堂建立の勧化のために町へ出る。ずぼらで酒好きな弁長にあきれながらも、その自由な生き方にあこがれている。（長井好弘）

西念（「藁人形《わらにんぎょう》」）

願人坊主。千住河原町に住む。元は鳶で、「か組の嘉吉」として知られた。火事場の喧嘩で相手に怪我を負わせたために、現在の稼業に身を落とす。若松屋の女郎お熊に、二十両の金をだまし取られ、寝込んでしまう。恨みを晴らそうと、油をそそいだ鍋に藁人形を入れ、ぐつぐつと煮こみながら呪うが、訪ねてきた甥の陣吉に鍋のふたを開けられてしまう。

藁人形には、五寸釘を打ち込むものだが、お熊が糠屋《ぬかや》の出なので、釘は効かないと決め込んでいるのか、なぜ油で煮てみようと考えたのかは不明。家に閉じこもり、煮えたぎる鍋に向かってひたすら呪いつづける姿には、鬼気迫るものがある。（原健太郎）

酒井角三郎《さかいかくさぶろう》（「三味線栗毛《しゃみせんくりげ》」「錦木検校《にしきぎけんぎょう》」）

大名酒井雅楽頭《さかいうたのかみ》の末っ子。父に疎まれ、家来の吉兵衛とともに、大塚の下屋敷暮らしを余儀なくされているが、この境遇を気に留めることもなく、昼は世情を観察し、夜は書見に励んでいる。贔屓の按摩錦木《にしきぎ》に、「武士なら大名に、町人なら分限者になる骨格だ」と持ち上げられ、「自分が大名になれたら、おまえを検校に取り立てる」と言う。錦木の予言どおり、家督を相続して雅楽頭となり、錦木との約束を果たす。（原健太郎）

坂倉屋助七《さかくらやすけしち》（「名人長二《めいじんちょうじ》」「指物師名人長二《さしものしめいじんちょうじ》」）

浅草蔵前の屈指の札差。噂に高い指物師の長二に、三宅島の桑板で仏壇を造るよう頼むが、ようやく出来上がったのは七か月目。そのうえ、百両の手間を要求されて、激昂。ところが仏壇は、才槌で叩いてもびくともしない。長二の腕前に感服し、傷ついた仏壇を家宝とし、長二の後ろ盾となる。のちに、娘のお島を嫁がせる。（原健太郎）

酒屋《さかや》（「掛取《かけと》り」「掛取り万歳《まんざい》」）

番頭。無類の芝居好き。集金先の八五郎が、歌舞伎の上《じょう》使《し》に見立てて言い逃れをしようとするのを察知し、どぶ板を花道に見立てて乗り込むが、敵もさる者、弁慶上使の腹で「近江八景」の歌を読み込んだ言い訳に、まんまと乗せられて、一銭も取らずに帰ってしまう。（太田博）

酒屋（「禁酒番屋《きんしゅばんや》」「禁酒関所《せきしょ》」）
ある藩の飲兵衛たちが出入りする店の主人。屋敷への酒の持ち込みを禁止しているのに、酒豪の近藤氏から、寝酒に一升を届けよ、との無理難題を突き付けられる。奉公人らの強い要望であの手この手を使って届けようとするのだが……。（太田博）

酒屋（「長者番付《ちょうじゃばんづけ》」「うんつく」）
田舎の造り酒屋の主人。旅の男二人に、酒を一、二升売ってくれと言われるが、そんなわずかな酒は売れないと断る。男の一人に、吐き捨てるように「うんつく」と言われたので、その意味を教えろと、若い者に取り囲ませ問い詰めたところ、男の苦しまぎれの説明に「ほめ言葉」だと得心し、酒でもてなす。女房は「女《め》うんつく」、二人のせがれは「子うんつく」だとおだてられ、ますます機嫌がよくなる。（原健太郎）

酒屋（「にらみ返《がえ》し」）
掛取り。熊五郎が雇い入れた借金の言い訳屋の、二番目の標的となる。気圧《けお》されながらも歯をくしばって闘いに挑んだ米屋の掛取りとは大違い。ものすごい形相でにらまれると、いともあっさり降伏。「さようなら」と言って逃げ帰る。（原健太郎）

魚屋《さかなや》（「日和違《ひよりちが》い」）
棒手振《ぼてふ》りの商人。荷をかついで町を走っていると、見ず知らずの男に「大ブリ（大降り）はあるか？」といきなり尋ねられたので、「ブリはないけど、サワラやったらあるで。サワラを切ろうか？」と答えると、「タワラ（俵）着るのは、もうこりごりじゃ」という意味不明の答えが戻ってきた。（小佐田定雄）

魚屋（「禍《わざわい》は下《しも》」）
川筋で店を持つ。どこかの見知らぬ丁稚《でっち》が「網で捕れた魚がほしい」というので、目刺しとチリメンジャコと蒲鉾

を売る。たしかに元は網で捕れたのだが……。（小佐田定雄）

魚屋定吉《さだきち》（「猫定《ねこさだ》」）
「魚屋」を名乗るが、実は博打ち。八丁堀の玉子屋新道に住む。朝湯の帰りに立ち寄った居酒屋三河屋で、「悪さをして困るから殺す」という黒猫を譲り受け、「熊」と名付ける。戯れに猫に丁半博打を教え、「熊さん、壺の中（の賽《さい》の目《め》）がわかるなら教えてくれ」と頼んでみると、「にゃご」と一回鳴けば〝半〟、「にゃご、にゃご」と二回鳴くと〝丁〟の目が必ず出ることに気づく。「猫が恩を感じて教えてくれるのだ」と合点し、いつも熊さんを懐に入れて賭場へ行くようになる。熊さんのおかげで連戦連勝、羽振りもよくなり「親分」と呼ばれるほど男を上げた。「猫好きの定吉」から「猫定」という綽名も付いた。お上の目を避けるため旅に出たが、この間に女房のお滝が男をこしらえたのを知らず、江戸に戻って愛宕下の藪加藤の博打場で遊んだ帰り道、采女《うねめ》が原のあたりで間男に竹槍で刺殺される。（長井好弘）

坂部《さかべ》安兵衛《やすべえ》（「操競女学校《みさおくらべおんながっこう》」「お里《さと》の伝《でん》」）
御進物御取次番頭《ごしんもつおとりつぎばんがしら》。本所北割下水《ほんじょきたわりげすい》に屋敷をかまえる。小泉文内の変名で潜伏する岩淵伝内を用人として雇い、その岩淵を父の仇と捜しつづけるお里を奉公させている。過去の悪事が発覚した岩淵を召し捕り、京極備中守の上屋敷でおこなわれる仇討に引き出す。（原健太郎）

作《さく》さん（「喧嘩長屋《けんかながや》」）
長屋の住人。女房のお松と毎日のように夫婦喧嘩をしている。あまりのひどさに仲裁に入った家主を始め、住人たちが次々と参戦し、ついには長屋中を巻き込んだ大喧嘩に発展してしまう。（小佐田定雄）

作次郎《さくじろう》（「お文《ふみ》さん」）
船場の酒屋萬両の息子。本妻お花との間に子供はないが、北の新地から出ていた梶川のお文という芸妓との間には男の子ができ、落籍して鰻谷に妾宅を持たせていたが、手伝《てった》いの又兵衛の知恵を借り、お文親子を店に同居させる。さらにお花を追い出してお文を本妻に直そうと画策するが、その企てを知っている丁稚《でっち》の口からお花に漏れてしまう。（小佐田定雄）

作次郎（「親子《おやこ》茶屋《ちゃや》」）

大阪船場の商家の跡取り息子。世間からは「若旦那」、「作ぼん」などと呼ばれているが、陰では丁稚《でっち》からも「作んちょ」などと呼ばれている。「次郎」というが次男ではなく、一人息子のようである。

　お茶屋遊びの度が過ぎて、父親からこってりと油を絞られても、さほどこたえている様子はなく、父親が外出すると早速番頭を騙して宗右衛門町に出かけて行く。一軒の茶屋の二階の表座敷で「狐釣り」という古風な遊びをしている客を目撃。その遊びっぷりに感動、お茶の女将を通じて「費用を半分持つので、一緒に遊ばせてもらいたい」と頼み快諾されたのだが……。（小佐田定雄）

作次郎（「腕食い《かいなくい》」）
大阪、中船場の大商店の次男坊。遊びが過ぎて店の金を摑んで家を飛び出してしまう。数年後、大阪へ戻ってきたものの店に戻ることはできず、元は店で番頭をやっていたが今は別家をして一家の主人となっている徳兵衛を頼る。徳兵衛の親切で、河内屋勘兵衛の娘に婿入りすることになる。この娘、年は十八歳で美人だが、ただひとつ問題が……。この河内屋の商売は「いろ屋（葬儀屋）」であったとも伝えられている。（小佐田定雄）

作次郎（「崇《す》徳院《とくいん》」）
大阪船場の大商店の一人息子。他の話の作次郎とは違い、大変うぶな青年で、高津神社の絵馬堂で出会った娘に一目ぼれして寝込んでしまう。幼馴染で、出入りの手伝《てつだ》い職でもある熊五郎に一部始終を告白したことから、娘に手渡された「瀬をはやみ岩にせかるる滝川の」という崇徳院の歌をたよりに捜索活動が始まる。（小佐田定雄）

作治郎《さくじろう》（「三人兄弟《さんにんきょうだい》」）
船場の商家の三人兄弟の長男。「あにぼん」と呼ばれている。鷹揚で上品な遊びを好み、紺博多の帯を貝の口に結び、鉄無地紬の羽織にこげ茶の紐、白足袋に表付の堂島下駄という姿で歩いている。二人の弟とともに極道が過ぎて自宅の二階に軟禁されている。火の番の市助を買収して二階の屋根に梯子をかけさせ脱出し、新町の馴染みの女の所へ出かけて行く。（小佐田定雄）

佐々木信濃守《ささきしなののかみ》（「佐々木政談《ささきせいだん》」「佐々木裁き《ささきさば》」）

実在した幕末の名奉行。文化三（一八〇六）年～明治九（一八七六）年。大坂東町奉行、江戸北町奉行、江戸南町奉行、外国奉行を歴任した。世情に通じるために江戸市中を視察中、新橋竹川町で子供たちがお奉行ごっこをしているのを目撃。桶屋のせがれ四郎吉の見事な裁きに感心し、奉行所に呼び、質問ぜめにすると、当意即妙の答えを連発、その頓智頓才に舌を巻く。四郎吉が十五歳になるのを待ち、家来にとりたてる。この演目を「池田大助」として演じる時は大岡越前守になる。（布目英一）

佐七《さしち》（「雪《ゆき》とん」）

鳶職。二十五、六歳。町中の女が取り巻いて祭りのような騒ぎになることから「お祭佐七」と呼ばれている。雪の晩、吉原に行く途中、足駄に雪が挟まったので、本町二丁目の糸屋のしおり戸にトントンとぶつけて雪を落としたところ、戸が開いて、女中のお清に強引に連れ込まれてしまう。娘お糸に気に入られ、一夜を過ごし、翌朝、送り出される。（布目英一）

佐助《さすけ》（「持参金《じさんきん》」「金《かね》は廻《まわ》る」）

金物屋の主人。大変な世話好き。町内の店の番頭の手がついて妊娠してしまった下女おなべを、二十円の持参金でどこかへ押し付ける計画を引き受け、やもめのところへ話を持ち込み承知させたのだが……。（小佐田定雄）

佐助（「堀川《ほりかわ》」）

大阪の裏長屋の住人。四十三歳で子供が三人いる。息子が寝起きが悪くて困っている隣の母親に頼まれ、拍子木をチョンチョン打ちながら「火事や、火事や」と騒いで、騒動の好きな息子を起こす手伝いをする。（小佐田定雄）

定《さだ》（「大山詣り《おおやままいり》」）

大山詣り講の一人。帰路、神奈川宿で、仲間の留と泥酔した熊五郎との間で喧嘩となる。怒ったら二分の罰金、喧嘩をしたら坊主頭にするという定式《きめしき》どおり、熊五郎の髪を剃ることを主張するが、先達の吉兵衛になだめられる。それでもあきらめきれず、夜中、留と二人で熊五郎の部屋に忍び込み、丸坊主にしてしまう。（原健太郎）

定（「藁人形《わらにんぎょう》」）
千住小塚原《せんじゅこづかっぱら》の女郎屋、若松屋の若い衆。風邪をひき、四、五日ぶりに現れた願人坊主西念を、女郎お熊に言われるままに邪険に追い払う。（原健太郎）

定吉（さだきち）
商家の最年少奉公人。江戸・東京では小僧、上方（大阪）で丁稚《でっち》と呼ぶ。定吉は個人名ではなく、飯炊きの権助《ごんすけ》、女中のお清と同様、その店に代々伝わる職掌の呼称と思われる。「定吉！」「定や」「定どん」と指令が飛ぶし、個人商いの親方からは「定公」などと呼び飛ばされる。
町人の子は、十歳か十一歳になると、町内の世話役、縁者の紹介でお店《たな》に住み込みで年季奉公するか、職人見習いに出るのが倣いだった。明治以降は小学校卒業時。年季は十年、さらに一年間のお礼奉公をする。お店では、見世（店）や蔵（倉庫）の片付け、使い走り、ランプの掃除など雑用係だが、短期契約で雇われて家周りの整備や飯炊き番をする権助とは異なり、帳面付けの手伝いなど、多少なりとも、商売に関連した仕事をさせられる。無給だが、使いなどの駄賃を貯め、買い食いや芝居小屋を覗くこともある。休みは盆と正月の藪入りの各一日〜三日間だけ。それも里心がついて奉公先に戻ってこない恐れがあるので、初めの三年ほどは与えられなかった（「藪入り」）。幼少にして大人社会に放り込まれるため、こましゃくれた子供になりがちで、「花見小僧」「人形買い」「蛙茶番」のような笑いを生む。商家を舞台とした落語の場合には、脇役として欠かせない存在。こうした小生意気な小僧が大人をからかい、多くは、問題やいさかいを起こした人物の間に入って、ひどい目にあったり、笑いを誘ったりする。「按摩の炬燵」「おせつ徳三郎」「火焔太鼓」「七段目」「茶の湯」「寝床」「百年目」「四段目」「悋気の独楽」などでの活躍ぶりが落語を引き立てる。十五、六歳で半元服、前髪を剃り、草履《ぞうり》に代わって雪駄が履ける。以後は、二十歳前後で本元服して手代となる。年季明けで、暇を取るか、番頭への道を選ぶかの岐路に立つ。やがて旦那のお眼鏡にかなえば、のれん分けとなる。「百年目」や「千両みかん」「帯久」などにのれん分けの描写がある。（太田博、小佐田定雄、布目英一）

定吉（「足上《あしあが》り」）
大阪の商家の丁稚《でっち》。番頭のお供で道頓堀の中座へ行き、桟敷でごちそうをいただきながら「四谷怪談」を見物する。一足先に店に戻ったところ、旦那から行先を詮議され、ついに番頭と贅沢な芝居見物をしたこと、番頭が「こういう金は筆の先から出るもんや」と言ったことまで白状してしまう。（小佐田定雄）

定吉（「位牌屋《いはいや》」）
赤螺屋《あかにしや》の小僧。主人吝兵衛《けちべえ》の過激な吝《けち》哲学に影響を受け、ただいま吝修業中である。使いに行った仏師屋では、煙草をちょろまかし、余った小さな位牌を「生まれた坊ちゃんのために」ともらって帰る。（長井好弘）

定吉（「お文《ふみ》さん」）
船場の酒屋萬両の奉公人。年齢は十三歳。体は小さいがよくヒネている……勝間南瓜のような子供。番頭の言いつけで、酒を買ってくれたお客の供をして行くが、途中で赤子を預けられた上に姿を消されてしまい、泣きながら店に戻る。（小佐田定雄）

定吉（「親子《おやこ》茶屋《ぢゃや》」）
大阪の商家の丁稚《でっち》。お茶屋遊びが大好きな若旦那作次郎のことを陰で「作んちょ」と呼び、馬鹿にしながらも親しみを持っている。後に、親旦那も若旦那に負けないくらいの遊び好きな極道者であることを知り、店の将来に不安を感じた。（小佐田定雄）

定吉（「火焔太鼓《かえんだいこ》」）
道具屋の奉公人。主人甚兵衛の甥。十四歳。しっかり者のおばと呑気者のおじの間で苦労する。甚兵衛が市から買ってきた汚い太鼓の掃除を言いつけられてほこりを払うと、大音響がする。音に気付いた通り掛かりの殿様主従を見て叱られると思った主人から「こいつが叩いたんです。目をごらんなさい。バカ目といっておみおつけの実にしかならない」などと言われるが、太鼓をお買い上げになる、と聞いて逆に褒められる。（太田博）

定吉（「蛙茶番《かわずちゃばん》」）
伊勢屋の小僧。素人芝居「天竺徳兵衛韓噺《てんじくとくべえいこくばなし》」で役不足だと言って逃げた若旦那に代わって、蛙の役を押し付けられるが、出番になっても出られない。「あそこで青大将が狙っています」。よく見ると、舞台番に雇われた町内の跳ね返り者、建具屋の半次が、褌《ふんどし》を締め忘れて胡坐《あぐら》をかいていた。バレ噺で、戦前は、これを演じた噺家が警視庁に呼ばれたこともある。（太田博）

定吉（「口入屋《くちいれや》」「引越《ひっこし》の夢《ゆめ》」）
船場の古手屋ぬの屋の丁稚《でっち》。番頭の「べっぴんの女子衆を選んで連れて帰れ」との密命を受け、口入屋を訪れる。中で一番のべっぴんを採用して連れて帰るが、この女子衆は予想以上の才女であった。人を見る目があるうえ、この人選で番頭から十銭の報酬をせしめるあたり、かなりのしっかり者。（小佐田定雄）

定吉（「蔵丁稚《くらでっち》」「四段目《よだんめ》」）
大阪の商家の丁稚《でっち》。父親は人力俥夫。三度の飯より芝居が好きで、店をさぼって中座で芝居見物していたことがばれ、三番蔵に閉じ込められてしまうが、空腹にもめげず蔵の中にあった道具を活用して、見て来たばかりの「仮名手本忠臣蔵　四段目」の判官の切腹の真似をし始める。これを見た女中のお清に本当の切腹と間違えられ大騒ぎになる。（小佐田定雄）

定吉（「七段目《しちだんめ》」）
芝居好きの丁稚《でっち》。若旦那の作次郎も同好の士で、芝居極道がたたって二階に軟禁されている作次郎と「仮名手本忠臣蔵　七段目」の芝居ごっこをする。ところが作次郎の平右衛門が本身を振り回すので、お軽の衣装の赤い長襦袢姿で梯子段から墜落して目を回す。（小佐田定雄）

定吉（「質屋《しちや》蔵《ぐら》」）
大阪の大きな質屋の丁稚《でっち》。旦那と番頭のひそひそ話を立ち聞きしているのを旦那に見つかり、叱られた上、熊五郎を呼んで来るよう言いつけられる。「なんで呼ばれるのか？」と気にした熊五郎から、旦那と番頭がどんな話をしているかを尋ねられたので記憶に残っている内容をしゃべるが、それがあまりに断片的すぎたので、熊五郎に余計な不安を与えてしまう。（小佐田定雄）

定吉（「質屋芝居《しちやしばい》」）
芝居好きの質屋の丁稚《でっち》。旦那と番頭もどうやら同好の士で、機会があったら芝居の真似をして遊んでいる。葬礼用裃を質請けに来た客を待たせたまま蔵に入ったところ、隣の稽古屋から聴こえてくる三味線に乗せられ、「仮名手本忠臣蔵　三段目」を始めてしまう。（小佐田定雄）

定吉（「蛸芝居《たこしばい》」）
店の者全員が大の芝居好きという恵まれた環境で勤務している丁稚《でっち》。同僚の亀吉と二人、用事を言いつけられるたびに歌舞伎風にやろうとする。楽しみながら仕事をしようというわけだ。ただ、立ち回りの真似をしていて、子守していたぼんぼんを庭へ投げたときは、思い切り旦那に叱られた。どうやら頭の中で常に芝居の下座音楽が流れているようだ。（小佐田定雄）

定吉（「たちぎれ線香《せんこう》」）
船場商家の丁稚《でっち》。極めて口が軽く、小遣いの誘惑に弱いので若旦那のお気に入り。お茶屋通いの度が過ぎた自分の処分を決める親族会議をしていることを知った若旦那から、会議の内容を尋ねられると、一円の小遣いに目がくらんで、ペラペラとしゃべってしまう。ただし、これは若旦那がきっと彼に問いただすにちがいないと踏んだ番頭が仕組んだ、罠であったようだ。（小佐田定雄）

定吉（「茶《ちゃ》の湯《ゆ》」）
蔵前の大店《おおだな》の小僧。隠居した大旦那とともに、根岸の里へ移り住む。隠居が始めた茶の湯が、いい加減な知識に基づくものと感じながら、一緒に怪しげな茶を点て、成り行きで飲み、腹を下す。（原健太郎）

定吉（「月並丁稚《つきなみでっち》」）
本町の佐兵衛の店の奉公人。記憶力が悪いが、尻をつねってもらうと思い出す。十一屋に、お茶の会の知らせに出かけたが、口上を忘れて大騒ぎになる。彼自身よりも、使いに出した佐兵衛旦那の人選ミス。（小佐田定雄）

定吉（「手切《てぎ》れ丁稚《でっち》」）
商家の奉公人。十二、三歳。顔にニキビができており、少々色気づいていることがわかる。旦那の命令で妾のお

梅の様子を探りに行くが、スパイであることを見破られ、逆に一円で買収されてしまう。（小佐田定雄）

定吉（「隣《となり》の桜《さくら》」「鼻《はな》ねじ」）
隣の庭に出た桜の枝を無断で折られたのに腹を立てた主人大橋の命で抗議の口上を述べに行くが、相手が漢学者だったため、逆に言いこめられて逃げ帰る。（小佐田定雄）

定吉（「土橋万歳《どばしまんざい》」）
船場の商家播磨屋の丁稚《でっち》。極道者の若旦那が外出しないよう見張りを命じられていたが、若旦那に二十銭と羊羹と笹巻きの寿司と藪入りの親元への土産で買収され、表に出してしまう。しかし、すぐに番頭の誘導尋問に引っかかって、若旦那の行ったお茶屋の名前まで白状させられてしまう。（小佐田定雄）

定吉（「二《に》階《かい》ぞめき」）
大店《おおだな》の小僧。吉原そっくりの張見世《はりみせ》格子《ごうし》をしつらえた二階で、一人で大立ち回りをする若旦那を目撃。「ここで見たことは、親父には言わないでくれ」と頼まれる。長吉の名で登場することもある。（原健太郎）

定吉（「寝床《ねどこ》」）
大店《おおだな》の小僧。義太夫狂いの旦那が催した会で、長屋の者も、店の者も、聴衆がみな寝てしまっているにもかかわらず、一人起きて泣いている。喜んだ旦那に、「どこが悲しかったんだ？ やっぱり子供が出てくるところだな。『馬方三吉子別れ』か？ 『宗五郎の子別れ』か？……それじゃ、『先代萩』か？」と尋ねられ、たった今まで旦那が義太夫を語っていた床《ゆか》を指さし、「あそこは私の寝床なんでございます」。（原健太郎）

定吉（「百年目《ひゃくねんめ》」）
大店《おおだな》の奉公人。番頭に紙縒《こよ》りを百本よるようにと言いつけられたのだが、よった紙縒りで鹿をこしらえて遊んでいるので、かなりの時間がたっていたのにまだ四本しかよれていなかった。（小佐田定雄）

定吉（「平林《ひらばやし》」）
伊勢屋の小僧。風呂をわかしていたところ、旦那に平河町の平林さんへ手紙を届けるようにと頼まれる。風呂のことばかり考えていて届け先が覚えられないので、『平林さん、平林さん……』と言いながら行けばよい」と教えられた通りにするが、道の向こうにいる娘に気を取られて赤信号で飛び出したため、警官にとがめられ、『赤止まりの青歩き』と唱えながら歩きなさい」と言われる。この文句を連呼するうちに再び行き先を忘れてしまう。手紙にあて名が書かれているが、漢字がわからず、読めない。町の人々に読んでもらうが、「たいらばやし」「ひらりん」「一八十の木木《もくもく》」「一つと八つで、十《と》っ木《き》っ木《き》」というように、まともに読んでくれる人はいない。この四つの読みをつなげ、調子をつけて「たいらばやしか、ひらりんか、一八十の木木《もくもく》、一つと八つで、十《と》っ木《き》っ木《き》」と唱えるものの、たどりつかない。(布目英一)

定吉(「双蝶々《ふたつちょうちょう》」「小雀長吉《こすずめちょうきち》」)
下谷山崎町の玄米問屋《くろごめどんや》山崎屋の小僧。夜中、用足しに行くと、店の金百両を盗んだ小僧仲間の長吉が番頭を殺そうと独り言を言っているのを聞いてしまう。長吉に、黙っていてやるから、当時流行の掛《か》け守《まもり》を買えと言ったために手拭いで絞め殺される。(布目英一)

定吉(「味噌蔵《みそぐら》」)
味噌屋赤螺屋《あかにしや》の小僧。主人吝兵衛《けちべえ》のお供で、実家に戻って男の子を出産したおかみさんの見舞いと出産祝いに行く。主人吝兵衛から、「店の者のおかずにするため、空の大きな重箱に祝いの膳の食事を手当たり次第に詰め込め。悪い下駄を履いていき、帰りには良い下駄を履いて帰れ」と言われたのに、食事を詰めた重箱は置き忘れ、足駄と長靴と片方ずつ履いてきてしまい、小言をくう。立身出世の道は遠い。(布目英一)

定吉(「味噌豆《みそまめ》」)
商家の小僧。味噌豆のつまみ食いを旦那に見つかり叱られた後、使いに出される。戻ってからも味噌豆の味が忘れられず、旦那に隠れてはばかりで食べようと戸を開けると、中で旦那も味噌豆を食べていた! 「何しに来た」と問われ、「お替りを持ってきました」。(長井好弘)

定吉（「悋気《りんき》の独楽《こま》」）
商家の小僧。やきもち焼きの店の内儀に小遣いをもらい、妾宅に通う旦那の尾行を命じられたが、旦那に金を上乗せされ、美しいお妾に「辻占の独楽」をもらうと、ころりと寝返ってしまう。店に戻って、内儀に「今日は旦那はお帰りか、（妾宅に）お泊まりか」と詰問され、もらった独楽で占ってみせる。「黒いのが旦那、赤いのがお妾さん、色のあせたのがおかみさんの独楽。旦那の独楽がおかみさんの独楽にぶつかればお帰りです。（三つの独楽を回し）カチーン、お泊まりです」。現金だが、愛すべき少年である。（長井好弘）

定吉（「禍《わざわい》は下《しも》」）
商家の奉公人。旦那のお供で出かけたが、妾の家に泊まりたい旦那から「先に帰って『旦那は網打ちをして遊んで、網彦という料亭で捕った魚を料理してもらうので、夜明かしになる』と言え。土産に網捕り魚を持って帰れ」と命じられたので、魚屋に立ち寄って目刺しとチリメンジャコと蒲鉾を買って帰ってしまう。どれも網取り魚ではないのでおかみさんに疑われるが、なんとか言い逃れる。妾が畳んでくれた袴《はかま》に不審を抱いたおかみさんの追及にあい、窮地に追い込まれる。（小佐田定雄）

定公《さだこう》（「らくだ」）
落合（上方落語では千日前）の火屋《ひや》（火葬場）で働く男。屑屋の久六たちが、らくだの死骸と間違えて運んできた、酔いつぶれの願人坊主を焼き始めると、「あちちっ」と叫びながら飛び出してきて、「ここはどこだ？」と尋ねたので、「日本一の火屋（冷酒《ひや》）だ！」。（原健太郎）

定次郎《さだじろう》（「景清《かげきよ》」）

京の鑿彫り師（または刀の目貫師）。病で盲目になってしまい、柳谷の観音に病気治癒の願をかけたが、おこもりをしていた時に出会った女といい仲になり、賽銭をくすねて一杯やったため、目は前より悪くなる。

　やけを起こしていると、親切な甚兵衛に清水の観音さんへ百日の願をかけることを勧められる。その言葉に従って百日通うが、満願の日になっても目は明かない。観音さんに向かって毒づいている現場を目撃した甚兵衛に諭され反省する。帰ろうとすると突然の雷雨が起こり、竜巻に巻き込まれて空中に放りあげられ失神。息を吹き返すと観音さんが姿を現し、昔、景清がくりぬいて寺に納めた目玉を貸してくれる。意気揚々と帰る途中、大名行列と出会う。景清の目玉のおかげで強くなったので、行列の前に立ちふさがり「我こそは景清なり」と名乗りを上げる。あきれた殿様が「そちゃ気が違《ちご》うたか」と問われ「いいえ、目が違いました」。三代目林家染丸は「柳定次郎」と苗字付きで演じていた。（小佐田定雄）

定兵衛《さだべえ》（「さじ加減《かげん》」）
神田西河岸の長屋の家主。医師阿部玄益が住む。芸者おなみを身請けした玄益に、身請けは成り立っていないと言いがかりをつけた品川の料理茶屋の主、加納屋源兵衛を大岡越前守の名裁きで懲らしめてもらうよう段取っただけでなく、先方から示談金十両をせしめる。（布目英一）

薩摩《さつま》の侍《さむらい》（「鰻谷《うなぎだに》」）
蔵屋敷の藩士。新町の瓢箪横丁で大坂の侠客、雁金五《かりがねご》人《にん》男《おとこ》と喧嘩をしたところ、料亭菱又の亭主が仲裁に入る。手打ちの座敷に、他の魚が時化でないために「食べたら死ぬ」という伝説のある「ヌルマ」が出される。五人男が食べたので、「ここで食べないと武士がすたる」と無理して口にすると意外と美味だった。（小佐田定雄）

佐《さ》藤《とう》光《みつ》太《た》郎《ろう》（「饅頭《まんじゅう》こわい」）
町内の若い者。いつも仲間たちの馬鹿話に参加せず、隅のほうでニヤニヤ笑いながら見ているので嫌がられている。雑談の際、「饅頭がこわい」ということを告白させられてしまう。おもしろがった仲間たちが、自宅で寝ているところへたくさんの饅頭を投げ込んで来るが、実は甘いものは大好物で片端からむしゃむしゃと食べ始める。怒った仲間たちが「ほんまは何がこわい？」と尋ねるので、「濃いお茶がこわい」。（小佐田定雄）

佐《さ》野《の》槌《づち》の女将《おかみ》（「文七元結《ぶんしちもっとい》」）
吉原の大見世の女主人。出入りの左官長兵衛の娘お久に「父が博打に狂って仕事をせず、借金がかさんで、おっかさんに当たり散らすので、身を売って金をこしらえ、父親を立ち直らせたい」と泣いて頼まれる。長兵衛を呼んできつく意見をし、「来年の大晦日までに返してくれればお久に客は取らせない」という約束で、死んだ亭主が羽織をこしらえた時の残り切れで作った財布に入れた五十両を貸し与える。（布目英一）

佐野山《さのやま》（「佐野山」）

寛政年間の力士。母親の看病と薬代で稽古や食事もままならず、黒星続き。横綱の谷風が対戦を申し出たため、「谷風の女に手を出したことに対する遺恨相撲だ」と世間を騒がす。谷風が絶妙な人情相撲で負けてくれ、横綱に勝ったことで多額の祝儀が集まる。（布目英一）

錆田先生《さびたせんせい》（「近日息子《きんじつむすこ》」）

町医者。かかりつけの大家の息子が「父親の容態が急変した。後いくらも持たない」と飛び込んできたので往診に駆けつけるが、当の大家はピンピンしている。脈をとりながら「おかしいな」と首をひねるが、それを見た馬鹿息子が「親父はもう駄目」と勘違いして葬儀社に走ったことなど知るよしもない。（長井好弘）

三婦《さぶ》（「おさん茂兵衛《もへえ》」）

侠客。上尾宿を縄張りとする。子分の金五郎おさん夫婦の仲人。侠気《おとこぎ》があり、土地の人々から慕われている。商用で江戸から桐生へ向かう呉服屋の手代茂兵衛から、一膳めし屋で見初めたおさんという女に会わせてほしい、と頼まれる。「おさんは、金五郎の女房だからだめだ」と断るが、三十両の金を差し出されたうえ、今にも井戸に飛び込みそうな様子を見せられ、金五郎にかけあうことにする。祭りの費用が工面できず弱っていた金五郎は、この話に飛びついてくれたが、当のおさんが承知しないので、「おまえがうんと言ってくれれば、その男は死なずにすむし、おれも頼まれた甲斐がある」と言って、説き伏せる。思いがけず、二人が手に手を取って逐電したため、切腹することになる。（原健太郎）

佐平次《さへいじ》（「居残《いのこ》り佐平次」「居残り」）

遊び人。遊興費を払えず、妓楼に留め置かれる〝居残り稼業〟を自称。図々しいが、お調子もんで愛想もよく憎めない。なぜか仲間の信頼もあり兄貴分的存在。仲間四人と出かけた品川の大見世（「土蔵相模」の説もある）でどんちゃん騒ぎしたあげく、勘定を全て引き受けた、と仲間から一両ずつ集めて母親に届けるように頼んで、居残りを決め込む。玉代《ぎょくだい》を請求されると、「朝、帰った仲間が金を持って迎えに来る」などとうそぶきながら居続けるが、支払い不能と知れて布団部屋に放り込まれる。そのうち、料理や刺身のしたじを部屋に届けたり、掃除の手伝いや水汲み、湯殿の焚き付けなどの雑事から花魁《おいらん》の相談相手、三味線の爪弾きまでやってのけ、「居残り」変じて「いのどん」と重宝がられる。やがて客を取り巻いて祝儀をひとり占めしているのを奉公人に告げ口され、主人から「勘定は棒引きするから帰ってくれ」と説得されるが、「店を出たら御用となる身だ」と開き直って脅し、金と着衣までせしめて頓《とん》づらする。（太田博）

佐兵衛《さへえ》（「牛《うし》ほめ」「池田《いけだ》の牛ほめ」）
与太郎の伯父。家を新築したばかり。家は「総体檜造り、左右の壁は大阪土の砂摺《すなず》り、天井は薩摩の鶉木、畳は備《びん》後《ご》の五分《ごぶ》べり」という豪邸。だが、台所の節穴だけが気掛かり。新築祝いに父親の代理で来た与太郎から「秋葉様（火伏の神）のお札を貼れば、穴が隠れて火の用心になる」と進言され、褒美に小遣いを与える。（太田博）

佐兵衛（「鴻池《こうのいけ》の犬《いぬ》」）
豪商鴻池善右衛門の番頭。ぼんぼんがかわいがっていた黒犬が死んでしまったため、身代わりを捜したところ、船場の池田屋の前でそっくりの黒犬を発見。池田屋の主人と交渉の上、紆余曲折はあったものの無事に黒犬を「養子」としてもらうことに成功する。（小佐田定雄）

佐兵衛（「派手彦《はでひこ》」）
乗物町の酒商松浦屋の番頭。四十二歳。仕事一途で女嫌いのため独身だった。長谷川町三光新道《さんこうじんみち》の踊りの師匠板東お彦に一目ぼれをし、表の格子から稽古風景を毎日のぞくうちに恋患いになり、床に伏してしまう。お彦の兄である鳶頭《かしら》の世話でお彦と夫婦になると、掃除と炊事を率先して行った。木更津の祭りにお彦が呼ばれ、小網町の船着き場から船に乗ったのを見て、悲しみのあまり、石になってしまう。（布目英一）

佐兵衛（「木乃伊取《みいらと》り」）
大店《おおだな》の番頭。主人の信頼が厚い。吉原に居続けている若旦那を、連れて帰るように命じられたが、主人の期待をよそに、五日たっても帰らない。以下続々と、木乃伊取りが増殖する。（原健太郎）

侍（さむらい）

商人の町として栄えた大坂に対して、幕府のお膝元である江戸は武士が大半を占めていた。初期の落語の観客も武士が多く、侍が登場する噺は上方落語よりも江戸落語に多い傾向がある。江戸後期には江戸の町においても町人が台頭するようになり、観客も町人が主流となる。「たがや」の落ちは本来はたがやの首が飛ぶものだったが、観客層の変化にあわせて、侍の首が飛ぶ形に改められたという。現行の落語の多くはこのように町人の目線で侍を揶揄したり批判したりしたものとなっている。へっぽこ侍の代表は博打の手入れが入ったと皆が大騒ぎする中、一人落ち着いて座り続けているのをほめられ、「いや、とうに腰が抜けました」と答えた「品川心中」の浪人者、「橋の上の乞食を一刀のもとにしとめた」という連れの話を聞き、同じように乞食を斬りつけたら「だれだい、毎晩、俺をなぐりに来る奴は」と言われてしまった侍二人。武芸の習練ばかりに夢中になり、近所付き合いにうとい者に「三軒長屋」や「茶の湯」の道場主、武芸自慢にいささか誇張が感じられる者に「館林」の先生がいる。素直で思い込みが激しい者として「花見の仇討」で助太刀を買って出る侍がいる。大名を描いた噺の中にも「粗忽の使者」や「松曳き」のようにそそっかしい侍が登場して笑いを呼んでいる。「妾馬」の八五郎は町人から侍となったまれな人物だが、馬に満足に乗れないという失態が描かれている。田舎侍も嘲笑の対象となりやすく、「しびん」では風流人だが世事にうとい侍がからかわれている。明治になり、新政府の官僚として薩長土肥の侍が移り住むようになると、江戸っ子は彼らへの批判を落語に盛り込んだ。「棒鱈」の野卑な侍はその典型だ。鼻持ちならない侍には川開きでごった返す両国橋を馬で通り、たがやを手討ちにしようとする「たがや」の侍主従、川に煙管《きせる》の雁首が落ちた腹いせに古道具屋を斬ろうとする「岸柳島」の若侍。数は少ないが、侍を敬っている噺もある。吸い殻で袴《はかま》を焦がしても泰然自若としている「ふだんの袴」の侍は人格者の筆頭だろう。亡妻高尾太夫の菩提を弔うため回向を続ける「反魂香」の浪人島田重三郎も敬われるべき人物。武芸の達人には死骸を操る黒猫を退治した「猫定」の真田何某という浪人、「胴斬り」や「首提灯」のように斬られた相手が気づかずに歩き続けるという剣の冴えを見せる侍もいる。浪人の窮乏生活は長屋住まいの千代田卜斎が登場する「井戸の茶碗」や「柳田格之進」で描かれる。維新後も、困窮生活は変わらず、「野ざらし」に登場する彰義隊の生き残り尾形清十郎は一間だけの裏長屋住まいをしている。「素人鰻」など士族の商法で失敗する者もいる。この他にも、にせ侍と思われる者もいたりと、落語では実に多岐にわたる侍が描かれている。（布目英一）

侍（「石返し《いしがえ》」）

通称番町鍋屋敷に暮らす侍。夜鳴き蕎麦屋に、「総仕舞いにしてやる」と言って、上から鍋と徳利を下ろし、蕎麦と汁をまんまと手に入れるが、その日のうちに、蕎麦屋の父親に意趣返しされる。（原健太郎）

侍（「巌流島《がんりゅうじま》」「岸柳島《がんりゅうじま》」）

老武士。槍遣い。渡し舟に乗り合わせた若侍が、同乗のくず屋にいちゃもんを付け、斬り殺すと息巻いているのを見かねて、仲裁に入るが、逆に開き直られて真剣勝負を持ちかけられる。いったんは相手になると見せかけ、舟を岸に戻させて若侍を船着き場に置いてけぼりにする。剣は抜かないが、沈着冷静な振る舞いからみても、相当の腕前とみた。（太田博）

侍（「けつね」）

旅の武士。四十五、六歳。ぶっさき羽織に野袴《のばかま》、雪駄履き。九月の末ごろ、大和の箸尾の在で、狐が化けた娘に「猟師に捕えられた姉狐を助けてくれ」と頼まれたので、五両で猟師の手から姉狐を助けてやる。ところが、娘と猟師は親子で、金を騙し取られてしまう。（小佐田定雄）

侍（「住吉駕籠《すみよしかご》」「蜘蛛駕籠《くもかご》」）

供の武士。お姫様と乳母の乗った駕籠がはぐれてしまったので、住吉街道で客待ちをしていた駕籠屋に尋ねたが、尋ね方に問題があったようで、駕籠の注文と間違えられてしまう。（小佐田定雄）

侍（「たがや」）
身分の高い武士。槍の使い手。川開きの日、両国橋の混雑の中、馬に乗り、供侍を二人連れて乗り込んだため、行きずりのたがやとひと悶着を起こす。「のっぺらぼうの丸太ん棒野郎」とののしられ、無礼討ちしようとするが、供侍を斬られてしまう。得意の槍で追い詰めるが、首をはねられ、中天高く飛ぶ。（原健太郎）

侍（「辻八卦《つじばつけ》」）
田舎出の武士。街頭のヘボ占い師に「仮名手本忠臣蔵」の「大星由良助どのは何に生まれ変わっておられるか？」としつこく質問し、占い師を困らせる。（小佐田定雄）

侍（「猫久《ねこきゅう》」）
五十二、三歳。髪結床で熊五郎に、猫のようにおとなしい久六が女房に刀を出せと命じたという話を聞き、「日ごろ、猫とあだ名されるほど人柄のよい男が、血相を変えてわが家に立ち帰り、剣を出せいとは男子の本分、よくよく逃れざる場合。また日ごろ妻なる者は、夫の心中をよくはかり、否とは言わず渡すのみならず、これを神前に三遍いただいてつかわしたるは、先方に怪我なきよう夫に怪我のなきよう神に祈り、夫を思う心底、あっぱれ女丈夫《じょじょうふ》ともいうべき賢夫人である。その女こそ、さにあらず、貞女なり孝女なり烈女なり賢女なり、あっぱれあっぱれ」と猫久夫婦をほめたたえる。（布目英一）

侍（「ふだんの袴《はかま》」）
旗本。四十代。細身の大小、黒羽二重の紋付に仙台平の袴、白足袋に雪駄履き、白扇を握り、威厳と気品が自然と漂う。上野広小路の骨董屋で谷文晁の絵に見とれ、袴に煙草の火玉が落ちても、「これはいささか普段の袴」と言い、泰然自若としている。その様を八五郎に目撃されて、真似をされるとは知るすべもない。（布目英一）

侍（「万病円《まんびょうえん》」）
三十歳代半ばの浪人者。店の商品に難癖をつけては、代金を踏み倒すことに情熱を燃やす、はた迷惑な男だ。湯屋で褌《ふんどし》を洗い、居酒屋の品書きにケチをつけ、菓子屋で値餅を食い散らかして代金を踏み倒す。次の古着屋では値切り交渉に失敗したが、紙屋（兼薬屋）では「万病円」

という薬の効能を巡って、店の主人と屁理屈合戦を繰り広げる。この日は三勝一敗一分けか。太平の世に、武芸で世に出ることが出来ない侍の鬱憤晴らしと考えれば、多少は同情の余地もある。自らが居酒屋でくだをまく場面を、後世、三代目三遊亭金馬の「居酒屋」に応用されるという事実を知れば、間違いなく著作権料を請求しにいくだろう。（長井好弘）

侍（「やかんなめ」）

旗本。六十歳前後か。見事なはげ頭の持ち主。道ばたでいきなり見知らぬ女中から「癪《しゃく》に苦しむ奥様の合い薬（治療薬）に、あなた様のやかん頭を舐めさせて」という無礼千万なことを頼まれるが、その対処の仕方が、きわめて人間くさい。怒りながらも「人助けだ」と承諾する潔さ、女性に頭部を舐められる時の動揺、「以後、道で会っても他人だぞ」と念を押すときの照れ笑い。頭部同様、すっきりとわかりやすい。落語に登場する武士の中では出色の好人物だ。（長井好弘）

侍（「焼《や》き塩《しお》」）

若い浪人。往来でいきなり田舎から出たばかりという女子衆に声をかけられ、「田舎から来た手紙を読んでください」と頼まれるが、手紙を見るなりポロポロと涙をこぼし始める。実は無筆だったのだ。（小佐田定雄）

鮫《さめ》（「桑名舟《くわなぶね》」「鮫講釈《さめこうしゃく》」「兵庫船《ひょうごぶね》」）

不思議な力を持つ海の主。尾張熱田と桑名を結ぶ乗合舟の乗客を食らってやろうと、仲間を募って、舟の動きを止めたはいいが、やがて船中からパパンパンと、嫌な音が聞こえてきた。「天敵の蒲鉾屋が乗っている！」と、一目散に退いた。実は船客の中から一人人身御供《ひとみごくう》に選ばれた講釈師が「人生最後」と一世一代の講釈を読んでいたのだと気がついたが、後の祭り。貴重な獲物を逃したと、一同さめざめ泣いたらしい。（長井好弘）

澤村淀五郎《さわむらよどごろう》（「淀五郎」）

架空の歌舞伎役者。元は、芝居茶屋のせがれ。「仮名手本忠臣蔵　四段目（判官切腹の場）」の判官役者が急病で倒れてしまったため、座頭の市川團蔵から、度胸の良さを買われ代役に抜擢され、間中《あいちゅう》から名題《なだい》に特進する。初日、精一杯の切腹を演ずるが、由良之助役の團蔵が、花道に現れたものの判官の側に寄って来ない。楽屋で理由を聞くと、「あれは、五万四千石の大名の切腹ではない。本当に腹を切ればいい」と突き放される。この扱いが連日に及んだため、恥をかかされた腹いせに、舞台で本当に團蔵を刺し殺し、自分も死ぬつもりになったが、初代中村仲蔵にたしなめられ、細かく稽古を付けられて舞台に臨むと、今度は由良之助が寄って来た。その際の「待ちかねた」の台詞は芝居を超越している。（太田博）

三右衛門《さんえもん》（「梅若礼三郎《うめわかれいざぶろう》」）
芝伊皿子台町の金持ち。梅若礼三郎に六百七十両盗まれるという押し込み被害にあう。その金には「山型に三」の刻印があった。（布目英一）

三五郎《さんごろう》（「小間物屋政談《こまものやせいだん》」「万両婿《まんりょうむこ》」）
背負《しょ》い小間物屋。三十代前半。同業でいとこの小四郎が旅先で死んだため、大家の口利きで小四郎の女房おときと所帯を持つ。ところが死んだはずの小四郎が戻ってきて騒動になり、おときが三五郎とこのままでいたいと述べたことから、夫婦ともども訴えられる。（布目英一）

三下奴《さんしたやっこ》（「看板《かんばん》のピン」）
二十六歳。皆に乞われてチョボイチの胴元になった老侠客が壺皿の外に骰子《さいころ》をこぼしたが、ピン（一のこと）が出ているのを気づかないようなので、皆が一にばかり張ったところ、「看板のピンはしまって……俺が見るところ、中はグ（五のこと）だ」と言って壺皿を上げると、その通りになっている。「銭は返してやるから、これにこりたら博打はやめろ」と説教をして立ち去ったのを真似する。別の賭場で胴元をさせてもらい、「俺は、四十二の時に博打はやめた」と言って、「お前はまだ二十六じゃないか」と突っ込まれる。わざとピンをこぼしたところ、「骰子がこぼれているよ」と指摘されるが、聞こえないふりをして、皆にピンを張らせる。「看板のピンは片づけて」と手順通りに進めるが、壺の中もピンだった。この後の展開が知りたい。（布目英一）

三州屋《さんしゅうや》（「馬《うま》の田楽《でんがく》」）
のどかな農村の老人。現在ならば七十代ぐらいか。おんじい、三州屋などと呼ばれている。大根の種まきに熱中してしまい、注文品の味噌を届けにきた馬子が何度呼んでも返事をしない。（布目英一）

三笑亭可楽《さんしょうていからく》（「今戸《いまど》の狐《きつね》」）

実在の落語家。初代。安永六（一七七七）年〜天保四（一八三三）年。職業落語家の第一号といわれる。日本橋中橋に住む。寄席の給金を配分するチャリン、チャリンという音を聞いたやくざに、「キツネ」という博打を開帳しているものと勘違いされ、金をせびられるが、身に覚えのないことと突っぱねる。（原健太郎）

三蔵《さんぞう》（「真景累ヶ淵《しんけいかさねがふち》」）

下総羽生村の質屋。かつては江戸の質屋、下総屋につとめていた。姪のお久を愛人の新吉に殺され、妹のお累も婿になった新吉のために自害する。自らも旅先で、新吉とお賤に襲われ、命を落とす。江戸での奉公時代に、深見新五郎の悪事を訴えた祟りか、新五郎の弟、新吉一人のために身代、家族を滅ぼされた。（長井好弘）

山賊《さんぞく》（「高宮川天狗酒盛《たかみやがわてんぐのさかもり》」）

高宮宿から高宮川を挟んだ対岸を根城にする悪漢。一仕事したあと、金を杉の木の下に埋めようとしていたら、木の上から小便をかけられ、これは天狗に違いないと驚いて退散した。（小佐田定雄）

山賊（「深山《みやま》隠《がく》れ」）

九州天草の噺家山御霊ヶ嶽《はなしかざんおんりょうがたけ》に棲む盗賊。首領は女。「大《だい》臼如来《うすにょらい》」つまりゼウスを信仰しているところから、宗教的な背景もあると思われるが、蟹田《かにた》源吾《げんご》の手で全滅させられてしまう。（小佐田定雄）

山賊（「弥次郎《やじろう》」）

北国の山中に隠れ住み、旅人を襲う盗賊。人数は不明。武者修行に出かけた、嘘つき弥次郎のほら話に登場。弥次郎を取り囲むが、「できたてで柔らかい岩」を「ちぎっては投げ、ちぎっては投げる」弥次郎に、あっさり追い払われる。（原健太郎）

三太夫（さんだゆう）なぜか田中姓が多い。大名を公私にわたり補佐する家老。本来は御意見番であり、世間常識に疎く育っている殿様に、時には帝王学、時には社会常識や下々の生活を教える。しかし落語では殿様のわがままやその場限りの思いつきに振り回されて右往左往することが多い。殿様の父親あるいは祖父の世代から仕えている例も見られる。「目黒のさんま」の欣弥《きんや》や「盃の殿様」の植村弥十郎なども同職である。（布目英一）

三太夫（「首屋《くびや》」）番町の旗本に仕える侍。表を、「首屋でございい」と不審な売り声をあげながら流している者を、殿様に命じられ、屋敷の庭に控えさせる。（原健太郎）

三太夫（「桜鯛《さくらだい》」）大名の侍従。いつも殿様は鯛に一箸しかつけないので、料理番に替わりを用意させずにいたところ、今日に限って「替わりを持て」と言われてしまう。とっさに「庭の桜が見事でございます」と述べて殿様の目を桜に向けさせ、その間に鯛を裏返し、「替わりでございます」と言って切り抜けた。ところが殿様はまた一箸つけて「替わりを持て」と命じたので、進退窮まっているところへ「また桜を見ようか」の一言。すべて見抜かれていたことに気づき、恐縮する。（布目英一）

三太夫（「将棋《しょうぎ》の殿様《とのさま》」）老家臣。将棋好きな殿様に仕える。療養中だった殿様が久々に登城し、若い家来を相手にやりたい放題の将棋を指していると知り、敵討ちをする。殿様の子供時代に将棋を教えた張本人。（原健太郎）

三太夫（「そばの殿様《とのさま》」）大名の御意見番。七十代。殿様が汗とよだれと鼻水で調味したそばのために屋敷じゅう病人だらけになったので、「おそばを下しおかれますなら、一思いに切腹を仰せつけ願わしゅう存じまする」と願い出る。（布目英一）

三太夫（「殿様《とのさま》だんご」）士族。旧幕時代は大名大小路源右衛門の家老を勤め、維新後も源右衛門に仕える。源右衛門が「商売を始めたい」と言い出したので、知り合いの源太に助言を求め、だんご屋を開業する。源右衛門とともに店に出るが侍時代の習慣が改まらず、尊大な言葉と態度で客の応対をし、客が手をたたいて呼んでいても、地蔵尊を参詣する者の柏手と思い込んで、平然としている。（布目英一）

三太夫（「ねぎまの殿様《とのさま》」）
用人。姓は田中。七十代。向島の雪見の供を命ぜられる。途中、腹を減らした殿様を上野広小路の安直な煮売り屋に案内して、ねぎま鍋を食べさせたことから殿様が味を忘れられなくなり、一騒動持ち上がる。（布目英一）

三太夫（「初音《はつね》の鼓《つづみ》」）
側用人。古道具好きの殿様に仕える。出入りの道具屋金兵衛が持ち込んだ贋の「初音の鼓」を、殿が試し打ちをした際、コンと鳴けば一両、と買収される。この計略は殿には御見通しで、思わぬ逆襲を喰らう。（太田博）

三太夫（「雛鍔《ひなつば》」）
大名家の家臣。今年「お八歳」の若様の養育係を務める。若様を高貴な人物として育てるために、人間を卑しくする銭について教えていない。庭の泉水のかたわらで穴あき銭を拾った若様に「これは何か？」と尋ねられた時も、「いっこうに存じません」と答え、逆に「何だと思われますか？」と質問を返した。「お雛さまの刀の鍔《つば》ではないか」という若様の答えに、「卑しい物でございます。お取り捨て遊ばしますよう」とさりげなく若様の関心を他へ移した。（布目英一）

三太夫（「松曳《まつひ》き」）
江戸家老。いたってあわて者。これで役目が務まるのは殿様が輪をかけてそそっかしいからだ。国表から届いた「御貴殿姉上、御死去」という書状を「殿様姉上、御死去」と読み違えて殿様に伝えたため怒りを招き、切腹を命じられるが、殿様に姉上はいなかった。（布目英一）

三太夫（「妾馬《めかうま》」「八五郎出世《はちごろうしゅつせ》」）
赤井御門守の家臣。姓は田中。世継ぎを産んだおつるの兄八五郎が、御門守を訪ねて初めて屋敷にやってきた折、同席する。殿の機嫌を損ねかねないがさつな八五郎に手を焼き、いちいち尻をつっついて注意する。「即答をぶて」を、「そっぽをぶて」と聞き違えた八五郎に、頭を思い切り叩かれる。酔っ払った八五郎から、「三ちゃん」と親しげに呼ばれる。（原健太郎）

三太夫（「毛氈芝居《もうせんしばい》」「毛布《もうふ》芝居」）
側用人。初めて芝居を見た殿様が、劇中の殺され役が毛氈に覆われて退場し、楽屋で生きていると聞き、「先祖が討ち死にした時分に毛氈はなかったのか」という理不尽な問いに困惑する。（太田博）

産婆《さんば》（「安産《あんざん》」）
御年八十一歳の大ベテラン。歯の緩んだ日和下駄を履き、護摩竹の杖をついて登場。安産のお札を多数持参、中には寄席の木戸札まで混じっていた。お産の潮時を心得、落ち着いて長屋のお産を成功させる。（長井好弘）

三八《さんぱち》（「お藤松五郎《ふじまつごろう》」）
幇間《たいこ》。道具商万屋清三郎の取り巻きで臆病者。暗がりで煙草を吸う松五郎を化け物と勘違いする。（布目英一）

〈し〉

爺《じい》さん（「開帳《かいちょう》の雪隠《せっちん》」）
両国回向院の門前で、老妻と駄菓子屋を営む。ご開帳の参拝客に雪隠を貸して小金を得ていたが、近所にライバル店が出現。負けてはならじと先方の雪隠に一日立てこもり、体を張って取られた客を取り戻す。（長井好弘）

塩原角右衛門《しおばらかくえもん》（「塩原多《しおばらた》助一代記《すけいちだいき》」）
①元、阿部伊予守家臣、後に戸田能登守家臣となる。一時浪人し、猟師となって日光小川村に住む。百姓を襲う賊を撃ち殺したところ、元家来の岸田右内だった。仕官のための五十両の金策を頼んだため、罪を犯したと知る。百姓の名は塩原角右衛門で同姓同名、先祖が同じとわかる。この角右衛門から五十両を用立ててもらい、息子の多助を養子として与える。江戸に出て、戸田能登守に召し抱えられ、肥前島原の国詰となる。後に江戸出府となり、屋敷を訪れた多助に対面を求められるが、養家を出

奔したことをとがめ、「奉公先の山口屋で懸命に働き、養家の再興をはかるように」と意見をし、「ぐずぐずしておると槍だまにあげるぞ」とおどかして追い返す。その後、百姓角右衛門の分家太左衛門からの手紙で、多助が家出したのは義母おかめらに命をねらわれたことからと知る。御茶の水で暴行されている多助を救い、親子対面をする。十一年の奉公を勤めあげて独立し、豪商藤野屋杢左衛門の娘お花をめとることになった多助に祝い金五十両と脇差を与える。

②豪農。上州沼田村下新田に居住し、田地三百石と山を所有する。賊に襲われたところを先祖が同じで同姓同名の浪人塩原角右衛門に助けてもらったので、仕官に必要な金五十両を与える。代わりに八歳の多助を養子として引き取る。娘おえいを護摩の灰の道連れ小平にかどわかされた上に悪漢にも襲われたおかめを救って、後妻にする。十二年後、江戸でおえいに出会い、連れて帰る。小平が連れ戻しに来ると、五両を渡して帰らせる。数か月後、病にかかり、多助とおえいを夫婦にするように言い残して他界する。正義感が強く、多助を実直な人物に育てあげた。また不料簡を起こしがちなおかめに存命中は悪心を起こさせなかった。長生きをしていたら、その後の多助の苦難と、裸一貫から家を再興する活躍もなかったに違いない。（布目英一）

塩原太左衛門《しおばらたざえもん》（「塩原多助一代記《しおばらたすけいちだいき》」）

上州沼田の豪農、塩原家の分家。本家の角右衛門の遺志に従い、角右衛門の息子の多助と後妻おかめの連れ子おえいを夫婦にする。多助が出奔し、密通を重ねていた原丹三郎とおえいが婚礼を挙げようとしたので止めに入ったところ、丹三郎が斬りかかってきたため、馬小屋に逃げる。多助の愛馬の青が暴れて丹三郎とおえいをかみ殺したので、命びろいをする。（布目英一）

塩原多助《しおばらたすけ》（「塩原多助一代記《しおばらたすけいちだいき》」）

農夫のちに炭商主人。実父は阿部伊予守の元家臣塩原角右衛門。八歳の時に、実父と同姓同名である上州沼田の豪農、塩原角右衛門の養子となる。義父の遺言に従い、義母おかめの娘おえいをめとる。おかめが土岐《とき》伊予守家臣の原丹治と、おえいが丹治の息子丹三郎と密通を重ねるようになったため、邪魔者扱いを受ける。丹治に夜道で待ち伏せされるが、愛馬の青が動こうとしなかったため、殺されずにすむ。涙を流す青と別れ、江戸へ出立する。途中で護摩の灰の道連れ小平に身ぐるみをはがされて江戸まで来たものの、実父は島原に国詰となっていて、会えなかった。身投げをしようとしたところを炭問屋山口屋善右衛門に助けられ、山口屋に奉公するが、不用品を溜める納屋を借り、無給金で働くことを願い出る。戸田家江戸屋敷で実母おせいと邂逅し、実父角右衛門との対面を願うが、養家を逐電したことをとがめられ、「山口屋に身を捨てて奉公をし、養家の再興をはかるように」と意見され、「槍だまにあげるぞ」と言われて追い返される。その後は実父の叱咤を胸に秘め、古い藁草履《わらぞうり》を直して奉公人の草履として再利用することを善右衛門に願い出るなど勤勉と倹約の本領を発揮する。山口屋に集金に来た炭荷主吉田八右衛門から証文を奪った小平が八右衛門に化けて金をだましとろうとしたのを見破り、「父親の気持ちを考えて堅気になれ」と説教をして帰す。八右衛門が出した礼金は受け取らず、独立した時、千両分の炭の荷を送ってもらう約束を取り付ける。十一年の奉公を経て本所に炭屋を開業。拾い集めた粉炭の計り売りが評判となって繁盛し、「本所に過ぎたるものが二つあり、津軽大名、炭屋塩原」とうたわれるようになる。質素倹約を旨とするが、吝嗇《けち》ではない。歩行者が困らぬよう、貯めた金を使って四谷押原横町のぬかるみに石を敷いたりもしている。また乞食に身を落としたおかめとその子供四万太郎に救いの手をさしのべる慈悲心も持っている。加えて商いに関する才覚もある。実父の誤解も解けて両親との再会も果たし、働き者の伴侶お花を得て、店を繁盛させるとともに、養家の再興も果たす。その勤勉ぶりは世の手本となって、歌舞伎にもなり、修身の教科書でも紹介された。(布目英一)

塩屋《しおや》(「焼《や》き塩《しお》」「泣《な》き塩《しお》」)

棒手振《ぼてふ》りの商人。焼き塩を売り歩いていたところ、往来の真ん中で若い浪人者と田舎から出てきたばかりという女子衆が手に手紙を持って泣いているのを見かけ、「あれは身分違いの恋で生木を裂かれようとしているのだ」と勝手に思い込んでもらい泣きするが……。(小佐田定雄)

ジキ(「住吉駕籠《すみよしかご》」)

大坂堂島の相場師。「叔父貴」を略して「ジキ」と呼ばれるようになったらしい。豪快な遊びをすることで知られ、京の祇園で豪遊したあと三十石船で大坂に帰って来て、住吉で遊んだ上で堂島まで駕籠に二人乗りして帰ったりする。（小佐田定雄）

ジキ（「冬《ふゆ》の遊《あそ》び」）
堂島の相場師。新町の太夫の道中の挨拶がなかったことに腹を立て、当日、新町の吉田屋で、道中の真っ最中の太夫を「座敷に呼べ」と無理を言う。堂島は新町の大パトロンであり、それだけの権威があった。（小佐田定雄）

茂造《しげぞう》（「寝床《ねどこ》」）
大店《おおだな》の使用人。因果と丈夫。恐ろしくへたくそな素人義太夫を趣味にもつ、旦那に仕える。この日も突然独演会の招集が下り、提灯屋、金物屋、裏の吉田の息子、吉田のおっ母さん、小間物屋、豆腐屋、鳶頭《かしら》と、家作の長屋を回って店子《たなこ》たちに声をかけるが、日ごろから旦那の義太夫に迷惑をこうむっているため、出席するという返事がもらえない。店の者たちも、旦那の女房さえも同様で、みなが逃亡を企んでいる。心中察するところ大で、それぞれの言い訳を苦し紛れにでっちあげたところ、「義太夫の人情がわからないような者に店《たな》は貸しておけない。明日の正午限り長屋から出ていくように。店《みせ》の者には暇を出す」と、癇癪を起こした旦那に宣告され、ふたたび長屋を回り、連中を呼び集める。その夜、旦那の義太夫を聞きながら、みんなと一緒にいびきをかくことに。おそらく安堵の眠りだろう。（原健太郎）

繁八《しげはち》（「愛宕山《あたごやま》」）
元大阪ミナミの幇間《たいこ》。仲間の一八《いっぱち》ともどもお茶屋をしくじって京の祇園に流れて来る。一八らと室町の旦那のお供で愛宕山に登るが、かわらけ投げの勝負で旦那に負けた一八が「大阪では金貨を投げる」と言ったため、旦那は対抗上小判を二十枚、谷底に撒いてしまう。旦那が「拾うたら拾うた者のもんや」と言ったため、一八は茶屋から借りた大きな唐傘をパラシュート代わりにして谷底にダイビングをしようとするがいつまでも逡巡しているので、その「後押し」をする。（小佐田定雄）

繁八（「けんげしゃ茶屋《ぢゃや》」）

大阪南地の幇間《たいこ》。縁起の悪いことばかり言って楽しんでいる村上の旦那の座敷で「めでたい」を連発したため、しくじるが、「繁八改め死に恥と改名をいたします」と言ってご機嫌を取り結ぼうとする。（小佐田定雄）

繁八（「骨釣《こつつ》り」）

商家出入りの幇間《たいこ》。若旦那のお供で木津川まで舟遊びをした時、川の底からしゃり頭《こうべ》を釣り上げる。寺で念入りに供養したところ、その晩、「先ほどのしゃり頭だ」と名乗る娘ひなが訪れて来て、「お礼の印に」といろいろ楽しいことをしてくれる。（小佐田定雄）

繁八（「土橋万歳《どばしまんざい》」）

大阪南地の幇間《たいこ》。播磨屋の若旦那のお供でミナミから新町へ行く道中で、難波の土橋で追い剝ぎにあい、同行の色町の連中とともに若旦那を置いて逃げ去る。実は若旦那の夢の中の話……。（小佐田定雄）

繁八（「百年目《ひゃくねんめ》」）

幇間《たいこ》。船で花見に行く約束をしていた大店《おおだな》の番頭次兵衛がなかなか姿を現さないので、業を煮やした色町の連中を代表して店まで迎えに行く。羅宇《らお》の仕替え屋に化ける工夫もするのだが、派手な着物にツルッツル頭という目立つ格好なので、次兵衛から「おまえくらい、向こう先の見えん太鼓持ちはない」と叱られる。（小佐田定雄）

錣山喜平次《しころやまきへいじ》（「阿武松《おうのまつ》」）

幕内の相撲取り。根津七軒町に住む。後に六代目横綱阿武松緑之助となる大飯食らいの若者の二度目の親方。贔屓の板橋宿の主人に連れられて来た若者の将来性を見抜き、自身の前相撲時代のしこ名小緑《こみどり》を与える。（太田博）

蜆《しじみ》っ拐《かい》（「鉄拐《てっかい》」）

怪しい術を使う鉄拐仙人の三番弟子。十歳前後。鉄拐の代演で寄席に出演。腹の中からもう一人の自分を出すという術を演じたが、髪の毛が少し見えただけだった。まだ修業が足らないようだ。（布目英一）

師匠《ししょう》（「あくび指南《しなん》」「あくびの稽古《けいこ》」）

一名欠伸斎長息《けっしんさいちょうそく》。凡人が普段もよおすあくびは「駄あくび」であり、真のあくびは茶の湯や華道に通じる風流なものという考えから「あくび道」を広めるために指南所を開いた。春夏秋冬のあくびを演じ分けることができる。ただし、寄席のあくびだけは教えないとか。（布目英一）

師匠（「汲《く》みたて」）
常磐津の美人指南。「我こそは」と意気込む町内の弟子連中から熱い視線を送られていたが、建具屋の半七といい仲になる。他の弟子のことを「有象無象」と呼んでいるなどと手伝いの与太郎にばらされたこともあり、評判が急落する。（長井好弘）

師匠（「始末《しまつ》の極意《ごくい》」）
節約家。「師匠」といってもそれを業にしているわけではなさそうである。節約を極める「始末道」の見込みのある男が訪ねて来たので、口伝を与える。（小佐田定雄）

師匠（「どうらんの幸助《こうすけ》」）
大阪の稽古屋で教えている。飽き性な弟子に「桂川連理《かつらがわれんりの》柵《しがらみ》　帯屋の段」を稽古していると、突然、見知らぬ男が入ってきて、「帯屋」のあらすじを聞くなり、実際の事件と早飲み込みをして、仲裁のため京都に向けて勇んで出かけて行った。男性の師匠か女性の師匠かは演者の好みによって異なる。（小佐田定雄）

静子《しずこ》（「かんしゃく」）
金満実業家の夫人。まだ若く生真面目だが、世間知らずのせいもあるのだろう、かんしゃく持ちの亭主から、毎日のように家事の不備を指摘され、厳しく叱責される。たまらず実家に逃げ帰るが、苦労人の実父に知恵を授けられて帰宅。今度は使用人をうまく使い、家中の整理整頓を完璧に成し遂げ、亭主に「これじゃ俺が怒るところがない」と言わしめる。「すみません」と謝りながら、心の中で快哉を叫ぶ姿が目に浮かぶ。（長井好弘）

仕立屋《したてや》（「小言幸兵衛《こごとこうべえ》」）
四十代。姓は鷲塚。家族は本人、妻《さい》、せがれ、下職《したじょく》、以上四名。穏やかな性格。麻布古川辺りの長屋に引っ越し先を探している。丁寧な物言いで尋ねるので、家主の幸兵衛に気に入られるが、二十歳で仕立ての腕も確かな自慢の息子が独身だと伝えると、「この長屋に心中が起こる」とたちまち不興を買う。（布目英一）

紫檀楼古木《したんろうふるき》（「紫檀楼古木」）

羅宇屋《らおや》のじいさん。大家《たいけ》の主人であったが、狂歌に入れ込みすぎたために没落する。三方に「らおや　きせる」と書いた箱を連尺《れんじゃく》で背負い、その上に、鋸《のこぎり》、才槌《さいづち》、万力《まんりき》などの七つ道具をのせ、手甲《てっこう》、脚絆《きゃはん》、草鞋《わらじ》ばきの旅装束で、「らーおやー、きせーるー」の売り声を発しながら町を流している。

　煙管《きせる》のすげ替えを終え、窓の下で荷物を片づけていると、自分のことを「むさいおじいさん」だと言う、この家の新造《しんぞ》の声が聞こえたので、矢立てと半紙を取り出し、「牛若のご子孫なるかご新造の　われをむさし（武蔵）ととがめ給うは」と狂歌をしたためて、女中に渡す。これを読んだ新造から「弁慶と見たは僻目《ひがめ》かすげ替えの才槌もあり鋸もあり」と書かれた返歌が届けられたため、今度は「弁慶にあらねど腕の万力は　煙管の首を抜くばかりなり　古木」と記して、ふたたび女中に書付を渡す。少し歩き出したところへ、息せき切って追いかけてきた女中から「ご新造が、おまえさんが風邪をひくといけないから」と、黒縮緬《くろちりめん》の綿入れ羽織を差し出される。「いや、ご心配にはおよびません。この荷物さえ背負《しょ》っておりますれば……、はーおりゃー、きてーるー」。

　江戸期に実在した狂歌師だが、詳しく伝わっていない。紫檀楼古喜と表す速記もある。本名藤島古吉。通称伊勢屋古吉。格式のある棟梁の家柄に生まれるが、朱楽菅江《あけらかんこう》に狂歌を学び、風流に明け暮れたために財産を失う。妻女に離別を迫られて、「いかのぼり長き糸巻（「いとまに」とも）さるならば　さぞや（「切れても」とも）子供の泣きや明かさん」と詠んだ。狂歌噺の実演で寄席の高座にも上がったが、晩年は羅宇屋を生業とし、江戸市井人として屈託なく生きる。剃髪し、古喜《こき》と号した。天保三（一八三二）年十月八日没。享年六十六。（原健太郎）

七福神《しちふくじん》（「羽団扇《はうちわ》」）

恵比須、大黒天、弁財天、毘沙門天、福禄寿、寿老人、布袋の七人。正月、全員が宝船に集まって吉例の宴会を催しているところへ、羽団扇を持った男がいきなり空か

ら降ってきたが、芸が出来るので宴に参加させ、弁天様がお酌をしてやる。（長井好弘）

七兵衛《しちべえ》（「唖《おし》の釣《つり》」）
遊び人。与太郎のよき理解者。殺生禁断の場所である上野寛永寺の池に、与太郎と夜釣りに行く。見回りの役人が来たら、親孝行の情けに訴えろ、と与太郎に教え、自分は離れた場所で釣っている。そこへ役人が来て、「また釣っとるか」と言葉を掛けられたとたん、先に与太郎が捕まったのを察知し、舌がもつれてしゃべれなくなってしまう。手まねで与太郎と同じ言い訳をすると、孝行の徳に免じて許す、と言われ、うっかり「ありがとうございます」と答えてしまったため、「器用な唖だ」と役人を感心させる。（太田博）

七兵衛（「花筏《はないかだ》」）
提灯屋。相撲が大好き。病に伏せる大関花筏に似ていることから、病気を理由に相撲は取らない約束で花筏となって旅興行に参加する。ところが旅先で毎日大酒を飲んでいたため、素人相撲で初日以来負けなしの千鳥ヶ浜と取り組まされる。あまりの怖さに土俵上で念仏をとなえたが、付き出した指先が千鳥ヶ浜の目に入り、奇跡的に勝ってしまう。（布目英一）

失業者《しつぎょうしゃ》（「動物園《どうぶつえん》」）
怠惰な男。力仕事はしたくないし、接客業はまっぴら。この労働条件にぴったりの仕事があると、移動動物園の園長に雇われ、ブラックタイガーの着ぐるみに入ることになる。これは楽でいいと喜んでいると、檻が開けられ、獰猛そうなホワイトライオンが入ってきた……。ブラックタイガーではなく、虎、もしくはライオンで演じる場合もある。（原健太郎）

死神《しにがみ》（「死神」）
人の寿命を支配する神。貧相だが眼光が鋭い。長患いの病人にとりつき、死の世界へ導くことを業としている。死ぬのは時間の問題という場合は、枕もとに、まだ寿命のあるときは、足もとにいる。足もとにいるときに、「あじゃらかもくれんきゅうらいす　てけれっつのぱーっ」（後半部は演者によってさまざま）という呪文を唱えられると、その場から退散しなければならないという約束事がある。

金の工面がつかず、死を決意した熊五郎の前に、突然現れ、医者になれば儲かると、その方法を教えてやる。欲に目がくらんだ熊五郎が、余命の尽きた患者の寝ている布団を百八十度回転させるという、掟破りの行動に出たため、己の寿命と引き換えにした報いだと、今にも消え入りそうな蠟燭を指し示し、「これがお前の寿命だ」と言ってふるえあがらせる。（原健太郎）

しの（「粟田口《あわたぐち》」「粟田口霑笛竹《あわだぐちしめすのふえたけ》」「澤 紫《さわのむらさき》ゆかりの咲分《さきわけ》」）
百姓。下総矢切村に住む。金森家重役稲垣小左衛門の子息小三郎の許嫁みえの乳母。小左衛門の忠義一途の家来と見せかけて悪事を働いている丈助の母親でもある。性根が直らぬわが子を手に掛け、死に際に悪行を洗いざらい白状させる。（布目英一）

支配人《しはいにん》（「御神酒徳利《おみきどっくり》」）
浪花の豪商鴻池善右衛門家のゼネラル・マネジャー。江戸での定宿、刈豆屋で、番頭の善六を「占い名人」と思いこみ、主人の娘の病気を占ってもらおうと大坂に連れてくる。大いなる勘違いでも、結果オーライ。豪商の支配人も強運なのだ。（長井好弘）

芝竜《しばりょう》（「けんげしゃ茶屋《ぢゃや》」）
南地の芸者。元日早々、朋輩の一竜とともに座敷に呼ばれるが、縁起の悪いことが好きなお客に、名前を「死霊」と間違えられて気を悪くする。（小佐田定雄）

地武太治部右衛門《じぶたじぶえもん》（「粗忽《そこつ》の使者《ししゃ》」）
杉平柾目正の家臣。藩中きっての粗忽者。君主が無類の粗忽ぶりを愛でることから、しばしば間違いが起こる。他人の顔は覚えず、わが名を間違える。極めつけが、使者の口上の失念。先方の屋敷で「一言も覚えがござらん！」と言い切る様はりりしくも潔い。大騒動の末、若侍（実は出入り大工の留っこ）に釘抜きで尻をつねられ、ようやく思い出したのが「（口上を）聞かずに参った」。屋敷に戻って顚末を告げれば、藩主だけが大喜びし、家臣らは深いため息をつくのだろう。（長井好弘）

治平《じへえ》（「鏡《かがみ》ヶ池《いけ》操《みさお》の松影《まつかげ》」「江島屋騒動《えじまやそうどう》」）

芝日蔭町の古着商江島屋の養子。前名は安次郎。父は元三浦志摩守家臣、野口安兵衛。横山町の糶《せり》呉服商島伝の小僧時代、集金した金六十両を何者かに（実は倉岡元仲に）奪われ、大川に投げ込まれたところを、江島屋の主人治右衛門に救われる。これが縁で、江島屋に奉公。のちに夫婦養子となる。治右衛門の妾お仲の計略で、女房お菊を離縁。幼い娘おみちとともに店を追い出され、紙屑屋に身を落とす。だが、治右衛門への恩義は忘れず、江島屋が火事になると、おみちを吉原の松葉屋に身売りさせ、見舞金をつくる。

九年後、父を殺した男が倉岡であることを知る。ほかにも倉岡の悪行の数々が判明。父からゆずられた名刀宇田国宗の脇差を持って、倉岡と相棒の伴野林蔵を鏡ヶ池に討ちにいく。危機一髪のところを、男装して吉原から抜け出したお菊と、同じく倉岡を父の仇とねらう左官甚吉に助けられ、みごと仇を討つ。（原健太郎）

次兵衛《じへえ》（「百年目《ひゃくねんめ》」）

大店《おおだな》の番頭。三十年前、猪飼野から肥汲みに来ていた甚兵衛の世話で、十二、三歳のときに船場の商家に奉公に上がった。子供のころは色が黒く痩せていて、来るなり寝小便をして治療のために灸を据えられた。丁稚《でっち》のころは二桁の足し算を覚えるのに半年かかり、用事を二つ言いつけると一つは忘れる。買い物に出したら釣り銭を落とすという不器用な子だったが、今では奉公人ににらみをきかす表向きは謹厳実直な一番番頭に成長した。その実態は幇間《たいこ》や芸者たちから「つーぎさん」と呼ばれる一流の遊び人。二つの顔をうまく使い分けていたが、桜ノ宮で派手に遊んでいるところを、たまたま花見に来ていた旦那に見られてしまう。てっきり暇が出ると覚悟していたが、旦那から「帳面には無理もしていない。自分の甲斐性で儲けて甲斐性で使いなさる。立派なもんじゃ」と褒められる。（小佐田定雄）

島三郎《しまさぶろう》（「吉野狐《よしのぎつね》」）

大阪心斎橋の時計屋の若旦那。新町南通り木原の娼妓吉野に通いつめて三千円の大金を使い、勘当される。瓦屋橋から身投げをしようとしていたところを、うどん屋の木谷安平《あんぺい》に助けられ、養子となって手伝いを始める。千円の金を持って吉野が押し掛け女房にやって来たので、それを元手にうどん屋を始める。

この噺の作者である二代目林家菊丸は登場人物にうどん屋の符牒の名前を付けている。しっぽくを「きや」、ハモの練り製品が「あんぺい」、小田巻を「まき」、あんかけを「吉野」、堂島の米相場の縁でご飯のことを「島」、あるいは「そうば」の洒落で蕎麦のことを「島」という説もある。（小佐田定雄）

島田出雲守《しまだいずものかみ》（「梅若礼三郎《うめわかれいざぶろう》」）
江戸南町奉行。盗んだ金を使ったという、無実の罪を背負ったおかのを助けるために自首した、能役者くずれの盗賊梅若礼三郎を取り調べる。（布目英一）

島田重三郎《しまだじゅうざぶろう》（「高尾《たかお》」「仙台高尾《せんだいたかお》」）
鳥取の浪人。仙台公の求愛を拒んだために、手討ちになった高尾太夫の情夫。（布目英一）

島田重三郎（「反魂香《はんごんこう》」）
長屋住まいの浪人。仙台公の手討ちにあって死んだ愛人、吉原三浦屋の花魁高尾太夫の供養のため、夜な夜な鉦《かね》を打ち鳴らしている。その際に反魂香をくべると、高尾の姿が現れる、という。これを聞いた隣家の熊さんから、三年前に亡くなった妻の供養をするから分けて欲しいと頼まれるが断る。（太田博）

地見屋《じみや》（「地見屋」）
地面を見ながら、金目のものを拾う珍商売。隣人の熊五郎に「現金は夜中から夜明けにかけてが狙い目」など秘訣を教える。講習料は取りはぐれたが、ちゃっかり熊五郎の財布を拾って五十銭差っ引く。（長井好弘）

四紋竜《しもんりゅう》（「お祭佐七《まつりさしち》」）
米商越前屋で働く大男。九紋竜という関取に顔が似るが、九紋竜ほどではないので、五紋（五文）引いて、四紋竜とあだ名がつく。左右の手と胴体、足に五人力ずつ、計二十五人力。侍二人をどぶに投げ込むほど強いため、大いばりで歩いていたところを元久留米藩士の飯島佐七郎（お祭佐七）にからかわれ、なぐろうとしたが、いとも簡単に放り投げられる。（布目英一）

シャボン（「犬《いぬ》の目《め》」）
眼医者。幕末から明治にかけて活躍したアメリカ人宣教師で医師の、ジェームス・カーティス・ヘボン（一八一五〜一九一一年）の弟子といわれるが、国籍、年齢、経歴等不明。眼病を患った男の目玉をくりぬいて洗浄するが、摘出した目玉を干している間に犬に食われてしまったため、その犬の目玉を患者に移植する。高度な技術の持ち主だが、インフォームドコンセントなどという概念はまったく持ち合わせていない。（原健太郎）

沙弥《しゃみ》托善《たくぜん》（「蒟蒻問答《こんにゃくもんどう》」「餅屋問答《もちやもんどう》」）
越前国永平寺の修行僧。全国行脚の折、上州安中の在、薬王寺を訪ね、禅問答を申し込む。現れた大和尚（実は蒟蒻屋六兵衛）と、早速一問一答の問答を始める。「見ざる、言わざる、聞かざる」を決め込んだ大和尚の黙《だんま》りや身振りに無言の行で挑むが、ことごとく論破されたと勘違いし、「到底及ぶところではありません」と逃げ出していく。沙弥托善は、作者とされる二代目林屋正蔵の僧名（曹洞宗）である。（原健太郎）

三味《しゃみ》の市《いち》（「猫定《ねこさだ》」）
按摩。長屋の住人。同じ長屋の魚屋定吉が殺され、その通夜に行く。夜中に黒猫の妖力のために棺の蓋が開き、死骸がすさまじい形相で立ち上がる怪異が起きるが、目が不自由なために気づかず、長屋連中が逃げ出した後も、たった一人で通夜をする。あとで隣人たちに事の真相を聞かされ、腰を抜かす。（長井好弘）

上海屋唐《しゃんはいやとう》右《え》衛門《もん》（「鉄拐《てつかい》」）
貿易商。「上海新横町二の二」に店を構える。奉公人が数千人。世界中に支店がある。毎年八月末に創業記念祝賀会を行っており、余興が目玉になっている。今年も招待客を喜ばせるような斬新な出し物がないか、手代の金兵衛に探しに行かせ、鉄拐仙人を見つけ出す。（布目英一）

十一屋《じゅういちや》（「風《かぜ》の神送《かみおく》り」）
吝《けち》で有名な大店《おおだな》の主人。流行り風邪をおさめるための「風の神送り」という行事への献金を願いにきた町内の若い衆にたった二文しか出さなかったので、町内全体を敵にまわしてしまう。店の名前は蔵が十一あったことに

由来するのかもしれない。（小佐田定雄）

重吉《じゅうきち》（「星野屋《ほしのや》」）
大店《おおだな》星野屋の出入り職人。水茶屋の女お花を星野屋の旦那の妾に斡旋する。お花の了見を試した結果、食わせものだと判明したので、自分の名誉回復と旦那の利益を守るため、旦那を幽霊に仕立ててお花を脅す。お花とのだまし合いの結果は痛み分け。（長井好弘）

重三郎《じゅうざぶろう》（「粟田口《あわたぐち》」「粟田口霑笛竹《あわだぐちしめすのふえたけ》」「澤紫《さわのむらさき》ゆかりの咲分《さきわけ》」）
深川万年町の刀屋岡本政七の番頭。二十代後半。羽田の生まれで泳ぎが得意。酒の上の間違いが多いことから禁酒をしていたが、芝の金森家重役稲垣小左衛門に屠蘇《とそ》をすすめられて泥酔し、預かっていた金森家家宝の名刀「粟田口国綱」を奪われる。賊が斬りつけてきたので仙台堀に飛び込んで万年橋まで泳ぐ。失態を悔いて首をつろうとしたが、伊皿子台町の男伊達、荷足《にた》りの仙太に助けられる。同じ賊に相棒が殺された駕籠屋の安吉も加わり、三人で刀を詮議する。仙太の船に乗って市川の国府台の下を通った時、笛と頭巾を手にした死骸が落ちてくる。顔を見ると小左衛門なので驚く。政七には仙太にわびを入れてもらい、職場復帰を果たす。（布目英一）

住職《じゅうしょく》（「鶴満寺《かくまんじ》」）
大坂長柄にある鶴満寺の和尚。境内のしだれ桜を目当てにやってくる花見客の行儀の悪さに腹を立て、「歌詠み以外は入れてはならん」と寺男の権助に言いつけて外出するのだが……。（小佐田定雄）

重兵衛《じゅうべえ》（「長崎《ながさき》の赤飯《こわめし》」）
背負《しょ》い小間物屋。出入りの質両替商金田屋金左衛門に頼まれ、八丁堀岡崎町の町方取締役渡辺喜平次の娘おいちと、金左衛門の息子金次郎の縁談を取り持つ。輿入れの日取りがなかなか決まらないので金田屋におもむくと、番頭の久兵衛が出てきて、のらりくらりと言葉を濁し、しまいに「千年万年待ったとて……」と義太夫の文句を語り始めたので憤慨。金次郎が長崎でもった女房がやってきたことを知り、喜平次に報告する。（原健太郎）

寿限無《じゅげむ》（「寿限無」）

おそらく日本一長い名前（↓付録「口上・言い立て」）を持つ男性。「長男にできるだけ長生きしてほしい」と願う父親に、旦那寺の住職が調べ上げた「長命そうな名前」の全候補を盛り込んで命名された。成長の過程でどんな屈折や懊悩があったかは明らかではないが、友達をポカリとやってこぶを拵える程度の腕白な少年時代を送った。成人した後の生涯は不明。本当に名前の効果があって長生きしたのか、没年齢は何歳か、名字は何なのか（「山田」という説あり）、戒名も長いのかなど、数々の疑問は今も解明されていない。（長井好弘）

主人《しゅじん》（「穴《あな》どろ」）
商家の旦那。浅草新堀端《しんぼりばた》辺りに店を構える。子供の祝いの晩、家に泥棒が忍び込み、土間の穴蔵に落ちて捕り物騒ぎとなる。祝いの後に縄付きは出したくないと、出入りの鳶頭《かしら》に対処させようとするが、泥棒は居直り、穴から出てこない。弱気になった鳶頭に、「三両の報奨を出す」と言うと、泥棒のほうが「三両なら、こっちから上がっていく」。（原健太郎）

主人（「意地《いじ》くらべ」）
強情な男。職業不詳。知り合いの男に三十円の金を貸したところ、不要になったと返しにきたので、約束した返済の期日までは受け取れないと突っぱねる。しかし相手も強情なので、その金が宙に浮く……。下駄屋の旦那として登場することもある。劇作家、批評家として活躍した岡鬼太郎の作。（原健太郎）

主人（「居残《いのこ》り佐平次《さへいじ》」「居残り」）
品川宿の遊女屋の大旦那。無銭飲食で居残りを続け、奉公人からも苦情が出ている佐平次から、悪事を重ねて身の置き所のない、と開き直られて怖気《おじけ》づき、遊興代を棒引きにしたうえ、三十両、着物、紙入れ、下駄まで与えて引き取ってもらう。仏といわれる好人物である。店から縄付きを出すのはご法度だった。（太田博）

主人（「かわいや」「たけのこ」）
中流の武家。隣家の塀越しに生えてきたタケノコを食すため、行為の正当化に腐心する。「土足で踏み込んできたので手討ちにした」「亡骸はすでに腹中に」と先方に

主張して、何とか一件落着したが、食べ物の恨みだけに遺恨を残しそう。（長井好弘）

主人（「雁風呂《がんぶろ》」）
東海道掛川宿で茶屋を営む。著名な絵師土佐将監《とさのしょうげん》が松に雁《かりがね》を描いた「雁風呂」という絵の屏風を預かっている。それが店にやってきた水戸黄門一行の目にとまり、由来を尋ねられる。（原健太郎）

主人（「小言念仏《こごとねんぶつ》」「世帯念仏《しょたい》」）
恐らく、毎朝、念仏を唱える旦那。他人のやる事なす事が気になって、念仏を唱えながら、小言を連発する。仏壇の花がしおれている、鉄瓶が煮えたぎっている、赤子の小水にまで口を出し、どじょう屋が通ると、念仏そっちのけで呼び込み、味噌汁に入れて、「ほうれ、くたばりゃがった」という始末。果たして、この念仏のご利益はいかがだろうか。（太田博）

主人（「渋酒《しぶざけ》」「杉酒屋《すぎさかや》」）
山中の一軒家のあるじ。死んだ女房をそのままにして外出、死を知らない子供が一緒に寝ているのを、一夜の宿を乞うた旅人に見付かり、驚かす。（太田博）

主人（「武助馬《ぶすけうま》」「武助芝居《しばい》」）
呉服屋の主。役者になった元奉公人の武助が、「一谷嫩《いちのたにふたば》軍記《ぐんき》」で馬の後ろ脚の役が付いたというので店の者を連れて見物に行く。大向から声を掛けると、馬の脚の武助が興奮して「ひひーん」と鳴くので「後ろ脚が鳴くとは」と小言を言う。（太田博）

主人（「百川《ももかわ》」）
日本橋浮世小路の会席料理屋、百川を経営。日本橋葭《よし》町《ちょう》の桂庵千《ち》束屋《づかや》に紹介され、田舎出の男、百兵衛を雇い入れる。挨拶も早々に、河岸の若い衆の座敷に用をうかがってくるよう命じたことで、騒動が起こる。百川は、江戸天明期から明治のころに実在した名店。ペリー来航の際、会席を出したことでも知られる。（原健太郎）

主人（「厄払《やくはら》い」）
商家の旦那。節分の日に厄払いとなった与太郎が「厄払いのデコデコにめでたいの」と言って歩いているのを面白がり、呼び止める。厄を払う前に豆と銭を要求され、それに従うと、今度は「お茶を出せ」と言われる。口上を述べ出した与太郎に、向かいの酒屋の暖簾に書かれた「萬屋」という字を読まされたり、「暗いから電気をつけろ」と言われたりして辟易する。（布目英一）

主人（「夢金《ゆめきん》」）
浅草山谷堀で船宿を営む。雪の夜、二階で寝ている船頭の熊蔵が「金がほしい」と大声で寝言を言っているところに男女二人連れがやってきたので、盗人だと驚くが、客だと知り、熊蔵に舟を出させる。（布目英一）

主人（「湯屋番《ゆやばん》」）
湯屋の主。勘当された若旦那が奉公に来て、食事の間だけでも番台に座りたいというので席をゆずる。（太田博）

俊三《しゅんぞう》（「菜刀息子《ながたんむすこ》」「弱法師《よろぼし》」）
船場の商家の若旦那。気が弱いことを父親から常々苦々しく思われている。包丁屋に「裁ち包丁」を注文したところ、「菜切包丁《ながたん》」を渡されても「ちがう」と言うこともできずに持って帰ってきたのを父親から厳しく叱られる。その夜、家出をして行方をくらますが、一年後の春の彼岸に四天王寺で乞食に身を落としているのを両親に発見される。（小佐田定雄）

正覚坊《しょうがくぼう》の亀《かめ》（「宮戸川《みやとがわ》」）
半七の夢に現れる酒好きの無頼の船頭。雷門の下で雨宿りをしていた商家の女房らしい女をかどわかし、もてあそんだ末に宮戸川（隅田川）に捨てる。翌年、仲間の舟に乗り込むと、商家の主らしい男に酒をすすめられ、酔った勢いで女を殺害したことを口走る。（布目英一）

将棋好《しょうぎず》きの客《きゃく》（「浮世床《うきよどこ》」）
髪結床の常連二人。煙草を吸いながら、へぼ将棋をしている。夢中になっているうちに、吸い口しかない煙管《きせる》と雁首しかない煙管に替えられてしまう。一方は将棋盤を見ながら煙草を雁首に詰めようとするが、吸い口ばかりなのでいつまでも詰めることができず、他方は雁首ばかりが口に入って熱がったりする。また将棋盤の横に鬢付《びんつけ》油《あぶら》をつけられたのを知らず、次の一手を考えながら、手にした駒で盤の横をぴしゃりとたたいたので将棋盤にはりつき、「駒がなくなった」と喧嘩になる。「歩」を指して「ふさしたてのさつまいも」あるいは「ふさしの下の雨宿り」、「角」が成って「成り角（内閣）大改造」といった洒落を言い合う演出もある。（布目英一）

正介《しょうすけ》（「怪談乳房榎《かいだんちぶさえのき》」）
絵師菱川重信の下男。五十一歳。生来の正直者だが、重信の弟子磯貝浪江の知略にはまり、無理やり重信殺しの手伝いをさせられる。さらに、浪江から重信の一子真与太郎を「四谷角筈《つのはず》村十二社《じゅうにそう》権現の大滝に捨てろ」と命じられるが、滝に現れた重信の霊に諭され、すんでのところで改心する。故郷の練馬赤塚に戻って、真与太郎を育て、成長の後、仇討に力を貸す。（長井好弘）

正助《しょうすけ》（「松山鏡《まつやまかがみ》」）
越後の百姓。鏡のない松山村に住む。四十二歳。両親が亡くなって十八年間、墓参りを欠かしたことのない親孝行者。御上よりほうびは何がよいかと聞かれ、「父親に会いたい」と望んだので鏡を渡される。初めて鏡を見たので、鏡に映る自分の顔を父親と信じて隠して見ていた。不審に思った女房が鏡を見ると、女が映っているので夫婦喧嘩になる。（布目英一）

生塚《しょうづか》**の婆**《ばば》（「朝友《あさとも》」）
地獄の入口、三途の川の岸辺にいて、亡者の衣服をはぎ取る婆。脱衣婆《だつえば》とも。閻魔大王の命で雪の中、お里を松の根方に縛り付けるのは、新内「明烏夢泡雪《あけがらすゆめのあわゆき》」中の、遊女浦里雪責めの趣向か。（長井好弘）

丈助《じょうすけ》（「粟田《あわた》口《ぐち》」「粟田口霑笛竹《あわだぐちしめすのふえたけ》」「澤紫《さわのむらさき》ゆかりの咲分《さきわけ》」）
金森家の重役稲垣小左衛門の家来。金森家家宝の名刀「粟田口国綱」が盗まれた責任を取って主家を辞し、荒物屋を始めた小左衛門に忠義一途に仕える。本当は悪人で、景勝地の市川国府台総寧寺《そうねいじ》で小左衛門が金森家の元家臣大野惣兵衛に殺害される手引きをした。小左衛門の息子小三郎の許嫁みえを吉原に身売りさせるために、「刀の詮議のためには二百両が必要だ」という小三郎の偽手紙も書く。母親しのの家に住む愚か者の恭太に、み

えに仕えていた老僕勇助を殺害した現場を見られ、他の悪事も露見し、しのに成敗される。（布目英一）

庄之助《しょうのすけ》（「髪結新三《かみゆいしんざ》」「白子屋政談《しろこやせいだん》」）
材木商白子屋庄三郎の放蕩息子。勘当され、弥太五郎源七親分の家に居候している。（布目英一）

庄之助（「しじみ売《う》り」）
芝の紙問屋の若旦那。芸者の小春とよい仲になったために、勘当される。旅先で賭碁に取り込まれ、あやうく小春を抵当《かた》にとられるところを、見知らぬ男（鼠小僧次郎吉）に助けられる。めぐまれた金が御金蔵破りの小判とわかり、牢に放り込まれる。（原健太郎）

丈八《じょうはち》（「駒長《こまちょう》」）
損料屋。上方出身だが深川で営業。長兵衛、お駒夫婦に金を貸している。女郎時代のお駒のもとへ通い詰め、長兵衛と張り合って負けたという過去があり、今もお駒に未練がある。掛取りを名目にしばしばお駒の顔を見に来るのを長兵衛に見透かされ、美人局《つつもたせ》を仕掛けられるが、「わいと逃げてくれれば、着物も金もあんたのもんだ」と逆にお駒を口説く。「本当はあんな人とは別れたいのだが、長兵衛がいやがって離れない、丈八さんみたいな親切な人と夫婦になりたい」とお駒に打ち明けられ、そのまま二人で駆け落ちする。（長井好弘）

丈八（「城木屋《しろきや》」）
日本橋新材木町の材木商城木屋の番頭。四十四歳、飛び切りの醜男《ぶおとこ》。店の一人娘お駒に惚れ、艶書を付けるが、母親のおつねに見つかる。叱られた腹いせに金を盗み、使い果たすと、お駒を殺して自分も死ぬつもりで寝間に忍び込むが、落とした煙草入れから足がついて捕まり、大岡裁きとなる。お白洲の前で東海道の宿場を織り込んだ懺悔（↓付録「口上・言い立て」）をする。（太田博）

庄屋《しょうや》（「狼講釈《おおかみこうしゃく》」）
安芸国海田の村の長。大坂の講釈師がやってきたのを知り、大喜びで自宅で講釈の会を開こうとしたのだが、会の直前になって姿を消されてしまう。後になって、講釈師というのは実は噺家で、まともな講釈ができないので

逃亡したのだとわかる。（小佐田定雄）

庄屋（「算段《さんだん》の平兵衛《へえべえ》」）
大坂近郊の村の長。若い妾お花を囲っていたのが本妻に知られ、村一番の知恵者算段の平兵衛に持参金を付けて嫁にやる。しかし、お花に未練たっぷりだったことを平兵衛に見透かされ、美人局《つつもたせ》にひっかかって撲殺されてしまう。死因をごまかすため首吊に偽装されたり、盆踊りの輪の中に放り込まれたり、崖の上から突き落とされたりと、死んでからもさんざんな目にあう。（小佐田定雄）

庄屋（「狸《たぬき》の化寺《ばけでら》」）
大坂近郊の村の長。村を流れる狐川の堤が大雨で決壊したため、土木作業の専門家である黒鍬組に工事を依頼する。村に黒鍬の連中が三十人一度に泊まることができる宿がなかったため、化け物が出ると噂の高い「化寺」と呼ばれている古寺に案内する。（小佐田定雄）

庄屋（「百人坊主《ひゃくにんぼうず》」）
大坂近郊の村の長。村の若い衆が伊勢詣りに行くたびに喧嘩をして戻るので、「二度と世話をする気はない」と言っていたが、今年は「旅先で腹を立てた者は五貫文の罰金を支払った上に村から追放される」という約束で先達になる。（小佐田定雄）

職員《しょくいん》（「ぜんざい公社《こうしゃ》」）
ぜんざい公社の窓口スタッフ。ぜんざいを食べにきた客に、住所氏名など個人データを申告させ、医師の診断書と餅を入れるための火気使用許可書まで提出させる。もちろん、すべて手数料が必要。いつの世も変わらぬ役人体質。これで、ぜんざいがうまいはずがない。（長井好弘）

職人《しょくにん》（「今戸《いまど》の狐《きつね》」）
今戸の瓦職。町内の落語家乾坤坊良輔《けんこんぼうりょうすけ》に、今戸焼の狐に彩色する内職を紹介する。（原健太郎）

職人（「五人廻《ごにんまわ》し」）
妓楼の廻し部屋の客。喜瀬川花魁《おいらん》が来ないので、見世の若い者、喜助にさんざん嫌みを言った後、吉原の成り立ちから見世の数、花魁の人数から糞をした犬の種類まで

分かるとまくし立てた揚げ句（→付録「口上・言い立て」）、「玉代《ぎょくだい》（娼妓揚げ代）を返せ」と迫る。（長井好弘）

職人（「身投《みな》げ屋《や》」）

義侠心に富むが、懐は寂しい男。両国橋を通りかかって、身投げのふりをする詐欺男に遭遇し、殴って身投げを止める。「金がないなら死ぬ」と言われたが、助けた方も文無しだ。やむなく市電の回数券を一枚渡すが、既にハサミが入っていた。（長井好弘）

書生《しょせい》（「辛子医者《からしいしゃ》」）

医者の家に住み込みで修業している医学生。昼間は「およそ地球上の人類は五つにわかれたり。アジア人種、ヨーロッパ人種、アフリカ人種、朝寝坊人種、助平人種、デレスケ人種これなり。泥棒人種は懲役人種の内なり。汝、芸妓買いを好むや。芸妓買いを好むといえども及ばず、女郎買いをすべし。女郎買いをするといえども酒肴はとらず。何故あって酒肴はとらざるや。朝の勘定が上るるを恐るるがゆえなり。そら無理もない」というようなわけのわからない本を読みながら、玄関番をしていることが多い。（小佐田定雄）

女中《じょちゅう》（「麻《あさ》のれん」）

大店《おおだな》の奉公人。揉み療治に通う按摩の杢市が泊まったおり、麻のれんと蚊帳の間に寝てしまい、一晩中蚊の襲撃に悩まされたと聞き、二度目に泊まったとき、気を利かせたつもりで、蚊帳の前の麻のれんをはずしておいたところ……。（原健太郎）

女中（「鰻《うなぎ》の幇間《たいこ》」）

法外に汚い鰻屋の使用人。初めてやってきた男客二人を、その身なりから、羽織を着た方（野幇間《のだいこ》の一八《いっぱち》）が旦那で、浴衣がけの男がお供の幇間と思い込み、浴衣の男を金をとらずに帰してしまう。だまされた一八に、鰻の焼き方から床の間の掛け軸まで悪態をつかれても、何も感じない。それゆえに、うらぶれた鰻屋にも長く勤めていられるのだろう。（原健太郎）

女中（「阿武松《おうのまつ》」）

中仙道板橋宿橋屋善兵衛の奉公人。後に六代目横綱にな

る阿武松が泊まり、お櫃《ひつ》を次々と空にする大食いにびっくりし、主人に伝えると……。（太田博）

女中（「御神酒徳利《おみきどっくり》」「占い八百屋《うらないやおや》」）
大黒屋の奉公人。二十歳。出入りの八百屋を邪険に扱ったため、主人が大事にしている御神酒徳利を隠されてしまう。八百屋のインチキ占いに踊らされ、徳利捜索のため、水を浴びたり、どぶさらいをさせられたりと、散々な目にあう。（長井好弘）

女中（「御神酒徳利《おみきどっくり》」）
神奈川宿の旅籠《はたご》、新羽屋の奉公人。病に倒れた父親の薬代ほしさに、宿泊客の巾着に手をつけるが、たまたま泊まりあわせた「江戸の占い名人」（実は江戸の旅籠、刈豆屋の番頭善六）に見破られるのが怖さに、深夜自ら善六に罪を告白する。（長井好弘）

女中（「碁《ご》どろ」）
碁に凝っている旦那に仕える。煙草の火で畳に焼け焦げをつくらぬようにと、奥さんに命じられ、烏瓜《からすうり》（紅生姜で演じる者もいる）を灰の中に埋《い》け込んだものを、煙草盆だと言って持っていく。これなら火がつくはずがないと、奥さんと一緒に安心して湯屋へ行くが、その間に泥棒に入られる。（原健太郎）

女中（「紫檀楼古木《したんろうふるき》」）
両国薬研堀《やげんぼり》の小綺麗な家に奉公。風流をまったく解さない。新造《しんぞ》に言い付かり、通りがかりの羅宇屋《らおや》の老人に、煙管《きせる》のすげ替えを頼む。出来上がった煙管で新造が一服やろうとしたので、「汚い羅宇屋のじじいが口を付けたものだから、私が煮え湯をかけるまでお待ちなさい」と制し、表の羅宇屋がどれほどみすぼらしい男か、窓から覗かせる。羅宇屋から書付を預かり、新造に渡すと、今度は新造から、羅宇屋に届けるようにと手紙が託される。再び羅宇屋がよこした書付を読んだ新造が、「この羅宇屋さんは、狂歌のえらい宗匠なんだよ！　私は、なんて恥ずかしいものをお見せしちまったことか！」と、急にあわて始めるが、この羅宇屋のどこがそんなにえらいのか、さっぱりわからない。「寒空を歩いて、風邪をひかせてはいけない」と、主人の黒縮緬の綿入れ羽織を持って追いかけるよう言いつけられるが、「これは私が頂戴し、あのじいさんには、私がふだん着ている綿入れ半纏をやりましょう」。（原健太郎）

女郎《じょろう》（「徳《とく》ちゃん」）
「二人で一円と六十銭」という吉原の激安店の女郎。生まれは越後の小千谷らしい。見世の若い衆は「うちのナンバーワン」というが、髪はザンバラ、まっ黒な顔、足は十三文甲高で、焼き芋をかじり、「ヴァハハハ、こんばんは」といいながら、安さに目がくらんで登楼した若い噺家の相手をする。あまりのことに逃げ出そうとする噺家を追って廊下に出るが、勢いと体の重みで床を踏み抜いてしまう。（長井好弘）

女郎（「白銅《はくどう》」「五銭《ごせん》のあそび」）
吉原遊郭のごく庶民的な見世の妓。大引け過ぎても客が付かず、三味線を弾いていると、投げ節を唄う男がいる。銀貨を持っているので見世に上げてよく見ると、二十銭銀貨と思ったのは、五銭の白銅。粋な出会いが、たちまち色あせた。（長井好弘）

女郎（「幽女買《ゆうじょが》い」）
幽霊の遊妓。「幽女」と呼ばれている。冥土の新吉原ならぬ「死吉原《しによしわら》」で、亡者の相手をしている。痩せて青白い顔をしているのが上玉。死んで間もない太助に娑婆の話をしてくれとせがみ、甘えた声で「いっそのこと、二人で生き返りたいね」。（原健太郎）

白井左近《しらいさこん》（「ちきり伊勢屋《いせや》」）
江戸で評判の易の名人。麹町の平河町に住む。「伊勢屋伝二郎が一年後に死ぬ」と、生死に関わる占いをしたため江戸払いとなる。落ちぶれて高輪の大木戸で大道占いをしていると、こちらも一文無しになった伝二郎に再会。再び占うと、「人助けをしたために寿命が延び、品川へ行けば運が開ける」という卦が出た。今度は占いが的中し、伝二郎は家を再興する。結局、伝二郎に関する占いは「当たった」のだろうか？（長井好弘）

シロ（「元犬《もといぬ》」）
浅草蔵前の八幡様に願をかけ、人間に生まれ変わった犬。

元が白犬なので色白。丸裸の姿で境内にいたところ、口《くち》入屋《いれや》の上総屋吉兵衛に拾われ、働き口として、変わり者好きの隠居を紹介してもらう。隠居に名前を聞かれ、「ただのシロです」と言ったのを、「忠四郎、それはいい名だ」と感心される。四つん這いになって歩いたり、雑巾をしぼった水を飲んだり、敷居に顎をのせて寝たりと、犬だったときの習性がなかなか抜けない。（原健太郎）

次郎《じろう》（「三軒長屋《さんげんながや》」）
鳶の若い衆。まだ駆け出しのため、鳶頭《かしら》の政五郎の家でおこなわれた喧嘩の仲直りの宴には並べてもらえず、不平を言いながら、七輪をあおいでお燗番をする。留の名で登場することもある。（原健太郎）

次郎（「花見《はなみ》の仇討《あだうち》」「桜《さくら》の宮《みや》」）
長屋の若い衆。仲間三人と上野の山の花見の趣向に仇討芝居を提案する。発案者として巡礼兄弟に追われる敵の浪人役を買って出る。この噺を大得意にした三代目三遊亭金馬は「熊五郎」でやった。（太田博）

四郎吉《しろきち》（「佐々木《ささき》政談《せいだん》」「佐々木裁《さば》き」）
桶屋高田屋綱五郎の息子。新橋竹川町に住む。十三歳の時、お奉行ごっこで町奉行佐々木信濃守に扮していたのを本人に目撃され、南町奉行所へ呼び出される。信濃守に星の数を尋ねられると、奉行所の白州の砂利の数はいくつあるかと聞き返し、「手に取ることのできるものの数でさえわからないのに、手に取ることのできないものの数がわかるはずがない」と答える頓智頓才ぶりが認められ、十五歳で信濃守の近習《きんじゅう》にとりたてられる。「池田大助」として演じることもある。（布目英一）

白木屋《しろきや》（「鼻利《はなき》き源兵衛《げんべえ》」「出世《しゅっせ》の鼻」）
日本橋の呉服屋。武士から、先祖伝来の錦の布の鑑定を頼まれたがわからない。番頭、奉公人にもらちが明かないので、通行人の知恵を借りようと、店先に掲げておくと、風で飛ばされる。大事な預かり物を紛失して困っていると、向かいの八百屋の源兵衛が、臭いで探し当ててくれるという。実は源兵衛が土蔵に引っ掛かったのを見ていたとも知らずに信じ込み、次に出入りの近衛家で紛失した色紙を探して欲しいと依頼する。（太田博）

白子《しろこ》屋《や》庄三郎《しょうざぶろう》（「髪結新三《かみゆいしんざ》」「白子屋政談《しろこやせいだん》」）
材木商。二代目紀伊国屋文左衛門の番頭だったが、独立し、新材木町に店を構える。文左衛門の死に際し、三分《ぶ》しか香典を出さず、恩をあだで返す。娘のお熊はお嬢様育ちで贅沢三昧、息子の庄之助も道楽者に育つ。本人も六十歳を過ぎて中気となり、繁盛していた店も傾き始めるという因果応報の人生を送った。（布目英一）

白蔵《しろぞう》（「安中草三《あんなかそうざ》」「安中草三郎《あんなかそうざぶろう》」「後開榛名梅香《おくれざきはるなのうめがか》」）
盗賊。土浦の牢内で安中草三郎と知り合い、二人で脱獄するが、江戸で御用となる。（布目英一）

次郎兵衛《じろべえ》（「牛《うし》の丸薬《がんやく》」）
大阪近郊の農村の隠居。三年前に家督を長男にゆずって楽隠居の身の上。孫も三人いる。次男は隣村に養子に行き、三男は町へ勤めに行っている。大阪からやってきた怪しい干鰯屋に牛の病気に効くというドイツ製の万能薬を売りつけられる。（小佐田定雄）

次郎兵衛（「佃祭《つくだまつり》」）
神田お玉ヶ池の小間物屋。祭り見物が道楽。恐妻家。右の二の腕に、「たま（女房の名）命」の彫り物がある。佃島住吉神社の祭りに出かけた帰りの渡し場で、かつて身投げをしようとするところを助けた女と再会。亭主ともお礼がしたいと、強引に家に連れていかれたため、仕《し》舞船《まいぶね》に乗り遅れ、転覆事故をまぬかれる。一夜明けて家に戻ると、船の事故で死んだものと思っていた女房や町内の衆が、仮通夜をしている。そこへ姿を現し、一同を仰天させる。（原健太郎）

しわい屋《や》（「さんま火事《かじ》」）
油屋の主人で地主。あきれるほどの吝《けち》。その言動で、長屋の衆をさんざんな目に合わせている。店が突然煙に包まれたので、火事だと思ってあわてるが、長屋の衆が日ごろの仕返しのために焼いた、大量のさんまの煙だと知り、店の者たちに大号令。「みんな、ぼんやりしていちゃいけねえ。早くお茶碗にご飯をよそって、このにおいをおかずに食べちまおう」。（原健太郎）

新吉《しんきち》（「紙入れ《かみい》」）

貸本屋。若くていい男。得意先の女房と間男しているところへ旦那が帰ってきて真っ青。女房の機転でうまく逃げ出したものの、旦那からもらった紙入れを置き忘れてくる。翌朝、町内から姿を消す覚悟で旦那の家に様子を見に行くが、旦那はまるで、気が付いていない。（太田博）

新吉（「真景累ヶ淵《しんけいかさねがふち》」）

小石川小日向服部坂の旗本、深見新左衛門の次男。幼少のころ、酒乱の父親が刃傷沙汰を起こし、一家離散。下男の勘蔵の甥として育てられる。成人後は煙草屋を生業にしていたが、根津七軒町の富本節の師匠、豊志賀の家の手伝いに入り、親子ほど年齢が離れた豊志賀と男女の関係になる。業病を得て無残な人相となった豊志賀の世話に疲れて勘蔵に相談に行く。実はその時、「新吉は不実だ。関わる女を七人まで殺す」という不気味な遺書を残し、豊志賀は死んでいた。その後、下総まで駆け落ちした女弟子のお久を誤って鎌で斬り殺し、羽生村で女房にしたお累にも自害された。死期を悟った勘蔵に本当の身分を教えられ、父親の妾だったお熊とも巡り合う。すべての因縁と怨念のものすごさを悟った後、懇ろになったお賤が腹違いの兄妹であることを知るにいたって、お賤を殺し自害する。

自らのあずかり知らぬ幼少期に起こった事件と、それにつらなる因果応報の世界に巻き込まれた。不幸な生涯といえるが、自らの過酷な運命に立ち向かうことなく、現実逃避を繰り返したために、多くの血が流れ、何人もの命が奪われることになった。若くて様子がいいだけの気弱な男に一大悲劇の主人公は荷が重すぎた。（長井好弘）

甚吉《じんきち》（「鏡ヶ池《かがみいけ》操《みさお》松影《のまつかげ》」「江島屋《えじまや》騒動《そうどう》」）

左官。鍼医《はりい》年の市の子。江島屋の養子となる野口安次郎（のち治平）の請人《うけにん》。治平、小松（吉原の花魁《おいらん》。元は治平の女房お菊）とともに、鏡ヶ池で、元鍼医の悪党倉岡元仲とその相棒伴野林蔵を討つ。このとき、林蔵が父の仇であったことを知る。（原健太郎）

甚吉（「藁人形《わらにんぎょう》」）

願人坊主西念の甥。凶状持ち。恩赦で牢から出てきた足で西念の家に行くと、鍋が煮えたぎっている。「中を見

ちゃあいけねえよ」と念を押して西念が厠に行った間に、ふたを取ってみると、油の中に藁人形が……。（原健太郎）

甚九郎《じんくろう》（「けつね」）

大和の猟師。捕らえた狐を利用して、侍から金を騙し取ろうと企てるが、狐に化かされて失敗。侍を狐の仲間と信じて郡山の宿まで追いかけて行く。（小佐田定雄）

新三《しんざ》（「髪結新三《かみゆいしんざ》」「白子屋政談《しろこやせいだん》」）

廻り髪結。深川富吉町の裏長屋に住む上総無宿の前科者。出入り先の白子屋の娘お熊に目をつける。亭主持ちのお熊が奉公人の忠七と忍び合う仲だと知り、「駆け落ちさせるから」と二人を誘い出し、忠七は打擲して置き去りに、お熊は駕籠で長屋まで運ばせて監禁する。掛け合いにきた弥太五郎源七親分の貫禄にひるまず、強気一点張りで追い返す。町役人の権限を振りかざし、「俺が店立《たなだ》てを食わせれば、無宿者を住まわす家主はいない」と言う家主長兵衛にはたちうちできず、お熊を解放する。示談金三十両のうちの半額、さらに、たまった家賃と鰹の半身も取られてしまう。この一件により、弥太五郎源七に恨まれ、閻魔堂橋で殺害される。（布目英一）

新さん《しん》（「風呂敷《ふろしき》」）

職人。二十代。宵に兄貴分の家を通りかかり、「亭主は留守だが、お茶でも飲んで行きなさい」と女房に誘われ、上がり込んだのが運の尽き。無類のやきもち焼きの兄貴分が酔っぱらって帰ってきた。とっさに隠れた押し入れの前で亭主が大あぐら。出るに出られなくなっていると、風呂敷を持った救いの神がやってくる。古今亭志ん生以前の演者は間男という設定だった。（布目英一）

紳士《しんし》（「稲荷俥《いなりぐるま》」）

人力の客。五十を少し過ぎて、金縁の眼鏡をかけ、茶色の中折れ帽子をかぶり、黒の二重まわしを身にまとっている。高津神社表門から人力車に乗ったところ、俥夫が「正直の梅公」と呼ばれている真面目人間と知り、からかうつもりで稲荷のお使いの狐になりすます。俥代を支払わずに降りたあとで、百五十円の金を俥の椅子に置き忘れて来たことに気づき、返してもらうために梅公の家を訪ねて行くが、家の中では「お稲荷さんから福をいた

だいた」と大宴会の真っ最中、お稲荷さんの到来だと招きいれられる。（小佐田定雄）

紳士（「鬼門風呂《きもんぶろ》」）

人力の客。正月の三日、門中音蔵の曳く俥に乗る。髭を生やして、黒紋付羽織袴《はかま》の正装。姓名学を研究していて、「門中音蔵」と女房の「門中さき」いう名前はいい名前ではないので「門中喜三郎」と「門中喜久」と改名することをすすめる。（小佐田定雄）

紳士（「身投げ屋《みなげや》」）

外套を着てソフトをかぶり、丸々と太った金持ち男。両国橋を通りかかり、身投げ屋の芝居に引っかかる。身投げ（のフリ）を止め、事情を聞いて同情し、相手の言い値で金を恵もうとする。身投げ屋にとっては理想的なカモである。（長井好弘）

信次郎《しんじろう》（「写真《しやしん》の仇討《あだうち》」「指切《ゆびき》り」）

純情な士族出身の若者。恋仲だった芸者の小照に裏切られ、女を殺して自分も死ぬと決意するが、「女にもらったものを一突きにしてうっぷんを晴らせ」とおじに意見され、女の写真をズブリとやれば、血がだらだら。うっかり自分の指を切ってしまった。（長井好弘）

新助《しんすけ》（「鰍沢《かじかざわ》」）

芝神明の小間物屋の若主人。身延山参詣の帰りに道に迷い、山里の一軒家で吉原、熊蔵丸屋の月の戸花魁《おいらん》と会う。客と心中未遂を起こし、江戸を捨てて隠れ住んでいたのだ。かつて一夜を共にした女郎に心の隙を見抜かれたか、懐の金に目を付けられ、毒入りの玉子酒を飲まされる。毒消しの護符を雪で飲み下した後は、雪原から激流へ、必死の逃亡劇。題目を唱え、山筏にすがり、銃弾をかいくぐり、命からがら逃げ切った。（長井好弘）

新助市《しんすけいち》（「緑林門松竹《みどりのはやしかどのまつたけ》」）

極悪人の盗賊。一癖も二癖もあるが、苦み走ったいい男だ。元は鳥越の履物商山崎屋の倅で市五郎を名乗っていたが、身上が悪く家を飛び出して修羅の道へ。悪事に使う毒薬を手に入れようと、根津七軒町の医師山木秀永宅に飯炊き男として入り込む。秀永が本所一つ目の新道に妻に隠れて妾おすわを囲い、子供まで作っていることを突きとめるや、秀永の女房に告げ口したばかりか「旦那は毒薬であんたを亡き者にして妾を家に入れる考えだ。だいたい毒薬なんてえ物があるからいけないんだ。私が捨ててやるから」と言葉巧みにだまして毒薬を入手する。油断を見計らって女房を薪で撲殺し、その足で妾宅を訪れ「旦那、お宅で今、ご新造が間男している」と、今度は秀永を誘い出し、手に入れたばかりの毒薬を湯に混ぜて飲まして殺害。残ったおすわをわがものにし、子供共々、信州を巡った後、上州へと落ちのびる。

数年後、深谷と熊谷の間で掛け茶屋の主人として暮らしていたところ、下駄屋の倅時代に世話になった手習いの師匠、就学堂父娘と再会し、悪の虫が頭をもたげる。「前橋まで行って隠居する」という就学堂を家に招き、父親を毒殺。十八歳になる娘お時を江戸に帰すとだまして吉原江戸町の松葉屋へ売り飛ばす。これに反発した女房おすわと、六歳になった新太郎にあわや寝首をかかれそうになるが、逆襲して母子を斬り殺し、追っ手をまいて姿を消す。

どこをどう逃がれたのか、まんまと江戸に戻ってあんまに化け、もみ療治で江戸中を流し歩いていたところ、五年前に別れた女房おせきと再会する。「これがあれば、手前と二人で奥州へ行って大した仕事ができるぜ」と毒薬を見せながらおせきを口説くが、逆に持ってきた毒薬を酒に盛られ、懐の六十両を奪われたうえ、あえなく命を落とす。悪事だらけの人生。六十両の金がおせきから情夫の小僧平吉の手に渡り、その金で救われる吉原松葉屋の遊女が、かつて自分が吉原へ売り飛ばした就学堂の娘お時だという不思議な巡り合わせを、地獄の業火の下で知ることになる。（長井好弘）

新造《しんぞう》（「王子《おうじ》の幇間《たいこ》」）

商家の女房。出入りの幇間平助が、陰で他人の悪口ばかりを言うのに腹を立て、何時か懲らしめてやろうと思っている。たまたま平助が店を訪れたので、「旦那は留守」と嘘をつき、平助が並べ立てる旦那の悪口を聞いてやり、「本当に申し訳ない。実は私はお前と一緒に逃げたい」とモーションをかける。その気になった平助と駆け落ちの支度をしているところへ、怒り心頭の旦那を呼び込んだから店は大騒動に……。（長井好弘）

新造（「紫檀楼古木《したんろうふるき》」）
風流を解する妻女。両国薬研堀《やげんぼり》の小綺麗な家に暮らす。通りがかりの羅宇屋《らおや》に煙管《きせる》のすげ替えを頼むよう、女中に言い付ける。きれいになって戻ってきた煙管で一服やろうとすると、「汚い羅宇屋のじじいが口を付けたものだから、私が煮え湯をかけるまでお待ちなさい」と、女中に止められる。どれほど汚いのか確かめようと、窓から覗き、「本当にむさいおじいさんだねえ」と、思わず口に出す。まもなく、羅宇屋から書付が渡される。そこにしたためられた、狂歌と達筆な文字に感心し、自分も狂歌を書いて女中に持たせると、またしても書付が届く。文末に「古木」の名前があるのを見て、羅宇屋が有名な狂歌の宗匠であるとわかり、あわてる。「寒空を歩いて、風邪でもひいてはいけない」と、女中に夫の黒縮緬の綿入れ羽織を持たせ、後を追わせる。（原健太郎）

新造（「徳利《とくり》芝居《しばい》」）
大店《おおだな》の細君。芝居好き。新年吉例の曽我狂言を見たいのだが、旦那が留守で家を空けられない。家に代々伝わるオランダ渡りの「オウムの徳利」は、人の声を詰め込むことが出来るのを思い出し、小僧に持たせて芝居小屋に行かせる。帰宅した小僧から受け取った徳利の栓を開けると、芝居は逆から始まっていた。（太田博）

新造（「夢《ゆめ》の酒《さけ》」）
向島辺りの囲われ者。大黒屋親子の夢に登場する。二十五、六歳、中肉中背、ぽちゃ愛敬。以前から気になっていた若旦那が、軒下で雨宿りをしているのを家に呼び入れる。下戸の若旦那を酔わせて寝かしつけ、脇へ襦袢姿で入って行く。次いで、嫁に請われて、若旦那の不行跡をたしなめに来た大旦那ももてなすが、酒好きの大旦那はお燗の付かないうちに夢が覚める。（太田博）

甚蔵《じんぞう》（「真景《しんけい》累《かさね》ヶ淵《ふち》」）
下総羽生村のならず者。通称、土手の甚蔵。富本の師匠豊志賀の怨霊に取り憑《つ》かれた新吉が、累ヶ淵でお久を惨殺するのを目撃。新吉を脅して、事情を聞き出す。以降、新吉や婿入り先にたびたび現れ強請《ゆすり》を働くが、羽生村の質屋三蔵殺しを知られた新吉・お賤の逆襲に遭い、命を

落とす。死後、旗本深見新左衛門の妾だったお熊の証言から、お賤の種違いの兄であることがわかる。（長井好弘）

甚蔵（「緑林門松竹《みどりのはやしかどのまつたけ》」）
小梅の鰻屋。世話好き。甥の鼈甲《べっこう》商上総屋の息子清三郎が夜遊びをするたびにかばってやる。「清三郎を落ち着かせるために、早く所帯を持たせよう」と、清三郎が岡惚れしている手習いの師匠花蔭左五郎の妹なつとの縁談の仲人役をかって出る。（長井好弘）

しんちゃん（「女給《じょきゅう》の文《ふみ》」「ラブレター」）
女給（ウェイトレス）から恋文をもらった男。「恋しい」が「変しい」、「小使いおくれ」が「小便おくれ」になるなど、誤字脱字だらけだがうれしくて仕方がない。裏打ちまでして仲間たちに見せびらかす。女たちからは「すんちゃん」と呼ばれる（太田博）

新朝《しんちょう》（「野《の》ざらし」）
客待ちの幇間《たいこ》。八五郎が野ざらしの人骨に酒をかけ、「今夜（幽霊となって）出てこいよ」と言っているのを女と密会するものと思い込み、巧く取り巻いて祝儀をもらおうと八五郎宅を訪ねる。（太田博）

神道者《しんと(ど)うしゃ》（「人形買《にんぎょうか(が)》い」）
長屋の住人。男の子の初節句に長屋じゅうに粽《ちまき》を配ったお返しに神功皇后の人形を贈られる。神職にふさわしいと喜び、神功皇后の故事来歴を述べ始めたところ、説明料をとるのではと勘ぐられる。（布目英一）

人呑鬼《じんどんき》（「地獄八景亡者戯《じごくばっけいもうじゃのたわむれ》」）
冥土に住む巨大な鬼。態度の悪い亡者を呑み込むことを生業《なりわい》としている。閻魔大王の命で、山伏と医者と歯抜き師と軽業師の四人組を呑んだところ、腹の中で大暴れされてひどい目にあう。（小佐田定雄）

新内流し《しんないながし》（「替《かわ》り目《め》」）
夫婦者の門付《かどづ》け芸人。酔っ払いの男に招かれ、五十銭で都々逸を聞かせろと言われる。「おまえたちは、仲人があって夫婦になったんじゃないなあ」などと訳知り顔に言われ、苦笑する。（原健太郎）

甚平《じんぺい》（「貝野《かいの》村《むら》」）

大阪の大工の棟梁。丹波の貝野村出身。生まれ故郷の庄屋の娘おもよという美人を女子衆として店に紹介したところ、若旦那が大いに気に入ってくれる。若旦那が商用で二か月ほど九州に出かけた留守に、母親が病気のためおもよが貝野村に帰ってしまい、旅から戻った若旦那はショックで寝込んでしまう。原因がおもよにあることが判明し、旦那が三千円の賞金を出すというので貝野村へ迎えに行き、おもよを連れて戻す。（小佐田定雄）

甚兵衛（じんべえ）

よくいえば好人物、はっきり言うと、ぼんやり者で底抜けのお人好し。自他共に認める恐妻家でもある。そういう男だから、「金がない」とか「人様の前で口を利かねばならない」といった危機がひっきりなしに訪れる。ところが、たいていは、さほどの苦労もなく幾多の窮地を切り抜けてしまうのである。女房、先生、仲間、隣人など、周囲の人間が誰かしら手を差しのべてくるので、結果的には、借金の返済も、婚礼の口上も、魚屋での買い物（甚兵衛には大仕事なのだ）も、難なくクリアしてしまう（「鮑のし」）。欲も得も考えず、思ったことをそのまま言うという裏表のない人柄と、のほほんとした愛すべき日常の姿を見れば、「放っては置けない」気持ちになるのは必然かもしれない。「あたしは甚兵衛さんが大好きなんだ」と言われ、「でもあたしは先生のこと、そんなに好きじゃありません」と答える（「熊の皮」）なんて、並の人間のできることではない。しっかり尻に敷かれてはいるが、女房との仲もいいのだろう。その女房の「口移し」が大好きだが、教えてくれる口上の「承りますれば」が、どうしてもうまく言えないのが悩みの種だ。ところで、上方の甚兵衛は、江戸とは全くの別人である。

上方では物識りで町内の知恵袋的な存在。江戸の「横丁のご隠居」に近い存在かもしれない。他人のことを放っておけない性格で、町内の若い衆がブラブラしていると頼まれもしないのに仕事の世話をしてやる。根っから親切な人なのだろうが、あとになって世話した先から苦情を聞いてぼやくことがあるのが玉に疵である。町内では「世話焼きの甚兵衛さん」、略して「世話甚」などとよばれている。（小佐田定雄、長井好弘）

甚兵衛（「明石飛脚《あかしびきゃく》」）
町内の世話焼き。急に今日中に明石まで手紙を届けなくてはならなくなり、足自慢の男に飛脚役を頼む。出かけるにあたって「大坂から明石までは十五里や」と教えたのだが、それが混乱のもとになる。（小佐田定雄）

甚兵衛（「有馬小便《ありましょんべん》」）
町内の世話焼き。仕事もせずにブラブラしている喜六に、有馬温泉に行って、湯治客相手に二階から小便をさせるという珍商売をすすめる。（小佐田定雄）

甚兵衛（「鮑のし《あわび》」「祝のし《いわい》」）
長屋住まいの職人。おっとりしていて頼りなく、亭主思いのしっかり者の女房の尻に敷かれている。うそをついたり悪知恵を働かせたりしないため町内の人々からは愛されている。米を買う金がなかったので、「知り合いから五十銭を借り、魚屋で尾頭付きを買って家主の息子の婚礼の祝いに持っていけば一円もらえる。借金の五十銭を返しても残った金で米が買える」という女房の恐るべき計略を実行する。しかし五十銭では鮑しか買えなかったので、「磯の鮑の片思い」という言葉を連想した家主に追い返されてしまう。途方に暮れていると、祝い物に欠かせないのしは鮑からできていると兄貴分に教えられ、たどたどしいながらも家主にその講釈をする。しかし、のしの種類を次々と聞かれて困ってしまう。古今亭志ん生は、「のしの説明をしたところで、ケツをまくって見せろ」と兄貴分に言われたものの、事情があってめくれない、と演じている。（布目英一）

甚兵衛（「言訳座頭《いいわけざとう》」）
長屋の住人。大晦日、女房の提案で、借金の言い訳を按摩の富の市に頼む。口達者な富の市のお蔭で、次々と掛取りを追い返すが、あともう少しというところで、自身の借金の言い訳をするから、と富の市に立ち去られ、悲嘆にくれる。（原健太郎）

甚兵衛（「池田の猪買い《いけだ》《しし》」）
お人好しの世話焼き。体が冷えて困っている男に、猪の肉がいいと教えてやる。町中で売っている古いものでは効き目がないので、池田まで行って新しいものを買うように言って、道を丁寧に教えた上に、肉代と途中で休憩する茶代まで貸してやる。（小佐田定雄）

甚兵衛（「いもりの黒焼《くろや》き」）
町内の物知り。喜六に「女にモテる方法」を尋ねられたので、十の秘訣を伝授するが、いずれも条件に合わず、それでも何かとせっつかれ、惚れ薬のいもりの黒焼きを買いに行かせる。（小佐田定雄）

甚兵衛（「いらちの愛宕《あたご》詣《まい》り」）
京都に住む。「伊勢に七度、熊野に三度、愛宕山には月参り」という「伊勢音頭」の歌詞の意味を尋ねに来たいらち（せっかち）の喜六に、「お前のいらちを直すため」愛宕山にお参りすることをすすめる。（小佐田定雄）

甚兵衛（「色事根《いろごとね》問《どい》」）
町内の物知り。喜六が「女にモテる方法」を尋ねるので、「一見栄二男三金四芸五精六おぼこ七台詞八力九肝十評判」という十の秘訣を伝授する。（小佐田定雄）

甚兵衛（「江戸《えど》荒物《あらもの》」）
町内の隠居。品物は大阪で仕入れ、客との応対は江戸弁をこなし、東京の商品だと思わせる荒物屋を開業しようとした男が、いいかげんな江戸弁をしゃべるので、いちいち訂正して正しい江戸言葉を教える。（小佐田定雄）

甚兵衛（「火焔太鼓《かえんだいこ》」）
道具屋の主。恐妻家。少々ぼんやりしているが、人が良く、商売っ気はない。自家用の火鉢を向かいの米屋に売ってしまったため、寒くなるとあたりに行って「火鉢と甚兵衛さんを一緒に買ったみたいだ」とぼやかれたり、清盛の尿瓶《しびん》、岩見重太郎の草鞋《わらじ》を仕入れてきて損ばかりしている。時季でもないのに太鼓を仕入れてきて、奉公人の定吉に埃をはたかせると、大きな音がする。これが通りかかった殿様の耳に入り、屋敷に呼ばれる。汚い太鼓を屋敷に持ち込んだら無礼討ちされるかもしれないと戦々恐々としている。しかも、売り値を問われて、妻に言われた通り、「元値の一分で」と言おうとするが、舌がもつれて「十万両」と口走る。結局、古い太鼓が世に

二つとない名器だったため三百両で売れる。次は半鐘で儲けようと持ち掛けるが……。（太田博）

甚兵衛（「嬶違《かかちが》い」）

大変な世話好きで「世話甚」と呼ばれる。長屋のやもめに女房を世話してやるが、急用ができて、知人に代わりに連れて行ってもらう。翌朝やもめの家を訪れると、そこには見知らぬ女がいて、世話したはずの嫁さんが隣の家で働いているのでびっくりする。（小佐田定雄）

甚兵衛（「加賀《かが》の千代《ちよ》」）

長屋の住人。女房の尻に敷かれっぱなしの好人物。加賀の千代の名句「朝顔につるべ取られてもらひ水」にちなんだ借金法を女房に授けられ、隠居からまんまと年越し資金を得る。「加賀の千代よりカカの知恵」と、あらためてわが女房の偉大さを実感する。（長井好弘）

甚兵衛（「景清《かげきよ》」）

親切な世話好き。京に住む。盲目になって自暴自棄になっている鏨《たがね》彫り師（または刀の目抜き師）定次郎に、昔平家の侍景清が自分の目玉をくりぬいて奉納したという清水寺に参詣することをすすめる。清水寺の本堂の前で観音様をののしる定次郎を見つけ話を聞くと、今日が百か日の満願なのに目が開かないので抗議していると言う。短慮をたしなめ、定次郎を連れて帰ろうとすると、にわかの雷雨に襲われ、雷が大の苦手なので、定次郎を置いて逃げ帰る。家で心配して待っていると、景清の目を借りたと定次郎がのっしのっしと戻ってくる。（小佐田定雄）

甚兵衛（「辛子《からし》医者《いしゃ》」）

町内の物知り。頭にシビレがきれたり、足の裏に頭痛がしたり、股ぐらにアカギレができたりする珍妙な病気にかかった男が相談にくるので、横町に開業している洋行帰りの赤壁周庵先生を紹介してやる。（小佐田定雄）

甚兵衛（「口合根問《くちあいねどい》」）

昼飯時になると遊びに来る喜六を「ひとにごちそうしてもらおと思うたら、おもしろいことの一つも言うたらどうや」と叱り、「おもしろいこと」の一例として「『口合は粋《すい》の水上《みなかみ》（言葉の洒落こそ最高に粋なもの）』というさか

い勉強してみたらどうや」とすすめる。（小佐田定雄）

甚兵衛（「首《くび》の仕替《しかえ》」）
町内の物知り。喜六が「女にモテる方法」を尋ねるので、十のモテる秘訣を伝授する。喜六はいい男の首と交換に医者に行くことになる。（小佐田定雄）

甚兵衛（「熊《くま》の皮《かわ》」）
長屋住まいの八百屋。自他共に認める、女房の尻に敷かれた男。たまに早く帰れば、起きたばかりの女房に、水汲み、洗濯、米とぎと、次々家事を命じられる。そのうえ、医者の先生のところへお裾分けのお礼に行かされるのだからたまらない。先生から「熊の皮は尻に敷くもの」と教えられ、とっさに女房の顔を思い出して、「女房がよろしく言ってました」。さても哀しい条件反射。強い女房とのなれそめを、ぜひとも知りたい。（長井好弘）

甚兵衛（「鍬潟《くわがた》」）
相撲好きな男。背丈が二尺二寸の小男に、三尺二寸の鍬潟という力士が七尺余の雷電《らいでん》を負かした故事を聞かせる。これに刺激された小男は相撲部屋に入門する。（太田博）

甚兵衛（「稽古屋《けいこや》」）
喜六が「女にモテる方法」を尋ねるので、「一見栄二男三金四芸五精六おぼこ七台詞八力九肝十評判」という十のモテる秘訣を伝授する。「踊りの稽古でもしたらどうや」とすすめると、真に受けた喜六は稽古屋通いを始めることになる。（小佐田定雄）

甚兵衛（「鷺《さぎ》とり」）
世話好きな男。フラフラ遊んでいる喜六に、北野の円頓寺に鷺を捕まえに行くようすすめる。（小佐田定雄）

甚兵衛（「商売根問《しょうばいねどい》」）
町内の世話焼き。フラフラ遊んでいる喜六に、過去にどんな商売をやったかを聞くと、ガタロ（河童）釣りに行って川へはまるなど情けない失敗談ばかり。（小佐田定雄）

甚兵衛（「天王寺《てんのうじ》詣《まい》り」）
親切な世話焼き。彼岸の三日目にやってきた喜六が、愛犬と父親のために四天王寺に参詣し、引導鐘を撞《つ》いてやりたいと言うので同行する。喜六の自由奔放な行動に当惑しながらも、無事にお参りを済ませる。（小佐田定雄）

甚兵衛（「人形買《にんぎょうか（が）》い」）
長屋の月番。初節句の祝いに神道者から粽《ちまき》をもらったお返しをしようと長屋じゅうから金を集めて、五月人形を買いに行く。人形を選んだり、代金を交渉したりすることなどはすべて買い物上手の兄貴分にまかせっきりにする。「集めた金よりも安い人形を買って、飲み代をひねり出そう」と兄貴に言われ、期待したのだが、易者と講釈師に人形のうんちくを聞かされて金を払わされ、何も残らなかった。（布目英一）

甚兵衛（「猫怪談《ねこかいだん》」）
羅宇屋《らおや》。深川蛤町の貧乏長屋に住む。年は七十過ぎ。臆病者。月番なので、与太郎の義父の死骸を寺に運ぶことになる。途中、早桶が壊れ、代替品を調達して戻ってくると死骸がなくなっていた。番をしていた与太郎から「死骸は踊りながら上野の森へ飛んで行った」と聞かされて、腰を抜かす。（布目英一）

甚兵衛（「八五郎坊主《はちごろうぼうず》」）
町内の隠居。陽気で呑気な八五郎がやってきて出家がしたいと言うので、知り合いのずく念寺を紹介してやる。その日の夕方、早速僧侶の姿に変身して挨拶にやってきたのはいいが、法名を尋ねると「はしか」と答えるので当惑する。（小佐田定雄）

甚兵衛（「夢八《ゆめはち》」）
ところかまわず夢を見てしまう八兵衛に仕事を世話するのだが、それが「（首）つりの番」だったことからひと騒動持ち上がる。（小佐田定雄）

〈す〉

菅沼軍十郎《すがぬまぐんじゅうろう》（「べかこ」）
鍋島公の家来。姫の気鬱を治そうと、噺家泥太坊堅丸を佐賀城に招く。堅丸が「べかこ（あかんべえ）」をして腰元たちを脅かすため捕縛する。（小佐田定雄）

菅野伊之助《すがのいのすけ》（「お若伊之助《わかいのすけ》」「根岸《ねぎし》お行《ぎょう》の松因果塚《まついんがづか》の由来《ゆらい》」）
一中節の師匠。二十八歳（二十六歳とも）の美男子。元は侍らしい。鳶頭《かしら》の紹介で、生薬屋栄屋の娘お若に稽古をつけるうち、恋仲となるが、娘の母親に手切れ金を渡され、仲を裂かれる。のちに、娘の蟄居《ちっきょ》先の根岸で密会を重ねているのではないか、と鳶頭にねじこまれるが、まったく身に覚えがない。土地の古狸が自分に化けて娘をたぶらかしているなど、誰が知ろう……。（原健太郎）

菅野松五郎《すがのまつごろう》（「お藤松五郎《ふじまつごろう》」）
一中節の三味線弾き。元は武士。芸も良く、人間も堅いと評判。万屋清三郎のお囲い者であるお藤の家を訪れ、傘を借りようとしたところ、二階に通され、酒の相手をさせられる。それを清三郎に知られてしまい、弁解したが、盃を額に当てられて出血し、喧嘩になって帰る。翌日、憎からず思うようになったお藤と葭町《よしちょう》の佃長《つくちょう》で会う約束をしていたが、お藤が来ないので使いを出す。嫌っている清三郎からの使いと間違えたお藤の母親に追い返されてきたため、みずから出かける。通りかかった米沢町の料理屋草加屋の二階座敷にお藤の姿が見えたので女将にお藤を呼ぶように頼む。松五郎に呼ばれたとは知らないお藤が同席している清三郎から逃げようと裏梯子《ばしご》で降りていったのを「顔を見たくないから逃げた」と思い込む。誤解とすれ違いが重なり、我慢も限界に達し、お藤を始め五人を殺害することとなる。（布目英一）

杉平柾目正《すぎだいらまさめのしょう》（「粗忽《そこつ》の使者《ししゃ》」）
天下の粗忽者、地武太治部右衛門の主君。治部右衛門のやることなすことを面白がり、あれこれ仕事を与えるので、そのたびに現場は大混乱に陥る。さしたる用もないのに使者に出したのは、先方に治部右衛門を見せるために違いない。（長井好弘）

助《すけ》（「縮《ちぢ》み上《あ》がり」）
堀之内妙法寺の御会式にやってきた江戸っ子。途中の新宿遊廓で、お熊という美人女郎を見初め、足が縮み上がる。帰りに新宿でお熊を買うと、方言がきつい。越後の小千谷《おじや》出身と聞き、縮み上がったわけを知る。（長井好弘）

鈴木七兵衛《すずきしちべえ》（「按七《あんしち》」）

質商。もとは按摩だったが、転がり込んできた叔父の遺産を元手に開業。出世したのを鼻にかけ、偉そうなふるまいをするので人気はない。当時の庶民の常として無筆であるが、町内の若い衆に腰に矢立を差しているのを見咎められ、「自分の名前の『七』の文字が書けるのか？」と聞かれて、つい「書ける」と答えてしまい窮地に追い込まれる。（小佐田定雄）

駿河屋《するがや》**の次郎吉**《じろきち》（「猫《ねこ》の忠信《ただのぶ》」「猫忠《ねこただ》」）

長屋の若い衆。町内の清元の師匠お静のもとへ通う。稽古などはどうでもよく、あわよくば師匠と懇《ねんご》ろに、と考えている「狼連《おおかみれん》」「あわよか連」。兄貴格の吉野屋の常吉らしき男が、師匠とよろしくやっているのを目にして、女房に言いつけるが……。（太田博）

炭屋《すみや》（「江戸《えど》荒物《あらもの》」）

商家の主人。炭の粉まみれになって炭団《たどん》を練っていると糊がなくなってしまったので、近所に開店した怪しい江戸弁の荒物屋に買いに行く。（小佐田定雄）

炭屋（「上方見物《かみがたけんぶつ》」）

道頓堀近くで営業。上方見物にやって来た二人の田舎の客が、炭団をあんころ餅と間違えて食べるという珍事に見舞われる。（小佐田定雄）

炭屋（「くやみ」）

商家の主人。炭団を練っているところに、世話になった旦那の訃報が届いたので、そのままの姿で葬式に駆けつける。あんまり慌てたので手は真っ黒け。（小佐田定雄）

〈せ〉

清《せい》（「町内《ちょうない》の若《わか》い衆《しゅう》」）

職人。「大将」と呼んでいる兄貴分を訪ねると、大工が茶室の造作をしている。奥さんに「この不景気に、大将は大したもんだ」と褒めると、「町内の若い衆が寄ってたかって拵えてくれたようなもの」と謙遜され、この奥床しさとわが女房を比べ、「亭主の命を削る鉋《かんな》」「苦み走った女だ」などと落胆する。湯屋に行く途中、友人の源ちゃんに会ったので、女房が兄貴分の奥さんのような受け答えができるか試そうと、「わが家に寄って家の中をほめてほしい」と頼む。とんでもない誤解が生まれるとは知る由もない。熊さんでやる人もいる。（太田博）

清（「突《つ》き落《お》とし」）
職人。吉原の勘定を踏み倒す計画に加わった、ちょいとドジな男。「イヨッ、羽左衛門」とおだてられ、財布を忘れて棟梁に殴られる役を押しつけられるが、最後は見世の若い衆をどぶに突き落とすついでに、ちゃっかり煙草入れを失敬する。（長井好弘）

清吉《せいきち》（「指南書《しなんしょ》」）
京の商家の息子。商売上手で親孝行だが、嫉妬深いのが玉《たま》に瑕《きず》。お花という女房を持ったものの、悋気のやむ兆しがないので、檀那寺の御院さんのもとに通って諭され、温厚な人間になる。御院さんは亡くなる前に、判断に困った時に読むようにと「指南書」という書物を書いて送ってくれた。草津の叔父の所へ金を持って行く往復にも、さまざまな判断に迷う事件が起こるが、「指南書」の的確な指示のおかげで無事に切り抜けることができた。土産に買った草津名物の「姥《うば》が餅《もち》」を、翌朝食べようとすると、早くも腐っていたので、「指南書」を読むと「うまいものは宵に食え」と書いてあった。（小佐田定雄）

清五郎《せいごろう》（「お祭佐七《まつりさしち》」）
鳶頭《かしら》。居候の元久留米藩士の飯島佐七郎に火消しになりたいと懇願されるが、断り続ける。品川に女郎買いに行った佐七郎が居残りをしたあげく、裸足で抜け出してきたことを知り、あきれる。（布目英一）

清三郎《せいざぶろう》（「緑林門松竹《みどりのはやしかどのまつたけ》」）
下谷広徳寺の鼈甲《べっこう》商上総屋の総領息子。二十一歳。夜遊びが過ぎて親の不興を買うが、いつもかばってくれる伯父、小梅の甚蔵が「所帯を持たせれば落ち着く」と、岡惚れしていた手習いの師匠花蔭左五郎の妹おなつとの縁談をまとめてくれる。ところが婚礼直前、おなつに横恋慕する番頭藤七と女中おさわの悪だくみで、おなつが盗賊の汚名を着せられ行方不明となる。数日後、評判の易者に行方を占ってもらおうと出かけた王子稲荷の近くで、おなつを発見。それまでおなつを拉致していたならず者に毅然として立ち向かい、初めて男気を見せる。一連の騒動は、おなつの家の家来筋にあたる盗賊あんま幸治の奔走で解決、無事おなつとの婚礼を行う。（長井好弘）

清七《せいしち》（「清正公酒屋《せいしょうこうさかや》」）
酒屋の一人息子。向かいの饅頭商虎屋の一人娘のお仲と恋仲だが、親同士の仲が悪く一緒になれない。心中を決意して、お仲に続き海に身を投げようとした時、清正公様から救いの手をさしのべられる。（長井好弘）

清正公《せいしょうこう》（「清正公酒屋《せいしょうこうさかや》」）
戦国時代の武将加藤清正の霊。酒屋の若旦那清七と饅頭屋の一人娘お仲という、悲恋の二人が心中を決意した時、救いの手を差しのべるが、実際に助けたのは清七だけだった。「お仲は敵の饅頭屋の娘だから」なんて、さりとは狭い御了見。（長井好弘）

清助《せいすけ》（「粟田口《あわたぐち》」「粟田口霑笛竹《あわだぐちしめすのふえたけ》」「澤《さわの》紫《むらさき》ゆかりの咲分《さきわけ》」）
百姓。金森家の元重役で荒物屋を営む稲垣小左衛門に頼まれて、絶景で知られる国府台《こうのだい》の総寧寺《そうねいじ》へ小左衛門、丈助主従を案内する。小左衛門の笛を聴きながら酒を飲んでいたら賊が現れて小左衛門を川に突き落としたので震えていたところ、口封じのために斬殺される。（布目英一）

清造《せいぞう》（「三枚起請《さんまいぎしょう》」）
経師屋の職人。吉原の遊女喜瀬川から起請文《きしょうもん》をもらい、奉公に出ている妹から無理やり借りた金を渡すほど深い仲のはずだったが、仲間の大工の棟梁源兵衛と唐物屋《とうぶつや》の猪之助にも同文の起請文を渡していたことがわかって憤慨、三人で仕返しに行く。衝立の裏に隠れていると、「背の高いのばっかりねえ、日陰の桃の木みたいなやつだろ？　江戸っ子がりゃがってさ、気障《きざ》でどうにもいやなんだよお」などと陰口を言われて飛び出て行くと「まあ、そこにいたの？　すらっとして様子がいい」とはぐらかされる。結局、「女郎は客を騙すのが商売だ」と、返り討ちを喰らう。（太田博）

清蔵《せいぞう》（「幾代《いくよ》餅《もち》」）
日本橋馬喰町搗米屋《つきごめや》六右衛門の奉公人。吉原の姿海老屋

の売れっ子花魁《おいらん》幾代太夫の錦絵を見て恋患いで寝込んでしまった。親方に「一年間、一生懸命に働いて金を貯めれば、幾代太夫に会わせる」と言われて発奮して金を貯め、お幇間《たいこ》医者に連れられて、野田の醤油問屋の若旦那と称して、幾代太夫に会うことができた。真実を打ち明けたところ、感激され、幾代の年期明けを待って夫婦になり、両国に幾代餅という餅屋を始める。両国名物になるほど繁盛した。（布目英一）

清蔵（「しの字嫌《じぎら》い」）
商家の奉公人。働き者だが、理屈屋で強情っぱり。それを懲らしめようとした旦那から「死ぬ、しくじるなど、縁起が悪いから『し』の字を使うな」と命じられる。「四貫四百四十四文の勘定をしろ」と言われても、「よ貫よ百よ十よ文」と返すなど、主人が仕掛ける言葉の罠を見事に切り抜け、逆に「『し』ぶとい野郎だ」と言わせてしまう。端から見れば、何とも大人げない意地の張り合いなのだが。（長井好弘）

清蔵（「木乃伊取《みいらと》り」）
大店《おおだな》の奉公人。主に飯炊き。堅物で、馬鹿がつくほど真面目。腕力もある。吉原に居続けている若旦那を連れ帰ろうと、勇んで出かけていく。そのいでたちは、昆布の皮のようになった手織り木綿の着物を着こみ、茶だか紺だか色がわからなくなった帯を締め、熊の皮の煙草入れを前に差し、一昨年買った草履《ぞうり》ばき。先に若旦那を迎えにいったものの、そのまま一緒に居続けている番頭と鳶頭《かしら》を怒鳴りつける。「ここも客商売だから、一杯飲んで気持ちよく引き上げよう」と若旦那から酒をすすめられると、飲むわ飲むわ、実は大変な酒飲みだった。面白がった若旦那と番頭、鳶頭にそそのかされ、芸者相手に鼻の下を伸ばし、「おら、もう二、三日、ここにいるだ」。諺どおり、木乃伊取りが木乃伊になる。（原健太郎）

清八（せいはち）
上方落語界のスター喜六とコンビを組む。喜六がボケ役であるのに対して、突っ込み役を担当。愛称は「清やん」だが、背が高いところから、陰では「長清」と呼ばれることもある。
　旅の噺では喜六とともに主役を勤め、呑気な喜六の監督役として伊勢詣り、讃岐の金比羅詣り、近くの野崎詣りをする。

伊勢参宮に出ては奈良の町をうろうろし（「奈良名所」）、一度仇をすると七度騙して返すという狐に化かされ（「七度狐」）、白髭大明神の境内では軽業を見物（「軽業」「軽業講釈」）。伊勢参宮を済ませたあとは、高宮の宿屋で山賊と遭遇する夢を見（「高宮川天狗酒盛」）、鈴鹿峠では乗り合った駕籠屋に前後から屁をかけられ（「軽石屁」）、大津の宿屋では土を食べる男と出会ったりした（「瘤弁慶」）あと、京名所をめぐり（「京名所」）、伏見から三十石船で無事にめでたく大坂のわが家に戻る（「三十石」）。金毘羅参詣の折は、播州の名所を細かく見物して歩き（「播州めぐり」「明石名所」）、兵庫の鍛冶屋町の浜から船に乗るが、船が鱶《ふか》に襲われる。（「兵庫船」）（小佐田定雄）

清八（「按七《あんしち》」）
町内の若い者。元は按摩だった七兵衛が、出世して質屋の旦那になったのを鼻にかけて偉そうにしているのに腹を立て、七兵衛が無筆であることから、「七」の文字を書かせて、書けずに困っている姿を見て笑おうと思ったのだが……。（小佐田定雄）

清八（「嬶違《かかちが》い」）
職人。親方の世話で見合いなしで嫁をもらうことになり、待っていると頼まれ仲人が嫁さんを連れて来た。無事に祝言も済ませ、あくる朝になると、隣に住んでいるやもめが「間違うた。間違うた」と大きい声で言っているのを気にしているところへ親方が訪ねて来て、嫁さんが隣のと入れ違っていたことを知らされる。（小佐田定雄）

清八（「軽石屁《かるいしべ》」）
伊勢参りの男。喜六との帰り道、鈴鹿峠で喜六の足が痛くなったことから、駕籠に乗せてやることにするが、自分が先に乗ってしまう。近道で先回りした喜六によって、駕籠屋の屁を前後からかまされる……という仕返しを受ける羽目になる。（小佐田定雄）

清八（「真田山《さなだやま》」）
町内の若い者。友達の喜六が宿替えをしたところ、枕元に女の幽霊が出て「真田山に埋めた『とらのこのかね』

を掘って」と頼まれたと聞き、大坂夏の陣の真田の軍用金に違いないと思い、二人で掘りに行く。（小佐田定雄）

清八（「三年酒《さんねんしゅ》」）

友人の又七が急死したので、遺言を確かめると、「死んだら神道で葬式を出してくれ」と女房に言い残していたと知り、仲間に相談する。（小佐田定雄）

清八（「三枚起請《さんまいぎしょう》」）

大阪の指物屋。背が高くて短気。堺の新地で馴染みになった遊女小輝が難波新地に移り替えして来たので再び通いだす。小輝から二十円の金を無心されるので、奉公に出ている妹に嘘をついてまで金策し起請をもらうが、小輝が友達の源兵衛と喜六にも起請を発行していることを知り激怒する。源兵衛になだめられ、三人で難波新地に乗り込み、小輝に恥をかかせることにする。（小佐田定雄）

清八（「近眼《ちかめ》の煮売屋《にうりや》」）

隣町の煮売屋であつらえた肴で灘の酒を一杯やっているところへ友人の喜六がやってきて、あまりものほしそうにするので腹を立て、喜六を追い払うため、口から出まかせに、ただで肴を入手する方法を教えたところ、隣町の煮売屋の親父に迷惑をかけることになる。（小佐田定雄）

清八（「天神山《てんじんやま》」）

町内の若い者。長屋に住んでいる保平の女房のお常の正体が狐であることを見破り、友達の喜六と確認に出かける。物陰から様子を見ているとお常が狐の正体を現し、天窓から飛び出して行った。そのことを帰宅した保平に知らせると、狂乱して走り去ってしまう。喜六とともに行方を探そうと寺町で花屋をやっている保平の叔父さんのところに駆けつけると、叔父さんが「保兵衛はここへは来ん来ん」と答えるので、「あ、叔父さんも狐や」と言ってしまう。（小佐田定雄）

清八（「野崎詣《のざきまい》り」）

町内の若い者。友達の喜六と二人、五月の野崎詣りに行く途中、徳庵から住道《すみのどう》まで船に乗ることになり、頼りない喜六を助けながら、名物の船客と堤を行く人との口喧嘩を始める。堤の上を相合傘で歩いている二人連れに

「夫婦気取りで歩いてけつかるけど、おのれの嬶《かか》やあるまい。どこぞの稽古屋のお師匠はんを連れ出して、住道あたりで酒塩でどんがらいためてボーンと蹴倒そと思うてけつかるけど、おのれの面では分不相応じゃ。稲荷さんの太鼓でドョドン、ドョドン（雑用損、雑用損）」と言うように教えるが、うまくいかない。背が低いことをからかわれた喜六が、言い返したいというので「小さい小さいと軽蔑さらすな。山椒は小粒でもヒリヒリ辛いわーい」と教えてやる。（小佐田定雄）

清八（「船弁慶《ふなべんけい》」）
長屋の住人。友人喜六を舟遊びに誘っているところに喜六の女房お松（雀のお松）が突然帰宅。物陰に隠れて様子を見ていると、お松が亭主に自分の悪口を言っているのを聞かされることになる。なんとか喜六の連れ出しに成功し、仲間の待つ舟に連れて行くが、意地の汚い喜六が酒をがぶ飲みして悪酔いするので着物を脱がし、舟のへさきに連れ出して二人で踊りだす。（小佐田定雄）

清八（「へっつい盗人《ぬすつと》」）
町内の若い衆。仲間の喜六と二人で、友達の竹が宿替えしたので、なにか祝いの品を贈ろうと考えるが、資金不足のため丼池《どぶいけ》の道具屋へ夜中に行って、へっついを盗んでくることにする。ところが、目的の道具屋に着いたところ、喜六が石灯籠を倒したはずみに三輪車のラッパに手をついて鳴らしたり、大きな音をたてて小便をするので、大いに迷惑する。（小佐田定雄）

清八（「遊山船《ゆさんぶね》」）
町内の若い者。夏の夕方、友達の喜六と二人で難波橋へ夕涼みに出かけ、喜六の奔放な言動に悩まされる。橋の下を通りかかった稽古屋連中の船の、揃《そろ》いの碇《いかり》模様の浴衣という趣向があまりにみごとだったので、「さってもきれいな碇の模様」と声をかける。（小佐田定雄）

清兵衛《せいべえ》（「井戸《いど》の茶碗《ちゃわん》」）
屑屋。あだ名は正直清兵衛。住まいは麻布谷町という設定が多い。確かな鑑定眼がないので書画骨董、仏像の類は扱わなかったが、裏長屋に住む浪人千代田卜斎の窮状を見て断り切れず、仏像を買うことになる。その仏像を細川家の家臣高木作左衛門に売ったところ、「台座の紙がはがれて五十両が出てきたので、本来の持ち主であるト斎に届けてくれ」と依頼される。しかしト斎は「売った物はもう自分の物ではない」と言って受け取らないので、ト斎の長屋の家主に助けを求める。「五十両のうち、十両は清兵衛がもらい、残りを二十両ずつ折半したら」と提案されるが、ト斎は二十両をただもらうのを嫌い、手元にあった茶碗を高木に与える。ところがこれが青井戸の茶碗という名器だと判明し、骨董好きの細川公が三百両で買い上げるという意外な展開を見せる。この三百両も折半しようと考える高木に再び呼び出され、百五十両をいやいやト斎に届ける。高木の人柄に好感を持ったト斎に「高木氏が娘をめとってくれるなら百五十両は結納として受け取る」と言われ、若い二人の橋渡しもする。無類の人柄のよさから、ト斎と高木の間をせっせと行き来し、誠にお疲れ様でした。（布目英一）

清兵衛（「そば清《せい》」「蕎麦《そば》の羽織《はおり》」）

旅回りの商人。無類のそば好き。そばの賭けで家を二軒も建てたのが自慢で、通称「そば清」。そば屋の常連から十五枚一分《ぶ》の賭けを持ち込まれ、ペロッと平らげる。翌日は二十枚で二分、その次の日は三十枚で一両とし、平らげる。ついに正体を知られ、五十枚三両と言われて逃げ出す。山道で人間を呑み込んで苦しがっていたうわばみが、岩陰の赤い草をなめると腹がどんどん小さくなっていったのを見て、消化にいい薬と思い込み摘んで持ち帰り、五十両の賭けに応じる。あと二、三枚というところで苦しくなったので、障子の外で赤い草をなめたが、人間を溶かす草だったとは露知らず……。（太田博）

清兵衛（「名人長二《めいじんちょうじ》」「指物師《さしものし》名人長二《めいじんちょうじ》」）

指物の名人。「箱清」と呼ばれる。東両国大徳院前に在住。六十七歳。親の縁の薄い長二を引き取り、一人前の指物師に育てる。突然、長二が酔っ払って現れ、悪態をつかれたうえ、日付をさかのぼった絶縁状を渡される。のちに、親殺しを犯した長二が、師匠に累がおよばぬように打った芝居だった、と知る。裁きの場では、長二が名人の名にふさわしい指物師であり、いかに実直な人物であるかを証言する。（原健太郎）

清《せえ》やん（「皿屋敷《さらやしき》」）

町内の兄貴分。姫路の城下町に住む。有志をつのって、お菊の幽霊が今でも出るという皿屋敷に出かけるが、途中でこわがりの友達に悩まされる。（小佐田定雄）

倅《せがれ》（「石返《いしがえ》し」）

夜鳴き蕎麦屋の息子。一人前に仕事をしてもよい年ごろだが、遊んでばかりで父親を心配させている。ある晩、屋台を担いで一人で商売に出かけるが、武家屋敷で食い逃げされたうえ、六尺棒を振り回して脅される。怒った父親と二人で、屋台の看板を汁粉屋に換え、仕返しにいく。松公の名前で登場することもある。（原健太郎）

瀬川《せがわ》（「雪《ゆき》の瀬川《せがわ》」「松葉屋瀬川《まつばやせがわ》」）

新吉原江戸町一丁目の大見世松葉屋の花魁《おいらん》。十八歳、一枚絵（錦絵）にも描かれた絶世の美人だ。そんな全盛の花魁が、うぶな若旦那の善次郎と恋に落ちる。吉原で湯水のように金を使った善次郎が勘当になっても思いは変わらず、ついには廓を抜け出し、善次郎のもとへ走る。打算も駆け引きもない、ままごとのような二人の恋が、勘当、廓の足抜け（脱走）と大騒動を巻き起こす。雪の夜、善次郎の待つ麻布の谷町へ現れた瀬川が、男物の衣装を脱ぎ捨てる場面の鮮やかさ。

「下は燃え立つような緋縮緬の長襦袢、お納戸献上の伊達巻をきりきりっとまいて前のところできゅっとはさむ。すっと立っているその姿、色の白いのはまるで抜け出るよう。雪女郎ではないかと思われるぐらい」（三遊亭圓生）。まさに落語の中の美人画である。（長井好弘）

関取《せきとり》（「大安売《おおやすう》り」）

弱い力士。巡業の帰りに贔屓客に呼び止められ、戦果を聞かれて、「勝ったり負けたりだった」と答えたので、十日間の模様を詳しく尋ねられる。「初日は気持ちが高ぶり、あっという間に負けました。二日目は軍配が返ると同時に前みつを取ったものの、あっさり振りほどかれて、はたき込みで負けました」と十日間負け続けの内容だった。「それがどうして勝ったり負けたりなのだ」と指摘され、「相手が勝ったり、こちらが負けたり」と返答すると、「そんなに負けるのなら、しこ名を大安売りにしろ」と言われる。ちゃんこが得意なので部屋に残っ

ていられるらしい。（布目英一）

関取（「月並丁稚《つきなみでっち》」）

相撲取り。十一屋の旦那の贔屓。使いの用事を忘れた丁稚が尻をつねられると思い出すというので、「お安い御用」と引き受けたが、丁稚の尻が異様に硬く、いくらつねっても効果がないので「こんな尻ひねってたら、明日から相撲の稽古できやせんで」と断る。（小佐田定雄）

関取（「鍋墨大根《なべずみだいこん》」）

贔屓の客に自分が乗るような顔で駕籠屋と交渉し、駕籠賃を決めてもらう。そのあと一杯飲んでこいと駕籠屋を追い払い、その隙に贔屓と入れ替わってまんまと駕籠に乗り込む。（小佐田定雄）

関取（「半分垢《はんぶんあか》」）

江戸の力士。上方で三年修業して幕内力士となり、故郷へ錦を飾った。女房が亭主自慢をエスカレートさせるのに閉口し、富士山の裾野に住む人々が、「富士山は大きく見えても半分は雪です」と謙遜するのをたとえに、女房の行き過ぎをただす。すると今度は「うちの関取は大きく見えても半分は垢です」といわれる。（長井好弘）

関根元右衛門《せきねもとえもん》（「操競女学校《みさおくらべおんながっこう》」「お里の伝《さとでん》」）

尼ヶ崎幸右衛門の娘お里の伯父。京極家の奥向をつとめる。幸右衛門が上役岩淵伝内に斬り殺され、尼ヶ崎家が断絶となったため、幸右衛門に嫁いだ妻の妹お艶と、三歳の娘お里を引き取る。お里が十六歳になったとき、父の仇を討ち、尼ヶ崎家の再興を心に誓っていることを打ち明けられる。京極家の家臣村瀬東馬の力を借りて、お里を江戸に送り出す。（原健太郎）

関根元右衛門の妻《つま》（「操競女学校《みさおくらべおんながっこう》」「お里の伝《さとでん》」）

尼ヶ崎幸右衛門の妻お艶の姉。京極家の奥向をつとめる関根元右衛門に嫁ぐ。幸右衛門が上役岩淵伝内に斬り殺され、尼ヶ崎家が断絶となったため、お艶と三歳の娘お里を引き取り、面倒を見る。お里七歳のとき、幸右衛門の死の真実とお艶の遺言を寝物語で語ったことが、その後のお里の人生を決定づける。（原健太郎）

説教僧《せっきょうそう》（「亀佐《かめさ》」）
大勢の信者を集め、「ご同行。南無阿弥陀仏を唱えるということはな、これはもう、どなたでもおっしゃることじゃ。しかし、ただ唱えりゃええというもんではないぞ」と説教をしていると、大いびきをかいて寝ている人がいる。顔を見ると講中の亀屋佐兵衛だったので、ほかの講中の人に起こしてもらう。（小佐田定雄）

善吉《ぜんきち》（「甲府《こうふ》い」）
豆腐屋の奉公人。甲府生まれ。両親に早く死に別れ、伯父の家に引き取られる。宗旨は法華。仕事を求め、身延山に願掛けをして江戸に出たところ、浅草で巾着切《きんちゃっき》りにあい、たちまた無一文になる。店先の卯の花に断りなく手を伸ばしたことが縁で、豆腐屋に奉公することに。生来の真面目さと頭のよさに加え、男っぷりがよく、世辞愛嬌にも秀でているので評判となり、主人夫婦に信頼される。「豆腐ぃ、胡麻入り、がんもどき〜」と、熱心に働き始めて三年目、店の一人娘お花の婿となってからは、二人で豆腐屋を切り回し、主人夫婦に楽隠居をさせる。世話になった伯父の恩を忘れず、挨拶をかね、お花を連れて身延山にお礼参りに出かける。近所の人に行先を尋ねられ、「甲府（豆腐）ぃ、お参り（胡麻入り）、願ほどき（がんもどき）〜」。（原健太郎）

疝気《せんき》**の虫**《むし》（「疝気の虫」）
疝気（下腹部を中心に内臓が痛む病気）を起こす虫。大きさや形状は不明。集団で行動し、主に男性の体内にひそむ。医者の夢に現れ――自分たちの大好物は蕎麦で、食べると威勢がよくなり、筋を引っ張り、人を苦しめる。逆に、苦手なのは唐辛子で、体につくと腐って死んでしまうので、蕎麦が体内に入ったときは「別荘（男のキンの袋）」に避難する――と告白。医者が疝気を病んでいる亭主にさっそく試してみようと、亭主に蕎麦の匂いをかがせ、女房には蕎麦を食べさせたために、えらい目にあう。亭主から女房のからだに乗り移り、喜んで暴れだしたところで、女房が唐辛子をなめさせられたのだ。「別荘へ逃げちまえ！　あれ、別荘はどこだ？」……だが、どうしても見つからない。（原健太郎）

善公《ぜんこう》（「干物箱《ひものばこ》」）
貸本屋が本業というが、実態は単なる遊び人。借金取りから逃れるため、オンボロ長屋で逼塞している。スポンサーである若旦那銀之助に得意の声色を見込まれ、「花魁《おいらん》に会っている間、家で身代わりになれ」と頼まれた。報酬は、羽織一枚と十円札。当初は声色を駆使して二階で若旦那になりすましていたが、花魁から来た手紙を見つけ、その中に「朋輩が善さんを嫌ってる」などと自分のことがさんざんに書かれているのを読んで逆上。さらに、階下の父親から「この間の無尽は誰に落ちた？」「俳句の会の巻頭巻軸は？」「お向こうの尾張屋からもらった干物は何の干物か」と質問攻めにあうと、たちまち馬脚を現す。羽織と札は取りはぐれそうだ。（長井好弘）

先妻《せんさい》（「三年目《さんねんめ》」）
商家の内儀。亭主と仲むつまじく暮らしていたが、風邪が元で床につく。優しく看病してくれる亭主に「私が死んだ後、あなたが後添いをもらうのが心残り」と訴える。「生涯再婚しない。もし後添いをもらったら婚礼の夜に化けて出ろ」という亭主に、「そうは言っても親戚が黙っていない。必ず嫁を持たされます」とくいさがる。「もし嫁をもらったら婚礼の夜に化けて出る」という妙な約束を交わし、ようやく安堵して息を引き取る。予想通り亭主が再婚を強いられたが、初夜ではなく三年目の命日に化けて出る。「約束が違う。なぜ三年も遅れたのか」と亭主に抗議され、「だって私が死んだとき、髪を下ろしたでしょう。坊さんで出たら嫌われると思って、髪が伸びるまで待っていました」。（長井好弘）

善次郎《ぜんじろう》（「雪《ゆき》の瀬川《せがわ》」「松葉屋瀬川《まつばやせがわ》」）
穀物商の大店《おおだな》、下総屋の若旦那。故郷の古河から江戸店へ出てきても、部屋にこもって本ばかり読む堅物だったが、幇間《ほうかん》崋山の計略で引き合わされた吉原松葉屋の瀬川花魁《おいらん》に一目惚れする。以来、吉原に通いつめ、半年間に八百両の金を使って勘当になるが、瀬川との恋を貫き通す。うぶでひ弱なお坊ちゃんが、放り出されて自殺を考えるまで追い詰められ、元使用人忠蔵の家に居候して貧しい庶民の暮らしを知る。生まれて始めて世間の荒波にさらされ、地道な生き方に目覚めたはずなのに、それでも傾城との恋を疑わず、「雨の日に（廓を抜け出して）瀬川が来る」と信じている。この意外とも無謀とも思える一途さが、海千山千の吉原連中を動かし、遊びの世界とは無縁な忠蔵らをも納得させ、瀬川の足抜けの手引きまでさせてしまう。落語の中ではからかいの対象となることが多い「若旦那」だが、ここまで筋金入りのお坊ちゃんには、江戸っ子連中もぐうともいえまい。（長井好弘）

先生（せんせい）

医師、手習いの師匠、道場主、謡の師匠と職業はさまざま。職業不詳の者もいる。「小粒」や「一目上がり」の先生のように、まともな知識を持つ者もいるが、「やかん」のようにかたくなに知ったかぶりを押し通す者もいる。また武芸自慢をする「館林」の先生や、おっとりとした性格の「二番煎じ」の黒川先生など、にくめない人物もいる。彼らを「先生」と呼ぶ者も、尊敬の念より「先《ま》ず生きているから先生」というような「からかいの意」をこめている場合が多い。（布目英一）

先生（「小粒《こつぶ》」）

町内一の物知り。横町に住む。背の低い男が相談にいくと、身の丈一寸八分でも十八間四方のお堂に住む浅草観音を引き合いに出し、「山椒は小粒でもぴりりと辛いと言い返せ」と教える。（長井好弘）

先生（「館林《たてばやし》」）

町道場の主。武者修行に出たいという弟子の半さんを翻意させようと、若き日の武勇伝を披露するが、半さんはその真似をして命を落とす。弟子を説得するつもりが、いつの間にか武芸自慢になっていたのである。（長井好弘）

先生（「魂《たましい》の入替《いれかえ》」）

町内の手習いの師匠。鳶頭《かしら》と酒を飲んだ夜、魂が体を抜け出す。戻ろうとしたが、誤って鳶頭の魂と入れ替わってしまう。眠り薬を飲み、再度入れ替わるはずが、今度は薬が効きすぎて体が目覚めない。最後は「ドンドンツクツク」という祈祷に呼び寄せられた魂が家に入ろうとして井戸に落ち、「ドンドンプクプク」。（長井好弘）

先生（「一目《ひとめ》上《あ》がり」）

医者。隠居のところで掛け軸のほめ方を教わった八五郎がやってきて、掛け軸に書かれた一休禅師の書を見て「結構な四《し》だ」と言うので、「これは一休禅師、悟りの悟《ご》だ」と教える。（布目英一）

先生（「やかん」「無学者《むがくしゃ》」）
自称長屋の生き字引。やかんの語源を聞かれ、「元は水わかしと言ったが、川中島の合戦で、ある若武者が兜の代わりにこれをかぶった。敵の矢が水わかしに当たってカーンと鳴る。矢が当たってカーン、矢カーン、矢カンで、やかんとなった」と講談口調で答える。知ったかぶりの元祖である。（布目英一）

仙台公《せんだいこう》（「高尾《たかお》」「仙台高尾《せんだいたかお》」）
伊達綱宗。寛永十七（一六四〇）年～正徳元（一七一一）年。第三代仙台藩主。「君はいま駒形あたりほととぎす」と詠んだ才色兼備の高尾太夫を身請けするが、意に従わないため手討ちにする。（布目英一）

先達《せんだつ》（「富士詣《ふじまい》り」）
富士講のまとめ役。五合目辺りで荒れ模様になったため、山の神の怒りを鎮めようと、講の仲間一人一人に懺悔をさせることに。「天ぷらの立ち食いでさばを読んで偸盗戒《ちゅうとうかい》」「他人のカミサンを口説いて邪淫戒」。口説かれたのが自分の女房と知って仰天。山の神は鎮まっても、わが身の怒りはおさまらない。（長井好弘）

仙太郎《せんたろう》（「粟田口《あわたぐち》」「粟田口霑笛竹《あわだぐちしめすのふえたけ》」「澤紫《さわのむらさき》ゆかりの咲分《さきわけ》」）
俠客。伊皿子台町に住む。荷足船《にたりぶね》をこぐことから荷足《にた》りの仙太と呼ばれる。仙台河岸に船を係留していて、抜刀した侍に駕籠屋が川に落とされるのを目撃する。侍を背後から板子でたたきつけようとしたものの、体《たい》をかわされ、刀をつきつけられたので、船で逃げる。万年橋の下で一息ついていると、金森家より預かった名刀「粟田口国綱」を盗まれた刀屋の番頭重三郎が首をつろうとしているので助ける。先刻の駕籠屋の相棒安吉とも出会い、三人で刀を探す。船で国府台《こうのだい》の下を通った時、重三郎が見知る金森家の元重役稲垣小左衛門の死骸が落ちてきたので、身寄りの者ということにして立派な葬式を挙げる。重三郎が主人のもとに戻れるようにわびを入れたり、眼病にかかった小左衛門の息子小三郎を深川扇町に住まわ

せたり、吉原の遊女となった小三郎の許嫁みえの身請けの算段をしたりと侠客の本領を発揮する。（布目英一）

栴檀太夫《せんだんだゆう》（「冬《ふゆ》の遊《あそ》び」）
大坂新町の最高位の太夫。「せんだいさん」と呼ばれている。平知盛の扮装で道中の傘止め（しんがりを勤める廓第一の全盛を誇る遊女）を勤めていたところ、道中の挨拶がなかったことに腹を立てた堂島の相場師たちが「吉田屋の座敷に呼べ」とごねるが、吉田屋の仲居頭お富の機転で座敷に寄り道できることになる。（小佐田定雄）

船頭《せんどう》（「小倉船《こくらぶね》」）
九州の小倉から馬関（現下関）の間を往復している船に乗務。乗客の一人が財布を海中に落としてしまい、船を止めて拾いに行くと言うが、流れの速いところなので無理だと止める。（小佐田定雄）

船頭（「野崎詣《のざきまい》り」）
五月の一日から十日間、住道から野崎詣りの船に乗務する。普段は大阪近郊の村の百姓。乗り合わせた気楽そうな男に「艫《とも》を張ってくれ」と頼むと他の船客のお供の頭を張り飛ばし、船を出すために杭を突いてもらおうと「杭持って気張ってくれ」と頼むと、文字通り棒杭につかまって力むので、あきれかえる。（小佐田定雄）

船頭（「百人坊主《ひゃくにんぼうず》」）
淀川の三十石船に乗務。上り船に枚方から乗り合わせた船客の中で、伏見に着いても熟睡している坊主頭の男を見つける。事情を聞くと、前夜酒を呑んで暴れたため、坊主頭にされたという。（小佐田定雄）

船頭（「兵庫船《ひょうごぶね》」）
兵庫鍛冶屋町の浜と大坂天保山間を往復する船に乗務。船が鱶《ふか》に魅入られ動かなくなったので、乗客に声をかけ、持ち物を流させ、誰が魅入られたのかを調べる。巡礼の娘が該当者だと突き止めるが、乗り合わせた蒲鉾屋のおかげで鱶を追い払うことができた。（小佐田定雄）

船頭（「矢橋船《やばせぶね》」）
琵琶湖の矢橋と大津を結ぶ船に乗務。ある日、乗り合わせたのはいわくありげな浪人、お家の重宝の名刀を詮議している旅の武士、大きな鳥籠をかついだ鳥刺し、戸板に乗った病人などややこしい客ばかり。「色問答」をしたり酒盛りをしていたが、武家が抜いた刀が鳥籠を壊してしまう騒動が起き、収拾に苦労する。（小佐田定雄）

先《せん》の男《おとこ》（「鰻《うなぎ》の幇間《たいこ》」）
氏素性不明の通行人。浴衣がけで汚い下駄をはいている。住まいを問われても、「先《せん》のところ」としか答えない。なじみの客を装い、野幇間《のだいこ》の一八《いっぱち》を鰻屋に連れて行き、酒と鰻をふるまう。便所に行くと言って席を立ち、三人前の土産をもらうと、勘定を一八に押しつけ、一番きれいな下駄をはいて店を出る。（原健太郎）

善八《ぜんぱち》（「髪結新三《かみゆいしんざ》」）
車力。日本橋新材木町の材木商白子屋のお抱え。馬鹿正直。髪結新三にかどわかされた白子屋の娘お熊を示談金十両で連れ戻すように白子屋の女房お常に頼まれるが、新三に軽くいいなされる。やむなく葺屋町河岸の親分弥太五郎源七に助けを求める。（布目英一）

善兵衛《ぜんべえ》（「怪談《かいだん》阿《お》三《さん》の森《もり》」）
亀戸天神の梅見団子屋。元は深川蛤町の漁師だったが、娘お古乃《この》が生んだ孫娘お三を育てるため、亀戸天神で団子屋を始める。（太田博）

善六《ぜんろく》（「御神酒徳利《おみきどっくり》」）
馬喰町《ばくろちょう》の旅籠《はたご》刈豆屋の通い番頭。橘町で女房子供と三人暮らし。商人にあるまじき、うっかり屋のお調子者だ。お店《たな》の大掃除の日、家宝の御神酒徳利を水がめの中に入れたまま忘れてしまい、紛失騒動となる。女房の入れ知恵で「生涯に三度、そろばん占いができる」と主人に進言、もともと知っている徳利のありかを当てて体面を繕う。この「快挙」を知った宿泊客の鴻池善右衛門の支配人から「ぜひ大坂へ行って、主人の娘の病気を占って」と頼まれる。断り切れず、支配人と共に江戸を出立。途中、神奈川宿新羽屋で遭遇した現金紛失事件をタナボタ式に解決したため、「占い名人」の声価はますます高まる。大坂では、「神奈川宿の一件以来の稲荷繁盛の礼をしたい」と夢枕に現れた新羽屋稲荷から、「鴻池家の乾

（いぬい＝北西）の隅の柱の四十二本目の土中に観音像が埋もれているから、これを掘りだして崇めれば娘の病気はたちどころに治る」と教示されたので、それに従って娘の病気を見事に治す。鴻池家からの莫大な礼金で旅籠を建て、番頭から宿屋の主人へと出世する。失敗隠しについた嘘が、いつか好転して、いいことずくめの出世ぶり。落語国の幸せ者、ここにあり。（長井好弘）

〈そ〉

僧《そう》（「外法頭《げほうあたま》」）
旅僧。七十近い。播州の国、飾磨《しかま》の回船問屋淡路屋岩太郎の店の前に立ち「この家の棟から妖気が立ち昇っている」と告げ、主人から過去の話を聞くと、取りついていた海坊主の霊を払って立ち去る。（小佐田定雄）

僧（「五光《ごこう》」「いが栗《ぐり》」）
謎の僧。破れ衣に髭ぼうぼうの姿で、山奥の荒れ果てた辻堂の濡れ縁に端座し、目の前の松の木を睨んでいるのを旅人に目撃される。実は村の娘に思いを寄せていて、その思いのため娘は寝付いている。事情を知った旅人に「娘は死んだ」と告げられると、惚れた一念だけで生きていたその身は骸骨となって崩れ落ちる。（小佐田定雄）

僧（「鷺《さぎ》とり」）
四天王寺に在職。なぜか境内の五重塔の九輪に男がしがみついているのを発見。「人を助けるのは出家の仕事」と大きな布団の四隅を四人で持ち、男を飛び降りさせた。ところが、男の重みと勢いで四人が頭をガチガチガチガチ。男は助かったが、四人は殉職。（小佐田定雄）

僧（「鈴《すず》ふり」）
藤沢遊行寺の修行僧。次の住職を選ぶ試験に千人のうちの一人として参加すると、なぜか他の候補者とともに股間に鈴をつけられる。「薄物をまとった婦人を目の前にして鈴が鳴れば失格となる」と言われる。煩悩に打ち勝ち、鈴を鳴らさなかったが、よく調べると、鈴の糸を振り切っていた。（布目英一）

僧（「大師《だいし》の杵《きね》」）
川崎大師の坊主。大師堂の奥には今も「弘法身代わりの杵」が安置されているという伝説を確かめに来た落語家に「それは臼（嘘）だ」と答えた。（布目英一）

僧（「天狗刺《てんぐさ》し」）
鞍馬寺に在職。奥ノ院で深夜の行を済ませ宿坊に帰ろうと石段を下りたところ、何者かに拉致される。後に天狗と間違えて捕えられたと聞き呆れる。（小佐田定雄）

僧（「義竜《よしたつ》」）
大坂の各宗の僧侶。仏教の悪口を言って人気を博している神学者義竜のところへ抗議に行くが、結局はうまく丸め込まれてしまう。（小佐田定雄）

宗三郎《そうざぶろう》（「宗珉《そうみん》の滝《たき》」）
彫金師。横谷宗珉の弟子。腰元彫りが専門。刀の小柄《こづか》に虎を彫るが、見込みがないと宗珉に勘当される。紀州熊野の宿屋岩佐屋の世話で、腰元彫りの稽古を続ける。紀州公より刀の鍔に那智の滝を彫るように命ぜられるが、紀酒に逃げながらの仕事だと紀州公に見抜かれ、二度作り直しを命ぜられた上、岩佐屋にも意見されて三七、二十一日の水垢離を取り、初めて死ぬ気で彫り上げる。図柄は前の二作には劣るが、滝のしぶきで手が濡れるほどのできばえ。紀州公に百石で抱えられ、師匠宗珉からは二代目襲名を許される。一龍斎横谷宗珉として末永く紀州にその名を留めた。（布目英一）

惣二郎《そうじろう》（「緑林門松竹《みどりのはやしかどのまつたけ》」「またかのお関《せき》」）
下谷上野町の菓子商阿波屋の倅。二十一歳。吉原江戸町一丁目、松葉屋の常盤木花魁《おいらん》となじんで通いつめるが、常盤木に振られ続けている今井田流の剣客、天城豪右衛門が強引に百両で身請けをしようと申し出る。遊びが過ぎて勘当寸前の身の上では天城に対抗するほどの金もなく、常盤木と心中しようとまで思い悩むが、実家の阿波屋に恩義がある掏摸《すり》の平吉と女房おせきの手助けがあり、おせきが元亭主の新助市を殺して奪った金をもらって、常盤木を身請けする。ところがこの身請け金が、新助市が盗んだものだったため、身に覚えのない罪を着せられ牢に入れられてしまう。これを逃亡先で知った平吉おせきが南町奉行所に名乗り出て詳しい事情を説明したことから無事放免に。許嫁であった本所松倉町金沢屋の娘おくみと夫婦になり、阿波屋の家業を継ぐ。運命のいたずらで結ばれなかった常盤木が尼になったことから、三河島に常盤木地蔵を建てる資金を用立てる。（長井好弘）

宗助《そうすけ》（「二番煎じ」《にばんせんじ》）

町内のお人好し。火の廻りの夜、寒さしのぎに酒が持ち込まれるのを見越して猪肉に葱と味噌を添え、鍋まで背負ってくる。役人が番小屋に見廻りに来ると、鍋の上に座らされ、都合の悪いことを尋ねられた際にはことごとく「宗助さんが……」と自分のせいにされてしまう。影は薄いが不思議な存在感がある。（布目英一）

宗達《そうたつ》（「菊模様皿山奇談」《きくもようさらやまきだん》）

谷中随応山南泉寺の徒弟。中山道松井田宿で粂野家の重役の娘お竹と出会い、美作までお竹と旅をする。途中、安中宿近くの河原でお竹に乱暴する夢を見てうなされ、己の未熟さを悟り、一層仏道に励む。お竹と別れた後も廻国を続け、京都で大きな寺の住職となる。（布目英一）

相場師《そうばし》（「米揚げ笊」《こめあげいかき》「ざる屋」《や》）

大阪堂島に店を構える。大変な強気で「上がる」という言葉が大好き。「米揚げ笊」を売りに来たいかき屋が「上がる」を連発するので褒美を与えるが、最後の最後に「下がる」と言われ機嫌を悪くする。（小佐田定雄）

曽根吉《そねきち》（「ひねりや」）

日本橋本町の大店《おおだな》、ひねり屋曽根右衛門の若旦那。名代のひねりや（変わりもの、あまのじゃく）の血を引くのに堅餅の焼きざましの真面目人間に育った。二十歳の時に父曽根右衛門に「今日から心を入れ替えて道楽をしろ。さもないと家に置かないぞ」と雷を落とされて一念発起。道楽の手始めに女郎買いに行こうと思い立つが「ひねりやの跡継ぎが、普通に吉原通いをしたって面白くない」と、一から十まで徹底的にひねり通そうと決心する。大八車に荷物のように乗せられて大門《おおもん》をくぐり、金に物を言わせて、茶屋で腐りかけた酒肴を注文し、言葉をしゃべらぬ花魁を侍らせる。身振り手振りの会話が面白いので祝儀をはずむと、楼から言われて口のきけぬ真似をし

ていた花魁《おいらん》が「まことにありがとう」。「ひねった花魁だ、口まできいた」。（長井好弘）

そば屋《や》（「時《とき》そば」）

①二八そば屋。的に矢が当たった絵を行灯《あんどん》に描き、屋号は「あたり屋」。献立は花巻にしっぽく。清潔な割り箸とよい丼を使い、鰹節をおごった出汁で、細く切った腰のある麺、厚切りの竹輪の入ったうまいそばを、手際よく食べさせる。ある晩、やたらに調子のいい客（男①）に、勘定の途中で時刻を聞かれたので、「九つ（午前零時）です」と答えたが、この日の売り上げは何度計算しても一文不足していた。

②二八そば屋。ただの丸の絵を行灯に描き、屋号は「丸屋」。献立は花巻にしっぽく。のろまで、スマートさのかけらもない。先が濡れた使い古しの割り箸、ひびだらけで鋸《のこぎり》にも使えそうな汚い丼、湯を足さないではいられない濃くてしぶい出汁、うどんのように太くてぐちゃぐちゃとした歯ごたえの麺、丼にぴったり張り付き、月が透けて見えるほど薄く切った麸《ふ》……という、この上なく情けないそばを提供。これを必死にほめる客（男②）が、勘定の途中で時刻を聞いたので、「へえ、四つ（午後十時）です」と答えると、十六文のそば代を、なぜか四文余計に置いていった。

屋号は、行灯に二本の矢を描いた絵で「やや」（柳家小三治）、的の下に矢が一本で「はずれ屋」（柳家さん喬、柳家喬太郎）、何の飾りっ気もない「田中」（立川志らく）など、演者によってさまざまである。（原健太郎）

そば屋（「中村仲蔵《なかむらなかぞう》」）

本所清水町で営業。中村仲蔵が後世に残る「仮名手本忠臣蔵」の斧定九郎の型を考案するきっかけとなる現場に居合わせた幸運の持ち主。（布目英一）

そば屋（「のっぺらぼう」「こんな顔《かお》」）

担ぎ屋台の夜商人。四谷見附に屋台を出す。「赤坂見附でノッペラボーを見た」と駆け込んできた吉兵衛に、「年をとった獺《かわうそ》が化けたのではないか」と取り合わず、「狐、狸は人間の形そのままに化けられるが、獺は顔までは化けられないので、顔ウソ」ととぼけるが、実はこの男もノッペラボーだった。（布目英一）

《た行》

〈た〉

大観堂《たいかんどう》（☞近江八景《おうみはっけい》）
大道易者。夜店や縁日で、ドブの前に店を出していることが多い。近江八景を織り込んだ女郎の手紙を元に恋愛の行く末の判断を頼まれ、鮮やかに答える。（小佐田定雄）

大観堂（☞辻八掛《つじばっけ》）
大道易者。「仮名手本忠臣蔵」の登場人物がいったい何に生まれ変わったのかという不思議な質問を受けるが、頓智と勢いで切り抜ける。（小佐田定雄）

幇間（たいこ）
宴席のとりまわしや遊客の機嫌を取って祝儀にありつく男芸者。酒席の間を幇助するから幇間《ほうかん》というわけだ。もっとも落語では「ほうかん」なんて四角張った呼称はあまり使わない。ざっくばらんに「たいこもち」、さらに詰まって「たいこ」と呼ばれる。
　こんなお調子者は神代の昔から存在したが、職業として登場するのは近世以降、明暦（一六五五〜五八年）ごろと言われている。花街の見番に籍を置き、そこからお座敷に派遣されるのが普通だが、落語に出てくるのは、ほとんどが登録なしのフリー営業、いわゆる野幇間《のだいこ》である。所属先からの最低保証がない代わりに、扇子一本、揉み手におしゃべりだけで勝負ができる。中には、酒で贔屓客をしくじってやむを得ずという輩もいるが、とにかく、そのいい加減、かつ逞しき生命力が落語のゆるい枠組みにしっくり収まるのだろう。学校の通信簿に「主体性はないが、協調性がある」と書かれているというのも、あながち冗談とは思えない。
　お座敷では主客を引き立てるため脇役、聞き役に徹しているが、落語では立派に主役を務める。ただ「たいこ」としての実力には、いささか疑問符をつけたくなる。酒と女と金が大好き。自分の欲望を隠さず、時には旦那とも対等な口もきく。幇間という職業に携わる者には許されないことかもしれないが、裏も表もない、そのままのオトコだからこそ、客も安心できる。能力的にものたりないが、そのぶん幇間独特のいやらしさもない。無手勝流こそ、落語の中に生きる「たいこ」の真骨頂なのである。

そんな愛すべきユルさのために、しばしば災難に遭遇する。「鰻の幇間」では謎の詐欺男に食い逃げされて取り逃がし、「山号寺号」でも祝儀を持ち逃げされる。「たいこ腹」では若旦那の鍼治療の実験台にされて血まみれに。「愛宕山」では自ら招いたこととはいえ傘をパラシュート代わりに断崖を飛び降りるという命がけの冒険までさせられる。

落語に登場する幇間のほとんどが「一八《いっぱち》」なのは、「一か八か」という語感が不安定でリスクだらけの「たいこ」のイメージと重なるせいか。どのネタの一八も同じようなタイプだが、一八以外なら、「富久」で大当たりの久蔵、「雪の瀬川」のインテリ崋山などの個性派もいる。上方には、「百年目」などの繁八もおなじみで、「愛宕山」では一八と迷コンビを組んでいる。（長井好弘）

幇間《たいこ》（「虱茶屋《しらみぢやや》」）

いたずら好きの旦那に襟元から虱を入れられる。かゆみが増してきて、虱がいることに気づくが、不衛生にしていたために虱がわいたのだと思い込み、踊るようなふりをしてごまかしながら一匹ずつつぶしていく。ところがあまりの多さとかゆさで我慢ができなくなる。旦那のたもとから虱がはい出しているのを見つけ、いたずらをされたと分かる。（布目英一）

幇間（「ほうじの茶《ちゃ》」）

焙《ほう》じて湯をつぐと会いたい人が出てくるという茶を若旦那の座敷に持参する。試してみると、役者や噺家が現れ、声色や唄などさまざまな芸をする。（布目英一）

幇間（「幽女買い《ゆうじょがい》」）

冥土の遊廓、新吉原ならぬ「死吉原《しによしわら》」を根城とする。坊主頭で袈裟姿。初めて繰り込んできた亡者の太助と源兵衛に、「いらっしゃい、ご陰気にひとつ」。（原健太郎）

大黒天《だいこくてん》（「黄金《きん》の大黒《だいこく》」）

純金製。普請場《ふしんば》に埋まっていたところを、砂遊びをしていた大家のせがれに掘り出される。大家の家の床の間に置かれ、長屋の衆が集まって祝いの宴が開かれる。皆の様子があまりにも楽しそうだったので、恵比寿も呼ぼうと歩き出してしまう。（布目英一）

大黒屋《だいこくや》（「御神酒徳利《おみきどっくり》」「占い八百屋《うらないやおや》」）
大店《おおだな》の主人。縁起かつぎ。紛失した御神酒徳利を、インチキ占いで「発見」した出入りの八百屋に全幅の信頼を寄せ、三島にいる弟の商売運を占ってもらおうと無理やり旅に連れ出す。（長井好弘）

大黒屋市兵衛《だいこくやいちべえ》（「べかこ」）
肥前武雄の宿屋の主。世話好きで、一座が解散して転がり込んで来た大坂のはなし家泥丹坊堅丸《どろたんぼうかたまる》の面倒を見ている。佐賀城から「お姫さまの気鬱を晴らすのに、おまえのところにいるはなし家を寄こせ」と声がかかるので連れていく。（小佐田定雄）

大黒屋金兵衛《きんべえ》（「竹《たけ》の水仙《すいせん》」）
相州藤沢宿の旅籠《はたご》の主。ふらりと泊まった客が左甚五郎とは知らない。溜まった宿賃を請求すると、竹細工を作ってやるから売って代金に充てろと言われる。玄関に飾っておいた細工物からいい匂いがし、竹の花が咲いたので驚く。通りがかった細川公の目に留まり、三百両で売れて仰天、客が甚五郎であることを悟る。毛利公、三島宿の大松屋佐平、でやる人もいる。（太田博）

大黒屋幸助《こうすけ》（「幸助餅《こうすけもち》」）
大坂阿波座の雑穀屋の主。大の相撲好きで雷五郎吉という力士に入れあげ店を潰してしまう。店の再興のために妹をお茶屋に売って金をこしらえるが、その金も江戸から戻ってきた雷に祝儀として与えてしまう。すぐに後悔して雷に返金を求めるが断られ、お茶屋からもう一度金を借り、餅屋を開店。脇目も振らずに働いたので繁昌し「幸助餅」という立派な餅屋になる。そこへ、雷が餅を買いに来て、雷の真意を知らされる。（小佐田定雄）

大僧正《だいそうじょう》（「鈴《すず》ふり」）
藤沢遊行寺の住職。十八檀林を経て、八十歳を過ぎている。後継者を選ぶため、僧たちの股間に鈴をつけ、薄物を着た婦人に接待させる。色に惑わずに鈴を鳴らさぬ者を見出そうと考えたのだが……。（布目英一）

大松屋《だいまつや》（「お初徳兵衛《はつとくべえ》」「お初徳兵衛浮名桟橋《うきなのさんばし》」）
柳橋の船宿の親方。義理堅く、男気がある。道楽の末に勘当された出入りの商家の若旦那徳兵衛を居候に置き、生涯面倒を見るつもりでいたが、「船頭にしてくれ」と懇願され、根負けして手ほどきをする。（長井好弘）

大丸屋《だいまるや》**惣三郎**《そうざぶろう》（「大丸屋《だいまるや》騒動《そうどう》」）
京伏見、京町の質商、大丸屋の次男。祇園富永町の三桝屋の抱え芸者のお時と深い仲。惣三郎の親元に遠慮して会うのを断ったお時を、店から持ち出した妖刀村正で斬殺。その後、血刀を提げて祇園町に現れ、芸者たちの踊りの輪に斬り込んで死人の山を築く。（小佐田定雄）

大丸屋《だいまるや》**惣兵衛**《そうべえ》（「大丸屋《だいまるや》騒動《そうどう》」）
大丸屋惣三郎の兄。伏見から弟が住む木屋町にやってきたところ、弟が妖刀村正を持って、祇園町に斬り込んだことを知り、現場に駆けつける。乱心した惣三郎に斬りつけられるが、血の一滴も流れない。それもそのはず、切っても切れぬ伏見（不死身）の兄。（小佐田定雄）

鯛《たい》**を入手**《にゅうしゅ》**した男**《おとこ》（「寄合酒《よりあいざけ》」）
持ち合わせのない男。配達中の魚屋が鯛を自転車の荷台に置いたまま離れていたので、「今、犬が鯛をくわえて行ったよ」と言って、その隙に荷台にあった鯛を持ってくる。三枚におろそうとすると、食べたそうにしている犬がいる。「くらわせろ（蹴とばせ）」と仲間に言われたのを、「食わせろ」と勘違いし、しっぽ、頭、胴という順で鯛を全部与えてしまう。（布目英一）

高尾《たかお》（「紺屋《こうや》高尾《たかお》」）
吉原の三浦屋の花魁《おいらん》。入山形に二つ星、松の位の太夫職。七代続いたとも十一代続いたともいわれる高尾の五代目あるいは六代目という。花魁道中を見て一目ぼれした紺屋の職人久蔵が三年辛抱して十両の金を貯めて会いに来たことにほだされて、年季の明けた翌年春、晴れて久蔵の女房となる。親方からのれん分けをしてもらった久蔵の店を手伝う。店頭で働く高尾を一目見たいという客が押し寄せて大繁盛。「傾城に誠なし」というが、亭主に尽くし、子供も生まれ、安楽に暮らした。代々の高尾の中で最も幸せな生涯だった。（布目英一）

高尾（「高尾」「仙台《せんだい》高尾」）

吉原三浦屋お抱えの才色兼備の花魁《おいらん》。二代目。「君はいま駒形あたりほととぎす」という句まで送り、仙台公に身請けされたが、島田重三郎という恋人がいたために意に従わず、遊山の舟の上で手討ちとなる。（布目英一）

高木作左衛門《たかぎさくざえもん》（「井戸《いど》の茶碗《ちゃわん》」）

細川家の家臣。高輪の江戸屋敷に仲間《ちゅうげん》と住む。二十代前半で独身。清廉な人柄で、正直者の屑屋清兵衛から三百文で買った仏像の中から五十両が出ると「仏像は買ったが、中の五十両まで買った訳ではない」と、この五十両を元の持ち主である千代田卜斎に届けるように清兵衛に命じる。「売った物の中から出た金は買った人の物だ」と言って受け取ろうとしない卜斎と意地の張り合いになり、仲裁に入った卜斎の長屋の家主の提案で、五十両のうち十両を清兵衛の手間賃とし、残りを二人で折半する。この時、卜斎から渡された茶碗が青井戸の茶碗という名器とわかり、細川公に三百両で買い上げられたので、再び清兵衛を呼び、この金も折半とするように命じる。作左衛門の人柄に感心した卜斎の申し出で卜斎の娘を娶《めと》ることになる。（布目英一）

高田屋綱五郎《たかだやつなごろう》（「佐々木政談《ささきせいだん》」「佐々木裁き《ささきさば》」）

桶屋。新橋竹川町に住む。五十二歳。聡明な息子四郎吉がお奉行ごっこで見事な裁きしているのを見た南町奉行佐々木信濃守に四郎吉や家主とともに奉行所に呼ばれる。奉行所での信濃守とのやりとりで頓智を働かせたのが認められた四郎吉が家来に召し抱えられることとなったので、喜ぶ。（布目英一）

高橋清左衛門《たかはしせいざえもん》（「紋三郎稲荷《もんざぶろういなり》」）

松戸宿本陣の主人。熱心なお稲荷様の信者で、中庭にお宮を建て、祠《ほこら》にお狐様を住まわせている。紋三郎稲荷の眷属《けんぞく》を騙《かた》る山崎平馬にコロリとだまされ、名物の鯰《なまず》鍋や鯉こくでもてなす。（長井好弘）

たがや（「たがや」）

たが職人。「玉屋〜っ」「鍵屋〜っ」のかけ声がにぎやかな両国の川開きの日、花火見物でごった返す両国橋上で、四人の侍と出会い頭となる。商売もののたががはずれ、馬上の侍の笠を飛ばしたことから一行ともめる。丁重に詫びるが、聞き入れられず居直る。「大小（本差と脇差）が怖くないか」と凄まれても、「たった二本じゃねえか。焼豆腐だって、串を二本差してるぞ。気の利いた鰻は、四本も五本も差していらあ。そんな鰻、食ったことはあるめえ。……おれもひさしく食わねえが」などと毒づき、抜かせた刀を奪い取って三人の家来を斬り殺す。馬から飛び降りた主人が槍を構えると、くそ度胸を決めて、「えいっ」とばかり斬り込む。すると、中天高くあがったその首に、見物人たちがいっせいに、「上がった、上がった……たがや〜っ！」。（原健太郎）

宝船売《たからぶねう》り（「かつぎ屋」）

正月だけの行商人。七福神が乗り込んだ宝船の絵に、おめでたい回文の歌「なかきよのとおのねふりのみなめさめ　なみのりふねのおとのよきかな」を添えた「お宝」を売る。「家が長者町、名は鶴吉、子供の名は松次郎」と調子よく縁起のいい台詞を並べ、かつぎ屋の旦那から多額の祝儀をもぎとる。（長井好弘）

竹《たけ》（「いらちの愛宕《あたご》詣《まい》り」）

常に落ち着きがないあわて者。愛宕山へ参詣してこの性格を直してもらおう、と一念発起したものの、行き先を忘れるわ道を間違えるわ大騒ぎ。ようようたどり着いて賽銭をあげれば、財布ごと放り込んでしまう始末。さらに、弁当だと思って首にくくりつけていたのは、嫁はんの腰巻に中身は箱枕。あまりのことにすぐさま帰宅、嫁はんをポカポカ殴りつけるが顔を見れば隣の女房。あわてててわが家へ戻って嫁はんに「ただいまはえらい失礼を」。残念ながら愛宕山のご利益はなかった。（小佐田定雄）

竹（「風《かぜ》の神送《かみおく》り」）

町内の若い者。平仮名が書けるので、町内の風の神送りをするための奉加帳の書記役に任命される。（小佐田定雄）

竹（「黄金《きん》の大黒《だいこく》」）
長屋の住人。息子が黄金の大黒天を掘り当てた祝いに家主から招かれ、祝言に若い時分にやった玉乗りの口上を、拍子木入りで言って驚かせる。（太田博）

竹（「子《こ》ほめ」）
長屋の住人。熊五郎の友達。酒飲みたさに長男の誕生祝いにやってきた熊五郎の、とんちんかんな褒め言葉に困惑。これでは一杯飲ますわけにはいかない。（原健太郎）

竹（「松竹梅《しょうちくばい》」）
職人。仲間の松、梅と出入りのお店《たな》の婚礼に呼ばれる。狂言になぞらえて、三人が松竹梅の順で「なった、なった、じゃになった。当家の婿殿、じゃになった」「何じゃ（蛇・者）になられた」「長者になられた」と謡う余興を隠居に教わり、「何じゃになられた」の部分を受け持つ。常磐津を習っていた強みで、三人の中で一番達者だったが……。（布目英一）

竹（「胴斬《どうぎ》り」）
能天気な江戸っ子。湯屋の帰りに辻斬りにあい、胴体と足に二分される。不思議なことに、斬られても生きているので、友人に伴われて帰宅。驚きや悲しみよりも、胴体と足、それぞれの奉公先に頭を悩ます。結局、「胴体」は湯屋の番台に就職し、「足」はこんにゃく踏みの仕事につく。どちらも人並み以上の仕事ぶり。とりわけ「足」の進化は目ざましく、体の一部（?）を使って会話までできるようになる。（長井好弘）

竹（「一目《ひとめ》上《あ》がり」）
職人。八五郎の兄弟分。宝船の絵を「結構な六だ」と変なほめ方をした八五郎に「七福神だ」と答える。次に松尾芭蕉の句を見て「結構な八だ」と言ったので「これは芭蕉の句だ」と教える。八五郎が一目上がりでほめていたのを知らなかった。（布目英一）

竹（「船徳《ふなとく》」）
柳橋の船宿大枡《だいます》の女中。いいかげんで乱暴者で人の言うことを聞かない船頭たちに手を焼かされるが、時に痛烈なしっぺ返しもする。熊と八を「熊ん八」、四郎と熊を

「しろくま」と続けて呼び、「燃えてるよ、燃えてるよ」と叫んで皆を集め、竈の下で火がおこっているのを見せるなど、油断のならないベテランだ。（長井好弘）

竹井屋《たけいや》（「意地《いじ》くらべ」）

商家の主人。強情者。脇から借金をして貸した金を返しにきた男に、「約束は明日の朝十時だから、金はそのとき受け取る。それまで一杯やろう」と、息子に牛肉を買いにいかせる。（原健太郎）

竹井屋の倅《たけいやのせがれ》（「意地《いじ》くらべ」）

強情な男の息子。父親に頼まれ、牛肉を買いに表へ出るが、たまたま行き合った男とたがいに道をゆずらず、三時間ほどにらめっこを続け、なかなかの強情ぶりを父親にほめられる。（原健太郎）

竹次郎《たけじろう》（「鼠穴《ねずみあな》」）

越後の農家の次男。父親が遺した田地田畑を道楽がもとで手放す。江戸で成功した兄の店を訪れ、奉公したいと願い出るが、「自分で商売を始めろ」と元手を与えられる。喜んで金額を確かめると三文しかない。馬鹿にされたと激怒し、兄を見返したい一心で身を粉にして働き、十年後には深川蛤町で間口四間半、蔵が三戸前《みとまえ》もある大店《おおだな》の主にまで出世する。風が強い晩、「火事になったら、蔵の鼠穴を目塗りするように」と番頭に命じ、三文と十年前の利息替わりの二両を兄に返しに行く。「十年前、はした銭《がね》しか渡さなかったのは放蕩癖が抜けていないと思ったからだ」と素直に弟の成功を喜ぶ兄の姿を見て、かたくなな心が解けていき、盃をくみかわす。大風のため火事を心配して帰ろうとするが、「店がもし焼けてしまったら、身代を皆、お前にやる」とまで言われて泊まった夜半、「深川蛤町辺りが火事だ」と起こされ、店に戻るが、目塗りを忘れたため鼠穴に火がまわり、蔵がすべて焼け落ちる。女房が夫婦巾着《めおときんちゃく》に入れていたわずかの金を元手に掛け小屋で商売を始めるがうまくいかず、兄に助けを求める。しかし「今のお前に金をやっても返ってこない。一両ぐらいなら恵んでやる」と冷たく突き放される。幼い娘のおよしが吉原に身を売って二十両の金を手にするが、その金もすられ、生きる望みをたたれて首をくくろうとしたところで、兄に起こされる。火事

から後の出来事はすべて夢であった。（布目英一）

竹蔵《たけぞう》（「しじみ売《う》り」）
船頭。あだ名は「ヒョロ竹」。芝汐留の船宿伊豆屋で働く。博打好きだが、一分《ぶ》負けただけで大騒ぎをするほどたわいない。苦労続きのしじみ売りの少年を励まそうと、なけなしの八文を与える。（原健太郎）

竹之内蘭石《たけのうちらんせき》（「紺屋高尾《こうやたかお》」）
医者。神田お玉ヶ池に住む。腕前はたいしたことはないが、女郎買いは名人。大名道具といわれる三浦屋の高尾太夫に紺屋の職人久蔵が会えるよう算段をする。大見世の遊びにふさわしい言葉づかい、立ち居振る舞いを久蔵に仕込み、一緒に乗り込む。首尾よく運んだ翌朝、喜びのあまり舞い上がった久蔵に置いてきぼりをくわされてしまうことに……。（布目英一）

竹屋《たけや》**のおじさん**（「船徳《ふなとく》」）
謎の人物。竿竹売りか、竹屋という店の主人あるいは奉公人なのか。客を乗せて大川に漕ぎ出すにわか船頭の徳から「竹屋のおじさーん、お客さんを大桟橋まで送ってきます」と声をかけられ、心配の余り橋から身を乗り出して「徳さん、一人かい？　大丈夫かーい！」と叫んでしまう。たった一つの台詞だけで、「船徳」という噺に欠かすことのできない人物となり、すべての落語好きの記憶に残るほどの存在感を示している。大した「おじさん」ではないか。（長井好弘）

蛸《たこ》（「蛸芝居《たこしばい》」）
明石の浦出身。芝居好きの魚喜に売られていただけあって、こちらも大の芝居好き。酢蛸にしようとした旦那と店の台所で大立ち回りを演じた後、旦那に当て身をくらわせて失神させ、元の明石の浦へ六法を踏みながら悠々と帰って行く。（小佐田定雄）

凧屋《たこや》（「初天神《はつてんじん》」）
露天商。天神様の境内に店を出す。金坊に一番大きな凧をせがまれた父親の熊五郎が「店の看板だから売らないよな」と目配せするのを無視して「売ります」と平気で言ってのける。さらには金坊に「おとっつあんが買って

くれないようだったら、水たまりにうつぶせになってねだってごらん」と悪知恵を授ける。（布目英一）

多助《たすけ》（「おかめ団子《だんご》」）

孝行者の大根屋。色白のやさしい男。二十五歳。老いた母親のために毎日、麻布名物の「おかめ団子」を買って帰るが、店の繁盛ぶりをみるにつけ、「母親に厚い布団を買ってやりたい」という思いが増す。寒い晩、団子屋に忍び込むが、庭で一人娘のおかめが首をくくろうとするのを目撃、盗みに入ったのも忘れ、おかめを助ける。その正直な人柄と孝行心に感心した団子屋夫婦に懇願され、婿になる。（長井好弘）

太助《たすけ》（「明烏《あけがらす》」）

町内で札付きの遊び人。相棒は源兵衛。日本橋田所町の日向屋半兵衛に頼まれ、堅物の息子、時次郎を「お稲荷さんのお籠《こも》り」とだまして吉原に誘う。嫌がる時次郎に対して、優しく接する源兵衛とは対照的に「ひとりで帰ると大門《おおもん》で縛られる」などと強面で誘い込む。翌朝、甘納豆を食べながら時次郎の様子を見に行くと、花魁《おいらん》とよろしくやっているので、ぶ然として先に帰る。（太田博）

太助（「雨夜《あまよ》の引窓《ひきまど》」「引窓与兵衛《ひきまどよへえ》」）

百姓。横堀村の名主与左衛門に雇われている。与左衛門が女房と妾の三人で暮らしているのが面白くなく、双方に立ちまわり、あることないことを吹き込んで仲違いさせようと画策する。（原健太郎）

太助（「幽女買《ゆうじょが》い」）

亡者。三か月前に死んだ仲間の源兵衛と、冥土で出会い、自分も死んだことを知る。源兵衛に誘われ、新吉原ならぬ「死吉原《しよしわら》」に繰り込み、遊女ならぬ「幽女」を買い、幇間《たいこ》をあげて一夜を楽しむ。（原健太郎）

立花屋《たちばなや》（「悋気《りんき》の火《ひ》の玉《たま》」）

浅草花川戸で鼻緒問屋を営む。堅物で通していたが、仲間の寄り合いで吉原に行ったのがきっかけで根岸に妾宅をかまえる。本妻と妾がたがいに相手を祈り殺そうとし、思いが通じたのか相次いで他界。一度に二つの葬式を出すことになる。ほどなく花川戸と根岸からそれぞれ火の玉が出て、大音寺前でぶつかって火花を散らす騒動が起こる。和尚に成仏させてもらうよう頼み、二人で出かける。妾の火の玉をなだめ、その火でたばこを一服吸う。続いて激しく燃え盛る本妻の火の玉もなだめ、もう一服吸おうとするが「あたしのじゃうまくないでしょ。ふん」と拒まれる。（布目英一）

辰《たつ》（「おしくら」「三人旅《さんにんたび》」）
旅人。半、与太郎と三人連れで、江戸から京都、伊勢へ旅立つ。小田原宿の脇本陣鶴屋善兵衛に泊まったところ、若い遊女が二人しかいないので、元は柳橋の芸者と偽り、半に土地の婆さんを振り当てる。（原健太郎）

辰（「首《くび》ったけ」）
吉原の女郎屋の客。江戸っ子。通いつめ、金も使っているのに、なじみの紅梅花魁《おいらん》のサービスが悪く、大喧嘩となる。腹立ち紛れに向かいの妓楼に入ったところ、そこの若柳花魁の扱いが良いので、鞍替えをする。吉原で火事があり、駆けつけると、お歯黒どぶで紅梅がおぼれかけている。「お前なんか沈んじゃえ」「助けておくれ、今度ばかりは首ったけだよ」。（長井好弘）

辰（「たちぎれ線香《せんこう》」）
大坂南地の茶屋紀の庄の男衆。「辰っあん」と呼ばれている。女将に頼まれて、船場の若旦那のもとへ娘芸者の小糸の手紙を八十日間配達したが……。（小佐田定雄）

辰（「狸《たぬき》の化寺《ばけでら》」）
火の玉の竜五郎が率いる黒鍬組のメンバー。怪しい阿弥陀像の正体を確かめるため、仏像の鼻をいぶす役目を言いつけられそうになるが、「今朝、金毘羅さんに、生涯決して阿弥陀はんの鼻をカンテキ（七輪）でくすべまへんと約束しましたんや」という自然な（？）言い訳で堪忍してもらった。（小佐田定雄）

辰（「茶漬間男《ちゃづけまおとこ》」「二階間男《にかいまおとこ》」「二階借り《にかいがり》」）
遊び人。友達の女房と深い仲になり呼び出すが、盆屋に行く金を忘れたので大胆にも亭主が茶漬を食べている座敷の二階を使う。盆屋は出合い茶屋ともいい、現在のラブホテルのこと。（小佐田定雄）

辰（「二番煎《にばんせん》じ」）
鳶。若いころ、道楽が過ぎて吉原の鳶頭《かしら》の家に居候をし、火の番廻りをしたのが自慢で町内の火の番廻りに参加する。持ち前の美声で「火の用心、さっしゃりやしょう、ほう、ほう、ほう……」と声が北風に震える様子まで再現してみせる。（布目英一）

辰（「花見酒《はなみざけ》」）
遊び人。酒好きの熊の弟分。花見の会場で酒を売って儲けようと、灘の生一本を二升、樽に詰めて熊と運ぶが、途中、「兄貴、一杯売ってくれ」「じゃ、おれも一杯」と、用意したつり銭を行ったり来たりさせて、酒を買い合ううちに、すべて飲み切ってしまう。（原健太郎）

辰（「日和違《ひよりちが》い」）
職人。仕事中に友達の米やんが、どうでもいいような質問をしてくるので迷惑している。米やんに今日の天気を尋ねられて、「八卦見の先生にでも観てもらえ」といいかげんに答える。（小佐田定雄）

辰（「船徳《ふなとく》」）
柳橋の船宿大枡《だいます》の船頭。客に余計に祝儀をもらい、たまには手銭で一杯やろうと、両国の坊主《ぼうず》軍鶏《しゃも》へ繰り出したが、しこたま飲んで泥酔し、隣の客に喧嘩を吹っ掛けたあげく、皿三枚と徳利二本を割ってしまう。それが親方にバレたと早合点して兄貴分に謝ってもらったら、「いつやったんだ、ちっとも知らなかった」。（長井好弘）

辰五郎《たつごろう》（「佃祭《つくだまつり》」）
佃島の船頭。昔、身投げをするところを助けてくれた、女房の命の恩人小間物屋の次郎兵衛に、感謝の念を抱いている。佃祭の夜、仕舞船《しまいぶね》に乗りはぐれた次郎兵衛と、偶然再会した女房が、家で一杯やっているところに、船が転覆事故を起こし、多数の死者が出たことを知らせる。その晩、女房と一緒に次郎兵衛をもてなし、翌朝、舟を出して送る。（原健太郎）

竜田川《たつたがわ》（「千早振《ちはやふ》る」）
大関。「千早振る神代もきかず竜田川　からくれなゐに水くくるとは」という和歌の意味を聞かれた隠居がでっちあげた物語の中に登場する。婦人を絶って稽古に励み、大関に昇進。願ほどきをし、吉原の遊女千早太夫に惚れたが、振られてしまう。続いて妹女郎の神代にも振られる。悲しみのあまり、角界から足を洗い、故郷で家業の豆腐屋を継ぐ。ここで乞食姿の千早と再会し、おからを乞われたがやらず、邪険に扱う。瀧川鯉昇は故郷をモンゴルとしている。ちなみに竜田川は奈良県に実在の紅葉の名所である川の名。（布目英一）

多度屋茂兵衛《たどやもへえ》（「てれすこ」）
自称魚に詳しい男。職業不詳。役所が貼り出した、珍魚の名を問う絵入りの触書《ふれがき》を見て、「てれすこ」と申し出、褒美の百両を手に入れる。不審を感じた役所が、その後、この魚を干した絵入りの触書を示したところ、今度は「すてれんきょう」と言ったために、百両をかたった廉で打ち首になりかかる。出頭した女房のおさきに遺した言葉、「いかの干したのを、するめと言うなかれ」が奉行の心を動かし、赦免となる。（原健太郎）

田中三太夫《たなかさんだゆう》（「粗忽の使者《そこつのししゃ》」）
大藩の重役。希代の粗忽者と知らずに地武太《じぶた》治部右衛門を使者に迎えたのがけちのつき始め。口上を忘れた治部右衛門の記憶を呼び起こすため、「指先に力量のある人物」を探したり、治部右衛門の汚い尻をひねらされたりと、最悪の一日を過ごす。（長井好弘）

田中彦次郎《たなかひこじろう》（「代書《だいしょ》」）
無職の男。桂米朝の「代書」に登場。就職のために履歴書が必要となり、代書屋を訪れる。「ガタロ」（河川廃品回収業）を稼業としていた。他のことはあまりおぼえていないが、昭和十年十月十日に松島に女郎買いに行ったことだけははっきりと記憶している。大食会で優勝した経歴あり。（小佐田定雄）

谷風梶之助《たにかぜかじのすけ》（「佐野山《さのやま》」）
寛政年間の横綱。寛延三（一七五〇）年～寛政七（一七九五）年。四代目横綱。仙台出身。初日以来負け続けている親孝行の佐野山との取り組みを願い出て、巧妙に負けてみせる。あっぱれな情け相撲。絶対に八百長と言っ

てはならない。（布目英一）

たにまち（「大安売《おおやすう》り」）

相撲贔屓。巡業帰りの関取に戦績を尋ねると「勝ったり負けたり」という返事をもらう。だが、一番ずつ確認すると、どれも勝ったのは相手で、負けたのは自分で、全敗だった。「そんなに負けるのなら大安売りというしこ名にしろ」とすすめる。（布目英一）

狸（たぬき）

落語の世界で、もっとも活躍の場を与えられている動物。いたずら好きだが、知識と経験が足りないために、人間社会ではきまってドジを踏んでしまう。その人間を狸より格下の存在と、親から教えられている。

人間に命を助けられれば恩返しに現れ、札《さつ》（「狸の札」）や鯉（「狸の鯉」）、賽子《さいころ》（「狸賽《たぬさい》」）、茶釜（「狸の釜」）にまで化け、果敢に行動するが、計略はことごとく失敗。だが、その健気さがなんとも愛らしい。頭だけでなく、髭もあたってくれとせがむお調子者もいれば（「権兵衛狸」）、あまりに人使いの荒い人間に音を上げる、同情を禁じえない古狸もいる（「化物使い」）。「お若伊之助」に登場する古狸は、絵に描いたようなけだもので、唯一の悪役として異彩を放つ。

人を化かすといわれる動物の、もう一方の雄、狐には、狸のような愛嬌はない。また、落語の中で、両者が共演することがないのも興味深い。（原健太郎）

狸（「お若伊之助《わかいのすけ》」「根岸《ねぎし》お行《ぎょう》の松因果塚《まついんがづか》の由来《ゆらい》」）

助平な古狸。根岸あたりに出没。一中節の師匠菅野伊之助に惚れた娘、生薬屋栄屋のお若の純情につけこみ、伊之助に化けて夜な夜な通い、双子の狸を孕《はら》ませる。密会現場に張り込んでいたお若のおじ、長尾一角に鉄砲で撃たれ、最期を遂げる。

東京都台東区根岸の「御行《おぎょう》の松《まつ》」の脇には、「狸塚」と記された石碑があるが、これは、この落語にちなんで地元の有志が建立したもの。（原健太郎）

狸（「権兵衛狸《ごんべえだぬき》」）

山里のいたずら者。遊び相手が欲しいのか、独り暮らしの老人を慰めようという親切心からか、毎夜、権兵衛の家の戸をたたいては「ゴンベ、ゴンベ」と呼びかけていたが、ついに捕らえられ、丸坊主にされてしまう。その後もめげずに通い続けるが、「ゴンベ」を「さん」付けに改め、権兵衛の床屋の腕を見込んで「ひげもあたってくれ」と頼む。（長井好弘）

狸（「狸《たぬき》の化寺《ばけでら》」）

大坂近郊の村外れの荒れ寺が棲家。さまざまなものに化けて人間を騙していたが、大坂から来た黒鍬の火の玉の竜五郎に正体を見破られる。（小佐田定雄）

狸（「狸賽《たぬさい》」「狸の釜《かま》」「狸の鯉《こい》」「狸の札《さつ》」）

子狸。いじめられているところを助けてくれた、博打うちの男の家に恩返しにいく。賽子《さいころ》に化けて、言われたとおりの目を出すからと、男と一緒に賭場へ。怪しまれた男が「数を口に出して言うな」と警告されたため、「五」の目のつもりで、「梅鉢だ。加賀様の紋だ。天神様だ」と苦しまぎれに声を上げたが、何のことやら理解できず、天神様のかっこうで現れる。

この「狸賽」のほか、茶釜に化けて寺に持っていかれ、火にかけられる「狸の釜」、鯉に化けて親方の家で料理されそうになる「狸の鯉」、札《さつ》に化けて使われるが、がま口に入れられ窒息しそうになる「狸の札」など、数々の「狸の恩返し」ものがあるが、いずれも思ったとおりに事は運ばず、恩が返せない。（原健太郎）

狸（「化物使《ばけものつか》い」）

古狸。化け物屋敷に棲みつく。屋敷の新しい住人、吉田の隠居を怖がらせようと、一つ目小僧、大入道、のっぺらぼうと、三晩続けて化けて出るが、皿洗いに水汲みに肩たたき、洗濯と裁縫、屋根の上の草むしりなど、さんざんこき使われる。ついに正体を現して、涙ながらに「今夜限りお暇をいただきたい。あなたぐらい、化け物使いの荒い人はいない」。（原健太郎）

田野四郎《たのしろう》（「七度狐《しちどぎつね》」）

百姓。伊勢街道沿いの村に住む。仲間と野良仕事をしていると、見知らぬ旅人二人が裸になり、頭の上に荷物をのせて、竹の棒を持って「ふかーいか、あさいか」と叫びながら麦畑を踏みあらし始める。「狐に化かされているぞ」と教えてやるが、しばらくたって石地蔵の前で「伊勢音頭」を歌っている姿を目撃する。また化かされたようだ。（小佐田定雄）

煙草屋《たばこや》（「転宅《てんたく》」）

浜町辺りで営業。七十歳前後。客とのおしゃべりが大好き。目と鼻の先の女所帯に間抜けな泥棒が入る事件が発生。家の主が夫婦約束をすると、何も取らないばかりか、所持金を抜かれても喜んで帰り、さらに再び会いにくると聞き、どんな奴が現れるかとわくわくしながら朝から待ち構えている。店を訪れた男が泥棒本人とは知らず、得意気に顚末を語る。（布目英一）

煙草屋（「なめる」「菊重《きくがさ》ね」）

世話好きの小商人《こあきんど》。隣家に、乳房の下にできものがある娘がいる。そのできものは、二十二歳の男になめさせると治癒するという。娘に頼まれ、娘が引きずり込んだ男を追い払うために、酒乱のおじをよそおい、外からドンドンと戸を叩く。（原健太郎）

旅人《たびびと》（「五光《ごこう》」「いが栗《ぐり》」）

旅の途中で山道に迷い、荒れ果てた辻堂の濡れ縁で一心になにかを祈るぼろぼろの衣を着た怪しい坊主に出会う。その夜、一宿の恩を受けた家に病気の娘がいるのを見て、坊主の執心が原因であることに気づき、坊主に「娘は死んだ」と偽りを告げ解脱させる。（小佐田定雄）

旅人（「万金丹《まんきんたん》」「鳥屋坊主《とやぼうず》」）

文無しの二人連れ。山寺に寄宿し、なりゆきで坊主になる。本山に出かけた和尚の留守に、池の鯉で酒盛りを始める。万屋金兵衛の通夜ではでたらめな経を読み、万金丹の効能書きを戒名にしてごまかす。（布目英一）

太兵衛《たへえ》（「永代橋《えいたいばし》」）

家主。神田大工町の長屋を差配。口うるさい粗忽者。永代橋の崩落事故で店子《たなこ》の武兵衛《ぶへえ》が水死したので、死骸を引き取りにくるよう差紙《さしがみ》が届く。折から一杯機嫌で帰ってきた武兵衛をともない、永代橋に向かうが、引き渡された死骸は着物も顔形も明らかに別人である。不審に思い始めた武兵衛が首をひねっているが、「大きいの小せえのと、ふざけたことを言うと承知しねえぞ」と、死骸が武兵衛であると断固主張する。武兵衛の同居人として登場する演出もある。（原健太郎）

太兵衛（「鴻池《こうのいけ》の犬《いぬ》」）
豪商、鴻池善右衛門の手代。ぼんぼんがかわいがっていた黒犬が死んだので、代わりの犬を探していたところ、船場の池田屋の店先でそっくりの黒犬を発見する。当初は鰹節、酒、反物を持参するなど、あまりに話を大層にもっていったため、池田屋の主人にからかわれていると勘違いされるが、後に誤解は解け、ゆずり受けることができた。（小佐田定雄）

太兵衛（「猿後《さるご》家《け》」）
川上屋に出入りしている。四十一、二歳。小ざっぱりした服装をしていて腰が低く、誰を見てもニコニコ笑っている愛想のいい男。猿によく似た後家さんにベンチャラを言ってご機嫌をとることを職業にしている。後家さんに奈良旅行の話をした際、つい口をすべらせ、「猿沢の池」と言ってしまい、出入り禁止となる。失地回復のため川上屋の番頭から世界中の美人の名前を聞きだし、改めてベンチャラに取りかかるのだが……。（小佐田定雄）

たま（「佃祭《つくだまつり》」）
神田お玉ヶ池の小間物屋、次郎兵衛の女房。評判のやきもち焼き。佃祭へ出かけ、仕舞い船が終えても帰ってこない亭主を、渡し船の事故で死んだと思い込む。遺体捜索に出かける町内の衆に、右の二の腕に「たま命」の彫り物がある、と言ってあきれさせる。亭主が無事に戻ったのはいいが、昔助けた女に引き止められ一杯やってきたことが、気に食わない。（原健太郎）

民《たみ》（「肝《きも》つぶし」）
気弱な男。夢の中に出てきた娘に恋患いをし、息も絶え絶え。医者から「亥の年月がそろった生まれの者の生き肝を飲めば治る」と言われるが、その話を聞いた義理の兄とも頼む男が「亥の年月がそろった」実妹を殺そうとしていることなど、知るよしもない。（長井好弘）

鱈《たら》を失敬《しっけい》した男《おとこ》（「寄合酒《よりあいざけ》」）

からっけつの男。酒の肴を入手するため、乾物屋に行き、主人が新聞を読んでいるすきに大きな鱈を担ぎ、もう一方の手で別の鱈を指さして、値段を尋ねたところ、「八十銭」と答えたので、担いでいた鱈を見せて「この鱈は向こうの店で五十銭だったよ。五十銭に負からないか」と持ち掛ける。「負かりません」と言われたので、「じゃあしょうがない」と言って、担いでいた鱈をそのまま持って来てしまった。（布目英一）

太郎右衛門《たろえもん》（「夏の医者《なついしゃ》」）

百姓。夏の炎天下で畑仕事の最中、具合が悪くなり床に伏せる。往診にやってきた医師玄清に、萵苣《ちしゃ》の胡麻よごしを大量に食べたための食当たりにちがいないと診断され、ひと安心する。（原健太郎）

太郎作《たろさく》（「夏の医者《なついしゃ》」）

百姓太郎右衛門の孝行息子。病に倒れた父親のために、四里半の山越えをして、医師玄清に往診を頼みにいく。その帰路、山中で、玄清ともどもうわばみに呑まれるが、医師の機転に助けられ、めでたく家にたどりつく。勘太の名で登場することもある。（原健太郎）

太郎兵衛《たろべえ》（「狼講釈《おおかみこうしゃく》」）

芸州海田市のよろず屋の主人。大変な世話好きで、旅先で金がなくなり往生している泥丹坊堅丸というはなし家を庄屋に紹介する。（小佐田定雄）

太郎兵衛（「五貫裁《ごかんさば》き」「一文惜《いちもんお》しみ」）

やりての家主。八百屋を始める店子《たなこ》の初五郎に奉加帳を持たせて、元手を集めさせる。初五郎は徳力屋万右衛門といさかいになり、額に傷を負う。大岡裁きになり、初五郎に罰金五貫文という受け入れがたい結果に、裏があると察する。初五郎をけしかけて徳力屋に百両を支払わせ、店も建てさせることに成功する。（布目英一）

団子屋《だんごや》（「おかめ団子《だんご》」）

麻布飯倉片町の名代、おかめ団子の主人。意に沿わぬ婚礼を嫌い自殺を図った一人娘を、泥棒に入った大根屋の多助に救われ、その誠実な人柄を見込んで、娘の婿にす

「口上・言い立て」）にも登場する。（長井好弘）

旦那（だんな）
商家の主人。上方では「だんさん」と呼ばれている。経営者というだけでなく、奉公人たちにとっては商売の教師であり、ときには父親的な存在でもある。「旦那」の語源については「百年目」の旦那が語っているが、桂米朝師に「あの説明はほんまですか？」と確認したところ「うそやがな。おまはんが騙されてどないすんねん」と教えていただいた。「雄がつーっと飛んで来て、雌がルーッと飛んできた」という説以来のガセネタらしい。本当は梵語のダーナからきているという。

息子が成人していて「若旦那」と呼ばれている場合は父親を「大旦那」あるいは「親旦那」と呼ぶ。若旦那が元気すぎると極道息子になってしまうのではないかと悩み、元気がなさすぎると恋わずらい（「たちぎれ線香」）や（「崇徳院」）、みかんが食べたくなったと言って寝込むので悩み（「千両みかん」）、いずれにしても息子は悩みの種なのである。たまには、息子を上回る極道な例（「親子茶屋」「電話の散財」）もある。（小佐田定雄）

る。店は「黄金餅」の葬列の道筋の言い立て（↓付録

団子屋（「初天神《はつてんじん》」）
露天商。蜜とあんこの二種類の串団子を売る。客の熊五郎に蜜をたっぷりつけた団子を渡したところ、「こんなにつけたら蜜が垂れて着物が汚れる」と小言を言いながら蜜を全部なめられる。「その汚い壺は何だ」と尋ねられ、「蜜が入っています」と答えても不審そうにしているので蓋を開けると、団子をチャポンと入れられてしまう。息子の金坊にも同じことをされる。（布目英一）

短七《たんしち》（「長短《ちょうたん》」）
江戸っ子。短気で早口で、おまけにすばしっこい。煙草を吸うときも、まだ火がつかないうちに煙管《きせる》をはたいてしまうほど、堪え性がない。他人ののんびりした仕草を見ると、無性に腹が立つ。それでいて、やたらと気の長い長吉とは昔からなぜか気が合う。長吉の一言が遅れたために、火玉が袂《たもと》に飛び込んだのに気づかず、着物に穴をあけてしまう。（原健太郎）

旦那（「青菜《あおな》」）

大どこの主人。出入りの植木屋に到来物の夏の酒柳蔭をご馳走する。つまみに菜の用意を奥方に命じるが、その際、菜がなくなってしまったことを、「鞍馬山から牛若丸が出でまして、その名も九郎判官（食べてしまってない）」「義経（よし）にしておけ」という隠し言葉を使って、植木屋を感心させる。教養と経済力を備えた人物。商家の主人というより文化人、教育者風。（太田博）

旦那（「麻《あさ》のれん」）

大店《おおだな》の主人。ある夏、揉み療治を頼んでいる按摩杢市《もくいち》を家に泊め、蚊帳《かや》を吊った離れの八畳間で休ませるが、翌朝、「お宅の蚊帳には天井がないんですか」とこぼされる。蚊帳の手前に麻のれんを吊っていたことを教えなかったので、まくった麻のれんと蚊帳の間で寝てしまい、一晩中蚊の攻撃を受けたのだ。後日、泊まらせた際は、同じ失敗をさせまいと、あらかじめ麻のれんをはずしておいたが、そのため、またしても杢市を蚊帳の外に寝かせることになる。（原健太郎）

旦那（「足上《あしあが》り」）

商家の主人。丁稚《でっち》定吉の証言によって、番頭が店の金をごまかし、中座の桟敷席に芸者をはべらすという贅沢な芝居見物をしていたことを知る。その翌日、請け人を呼びつけ番頭に解雇を告げる。（小佐田定雄）

旦那（「愛宕山《あたごやま》」）

京室町辺の大店《おおだな》の主人。大阪から流れてきた幇間一八《たいこいっぱち》と繁八に芸者衆を引き連れて愛宕山で山遊びに興じ、中腹あたりで土器《かわらけ》投げの腕前を自慢すると、一八に「大阪では金貨を投げる」とそそのかされ、小判二十枚を谷底にばらまく。（小佐田定雄）

旦那（「網船《あみぶね》」）

相模屋の旦那。町内一の大金持ち。超のつく堅物で、金儲け以外に興味はない。野幇間《のだいこ》ちゃら喜から網打ちは金になると聞き、網船に乗りこむが……。（小佐田定雄）

旦那（「一文笛《いちもんぶえ》」）

商家の主人。大阪の街を、堺筋から八幡筋を経て御蔵跡を通り、一心寺の前を通って四天王寺の西門まで来たところで見知らぬ男に声をかけられる。男は「自分はチボ（掏摸《すり》）だ」と白状した上に、あまりに隙《すき》がないので、三人のチボが腰につけている煙草入れを抜き取ることができなかったと言う。そして、「その煙草入れ、『わしが抜き取った』と自慢したいので、十円で売ってくれ」と頼み込まれる。玄人も抜き取ることができなかったのかと嬉しくなって、煙草入れを十円で売ってやり、スリが礼を言って立ち去ったあと懐を探ってみると、財布はみごとに掏り取られていた。（小佐田定雄）

旦那（「宇治《うじ》の柴船《しばふね》」）
大阪横堀の材木問屋の主人。若旦那が原因不明の病気で寝込んでいる。子供のころから若旦那と気が合う手伝《てつだ》いの熊五郎に調べさせたところ、若旦那は井上素山の描いた美人画の女に惚れた恋患いであることがわかり、熊五郎を供につけ宇治に養生に出してやる。（小佐田定雄）

旦那（「王子《おうじ》の幇間《たいこ》」）
商家の主人。出入りの幇間平助が他人の悪口ばかり言うので懲らしめてやろうと、居留守を使って、店にやってきた平助の言動を盗み見る。「私は旦那に殺されかけた。『てめえは宅のヤツとあやしいから亡き者にしてしまう』と威され、『おまんまを食べよう』と東京中を引きずり回され、終いには腹が減って目を回してぶっ倒れてしまいました」など、女房相手に嘘八百を並べ立てるので、思わず店に出て「このやろう、俺が家にいないと思っていろんな事を言いやがったな」と、大あわての平助を怒鳴りつける。猛烈な怒りはもっともなことだが、これほどたちの悪い幇間を、どうして今まで贔屓にしていたのだろう。金か博打か女か、平助に弱みを握られていた疑いが濃厚だ。（長井好弘）

旦那（「おせつ徳三郎《とくさぶろう》」「花見小僧《はなみこぞう》」「刀屋《かたなや》」）
日本橋横山町の大店《おおだな》の主。男手ひとつで育てた娘おせつが、来る縁談来る縁談を断り、婿を取ろうとしないので頭をかかえている。店の手代徳三郎と深い仲になっているという噂を聞き、おせつが徳三郎と向島に花見に行った際、お供をした小僧の長松を呼び、様子を聞き出そうとする。口止め料をもらっているので、「みんな忘れてしまいました」ととぼけられるが、「若耄碌《わかもうろく》には、灸をすえるのが一番」と脅かす一方で、藪入りの日数と小遣いを餌にして、ようやく口を割らせる。噂が真実とわかり、徳三郎には暇を出し、おせつには婿を取らせることにする。婚礼の夜、祝いの席から、おせつが裸足で逃げ出したので、店子《たなこ》を総動員して捜索する。（原健太郎）

旦那（「鬼《おに》の面《めん》」）
奉公人のおせつが、箱の中に大切にしまってあるお多福の面を毎晩出して、母親としゃべっている気になっていることを知り、いたずら心からお多福の面を怖い鬼の面に取り換えて置く。おせつが驚いたら、すぐにいたずらであることをばらす予定だったが、忙しさにとりまぎれて忘れてしまい、おせつが店から姿を消してしまったため、騒動になる。（小佐田定雄）

旦那（「お文《ふみ》さん」）
大阪船場の酒屋萬両の主人。店に捨て子をされるが、運よく（?）美しく優秀な乳母が見つかり、幸せな毎日を送っている。捨て子が、乳母と若旦那との間にできた子供であることは露知らない。（小佐田定雄）

旦那（「おもと違《ちが》い」）
お店《たな》の主人。悪い虫がつかないようにと、兄の娘お元を堅物の棟梁に預けている。店の奉公人から、「棟梁がお元を打《ぶ》ち殺して、洞穴《ほらあな》に埋めた」と知らされ、肝をつぶす。お元からは手紙が届いたばかりだから、何かの間違いだろうと思いながら、「あの女子《おんな》は金を持ってるべえが、おおかた棟梁は魔が差しただ」と言われ、心配になる。だが、家から縄付きは出したくないので、棟梁の兄貴分に一切をまかせようと、この奉公人を使いに走らせる。真相は、棟梁がまとまった金を工面しようと（洞穴を埋めようと）、墨流しという最高級の万年青《おもと》の盆栽を、川上という質屋に質入れした（打ち殺した）のを、奉公人が「すわ大事件」と勘違いしただけとわかり、ひとまず安心する。（原健太郎）

旦那（「貝野《かいの》村《むら》」）
船場の商家の主人。女房とは死別。一人息子が貝野村から奉公に来ていたおもよという美人の女子衆に惚れたが、息子が商用のため二か月ほど九州に出かけている間におもよが実家に帰ってしまったので、息子はがっかりして寝込んでしまう。おもよを世話してくれた大工の棟梁甚平に「三千円のお礼をしますから」と頼んで、大急ぎで大阪へ連れ戻してもらう。（小佐田定雄）

旦那（「鶴満寺《かくまんじ》」）

船場の大店《おおだな》の主人。芸者、幇間《たいこ》を引き連れて、昨年花見をした長柄の鶴満寺へ出かける。ところが、「住職が代わったため、今年から歌詠み以外は入寺禁止になった」と寺男の権助に断られる。「魚心あらば水心」と権助に百文渡して境内に入れてもらい、さらに一朱渡して、中で宴会するのを見逃してもらう。権助も巻き込んで大騒ぎしたあげく、泥酔して眠り込んだ権助を置き去りにして立ち去る。（小佐田定雄）

旦那（「紙入《かみい》れ」）

商家の主人。留守の間に、女房が出入りの若い者を引っ張り込み、よろしくやろうとした寸前に帰って来たが気が付かない。しかも翌朝、様子を見に来た男にカマを掛けられても気づかず、逆に「他人の女房には手を出すな」と諭すお人よし。（太田博）

旦那（「かんしゃく」）

金持ちの実業家。外面はいいが、家では気難しい男。周囲が常に片づいていないと気分が悪く、帰宅するや家中のアラ探しを始めるので、家人は戦々恐々。ところが、毎日どなられていた夫人が実家の父親に知恵をつけられ、書生や女中を指揮して家事一切を完璧に仕上げた。これを見た当初はご満悦だったが、「これじゃ俺が怒るところがない！」と再びかんしゃくを起こす。理不尽かつ子供じみた怒りだが、草食系といわれる現代男性に、その心情は理解できるだろうか。帝国劇場の重役だった益田太郎冠者の作。（長井好弘）

旦那（「堪忍袋《かんにんぶくろ》」）

長屋の住人。喧嘩が絶えない夫婦の仲裁に入る。鬱憤はすべて瓶の中にどなり込み、気をおさめて成功した中国の故事を引き合いに出し、堪忍袋と称した袋をこしらえて不満を封じ込めればよいと教える。袋は期待以上の効

果を発揮するが、やがてふくらみ過ぎて……。これも益田太郎冠者の作。（布目英一）

旦那（「金明竹《きんめいちく》」）

道具屋の主人。親類から預かっている松公に、あれこれ店の仕事を仕込んでいるが、覚える気がないのか覚えられないのか、ひじょうに手こずっている。雨傘や猫の借り物を断るうまい口上も教えるが、すべて裏目に出る。その松公いわく、「うちに旦那も一匹いましたが、この間から盛りがつきまして、とんと家に寄りつきません。久しぶりで帰ってきたんですけど、海老のしっぽを食べてお腹を下しちゃったんで、お宅に連れてって座敷に粗相するといけないから、またたびなめさして寝かしてあります」。

　松公と女房に留守を任せていたところ、早口の上方弁でしゃべる使いの男がやってくる（↓付録「口上・言い立て」）。戻って用件を聞いてみるが、「仲買の弥市が気がちがって……遊女を買ったら、それが孝女で……掃除が好きで……しまいにずん胴斬りにしちゃったんです」と、女房の話はさっぱり要領をえない。「ひとところぐらい、はっきり覚えているだろう？」「……はあ、たしか、古池へ飛び込みました」「弥市には道具七品預けてあるんだ。それを買ったかなあ？」「いえ、買わず（蛙）でございます」。（原健太郎）

旦那《だんな》（「蔵丁稚《くらでっち》」「四《よ》段目《だんめ》」）

大阪船場の商家の主人。丁稚の定吉が仕事をさぼって中座で芝居見物をしていたことを知り、罰として三番蔵へ閉じ込める。定吉は腹が減ったことを訴えるが耳を貸さない。定吉が蔵の中で昼間見た「仮名手本忠臣蔵」四段目の判官切腹の場面の真似をしているのを目撃した女中が「定吉っとんが蔵の中でおなか切ってはります」と報告しに来たので、大慌てでお櫃をかかえて三番蔵へ駆けつける。蔵の戸を開けて「御膳（御前）」と言うと定吉が「蔵の内で（由良助）か」と答えるので、思わず「はは一っ」と平伏すると定吉は「待ちかねた」と四段目の名台詞で返してくる。（小佐田定雄）

旦那（「鴻池《こうのいけ》の犬《いぬ》」）

船場南本町の池田屋の主人。三匹の捨て犬を拾って育てていたところ、その中の真っ黒な犬がほしいという人が現われる。後日贅沢な礼を持って引き取りに来たので不審に思うが、相手が日本一の金持ちの鴻池善右衛門家であると聞き納得する。（小佐田定雄）

旦那（「高野違《こうやちが》い」）

お店《たな》の主。出入りの鳶頭《かしら》に、六玉川《むたまがわ》のうち、「忘れても汲みやしつらん旅人の　高野の奥の玉川の水」には高野《こうやの》玉川の毒水伝説が読み込まれているなどと、いい加減な知識で蘊蓄を語り聞かせる。（太田博）

旦那（「仔猫《こねこ》」）

大阪の中船場にある質流れ品を扱う「流れの問屋」の主人。口入屋からやってきたおなべという極めて個性的な風貌の女子衆を雇い入れる。昼間はまことに気の付く優秀な奉公人だが、夜になると怪しい行動を取ることを知り、留守を狙って番頭とともに持ち物の検査をすると、葛籠《つづら》の中から血だらけの猫の毛皮を発見。番頭に命じて暇を出すことにしたが……。（小佐田定雄）

旦那（「こぶ弁慶《べんけい》」）

京の寺町通りの横町の炭屋の親父。町役人に選ばれて張り切って、羽織袴《はかま》姿で大名行列の見物人の整理をしているが、なぜか頭に大きなコブがある。（小佐田定雄）

旦那（「権助魚《ごんすけざかな》」）

商家の主。女を囲っていることに気づいた女房が権助に探らせようとしているのを察し、二円で権助を味方につける。「両国橋まで参りますと、山田様にお目にかかり、柳橋のお茶屋へ上がって、芸者を揚げてどんちゃん騒ぎをした後、隅田川で網打ちをいたしました。旦那様は商用で山田様と湯河原へお繰り込みになるので、今晩はお帰りはございません」と言うように伝えたが、家を出て戻るまで三十分もたっていないのに権助がこれを述べたので嘘だと女房に見破られてしまう。（布目英一）

旦那（「権助提灯《ごんすけぢょうちん》」）

大店《おおだな》の主。五十代。女房と妾が表向きは仲がよいので、他人からうらやましがられている。ところが風の強い晩、女房に「心配だからあちらに泊まってください」と言われて妾宅に行くと「奥様の御好意に甘えてはいけないのであちらにお泊まりになって」と頼まれ、本宅に戻るが、「こちらに泊めると示しがつきませんから今晩はあちらで」と言われて入れてもらえない。このように妻妾二人が意地を張り合うために夜明けまで何往復もさせられる。さらに供の権助に「提灯に火を入れろ」と言うと、「消さないで待っていた」と答えたので、「なんて無駄なことをするのだ。蠟燭《ろうそく》が一本で済むところを二本使うことになるじゃないか」とたしなめると、「奥様一人で済むところをなぜ妾と二人必要か」と嫌味まで言われてしまうことに……。（布目英一）

旦那（「質屋蔵《しちやぐら》」）

大阪の大きな質屋の主人。質屋の蔵の中には人の思いが籠った品物が入っていると心得ている。銭湯で自分の店の蔵で怪異が起こっているという噂話を耳にし、真偽を確かめさせるために手伝《てった》いの熊五郎を呼び寄せる。ところが、熊五郎は店の酒や漬物を横領していたのが露呈したと早合点して、ペラペラ自白するので「盗人を飼うてるようなもんや」とあきれる。熊五郎と番頭の二人に蔵を見張らせるが、火の玉が庭石に当たった音で腰を抜かして役に立たないので、自ら蔵の中を覗くと、質草の帯と羽織が相撲を取ったり、浴衣が踊りを踊っている。軸を納めた箱の蓋が勝手に開いて、中の掛け軸がスルスルと壁にかかる。軸の菅原道真公が抜け出して「そちゃ、当家の主なるか？　質置き主に『早く利上《と》げをせよ』と伝えよ。どうやらまた流されそうなわい」。（小佐田定雄）

旦那（「質屋芝居《しちやしばい》」）

質屋の主人。奉公人全員が歌舞伎に夢中なのが悩み。当人も歌舞伎が好きなので、叱っても説得力はない。質請けに来た客を待たせて、質草を蔵に取りに行った丁稚《でっち》と番頭が出てこないので、様子を見に行くと二人は蔵の中で「仮名手本忠臣蔵」三段目の裏門の場の立ち回りを演じている。叱りつけるどころか、「こんなええ芝居に木戸番がなかったらもったいない」と、蔵の入口で「さあ、いらっしゃい」と呼びこみを始める。（小佐田定雄）

旦那（「しの字嫌《じぎら》い」）

意地っ張りの商家の主人。理屈を並べて自分にたてつく奉公人の清蔵をこらしめようと、「しの字を一切言ってはいけない」と命じる。何とか「し」と言わせようとするが、そのたびに勘のいい清蔵に気づかれてしまう。思わず出た台詞が「しぶとい野郎だ」。(長井好弘)

旦那(「虱茶屋《しらみぢやや》」)

いたずら好き。瓶に詰めた虱を幇間《たいこ》や芸者の襟元に振りかけ、かゆさをこらえる様子を見て楽しむ。洒落がきついので嫌われていることを当人は知らない。(布目英一)

旦那(「素人鰻《しろうとうなぎ》」)

元士族。麻布に住む。鰻屋を始めた中村某の旧幕時代の友達。店の開業式で、顔なじみの鰻職人金《きん》に会い、懐かしさのあまり酒をすすめたために、金の酒乱癖を目覚めさせ、騒動を招く。(原健太郎)

旦那(「崇徳院《すとくいん》」)

大店《おおだな》の主人。若旦那が原因不明の病に寝込んだため、出入りの手伝《てった》い職熊五郎に様子を見に行かせると、どこの誰ともわからぬ娘に恋患いしていることがわかる。その娘を見つけ出したら、借家五軒に別の礼として三百円を与えると破格の条件を出し、熊五郎を大阪の街に送り出す。(小佐田定雄)

旦那(「そってん芝居《しばい》」)

船場の商家の主人。堺の叔父が危篤と聞いて駆けつけることにし、その前に髪を結おうと髪結いの磯七を呼びつける。大の歌舞伎好きの磯七が、髪を結いながら「仮名手本忠臣蔵」二段目の本蔵松切りの場を真似ながら結ったので、まげが顔の前にぶらさがってしまう。珍妙なまげのまま駕籠で堺に向かうが、街道には追い剝ぎが出るので、着物を脱いで褌《ふんどし》一本で乗り込む。(小佐田定雄)

旦那(「蛸芝居《たこしばい》」)

船場のどこかにある、番頭、手代、女子衆、丁稚《でっち》に至るまでが大の歌舞伎ファンというユニークな商家の主人。朝、奉公人を起こすのに「三番叟《さんばそう》」を踏んでみたり、魚屋が置いていった蛸が逃げ出そうとしているのを見つけ、店先で「だんまり」を演じたりするが、蛸に当て身をくわされて目を回してしまう。(小佐田定雄)

旦那（「試《ため》し酒《ざけ》」）
大店《おおだな》の主人。暇を持て余し、酒を飲むことぐらいしか楽しみがない。おりからやってきた近江屋の主人と、その供の久蔵が五升の酒を飲めるかどうかの賭けをするが、思いがけず完膚なきまでに負ける。（原健太郎）

旦那（「ちりとてちん」）
横丁の隠居。誕生日に、なにを食べさせても「初めてでございます」と喜ぶ世辞上手の喜ィさんに酒の相手をしてもらっている。台所の戸棚の奥から腐った豆腐が見つかったので、「長崎名産ちりとてちん」と名づけ、喜ィさんと正反対になにを食べさせても感謝しない気障《きざ》な竹に食べさせようと、いたずらを思いつく。（小佐田定雄）

旦那（「月並丁稚《つきなみでっち》」）
商家の主人。丁稚の定吉に十一屋へ月並みの茶会の案内を言いに行かせたのはいいが、定吉が記憶力に問題があることを忘れていたため、十一屋にとんだ迷惑をかけることになってしまう。（小佐田定雄）

旦那（「つる」）
自称生き字引。「なぜ鶴はツルというのか」と、若い衆に尋ねられ、「あの鳥は、昔は首長鳥といった。ある日、白髪の老人が浜辺に立ち、はるか沖合いを眺めていると、遠く唐土《もろこし》の彼方から、つがいの首長鳥が飛んできた。オスの首長鳥が『ツー』と言って飛んできて、松の枝に『ポイ』と止まると、後からメスの首長鳥が、『ルー』と言って飛んできて、松の枝に『ポイ』と止まった。それで、ツルといわれるようになったのだ」と、とっさに作り話をして煙に巻く。これを面白がってよそで披露した若い衆が、失敗をするたびにやってきて同じ話をさせられるので、閉口する。（原健太郎）

旦那（「つるつる」）
「樋《ひ》ィさん」と呼ばれ、幇間《たいこ》の一八から「大将」と呼ばれている贔屓筋。面倒を見ている一八を何かと連れ回す。一八が岡惚れしている芸者と会う約束をしていることを知らされても、座敷で会った自分と芸者とどちらが大切だ、とベロベロになるまで飲ませる。（太田博）

旦那（「手切《てぎ》れ丁稚《でっち》」）
商家の主人。若い妾のお梅の日ごろの行動が心配になり、丁稚《でっち》の定吉に様子を探りに行かせる。お梅は「旦那のためやったら、なんでもする」と言っているとのこと。ただ、「心中立てを見せるために、指どころか手でも切る」と言っていたというのが気がかりである。（小佐田定雄）

旦那（「転宅《てんたく》」）
大店《おおだな》の主人。七十歳に近い。浜町辺りに黒板塀に見越しの松といった風情の家を建て、親子以上に年の離れた娘義太夫あがりのお菊を囲っている。（布目英一）

旦那（「にせ金《きん》」）
資産家。やり手だが、無類の酒好きが玉《たま》に瑕《きず》。出入りの道具屋金兵衛と酒を酌み交わした際、金兵衛が「旦那のためなら命はいらない」というので、「今度仲間内で珍品会を催す。お前の睾丸は大きいと評判だから、出品するので切ってくれ」と頼み込む。「私のは評判ばかりで、実は小さい」と抵抗する金兵衛を、「父の代からの贔屓だろう」と五十両で睾丸をゆずり受けることを無理やり同意させる。翌朝、金兵衛が青い顔で「病院で切りました」と睾丸の包みを持参してきたが、二日酔いで約束したことすら覚えていない。「酒を飲むたびに五十両で睾丸を買ってはたまらん」と反省しても後の祭り。治療費等も面倒見る約束をして金兵衛を帰し、包みをあけてみたら、中身は睾丸ではなく、タコの頭を二つゆでたもの。「タコの頭だから猫がじゃれるのも無理はない。なるほどうまくできている」と怒りを通り越して感心していると、三日たたぬうちに「金兵衛、贋金《にせがね》使いの容疑で逮捕」の報が届いた。（長井好弘）

旦那（「抜《ぬ》け裏《うら》」）
長屋のご意見番。路地の通り抜けを減らすための住民会議で、「猛犬あり、危険につき通行禁止」という張り紙をして、犬の鳴き声のうまい人に吠えてもらうという名案を思いつく。（長井好弘）

旦那（「猫《ねこ》と金魚《きんぎょ》」）
商家の主。飼っている金魚が隣の猫に食べられてばかりいるが、隣同士の付き合いがあり、文句を言えず、困っている。番頭に「猫が届かない所に金魚鉢を置いてくれ」と頼むと「風呂屋の煙突の上に置きましょう」などと言い、ろくな答えが返ってこない。日ごろから「怖いものなどない」とうそぶく虎さんを呼び、風呂場に閉じ込めた猫と対決させたところ、虎さんが目を回す。「のらくろ」の漫画家田河水泡作。（布目英一）

旦那（「寝床《ねどこ》」）

大店《おおだな》の主人。趣味はおそろしく下手くそな義太夫で、店子《たなこ》や店の者を集めてしばしば独演会を開き、七転八倒の苦しみを与えている。

この日も自慢ののどを聞かせてやろうと、番頭の茂造に長屋を回らせ、招集をかける。だが、戻ってきた茂造から、長屋の住人はみな、今晩用事があって——提灯屋はお得意先の開業式で三百五十ばかり仕上げなければならず、金物屋は無尽があり、初回親もらいのため出かけぬわけにいかず、裏の吉田の息子は朝一番で商用があり、吉田のおっ母さんは風邪で伏せっており、小間物屋はおかみさんが臨月で、豆腐屋は生揚げとがんもどきを八百五十ばかり請け負っており、鳶頭《かしら》は成田の講中にごたごたがあり、明朝一番に立つため——と、欠席の理由を説明される。おまけに、店の者たちも全員体調不良で、女房さえも、子供を連れて里帰りしてしまった。「で、おまえはどこが悪いんだ？」「私は因果と丈夫で……」。

そこで、「それなら、義太夫はやらない。その代わり、義太夫の人情がわからないような者に店《たな》を貸しておくわけにはいかない」と、明日の正午限り、長屋の住人には出ていくように、店の者には暇を出すと宣告。そうと知った長屋の住人たちが、「ほんのさわりだけでもいいから、うかがいたい」と、あわてて駆けつけてくる。豆腐屋に理由を尋ねると、「旦那が何をお語りになるかと思うと、とんと仕事が手につきません。それで、仲間内から職人を都合しました」と言われ、口先ばかりのお世辞とも気づかず、機嫌を直す。

晴れて独演会を始めるが、やってきた者たちは、「横丁のご隠居が、旦那の『義太熱《ぎだねつ》』に当たって伏せっている」とか、「ここの家の先祖が義太夫語りを絞め殺したことがあり、これはその祟りにちがいない」などと口々に言う。あげく、酔いも回ってきて居眠りを始めるが、御簾《みす》の中で唸っているのでわからない。水を打ったように静かになったので、ひょいと御簾を持ち上げ、座敷の様子を見て、ふたたび怒りだす。たった一人、小僧の定吉が泣いているので、顔をほころばせ、「どこが悲しかったんだ?」と尋ねてみると、「あそこです」と、それまで自分が義太夫を語っていた床を指さし、「あそこがあたしの寝床なんです」。

木戸銭を取るでもなく、まして、酒と料理をふるまっているのだからと、まるで罪の意識がない。とはいえ、動物園の脇を通ると聞こえてくるようなどら声を、これでもかこれでもかと、聞かされる身にしてみれば、なんとしても逃れたいお呼ばれだろう。(原健太郎)

旦那(「百年目《ひゃくねんめ》」)

船場の大店《おおだな》の主人。番頭、次兵衛の堅物ぶりに奉公人たちとの軋轢はないかと心を痛めていたが、花見で芸者たちと豪遊している現場を目撃。翌日、法談で聞いたという「旦那」という言葉の由来……赤栴檀《しゃくせんだん》が露を下ろして根元に生えている難莚草《なんえんそう》を育て、難莚草が肥やしとなって赤栴檀が大きくなる「主従はお互いさま」という例え話から、赤栴檀の「檀」と難莚草の「難」を合わせて「だんなん」から「旦那」という言葉になった……と語り、目下のものに優しくしてやってほしいという情愛のこもった意見をした上、帳面にみじんも無理がなかったことを確かめ、改めてその才覚を認める。(小佐田定雄)

旦那(「ふぐ鍋《なべ》」)

商家の主人。知り合いから河豚《ふぐ》をもらったものの、中毒が怖くて食べることができず、出入りの大橋という男に毒見をさせようと試みるが、真意を見透かされる。そこで、やって来たおこもさん(乞食)に鍋の中身を分け与え、変化がないことを確かめたのち、すべてたいらげるが、再び訪れて来て二人の無事を確かめたおこもさんに「安心してこれからゆっくりいただきます」と言われてしまう。「大橋」とはこの噺を得意にしていた三代目林家染丸の本姓。(小佐田定雄)

旦那(「木乃伊取《みいらと》り」)

大店《おおだな》の主人。女房との力関係から、使用人上がりの養子と推察される。息子が吉原の茶屋に居続けていると知り、

番頭や出入りの鳶頭《かしら》、飯炊きの清蔵を、次々に差し向け、連れ戻そうとするが……。（原健太郎）

旦那（「味噌豆《みそまめ》」）
商家の主人。さほどの大店《おおだな》ではなさそう。小僧の定吉が味噌豆をつまみ食いするのできつく叱るが、定吉を使いに出した後、自分も味噌豆に手を出して止まらなくなる。「定吉に見つかると小言が効かなくなる。どこかいい場所はないか。あそこだ！」と、はばかりに隠れてパクパク。ところが、使いから戻った定吉も「隠れて味噌豆を食べられる場所はないか。あそこだ！」と同様の結論にたどりついたため、はばかりで主従が鉢合わせすることに。思わず「定吉、何しに来た」と詰問すると「お替り持ってきました！」。（長井好弘）

旦那（「矢橋船《やばせぶね》」）
矢橋船の客。風流人。琵琶湖の風景をながめながら一杯やろうという心づもりだったが、お付きの久助が燗徳利を忘れて来たため、尿瓶《しびん》を拝借して燗を付けることになり、後々の騒動のもとになる。（小佐田定雄）

旦那（「悋気《りんき》の独楽《こま》」）
商家の主人。すでに老境にかかっているが、本妻の目をかいくぐっては、いそいそと妾の元へ通う。妾宅に泊まるかどうかは花柳界で流行の「辻占《つじうら》の独楽」を回して決め、小僧定吉の尾行によって女房に浮気がばれてもあわてた様子もない。現代では通じない「浮気は男の甲斐性」という理屈をみんなが信じていた時代の、典型的な「甲斐性あり」である。（長井好弘）

旦那（「禍《わざわい》は下《しも》」）
商家の主人。本妻には「天満橋から船を仕立てて網打ちに行く」と言って、実際は妾のお孝の宅に出かける。供の定吉に脱いだ羽織と袴《はかま》を渡し、「帰り道の魚屋で網で捕れた魚を買って帰れ」と命じる。（小佐田定雄）

〈ち〉

父親《ちちおや》（「牛《うし》ほめ」「池田《いけだ》の牛ほめ」）
与太郎の親。親戚の佐兵衛の新築祝いに、与太郎を行かせる。その際、普請の祝い事「家は総体檜造り――、左右の壁は大阪土の砂摺《すなず》り――、天井は薩摩の鶉木《うずらもく》――、畳は備後の五分縁《ごぶべり》で――、お庭は総体御影造りで――」と紙に書いて渡し、牛のほめ言葉「牛は天角地眼《てんかくちがん》、一黒陸頭《いっこくろくとう》、耳小歯違《にしょうはちご》う」を口移しで教える。（太田博）

父親（「鬼《おに》の面《めん》」）
池田在住。大阪船場の商家に子守奉公に出している娘おせつが、ある夜突然帰宅し、母親を思って毎晩ながめていたお多福の面が、なぜか怖い鬼の面に変わっていたので、心配になって戻ってきたと聞かされる。その心根をいじらしいと思い、ご主人に心配をかけてはいけないと店まで連れて行く。その途中、おせつから鬼の面をかぶり賭場の見張りを驚かした話を聞いて立ち寄ってみると、人気のない賭場にたくさんの掛け金が落ちていた。それを拾い集めて警察に届ける。（小佐田定雄）

父親（「親子酒《おやこざけ》」）
商家の主。親子揃っての大酒飲み。跡取り息子の末を案じて、二人で禁酒の約束をする。息子の留守中、我慢できずに女房に酒を要求するが、一杯が二杯、三杯と重なり、ついには泥酔状態となる。同じころ、息子も外からへべれけになって帰宅する。酔眼朦朧《すいがんもうろう》として、息子の顔が七つにも八つにも見える。飲み出したら止まらない典型的な酒飲みの弱みを抱え込んでいる。（太田博）

父親（「真田小僧《さなだこぞう》」）
長屋の住人。こまっしゃくれた息子を持つ。留守中に女房が按摩を呼んだのを、間男を迎え入れていたかのような、思わせぶりな話にして聞かす息子に、切れ場のたびに小遣いをせびられる。講釈場で聴いた真田幸村の少年時代と、わが子を比べて嘆いていると、息子に真田の定紋、六連銭とはどんなものか尋ねられる。うるさいガキだと思いながらも、喜んで実物を見せると、六枚の銭をかっさらって逃げ出す始末。子供は子供らしく、かわいらしくなくてはならないという理想を抱いているが、現実はままならない。（原健太郎）

父親（「三人兄弟《さんにんきょうだい》」）
船場の商家の主人。三人息子がいずれ劣らぬ極道者。三人を二階に軟禁しておいたはずなのに、朝になると次々と息子たちが帰宅してくる。長男は「謡の会に行っていた」、次男は「発句の巻開《まきびら》きに行っていた」と言い訳するが、三男だけは全く悪びれる様子もなく「新町へ女郎買いに行っていた」と言う。それぞれの答えを聞いて、三男に家督を相続させることを決める。女房が「なんであんな無茶者に？」と尋ねるので「あいつだけがほんまのことを言いよった」と答えた。（小佐田定雄）

父親（「宗論《しゅうろん》」）
商家の主人。浄土真宗の熱心な信者。息子が耶蘇教《やそきょう》を信仰するのが気に入らない。平生は温厚な人柄だが、信心の話になると、性格が豹変する。今日も教会帰りの息子に西洋人が使うような片言の日本語で「わ〜たくしの肉体をお造りになられたのは、お父さまとお母さまでありま〜す。しか〜し、魂をお造りになられたのは天の神でありま〜す」と言われて、「お前は、わしとばあさんとお前の神様との三角関係でできたのか」と激怒し、いさかいとなる。（布目英一）

父親（「菜刀息子《ながたんむすこ》」「弱法師《よろぼし》」）
商家の主人。裁ち包丁を誂《あつら》えるよう息子の俊三に依頼すると、出来上がってきたのが菜刀だったので激怒し、「お前は包丁ひとつまともに注文できんのか。ちょっとは世間を見て来い」と厳しく叱りつけたところ、俊三は家を出て消息を絶ってしまう。一年後の春の彼岸に、四天王寺で乞食に身を落とした俊三と再会するが、今許すと本人のためにならぬと判断し、団子を与えてその場を立ち去る。（小佐田定雄）

父親（「花筏《はないかだ》」）
銚子の網元。素人相撲の千鳥ヶ浜大五郎を息子に持つ。「巡業に来たものの、病気で欠場続きだった大関花筏が大五郎との取り組みを急に承諾したのは、江戸相撲を相手に初日以来負けなしの大五郎を懲らしめる遺恨相撲に違いない。対戦するなら勘当だ」と説教する。大阪では播州の網元という設定。（布目英一）

父親（「干物箱《ひものばこ》」）
物堅い商家の旦那。吉原通いのやまない息子を家に閉じこめるが、「湯に行く」と言って時間通りに帰宅すればほおが緩む。息子が声色のうまい本屋の善公を身代わりに立てて家を脱け出し、吉原に行っているのに気がつかない。善公のしくじりで脱走計画がばれた後も、息子を勘当することはできないだろう。かくて、父と子の攻防は果てしなく続く……。（長井好弘）

父親（「宮戸《みやと》川《がわ》」）
小網町の質屋茜屋半左衛門。無類の堅物。息子の半七が将棋に夢中になって毎晩夜遅く帰ってくるので閉め出す。霊岸島にいる正反対の性格の兄が仲人役になって息子と舟宿桜屋の娘お花の縁談を持ちかけてくるが、勘当した息子だからと突き放す。（布目英一）

父親（「桃《もも》太《た》郎《ろう》」）
大人びた息子金坊を持て余す。金坊が眠れないと言うので、昔話の「桃太郎」を聞かせてやるが、話の途中で、「あるところって、何処？」「おじいさん、おばあさんの名前は？」「山は何ていう名前、川は何ていう名前？」などと質問攻めにあい、閉口する。適当にやりすごそうとするが、逆に理路整然と説明され、それを聞いているうちにウトウトと……。（原健太郎）

父親（「夢金《ゆめきん》」）
日本橋本町の大店《おおだな》の主人。娘が深夜になっても戻らず、大騒ぎになっていたが、船頭の熊蔵が浪人の魔の手から救い、無事に送り届けてくれたので当座の礼として百両を与える。実は熊蔵の夢の中に出てくる人物。（布目英一）

千《ち》束《づか》屋《や》（「化《ばけ》物《もの》使《つか》い」）
日本橋葭町《よしちょう》の桂庵（口《くち》入《いれ》屋《や》）。世話をしても、必ず三日以内に奉公人にやめられてしまう癖の強い得意先があり、頭をかかえている。（原健太郎）

千《ち》鳥《どり》ヶ浜大五《はまだいご》郎《ろう》（「花筏《はないかだ》」）
銚子の網元のせがれ。素人相撲の王者。江戸からの巡業相撲に飛び入り参加して初日以来負けなし。千秋楽に大関花筏（実は提灯屋）と取り組むことになるが、「お前を土俵上で殺す遺恨相撲に違いない」と父親に諭され、一度は断念するが、見物客に土俵に上げられてしまう。

いざ立ち合いが始まると、相手が涙を流しながら念仏を唱えているので、自分を殺すことへの憐れみからだと勘違いし、おびえているうちに負けてしまう。（布目英一）

千《ち》早《はや》（「千《ち》早振《はやふ》る」）

吉原の遊女。本名「とは」。絶世の美女。在原業平の歌の意味を聞かれた隠居が即興でこしらえた珍解釈に登場する。大関竜田川に見染められるが、「あちきは相撲取りは嫌でありんす」とひじ鉄をくらわせる。後になぜか乞食となり、豆腐屋で卯の花を恵んでもらおうとするが、主人は元竜田川だった。井戸に入って落命。（布目英一）

ちゃら喜《き》（「網船《あみぶね》」）

野幇間《のだいこ》。本名「長谷川喜三郎」。いつもべんちゃらばかり言っているので「ちゃら喜」と呼ばれ、町内の若い衆の遊び相手になっているが、父親世代の老人連からは、息子を悪の道に引っ張りこむと毛虫のように忌み嫌われている。相模屋の若旦那を網船に連れ出そうとするが、親旦那もついてくることになってしまい、大いに困惑する。親旦那を陸に上げるため船を揺らすが、かえつて自分が船酔いしてしまう。（小佐田定雄）

忠七《ちゅうしち》（「髪結新三《かみゆいしんざ》」「白子屋政談《しろこやせいだん》」）

材木商白子屋の手代。廻り髪結の新三にそそのかされて、相思相愛の白子屋の娘お熊と駆け落ちをはかるが、新三に眉間を割られ、雨の中、お熊を奪われた上に一人取り残されてしまった。（布目英一）

忠蔵《ちゅうぞう》（「雪《ゆき》の瀬川《せがわ》」「松葉屋《まつばや》瀬川《せがわ》」）

大店《おおだな》下総屋の元使用人。女中お勝と駆け落ちして、麻布で紙屑屋になる。苦しい暮らしの中、元の主家への恩返しにと、勘当された若旦那の善次郎を引き取り、面倒を見、善次郎と吉原松葉屋の瀬川花魁《おいらん》との命がけの恋の橋渡しまでつとめる。（長井好弘）

忠八《ちゅうはち》（「大丸屋騒動《だいまるやそうどう》」）

伏見の豪農大丸屋の番頭。大丸屋惣兵衛の弟惣三郎が祇園富永町の三桝屋の抱え芸者のお時と深い仲になったのを父親に反対され、思いが叶わないことから自棄《やけ》を起こして狂気同様のふるまいをしたため、三条木屋町を上った座敷で出養生することになり、その身の回りの世話をしている。惣三郎が祇園富永町のお時のもとへ走ったのを知り、後を追いかけるが、乱心した惣三郎に村正で斬られてしまう。（小佐田定雄）

千代《ちよ》（「菊模様皿山奇談《きくもようさらやまきだん》」）
浪人遠山亀右衛門の娘。病身の母親と美作国《みまさかのくに》藤原村に住む。母親に朝鮮人参を飲ませたい一心で隣村の郷士東山家に奉公に上がる。同家の長男長助がかなわぬ恋のうらみから家宝の皿を割り、罪を着せられるが、下男の権六に助けられる。のちに権六の妻となる。（布目英一）

張果老《ちょうかろう》（「鉄拐《てつかい》」）
中国八仙人の一人。増長して落ち目になった鉄拐の替わりに寄席に招かれる。瓢箪から馬を出す術でたちまち人気となるが、ねたんだ鉄拐に瓢箪の中にいる馬を吸い込まれてしまう。（布目英一）

長吉《ちょうきち》（「長短《ちょうたん》」）
気長で動作がのろい男。今日の雨のことを、昨夜《ゆうべ》の小便から語り始めるほど、話も回りくどい。それでいながら、「早い話が……」が口癖。その性格のために、反対に、ひじょうに気の短い友達、短七の袂《たもと》に煙草の火玉が飛びこんだのを知りながら、煙が出るまでなかなか言い出せず、怒られる。（原健太郎）

長吉（「双蝶々《ふたつちょうちょう》」「小雀長吉《こすずめちょうきち》」）
担ぎ商いの八百屋長兵衛の息子。生まれついての性悪のため、下谷山崎町の玄米《くろごめ》問屋山崎屋に奉公に出される。目はしが利くので店では重宝がられていたが、十八の年に盗みを働いているのを番頭権九郎に知られてしまう。店の金を盗み、小僧定吉と番頭を殺して奥州に逐電。七十人もの子分を抱えた大親分となる。両親が気になり、江戸に戻り、多田の薬師の石置場で物乞いをしている母親と再会。病に伏せる父親とも会い、「堅気になって一緒に住んでくれ」という父親の願いを振り放って五十両を渡した後、雪の吾妻橋で捕縛される。（布目英一）

長五郎《ちょうごろう》（「双蝶々《ふたつちょうちょう》」「小雀長吉《こすずめちょうきち》」）
玄米《くろごめ》問屋山崎屋の出店の奉公人。本店の奉公人である長

吉と下谷広徳寺前で一緒に盗みを働いていた。（布目英一）

長五郎（「へっつい幽霊《ゆうれい》」）
博打好きの左官屋。名前にちなんで丁半博打では丁しか張らない。博打で大当たりした金をへっついに塗り込んだ後、河豚に当たって死ぬ。へっついの金に思いが残り、成仏できず、幽霊となって、へっついの所有者に金を返してもらおうとするが、恐がられて思いが果たせない。ようやく遊び人の熊に金を返してもらうが、この金で熊と博打をし、全額取られてしまう。（布目英一）

長左衛門《ちょうざえもん》（「お藤松五郎《ふじまつごろう》」）
仕事師の頭。一中節の菅野松五郎が恋仲のお藤をなぐるのを止め、意見する。（布目英一）

長左衛門（「名人長二《めいじんちょうじ》」「指物師名人長二《さしものしめいじんちょうじ》」）
湯河原の土地の者。箱根に竹を伐《き》りにいった帰り、竹藪で火のついたように泣いている赤ん坊（長じて指物師長二となる）を拾い、二助と名づけて育てる。のちに神田に出て荒物屋を開く（原健太郎）

長二《ちょうじ》（「名人長二《めいじんちょうじ》」「指物師名人長二《さしものしめいじんちょうじ》」）

指物職人。二十九歳。本名長二郎。浅黒く、眼がきりりとして鼻筋がとおり、苦み走った男。酒をたしなまず、婦人を好まず、外見《なり》も気にせず、ただ腕を磨くことにのみ身を入れている。

　東両国大徳院前の親方清兵衛に、十歳のとき弟子入りし、本所〆切で一本立ち。二十八歳のころより、「名人」の名を得る。貧乏を強いられている正直者を見ると、銭をくれてやりたくなるのが唯一の道楽。「何でも不器用に造るが宜《い》い」が口癖で、「不器用長二」の異名がある。右の肩の下に子供の時分の古疵《ふるきず》（親指が入るくらいの穴）がある。独り者で、弟弟子の兼松と飯炊きの婆さんとの三人暮らし。

　湯河原の湯治宿で、自分が二十九年前、当地の竹藪で見つけられた拾児《ひろいっこ》の二助であることを知る。たまたま仕事を請けた亀甲屋幸兵衛の女房お柳の不審な態度から、お柳を実の母親と確信するが、母と名のらぬまま大金を差し出されて、業を煮やす。柳島押上堤で、お柳幸兵衛の帰りを待ち、出生の真実を教えてほしいと、背中の疵を見せながら懇願したところ、幸兵衛に横面《よこつら》を殴りつけられ、揉み合いとなったあげく、幸兵衛とお柳を殺してしまう。親方清兵衛を訪ね、縁切の書付を渡した翌日、奉行所に出頭。死罪を免れぬ親殺しの罪を問われるが、南町奉行筒井和泉守の裁きによって、無罪放免となる。この一件により、公儀御用達指物師となり、「名人長二」と謳われる。（原健太郎）

提灯屋《ちょうちんや》（「提灯屋」）

新規開業。「どんな紋でも描かせていただきます。紋が描けないときは提灯を無料で進呈いたします」というチラシを町内に配布したため、暇な若い連中が次から次へと、怪しげな注文をしにやってきては提灯をただで持ち帰り、大損をしてしまう。あげく若い衆の穴埋めをしようと、提灯を求めに来た隠居の「丸にかしわ」というごく当たり前の紋の注文に困惑してしまう。（小佐田定雄）

提灯屋（「寝床《ねどこ》」）

長屋の住人。大家でもあるお店《たな》の主人から、毎度へたくそな素人義太夫の会に招かれ、うんざりしている。「得意先に開業式があり、今晩中に祭り提灯を三百五十ばかり仕上げなければならない」と、いったんは断るが、「義太夫を聞かない者は店立《たなだ》て」の一言に、あわててお店に駆けつける。（原健太郎）

丁《ちょう》の目《め》の半次《はんじ》（「らくだ」）

遊び人。ふぐに当たって死んだ弟分、「らくだの馬」の第一発見者。酒と乱暴ではらくだ以上と評判だが、相手が高圧的に出ると、意外に意気地がない。弟分のために葬式を出そうと、通りかかった屑屋の久六を引き込んで脅し、長屋の月番のところに香典の催促にいかせる。つづいて、通夜の酒と肴を断ってきた大家の家に乗り込み、久六と二人で、らくだの死骸に「かんかんのう」を踊らせる。せしめた酒と肴で通夜の真似事をしていると、酒乱に転じた久六に逆に凄まれ、たじたじとなる。らくだの死骸を、八百屋から手に入れた菜漬けの樽に入れ、久六と差担いで落合の火屋《ひや》（火葬場）に運ぶ途中、小滝橋あたりで落とし、酔って寝ていた願人坊主を代わりに樽に入れてしまう。上方落語では、脳天の熊や弥猛《やたけた》の熊五郎の名で登場する。（原健太郎）

帳場《ちょうば》（「煙草《たばこ》の火《ひ》」）

大坂キタの茶屋、綿富の帳場を預かる奉公人。突然訪れた正体不明の客（実は和泉の大金持ち飯佐太郎《めしのさたろう》）のために一両、二両、十両、二十両、三十両と立て替えるが、金額が五十両になったので断ってしまう。（小佐田定雄）

帳場（「冬《ふゆ》の遊《あそ》び」）

大坂新町吉田屋の奉公人。真夏に冬の服装で遊ぼうという堂島の米相場師の趣向を知らず、夏姿のまま座敷に飛び込んでしくじった幇間《たいこ》の一八《いっぱち》のために、機嫌を取り結ぶアイデアを伝授する。（小佐田定雄）

帳場（「向《む》こう付《づ》け」）

十一屋のご隠居の葬儀で、斎場の受付を頼まれたものの全くの無筆。「もう一人、しっかりした人が行く」というご寮人《りょん》さんの言葉を信じて待っていたところ、やって来たのは無筆の上にごく頼りない男。この場をしのぐため、弔問客が自分で記帳するという画期的な工夫をひねり出す。現在の帳場で、弔問客が記帳する習慣を発明したのは、この男かも……。（小佐田定雄）

長兵衛《ちょうべえ》（「髪結新三《かみゆいしんざ》」「白子屋政談《しろこやせいだん》」）

深川富吉町の長屋の家主。六十二、三歳。一見、あたりは柔らかいが、実は強欲な狸おやじ。店子《たなこ》の新三に「かどわかした白子屋の娘お熊を家に返さねば店立《たなだ》てだ」と町役人《ちょうやくにん》の権限で迫り、承諾させる。その際、新三が買った初鰹の半身と白子屋からの示談金三十両の半分も取り上げ、さらに残り十五両の中からたまった家賃もさっ引いてしまう。（布目英一）

長兵衛（「駒長《こまちょう》」）

長屋の住人。職業不詳。借金で首が回らない。元女郎の女房お駒を説き伏せ、借金のある上方者の丈八相手に美人局《つつもたせ》を仕掛ける。お駒が丈八へ書いた恋文が発覚したことにして、丈八が来る時に偽の夫婦げんかをする。慌てる丈八に二、三発食らわせ、「こんな女は手前にくれてやる」とわざと家を飛び出す。その後本当にお駒を丈八に口説かせ、でれでれになった頃に踏み込み、「不義の現場、押さえた！」と出刃包丁で脅して五十両をふんだくり、裸にむいて叩き出すという手の込んだもの。序幕の首尾は上々、尻をまくって威勢よく家を飛び出たまではよかったが、親分宅で酒を飲みつつ時間をつぶすうち、ぐっすりと寝込んでしまう。翌朝、慌てて家に駆け込むが、二人は姿をくらましていた。丈八に口説かれ、お駒が心変わりをしたと知り、「あのアマ、どうするか見てやがれ！」と出刃を持って飛びだすと、鴉《からす》が「アホウ、アホウ」。（長井好弘）

長兵衛（「双蝶々《ふたつちょうちょう》」「小雀長吉《こすずめちょうきち》」）

担ぎ商いの八百屋。湯島大根畑の長屋に女房おみつと息子の長吉と住んでいた。仕事熱心で普段はおとなしいが、酒乱。長吉の性根の悪さを知り、早めに奉公に出す。長吉が十八の年に奉公先で盗みを働き、番頭と小僧を殺害して逃亡したため、お尋ね者の両親がそのまま居続けるわけにもいかず、住まいを転々とする。本所の番場の裏長屋に越してきた時には腰が抜けて寝たきりとなる。逐電先の奥州から戻ってきた長吉と再会し、初めて腹を割った話をするが、これが今生の別れとなる。（布目英一）

長兵衛（「文七元結《ぶんしちもっとい》」）

左官屋。本所達磨横町の長屋住まい。腕はいいが博打に凝って仕事をせず、借金が五十両にもなり女房に当たってばかりいる。金をこしらえようと細川家の下屋敷の中《ちゅう》間《げん》部屋で博打を打ったが、あり金をすべて取られて部屋の法被《はっぴ》一枚で帰ってくる。「昨夜《ゆうべ》から娘のお久の姿が見えない」と女房に泣かれてもめているところに吉原の佐野槌から使いがくる。お久は親を思う気持ちから佐野槌に身を売ったとわかり、女将から「博打をやめるように」と説教をされて来年の大晦日までに返せばお久は見世に出さないという約束で五十両を貸してもらった。しかし吾妻橋から身を投げようとしている鼈甲《べっこう》問屋の手代文七にその金を与えてしまう。博打ですったと思っている女房と夜通し喧嘩をしていると、文七が主人近江屋卯兵衛に連れられて現れ、「五十両を集金先に忘れてきた」とわび、金を返されるが、「やった物を懐に戻したら江戸っ子の名折れになる」と固く辞退する。再三の卯兵衛の説得と女房の抵抗に折れて金を受け取り、これが縁で文七の親代わりとなり、卯兵衛とも親戚付き合いをさせてもらう。お久も卯兵衛に身請けされて戻って来たので親子三人で泣いて喜ぶ。江戸っ子の理想である義侠心に富んだ人物として描かれている。大阪人が主人公では成り立たないと思われる。（布目英一）

長兵衛（「名人競《めいじんくらべ》」）
芸者屋の主。元は魚売り。深川の芸者小美代の父親。荻江節の名人二代目荻江露友とは旧いつきあい。贔屓にしている露友の弟子伊三郎と小美代が深い仲になったことを、ひそかにうれしく思っているが、露友の娘お又が伊三郎恋しさに病気になったと知り、小美代を嫁に出すことを決意する。（原健太郎）

長松《ちょうまつ》（「おせつ徳三郎《とくさぶろう》」「花見小僧《はなみこぞう》」「刀屋《かたなや》」）
日本橋横山町の大店《おおだな》の小僧。口達者。お店《たな》の一人娘おせつが手代の徳三郎と花見に行った際、乳母《ばあや》と二人でお供をする。このときの様子を、旦那から聞かれるが、口止めされているので話をはぐらかす。だが、飴と鞭の攻撃「藪入りを一日増やし、小遣いもやる」「若耄碌《わかもうろく》には、灸をすえるのが一番」を受け、あえなく完落ち。両国を出て柳橋の伊豆屋から船に乗り、向島三囲《むこうじまみめぐり》の土手に上がり、茶屋で料理をいただいた……と、委細もらさず話しだす。「長命寺に桜餅を買いに行かされ戻ってみると、お嬢さんと徳どんは離れ座敷で二人っきり。障子に穴を空けてのぞいてみますと」「誰がいた？」「屏風が立ってて、誰がいるのかわかりません」「ううん、とんでもない娘だ。もういい！」「では、藪入り二日にお小遣いのほう、よろしくどうぞ」「知るもんか、そんなこと」。定吉の名で登場することもある。（原健太郎）

町役人《ちょうやくにん》（「粗忽長屋《そこつながや》」）
町内の世話役。浅草観音近くで発見された行き倒れの、引き取り手を探している。「自分の友達だ」と言う者が現れたので安堵したが、その男が行き倒れの「当人」を呼んできたため、面倒なことになる。（原健太郎）

千代田卜斎《ちよだぼくさい》（「井戸《いど》の茶碗《ちゃわん》」）
浪人。清廉潔白のあまり、うとんじられて藩を追われ、裏長屋に娘と住む。昼は近所の子供に素読の指南、夜は売卜《ばいぼく》つまり占いで生計をたてているが、暮らし向きはよくない。先祖伝来の仏像を屑屋に売るが、中から五十両が出たため、仏像を買った高木作左衛門から金を戻される。しかし一度手放した物は自分の物ではないと断固として受け取りを拒否。家主が間に入り、手元にある茶碗を高木に売ったことにして二十両だけ受け取る。ところがこの茶碗が青井戸という名器と判明。細川公が三百両で買い上げ、前例にならって高木から半金百五十両が届けられる。こうしたやりとりの中で高木の人柄を好み、娘を嫁がせる。（布目英一）

珍念《ちんねん》（「転失気《てんしき》」）
寺方の小僧。知ったかぶりの和尚に命じられ、「転失気」なるものを求めて町中を歩き回る。その正体が放屁だと知って、知らずに探させた和尚をやりこめようと、「盃でした」と大嘘をつく。（原健太郎）

珍念（「ぬの字鼠《じねずみ》」）
寺の小坊主。実は和尚の子供で、母親は上町に別居しているのだが、檀家に知れては女犯の罪で寺を追い出されてしまうので、世間には内緒にしている。ところがその秘密をしゃべってしまったので、腹を立てた和尚に本堂の柱に縛りつけられるが、床に落ちた自分の涙を足先を筆にして「ぬ」と書くと、一匹の鼠に変身し、抜け出して縄を食い切ってくれる。（小佐田定雄）

〈つ〉

通行人《つうこうにん》（「かぼちゃ屋《や》」）
町内の男。裏通りで、突然、「かぼちゃ！」とどなられ、びっくりする。相手が開業したばかりのかぼちゃ屋だとわかると、親切に売り声を教えてやる。「いいか、調子を張り上げて……唐茄子屋でござーい！」。すると、「そのとおりでござーい！」。（原健太郎）

通行人（「孝行糖《こうこうとう》」）
長屋の住人。親孝行の褒美でもらった青緡《あおざし》五貫文《かんもん》を元手に、孝行糖を売っている与太郎を、水戸藩邸の門番が六尺棒で打ちすえているところに通りかかり、「こいつはからばかだが、親孝行な者です」と救い出す。（原健太郎）

通行人（「唐茄子屋政談《とうなすやせいだん》」「唐茄子屋」）
親切な江戸っ子。若いころ、道楽が過ぎて友達と八王子に逃げたことがある。雷門の辺りで転び、唐茄子の荷をぶちまけてしまった徳三郎が若いころの自分と同じ境遇であることを知り、売り子を買って出て、知り合いばかりか、通りがかりの人にまで唐茄子を売る。買うのを拒む友達には口喧嘩までして買わせる。（布目英一）

通人《つうじん》（「五人廻《ごにんまわ》し」）
遊里の客。キザな若旦那風。まったく姿を見せぬ女郎喜瀬川にいらだっている。「玉《ぎょく》を返せというのは野暮の極みでゲス」といいつつ、ねちねちと嫌みを並べたてた揚げ句、「君の体を花魁《おいらん》の名代として拙《せつ》に貸し給え」と妓牛太郎《ぎゆうたろう》を脅す。（長井好弘）

使《つか》**いの男**《おとこ》（「金明竹《きんめいちく》」）
中橋広小路の古道具商、加賀屋佐吉に出入りする。道具屋の店番松公に、仲買の弥市が取り次いでいる道具七品《ななしな》の当《あ》て所《ど》について、早口の上方弁で報告する（→付録「口上・言い立て」）。名古屋弁の三遊亭円丈を筆頭に、東北弁の柳家小袁治、津軽弁の立川談笑、博多弁の林家きく麿らが、得意な方言で口上を演じている。（原健太郎）

塚原出雲《つかはらいづも》（「鹿政談《しかせいだん》」）
奈良の鹿の守役《もりやく》。誤って鹿を殺してしまった豆腐屋六兵衛に情けをかけようとした奉行の名裁きに横槍を入れたため、叱責を受けるはめになる。融通の効かない、場の空気が読めない典型的な官僚。（小佐田定雄）

月《つき》（「笑《わら》い茸《だけ》」）
天国の住人。星たちとともに、不景気に悩まされている。下界の仏頂《ぶっちょう》という男の笑いが止まらないために、「笑う門には福来る」の言葉通り、金《かね》という金が残らず仏頂の家に集まっていると知り、こちらも負けじと、金に聞こえるように大声で笑い立てるが……。（原健太郎）

搗米屋《つきごめや》（「搗屋幸兵衛《つきやこうべえ》」）
麻布古川周辺で商売をしたいと考えている男。お人好し。長屋を借りたいと家主幸兵衛に申し出るが、思い出話を始めて本題に入ってもらえず、じりじりする。しかし女房を二人亡くしたという内容にひかれて、いつしか話に聞き入ってしまう。「搗米屋が米を搗《つ》く振動で位牌が動いたのを仏が恨んでいると思い込んで後妻は死んだのだから、搗米屋は女房のかたきだ」と突然幸兵衛にすごまれ、あわてて逃げ出す。（布目英一）

搗米屋《つきごめや》六《ろく》右《え》衛門《もん》（「幾代餅《いくよもち》」）
日本橋馬喰町に店を構える。親分肌の性格。吉原で全盛の幾代太夫に恋わずらいをした奉公人の清蔵に「一年間みっちり働いて稼げば、その金で会わせてやる」と話し、指南役として腕は悪いが女郎買いは名人という医者を紹介した上に着物一式を与えて約束を果たした。清蔵が幾代太夫と所帯を持つこととなったので独立させて、両国で餅屋を始めさせる。（布目英一）

付《つ》き添《そ》い（「矢橋船《やばせぶね》」）
船客。琵琶湖の矢橋から大津に向かう船に戸板に乗せた病人を連れて乗り込むが、病人の尿瓶《しびん》をしっかり管理していなかったため、船中で大騒動が起こる。（小佐田定雄）

月番《つきばん》（「長屋《ながや》の花見《はなみ》」「貧乏花見《びんぼうはなみ》」）
長屋の住人。大家の声がかりで貧乏花見の幹事をつとめる。来月の月番と毛氈《もうせん》の代わりにござを担いで上野のお山に行き、酒の代わりの薄めた番茶を飲まされ、率先して酔っぱらったふりをする。（布目英一）

月番（「二《に》番煎《ばんせん》じ」）
商家の旦那。火の番廻りを二組に分けた一の組のまとめ役。番小屋に酒を持ち込んだ謡指南の黒川先生をとがめるが、実は自分も酒を持参している。土瓶から出る煎じ薬であれば番小屋でも飲むことができると、猪鍋で酒宴を開く。見廻りの役人に見つかると、うまく酒肴を供し、同罪にしてしまう。（布目英一）

月番（「らくだ」）
長屋の住人。たまたま月番だったため、河豚《ふぐ》に当たって死んだ嫌われ者、「らくだ」の香典の催促にきた屑屋の久六に、「赤飯を炊いたつもりになって出させる」と約束し、長屋を回る。（原健太郎）

辻斬り《つじぎ》（「胴斬り《どうぎ》」）
正体不明の侍。刀の試し斬りをするべく夜の町を徘徊、湯上がりの男を横一文字に斬って逃走する。上下に二分された被害者の胴体と足が出血もなく、斬られた後もちゃんと生きて動いているのは、刀がいいのか、まれにみる凄腕なのか？（長井好弘）

筒井和泉守《つついいずみのかみ》（「名人長二《めいじんちょうじ》」「指物師名人長二《さしものしめいじんちょうじ》」）

江戸末期に実在した旗本、行政官。目付、長崎奉行、江戸南町奉行をへて大目付となる。名は政憲《まさのり》（安永六［一七七七］年～安政六［一八五九］年）。

　指物師長二の親殺しの裁きで、長二の善良と非凡を知り、狂人に仕立てて減刑を図るが、長二は誘導にのってこない。長二が殺《あや》めたお柳幸兵衛の前身を調べ、この二人が不義密通のあげく、主人亀甲屋半右衛門を殺害したと暴く。お柳が身ごもった子、すなわち長二は、半右衛門との間の子であり、幸兵衛殺しが、実父の仇討であると見なし、夫を裏切ったお柳は妻たる道を失っているゆえ、母親とはいえず、母殺しの罪にもあたらぬと、長二に無罪放免の判決を下す。（原健太郎）

常《つね》（「冬《ふゆ》の遊《あそ》び」）
大坂堂島の米相場師。太夫の道中の当日、仲間たちと新町の吉田屋に乗り込み、「堂島に挨拶がなかった」と因縁をつける。（小佐田定雄）

恒川半三郎《つねかわはんざぶろう》（「安中草三《あんなかそうざ》」「安中草三郎《あんなかそうざぶろう》」「後開榛名梅香《おくれざきはるなのうめがか》」）
土屋家の家臣。柳生流免許皆伝の腕前。いやがらせに耐え兼ねて重役久保田伝之進を殺害し、切腹しようとしたところを、家来の草三郎が身代わりとなって入牢したので浪人となり、上州水沢へと移り住んだ。駕籠の中で前後から刀で突かれるという危難にあったが、妻に渡された魔除けの鏡のおかげで助かった上に、相手を曲斬りにしてしまう。（布目英一）

常吉（「お文《ふみ》さん」）
大阪船場の酒屋萬両の丁稚《でっち》。若旦那作次郎が愛人のお文とその子供を、素性を隠して店に入れた秘密を知っている。女子衆のお松に怪しまれ、問いつめられて本妻の前で秘密をすべて白状してしまう。（小佐田定雄）

常吉（「鴻池《こうのいけ》の犬《いぬ》」）

大坂船場南本町の池田屋の丁稚《でっち》。店の前に捨てられた三匹の仔犬を育てることにする。そのうちの一匹が後に大出世することになる。（小佐田定雄）

常吉（「後《ご》家殺《けごろ》し」）

義太夫好きな職人。伊勢屋の後家芳と三年越しのいい仲なのは、女房も公認だという。一日交替で本宅と伊勢屋を行き来する羨ましい日々を送っていたが、やっかみ半分の友達に「後家さんが他の男とできている」と吹き込まれ、疑心暗鬼になって後家を殺す。お白州へ引き出され、打ち首と決まった後、いまわの際に得意の義太夫で「後に残りし女房子が〜」とうなり、「後家殺しッ」と奉行に褒められる。（長井好弘）

常吉（「派手《はで》彦《ひこ》」）

乗物町の酒商松浦屋の小僧。こまっしゃくれた性格。踊りの師匠坂東お彦に恋患いをした番頭がお彦の身なりについて「小紋縮緬の一つ紋の着物に、黒繻子《くろじゅす》の帯を矢の字に締めて」と説明したのを旦那に「番頭さんが小紋縮緬の着物を着て、黒繻子の帯を締めたいと言っている」と伝えたりする。当事者には迷惑だろうが、こういう小僧がいると面白い。（布目英一）

恒太郎《つねたろう》（「名人長二《めいじんちょうじ》」「指物師《さしものし》名人長二《めいじんちょうじ》」）

指物師清兵衛の婿養子。弟子の長二が罪に問われた、お柳幸兵衛殺しの裁きでは、長二が幼少のころから親孝行で、貧乏人に施すくらいだから、金銭欲しさの悪心からではない、と証言する。（原健太郎）

妻《つま》（「未練《みれん》の夫婦《ふうふ》」）

買い物好きな女性。デパートから戻ると、すでに帰宅していた夫が腹をたてている。「あなたの靴下を買ってきた」と答えてなだめたものの、靴下とは比べられないほど高額の腰巻を買ったことを知られて再び怒られ、「出ていけ」と言われてしまう。しぶしぶそれに従い、化粧をして身なりをととのえて家を出ようとしたら、「離縁をされた者が玄関から出るとは何だ」ととがめられたので、裏口へまわろうとすると、「裏からこそこそ出られたら困る」とまた文句を言われる。「それでは出て行くところがないじゃないの」と訴えると、「だったら、家にいたらいい」。（布目英一）

釣鐘《つりがね》の弥左衛門《やざえもん》（「芝居《しばい》の喧嘩《けんか》」）

江戸時代前期の町奴。生没年不詳。木挽町山村座でのいさかいがもととなって旗本奴白柄組と町奴との大喧嘩が起きた際、喧嘩に加わった。子分の半鐘の八兵衛、その子分の風鈴の源兵衛、そのまた子分の仏壇の鈴《りん》も行動を共にしたという。（布目英一）

鶴吉《つるきち》（「ざこ八《はち》」「先《せん》の仏《ほとけ》」）

眼鏡屋の二男坊。近所でも評判のいい男。二十二歳の時、町一番の雑穀商ざこ八の一人娘お絹の婿に望まれるが、「養子に行くなんて意気地のない話」と仲間に言われ、婚礼当日に姿を消す。十年後、江戸に戻り、自分の代わりに婿に入った道楽者のためにざこ八がつぶれたのを知る。病にふせっていたお絹を引き取り、身を粉にして働いてざこ八を再建する。病が癒えたお絹との間に子宝も授かるが、お絹が「先の仏」を気にするため、時に夫婦喧嘩もする。（長井好弘）

鶴本勝太郎《つるもとかつたろう》（「磯《いそ》の鮑《あわび》」）

楽隠居。蔵前八幡に住む。突然、隣町の若い衆与太郎が「女郎買いの師匠はいますか？」と尋ねてきて仰天する。「貴殿を女郎買いの先生と偽り遣わし候間、宜しき様に御なぶり願いたく」と書かれた手紙を持っているので、「ははあ、町内の仲間に担がれたな」と事情は知れたが、与太郎が引き下がらないので、根負けして若い頃の体験を交えながら女郎買いのコツを伝授する。これを真に受けた与太郎がその日吉原でどんな騒動を起こすかなど、知る由もない。

鶴本勝太郎は四代目古今亭志ん生の本名。初代柳家小せんが遊び仲間だった志ん生の名を拝借して演じ出した。演者によって「梅村」あるいは「梅村久兵衛」で演じられることもある。（長井好弘）

〈て〉

定安《ていあん》（「小烏丸《こがらすまる》」）

鍼医《はりい》。出入り先の神田仲町の質屋、伊勢屋源兵衛の後添えお梶と密通している。娘おてるにまで手を伸ばすが、「一緒に逃げて……」と巧みに誘い出され、おてると駆け付けた鳶頭《かしら》勝五郎に殺される。（太田博）

亭主《ていしゅ》（「今戸《いまど》焼《やき》」）

長屋の住人。働き者でまじめ。頭が大きく、福耳で、今戸焼の福助に似ている。女房が芝居見物にうつつを抜かしているのを七輪をあおぎながらぼやく。やがて帰ってきた女房が芝居の話ばかりするので閉口していると、「お前さんは福助に似ている」と言われて喜ぶが、「今戸焼の福助」と知り、がっかりする。（布目英一）

亭主（「鰻谷《うなぎだに》」）

元禄のころ、大坂島之内の鰻谷（当時は長堀南通）にあった川魚料理屋菱又《ひしまた》の亭主。魚がある時には店を休み、時化の時に限って開店するという偏屈者。五日五夜の大時化で魚が一匹もなかった時、食べると命を落とすと言われていたヌルマ（鰻）料理を試みる。薩摩の蔵屋敷の侍といさかいを起こした侠客浪花五人男のリーダー雁金文七がやってきて、手打ちをすることになり、女房お谷の機転でヌルマを焼いて出し、喜ばれる。（小佐田定雄）

亭主（「おごろもち盗人《ぬすっと》」「もぐら泥《どろ》」）

商人。節季の前夜、遅くまで帳合いをしていたところ、土間に穴を掘り、猿戸を外して侵入しようとしている盗人の腕を発見。女房と協力して縛り上げる。（小佐田定雄）

亭主（「お直《なお》し」）

吉原の若い衆。廓では御法度の色恋沙汰の末に、古手の花魁《おいらん》と所帯を持ったが、女房の働きに頼って仕事に出ず、岡場所と博打場通いに明け暮れる。たちまち金に困り、女房を最下級の女郎「蹴転《けころ》」に仕立てて羅生門河岸で商売を始めるが、客といちゃつく女房を見て、むらむらと嫉妬心がわき上がる。追加料金を催促するお決まりの台詞「直してもらいなよ」を連発し、二人の邪魔をしようとするので夫婦げんかになるが、互いに本音をぶつけ合う内に、忘れかけていた夫婦の情愛を思い出し、商売をやめる決心をする。（長井好弘）

亭主（「蚊《か》いくさ」）
八百屋の主人。剣術にうつつをぬかし、商売を顧みずに町道場へ入り浸る。金に困って蚊帳まで売り飛ばしたので、蚊の襲来で寝ることもできない。女房に離縁を迫られ一念発起、武将気取りで蚊と合戦をすることに。紙屑籠を兜《かぶと》代わりに、形通りの名乗りを上げ、蚊燻《かいぶ》しの狼煙《のろし》をあげる本寸法。一時は蚊の本隊を撃退するが、しつこい逆襲に音を上げ、ついにわが居城は陥落。北の方（女房）に見放されるのは時間の問題だ。（長井好弘）

亭主（「紙屑屋《かみくずや》」「浮《う》かれ屑撰《くずよ》り」）
職人。出入り先の大店《おおだな》を勘当された若旦那を、女房に気兼ねしながら居候させている。奉公に精を出していることが旦那の耳に入れば、勘当がゆるされるだろうと、紙屑屋で働かせることにするが……。鳶頭《かしら》や大工の棟梁として登場することもある。（原健太郎）

亭主（「堪忍袋《かんにんぶくろ》」）
長屋の住人。夫婦喧嘩の仲裁に入った旦那に鬱憤を瓶に怒鳴り込んで気を静めた中国の故事にあやかって堪忍袋と称する袋に不平不満を怒鳴り込むようにとすすめられる。女房に袋を作らせ、教えられた通りにして夫婦円満となる。これを知った人々が袋に鬱憤を吐き出しに来るようになったので、袋はパンパンになってしまう。「どこに捨てたらよいか、明日、旦那に聞こう」と女房に話しているところに、知人の虎がやってきて堪忍袋を出すようにとせがまれる。（布目英一）

亭主（「碁《ご》どろ」）
大きな屋敷の主人。碁好き。夢中になると、煙草で畳を焦がしていることもわからず、女房から、碁を打つ部屋では煙草は吸わぬよう言い渡される。火種のかわりに烏《からす》瓜《うり》（紅生姜で演じる者もいる）を灰の中に埋《い》け込んだ煙草盆を出されても気づかず、上がりこんだ泥棒が局面に口をはさんできても、「誰だい？」「泥棒です」「ふうん……よくおいでだねえっ」。（原健太郎）

亭主（「三年目《さんねんめ》」）
商家の若旦那。最愛の女房がふとした風邪が元で床につき、必死の看病をするが、病は悪くなるばかり。いまわの際に「私が死んだ後、あなたが後添いをもらうのが心残り」と訴えられ、「おまえに万が一のことがあっても、再婚しない。もし、あたしが後添いをもらうようなことがあったら、婚礼の晩に化けて出ておいで」と約束をする。女房の死後、周囲のすすめで嫌々後添いをもらうが、いくら待っても先妻の幽霊が出て来ない。次第に先妻のことを忘れ、新妻を大事にする。子供もできた三年目の命日の夜、緑の黒髪をおどろに乱して現れた先妻の幽霊に「あなたは不実だ」と恨みを言われる。あまりのことに怖さを忘れ「約束が違う。待っていたのに、なぜ婚礼の晩に出て来ない」と抗議すると、「私が死んだとき、髪を下ろしたでしょう。坊さんで出たら嫌われると思って、髪が伸びるまで待っていました」。（長井好弘）

亭主（「品川《しながわ》の豆《まめ》」）

女好きの男。品川からの帰りに遊廓で遊ばぬよう、女房にイチモツへ「左馬」の文字を書かれたが、かまわず登楼する。帰り際、女郎が「左馬」を書き直してくれたが、前のものよりずっと大きい。女房に問いただされ、思わず「品川で（馬に）豆を食わせた」。（長井好弘）

亭主（「尻餅《しりもち》」）

長屋の住人。大晦日が近づいても餅を買うことができない。近所に見栄を張るために女房に尻をまくらせて平手でたたいて音をさせ、いかにも餅屋を呼び込んで餅つきをしているようなふりをする。（布目英一）

亭主（「粗忽《そこつ》の釘《くぎ》」「宿替《やどが》え」）

大工。そそっかしい上に物忘れも激しい。タンスを背負って昼前に引っ越し先に向かったが、到着したのは夕方だった。女房にほうきを掛ける釘を打つように言われ、八寸もある瓦釘を壁に打ち込み、隣家まで突き通してしまう。まちがえて向かいの家に行き、「藪から棒ですね」と言われて「いや、壁から釘です」と答える。釘の出先を確かめ直し、隣家にわびに行くが落ち着こうとして煙草を吸ううちに用件を忘れたので、出直して女房とのなれそめを話して帰る。また出直して調べると釘は阿弥陀様の首（股倉の場合も）から出ていた。大あわてな隣人を尻目に「明日からここまでほうきを掛けに来なければ……」と嘆く。（布目英一）

亭主（「茶代《ちゃだい》」）

浅草の茶店の主人。夕立にあい、供の者に傘を宿まで取りに行かせた上方者が雨宿りで立ち寄ったが、雨が上がったので「八助が戻ったら茶代を払って観音様に来いと伝えてくれ」と言づかる。前に来た時は六助と言っていたことを思い出し、「六助と言ったら茶代を六文、八助と言ったら八文払えということだな」と感づく。戻ってきたお供に「旦那様は先に観音様に行かれたが、百助に茶代を頂くようにとおっしゃっていた」。（布目英一）

亭主（「茶漬間男《ちゃづけまおとこ》」）

夕食の茶漬けを食べていると、女房が突然風呂屋へ出かけてしまい、その留守に仲間の辰がよその嫁さんとよろしくやるために二階の部屋を借りに来る。辰が用を済ませて女と帰って行くと、入れ替わりに女房が帰宅する。とてもあわただしい夕食であった。辰の連れてきたその嫁さんが、自分の女房とはつゆ知らない。（小佐田定雄）

亭主（「風呂敷《ふろしき》」）

やきもち焼き。仲間の寄り合いで横浜まで出かけた用事が早く済んだので、酔っぱらって家に戻る。押し入れの中に男が隠れているのを知らずに、その前であぐらをかく。留守中に若い男を家に入れたと思われたくない女房がしたことだったが、このままでは出られないので、事態の収拾を頼まれた兄貴分に頭から風呂敷をかぶせられる。「今、よその家で、男が押し入れに入っているのを知らないやきもち焼きの亭主がその前に座ったため、こうやって風呂敷をかぶせた間に押し入れを開けて男を逃がしてきた」と言われ、自分がごまかされているとは気づかずにいた。（布目英一）

亭主（「もう半分《はんぶん》」）

千住大橋（永代橋の演出も）のたもとの小さな居酒屋の主人。貧乏暮らしに慣れすぎて、這い上がろうという気も失せかけていたが、いつも「もう半分」と半合ずつ酒を注文する棒手振《ぼてふ》りの老人客が、五十両を置き忘れたことから人生が大きく変わる。女房にそそのかされ、戻ってきた老人に「金などなかった」と嘘を吐き通し、猫ばばした金で念願の「奉公人のいる大きな店」を持つが、恨みを抱いて死んだ老人のことが忘れられない。女房が老人そっくりの赤ん坊を産んで死に、その赤ん坊は夜中に立ち上がり、行灯《あんどん》の油をなめる。この先、罪滅ぼしのために赤ん坊を育てるのか、あるいは赤ん坊にたたり殺されるのだろうか。（長井好弘）

妾《てかけ》（「風《かぜ》の神送《かみおく》り」）
囲い者。町内で評判の美人。元はキタの立峰から出ていた売れっ子芸者。風邪が流行った時、町内で風の神送りの人形を作るための寄付金を一分張り込んだため、評判がいっそう高まる。（小佐田定雄）

妾（「欲《よく》の熊鷹《くまたか》」）
お囲い者。家の前で男が二人、拾った五千円札をどのように分けるか相談していたので、両替してあげようと持ちかける。ちゃんと自分の手数料を取ることを忘れないあたり、かなりしっかりしている。（小佐田定雄）

滴堂《てきどう》（「代書《だいしょ》」）
謎の老人。中濱代書事務所を訪れ、看板の中濱の文字の棚卸をして帰って行く。あとで、今は病気で筆は持っていないが、以前は有名な書家で、文字が額や軸になって華族の屋敷に飾られていたことがわかる。（小佐田定雄）

手古鶴《てこづる》（「電話《でんわ》の遊《あそ》び」「電話室《でんわしつ》」「電話の散財《さんざい》」）
美声の芸者。大のご贔屓である村田の大旦那の頼みで、電話越しの宴会で芸を披露することに。電話がしばしば混線し、「話し中！」の声が行きかう中、大旦那が好きな「春雨」を歌わされる。（長井好弘）

手古鶴（「坊主《ぼうず》茶屋《ぢゃや》」）
場末の遊郭の女郎。病気のため、髪の毛と眉毛が抜け落ちており、髪の毛は付け毛でごまかし、眉毛は墨で描いている。その上、梅毒で鼻が落ちたため、付け鼻までしているという、落語国では最下級の遊女。（小佐田定雄）

鉄《てつ》（「不動坊火焔《ふどうぼうかえん》」「不動坊」）
鍛冶屋。真っ黒で裏表がはっきりしない顔をしている。急逝した講釈師不動坊火焔の女房お滝に気がある。大家がお滝と吉兵衛を一緒にしてしまったことと、吉兵衛が自分たちの悪口を言っていることを知って、振られ仲間の徳さん、万さんと不動坊の幽霊騒ぎを起こして二人の仲を割こうとたくらんだ。万年前座の噺家に幽霊役をさせるのだが……。（布目英一）

鉄拐《てつかい》（「鉄拐」）

中国八仙人の一人。貿易商上海屋の創業記念祝賀会の余興で自分の腹からもう一人の鉄拐を出すという仙術を行い、話題となる。数多くの出演依頼が舞い込み、金を貯め、贅沢を覚えて増長したため、張果老仙人に人気を奪われる。張果老が瓢箪から馬を出すという仙術で売れているのをねたみ、邪魔をする。起死回生の策として、馬にもう一人の自分を乗せて腹から出すという仙術を行うと宣言するが、失敗する。替わりに客を吸い込んで腹の中を見物させる。しかし客の中に酒癖の悪い李白と陶淵明がいて腹の中で喧嘩を始めたため中止。鉄拐もお払い箱となる。もはや仙境に戻ることもできず、路傍に臥《ふ》しながらも栄華の夢さめやらず、煩悩にさいなまれる日々を送っているという。（布目英一）

手《て》づくしの男《おとこ》（「住吉駕籠《すみよしかご》」「蜘蛛《くも》駕籠」）

住吉街道で客待ちをしている駕籠屋に「板屋橋までなんぼで行く?」と質問。「御手」と符牒で答えた駕籠屋に「鬼手」、「鳥手」、「熊手」などと意味不明の符牒で応対。ついでに「お城に大手、奉行所に捕り手、お茶屋にやり手」と手尽くしを始めるので、調子を合わせた駕籠屋が「旦さん乗って」と言うと「そらもうおいて」と言って立ち去ってしまう。（小佐田定雄）

手づくしの嬶《かか》（「住吉駕籠《すみよしかご》」「蜘蛛《くも》駕籠」）

手づくしの男の後で、駕籠屋に声をかけ、「闇」と符牒で答えた駕籠屋に「月夜で行って」と交渉する。意味を聞かれて「月夜に釜を抜かれたと思って無料で行きなさい」と答えたら、怒った駕籠屋に追い払われた。似た者夫婦の典型。（小佐田定雄）

鉄三郎《てつさぶろう》（「片棒《かたぼう》」）

赤螺屋《あかにしや》吝兵衛《けちべえ》の三男。兄弟の中で、父親の思想信条をもっとも正統に受け継いでいる。自分の葬式はどのようにおこなうつもりかと、吝兵衛に問われ、通夜は一晩、翌日弔いを出す、と答える。午後一時に出棺と触れ回っておいて、実際にはそれより早く十二時に出棺し、会葬者へのお茶やお菓子を節約。棺桶は物置にある沢庵の樽を代用。荒縄を十文字にかけて、天秤棒を通して差荷《さしに》ない。人夫を頼むと金がかかるので、「天秤の一方は自分が担ぐが、問題は、もう一方を誰に担がせるかだ」と語り、「おれが担ぐ」と、父に言わしめる。梅三郎の名で登場する場合もある。（原健太郎）

丁稚《でっち》（「眼鏡屋盗人《めがねやぬすっと》」）

眼鏡屋のただ一人の奉公人。主人夫婦と三人で暮らしている。主人夫婦が留守で一人店先で手習いをしながら留守番をしていたが、表で盗人たちが節穴から中の様子を探ろうとしている声を耳にし、節穴に拡大鏡を当てると墨で自分の顔にひげを描き、猫を捕まえて立つ。新米がそれを見て「化物屋敷や！　ひげ面の大入道が虎擱んで立ってまっせ」と報告する。次に顔のひげを拭きとって、節穴に将門眼鏡という一つのものが七つに見える眼鏡を当てて、机の前に座って手習いを始める。覗いた願鉄は「丁稚《でっち》が七人、そばに一匹ずつ猫を置いて手習いしてまっせ」と答える。最後に頭《かしら》が覗くので、今度は望遠鏡をさかさまに肩にかつぎ、節穴に押し当てる。（小佐田定雄）

鉄砲鍛冶《てっぽうかじ》（「小言幸兵衛《こごとこうべえ》」）

麻布古川の家主田中幸兵衛の長屋を借りたがっている乱暴者。三十五、六歳。家族は当人の他、母親と女房、息子。これを「俺に道陸神《どうろくじん》に山の神に河童野郎だ」と威勢よくポンポン言う。花火師とする演出もある。（布目英一）

鉄砲勇助《てっぽうゆうすけ》（「鉄砲勇助」）

嘘つきのチャンピオン。大阪を南へ二十里ほど行った所にあるという花の頓狂島（通称「嘘つき村」）に住む。大阪の嘘つき自慢が勝負にやってきたが、勇助の息子が「おとうちゃんは富士山がこけそうやさかい、線香を持って突っ張りに行った」と大嘘で答えたのに恐れをなして逃げ帰った。おそらく、息子が二代目鉄砲勇助を襲名したことであろう。（小佐田定雄）

手習いの師匠《てならいのししょう》（「茶の湯《ちゃのゆ》」）

三軒長屋の住人。根岸の里で、子供たちに手習いを教える。家主の隠居から茶の湯に招待されるが、作法がわからない。いったんは引っ越しまでしようとするが、同じ境遇の豆腐屋六兵衛と鳶頭《かしら》の三人で話し合い、決死の覚悟で出かけていく。（原健太郎）

手習いの師匠（「本膳《ほんぜん》」）
村一番の教養人。庄屋の家の婿の披露目で本膳が出るので、食べ方を知らない村人に指南役を頼まれる。「当日、私の真似をしなさい」と指示したところ、「すべて先生のやる通りに」と勢い込んだ村人たちに、せき払いや、里芋を落とす粗相までそっくり再現されてしまう。注意すれば、その動作まで真似される。ありそうでなさそうな、コントみたいな農村風景。（長井好弘）

出歯吉《でばきち》（「出歯吉」）
大工。通称「新場の出歯吉」。多分、口元に特徴があったのであろう。難波新地の小照という女に騙されているとも知らず夢中になっていたが、親代わりの吾助のアドバイスを受けて、小照の真実を試すために心中を持ちかける。その結果、女の不実を知ることはできたが、丸裸にされた上に財布まで盗られてしまう。その復讐のために幽霊に扮し千日前の墓場で待ち伏せする。（小佐田定雄）

伝吉《でんきち》（「植木屋娘《うえきやむすめ》」）
寺小姓。ずく念寺で修行中。通称「お寺の伝吉さん」。男前で頭も良く、親切なところから植木屋の親父に「娘のおみつの婿に」と目をつけられるが、実は武家の出で五百石の家督を相続する義務があるため婿入りできない。ところがおみつの美貌に負け、つい手をつけてしまい、おみつのおなかに子供を宿してしまう。（小佐田定雄）

天狗《てんぐ》（「天狗裁《てんぐさば》き」）
喜八の夢の中に登場する。鞍馬山の奥、僧正ヶ谷に棲む大天狗。大坂の上空を飛行しているおり、見た夢の話をしないというので、奉行から喜八が責められているのを目撃して助ける。（小佐田定雄）

天狗（「羽団扇《はうちわ》」）
想像上の怪物。顔は赤く、鼻は高く、翼も生えている。高尾山の奥深くに住むらしい。好奇心が旺盛なのか、単なる覗き趣味か、羽団扇片手に江戸の空を飛行し、市井の面白話を探すうち、見た夢の話をしないために奉行所で縛られている男を見つける。高尾山に連れ帰って夢の話をせがむうち、男の口車に乗り大事な羽団扇を奪われてしまう。俗世間を超越しきれないのが、いかにも落語の天狗様らしい。（長井好弘）

伝三郎《でんざぶろう》（「鰍沢《かじかざわ》」）
熊の膏薬《こうやく》売り。元は日本橋本町の生薬屋の若旦那。道楽が過ぎて勘当されたあげく、吉原、熊蔵丸屋の月の戸花魁《おいらん》と心中騒ぎを起こし、江戸を捨て鰍沢の山中に隠れ住む。だが、「手に取るなやはり野に置けれんげ草」といわれる元花魁と、膏薬作りぐらいしかできない元若旦那に、堅実な暮らしができるはずもない。女房が旅人の金を狙ってこしらえた毒入りの玉子酒を誤って飲み、あえなく命を落とす。（長井好弘）

天《てん》**さん**（「軒付《のきづ》け」）
紙屑屋。趣味で義太夫の三味線を演奏するところから「軒付け」の仲間に引っ張り込まれる。実は「テンツテンテン」と「トテチントテチン」と「チリトテチン」の三つしか弾けないことがわかり、一同をがっかりさせるが、それでも他に三味線を弾ける者がいないため付いて行くことになる。（小佐田定雄）

伝二郎《でんじろう》（「ちきり伊勢屋《いせや》」）
麹町五丁目の質商、ちきり伊勢屋の若主人。易の名人白井左近に「来年二月に死ぬ」と見立てられたことから、数奇な運命にもてあそばれる。短命の理由は亡父のあくどい商売の因果ときき、その日から貧民に金を喜捨し、心中未遂の母娘を助けるなど、善行を重ねて店の金を使い果たす。「命日」には、芸者、幇間《たいこ》をあげて盛大な葬式を営むが、刻限が来ても死ぬことができない。住む家も金も失い、物乞い同然で高輪まで来ると、人の生死を占ったために江戸所払いとなった白井左近と再会する。「あなたは人助けをしたから八十歳まで生きる。品川へ向かえば運は開ける」という左近の再度の占いに従うと、幼なじみの伊之助、幇間の一八《いっぱち》ら、ゆかりの人々と次々に出会い、そのたびに運命が開けていく。ついにはかつて心中を助けた母娘とも巡り会い、娘の婿になって伊勢屋を再興する。「積善の家に余慶あり」のサゲではまとめきれない、波乱の人生。占いの通り、八十余歳の長寿を保ったという。（長井好弘）

〈と〉

道具屋《どうぐや》（「家見舞《いえみまい》」「肥《こい》がめ」）
古物商。新築祝いの水がめを買いにきた若い衆に掘り出しものと称して、掘り出したばかりの肥がめをただ同然で持っていかせる。その後のことは知らない。（太田博）

道具屋（「道具屋《どうぐや》」）
与太郎のおじ杢兵衛の仕事仲間。杢兵衛に頼まれ、掃除の仕方から商品の並べ方まで、大道で道具屋を開業した与太郎の世話を焼く。（原健太郎）

道具屋（「へっつい盗人《ぬすっと》」）
大阪丼池《どぶいけ》で営業。深夜に店先で石灯籠の倒れる音や、三輪車のラッパを鳴らす音が聞こえ、二人の男が言い争いをする声が聞こえるので表に出てみたところ盗人だった。被害はないが、安眠を妨害された。（小佐田定雄）

道具屋（「へっつい幽霊《ゆうれい》」）
すぐに売れるが、なぜか夜の明けないうちに客が返しにくるへっついを商う。このへっついから幽霊が出ると知り、近所でも評判になってしまったので、三両つけて遊び人の熊に引き取ってもらう。（布目英一）

唐犬権兵衛《とうけんごんべえ》（「芝居《しばい》の喧嘩《けんか》」）
江戸前期の町奴。承応・明暦ごろの人、唐犬を殴り殺したことからこの名となった。額に現在の不良少年のような剃り込みを入れて、唐犬額と称した。貞享三（一六八六）年に獄門に処されたという説もある。山村座で小屋の若い衆といさかいとなった仲間の雷の重五郎が旗本奴の金時金兵衛に張り倒されたのを見て、金兵衛をやっつける。この時、背後から金兵衛の仲間の渡辺綱右衛門が斬りつけてきたのを権兵衛の兄弟分の夢の市郎兵衛が食い止めたので、金兵衛と綱右衛門の首をつかんで「今、江戸ではやりの唐犬額にしてやる」と、二人の顔と顔をぶつける。これがきっかけとなって、旗本奴と町奴の

大喧嘩にまでなる。（布目英一）

藤三郎《とうざぶろう》（「火事息子《かじむすこ》」）
神田三河町の質屋伊勢屋のひとり息子。生来の火事好きで、おもちゃも纏《まとい》、鳶口《とびぐち》、梯子《はしご》ばかり。十八歳で家を飛び出し、火消しの中でもたちの悪い臥煙《がえん》になって勘当される。太もものあたりまで彫り物をしている。実家近くの火事で駆け付け、蔵の類焼除けの目塗りに苦労している番頭を見かねて手伝う。番頭の機転で、全身の彫り物を隠しながら、久々の親子対面をする。（太田博）

藤七《とうしち》（「緑林門松竹《みどりのはやしかどのまつたけ》」）
下谷広徳寺前の鼈甲《べっこう》商、上総屋の番頭。若旦那清三郎に嫁入りが決まった手習いの師匠花蔭左五郎の妹おなつに横恋慕し、縁談をぶち壊すため、愛人の女中おさわと共謀し、おなつに「かんざし泥棒」の汚名を着せる。ところが、この企みを、盗賊のあんま幸治に知られ脅されたため、「こうなったら店にはいられない。店の金と高価な質物の茶入れを盗んで上方へ逃げる」と決心する。「俺も仲間になる」というあんま幸治の口車に乗って、口封じのためにおさわを殺すが、自分も幸治の盗賊仲間おせきに殺される。（長井好弘）

藤助《とうすけ》（「文七元結《ぶんしちもっとい》」）
吉原の妓楼佐野槌の奉公人。女将の言いつけで、出入りの左官の長兵衛を迎えに行き、娘のお久が昨晩から佐野槌にいることを伝える。八ツ口の開いた女房の着物を着た長兵衛を見かねて羽織を貸す。（布目英一）

藤蔵《とうぞう》（「鏡ヶ池操松影《かがみがいけみさおのまつかげ》」「江島屋騒動《えじまやそうどう》」）
下男。三浦志摩守の家臣久津見半左右衛門の妻、お雪に仕える。お雪とともに、倉岡元仲の悪事を知ったため、元仲に毒殺される。（原健太郎）

胴体《どうたい》（「胴斬り《どうぎり》」）
辻斬りに一刀両断された男の体の上半分。どういうわけか斬られても生きていて、座っていてもできる商売をと、湯屋の番台で奉公する。「湯気でのぼせるので三里に灸を据えてくれ」と、蒟蒻踏みの仕事に就いた片割れの「足」へ伝言を頼む。（長井好弘）

頭取《とうどり》（「毛氈芝居《もうせんしばい》」「毛布芝居」）
一座の総取締。初めて芝居を見た殿様に、芝居上での盲人殺しを現実と思い違いされ、殺した役者を真っ二つにすると迫られる。「殺されても毛氈で覆えば生き返る」と死体を毛氈で覆いながら舞台から立ち退かせるという芝居の作法を中途半端に説明をするので、さらに殿様の不信感を募らせることになる。（太田博）

唐物屋《とうもつや》の若《わか》い者《もの》（「小倉船《こくらぶね》」）
大坂唐物《からもの》町の舶来品の店の奉公人。長崎へ珍品の仕入れに行った帰り、小倉から馬関（下関）に渡る船に乗ったところ、同船の客が海中に財布を落とし、その捜索のために、仕入れて来た巨大なギヤマン（ガラス製）のフラスコを提供することになる。（小佐田定雄）

豆腐屋《とうふや》（「釜《かま》どろ」「釜盗人《かまぬすっと》」）
六十代。大豆を煮る大釜が頻繁に盗まれるので、泥棒よけの対策として釜の中で寝る。酒を飲んで熟睡してしまい、釜が運び出されて揺れているのを地震と勘違いし、あわてて外へ出れば満天の星空。「ああ、家まで盗まれた」と嘆く。（布目英一）

豆腐屋（「甲府《こうふ》い」）
江戸市中に店をかまえる。好人物。店先の卯の花を断りなく食べた青年善吉が、同じ法華宗の熱心な信者であったことから、たらふく飯を食わせたばかりか、無一文ならここで働くようにと、仕事の世話までする。あげく、娘のお花と所帯をもたせ、店をゆずる。（原健太郎）

豆腐屋（「小言幸兵衛《こごとこうべえ》」）
二十代。麻布古川周辺の長屋で店を開きたいと考えている。気のいい性格だが、口の利き方を知らない。所帯を持って七年になるが子供はおらず、家主幸兵衛に「三年添って子無きは去るべしという。そんなかみさんなんかとは別れちまえ」と言われると、「惚れて惚れられて、惚れられて惚れあった仲なんだ。一つの物は半分、半分の物は四半分、四半分の物は四半半分、無い物は食わねえ。枝豆は三つ入っているから分けにくい」と涙を流して訴え、「このガリガリ亡者め、まごまごしていると、

どてっ腹、蹴破ってトンネルこしらえて汽車をたたきこむぞ」と捨て台詞を残していく。（布目英一）

豆腐屋（「寝床《ねどこ》」）

長屋の住人。大家でもあるお店《たな》の主人から、毎度へたくそな素人義太夫の会に招かれ、弱っている。「得意先に法事があり、生揚げとがんもどきの注文を八百五十ばかり請け負ってしまった。がんもどきは、中に蓮に牛蒡《ごぼう》に紫蘇《しそ》の実が入るので、手数がかかる。蓮は皮をむいて四つに切る。牛蒡の方は皮が固いので、庖丁でなでるようにして……」と、がんもどきの製造法をえんえんと語り、いったんは断るが、「義太夫を聞かない者は店立《たなだ》て」の一言に、あわてて駆けつける。（原健太郎）

藤兵衛《とうべえ》（「小間物屋政談《こまものやせいだん》」「万両婿《まんりょうむこ》」）

小間物商相生屋《あいおいや》小四郎の身元保証人。小田原宿で小四郎が急死したと聞いて、家主源兵衛とともに遺体を引き取りに行ったが、着物の柄を確認しただけですませ、茶毘《だび》にふしてもらう。（布目英一）

藤兵衛（「米揚げ笊《こめあげいかき》」）

堂島の米相場師の店の番頭。強気で「下がる」ということが嫌いな旦那のもと、名前を呼ばれても頭を下げてお辞儀はせず、そっくり返って返事をする。（小佐田定雄）

棟梁《とうりょう》（「おもと違《ちが》い」）

大工。堅物と評判。お店《たな》の主人の姪お元《おもと》を預かる一方で、兄貴分からは墨流しという最高級の万年青の盆栽を預かり、世話をしている。まとまった金が必要になり、この盆栽を万年青好きの質屋川上に質入れしたため、兄貴分に合わせる顔がない。知り合いの家で、「万年青を打《ぶ》ち殺して（質に入れ）、洞穴《ほらあな》を埋めた（金の手当てをした）。兄貴には極内《ごくない》に……」とぼやいたのを、隣の部屋で酔っ払って横になっていたお店の奉公人に聞かれる。突然兄貴に呼びつけられたので、てっきり万年青の質入れの件だと思い、平謝りするが、「召し連れ訴えがいやなら、度胸をすえて自首しろ」とすごまれ、当惑する。兄貴の誤解とわかったところで、戸棚からお店の奉公人が飛び出してきて、「あんた、川上（川の上流）に投《ほう》り込んだのは、いつのこんだ」と詰問される。「九か月ばかり前のことだ」「それじゃもう、とうに流されたんべえ……」「いや、ご安心なせえ。利揚げ（質流れを防ぐ手立て）がしてございます」。（原健太郎）

棟梁（「崇徳院《すとくいん》」）
大店《おおだな》のお出入り。恋患いで寝込んでしまったお嬢さんの相手の若旦那を探している。紀州方面に出かけるにあたり、床屋に立ち寄って髭を剃ってもらおうとしたところ、同様に相手の若旦那のために走り回っているスキンヘッドで眉毛もない男と遭遇する。（小佐田定雄）

棟梁（「突《つ》き落《お》とし」）
江戸っ子。吉原の勘定を踏み倒す計画の立案者。その功績により、実はヒラの職人だが棟梁役を演じることに。まずは仲間八人で中見世《ちゅうみせ》に上がってどんちゃん騒ぎ。翌朝、財布を忘れたことに気づき、棟梁の家に取りに行くという筋書きで、見世の若い衆を連れ出し、隙を見ておく歯黒どぶに突き落とす。計画は見事に成功。落語には珍しく悪が栄えるパターンだが、品川で再犯におよび失敗したという噂もある。（長井好弘）

棟梁（「月並丁稚《つきなみでっち》」）
商家のお出入り。口上を忘れた他店の丁稚に思い出させるため、旦那、番頭、関取が尻をひねっているところに出くわしたが、尻がカチカチになっていて、誰がひねっても全く応えないのを見て、商売道具の釘抜きを使って尻をひねり、みごと口上を思い出させる。（小佐田定雄）

棟梁（「二《に》階《かい》ぞめき」）
大店《おおだな》に出入りの大工。吉原通いが止まらない若旦那の身を案じた番頭にたのまれ、お店《たな》の二階に、吉原の張見世《はりみせ》のミニチュアを出現させる。腕がよいのは当たり前としても、この尋常ではない精妙巧緻な出来栄えは、当人もよほど吉原に精通していると推察される。（原健太郎）

棟梁（「骨違《ほねちが》い」）
大工。名は政五郎。本所達磨横町に住む。女房に先立たれ、後添いをもらうが、これが悪妻で、わがまま放題。そのあげくに男を作って出ていく。息子も突然、行方知れずとなる。おとなしい性格のため、これらのことで気

を病み、ぽっくり死んでしまう。（布目英一）

棟梁（「湯屋番《ゆやばん》」）

勘当された大店《おおだな》の若旦那を居候させている。恐妻家。大飯を喰らい、ブラブラしている若旦那の怠け癖を女房に責められ、父親である店の主人への義理もあって、湯屋奉公させるための依頼状を書いて持たせる。（太田博）

遠山権六《とおやまごんろく》（「菊模様皿山奇談《きくもようさらやまきだん》」）

郷士東山家の下男。猛勇でこびへつらうことをしない性格。武蔵国行田に生まれ、両親の他界後、美作《みまさか》に移り住む。東山家の当主を諌《いさ》め、家宝の皿を一枚割った者は指を一本切るという家訓を改めさせて、濡れ衣を着せられた女中の千代を救う。その後、千代をめとって遠山姓を名乗る。また当主を改心させた一件が城主粂野美作守に伝わり、士分に取り立てられる。さらに美作守の弟紋之丞に気に入られ、江戸詰めになり、忠義無二の働きにより昇進を重ねていく。（布目英一）

時次郎《ときじろう》（「明烏《あけがらす》」）

日本橋田所町三丁目の地主、日向屋半兵衛の倅。二十一歳。稀に見る堅物。「論語」は読むが、地口行灯《じぐちあんどん》の意味は理解せず、幼児と一緒に初午《はつうま》の太鼓を叩いたり、祝いの赤飯を三杯もお代わりする始末。もちろん、廓など見たこともないが、書物で大体の見当は付いている。心配した父親に頼まれた町内の札付き、源兵衛、多助に連れられて廓の初体験をする。初心《うぶ》なので、「お稲荷さんのお籠《こも》り」と偽られても、「ひとりで帰ると大門《おおもん》で止められ、縛り上げられる」と脅されても簡単に信じてしまうが、花魁《おいらん》の姿を見て初めて気がつき、遣り手婆に手を引かれて、「お母さん！」と絶叫する。ところが、敵娼《あいかた》に出た店一番の売れっ子、浦里のとりこになってしまう。こういう男がいったん味を占めると……。以後、足繁く通うようになったであろうことは想像に難くない。（太田博）

徳《とく》（「擬宝珠《ぎぼし》」）

商家の若旦那。金属をなめて味わうことに目覚め、江戸中の橋の擬宝珠をなめ尽くしていた。浅草寺の五重塔の宝珠をなめたいのだが、高くて登れないため、気鬱の病にかかり、寝込んでしまう。心配をした父親の尽力で五

重塔に登ることができ、緑青の味がする宝珠を思う存分なめまわした。（布目英一）

徳（「算段《さんだん》の平兵衛《へえべえ》」）

大坂近郊の村の住人。若い連中が集まって盆踊りの稽古をしている時、誤って隣村の庄屋を撲殺したと思い込み、算段の名人である平兵衛に助けを求めることになったが、二十五両の金が必要なため金策を任される。「隠居に無理言うて」と頼まれていることから、村では金持ちの家の息子と想像される。（小佐田定雄）

徳（「天狗《てんぐ》裁《さば》き」）

長屋の住人。隣家の喜八の夫婦喧嘩の仲裁役を毎日勤めている。今日の喧嘩の原因を聞いてみると、喜八が見た夢の話を女房にしなかったことから起こったとのこと。初めはあきれていたが、話をしているうちに、その夢の内容が知りたくなってしまい喜八と喧嘩になり、通りかかった家主に仲裁される。（小佐田定雄）

徳（「徳《とく》ちゃん」）

若手の噺家。ひとことも言葉を発しないので、人品人柄は不明。ちびた下駄を履き、仲間と一緒に真夜中の吉原遊廓を歩き、わずかな寄席のワリ（給金）でも遊べる激安の女郎屋に登楼する。通されたのは、「離れ」とは名ばかりの、隣の楼の屋上との隙間に丸太を二本通して板をのせた空中楼閣のような危ない部屋。この後どんな運命が待ちかまえていたのかは、だれも知らない。明治後期から大正初めに実在した朝寝坊志らくがモデルだという説もある。（長井好弘）

徳（「不《ふ》動坊《どうぼう》火《か》焔《えん》」「不動坊」）

紙すき屋。ちり紙に目鼻のような顔が特徴。講釈師不動坊火焔の女房で長屋一の器量よしのお滝に横恋慕している。不動坊が亡くなり、同じ長屋の吉兵衛とお滝が再婚した上に、吉兵衛が自分たちを馬鹿にしているのを聞いて、チンドン屋の万さんと鍛冶屋の鉄さんを誘い、不動坊の幽霊騒ぎを起こして、吉兵衛とお滝の仲を裂こうとくわだてる。（布目英一）

徳（「船徳《ふなとく》」）

柳橋の船宿大枡《だいます》の居候。「いかにして女にもてるか」しか考えていない、色白の優男。もとは大店《おおだな》の若旦那だが、遊びが過ぎて勘当され、出入りの船宿の二階で厄介になっている。船頭に憧れ、「みんなが俺を見る」「様子が良いともてはやされる」などと妄想を募らせた揚げ句、「船頭になりたい！」と親方に直訴、強引に見習い船頭になる。「教える方がこれぐらいで、教わる方もこのぐらいやれば」という形ばかりの手ほどきを受け、さっそうと大川にこぎ出すが、「赤ん坊をおぶったおかみさんを川の中へ落とす」など失敗続き。浅草寺の四万六千日の当日、船頭不足に乗じて、まんまと「客二人を大桟橋まで送る」という仕事にありつく。船宿のおかみや、竹屋のおじさんの心配や客の不安な目などどこ吹く風。舟が三度廻っても「いつものことです」といいながら、すいすいと舟を操っていたが、次第次第に大川の速い流れに押され、舟を石垣にへばりつかせてしまう。客のこうもり傘で石垣を突いてもらい何とか脱出するが、今度は汗が目に入って前が見えず、舟が流される事態に。最後の力を振り絞り、大桟橋が見えるあたりまでこぎ着けたが、そこで力尽きた。自力で川に入り桟橋を目指す客に

「大丈夫かい」と聞かれ、「岸に上がったら、船頭一人雇ってください」。

もともと「お初徳兵衛」という人情噺の一部を独立させたものなので、「徳」は「徳兵衛」の略と思われるが、落語の若旦那の名としておなじみの「徳三郎」が使われることもある。（長井好弘）

徳（「へっつい幽霊《ゆうれい》」）

日本橋本町の生薬屋の若旦那。道楽が過ぎて勘当され、裏長屋に住んでいる。遊び人の熊が道具屋から三両つけてもらい受けた、いわくつきのへっついを運ぶ手伝いをするが、途中で落として割ってしまう。破片の中から出てきた三百両を熊と折半し、吉原で使い果たす。家に戻るとへっついから幽霊が現れて金を返せと迫られたため、熊に助けを求める。（布目英一）

徳三郎《とくさぶろう》（「おすわどん」「おすわ」）

浅草阿部川町の呉服問屋上州屋の主人。最愛の妻おそめが病死した後、女中おすわを後添えにする。四十九日も済んだ夜半、小用に立つと、表で「おすわどーん」と、

か細い声がするのを先妻の恨みか、と心配する。気にしたおすわが病み付いてしまったのを見て、誰かの嫌がらせだろう、と番頭や奉公人に調べさせようとするが断られ、剣術家の荒木またずれに退治を依頼する。（太田博）

徳三郎（「おせつ徳三郎《とくさぶろう》」「花見小僧《はなみこぞう》」「刀屋《かたなや》」）
日本橋横山町の大店《おおだな》の手代。お店《たな》の一人娘おせつと深い仲になっているが、身分の違いゆえ夫婦になれそうにない。乳母《ばあや》と小僧の長松をお供に、おせつと向島に花見に行くが、口止めしていた長松が、この様子を旦那にぺらぺらしゃべったために、暇を出される。

　日本橋　銀町《しろがねちょう》のおじの家に引き取られ、おせつとは連絡ができないまま、むなしく日々を過ごす。「今夜、お店のお嬢様のところへお婿さんがくる」と、おじに教えられ、ただただ驚くが、「奉公人なんぞはババッチイ」と、おせつが周囲にふれ回っていると知り、逆上。おせつを斬り殺し、返す刀で自分も腹を切って死のうと決意する。

　金を懐に押し込み、日本橋村松町の刀屋に行くが、唇の色が変わり、体をぶるぶるふるわせている不審な様子に、「何を切るのかおっしゃらないうちは、刀は売りません」と断られ、「向こうが死ぬほど惚れているか惚れていないか見定めのつかぬうちは、一徹に思い込まず、粋に暮らすが上分別」と諭される。そこへやってきた知り合いの鳶頭《かしら》から、婚礼の席を蹴っておせつが逃げ出したと聞き、矢も盾もたまらず表へ飛び出す。

　両国橋の上で「南無阿弥陀仏」と唱え、川に飛び込もうとしていると、おせつが息を切らして駆けてくる。「徳かえ、あたしゃ、お前に話があったよ」「お嬢さん、私だって」。だが、「迷子やぁい！」と、おせつを捜す声が追いかけてきて、のんびり話などしていられない。おせつと二人、深川の木場の橋まで逃げていくが、ここにも「迷子やぁい！」の声。「徳や、おとっつぁんの言うことにそむいたからには、私はもう生きていけない」「それなら、私もご一緒に」。あらためて「南無阿弥陀仏」と唱えると、「徳や、うちの宗旨は日蓮さんだよ」。たがいに手に手を取りかわし、「南無妙法蓮華経」の題目を陽気に唱えて飛び込むが、木場だけに川にはいっぱいの筏《いかだ》。「……徳や、死ねないね」「よかった。お材木（題目）で助かった」。（原健太郎）

徳三郎（「唐茄子《とうなす》屋《や》政談《せいだん》」「唐茄子屋」）
日本橋石町の商家の若旦那。吉原で遊び過ぎ、勘当を言い渡されるが、「お天道さまと米の飯はついてまわる」と啖呵を切って家を飛び出し、馴染みの花魁《おいらん》のもとに行く。しかし金がないので体《てい》よく放り出される。知り合いの家を転々とするものの、どこにも長くはいられず、親戚にも相手にされないので、ついてきたのはお天道様だけだと絶望し、吾妻橋から身を投げようとしたところを本所の叔父《おじ》さんに助けられる。叔父の家で久々に安眠した翌朝、唐茄子を売り歩くようすすめられるが、「恰好が悪い」と言ったために激怒され、しぶしぶ商いに出る。箸より重い物を持ったことがない身で唐茄子を天秤棒一杯に担ぎ、炎天下を歩いたため、雷門で倒れてしまう。親切な江戸っ子が代わりに唐茄子を売って荷を軽くしてくれたので、憂き世の人情に感激する。励まされて売り声の稽古を始め、吉原が見えてくると、甘い思い出に浸りながらも売り声を出す。誓願寺店で極貧生活を送るおかみさんに唐茄子をおまけして売り、子供ともども三日間何も食べていないと聞くと、自身の体験に重ねあわせ、子供には弁当を、おかみさんには一日の売り上げを渡す。この話を叔父にするが、信じてもらえるはずもなく、叔父とともに誓願寺店を訪れると、おかみさんは家主にその金を取られた申し訳なさから首をつったことを知る。すぐに家主の家に飛び込み、家主のやかん頭を火鉢のやかんでなぐりつける。役人の取り調べを受けるが、人を助けたことから、勘当も許される。頼りなくても人情味豊かな旦那になるだろう。（布目英一）

徳三郎（「山崎屋《やまざきや》」）
横山町三丁目の鼈甲《べっこう》問屋山崎屋の跡取り。吉原の花魁《おいらん》に惚れ、店の金を湯水のように使うため、番頭の佐兵衛に注意されるが、逆に佐兵衛の弱みに付け込んで無心する。花魁を屋敷奉公の娘お時と見せ掛ける、という番頭の計略に乗り、本人も改心して家業に励んだのが功を奏してめでたく夫婦になる。（太田博）

ドクトル（「ドクトル」）
開業医。姓は「山田」か。診察料も薬代も高価で、保険もきかないらしい。「手の振りが止まらない男」と「涙が止まらない女」という奇病の患者二人を同時に診察する。男には「神経を抑える薬」を、女には「神経を高揚させる薬」を処方するが、助手がそれぞれの薬を取り違えて二人に渡したため、男はますます激しく震え、女は泣き叫ぶという騒ぎになり、ついには自分も奇病に感染してしまう。（長井好弘）

徳兵衛《とくべえ》（「お初徳兵衛《はっとくべえ》」「お初徳兵衛浮名桟橋《うきなのさんばし》」）
船宿大松屋の船頭。もとは大店《おおだな》の質屋の若旦那。道楽の末に勘当され、出入りの大松屋の居候になる。実家に夫婦養子が入ったことを知り、自立のため親方の反対を押し切って船頭になる。当初は、客を乗せた船をぐるぐる回すなどのしくじりを繰り返すが、みるみるうちに腕を上げる。元々道楽者で遊びを熟知しているから、万事にそつがない。そのうえ男前ときているから、遊興の客や芸者に引っ張りだこになる。一年後の夏、馴染み客の木綿問屋の番頭と、油屋九兵衛、芸者のお初を乗せ、浅草に向かうが、途中、行き先が吉原へと変更になる。芸者を吉原へ連れ込むわけにいかないので、お初一人を乗せて山谷堀から引き返したが、吾妻橋を過ぎたところで大雨に遭う。首尾の松に船を舫《もや》って雨止みを待つ間、「少女の頃から岡ぼれをしていた若旦那に会うため、芸者になった」と告白される。花柳界では芸者と船頭の色恋沙汰は御法度と知ってはいるが、「若旦那、後生」と迫られて、気持ちが揺らぐ。雷鳴とどろく中、船の簾《すだれ》がぱらりと落ちた。この後どうなったかを知っているのは、船中の二人のみ……。（長井好弘）

徳兵衛（「腕食《かいなく》い」）
商家の主人。勘当になったあげく乞食にまで身を落とした本家の若旦那を助けて、養子に出す世話までする。忠義一筋で尽くしたはずだが、申し分ないはずの養子先に思いもよらぬ問題があった。（小佐田定雄）

徳兵衛（「月宮殿星都《げつきゆうでんほしのみやこ》」）
箱屋。大坂順慶町井池《どぶいけ》筋の西側の路地に住む。大鰻をつかまえようとしたら、三千年の劫《こう》を経た化け物で、尾に巻かれ天にのぼってしまう。天で昔世話した雷と出会い、月宮殿の祭に招待されるが、本殿に供えてあった臍《へそ》をつまみ食いし、葛籠《つづら》ごと盗み出そうとしたことから大騒動

になったあげく、下界に墜落する。（小佐田定雄）

徳兵衛（「搗屋《つきや》無間《むげん》」）

日本橋人形町の搗米屋《つきごめや》、越前屋の奉公人。真面目一方の信州者が、吉原の丸山花魁《おいらん》の錦絵を見て恋患い、幇間《たいこ》の手引きで「木更津のお大尽《だいじん》」に扮し丸山と会う。嘘をつき通せずに真実を告白すると、逆に丸山に惚れられる。だが、遊びの金が尽きた。「傾城梅ヶ枝が無間の鐘に見立てた手水鉢《ちょうずばち》を叩くと三百両が出た」という芝居を思い出し、商売物の杵で手水鉢をたたくと、搗米屋の定法通り、二割差っ引きで二百四十両の小判が出た。（長井好弘）

徳兵衛（「柳田格之《やなぎだかくの》進《しん》」「柳田角之《やなぎだかくの》進《しん》」）

浅草馬道一丁目の質両替商、萬屋の番頭。碁の相手というだけで主人源兵衛が浪人の柳田格之進を丁重にもてなすのを快く思っていなかった。十五夜の晩、離れで源兵衛と格之進が碁に夢中になるあまり、得意先から集金した五十両が紛失する騒ぎが起きる。犯人は格之進だと思い込み、源兵衛が止めるのも聞かず、返済を迫って五十両を工面させる。その際、「金が出てきた時は主人と自分の首を差し上げる」と格之進に約束する。暮れの大掃除でその金が現れ、正月二日の年始まわりの途中、帰参がかない立派な身なりの格之進と雪の湯島切通しで再会する。「明日、萬屋を訪れる。首の辺りをよく洗うように」と言われて店に戻るが、源兵衛が自分だけ討たれて、助けてくれようとしているのを知り、格之進に「すべては自分の責任であり、主人の命は助けてほしい」と懇願する。しかし金の工面のために娘が吉原に身を沈めた格之進の心情を知り、討たれる覚悟を決める。（布目英一）

徳力屋《とくりきや》万右衛門《まんえもん》（「五《ご》貫裁《かんさば》き」「一文惜《いちもんお》しみ」）

裕福だが吝嗇《けち》で評判の質商。同町内で八百屋を開業するべく資金を募る初五郎にわずか一文しか与えず、あまりの安さゆえに初五郎に銭を投げ返されていさかいとなり、訴えられるが、大岡越前守の裁きでおとがめなしを言い渡される。初五郎は天下の通用金を粗略に扱った罪により毎日一文ずつ計五貫文（五千文）を罰金として払うこととなり、届けてくるのを万右衛門本人が町役人五人組付添いで毎日奉行所に持参するように命ぜられてその煩雑さに真っ青になる。さらに初五郎が届けにくるのが夜中なので、ろくろく眠ることができず、商売にも差し支えることになり、初めて自分の料簡違いに気がつく。初五郎に百両を払い、店も建ててやり、五貫文の残りの金も奉行所に払って示談にしてもらう。立川談志によれば、慈善の精神に目覚め、施しばかりするようになったので最後は無一文になったという。（布目英一）

床屋《とこや》（「崇《す》徳院《とくいん》」）
大阪市中で営業。高津神社や生玉神社の近所のようだから島之内あたりか。目を血走らせた男が何度もやって来て、待っている間に大声で百人一首の崇徳院の歌を叫ぶ。そこへ、知り合いの棟梁が飛び込んで来て、その怪しい男と争いになり、店の鏡を割られてしまう。（小佐田定雄）

床屋（「坊主《ぼうず》の遊《あそ》び」）
腕はいいが酒癖が悪い。坊主頭のご隠居に誘われて吉原へ登楼するが、花魁《おいらん》のことで喧嘩騒ぎとなり、研ぎ終わったばかりの剃刀を坊主に渡す。その後、剃刀を使った椿事が起きるのを知る由もない。（太田博）

床山《とこやま》（「きゃいのう」「団子《だんご》兵衛《べえ》」）
大部屋の髪結い。左團次の弟子で下積み役者の二團次に合う鬘《かつら》がないので、有り合わせの鬘に新聞紙を詰めてかぶせた。この中に消し忘れたたばこの吸殻が入っていたので舞台で大騒動になる。（太田博）

年《とし》**の市**《いち》（「鏡《かがみ》ヶ池《いけ》操松影《みさおのまつかげ》」「江《え》島屋《じまや》騒動《そうどう》」）
千住の鍼医《はりい》。伴野林蔵の口利きで、医者倉岡元庵の息子、倉岡元仲の世話をする。貯め込んだ金と証文に目がくらんだ林蔵に、殺害される。（原健太郎）

ど新米《しんまい》（「眼鏡屋《めがねや》盗人《ぬすっと》」）
新人の泥棒。目を付けた町の隣町に昔住んでいたという理由で頭《かしら》に連れて来られているが、「金がある家は？」と尋ねられると古金屋を紹介したりするので信用はない。結局、頭が目を付けていた眼鏡屋に押し入ることになるが、中の様子を節穴から覗いて確かめたところ、大入道が虎を捕まえて立っているのを目撃。「化け物屋敷や！」と大騒ぎする。（小佐田定雄）

鳥取《とっとり》の男《おとこ》（「高津《こうづ》の富《とみ》」「宿屋《やどや》の富《とみ》」）
大坂大川町の宿屋の客。「盗人に千両箱を八十数個盗まれた」とか「漬物の重石に千両箱を使っている」などと大きなことばかり言っているが、実は全財産は一分銀一枚。その一分も宿屋の亭主に富くじを押し付けられて泡と消える。翌日富の会場である高津神社に出かけてみると、富くじが千両の大当たり。雪駄を履いたまま二階で布団をかぶって寝てしまう。当たったら半分やると空約束していた宿屋の主人にたたき起こされる。（小佐田定雄）

隣町《となりまち》の友人《ゆうじん》（「阿弥陀池《あみだいけ》」「新聞記事《しんぶんきじ》」）
めったに顔を出さないアホが飛び込んで来て、裏の米屋に奉公している女房の弟の芳が強盗に殺害されたと告げられパニックになる。（小佐田定雄）

殿様（とのさま）
一般的には江戸時代の大名、大身《たいしん》の旗本などを指すが、落語の世界では、より広義に解釈して、主君あるいは貴人も尊んで呼ぶ。実在、架空の別は一切問わない。架空の代表格が「赤井御門守」。前田家の上屋敷、つまり、現在の東京大学朱塗りの門である。汎用を求める落語には打って付けの命名だろう。粗野な兄貴を持った妹を側女にしたり（「妾馬《めかうま》」）、石高が「十二万三千四百五十石、七斗八升九合とひとつかみ半分三粒」だったり（「粗忽の使者」）、汚い太鼓を買ったり（「火焔太鼓」）する殿様を実在の前田様とはさすがに呼び難い。そこは赤井御門守がしっくりくる。他に、「粗忽の使者」の杉平柾目正《すぎだいらまさめのしょう》、「竹の水仙」では、毛利公または細川公と名乗って、甚五郎作の名品に目を留める。「孝行糖」の与太郎が捕まるのは水戸様の御門前、「反魂香」の仙台伊達公、「目黒のさんま」の松平出羽守、「狸賽」では、加賀百万石が使われる。維新になってうなぎ屋や汁粉屋、団子屋を開く者が出て来て「士族の商法」とからかわれる。
世事、社会常識に疎く、利発な取り巻き、町人らにからかわれる。趣味に凝って疎んぜられることもしばしば。ただし、極悪人はいない。大方は、のほほんとしていて、行政能力にも統治能力にも欠ける。（太田博）

殿様（「景清《かげきよ》」）
どこの藩主かは不明。京の町を通りかかると、悪七兵衛

景清の目をもらったという怪しい男が行列に暴れ込んできて大いに迷惑する。（小佐田定雄）

殿様（「首屋《くびや》」）
首屋を名乗る男から、首を買おうとした旗本。七両二分を払い、男の首を刀ではねるが、体をかわされ、代わりに張子の首がころころ。「買ったのは首だ」と怒るが、首屋「これは看板でございます」。（原健太郎）

殿様（「こぶ弁慶《べんけい》」）
どこの藩主かは不明。京の町を通りかかると、弁慶のこぶが肩から生えてきたという奇怪な男が行列に暴れ込んできて迷惑する。（小佐田定雄）

殿様（「盃《さかずき》の殿様」）
①吉原の花魁《おいらん》のことが忘れられない大名。国表は江戸から三百里離れたところ。茶坊主から献上された、歌川豊国描く花魁の絵姿の錦絵に魅了され、さっそく吉原に乗り込んだところ、花扇という花魁に夢中になる。参勤交代で泣く泣く国元へ帰るが、花扇に会いたい気持ちは募るばかり。そこで、家中で一番足の速い足軽早見東作に、七合入りの大盃を持たせて花扇との間で盃のやりとりをすることに。早見から、国元へ帰る途中、箱根の山中で、さる大名から詮議を受けて仔細を説明したところ、その大名が感激し、自分も七合入りの盃で酒を飲んだ、という話を聞かされる。こちらもいたく感動し、「もう一献と申してこい」と、返盃に走るよう、早見に命じる。
②どことは知れぬ国の大名。粋人。箱根山中で、大名行列の供先《ともさき》を切った不届き者を捕らえて調べると、国元の主人が吉原の花魁と、三百里をへだてた盃のやりとりをしており、自分はその使いをつとめる足軽だと聞き、「大名の遊びはさもありたい」とむやみに感激。足軽が運んでいた「百亀百鶴《ひゃっきひゃっかく》」という七合入りの盃で、自分も一気に酒を飲む。（原健太郎）

殿様（「桜鯛《さくらだい》」）
大名。世間知らずのようだが、実は賢君。鯛に一箸つけ、「替わりを持て」と三太夫に命じたところ、庭の桜をめでるようすすめられたので、言われるままにしていると次の鯛が出ていた。また一箸つけて「替わりを持て」と命ずると三太夫が顔面蒼白になったので「また桜を見ようか」。三太夫が鯛の替わりを用意せず、裏返ししただけだったのを知っていたのだ。演者と季節によって桜ではなく、紅葉であったり、満月であったりする。昭和の名人三遊亭圓生が最後に演じた作品のため、小咄であるのにもかかわらず「桜鯛」という題名が広く知られることとなった。（布目英一）

殿様（「将棋《しょうぎ》の殿様」）わがままな大名。子供のころに覚えた将棋をにわかに指しだし、家来たちを混乱させている。稚拙な腕前に加え、自分の不都合な展開はすべて禁止。駒の取り払い、飛び越し、差し替えなど、何でもありのルール無視。連戦連敗の家来たちの頭を鉄扇で叩くが、その痛みなどまったくわからない。主君を諫《いさ》めようとした、ご意見番の田中三太夫に挑まれ、いつものようにやりたい放題の将棋を指そうとするが、「戦《いくさ》にあたっては……」「武士という者は」と、いちいちその手を止められ、案の定完敗。すっかり将棋熱が冷め、「明日より、将棋を指す者には切腹を申しつけるぞ」。（原健太郎）

殿様（「そばの殿様」）大名。無聊《ぶりょう》を慰めるために我流で何か始めては常に家来を巻き込んでいるが、反省していない。そば打ちを見て自分にもできそうだと思い、ひどいそばを作って腹をくださせて、迷惑をかける。（布目英一）

殿様（「殿様だんご」）士族。旧幕時代は大名だった。明治の御代を生き抜くため、商いを始めることにする。だんご屋なら粉を丸めて餡《あん》や蜜をつけるだけだからという安直な考えで、職人も雇わずに店を開く。客に侍言葉で「何か用かな」「そこは端近、いざまずこれへ」「余は過分に思うぞよ」といった受け答えをする。注文を受けてから悠長にだんごを丸め始め、うまくいかないので妻に丸めさせるうちに二人でいちゃつき、だんごを落としてしまう。ゴミがついても、餡をつけてごまかす。串を刺そうとすると餡が崩れるので、皿にだんごと串を載せて出す。辛党の客には蜜だんごを出すが、「甘くない方がよかろう」と、塩をつけ、唐辛子や梅干を詰める。これを食べた客が涙を流しているので、感想を求めると「酸《す》いな味」という答えが返ってきた。これを「粋《すい》な味」と言ったと勘違いして満足する。その後、汁粉屋、俥屋と商売替えをし、最後には職人を雇って鰻屋を始めたものの、いずれも失敗したと伝わるが、定かではない。大小路源《おおしようじげん》右《え》衛門《もん》という名で演じる者もいる。（布目英一）

殿様（「ねぎまの殿様」）
本郷辺に屋敷がある大名。二十代。向島の雪見の折り、上野広小路の煮売り屋でねぎま鍋を初めて食して感激し、符丁で「ニャア」と覚えてしまう。屋敷でも所望して家来を困らせる。（布目英一）

殿様（「能狂言《のうきようげん》」）
世間知らずの君主。辺境の地に領国を持つ。江戸で見た能狂言が忘れられず、「来年の端午の節句に能狂言をやれ」と命じたが、家臣、領民の誰一人として能狂言を知らず、国中が大わらわとなる。（長井好弘）

殿様（「初音《はつね》の鼓《つづみ》」）
骨董好きの大名。久米の仙人が使った越中褌《ふんどし》、浦島太郎の玉手箱など得体の知れない品を蒐集して悦に入っている。出入りの道具屋、金兵衛から、打つと傍にいる人間に狐が乗り移ってコンと鳴く「初音の鼓」を持ち込まれる。その鼓を打つと、金兵衛に懐柔された側用人《そばようにん》の三太夫がコンと鳴いた。この殿様、なかなかのしたたか者で、とうにインチキ商売を見抜いていて、自分もコンと鳴いて、三太夫同様のリベートを要求する。（太田博）

殿様（「松曳《まつひ》き」）
粗忽者の大名。江戸屋敷の庭の赤松が月見の邪魔になるので泉水の脇に曳こうとして呼んだ植木屋と酒をくみかわす庶民的なところもある。その最中に使者が来て、三太夫に「姉上様が御死去とのこと」と伝えられて嘆き悲しむが、三太夫の姉のことだとわかり、そそっかしいにも程があると切腹を命じる。しかし自分には姉がいないことを忘れていた。（布目英一）

殿様（「松山鏡《まつやまかがみ》」）
越後の領主。親孝行な松山村の百姓正助に青緡五《あおざしご》貫文《かんもん》を与えようとしたが断られたので、「ほうびとして望みの物を」と言ったところ、「父親に会いたい」と言われる。思いあぐねた末、正助が父親によく顔が似ていることから、鏡を与える。（布目英一）

殿様（「目黒《めぐろ》のさんま」）
江戸詰め大名。目黒へ遠乗りに出かけ、腹が減ったものの弁当を忘れて途方に暮れた時に、家来が百姓家から取り寄せた旬のさんまを秋空のもとで食す。その味が忘れられなくなり、親戚の宴席に招かれた際、さんまを注文する。日本橋の魚河岸から取り寄せた房州産の極上ものだったが、下魚《げうお》を食べなれていない殿様に出すのだからと料理番が必要以上の配慮をして脂を抜いて汁物にしたのですっかり風味が飛んでいた。「さんまは目黒に限る」と確信する。（布目英一）

殿様（「毛氈芝居《もうせんしばい》」「毛布芝居」）
僻地の大名。一度も芝居を見たことがない。旅の一座が演じた「蔦紅葉宇都谷峠《つたもみじうつのやとうげ》」文弥殺しの場で、黒子が毛氈で死体を覆って退場する場面が理解できず、盲人を殺して金を奪うとはと、激怒する。芝居だと説明されても納得がゆかず、頭取から「毛氈を掛けると生き返り、役者は楽屋にいる」と種明かしされる。それでもなお不信感は拭えず、生き返るのを信じて側用人の三太夫を呼び付け、「先祖は石橋山の合戦で討ち死にしたが、その折には毛氈はなかったか」。（太田博）

鳶（とび）
土木・建築の基礎工事などを請け負う職人。町火消しとしても活躍した。仕事柄威勢がよく、仲間同士でも、始終喧嘩が絶えない。その喧嘩の手打ちの席でも、たちまち喧嘩を始めてしまうほど、頭に血が上りやすい（「三軒長屋」）。そんな職人たちを束ね、仕事の仕切りをおこなうのが鳶頭《かしら》で、大店《おおだな》に出入りして、家庭内の雑事をさばいたりと、なにかと頼りにされている。江戸っ子としてのプライドは高いが、穴倉の中の得体の知れない人物におののいたり（「穴どろ」）、吉原に若旦那を迎えにいって、そのまま自分も居続けたり（「木乃伊取り」）と、周囲の期待を裏切ることも、ままある。（原健太郎）

鳶（「魂《たましい》の入替《いれかえ》」）

火消しの鳶頭《かしら》。手習いの先生の家で酒を飲んだ夜、魂が体を抜け出す。先生の魂と一緒に吉原へ向かう途中、商売柄か、下界の火事に気づき、あわてて元に戻ろうとして、大口を開けて寝ていた先生の体に入ってしまう。医者に眠り薬を飲まされ、再度魂を入れ替えてもらうはずだったが、眠り薬が効きすぎてふらふらに。先生の家で始まった祈禱に呼び寄せられ、家に入ろうとするが、誤って井戸に落ちてしまう。（長井好弘）

鳶（「山崎屋《やまざきや》」）

鼈甲《べっこう》問屋、山崎屋の出入り。若旦那が夫婦の約束をした吉原の花魁《おいらん》の親元身請け人。大旦那が二人の仲を許してくれないので、花魁を店の嫁に入れようとする番頭の計略に乗り、屋敷奉公を終えた女房の妹という触れ込みで大旦那に会わせ、嫁候補にする。（太田博）

富《とみ》くじ売《う》り（「富久《とみきゅう》」）

知人の幇間《たいこ》の久蔵に「面白い番号が残っている」と言って富札を売る。それが千両富に当たるが、久蔵が証拠の札を持っていないので「金は渡せない」と述べて久蔵にののしられる。（布目英一）

富《とみ》の市《いち》（「言訳座頭《いいわけざとう》」）

按摩。口が達者。大晦日《おおみそか》、「得意のおしゃべりで、借金取りを追い返してほしい」と、なけなしの一円をたずさえた甚兵衛に頼まれる。甚兵衛を連れて、米屋、薪屋、魚屋など、借金のある店に出向き、泣き落としや居直り、脅しなど、あらゆる手段を使って、支払い不能の言い訳をする。あと三軒で終わるという時に除夜の鐘が鳴るや、「これから家へ帰って、自分の言い訳をしなくちゃならねえ」と言い、さっさと立ち去る。（原健太郎）

富の市（「柳《やなぎ》の馬場《ばば》」）

按摩。「何でもできないものはない」と、出まかせを言う悪癖がある。旗本屋敷で、馬術が免許皆伝であると見栄をはったため、侍たちに癖馬に乗せられ、「下は谷底だから、落ちたら死ぬぞ」と脅される。振り落とされまいと必死にぶら下がるが、とうとう耐え切れなくなって、柳の枝にしがみつく。すると、地面からかかとまでが、

たった三寸。（原健太郎）

留《とめ》（「大山詣り」《おおやままいり》）

大山詣り講中の一人。帰りの神奈川宿の宿屋で、仲間の定と風呂へ入っているところへ、泥酔した熊五郎がやってきて、狭い湯船に割り込んで放屁までしたため、喧嘩になる。行く前に交わした約束だからと、先達の吉兵衛が止めるのも聞かず、酔いつぶれている熊五郎の頭を丸坊主にする。（原健太郎）

留（「白銅」《はくどう》「五銭《ごせん》のあそび」）

五銭の白銅一枚で女郎買いをした若い男。懐にわずか七銭を持って吉原へ行き、途中、おでん屋で二銭のこんにゃくに辛子をたっぷり塗って食った。一回り冷やかした後の大引け（午前零時）過ぎ、女郎から声がかかったので残りの五銭を見せると、「後はまかせて」といわれる。見世に上がり、改めて白銅を出すと、「二十銭の銀貨だと思った」と女郎が目を回しそうになる。明治の末か大正の初めごろの遊廓では、こんなのんきな男女の風景もあったらしい。（長井好弘）

留（「船徳」《ふなとく》）

柳橋の船宿大枡《だいます》の船頭。一人で留守番をしているとき、隣の家に出前する筈の天ぷらそばが間違って届いた。これはありがたいと、ぺろりと平らげ空の丼を隣の玄関に置いて知らん顔していると、隣家のカミさんが「あら誰か食べちゃったのかい」と容器の脇にそば代を置いたので、その金まで失敬した。「あれが小言になるかなあ」と首をひねっていたが、それが親方にバレたと早合点して兄貴分に謝ってもらったら「いつやったんだ、ちっとも知らなかった」。（長井好弘）

留っこ《とめっこ》（「粗忽《そこつ》の使者《ししゃ》」）

若い大工。おっちょこちょいだが、好人物。留吉か留五郎か留松か、本当の名前は本人すら知らない。使者の口上を忘れて進退窮まった地武太治部右衛門に同情し、武士と町人の身分の差を超えて、助っ人に名乗りを上げる。了見は立派だが、やることは乱暴で、忘れた記憶を呼び起こすためとはいえ、人間の尻を釘抜きで捻《ねじ》るという荒療治。結果はともかく、治部右衛門の切腹を阻止した功

績は大きい。（長井好弘）

伴蔵《ともぞう》（「怪談牡丹燈籠《かいだんぼたんどうろう》」）

栗橋宿の荒物商関口屋の主人。元根津の浪人、萩原新三郎の家作に住み、女房おみねと下働きをしていたが、新三郎を慕う幽霊のお露に百両の礼で頼まれて魔除けのお札をはがしたため、新三郎は死ぬ。金無垢の海音如来を盗んで夫婦で逐電、その金を元手に栗橋宿で荒物店を開業。商売は順調で金回りがよくなると、出入りしていた料理屋ささやの酌婦、お国とねんごろになる。それを知ったおみねが嫉妬したため幸手堤で殺害。お国の夫、源次郎に脅迫されても、悪党の貫録を見せ付けて追い払う。その後、偶然現れた旧知のお幇間《たいこ》医者、山本志丈と連れ立ち、逃走時に埋めた金像を掘り出すために江戸に戻るが、旧悪をばらされそうになったため志丈まで殺害、遂に御用となる。実直なの下働きだった身が、お露の幽霊と出会ったころから悪性な女房の入れ知恵もあって、破滅の道へと転び始める。だが、しょせんは金と運命に翻弄された「地に足の付かない人生」を送ることになる。三遊亭圓朝作の長い物語の中でも、ある意味、もっとも人間臭さを感じさせる人物でもある。（太田博）

友達《ともだち》（「強情灸《ごうじょうきゅう》」）

灸をすえてきた男。江戸っ子の友人に、「見た目には小さな灸だが、火がまわると尋常でない熱さになる」と、やや大袈裟に体験談を話す。古今亭志ん生は、灸をすえた場所を峰《みね》の灸《きゅう》（現在の神奈川県横浜市にある灸療所）と詳細に設定している。（原健太郎）

友達（「寿限無《じゅげむ》」）

小学生。普通の子供では味わえない、長い長い名前の友達を持った不幸を毎朝感じている。家の前で名前を呼んでいると学校に遅れるし、喧嘩して殴られても、苦情を言っているうちにこぶが引っ込んでしまう。（長井好弘）

友達（「ずっこけ」）

親切な男。看板になっても帰ろうとしない酔っ払いの兄弟分を居酒屋から連れ出すが、泥酔していて扱いに困る。尿意を催した兄弟分に「シーシーシー」と面倒をみてやった末、どてらの襟をつかんで運んだため、途中でずり

落ち、どてらだけを家に届けてしまう。（布目英一）

友達（「茶《ちゃ》の湯《ゆ》」）
根岸の里に移り住んだ隠居の、蔵前時代の仲間。隠居が茶の湯を始めたことを知り、わざわざ根岸まで足を運ぶが、ふるまわれた青きな粉入りの茶と、薩摩芋を擂《す》り粉《こ》木《ぎ》で当てたものを黒砂糖と蜜で練り、灯油を塗った茶菓子利休饅頭のまずいこと。便所を借りる途中、縁先から目の前にひろがる菜畑へ放り投げる。（原健太郎）

友達（「つる」）
長屋の住人。仕事中、能天気な仲間から、鶴の名の由来を無理矢理聞かされる。仕方なく耳を傾けるが、その仲間が旦那から教えられた嘘っぱちな説明を、うろ覚えで聞かせるため、まったくわけがわからない。（原健太郎）

友達（「道灌《どうかん》」「小《こ》町《まち》」）
町内の若い衆。雨の日に、仲間の八五郎のところに提灯を借りに行くが、「提灯でなく雨具を貸してくれ」と言えば貸してやると、隠居に教わった太田道灌の「山吹の実」の逸話を聞かされる。とんちんかんな受け答えをすると、歌道に暗いといわれ、「角（歌道）が暗いから借りに来た」と切り返す。（太田博）

友達（「なめる」「菊重《きくがさ》ね」）
気付け薬、守田の宝丹の持ち主。仲間が、知り合った娘の乳房の下にあるおできをなめさせられ、それがたちの悪いものであると知って気絶してしまったため、宝丹をなめさせる。（原健太郎）

友達（「のめる」「二《に》人《にん》ぐせ」）
「つまらねえ」が口癖の男。何かにつけて「一杯のめる」という仲間相手との「口癖を言ったら罰金」という賭けに自信満々で挑む。当初は楽勝ムードだったが、好きな詰め将棋を使った罠にはまり、「詰まねえ」と言うところをつい「つまらねえ」と言ってしまう。だが、とっさの機転で払った分は取り戻す。（長井好弘）

友達（「一人酒盛《ひとりさかもり》」）
長屋の男。友人が町内に引っ越しして来たと聞き顔を出すと、「手伝うてもらわいでもええ。ただ、飲んで帰ってもろたら結構」とは言うものの、鍋焼きうどんを注文に行かされたり、なにやかやと手伝うことになる。酒を飲む段になってからも、「燗がぬるい」とか「湯呑に茶殻が付いている」と難癖をつけて一杯も注いでくれない。憮然としていると「何を機嫌の悪い顔しとんねん。帰れ！」とまで言われるので、ついに怒って帰ってしまう。桂枝雀演出では芳と名乗る。（小佐田定雄）

友達（「両国八景《りょうごくはっけい》」）
世話焼きの男。閉店になるのに腰をあげない酔っ払いを居酒屋から連れ出し、両国広小路へ行く。焼継屋《やつぎや》の粉（接着剤）を酔っ払いが口に入れ、口が開かなくなったので助けてやる。（布目英一）

供《とも》の者《もの》（「茶代《ちゃだい》」）
旅人。主人に付き添い、上方から江戸見物に訪れる。主人に「茶屋で『おい六助』と言ったら茶代を六文、『八助』と言ったら八文置け」と命じられる。浅草の観音様に行く途中、にわか雨にあい、主人に頼まれて宿まで傘を取りに行ってきたら、主人はおらず、茶屋の亭主に「旦那様は観音様に先に行かれ、百助に茶代を払ってこいとおっしゃっていた」と言われたので、「困った。三十二助しかない」。（布目英一）

伴野《ともの》林蔵《りんぞう》（「鏡《かがみ》ヶ池《いけ》操《みさお》松影《のまつかげ》」「江《え》島屋《じまや》騒動《そうどう》」）
小悪党。三浦志摩守に仕えた足軽の子。十九歳のとき勘当となり、下総佐原に移り住む。元鍼医《はりい》の倉岡元仲に何やら大きな恩義があるらしく、悪行の片棒をかつぐ。自らも、鍼医年の市と、その娘おとしを殺害。倉岡が指示した死骸処理の書付を、川の中に投げ込んでしまったことから、倉岡との数々の悪事が露見。鏡ヶ池で、年の市の子甚吉に仇を討たれる。（原健太郎）

豊志《とよし》賀《が》（「真景《しんけい》累《かさね》ヶ淵《ふち》」）
根津七軒町の富本節の師匠。本名、志賀。深見新左衛門に殺された座頭皆川宗悦の長女。男嫌いで通っていたが、家の手伝いに来る煙草屋の新吉（実は深見の次男）といい仲になる。親子ほども年齢差がある若い新吉におぼれたことから、弟子や支援者が次々離れていく。やがて業病を得て、見るも無残な面相に。新吉の心変わりを恐れ、ただ一人残った女弟子のお久に嫉妬する。ついに非業の死を遂げるが、嫌気がさして逃げ出した新吉、「新吉に関わる女を七人まで取り殺す」という遺書を残す。その言葉通り、新吉のその後の暮らしに付きまとい、ジワリジワリと破滅に追い込んでいく。（長井好弘）

豊竹屋《とよたけや》節《ふし》右衛《え》門《もん》（「豊竹屋《とよたけや》」）
長屋の主人。義太夫好きが嵩じてついに日常会話の大半に節を付ける。口三味線の名手である花梨胴八《かりんどうはち》と意気投合、義太夫と口三味線の掛け合いになる。（小佐田定雄）

虎《とら》（「堪忍袋《かんにんぶくろ》」）
大工。学校を出た若い者に「仕事のやり方が古い」と意見をされたのが悔しく、酒を飲んで鬱憤を晴らそうとした。それでも気が晴れないので、長屋の知り合いが作った堪忍袋を借りに行く。「袋が一杯になってしまったので、中身を捨てるまで待ってくれ」と言うのを聞かずに袋のヒモを引っ張ったために……。（布目英一）

虎（「猫《ねこ》と金魚《きんぎょ》」）
横町に住む鳶頭《かしら》。出入りの商家の旦那に頼まれ、金魚を食べに来る隣家の猫をこらしめようと湯殿で格闘するが、へそをかじられて金魚鉢をひっくりかえし、あえなく降参する。名前は虎でも濡れ鼠となったので、猫にはかなわなかった。（布目英一）

寅《とら》（「粟田口《あわたぐち》」「粟田口霑笛竹《あわだぐちしめすのふえたけ》」「澤紫《さわのむらさき》ゆかりの咲分《さきわけ》」）
駕籠屋。新橋から乗せた武士に頼まれて小菊の紙と煙草を買ってくると、その武士が男を襲っていた。口封じのために斬られて川へ落とされる。（布目英一）

寅（「棒鱈《ぼうだら》」）
江戸っ子の職人。仕事帰りに料亭で一杯のつもりが、酒癖の悪い相棒が料理に文句を言い、仲居に絡み、はては隣座敷の田舎侍に喧嘩を売るなど、次々とトラブルを起こすので、尻拭いに追われる。（長井好弘）

寅（「庖丁《ほうちょう》」「庖丁間男《ほうちょうまおとこ》」）
素寒貧の遊び人。景気のいい悪友の久次から「清元の師匠をしている女房を口説いてくれ」と頼まれる。女房に「間男」の汚名を着せて追い出し、若い女と所帯を持つためだという。さっそく口説いてみるがうまくいかない。嫌気が差して真相をぶちまけると、驚き怒った女房から「久次を追い出すから、あんたが亭主になって」と持ちかけられる。形勢逆転。亭主におさまって、めでたしめでたしだが、いずれ同じように、別の男に亭主の座を奪い取られそうな気もする。（長井好弘）

虎十《とらじゅう》（「馬《うま》の田楽《でんがく》」）
村人。昼間から酔ってご機嫌。味噌樽をのせたまま逃げた馬を探す馬子に「味噌をつけた馬を見なかったか」と聞かれ、「馬の田楽は食ったことがない」。（布目英一）

寅《とら》ちゃん（「後家馬子《ごけまご》」）
玉造稲荷近くの裏長屋の住人お竹の子供。同じ長屋のお松とお竜の喧嘩のとばっちりで、米の入った桶を井戸に落とされ、お竜の娘のおくしに訴える。（小佐田定雄）

鳥刺《とりさ》し（「矢橋船《やばせぶね》」）
矢橋から大津へ向かう乗合船の客。侍同士の争いに巻き込まれ、刀の鐺《こじり》で雀を入れた鳥籠を壊され、中の雀に逃げられてしまう。（小佐田定雄）

泥丹坊堅丸《どろたんぼうかたまる》（「狼講釈《おおかみこうしゃく》」）
大坂のはなし家。旅回りの一座が「御難」に合って解散してしまう。芸州の山奥で狼たちに取り囲まれてでたらめな講釈を読み、窮地を逃れる。（小佐田定雄）

泥丹坊堅丸（「べかこ」）
大坂のはなし家。旅回りの一座が「御難」にあって解散。佐賀の武雄で大黒屋という宿屋の世話になっている。城の姫の余興に呼ばれ、悪口を言う腰元に「べかこ」をしたために不審者として捕縛される。（小佐田定雄）

泥丹坊堅丸（「深山隠《みやまがく》れ」）
大坂のはなし家。旅回りの一座が「御難」にあって解散。肥後の天草で庄屋の養子に収まるが、町に買出しに出たまま、噺家山御霊ヶ嶽《はなしかざんおんりょうがたけ》で消息を絶つ。（小佐田定雄）

泥棒（どろぼう）

他人様のものをいただく。世間の常識に従えば、どう考えても威張れる商売ではないが、落語の世界では「客を取り込む」という理由で歓迎され、一日寄席の客席にいれば必ず泥棒噺に巡り合うことができる。窃盗、強盗、かっぱらい、掏摸《すり》、ひったくり、万引きに置き引きと専門分野は多岐にわたるが、落語では、「花色木綿」「締め込み」「夏泥」「だくだく」「転宅」など、もっぱら空き巣狙いで、必ずと言っていいほど失敗する。「黄金餅」や「付き馬」など「悪が栄える」落語がないわけではないが、泥棒は全滅だ。「何もすることがないから泥棒でも」という「でも泥」も多いとはいえ、成功例ゼロとは意外な数字。身近な犯罪であり、戸締りが緩い長屋では頻繁に起こっていたという背景が、落語上では積極的な泥棒賛美を控えさせている。ともあれ、落語の泥棒たちは、一概に真面目だ。「これからは真心に立ち返って悪事に励みます」などという台詞が頻繁に登場する。金儲けよりも、職業に対する真摯な取り組みを重んじる姿勢が共感を呼び、思わず「頑張れよ」と応援したくなる。彼らの懐は予想以上にあたたかい。「転宅」では十円札で膨らんだ紙入れを持っているし、「夏泥」では、盗みに入った先の貧乏男に有り金全部を与えてしまう。「泥棒」は江戸の呼称で、上方では「盗人《ぬすっと》」という。落語の演目もおしまいに「泥」がつけば江戸、「盗人」がついていたら上方落語である。（長井好弘）

泥棒（「穴《あな》どろ」）

金と意気地のない男。子煩悩。三両の金策に困り果て、女房から「豆腐の角に頭をぶつけて死んでおしまい」と言われ、通りかかった浅草新堀端《しんぼりばた》辺りの大店《おおだな》にふらふらと侵入。三両だけ盗もうと決意するが、出てきた赤ん坊をあやしているうちに、あやまって土間の穴蔵に落ちてしまう。あわてて大声を上げたため、泥棒騒ぎが発覚。旦那が鳶頭《かしら》に、「泥棒を引きずり出したら、三両のお礼を出す」と言っているのを聞き、「三両なら、こっちから上がっていく」。（原健太郎）

泥棒（「芋俵《いもだわら》」「芋どろ」「人俵《ひとびょう》」）

芋俵の中に隠れた男。店の中に運び込まれ、夜中に抜け出して泥棒仲間を呼び込むつもりが、腹を減らした小僧

に夜食にしようと芋俵の中に手を入れられ、思わず放屁する。泥棒を与太郎とするやり方もある。（長井好弘）

泥棒（「釜《かま》どろ」「釜盗人《かまぬすっと》」）
石川五右衛門を崇拝する盗賊。釜が無ければ五右衛門は釜ゆでにはならなかったと考え、供養も兼ねて、世の中にある釜という釜を全部盗み出そうともくろむ。豆腐屋から大釜を盗み出したところが、中から声がしたので蓋を開けてみると、人が顔を出したため、驚いて逃げ出してしまう。（布目英一）

泥棒（「碁《ご》どろ」）
碁好きの盗人。忍び込んだ家で、家の者が碁を打っていたので、ついつい碁盤をのぞき込み、口まではさむが、二人は対局に夢中で驚く様子がない。ようやく「おまえは誰だい」と尋ねられるが、今度は、こっちが碁盤に目を落としたまま、「泥棒です」。（原健太郎）

泥棒（「締《し》め込《こ》み」）
気のいい空き巣。長屋に忍び込み、大急ぎで着物類を風呂敷包みにしたところ、亭主の八五郎が戻ってきたので、あわてて床下に隠れる。続いて女房も戻り、風呂敷包みをめぐって、間男と家出をするのしないのと夫婦喧嘩が始まる。八五郎の投げた鉄瓶の湯が床下にたれ、たまらず「あちちっ」と飛び出す。「仲裁は時の氏神」と言って二人の間に入ったが、話の流れで、風呂敷包みは泥棒である自分がこしらえたものだ、と白状することに。別れずにすんだことを喜んだ夫婦に酒をふるまわれ、その日は店仕舞い。（原健太郎）

泥棒（「鈴《すず》ヶ森《もり》」）
できそこないの見習い盗人。親分の家に三か月居候をしても仕事を覚えられない。〝研修〟のため、親分に連れられ鈴ヶ森で追い剝ぎに挑戦するが、何度も教わった口上はしどろもどろ。脅すつもりが、たちまち旅人に素人と見破られてしまう。（長井好弘）

泥棒（「だくだく」「書割盗人《かきわりぬすっと》」「つもり泥《どろ》」）
空き巣。近視で乱視。絵に描いた家財道具を本物と思い込んで盗みに入る。ところが簞笥を開けようとしても開かないし、金庫から札束が飛び出しているのを取ろうとしても取れない。猫はあくびをしたまま、鉄瓶の湯気も動かないので勘違いに気づくが、作業をやめず、盗んだつもりになって芝居っ気を見せて、「簞笥の引き出しを開けたつもり。中に結城の着物が入っていたつもり。風呂敷に入れたつもり」などとやっている。それに気づいた住人が「絵の槍を手にしたつもり。その槍で刺したつもり」と言うと、「血がだくだくと流れたつもり」と答えて、刺し傷を押さえたふりをする。落語の世界でも一、二を争う洒落っ気の達人。（布目英一）

泥棒（「転宅《てんたく》」）
間抜けな空き巣ねらい。日本橋浜町辺の女名前の表札の家に忍び込む。食べ残しの料理や酒を夢中になって飲み食いしているうちに、この家の主お菊に見つかる。お菊は高橋お伝の孫のはんぺんであり、同業だということから夫婦約束をさせられて、その気になって「泊まっていく」と言うと、「二階に用心棒がいる」と言われ、びくびくしたあげく、財布の金も抜かれてしまう。翌朝、再びお菊に会いに出かけて、平屋だということと、すでに引っ越した後だということを知る。元義太夫語りのお菊にまんまとかたられた。（布目英一）

泥棒（「夏泥《なつどろ》」「打飼盗人《うちかいぬすっと》」「置《おき》泥」）
気のいい空き巣。とるものが何もない裏長屋に迷い込んでしまう。畳ばかりか床板もないので落っこちたあげく、仕事もなく一文なしのため裸に近い状態で暗闇の中に潜んでいる住人に「このままでは生きてゆけない」と哀願されたり、すごまれたりして、有り金すべてをまきあげられる。さらに、「季節の変わり目にまた来てくれ」と言われるという、まさに踏んだり蹴ったり。（布目英一）

泥棒（「花色木綿《はないろもめん》」「出来心《できごころ》」「まぬけ泥《どろ》」）
親分の元で修業中の新米。ヘマばかりやるので廃業を宣告されそうになるが、「これからは真心にたち帰って悪事に励みます」と決意表明。何とか盗みの実力を示そうと空き巣狙いに挑戦するが、失敗の連続。ついには粥を食い、褌《ふんどし》一本盗んだだけで見つかってしまい、「貧の盗みの出来心で」とひとつ覚えのいいわけを繰り返す。真っ当な（？）泥棒への道は遠い。（長井好弘）

《な行》

〈な〉

内儀《ないぎ》（「辰巳《たつみ》の辻占《つじうら》」「辻占茶屋《つじうらぢゃや》」）
東京洲崎遊郭の女主人。廓に通ってくる若旦那、伊之と花魁《おいらん》の照香《てるか》との間を取り持つ。（太田博）

永井《ながい》源助《げんすけ》（「操競女学校《みさおくらべおんながっこう》」「お里《さと》の伝《でん》」）
旗本。真影流の奥義をきわめる剣術の達人。麴町表三番町に屋敷をもち、道場をひらく。讃岐丸亀の京極備中守の家臣村瀬東馬の旧友。人望が厚い。村瀬の依頼で、尼ヶ崎幸右衛門の遺児お里を奉公させ、剣術を指導する。赤穂浪士討ち入りの読売が出た日、お里から、父を斬り殺した仇である岩淵伝内を討ち、尼ヶ崎家の再興を誓う本懐を聞かされ、これよりいっそう熱心に剣術を教える。翌春、お里に免許皆伝を与える。（原健太郎）

長尾《ながお》一角《いっかく》（「お若伊之助《わかいのすけ》」「根岸《ねぎし》お行《ぎょう》の松因果塚《まついんがづか》の由来《ゆらい》」）
根岸の里の町道場主。横山町の生薬屋の娘、お若のおじ。一中節の師匠菅野伊之助とお若の仲を心配した母親に頼まれ、可愛い姪っ子を預かるが、やがてお腹が大きくなっていることに気づく。伊之助をお若に世話した鳶頭《かしら》の初五郎を呼んで、相手が伊之助かどうか確かめさせるが、どうも判然としない。そこで初五郎と張り込み、お若のもとに現れた男を成敗しようと、鉄砲を構える。はたしてその正体は……。（原健太郎）

中根《なかね》善之進《ぜんのしん》（「敵討札所の霊験《かたきうちふだしょのれいげん》」）
榊原藩の重役、中根善右衛門の倅。二十四歳。苦み走ったいい男。根津遊廓の女郎、小増の間夫《まぶ》だったが、小増にふられた下級武士の水司又市に斬殺される。（長井好弘）

中濱研造《なかはまけんぞう》（「代書《だいしょ》」「代書屋《や》」）
代書屋。大阪市東成区役所の近所で営業。たいへん親切な人なのだが、なぜか不思議な客ばかりがやって来て大いに難儀する。文字に右肩上がりで、心棒がゆがんでいて、偏のわりに旁が大きいという癖がある。文字こそ違うが、中濱賢三というのは実は「代書」の作者の四代目桂米團治の本名でもある。（小佐田定雄）

中村伝九郎《なかむらでんくろう》（「中村仲蔵《なかむらなかぞう》」）
江戸中期の役者。二代目。初代中村仲蔵の師匠。のちの八代目中村勘三郎。「仮名手本忠臣蔵　五段目（山崎街道）」の斧定九郎《おのさだくろう》の扮装を従来のものとはまったく違った型にした仲蔵の工夫を認めた。「仲蔵、おれはおめえの師匠だよな」と愛蔵の煙草入れを与える。三代目仲蔵の著『手前味噌』に役作りの経緯が書いてある。（太田博）

中村仲蔵《なかむらなかぞう》（「中村仲蔵」）
江戸期に活躍した実在の役者。初代。元文元（一七三六）年～寛政二（一七九〇）年。養父は長唄の五代中村小十郎。二代目中村伝九郎（後の八代目中村勘三郎）に入門、中蔵の名で子役・若衆役を務めた。十代半ばで突然廃業し、酒屋の奉公、舞踊の師匠などをするが、四年後に舞台復帰、四代目市川團十郎に見出されて腕を上げる。明和三（一七六六）年の「仮名手本忠臣蔵　五段目」の斧定九郎役を与えられた際、ふと入ったそば屋で見掛けた貧乏旗本の雨に濡れた様子をヒントに、今日のような定九郎の型を考案した。二代目伝九郎、四代目團十郎に認められ、一躍、名優の仲間入りをする。写実的な演技を得意とし、「仲蔵見得」と呼ばれる型も開拓した。元は講釈ネタであるこの演目は、三代目仲蔵『手前味噌』によるとほぼ実話に基づいている。（太田博）

中村仲蔵（「淀五郎《よどごろう》」）
江戸役者。初代。屋号は栄屋または舞鶴屋。「仮名手本忠臣蔵」の判官役に抜擢された芝居小屋の倅、澤村淀五郎の後見役。相手役の市川團蔵の厳しい仕置きを聞いて、事細かく役作りを指南する。仲蔵は五代まで存在するが、題名の「淀五郎」という役者は実在しない。仲蔵の俳名である秀鶴《しゅうかく》でやることもある。（太田博）

中村《なかむら》の旦那《だんな》（「素人鰻《しろうとうなぎ》」）
元は士族。明治新政府から奉還金をもらい、それを元手に鰻屋を開業する。腕はいいが酒癖の悪い鰻職人金《きん》に、板場のことはすべて任せているが、開業日からトラブルを起こし、しばしば店を休まれる。やむなく自分が鰻を料理することになるが、割くどころか、つかむことにも難儀する。ついに鰻をつかんだまま店を飛び出し、以来消息を絶つ。行き先は鰻だけが知っている。（原健太郎）

中村武助《なかむらぶすけ》（「武助馬《うま》」「武助芝居《しばい》」）

大部屋役者。奉公先の呉服屋を辞め、中村勘袋一座に入る。五年後、「一谷嫩軍記《いちのたにふたばぐんき》」の馬の後ろ脚の役が付き、元の奉公先の主人に挨拶に行く。当日、大向の主人から「馬の脚！」と声が掛かると嬉しくなって飛び跳ね、あげく、「ひひーん」と鳴く始末。「後ろ脚が鳴くとは」の声に、「前脚がおならをした」。（太田博）

長屋《ながや》**の男**《おとこ》（「唐茄子屋政談《とうなすやせいだん》」「唐茄子屋」）

誓願寺店の裏長屋に住む。浪人の女房が首をつる騒動のもとを作った家主が徳三郎にやかんで頭をなぐられたのを見て、日ごろのうっぷんを晴らす。傷口に薬のふりをして七色唐辛子をすりこむ。（布目英一）

長屋《ながや》**の衆**《しゅう》（「近日息子《きんじつむすこ》」）

人の良い住人たち。大家のところに不幸があったらしいというので、すぐさま皆で悔やみに出かけると、死んだはずの大家が現れ「私は生きています！」と叱られた。だがしかし、「大家の息子が顔色を変えて飛び出し、町医者の錆田先生がやってくる」「入れ違いに息子が早桶をかついで帰ってくる」「家の前に白と黒の花輪が飾られ、葬儀社から人足が二三人やってくる」「玄関の簾《すだれ》が裏がえしになって『忌中』の札がかかっている」と、これだけ状況証拠（？）が揃っているのだから、大家には気の毒だが、くやみに来るのが当然だろう。（長井好弘）

長屋の衆（「さんま火事《かじ》」）

十八軒の長屋の住人。しわい屋の地主の言動に腹を立て、仕返しをしたいと考えている。大家から知恵をもらい、地主が商う油屋の前の空き地に七輪を並べ、みなが三匹ずつさんまを焼いて煙をおこし、火事だと思わせようという作戦だが……。（原健太郎）

長屋《ながや》**の住人**《じゅうにん》（「孝行糖《こうこうとう》」）

与太郎の隣人。親孝行の褒美として、お上から青緡五《あおざしご》貫《かん》文《もん》を下しおかれた与太郎に、飴の行商を始めるようすすめる。鉦《かね》や太鼓を買いあたえ、飴売りの口上を教え、「孝行糖を食べた子供は親孝行になる」という評判まで立ててやり、与太郎の新商売を後押しする。（原健太郎）

長屋の住人（「黄金餅《こがねもち》」）

下谷山崎町の貧乏長屋に住む。同じ長屋の願人坊主西念《さいねん》が急死したので、葬式をしきる金山寺味噌売りの金兵衛を先頭に、その晩のうちに麻布《あざぶ》絶口釜無村《ぜっこうかまなしむら》の木蓮寺まで仏をかついでいく。いざ到着すると、「新橋に行って、手銭でお浄めをしてくれ」と、金兵衛に追い立てられ、閉口する。こやつが西念の腹の中の金を狙っているとも知らず……。（原健太郎）

長屋の住人（「粗忽《そこつ》の釘《くぎ》」「宿替《やどが》え」）

夫婦者。かみさんはちょっと美人。突然やってきた男がさんざのろけ話をして帰ったと思ったら、再びやってきたので訳を聞くと、隣家に引っ越してきて釘を壁に打ち込んだという。調べてみると、その先が阿弥陀様の首（股間という説も）から出る被害を受けていた。（布目英一）

長屋の住人（「豆屋《まめや》」）

小商人をからかう見栄っ張り。与太郎が売りにきた豆に買う気もないのにさんざんケチをつけ、結局買わない。（太田博）

茄子《なす》の子《こ》（「茄子娘《なすむすめ》」）

山寺の和尚と、彼に育てられた茄子の精との間に生まれた女児。住職が旅に出、母の茄子にも先立たれるが、廃寺で一人生き延び、四年後、廻国修業を終えて寺に戻った父と再会を果たす。一人で育ったと言う娘に、親は茄子とも子は育つ――。（長井好弘）

茄子《なす》の精《せい》（「茄子娘《なすむすめ》」）

茄子の化身。若い娘の姿となって、自らを育てた住職の寝間に現れ、情けを交わす。「よい菜《さい》になれ」と声をかけられたのを「よい妻に」と聞き違えたらしい。いささか粗忽だが、一途な思いが通じて住職との間に一女（？）をもうけ、若くして死ぬ。（長井好弘）

那須与一《なすのよいち》（「源平盛衰記《げんぺいせいすいき》」）

下野国（栃木県）出身の源氏方の武将。名は宗高《むねたか》。通称与一。弓矢の名手。源平・屋島の合戦で、平家方が舟に掲げた扇の的を一矢で射落としたことから一躍檜舞台に登場。『平家物語』にある。地噺「源平盛衰記」のほか、講談ネタに登場することがある。（太田博）

那須政勝《なすまさかつ》（「にらみ返し《がえ》」）

取り立て人。壮士を思わせる勇ましい雰囲気を漂わせる。大晦日、高利貸瀬川栄助の代理人と称し、熊五郎の家に返済を迫りに出向く。家の中にいた言い訳屋を熊五郎の親戚と思い込み、元金ばかりか、いくらか利息も付けて返せと高圧的に話すが、まったく動じる気配がない。恐怖を覚え、ついに退散する。（原健太郎）

業平文治《なりひらぶんじ》（「業平文治」「業平文治漂流奇談《ひょうりゅうきだん》」）

本名、浪島文治郎。寛永ごろの人。堀丹後守の家来だった父親が浪人して以来、本所業平に住む。真陰流の達人で、七人力。父親の没後、年老いた母親に孝行するとともに、弱きを助け、強きをくじく義侠の人として知られた。悪人を懲らしめるだけでなく、更生するための資金も与えている。（布目英一）

〈に〉

煮売屋《にうりや》（「軽石屁《かるいしべ》」）

老人。東海道の鈴鹿峠と水口《みなくち》の間で営業。大坂の旅人が、あとから仲間を乗せて来る駕籠屋に軽石の粉の入った酒を飲ませるという悪戯に協力する。（小佐田定雄）

煮売屋（「近眼《ちかめ》の煮売屋」）

大阪市中の惣菜屋。たいへんな近眼で、そこにつけこんだ隣町の若い連中が、金を払う段になって「金を下に落としたんや。拾うてえな」と言うので顔を地面に近づけて覗き込んだところを上から抑えつけられる。へたばったスキに男たちは逃げて行ったが、注文した品物は店先に忘れたまま。（小佐田定雄）

煮売屋（「煮売屋《にうりや》」）

伊勢街道筋で一膳めし、やなぎやを営む。爺さんと婆さんの二人で切り盛り経営している。品書きには「どじょう汁」や「くじら汁」が並んでいるが、すぐにできるものは少ない。店で飲むとホロッと酔いがまわり、村を出はずれるころに醒める「村さめ」、庭に出ると醒める「庭さめ」、飲むしりから覚める「じきさめ」という怪しい地酒が自慢。（小佐田定雄）

煮売屋（「ねぎまの殿様《とのさま》」）
上野広小路でよしず張りの店を持つ。ねぎま鍋や深川鍋が看板の品。いきなり現れた殿様にねぎま鍋と酒を召し上がってもらい、ねぎま鍋は符丁の「ニャー」という名で覚えられてしまう。（布目英一）

錦木《にしきぎ》（「三味《しゃみ》線栗毛《せんくりげ》」「錦木検校《にしきぎけんぎょう》」）
按摩。部屋住みの若侍酒井角三郎の療治をしながら、「あなたは大名になれる骨格です」と予言すると、角三郎から、「おれが大名になったら、おまえを検校にしてやる」と約束される。風邪をこじらせ床に伏せっていると、長屋の連中から、実は角三郎は大名酒井雅《う》楽頭《たのかみ》の次男で、今度、事情があって家を継ぐことになったと聞き、大塚の下屋敷にいる角三郎のもとにあわてて駆けつける。はたして約束は実行され、盲人の最高位である検校にのぼりつめる。（原健太郎）

新羽屋稲荷《にっぱやいなり》（「御神酒徳利《おみきどっくり》」）
神奈川宿の旅籠《はたご》新羽屋の庭に小さな社を構える。インチキ占いの善六に、宿で起こった現金紛失事件は「お稲荷さんの祟り」と犯人扱いされるが、「祟りがあるぐらいなら、霊験あらたか間違いなし」とかえって評判になり、参詣者が引きも切らず、宮も造営される。おかげで正一位に官位昇進し、社も新築されたため、大坂の鴻池家まで出張し、当家の娘の病の治癒を祈願する善六の夢枕に立って「病気全快の法」を伝授する。現実的でさばけた神様である。（長井好弘）

女房（にょうぼう）

裏長屋に住む主婦。亭主からは嬶《かか》、ときには役者の屋号をしゃれて嬶村屋《かかむらや》などと呼ばれることもある。多くの場合、亭主を尻に敷いていてぼろ糞に叱り飛ばしたりしているが、心底では亭主に惚れぬいており、その期待に応えようとせず、のほほんと暮らしている亭主に腹を立てている。亭主が頼りないために口八丁手八丁にならざるを得ず、中には「雀」とか「雷」というニックネームを頂戴するほどおしゃべりな人（「舟弁慶」）や、口やかましい人もある。やりくり上手で、貧乏世帯を切り盛りしている。やきもち焼きでもある。（小佐田定雄）

女房（「青菜《あおな》」）

植木職人の妻。亭主を尻に敷いている。仕事先のお屋敷で覚えた「隠し言葉」を実践したくなった夫の頼みで、意味もわからない台詞を覚えさせられたり、暑い最中、押し入れに隠れたりする。夫婦の見合いが、動物園の河馬《かば》の檻の前、亭主は大家の坊ちゃんから借りたつんつるてんの袴《はかま》をはいて猿山から下りてきたという瞬間から二人の上下関係は決定的になっていた。（太田博）

女房（「穴《あな》どろ」）

鬼嫁。三両の金策がどうにもつかない亭主を、「豆腐の角に頭をぶつけて死んでおしまい」となじり、夜中、平然と外に放り出す。（原健太郎）

女房（「雨夜《あまよ》の引窓《ひきまど》」「引窓与兵衛《ひきまどよへえ》」）

武蔵国葛飾郡横堀村名主与左衛門の妻。亭主が囲っている芸者お早を、江戸から呼び寄せ、三人で暮らしている。お早のことを妹のように大切にしているが、妬《ねた》ましく思う女心が消えたわけではない。後日、お早を遊び人の与兵衛に嫁がせたが、亭主とお早の関係が今も気になっている。夜中に帰った与左衛門に「戸を開けてくれ」と言われるが、どうせお早と会っていたのだろうと、放っておく。突然、表で大きな物音がしたので飛び出すと、井戸の前に揃えて置かれた与左衛門の草履《ぞうり》を発見、悄然とする。そこへ現れた与兵衛に、「あの女房なら亭主を殺しかねない、と噂でもされたら大変だ」と脅され、五十両をゆすられる。（原健太郎）

女房（「安産《あんざん》」）

長屋のかみさん。陣痛に苦しんでいる最中、手当たり次第の神仏に「金無垢の鳥居をおさめます」と約束する亭主に呆れながらも、無事に男児を出産する。（長井好弘）

女房（「いいえ」「嵐民弥《あらしたみや》」）
馬子の妻。亭主が連れ帰った女形を娘と勘違いして、一緒に寝たため間違いが起きる。（太田博）

女房（「稲荷俥《いなりぐるま》」）
俥夫梅吉の女房。大阪の高津四番町の長屋に住む。真っ青な顔で帰宅した亭主に訳を聞くと、稲荷のお使いを乗せたとのこと。「乗り逃げやがな」と亭主をたしなめたものの、俥の座席からハンカチに包んだ百五十円が見つかり、機嫌が直る。（小佐田定雄）

女房（「いらちの愛宕詣《あたごまい》り」）
いらち（せっかち）な亭主が、「いらちを直してもらうために愛宕さんにお参りする」と言うので、喜んで支度をしてやる。戻ってきた様子を見るになまじのお賽銭では神様でも「いらち」は直せないようだ。（小佐田定雄）

女房（「植木屋娘《うえきやむすめ》」）
寺の門前の植木屋幸右衛門の妻。おみつという十七歳の美しい一人娘がいる。寺小姓の伝吉を一緒にさせようという亭主の画策で、おみつと伝吉を二人きりにするため、一日に二度も風呂屋へ行かされる。（小佐田定雄）

女房（「江戸荒物《えどあらもの》」）
亭主が、東京ものが流行っているのに目をつけ、江戸っ子のふりをして荒物を売る店を始めたため、「なんだい、おまえさん」などと慣れない江戸弁を使わされた上、品物が一つも売れず迷惑している。（小佐田定雄）

女房（「阿武松《おうのまつ》」）
力士、武隈文右衛門の妻。新弟子の尾車《おぐるま》（後の六代目横綱阿武松緑之助）が大飯食いで、米櫃《こめびつ》がすぐに空になってしまうと夫にご注進。一分の金を持たせて追い出してしまう。末は横綱になる力士を見抜けなかった。（太田博）

女房（「大山詣《おおやままい》り」）
大山詣りの先達吉兵衛のかみさん。長屋の女房たちのリーダー。初め、自分一人をのぞいて講中全員海で遭難した、という熊五郎の話を鼻で笑っていたが、その熊五郎が頭を丸めた姿を見て、急に泣き出す。「私を尼さんにして」と申し出たために、熊五郎の女房をのぞき、全員が右へならえで坊主になる。（原健太郎）

女房（「おごろもち盗人《ぬすっと》」「もぐら泥《どろ》」）

商売人の妻。亭主に無断で店の金箱の中の金を使って買い物をする。その不足分を亭主が算段しているのに、自分は寝床に入って寝ていた。亭主が呼ぶので店に行ってみると、店の敷居の下に穴を掘って盗人が土間からニョキッと腕を出していた。その様子を目撃して「地面から手が生えてきた」と口走る。（小佐田定雄）

女房（「お直《なお》し」）

盛りを過ぎた吉原の花魁《おいらん》。同業者同士の色恋は御法度と知りながら、見世の若い衆と深い仲になる。楼主の情けで晴れて夫婦となり、現役を引退。自身は客と遊女を取り持つ遣り手に、亭主はそのまま若い衆として共稼ぎをするが、亭主の岡場所通いと博打の借金で、たちまち金が底をつく。進退窮り、吉原の東端の羅生門河岸で、最下級の女郎「蹴転《けころ》」をすることになった。お互い腹をくくっての商売のはずが、男といちゃつく女房に嫉妬《やきもち》を焼いた、客引き役の亭主から「直して（料金の更新）もらいなよ」を連発され、商売がやりにくい。しまいには亭主と喧嘩になるが、本音でぶつかりあう中で互いの真心を確認し合い、出直そうと誓い合う。「地獄」を見たもの同士、雨降って地固まると思いたい、二人の行く末ではある。（長井好弘）

女房（「帯久《おびきゅう》」）

本町四丁目の呉服屋和泉屋与兵衛の妻。夫が、同業の帯屋久七に金を貸したが、返金の際のトラブルで商売も不振に陥る。その心労で死んでしまう。（太田博）

女房（「親子酒《おやこざけ》」）

大酒飲みの夫と息子を持つ商家の婦人。父子で禁酒を誓うが、息子の留守中に夫から飲酒をせがまれて渋々飲ませてしまう。呑兵衛の亭主を持った悲喜劇を一身に背負ったような世話女房である。（太田博）

女房（「蚊《か》いくさ」）

八百屋のかみさん。剣術ざんまいで仕事をしない亭主に愛想をつかし離縁を考えている。武将気取りで蚊の大群と合戦の真似事を始めた亭主にいやいや助太刀するが、蚊の集中攻撃に耐えられず敗北。離縁の前に、居城（わが家）を明け渡すことに。（長井好弘）

女房（「火焔太鼓《かえんだいこ》」）
道具屋甚兵衛のかみさん。しっかり者。亭主のことを「向うの米屋の旦那にうちで使っていた火鉢を売ってしまったから、寒くなって米屋へあたりに行ってるような間抜けだ」と、あきれながらも、貧しさにも大した不平も言わずに寄り添っている。商売の機微に関しては、夫より数段長けているが、時期でもないのに買ってきた埃だらけの太鼓が、途方もない値段が付くことまでは読めない。音の出る太鼓が高く売れたので亭主が、「こんどは、半鐘を買って……」と提案するが、「半鐘はいけないよ、おじゃんになるから」と諭す。（太田博）

女房（「加賀《かが》の千代《ちよ》」）
頼りない亭主甚兵衛を支える、しっかり者。世間から信用があるので借金などお手のものだが、あえて亭主に「俳人加賀の千代の故事を応用した借金法」を伝授し、隠居から年越し資金を引き出させる。（長井好弘）

女房（「掛取《かけと》り」「掛取り万歳《まんざい》」）
大晦日に借金を払えない職人のかみさん。毎年年の瀬になると、借金取りに押しかけられるが、夫婦ともさほどこたえてない。それどころか掛取りにくる人の趣味や道楽に合わせて言い訳をしようという亭主を助けて、相手の趣味、道楽まで助言する。（太田博）

女房（「笠碁《かさご》」）
美濃屋の隠居のおかみさん。雨の中、碁好きの亭主が仲違いした碁敵《ごがたき》の家に出かけようとするので、「傘は私が買い物に使うから、持っていったら困る」と、非情な言葉を投げかける。（原健太郎）

女房（「片袖《かたそで》」）
大阪上本町の酒問屋、男山の主人、山内清兵衛の妻。一人娘の糸が十八歳の若さで亡くなったので、毎日泣き暮らしている。不思議な六部が現れ、娘のものと思われる片袖を差し出し、越中立山の幽霊谷魔の淵のほとりで糸の幽霊に出会い、「高野山へ祠堂金として三百円納めてほしい」と言づけられたと伝えられたので、門跡様にと所持していた五十円を差し出す。（小佐田定雄）

女房（「紙入《かみい》れ」）

浮気な妻。亭主が面倒を見ている貸本屋の奉公人新吉を家に上げたところへ運悪く、夫が帰ってきたが、あわてず新吉を逃がす。翌朝、忘れた紙入れが気になり、こわごわ様子を見に来た新吉に、「旦那の留守に男を引き入れようというおかみさんだから、ぬかりはないと思うよ……」とうそぶく。（太田博）

女房（「紙屑屋《かみくずや》」「浮《う》かれの屑撰《くずよ》り」）

職人のおかみさん。勘当された大店《おおだな》の若旦那を居候させている。勤労意欲がまったくない若旦那に不満を募らせ、三度のご飯は、「死なないまじない」程度に食べさせているらしい。（原健太郎）

女房（「替《か》わり目《め》」）

酒好きの亭主をもつ。毎晩のように酔っ払って帰る亭主に手を焼きながら、迷惑をかけた人々に頭を下げる器量の持ち主。「寝酒を出せ。つまみに佃煮、納豆、干物を出せ」と、だだをこねる亭主を軽くあしらうが、それでも、おでんぐらい買ってこようと出かける支度をする。すでに出ていったものと思い、「おれには出来すぎた女房だ」とにやつきながら言う亭主の独り言を、ちゃっかり聞いている。（原健太郎）

女房（「堪忍袋《かんにんぶくろ》」）

長屋の住人。亭主との喧嘩が絶えなかったため、仲裁に入った旦那に鬱憤を瓶に怒鳴り込んで気を静めた中国の故事を教えられ、これにあやかって堪忍袋と称する袋に不平不満を怒鳴り込むようにとすすめられる。袋をこしらえ、不満を吐き出すことによって、亭主との仲も良くなる。噂を聞きつけた人々が鬱憤を吐き出しに来るようになったので、袋はふくらむだけふくらんでしまう。亭主と中身をどこに捨てに行ったらよいのか相談をしていると、知人の虎がやってきて堪忍袋を出すようにとせが

まれ、袋の口が開いてしまう。（布目英一）

女房（「京《きょう》の茶漬《ちゃづけ》」）

京都在住。亭主の留守に大阪からの来客があり、どうやら遠回しに昼飯の催促をしているようだが、ご飯の都合で茶漬け一膳しか出すことができない。客が「ええお茶碗でんなあ。どこでお求めになりました？」と空になった茶碗を突き出して二膳目を要求してくるので、空になったお櫃《ひつ》を向こうに突き出して「これと一緒に、そこの荒物屋で」と答えた。（小佐田定雄）

女房（「御慶《ぎょけい》」「富八《とみはち》」）

長屋の住人。八五郎のかみさん。富くじに夢中で商売に出ない亭主を改心させようと、離縁まで持ち出す。だが、亭主が千両富に当たると、「やっぱり富は買った方がいい」。この調子では、この先も八五郎の暴走を止められそうもない。（長井好弘）

女房（「金明竹《きんめいちく》」）

道具屋のおかみさん。親戚から預かっている松公と店番をしているところへ、加賀屋佐吉の使いの男が道具七品について口上を言いにやってくる。初めは松公が応対していたが、早口の上方弁でしゃべるのでらちが明かず、代わって話を聞いてみるが、やはりまったく理解できない。戻った主人に恐るおそる伝えるが、「仲買の弥市っつぁんが気がちがって、遊女を買ったら、これが孝女で掃除が好きで、千艘《せんぞう》や万艘《まんぞう》って遊んでいたら、しまいに寸胴《ずんどう》切りにしちゃったんです。小遣いがないから捕まらなくて、それから沢庵と隠元豆で茶漬けを食べて、何を言ってものんこのしゃあ……。それで、備前国《びぜんのくに》へ親船で行こうと思ったら、兵庫へ着いちゃったんです。そこに坊さんがいて、屏風が立ってて、屏風のうしろに坊さんがいて……これ、なあに？」と、さっぱり要領を得ない。「……あっ、思い出しました。古池にとびこみました」「古池へ？　……それで、道具七品は買ったのか？」「いえ、買わず（蛙《かわず》）です」。（原健太郎）

女房（「熊《くま》の皮《かわ》」）

甚兵衛のかみさん。人の良い亭主を尻に敷き、一日中こき使う。「水を汲んできた人がお米をとぐの。その方がお米が喜ぶんだから」などと、命じる仕事にはいちいち理屈がある。本人は、頼りない亭主を教育しているつもりなのだろう。（長井好弘）

女房（「鍬潟《くわがた》」）
長屋のかみさん。身長二尺二寸しかない相撲取り志願の小男の妻。相撲稽古疲れで寝入った亭主が目を覚まし、「稽古のお蔭で背が伸びた」と喜ぶのを、「座布団に寝ていたのよ」と冷静に現実を指摘する。（太田博）

女房（「月宮殿星都《げつきゆうでんほしのみやこ》」）
大阪順慶町丼池《どぶいけ》の箱屋徳兵衛の妻。家の裏口で洗濯をしていると、大鰻をつかんだまま天に昇っていった亭主が突然墜落してきたので、あわてて手に持っていた柄杓《ひしやく》でひっぱたいてしまう。（小佐田定雄）

女房（「高津《こうづ》の富《とみ》」「宿屋《やどや》の富《とみ》」）
大坂大川町の宿屋の妻。高津の富の当日、朝から出かけていた鳥取の客が血相を変えて戻ってきたと思ったら、続いて主人も血相を変えて戻ってくる。客に売った富籤が千両の大当たり。半分の五百両をもらう約束をしていたと聞き、腰を抜かす。（小佐田定雄）

女房（「五月幟《ごがつのぼり》」）
亭主は大酒飲みの熊。息子の初節句に五月人形を買ってやれと、叔父から金をもらうが、「女が買いにいったって、こんな際物は買えるもんじゃねえ。おれが行って安く買ってくる」と亭主に言われる。また酒でも飲んでしまうのではないかと、心配しながら金を渡したところ、案の定……。（原健太郎）

女房（「後家殺《ごけごろ》し」）
義太夫好きの職人常吉のかみさん。「伊勢屋の後家といい仲になった」と亭主に打ち明けられ、「男の働きだから」と太っ腹なところを見せるが、これが後に、亭主が嫉妬から後家を殺すという事件の遠因になる。（長井好弘）

女房（「後生鰻《ごしょううなぎ》」）
鰻屋のおかみさん。亭主が鰻を割こうとしているところへ通りかかった信心深い隠居に「私が買い取る。川に放すから」と言われ、これはしめた、と思う。次はもっと高値で売りつけるよう、亭主をたきつける。エスカレートした欲望を待ち受けていたのは……。（原健太郎）

女房（「滑稽清水《こっけいきよみず》」）
按摩杢の市の妻。亭主の友人である馬之助と深い仲になっている。気づいた亭主が清水の観音様に「目を開けてください」と日参し始めたので、馬之助と二人亭主の横で「目を開けないで」と願をかける。（小佐田定雄）

女房（「碁《ご》どろ」）
碁好きの亭主をもつ。畳を焦がしても平然としているので、碁を打つ部屋では煙草は吸わぬよう厳命を下す。それにもかかわらず、対局に夢中になった亭主から、「煙草盆を持っといで」と命じられたので、女中に赤い火に見せかけた烏瓜《からすうり》（紅生姜で演じる者もいる）を灰の中に埋《い》け込んだものを持っていかせる。（原健太郎）

女房（「権助魚《ごんすけざかな》」）
商家の妻。旦那が妾を囲っていると感づき、飯炊きの権助を旦那の供につけて行き先を探らせるが、逆に二円で買収された権助にうその報告を聞かされる。（布目英一）

女房（「権助提灯《ごんすけぢょうちん》」）
大店《おおだな》のおかみさん。四十代後半。妾より優位に立ちたいと考えているが、いじめたりするのは自尊心が許さない。強風の夜、亭主を本宅と妾宅のどちらに泊まらせるかで妾と意地の張り合いになり、一晩中、亭主を行ったり来たりさせることに……。（布目英一）

女房（「誉田屋《こんだや》」）
京三条室町通り誉田屋忠兵衛の妻。娘のお花が十八歳の若さで急死。棺に三百両を入れて埋葬したが、お上に知れると罪になると心配した奉公人の久七が金を取り出そうと墓をあばいたところ、お花が甦生。久七はお花とともに江戸へ逐電する。そんなことは知らないで、店をたたんで亭主とともに四国西国巡礼の旅に出て、後に秩父坂東を廻国して江戸へやってきた時、浅草で誉田屋という暖簾を見つける。そこにいたのは……。（小佐田定雄）

女房（「真田《さなだ》小《こ》僧《ぞう》」）
お人好しの亭主と、小賢しい息子をもつ長屋の女。亭主の留守中に按摩を呼ぶのを唯一の楽しみにしているが、それを息子が浮気話にでっちあげ、父親から小遣いをせびっているとは、つゆ知らず。（原健太郎）

女房（「三軒長屋《さんげんながや》」）
夫は鳶頭《かしら》の政五郎。三軒長屋の端の家に夫婦二人で暮らす。いささか嫉妬深いが、度胸がすわったいい女。亭主の留守中も、血の気の多い職人たちが出入りし、喧嘩騒ぎなどを起こすので、ストレスがたまる一方。隣（三軒長屋の真ん中の家）の囲い者が、旦那の伊勢屋勘右衛門をそそのかし、長屋の店立《たなだ》てを画策しているのを知り、亭主に不満をぶちまける。（原健太郎）

女房（「算段《さんだん》の平兵衛《へえべえ》」）
大坂近郊の村の庄屋の妻。亭主を妾お花と手を切らせたのはいいが、二人の仲が続いていると疑い続け、その思いを算段の平兵衛に利用されることに。（小佐田定雄）

女房（「仕立《したて》おろし」）
縫物が不得手な妻。亭主にゆかたを縫えと言われ、四角いきれのまん中に丸い穴を開けて、かぶせる。亭主が苦笑したのを見て、喜んでいると勘違いする。（布目英一）

女房（「品川《しながわ》の豆《まめ》」）
新婚の妻。嫉妬焼《やきもち》き。亭主が品川へ行くというので、女郎屋で遊ばぬよう、イチモツに「左馬」と書いて送り出す。戻ってみると、「左馬」の字が少し大きい。亭主は「品川で豆を食わせた」という。本当の意味がわかればひと騒動だ。（長井好弘）

女房（「死神《しにがみ》」）
長屋の女。借金で首がまわらない亭主の熊五郎を追い立てる。のちに、死神の助けを借りた熊五郎に追い出されるが、死神が持っているデータによれば、かなり寿命は長いらしい。（原健太郎）

女房（「芝浜《しばはま》」）
魚勝のかみさん。酒びたりで仕事に身が入らない亭主を、立ち直らせようと心をくだく。芝の浜で大金の入った革の財布を拾った亭主が、仲間を呼んで大盤振る舞いする姿に不安を募らせ、大家に相談する。拾い物を不当に所持すると厳罰に処されると教えられ、お上に届け、「財布のことなど知らない、夢でも見たんだろう」と、亭主をだましとおす。三年後の大晦日、財布の金を差し出し、「嘘をついていた」と、みごとに立ち直った亭主に泣いて謝ると、思いがけず感謝される。演者によって、貞女の鑑とも、押し付けがましい女ともなる。(原健太郎)

女房(「尻餅《しりもち》」)
長屋のかみさん。年の瀬になっても、餅が買えないので、隣近所の手前、餅をつく音だけでもさせようという亭主の苦肉の策で尻をまくって臼の代わりになり、亭主に平手でたたかれる。痛みに耐えかね、最後は「おこわにしておくれ」と哀願する。(布目英一)

女房(「素人鰻《しろうとうなぎ》」)
士族中村某の妻。夫が開業した鰻屋に職人として入った金《きん》を、まるで腫れ物にさわるがごとく扱う。実は鰻屋ではなく、汁粉屋の店を開きたいと思っていた。金が店を飛び出していってからは、まさに士族の商法の夫を支え、店を切り盛りする。だが、手の中をにょろにょろとすりぬけようとする鰻を追いかけ、夫が店を飛び出していく姿を目の当たりにしたとき、この店はもう畳むべきだと心から思ったにちがいない。(原健太郎)

女房(「ずっこけ」)
のんきなかみさん。酔っ払った亭主を友達に家まで送ってきてもらうが、どてらばかりで当人がいない。探しに行くと道端に寝ている。それを見て、よく人に拾われなかったと喜ぶ。(布目英一)

女房(「崇徳院《すとくいん》」)
船場の商家に出入りする手伝《てった》い職熊五郎の妻。若旦那の恋患いの相手を探しだすと莫大な褒美がもらえると聞いて亭主に期待をかけているが、亭主が毎日、ただ黙って大阪の街をうろうろしているだけだったと聞いて激怒。人の集まる「風呂屋と床屋を回れ」という効果的なアドバイスを与える。(小佐田定雄)

女房（「疝気《せんき》の虫《むし》」）
疝気持ちの亭主の細君。往診にやってきた医者に、蕎麦を食べたあと、亭主の口の中に匂いだけを吹き込むように指示され、恥じらいながらも実行する。亭主の疝気が治まるのと同時に、にわかに自分の下腹が痛み出したので、医者に訴えると、今度は、どんぶり一杯の唐辛子の水を飲むようにいわれる。亭主の体から引っ越してきた蕎麦好きの疝気の虫たちが、天敵である唐辛子の洪水の中で、「別荘（男のキンの袋）」に逃げようと右往左往しているとは、夢にも思っていない。（原健太郎）

女房（「粗忽《そこつ》の釘《くぎ》」「宿替《やどが》え」）
大工のかみさん。近江屋という商家で中働きをしていた時に、出入りの職人だった今の亭主と恋仲になり、所帯を持つ。引っ越し先でほうきを掛ける釘を打つように亭主に頼むが、粗忽者の亭主は隣家に抜けるような長い釘を壁に打ちこんでしまう。謝りに行かせた亭主に新婚時代のアツアツぶりをばらされる。（布目英一）

女房（「大工調《だいくしら》べ」）
因業大家源六のかみさん。先の亭主、焼きいも屋六兵衛が死んだ後、なにくれとなく世話を焼いてくれた源六と所帯をもつ。亭主と棟梁政五郎の口論の際、政五郎のすさまじい啖呵に肝をつぶし、亭主を置いてさっさと逃げ出そうとする。（原健太郎）

女房（「竹《たけ》の水仙《すいせん》」）
三島宿の旅籠《はたご》大松屋佐平の女将。左甚五郎が素性を隠して宿泊したが、長逗留で宿代も払わないので、業を煮やし、気弱な夫をせっついて、宿代の催促をさせる。客が名人甚五郎とわかると、手のひらを返して……。（太田博）

女房（「短命《たんめい》」「長命《ちょうめい》」）
大工八五郎のかみさん。亭主に懇願され、普段はしない給仕をいやいやし、茶碗を手渡しする。ややあって「俺は長生きだ」という嘆きを聞かされるが、何のことだかわからない。（布目英一）

女房（「茶漬間男《ちゃづけまおとこ》」）

亭主の仲間である辰と不倫中。辰と盆屋（出会い茶屋）に行こうとするが、金がないので、階下では亭主が茶漬けを食べている二階の間でコトに及ぶ。（小佐田定雄）

女房（「天災《てんさい》」）

乱暴者の職人熊五郎のかみさん。姑によく仕える感心な女だが、乱暴でわからず屋の熊公から、実母ともども打擲《ちょうちゃく》され、離縁状も渡されそうになる。（太田博）

女房（「長崎《ながさき》の赤飯《こわめし》」）

質両替商金田屋金左衛門の妻。金左衛門には内緒で、勘当された息子金次郎を伊勢の叔父にあずけ、所帯をもった長崎から季節の変わり目に手紙をもらっている。これを金左衛門に打ち明けたところ、すぐに金次郎が呼び寄せられる。金左衛門の提案で、町方取締役渡辺喜平次の娘おいちと金次郎の縁談を進めるが、お腹の大きい女房のお園が長崎から訪ねてくると、お園を正式な嫁に迎えたいと思う。晴れて二人が夫婦となり、無事に男の子が生まれると、金左衛門と隠居する。（原健太郎）

女房（「鍋墨大根《なべずみだいこん》」）

長屋の住人。典型的なあつかましい大坂のおばはん。口下手で気の弱い八百屋を相手にえげつない値切り方をして、八百屋に転職を決意させる。（小佐田定雄）

女房（「錦《にしき》の袈裟《けさ》」）

与太郎のかみさん。世間から、亭主の与太郎を尻に敷く跳ねっ返りと見られている。だが厳しい管理は、与太郎を自立させるためのやむを得ない措置であり、時に女房らしい細やかな愛情も見せる。「錦の褌《ふんどし》で女郎買いに行く」という仲間のつき合いに、何とか亭主を参加させようと、あっと驚く策略を巡らし、誰よりも上物の錦を入手する。やや俗に落ちるが、「跳ねっ返り」どころか、もしかしたら山内一豊の妻にも匹敵する長屋の賢夫人かもしれない。（長井好弘）

女房（「にらみ返《がえ》し」）

長屋の住人、熊五郎のかみさん。肝のすわった女。大晦日、逃げ出した亭主に代わり、家に残って気丈に借金取りと渡り合う。（原健太郎）

女房（「抜《ぬ》け雀《すずめ》」）

小田原宿、相模屋の女将。お人好しの亭主を尻に敷いて宿屋を切り盛りしているが、いつも亭主が一文なしを泊めてしまうので商売に嫌気がさしている。またもや一文なしの絵師を泊めてしまったのでふて寝をする。絵から雀が抜け出したのが評判となり、大久保加賀守に千両で所望されると、「あの絵師は初めからいい人だと思っていた」と態度ががらりと変わる。（布目英一）

女房（「猫久《ねこきゅう》」）

大工熊五郎のかみさん。二十四、五歳。おしゃべり。亭主より先に起きるのも、朝、井戸端であいさつをするのも女の恥と考えている。向かいの久六の女房が亭主に「刀を出せ」と言われ、神前に三度いただいてから渡したのはあっぱれな行為だと教わったので、いわしをくわえて逃げようとした猫を張り倒すため、亭主にすりこぎを持ってこいと言われた時に、あわてず騒がす三度いただいてから渡した。（布目英一）

女房（「猫の忠信《ただのぶ》」「猫忠《ねこただ》」）

弁慶橋に住む吉野屋の常吉（通称、常州《つねしゅう》）のかみさん。名代のやきもち焼き。祭りに着る亭主の着物を縫っているところへ、仲間二人から「旦那が清元の師匠とよろしくやっている」と告げ口される。だが、本人は風邪を引いて寝込んだままだったので、〝なぞ〟解明のため、亭主を師匠の家に送り出す。（太田博）

女房（「猫《ねこ》の災難《さいなん》」）

猫を飼う長屋の女。飼い猫の病気見舞いに鯛をもらい、おあまりの頭としっぽの処分に困っていたところ、「眼肉のところがおいしいのに」と、隣家の熊五郎が言うので、食べ残しをもらってもらう。飼い猫が熊五郎に濡れ衣を着せられたことを知り、猛抗議する。（原健太郎）

女房（「のっぺらぼう」「こんな顔《かお》」）

四谷左門町の小間物商吉兵衛の連れ合い。「二回も、ノッペラボーにあった」という吉兵衛に「夜遅くまで碁を打っていた言い訳のつもりか」と取り合わず、「ノッペラボーって、こんな顔」と目、鼻、口のない顔を見せる。

気絶した吉兵衛をたたき起こし、「今までの出来事はすべて夢だ」と安心させるが、その顔はノッペラボー。それを見て気を失った吉兵衛をまた起こし、顔を見せると……。いつまでもこれが続いて、きりがない。（布目英一）

女房（「羽団扇《はうちわ》」）
長屋のかみさん。正月二日、枕の下にお宝（七福神、宝船の図）を敷いて寝た亭主を起こし、見た夢の中身を聞きたがる。夢の中では、亭主に食ってかかる勝ち気な女だが、現実では、寝ぼけた亭主に「弁天様」と呼ばれ、満面の笑みを浮かべる。（長井好弘）

女房（「初天神《はつてんじん》」）
熊五郎のかみさん。亭主が一人で初天神に行こうとするので、息子の金坊も一緒に連れていけと頼み込む。たまには腕白盛りの金坊から解放されたいのだ。（布目英一）

女房（「鼻《はな》ほしい」）
浪人の妻。手習いの師匠である亭主に、病気で落ちた鼻の治療の湯治をすすめる。乗った馬の馬子の禿げ頭をからかったため、鼻のないのをからかわれた、と言って亭主が帰ってくると、「私は口惜《くちお》しい」と、仕返しに薙刀《なぎなた》を手に飛び出そうとする。（太田博）

女房（「半分垢《はんぶんあか》」）
力士の妻。上方修業で出世した亭主が、三年ぶりに江戸へ戻ってきたのがうれしくて、ほうぼうで亭主自慢をする。「大きすぎて、戸や障子を外さないと家に入れない」「帰る途中、牛を三頭踏みつぶした」とすべてが大げさ。「もっとへりくだれ」と亭主に叱られた後は、「ああ見えても、半分は垢でございます」。素直で亭主思いの良い女房ではある。（長井好弘）

女房（「雛鍔《ひなつば》」）
長屋住まいの植木屋の連れ合い。八歳の息子が銭を知らずにいるふりをして出入り先の主人を感心させた時に「女房は若いころ、屋敷奉公をしていたので、子供を卑しくさせる銭は持たせないようにしている」と亭主に言われる。しかし、菜っ切り包丁で羊羹《ようかん》を切ろうとして「においが移るじゃないか」と亭主にしかられたり、切った羊羹の包み紙をなめようとしたりするのを見ていた番頭に「おかみさんが屋敷奉公を？　まったくそのようには見えなかったが」と不思議がられる。（布目英一）

女房（「風呂敷《ふろしき》」）

やきもち焼きの亭主を持つかみさん。亭主が横浜まで仲間の寄り合いに出かけた留守に、知り合いの若い男を家に上げ、茶を飲みながら世間話をしていると、へべれけになった亭主が戻ってきたので男を押し入れに隠す。亭主がその前であぐらをかき、動こうとしないので、兄貴に助けを求める。古今亭志ん生により、若い男が間男だという演出は改められた。（布目英一）

女房（「文七元結《ぶんしちもっとい》」）

本所達磨横町に住む左官の長兵衛の連れ合い。なさぬ仲でありながら、親思いの娘のお久が無断で一晩家を空けたので、長兵衛が博打で負けて暴れるのを悲しんで身投げでもしたのではと気をもむ。吉原から使いが来て、佐野槌に迎えに行くことになった長兵衛が法被しか身にまとっていないため、無理やり着物を交換させられ、尻が丸見えの法被一枚の姿になってしまう。戻ってきた長兵衛に、お久は長兵衛の借金五十両の穴埋めのため身を売ったことを知らされるとともに、「その五十両は身投げをしようとしていた若者に与えた」と聞かされ、博打ですってきたと勘ぐり、一晩中喧嘩をする。鼈甲《べっこう》問屋近江屋の手代文七が主人卯兵衛に連れられて礼に訪れた時には法被しか着ていないので衝立の陰に隠れる。卯兵衛から五十両を返された長兵衛が「渡した金を懐に入れたら仲間に顔向けができない」と強情を張って受け取ろうとしないため衝立の裏から亭主の袂《たもと》を何度も引っ張り、受け取るよう仕向ける。卯兵衛に身請けされてお久が戻ってくると、尻が見えるのも構わずに屛風の陰から飛び出し、泣いて喜ぶ。（布目英一）

女房（「堀《ほり》の内《うち》」「あわてもの」）

亭主は長屋の粗忽者。何とか直したい、と堀之内のお祖師さま詣をすすめる。亭主が弁当と間違えて、風呂敷代わりに腰巻で枕を包んで行ってしまったので、涼しい思いをすることになる。（太田博）

女房（「木乃伊《みいら》取《と》り」）
大店《おおだな》の女将。吉原に出かけたままの息子には、「若いんだから」と理解を示すが、夫には厳しい。外では道楽はしないが、店の女中にはみんな手を付けている、とにらんでいるからだ。息子を連れ戻すために吉原に差し向けた飯炊きの清蔵に、たっぷり金を持たせるなど、粋な母心を見せる。（原健太郎）

女房（「茗荷宿《みょうがやど》」）
神奈川宿の旅籠《はたご》、茗荷屋の女将。亭主と共謀し、客の飛脚に茗荷を多量に食わせて物忘れをさせ、所持金を巻き上げようと悪い計略を練る。だが実行犯は亭主で、自分は何もしない。悪党の相棒としてはやや力不足かも。案の定、客は預けた金のことを思い出し、宿賃を払うのだけを忘れて去る。（長井好弘）

女房（「向《むこ》う付《づ》け」「三人無筆《さんにんむひつ》」）
無筆の亭主が出入り先の隠居の葬式の帳場を引き受けて帰ってきたので、もう一人の帳場担当者よりも先に現場に行き、準備万端を整えた上、訳を話して文字を書く役は一任するように作戦を与える。（小佐田定雄）

女房（「目薬《めぐすり》」）
目を患った男の連れ合い。亭主が粉薬の効能書の「めしりにさすべし」という説明を「女尻にさすべし」と読み間違えたため、尻をまくられ、目薬の粉を尻につけられるが、意外な使用法を導き出す。（布目英一）

女房（「もう半分《はんぶん》」）
千住大橋南詰（永代橋の型もあり）の居酒屋のかみさん。常連客の老人が置き忘れた五十両を見つけ、ねこばばしようと亭主をそそのかす。ともに貧乏暮らしに飽き飽きしていたはずだが、泥沼から這い上がろうとする執念は、亭主よりもずっと強い。老人の死と引き換えにわがものにした五十両を元手に念願の大店《おおだな》のおかみさんになり、めでたく妊娠もする。だが幸福は長く続かず、老人と瓜二つの赤ん坊を産んだことを知り、恐怖のうちにこの世を去る。（長井好弘）

女房（「遊山船《ゆさんぶね》」）
難波《なにわ》橋まで夕涼みに出かけた亭主が、橋の上の仲間と船中の稽古屋の女との「さってもきれいな碇《いかり》の模様」「風が吹いても流れんように」という洒落たやりとりを真似ようと言うので、碇の模様の浴衣に着替え、船に見立てた盥の中に座る。亭主が浴衣の汚さに思わず「さっても汚い碇の模様」と言ったのに対し「質に置いても流れんように」と鮮やかに答えた。（小佐田定雄）

女房（「夢金《ゆめきん》」）
山谷堀の船宿の女将。客や船頭への細やかな気遣いで亭主を支えてきた。（布目英一）

女房（「湯屋番《ゆやばん》」）
棟梁のかみさん。勘当された若旦那を居候させたが、部屋の掃除もしなければ、ご飯のおかずに文句をいう始末。わがまま勝手の若旦那に手を焼き、お代わりの給仕の際に「若旦那、水ですか、お茶ですか、黒文字ですか」と、御飯のひと言もないうえ、満足に食べさせない。ご飯を茶碗の上に薄く盛る名人で、「叩き飯にそぎ飯にこぎ飯、いわば宇都宮の吊り天井飯」という中はがらんどうの盛り付け方の妙手の持ち主。（太田博）

女房（「悋気《りんき》の独楽《こま》」）
商家のおかみ。内にこもるのではなく、行動的で、時には攻撃的な悋気の持ち主。旦那の浮気を確信し、小僧の定吉に尾行させる。妾宅で、旦那と妾が花柳界ではやった「辻占《つじうら》の独楽」を回し、一泊か日帰りかを決めていると知り、激怒する。大店《おおだな》の主人が妾を持つのは珍しくない時代だが、本妻のプライドを傷つけられたら話は別だ。今後の逆襲がどれほど激しいものか、その成り行きが注目される。（長井好弘）

女房（「悋気《りんき》の火《ひ》の玉《たま》」）
浅草花川戸の鼻緒問屋立花屋の女将。亭主の若い妾を祈り殺そうとするが、相手も同様のことをしており、相次いで他界。成仏できずに火の玉となって大音寺前で妾の火の玉と激突する。仲裁に入った亭主に煙草の火を借りたいと煙管《きせる》を近づけられ、「あたしのじゃうまくないでしょう。ふん」。（布目英一）

女房（「笑《わら》い茸《だけ》」）

生まれてから笑ったことのない亭主仏頂《ぶっちょう》に嫁ぎ、十五年。町内の医者に、どんなに笑わない者でも自然に笑い出す、笑い茸なる妙薬を教えられ、飲ませる。薬効すさまじく、笑いっぱなしになった亭主と笑い通しに暮らしていると、「笑う門には福来る」の言葉通り、世界中の金《かね》が集まり大金持ちになる。（原健太郎）

女官《にょかん》（「小《こ》倉船《くらぶね》」）

龍宮城の受付嬢。頭に魚の冠を頂いているところから、魚が変身したものとも考えられる。船から財布を落とした大坂の旅人がやってきたのを、浦島太郎と間違えて城の中に案内してしまう。（小佐田定雄）

鶏《にわとり》（「べかこ」）

佐賀城の「鶏の間」の襖絵。狩野探幽が描いた。大阪の噺家泥丹坊堅丸《どろたんぼっかたまる》の「一声鳴いてくれ」との必死の願いにこたえて絵から抜け出すが……。（小佐田定雄）

人形屋《にんぎょうや》（「人形買《にんぎょうか》い」）

商売上手の奉公人。手ごわい客にうまく値切られたと見せかけて、一昨年の売れ残りの五月人形でしっかりともうけている。（布目英一）

人足《にんそく》（「須《す》磨《ま》の浦風《うらかぜ》」）

鴻池善右衛門の命令で、紀州公をもてなすため、八百人で百棹の長持を担いで須磨の浦まで涼風を集めに行く。その長持に須磨の浦風を閉じ込めて大坂へ持って帰る途中、あまり暑いので少しずつ長持の中の風に当たっているうちに風がなくなってしまい、その代わりに同じ風なら屁を詰めて帰る。（小佐田定雄）

〈ぬ〉

盗人《ぬすっと》（「おごろもち盗人《ぬすっと》」「もぐら泥《どろ》」）

家の前から屋内に向け穴を掘り、猿戸と呼ばれる留め金を外して侵入しようとしたところ、住人に土間から腕が出ているのを発見され、体は家の外、右腕だけが家の中にある状態で縛りあげられてしまう。翌朝、警察に突き

出されるまでに逃亡しようと思っていたが、さらなる災難に見舞われることになる。（小佐田定雄）

盗人（「探偵《たんてい》うどん」）

すれ違いざまに相手の胸倉を頭で突き、転んだすきに財布を盗む「頭突き」という手口の常習犯。うどん嫌い。深川高橋《たかばし》で、若い男から三百円入った財布を盗み、逃走、非常線を張られる。「茶番でうどん屋をやるんで」と、かつぎ屋台の鍋焼きうどん屋に頼んで衣裳を交換し、屋台をかつがせてもらう。吾妻橋を渡り、花川戸から弁天山に来たところで正体を明かし、お礼にと一円を差し出すが、「商売もののうどんを一杯食っていけば、一円もらう」と言われ、「おれはうどんは嫌いだ」「いや、おまえは、必ずうどんを食べることになる」と押し問答。あげくに、「おまえはいったい誰だ」「刑事だ」「ああ、とうとう一杯食わされた」。（原健太郎）

盗人（「仏師屋盗人《ぶっしやぬすっと》」）

大坂の泥棒。深夜に一軒の家の戸を一寸八分の刀でこじ開けて侵入したところ、住人は妙に落ち着いた男で、一両二分を差し出す。帰ろうと思って表へ出るのを間違えて奥の間の襖を開けるとそこに坊主が立っていたので、思わず刀で首を切り落としてしまう。坊主と思ったのは仏像で、住人は仏師屋だったのだ。明日の朝に注文主が受け取りに来るというので、修理の手伝いをさせられることになる。膠鍋《にかわ》を火にかけて膠を沸かし、灯を持って作業の照明係を勤める。修復が終わったあと、帰ろうとするがもらった金を忘れて膠鍋を持って帰ろうとしていた。仏師屋に「しっかりせえ」とたしなめられるが「承知で持って帰るんじゃ。今度首が落ちた時、これで継いでもらうんや」と答える。（小佐田定雄）

〈ね〉

根岸肥前守《ねぎしひぜんのかみ》（「鹿政談《しかせいだん》」）

奈良町奉行。鹿を殺した者はたとえ過失であっても死罪という奈良独特の法律に反し、おからを盗み食いしていた鹿を犬と間違え打ち殺した豆腐屋六兵衛を救うため知恵をめぐらす。鹿の守役塚原出雲の汚職を突き、無罪を言い渡す。曲渕《まがりぶち》甲斐守、松野河内守、川路聖謨《としあきら》の名前で

演じられることもある。（小佐田定雄）

猫《ねこ》（「金玉医者《きんたまいしゃ》」）

八丁堀の大店《おおだな》伊勢屋に飼われている。甘井羊羹《あまいようかん》が気鬱《きうつ》という病を患う娘の往診に初めてやってきたおり、娘の床にもぐり込んでいたため、娘の手だと思って脈をとられる。「代脈」にも同類が登場する。（原健太郎）

猫（「猫と金魚《きんぎょ》」）

金魚が好物の飼い猫。隣家の大店《おおだな》の金魚鉢をしばしばねらう。それをこらしめようとした鳶頭《かしら》の虎さんと格闘し、虎さんを濡れ鼠にする。（布目英一）

猫（「猫の災難《さいなん》」）

熊五郎の隣家に飼われている。現在病気療養中。鯛をくわえていったとか、家の中を走り回り酒瓶をひっくり返したとか、酒に目のない熊五郎にさんざん濡れ衣を着せられる。猫嫌いだった古今亭志ん生は、これを「犬の災難」として演じた。（原健太郎）

猫（「猫の皿《さら》」「猫の茶碗《ちゃわん》」）

田舎の川沿いの茶屋で飼われている。高価な「高麗の梅鉢」という皿で餌を食べている。その皿を安く手に入れようとする、猫好きでもなんでもない者たちに、抱きあげられ、頬ずりされる。（原健太郎）

猫（「猫の忠信《ただのぶ》」「猫忠《ねこただ》」）

親思いの化け猫だが清元の師匠文字静の三味線の皮が親だと知り、吉野屋常吉に化けて師匠宅に上がり込むが、常吉の仲間に見付かって捕まる。「我は元村上天皇の御世、女三の宮に仕えし雌猫の仔なるが、母親の皮で張った初音の三味線が、文字静の館にあると聞き、母親恋しさに常さんの姿を借り……」と切々と訴える。（太田博）

猫（「ろくろ首《くび》」）

お屋敷の飼い猫。主人であるろくろ首の娘と、松公の見合いの席で、「やわらかくてうまそう……」と、松公にひげを抜かれてしまう。褌《ふんどし》のひもを一度引けば「さようよう」、二度引けば「ごもっとも」、三度引けば「なかなか」と、与太郎とおじが挨拶の言葉を示し合わせてい

たところ、そのひもにじゃれつき、松公の挨拶を滅茶苦茶にしてしまう。（原健太郎）

捻兵衛《ねじべえ》（「樟脳玉《しょうのうだま》」）

古紙回収業者。正直で気弱な愛妻家。最愛の女房が急死したショックで、商売にも出ず念仏三昧の日々を送る。この機に財産を奪おうとたくらむ遊び人に火を付けた樟脳玉を見せられ、「これがあなたのかみさんの人魂だ。成仏させるためにおかみさんの気が残るものを出せ」とだまされ、たくさんの着物を奪われる。「まだ何かあるか」と聞かれ、出してきたのがお雛様。「（樟脳玉だけに）魂のにおいがする」。（長井好弘）

ねずみ（「ねずみ」）

名工、左甚五郎作の木彫。旅の途中、仙台で会った貧乏旅籠《はたご》ねずみ屋の息子卯之吉と父親卯兵衛の窮状を救うため、客寄せに彫られた。生きているように動くことから「福鼠」と命名され、それを見たさに客が押し寄せ、大繁盛するが、元は卯兵衛の持ち物だった向かいの旅籠虎屋の番頭がねたみ、仙台一の彫物師飯田丹下に彫らせた虎が見下ろしたとたんピタリと動きが止まる。知らせを受け江戸から駆けつけた甚五郎にわけを聞かれ、「あれ虎ですか。あたしは猫だと思った！」。（太田博）

鼠小僧次郎吉《ねずみこぞうじろきち》（「しじみ売《う》り」）

茅場町の魚屋。本名和泉屋次郎吉。周囲から「親方」と呼ばれているが、裏に回れば泥棒稼業。芝汐留の馴染みの船宿で一杯やっていると、雪の中、十三、四歳の男の子が、あかぎれした手に笊《ざる》を持ち、しじみを売りにきたので、全部買ってやり、前の川に流させる。喜んで戻ってきた男の子に、聞くとはなしに身の上話をさせると、名は与吉といい、かって自分が恵んでやった金のために、姉とその亭主に迷惑が及んでいることを知る……。

天保三（一八三二）年に捕らえられ、処刑された実在の盗賊。講談や歌舞伎、映画などに、「義賊」として登場する。実際、大名屋敷を専門に荒らしたが、義賊であったという確かな証拠はないらしい。本業は建具職人で、父は江戸中村座の木戸番だったと伝えられる。両国の回向院に墓がある。（原健太郎）

根津先生《ねづせんせい》（『女天下《おんなでんか》』）
老学者。金太と山田が女房の尻に敷かれていると聞き、「いくじなし」と叱るが、自分も妻には頭が上がらない。「最近、のぼせているので頭に灸をすえてやる」と妻に言われて縮み上がり、「女性が強いのも文明開化の世の中だから仕方がない」と二人に嘆く。その理由を聞かれて「陸蒸気《おかじょうき》が電化されて機関車となったように女天下（電化）の世の中だ」。（布目英一）

念仏差し屋《ねんぶつさしや》（『天狗刺し《てんぐさし》』）
京五条に江戸時代からあった名代の物差し屋。原料の竹は大谷あたりから伐ってくる。寺の多い大谷で念仏を聞いて育った竹を使っていることから「念仏差し」と呼ばれた。青竹を十本ほど担いで京の町を歩いていると、太い青竹に坊さんを縛りつけて担いできた男が、「おまえも鞍馬の天狗刺しか?」と意味不明の質問をするので、「わしは五条の念仏差しじゃ」と答える。（小佐田定雄）

念仏屋《ねんぶつや》（『地獄八景亡者戯《じごくばっけいもうじゃのたわむれ》』）
宗旨宗旨で店が違う。地獄の念仏町に店を並べている。ここで買った念仏を持って閻魔の庁に行くと、娑婆の裁判で弁護士をつけるのと同じ効果があるという。ただし、値段によって効き目が違うというあたり、地獄の沙汰も金次第である。（小佐田定雄）

〈の〉

野口安兵衛《のぐちやすべえ》（『鏡ヶ池操松影《かがみがいけみさおのまつかげ》』『江島屋騒動《えじまやそうどう》』）
病弱な浪人。元三浦志摩守家臣。本所撞木橋《しゅもくばし》に暮らす。江島屋の養子となった安次郎（のちに治平）の父。旧主より拝領の名刀、宇田国宗の脇差を奪わんとした倉岡元仲に、本所の合羽干場《かっぱほしば》で殺害される。（原健太郎）

糊屋の婆あ（のりやのばばあ）
長屋で一人暮らしの老女。洗い張り用の糊を製造、販売する仕事に従事しているので、世間をよく知り、それなりの生活力がある。借金で首が回らない長屋の連中からは、「口うるさい婆あ」とか、「爪に火を灯すような暮らしをしている」などと言われ、からかいの対象になっているが、世話好きな性格ゆえに慕われてもいる。だが、その消息やエピソードのみが語られることが多く（「黄金餅」「富久」「長屋の花見」など）、素人義太夫の連中に稽古のための部屋を貸す耳の遠い婆さん（「軒付け」）や、仮通夜で不要になった早桶を押し付けられそうになる婆さん（「佃祭」）などの例をのぞき、実際に生身の人間として登場することは稀である。（原健太郎）

糊屋のお婆《ば》ん（「軒付《のきづ》け」）
長屋の奥の端の家に一人暮らし。味噌をおかずに茶漬けを食べていたところ、間取りが広いところから、素人義太夫の軒付け連中に目を付けられ、発表会の臨時会場にされてしまう。幸い耳が遠いので、食べている味噌の味も変わらずにすんだ。（小佐田定雄）

糊屋の婆あ（「佃祭《つくだまつり》」）
神田お玉ヶ池の住人。同町内の次郎兵衛が佃の渡しの事故で死んだと思い込み、みんなで仮通夜の準備を始める。次郎兵衛が無事に帰ってきたため、早桶が不要になると、住人の一人から、「お前さん、先がないんだから、もらっていったらどうだい？」。（原健太郎）

糊屋の婆あ（「富久《とみきゅう》」）
浅草阿部川町の長屋住まい。隣には幇間《たいこ》の久蔵が住む。長屋の火事の火元。爪の先に火をともして、けちけちしているので、その火がもとで火事を起こしやがってと久蔵に勝手な推測のもとに恨まれるが、名前が出てくるだけで、実際に登場する場面はない。（布目英一）

野呂井照雄《のろいてるお》（「縁切榎《えんきりえのき》」「両手《りようて》に花《はな》」）
士族。元旗本の次男。三十五歳、独身で男前。芸者小いよと士族本庄彦兵衛の娘おとめのどちらを女房にしたらよいか悩み、古道具屋美濃屋半六夫婦に相談する。「本妻なら士族の娘の方がいいだろう」と教えられるが、小いよにも、おとめにも未練が残り、縁を切れない。半六の女房お仙に「板橋の縁切榎の切り株を削って願を掛ければ、どちらかと縁が切れる」と言われ、板橋を訪れると、小いよとおとめもやってくる。「おとめは小いよと縁切りさせて、小いよはおとめと縁切りさせて、二人とも僕を亭主にしたいのだね」と感激しながら話すと、二人が一緒に「いいえ。あなたと縁が切りたい」。（布目英一）

《は行》

〈は〉

婆《ばあ》さん（「開帳《かいちょう》の雪隠《せっちん》」）
両国回向院前の駄菓子屋の古女房。ご開帳の参拝客に雪隠を一人四文で貸して稼いでいたが、類似店に客を取られる。ところが、亭主が外出した日に突然の繁盛で大わらわとなる。帰宅した亭主に尋ねると「向こうの雪隠で丸一日しゃがんでいた」。（長井好弘）

婆さん（「長者番付《ちょうじゃばんづけ》」「うんつく」）
田舎の茶店の女。いくら酔っ払っても村を出るときには醒める「むらさめ」や、庭を出るときには醒める「にわさめ」、飲んでるそばから醒める「じきさめ」など、水っぽいどころか、水に酒を落とした「酒っぽい水」を旅人相手に売っている。（原健太郎）

婆さん（「名人長二《めいじんちょうじ》」「指物師《さしものし》名人長二《めいじんちょうじ》」）
湯河原の湯治宿藤屋の手伝い。泊まり客の指物師長二が、かつて当地の竹林に捨てられていた赤ん坊だと知り、出生の秘密を明かす。（原健太郎）

梅喜《ばいき》（「心眼《しんがん》」）
按摩。浅草馬道に住む。お竹という心優しい女房をもつ。横浜に住む弟の金公を訪ねるが、「このどめくら、食いつぶしにきやがったな！」などと悪口を言い立てられ、悔しさと嘆かわしさを噛みしめながら帰宅する。茅場町の薬師様に信心して、目が見えるようになりたいと願いながら、まどろむ。夢の中に、女房お竹は「人《にん》なし化け十」と言われる醜女として登場。満願の日、目が開いたその足で芸者小春と待合茶屋に行くが、お竹に現場を踏み込まれ、首をしめられた……ところで目が覚める。そこには、容貌を確かめることはできないが、自分といっしょに苦労してくれるお竹がいた。「おれはもう、信心はやめるよ。めくらてえものは妙なもんだねえ。寝てい

るうちだけ、何でもようく見える」。（原健太郎）

萩原新三郎《はぎわらしんざぶろう》（「怪談牡丹燈籠《かいだんぼたんどうろう》」）
根津清水谷に住む浪人。二十一歳。色白で美男子。父、新左衛門が残した貸家の家賃で暮らしている。梅見の帰り、お幇間《たいこ》医者、山本志丈の紹介でお露と知り合って想い合うが、会えない。恋焦がれたお露が、毎夜半、牡丹の灯籠を下げて会いに来るのを招き入れて逢瀬を重ねるが、易者の白翁堂勇斎に幽霊と教えられ、新幡随院の良石和尚から貸し与えられた海音如来と、魔除け札で幽霊を閉め出す。だが幽霊に百両で頼まれた下男の伴蔵にお札をはがされ、取り殺される。（太田博）

白翁堂勇斎《はくおうどうゆうさい》（「怪談牡丹燈籠《かいだんぼたんどうろう》」）
八卦見。七十歳。萩原新三郎の孫店《まごだな》に住む。お露の幽霊が毎夜、新三郎宅を訪ねることを知り、死相が出ていると注意する。後に、孝助親子を引き合わせる。（太田博）

博打《ばくち》**うち**（「鬼《おに》の面《めん》」）
池田近くの山中のお堂で、博打の見張りをしている。通りかかった女の子にたき火の火をおこすように頼むが、煙よけに鬼の面を顔に当てて火をおこしている姿を見て、「鬼が出た」と大騒ぎする。その声を聞いた仲間もちりぢりに逃げ去ってしまう。（小佐田定雄）

はずれ屋《や》（「時うどん」）
夜鳴きうどん屋。五つ（午後八時）ごろに不思議な客がやってくる。相手もいないのに一人で喧嘩したり、突然泣き出したりする気味の悪い客であった。支払の時に「ひとつ、ふたつ……」と一文銭を数えて「八つ」まで数えた時に、なぜか時刻を尋ねてきたので「五つで」と答えてやる。その夜、売り上げを計算するとなぜか三文多かった。「かたぎ屋」あるいは「河内屋」という屋号の時もある。（小佐田定雄）

長谷川《はせがわ》（「近日息子《きんじつむすこ》」）
長屋の住人。職業不詳。くやみの口上には絶対の自信を持っており、「くやみのコンクールがあれば出たいくらい」と豪語する。大家が亡くなったと聞き、くやみの見本を見せてやろうと長屋連中を引き連れ大家の家を訪れる。「このたびは何とも申し上げようがございません。長屋一同といたしましても、生前ひとかたならないご厄介になりまして……」とやり始めたが、死んだはずの大家が生きているのでびっくり仰天。「こんなにくやみのいいにくい家はありません。仏様が煙草を吸ってこちらを睨んでるんだから」と言い訳をする。（長井好弘）

果師《はたし》（「猫《ねこ》の皿《さら》」「猫《ねこ》の茶碗《ちゃわん》」）
書画骨董の仲介業者。地方を旅しながら掘り出し物を探している。田舎の茶屋で、売れば三百両はする高麗の梅鉢が、猫の餌の皿に使われているのを見て、「三両で猫をゆずってほしい。ついては、この皿もいっしょに」と、何食わぬ顔で申し出る。だが、茶屋のおやじは、その上を行く商売上手だった。（原健太郎）

旗本《はたもと》（「柳《やなぎ》の馬場《ばば》」）
殿様。出入りの按摩富の市が、口から出まかせに、柔術、馬術、剣術、弓術、すべて免許皆伝だと言いはるので、とことん懲らしめてやろうと馬場へ連れ出し、すこぶる付きの癖馬に乗せる。（原健太郎）

八《はち》（「なめる」「菊重《きくがさ》ね」）
二十二歳の独り者。ひょうきんな性格で、音羽屋を贔屓にする芝居好き。友人からは八公と呼ばれている。芝居小屋で知り会った娘に誘われるまま、寮までついて行くと、「お乳の下のおできを、なめてくれないか」と頼まれる。おっかなびっくり応じ、翌日、友人を連れて娘を訪ねると、寮は空き家。隣の煙草屋に聞くと、おできの治療のため、色仕かけで誘われたことがわかる。なめられた方のできものは治るが、なめた方は全身に毒が回り七日ともたないと聞き、ショックのあまり卒倒。友人に気付け薬の宝丹をすすめられるが、「なめるのは、もうこりごり」。紫色に腫れあがり、悪臭を放つできものをなめるという、おぞましい行為であるにもかかわらず、美しい女の前では、男のスケベ心が理性と警戒心を狂わせるという、哀しき見本。（原健太郎）

八五郎《はちごろう》（「家見舞《いえみまい》」「肥《こい》がめ」）
長屋の住人。独身。兄貴分の新築祝いに相棒と相談して水がめを贈ろうとするが、金が足りなくて、道具屋の軒先に雨ざらしになっている肥がめを持参する。が、祝いの席に出てくる食べ物がそのかめの水を使ったものばかりと知り、大慌て――。（太田博）

八五郎（「浮世根問《うきよねどい》」「無学者《むがくしゃ》」）職人。知ったかぶりの隠居に何でも根掘り葉掘り聞く。好奇心、向学心よりも、返答に窮する隠居の姿を見る楽しみがまさっている。（布目英一）

八五郎（「厩火事《うまやかじ》」）正真正銘の髪結いの亭主。姉さん女房のお崎に食わせてもらっている。昼酒を飲み、瀬戸物蒐集に凝っている。「愛情度を試すため」と、仲人に入れ知恵されたお崎に、大事な皿を割られたことより、怪我を心配したのは「怪我をされたらあしたから昼酒が飲めなくなる」。（太田博）

八五郎（「越後屋《えちごや》」）長屋の住人。貧乏で能なしで不細工と、三拍子（？）そろった若者。あろうことか、煮豆屋越後屋の小町娘、おかくに恋わずらいをする。五目豆を買いに行った際、たまたま店に出ていたおかくが応対し、豆を受け取る時に手と手が触れて以来、頭に血が上ったらしい。相手は町内きっての物持ちの娘、「釣り合わぬ」とは知りつつ、諦めきれず何度も豆を買いに行くが、その後一度も会うことができない。何とか顔だけでもと思い詰め、長屋の共同便所に侵入し、用を足しに来るおかくを待ちかまえ……。さんざん臭い体験をしたが、結局、おかくとクサイ仲にはなれなかった。（長井好弘）

八五郎（「臆病源兵衛《おくびょうげんべえ》」）町内の若い衆。怖がりの源兵衛を洒落で脅かそうと、「お前にほれた女が来ている」と嘘をついて兄貴分の家へ誘い出す。暗い台所で幽霊に扮し、ここで源兵衛を脅かしたが、逆上した源兵衛に殴られてあえなく失神。死んだと思われ、葛籠《つづら》に入れられて、不忍池《しのばずのいけ》のそばに放置される。気がつくと、白装束を身に着けている。「俺は死んだのか、ではここは地獄か極楽か」と、暗い夜道をさまよい歩くと、前方に「地獄」と呼ばれる根津の岡場所の明かりが……。（長井好弘）

八五郎（「お茶汲《ちゃく》み」）

職人。客に苦労話をして同情を買い、目尻にお茶を塗って、悲劇を演出して客を騙す女郎がいると聞き、からかいに出かける。女郎の手口の逆手を取って、身の上話をしたうえで、先に泣きまねをしようとすると、女から「ちょっと待って、お茶を汲んでくる……」。（太田博）

八五郎（「掛取《かけと》り」「掛取り万歳《まんざい》」）

長屋の職人。大晦日《おおみそか》、狂歌の好きな大家、喧嘩好きの魚屋、義太夫狂いの大坂屋、芝居に凝っている酒屋の番頭、万歳好きの三河屋と、大勢の掛取りの趣味道楽を取り込んだ言い訳で巧みに追い払う。こうした技術をひと通り修得しているあたり、年季の入った遊び人？（太田博）

八五郎（「御慶《ぎょけい》」「富八《とみはち》」）

長屋の住人。一獲千金を夢見て、仕事もせずに富くじにうつつを抜かす。年越しの金もない年の暮れ、「鶴がはしごの上に止まっている」という縁起のいい夢を見て、「鶴は千年、はしごは八四五。鶴の千八百四十五番が当たり番号だ！」と、富興行でにぎわう湯島天神へ突っ走る。途中、大道の易者に「ハシゴは下るより登る方に役立つ。八四五と下るより、五四八と登るのが本当。鶴の千と五百四十八番がいい」と助言され、言われた通りの札を買うと、千両富の大当たり！　晴れ着の裃を買い、たまった家賃を払い、餅や酒をそろえて、年始回りで家主に教わった「御慶」を連発する。まさにわが世の春。「終わりよければすべてよし」とはいうものの、持ち慣れぬ大金で身を持ち崩すことはないか、この先ちゃんと生業に戻れるのか。噺の続きを知りたいような、知りたくないような。（長井好弘）

八五郎（「首提灯《くびぢょうちん》」）

酔っ払いの江戸っ子。芝の山内で道を聞かれた薩摩侍に悪態をつき、痰まで引っ掛けたため首を斬られるが、見事な腕だったため斬られたのに気がつかない。歩いているうちに首が回ったり、ずり落ちそうになってやっとそれに気づく。火事騒ぎに巻き込まれ、思わず首をもって提灯代わりにする。江戸っ子のプライドが田舎侍の野暮に我慢できなかったために思わぬ災難を受ける。（太田博）

八五郎（「胡椒《こしょう》のくやみ」）
笑い上戸の男。七十歳を過ぎても死なない者がいるのに、地主の娘は十七、八で亡くなるとは生意気だという理由で笑い続けている。兄貴分に悔やみの仕方を教わるとともに、「先方では笑うのをやめて涙の一つも流さなくてはいけない」と言われて胡椒の粉を渡される。しかし一度に全部なめたので、涙ばかりか、くしゃみも止まらない。水をもらい、悔やみを言う段になってやっと落ち着いたので、思わず「お嬢さまがお亡くなりになったそうで、あー、いい気分だ」。（布目英一）

八五郎（「蒟蒻問答《こんにゃくもんどう》」）
にわか住職。江戸で食い詰め、上州安中の在、薬王寺という空き寺に転がり込む。沙弥《しゃみ》托善《たくぜん》と名乗る修行僧が禅問答を挑んできたので、道具一切を売り払って夜逃げをしようとするが、寺を世話してくれた蒟蒻屋の六兵衛に見つかり、後を託すことにする。（原健太郎）

八五郎（「雑俳《ざっぱい》」「りん回《まわ》し」「雪《ゆき》てん」）
長屋の住人。発句が趣味のご隠居に句作をすすめられ、「初雪やこれが塩なら大儲け」「船底をがりがりかじる春の鮫（春雨）」「梔子《くちなし》（口なし）や花（鼻）から下は直ぐに顎」などの珍句を披露する。（太田博）

八五郎（「十徳《じっとく》」）
長屋の若い衆。横町の隠居から「衣のごとくと羽織のごとくで、併せて十徳」と十徳の由来のインチキ解釈を聞き、さっそく仲間に説明しようとするが、肝心の「ごとくとごとく」が思い出せず、「ようだとようだで、や〜だ」「みたいとみたいで、むたい」と珍答を連発。正解から離れるほど面白くなる。（長井好弘）

八五郎（「締《し》め込《こ》み」）
職人。留守中、空き巣がつくった風呂敷包みを見て、てっきり女房が間男と駆け落ちをする準備だと思い、女房が帰ってくるなり派手な喧嘩を始める。突然、縁の下から出てきた泥棒に、「夫婦喧嘩はおよしなさい。仲がよすぎるってやつだ」と仲裁に入られ、女房とのアツアツのなれそめ話（↓付録「口上・言い立て」）まで聞かれていたことを知る。（原健太郎）

八五郎（「粗忽長屋《そこつながや》」）

長屋の住人。粗忽者。浅草の観音様近くの行き倒れの死骸を、弟分の熊五郎だと思い込み、急いで引き取りにいくよう「当人」（熊五郎）に知らせにいく。超自然的とも超現実的ともいえる、独特の「心持ち」を行動原理にしているため、たびたび周囲を混乱させる。（原健太郎）

八五郎（「高砂《たかさご》や」）

大工。出入り先の伊勢屋の若旦那の婚礼に仲人を頼まれる。隠居に御祝儀の謡「高砂」の稽古をつけてもらうが、調子がつかめないため、豆腐屋の売り声をまねるようすすめられる。婚礼当日、教わった通りにひと節だけ謡い、「あとは御親類の方に」とゆずったが、続けて謡ってくれる人が現れず、進退窮まる。（布目英一）

八五郎（「だくだく」「書割盗人《かきわりぬすっと》」「つもり泥《どろ》」）

職人。貧乏長屋に住み、引っ越すことになるが、家財道具を売り払ってしまったため、知り合いの絵師に道具一式を描いてもらう。その時、泥棒に入られ、絵を本物の家財道具と勘違いされるが、泥棒は途中で気づいても、「箪笥から着物を取り出したつもり」などと言って、手を休めない。そこで、「絵の槍を手にしたつもり。その槍で刺したつもり」と泥棒に向かって述べる。金はなくとも、あるつもりになって楽しめば心豊かに生きられることを実践している。（布目英一）

八五郎（「たらちね」「延陽伯《えんようはく》」）

長屋の職人。独身。言葉遣いがぞんざい。大家の世話で、京都生まれで屋敷奉公をしていたという嫁をもらうことになった。その日のうちに嫁してくるというので舞い上がってしまい、桶と間違えて鉄瓶を持って風呂に行ったり、周りの人に「嫁が来る」と自慢する。一緒に食事をする場面を空想し、稽古までする始末。が、やって来た嫁さんの「自らことの姓名を問い給うや」「ああら、わが君」などといった馬鹿丁寧な言葉使い（→付録「口上・言い立て」）に、さすがに閉口する。こんな珍妙な夫婦関係、長続きするのだろうか。（太田博）

八五郎（「短命《たんめい》」「長命《ちょうめい》」）
職人。本人は察しがいいと思い込んでいるが、肝心なところは鈍感。出入り先の伊勢屋で一人娘の婿が三人続けて若死にをしたことに疑問を持つ。「暇があり、目の前にふるいつきたくなるようないい女がいると短命になる」と隠居に教わるが、ようやく納得して帰宅。伊勢屋の葬式に行く前に腹ごしらえをしようと、嫌がる女房に給仕をさせ、茶碗を手渡してもらいながら女房の顔をつくづくと眺め、「ああ、俺は長生きだ」。（布目英一）

八五郎（「千早振《ちはやふ》る」）
娘に百人一首の在原業平の和歌「千早振る神代もきかず竜田川　からくれないに水くくるとは」の意味を聞かれ、知らないのは父親の沽券《こけん》にかかわると、物知りの隠居のもとを訪れる。「竜田川は相撲取りの名だ」という隠居のいいかげんな解釈の内容がおもしろいので、聞き入ってしまう。他の名前で演じる演者もいる。（布目英一）

八五郎（「手紙無筆《てがみむひつ》」「平《ひら》の陰《かげ》」）
無筆。本所のおじから手紙が届く。いつも読んでもらっている提灯《ちょうちん》屋が留守のため、兄貴分に読んでもらう。ところが兄貴分も無筆で八五郎の発言を手がかりにして「この前、上野動物園の帰りに広小路でばったり会ったっけな御座候」などとおかしな読み方をするので、その都度素朴な疑問を発して、結果的に兄貴分を追い詰めてしまうことに。（布目英一）

八五郎（「天災《てんさい》」）
長屋の住人。乱暴者。母親と女房に渡す離縁状を書いてくれ、と大家に談じ込む。心違いを改めさせようと大家に紹介された心学者の紅羅坊名丸《べにらぼうなまる》のところへ出かけるが、名丸先生の「気に入らぬ風もあろうに柳かな」「堪忍のなる堪忍は誰もする、ならぬ堪忍するが堪忍」「堪忍の袋を常に胸に掛け、破れたら縫え破れたら縫え」といった堪忍の極意を例えた言葉を、「奈良の神主、駿河の神主、中で天神寝てござる」「堪忍の袋を常に頭陀袋《ずだぶくろ》」などとうろ覚え。それでも説教に一応は感服したので、帰宅後、先生の教えを近所のいざこざに用いようとするが、頓珍漢なことになってしまう。（太田博）

八五郎（「道灌《どうかん》」「小町《こまち》」）
長屋の職人。大家宅で見た掛け軸を、「洗い髪の女が、お盆の上にライスカレーを載っけて、お辞儀している」とでたらめな見立てをするが、実は、「七重八重花は咲けども山吹の　実のひとつだになきぞ悲しき」という古歌に由来とする、太田道灌公があばら家で雨具を借りる様子であることを教えられる。早速、付け焼刃の知恵をひけらかそうと、提灯を借りにきた友達に、「提灯でなく雨具を借りに来たと言えば貸す」と強請し、「花は咲けども……やまぶしの味噌一樽と鍋と釜敷き」などとうろ覚えの歌で断ろうとする。（太田博）

八五郎（「野《の》ざらし」）
大工。隣家の元侍、尾形清十郎《おがたせいじゅうろう》のところへ深夜訪ねて来た若い娘は、実は向島に釣りに行った際、葦の繁みの中で見つけた野ざらし（骸骨）に、飲み残しの酒を手向けて回向した幽霊だと知る。自分もあやかりたいと、清十郎の竿を無理やり借りて、「骨釣り」に出かける。繁みの中の大きな骨を回向してやると、その晩、男女の逢引と間違えた新朝という幇間《たいこ》に押し掛けられる。（太田博）

八五郎（「羽織《はおり》の遊《あそ》び」）
長屋の若い衆。道楽者の伊勢屋の若旦那を取り巻いて、吉原で遊ぼうと企てるが、「羽織ぐらいは用意して」と言われ、進退窮まる。やむなく出入り先のおかみさんに頼むが、「祝儀不祝儀かい」と尋ねられ、「祝儀と不祝儀がぶつかって、その仲直りのために」などトンチンカンな返事をした揚げ句、知り合いを片っ端から死んだことにするなど、ロハで遊ぶためにバカバカしくも涙ぐましい努力を繰り返す。（長井好弘）

八五郎（「八五郎坊主《はちごろうぼうず》」）
東京ではおなじみの名前だが、上方落語ではこの噺だけに登場する。「つまらん奴《やっこ》は坊主になれ」という言葉に感銘を受けて出家を志す。甚兵衛に下寺町のずく念寺を紹介してもらい、無事に坊主になって「法春《ほうしゅん》」という法名をつけてもらう。かくて上方落語ただ一人の八五郎も改名によって消滅したのである。（小佐田定雄）

八五郎（「花見《はなみ》の仇討《あだうち》」「桜《さくら》の宮《みや》」）
職人。飛鳥山（上野の場合も）の花見の趣向の仇討芝居で、敵役《かたきやく》の浪人の役。黒煙五平太、北風寒右衛門、山坂転太などいかにも悪役に相応しい役名を用意し、花の下の切り株に座って、煙草をふかしている。ようやくやって来た仇討ちの役の巡礼兄弟と斬り合いの真似事をしていると、本物の侍が仇討の手助け、と称して乱入して来たから大慌て。敵味方入り乱れて逃げ出す。（太田博）

八五郎（「囃子《はやし》長屋《ながや》」）
大工。本所林町の長屋に住む。家主が囃子好きで、囃子が好きなものにしか貸さないという長屋の住人だけに、囃子の稽古ばかりして、仕事に行かない。夫婦喧嘩も家主の仲裁も「このドンツクめ」「テンツクめ」「まあいいやったら、まあいいや」と、すべてがお囃子風。長屋の特色を生かした内職仕事はないものだろうか。（長井好弘）

八五郎（「一目上《ひとめあ》がり」）
職人。隠居の家で掛け軸をほめたところ「結構な賛だと言え」と教えられたので、大家の家の掛け軸を見て「三だ」と言うと、「これは詩だ」と言われる。次の家では「一休禅師、悟りの悟《ご》」と言われたので、「三、四、五」と一目ずつ上がっていると気づく。兄弟分の家の宝船の絵を「結構な六だ」とほめると、「これは七福神だ」。それならと別な軸を見せてもらって「八だ」と言うと、芭蕉の句（九）だった。（布目英一）

八五郎（「ふだんの袴《はかま》」）
職人。上野広小路の骨董店で武士が煙管《きせる》の火玉で袴をこがし、「これは普段の袴」と答えたのを見て、大家から借りた、ひだのない袴をはいて真似をする。掃除をしていない煙管を勢いよく吹いたので、頭に火玉が落ちたが、「これは普段の頭だ」。（布目英一）

八五郎（「松曳《まつひ》き」）
植木屋。大名屋敷で仕事をする。松を枯らさずに移動させよと殿様に命ぜられて、「大きな根にスルメを巻き、油粕《あぶらかす》をまけば枯れない」と答えたところ、ほうびとして酒をふるまわれる。（布目英一）

八五郎（「妾馬《めかうま》」「八五郎出世《はちごろうしゅつせ》」）
大工。裏長屋で母と二人暮らし。奉公に出た妹おつるが、赤井御門守《あかいごもんのかみ》の世継ぎを産んだため、屋敷に招かれる。世話焼きの大家から、紋付羽織の正装一式と褌《ふんどし》を借り受けたうえ、言葉の上に「お」をつけ、下に「奉る」をつけるとよいと教えられる。いざ屋敷で対面の日、ちんぷんかんぷんの言葉を連発し、はては酒に酔って都々逸を唄い、「殿公っ、どっか行こうか？」などと言って、用人の三太夫をはらはらさせる。だが、妹と母親への愛情にあふれた心根をめでた御門守に家臣に迎えられる。二本差しとなり、岩田杢左衛門蟹成《いわたもくざえもんかにしげ》（石垣杢蔵源蟹成《いしがきもくぞうみなもとのかにしげ》、岩田杢蔵左衛門蟹成《いわたもくぞうざえもんかにしげ》などとも）を名乗ってからも、職人気質は変わらず、失敗を重ねる。（原健太郎）

八五郎（「目薬《めぐすり》」）
長屋の住人。目薬の効能書き「めしりにさすべし」とあるのを「女尻にさすべし」と読み間違える。嫌がる女房に尻をまくらせ、そこに目薬の粉をつけた。途端に女房が一発放ち、首尾よく粉が目に入り、なるほどと感心。次に女房が目を患った時に、どうもこの方法は違うようだと気がついたとか。（布目英一）

八五郎（「やかん」「無学者《むがくしゃ》」）
長屋住まいの職人。世の中のことは何でも知っていると豪語する先生にあれこれと尋ねるうち、やかんの語源は川中島の合戦での出来事が元になっているという珍説を聞かされることに。（布目英一）

八蔵《はちぞう》（「後家馬子《ごけまご》」）
若い馬方。大阪玉造稲荷近くの裏長屋に住む。後家のお竜といい仲になるが、お竜の娘のおくしに二人の仲をどうしても認めてもらえない。お竜と喧嘩して表へ飛び出したおくしのあとを追うが、天満橋から身を投げられてしまう。邪魔者がいなくなったと喜ぶが……。（小佐田定雄）

八兵衛《はちべえ》（「夢八《ゆめはち》」）
長屋の住人。仕事中につい居眠りをしてしまうので「夢見の八兵衛」、略して「夢八」と呼ばれている。町内の夜番で熟睡してしまい、お払い箱になる。甚兵衛に「つりの番」という仕事を世話されるが、「魚つりの番」で

はなく「首つりの番」であったことから、恐ろしい目に合うが、そのさなかにも寝てしまう。（小佐田定雄）

初五郎《はつごろう》（「お若伊之助《わかいのすけ》」「根岸《ねぎし》お行《ぎょう》の松因果塚《まついんがづか》の由来《ゆらい》」）

に組の鳶頭《かしら》。日本橋横山町の生薬屋に出入りする。弟のように可愛がっている一中節の師匠菅野伊之助が、お店《たな》の娘お若といい仲になり、いったんは別れたはずが、お若の蟄居《ちっきょ》先である根岸の長尾一角道場まで忍んでいったと知り、きびしく説教する。だが、伊之助がきっぱり否定するので、真実を確かめるべく娘が預けられている道場と両国の伊之助の家の間を、行ったり来たりすることに。頼まれたことは迅速に、細大漏らさずおこなう鳶頭の鑑。しかし、忘れっぽいのが玉《たま》に瑕《きず》。（原健太郎）

初五郎《はつごろう》（「五貫裁《ごかんさば》き」「一文惜《いちもんお》しみ」）

四文使いという博打場の下働き。堅気になって八百屋を始めようと、家主のすすめで奉加帳を持って開業資金を集める。町内一の金持ち徳力屋万右衛門が一文しかくれなかったので、投げ返して、いさかいとなり、顔に怪我を負わされる。奉行所に訴えるが、金銭を粗末に扱ったため、罰金五貫文（五千文）を言い渡される。ただし、「一日一文ずつ徳力屋に届ければよい」という奉行の言葉に、万右衛門をこらしめる意図を察した家主に知恵をつけられて、夜中に届けて万右衛門が眠れないようにしてしまう。音を上げた万右衛門によって示談が成立し、店を建ててもらえる。（布目英一）

花筏《はないかだ》（「花筏」）

人気大関。重病のため旅興行に行かれない。そこで花筏に似ている提灯屋が花筏と称して行くことに。名前が演目になっているが、本人が登場する場面はない。五代目三遊亭圓楽、立川談志が実在の若い力士にこの名をつけたこともあったらしい……。（布目英一）

花扇《はなおうぎ》（「盃《さかずき》の殿様《とのさま》」）

吉原の花魁《おいらん》。ある国の大名に見初められ、国詰めの際に、きぬぎぬの別れをする。国元に帰ってからも忘れられない大名の命で、足軽が運んできた七合入りの盃を受けとり、酒を飲み干すと、また大名に返盃する。かくして、国元と吉原の間の遠距離恋愛が始まるが……。薄雲太夫

の名で登場することもある。（原健太郎）

花蔭左五郎《はなかげさごろう》（「緑林門松竹《みどりのはやしかどのまつたけ》」「あんま幸治《こうじ》」「またかのお関《せき》」）
菊屋橋の手習いの師匠。元は侍だったが、父親が闇討ちにあって主君拝領の茶入れを強奪されたことから、屋敷を出る。小梅の甚蔵の仲立ちで、妹おなつを鼈甲《べっこう》商上総屋の息子清三郎に嫁がせる約束をし五十両の支度金を受け取る。上総屋の番頭藤七と女中おさきの悪だくみで破談になりかけるが、父親の供をして殺された若党幸吉の息子で今は盗賊のあんま幸治に救われ、奪われた茶入れも戻ってくる。屋敷へ帰参が叶い、妹の婚礼が無事済んだのも幸治のおかげであるからと、南町奉行所に自首した幸治の減刑、赦免を願って奔走する。（長井好弘）

噺家《はなしか》（「徳《とく》ちゃん」）
売れない若手。まだ二ツ目の修業中か。仲間の徳ちゃんと二人、真夜中の二時過ぎの吉原遊廓をうろついていると、「今どき紋付き羽織を着ているのは、学生野球の応援団か噺家ぐらいのものだ」と客引きに正体を見破られ、「二人で一円と六十銭だよ」と誘われる。「それなら今日のわり（給金）で遊べる」と大喜びで登楼するが、通されたのは、五畳を四分板で半分に分けた、汚い二畳半の部屋。布団は野戦病院で死骸をくるんでいたもので、毛布は犬猫病院払い下げだという。そこへ現れたのが、世にも恐ろしい、モンスターのような大女。ザンバラ髪を振り乱し、芋をぼりぼりかじりながら「チューしよう！」と迫ってくる。あまりのことに、徳ちゃんも置き去りにして逃げ出そうとする。（長井好弘）

噺家（「ねぎまの殿様《とのさま》」）
大名家出入りの芸人。殿様が召し上がるねぎま鍋には不必要と思われた鮪の骨つき血合いや葱の青い部分をお屋敷から頂く。これを肴にドブロクで一杯やろうと思っていたら、これらがないと、ねぎま鍋はおいしくないことがわかった料理番に取り上げられてしまう。五代目古今亭今輔は「こういう時にとばっちりを受けるのは噺家だ」と言っている。（布目英一）

噺家（「能狂言《のうきょうげん》」）
江戸の芸人二人組。口のうまさと図々しさを武器に旅を続ける。田舎の小藩で、「殿様の前で能狂言をやってくれ」と頼まれ、寄席で演じる茶番を仕立て直し、笛や太鼓は若侍が口で代用するという、いい加減な能狂言をでっち上げる。だが、能舞台とあって幕が下ろせず、収拾がつかなくなる。（長井好弘）

噺家（「不動坊火焔《ふどうぼうかえん》」「不動坊《ふどうぼう》」）
万年前座。病死した講釈師不動坊火焔の女房お滝が吉兵衛と再婚したのを逆恨みする同じ長屋のやもめ男三人組に雇われ、不動坊の幽霊に扮して、吉兵衛宅の天窓からつり下げられる。しかし、恨みの台詞を覚えることができず、「四十九日も過ぎぬのに、嫁入りするとはうらめしい」と言うべきところを「うらやましい」と言ってしまう。吉兵衛に金をもらうと寝返って、謡「高砂や」のひと節で吉兵衛夫婦を祝う。上方落語では講釈師軽田胴斎《かるたどうさい》として登場する。（布目英一）

花之丞《はなのじょう》（「三人旅《さんにんたび》」「伊勢詣り《いせまいり》」）
小田原近郊の百姓。荷を届けた後、から馬を引いているところを江戸っ子三人連れに声を掛けられる。名前の響きは役者のような好男子を思わせるが、実際は年配の顔中ひげだらけの男かもしれない。（布目英一）

花屋《はなや》（「転失気《てんしき》」）
見栄っぱりな老夫婦。「転失気」を貸してくれと、寺の小僧珍念がやってくる。「二つあったが、一つは床の間に飾っていたのを、誉められたので親戚にやり、もう一つは、今朝、味噌汁に入れて食ってしまった」と言って追い返す。（原健太郎）

馬主《ばぬし》（「仏馬《ほとけうま》」）
善良、朴訥な農民。馬が盗まれたのも気がつかず、その場で酔いつぶれていた悪僧弁長の「素行が悪くて馬にされたが、怒りが解けて僧侶に戻った」というデタラメを信じる。のちに自分の馬を市で見つけると、「弁長さん、また罰が当たって馬になったな」。（長井好弘）

婆《ばば》（「愛宕山《あたごやま》」）
京の愛宕山清滝試みの坂を登りきったところにある茶店の女主人。昔なじみの室町の旦那が訪れたのはいいけれど、お供の幇間《たいこ》にかわらけを茶店の中に投げ込まれたりする。さらには、下の花屋に返すために置いてあった大きな傘を谷底へ飛び降りるためのパラシュート代わりに使われてしまう。（小佐田定雄）

婆（「牛の丸薬《うしのがんやく》」）

茶店の女主人。大阪の東部近郊にある村の入口で営業。二人連れでやって来た客がやたらと人なつっこく「昔なじみや」と言うので、村の金持ちの情報をすっかり教えてしまう。（小佐田定雄）

婆（「馬の田楽《うまのでんがく》」）

老農婦。なじみの馬子から、逃げた馬の行き先を聞かれるが、耳が遠いために、とんちんかんな受け答えばかりしてしまう。（布目英一）

婆（「軽石屁《かるいしべ》」）

鈴鹿峠の茶店の女主人。二人連れの大坂の旅人が休憩に立ち寄る。足が痛いと言っていた男のために、もう一人のほうが駕籠屋と交渉していたが、交渉していた男のほうが駕籠に乗って行ってしまう。置いてけぼりにされて呆然としている男に近道を教えてやる。（小佐田定雄）

婆（「小言幸兵衛《こごとこうべえ》」）

麻布古川の家主田中幸兵衛の女房。六十代後半。猫好き。おっとりとしてとぼけた性格で、小言の多い亭主に不満を抱かず、長年連れ添っている。幸兵衛に入居を断られた豆腐屋が「このガリガリ亡者め。まごまごしていると、どてっ腹、蹴破ってトンネルこさえて汽車を叩きこむぞ」と捨て台詞を残すと、「すると、おじいさんの胸の辺りがステンショになる」と言ってのける。（布目英一）

婆（「唐茄子屋政談《とうなすやせいだん》」「唐茄子屋《とうなすや》」）

浅草誓願寺店の裏長屋に住む。困窮した隣家の浪人の女房に、にわか唐茄子売りとなった勘当息子の徳三郎が金を与えたのを見て安心する。ところがその金を滞った店賃《たなちん》の穴埋めとして家主に取り上げられ、徳三郎への申し訳なさから女房が首をつったのを発見し、再び訪れた徳三郎に一部始終を伝える。（布目英一）

母親《ははおや》（「有馬《ありま》小便《しょんべん》」）
有馬温泉の客。娘と二人で遊びに来ていたところ、娘におしっこがしたいと言われたが、宿屋の二階に便所が一つしかなく、先客がなかなか出て来ない。我慢の限界だと困っているところに、「二階から小便させましょう」と小便屋がやって来たので、地獄で仏と「おしっこ屋さん」と声をかける。（小佐田定雄）

母親（「いいえ」「嵐民弥《あらしたみや》」）
馬子の女房。旅の女形役者嵐民弥を本物の女性と勘違いした亭主に言われ、床《とこ》を共にさせられる。（太田博）

母親（「お玉牛《たまうし》」）
紀伊と大和の国境にある堀越村の百姓与次平の女房。個性的な風貌をしている。かつてはお累という名で演じられていた。（小佐田定雄）

母親（「お藤松五《ふじまつご》郎《ろう》」）
茶屋の看板娘お藤の母。酔って寝ていたところに訪ねてきた松五郎を、日ごろからうとましく思っていた娘の旦那清三郎と勘違いし、愛想づかしをする。後に松五郎に殺されることに。（布目英一）

母親（「お若《わかい》伊之《の》助《すけ》」「根岸《ねぎし》お行《ぎょう》の松因果《まついんが》塚《づか》の由来《ゆらい》」）
後家。日本橋横山町の生薬屋を、女手ひとつで切り盛りする。娘お若が一中節の師匠菅野伊之助といい仲になったため、伊之助に手切れ金を渡し、お若を根岸の長尾一角の道場にあずける。一件落着かと思われたが、これが悲劇の発端となる。（原健太郎）

母親（「火事《かじ》息子《むすこ》」）
神田三河町の質屋伊勢屋の女房。勘当された火消し人夫の息子の暮らしぶりが気になって仕方がない。近火の際、蔵の目塗りを手伝ってくれた息子と再会、寒空に法被《はっぴ》一枚の姿。着物などを与えたいが世間の手前出来ない。捨てれば黙って拾って行く、という夫の言葉に、「簞笥《たんす》ごと捨てるからみんな手を貸してくれ」……。（太田博）

母親（「三人兄弟《さんにんきょうだい》」）
船場の商家の主婦。三人の息子はいずれ劣らぬ極道者。

三人とも二階に軟禁したはずなのに、朝になると次々と息子たちが帰宅して来る。長男は「謡の会に行っていた」、次男は「発句の巻開《まきびら》きに行っていた」と言い訳するが、三男だけは全く悪びれる様子もなく「新町へ女郎買い」に行っていたと言う。それぞれの答えを聞いた亭主が、三男に家督を相続させることを決めるので「なんであんな無茶者に？」と質問する。（小佐田定雄）

母親（「田能久《たのきゅう》」）
息子は田能久一座の座頭久兵衛。息子の巡業中は、嫁と二人暮らし。息子に近況をしたためた手紙を出すが、これがとんだ大騒動をまねく。（原健太郎）

母親（「ちきり伊勢屋《いせや》」）
品川の質屋ふじやの女主人。丸髷《まるまげ》に結った、品のいい四十二、三歳。百両の金の算段がつかず、娘と二人、赤坂の喰違坂で首をつろうとしたところを伊勢屋伝二郎に助けられる。その恩を忘れず、のちに落ちぶれた伝二郎を娘婿にする。（長井好弘）

母親（「菜刀《ながたん》息子《むすこ》」「弱法師《よろぼし》」）
商家の女房。厳しい夫と気の弱い一人息子俊三の間に入って気をもんでいる。失敗を重ねる俊三をかばうが、夫の叱責に耐えかね俊三は家を出てしまう。（小佐田定雄）

母親（「二十四《にじゅうし》孝《こう》」）
息子はわからず屋の職人熊五郎。自分を蹴飛ばして出て行った息子が戻って来て、「親孝行する」といい出す。唐土の孝行話「二十四孝」の呉猛《ごもう》の故事にあやかり、身体に酒を塗って蚊から守ってくれるはずだったが、息子がそれを飲んで寝てしまったため、一晩中、団扇で扇いで蚊を追いやる羽目になる。（太田博）

母親（「浜野《はまの》矩随《のりゆき》」）
寛政年間に腰元彫りの名人といわれた浜野矩康の妻。息子矩随も父親の仕事を継ぐが、上達しない。矩康の死後、矩随の作品を唯一買ってくれた若狭屋甚兵衛にも「死んでしまえ」と言われて見放されたと聞き、形見に観音像を彫るように命じ、一心不乱に経を読む。できあがった像は驚くようなできばえで五十両で買い上げてもらうよう促す。その時、水盃をかわし、息子の留守中に短刀で首を突いて自害する。理由は息子の自立を促すためだと考えられる。願いはかない、ひと皮むけた矩随は父親以上の名人となる。自害の方法については縊死《いし》で、その上発見が早く、蘇生するという演出もある。（布目英一）

母親（「福禄寿《ふくろくじゅ》」）

資産家、福田万右衛門の妻。禄太郎、福次郎兄弟の親。長男禄太郎に甘く、不心得者に育ててしまったために面倒を見てもらえず、家督を継いだ福次郎の家に厄介になっている。禄太郎から、五百円がないと身投げするしかないと泣き付かれたため、福次郎が兄に渡すようにとこっそり置いていった五百円を渡したうえ、酒まで飲まして帰す。子離れできない親の見本。（太田博）

母親（「星野屋《ほしのや》」「手向《たむ》けのかもじ」）

娘は星野屋の囲い者お花。他人を信用せず、金銭への執着が強いのは、若いころ、お花と同じような水商売で辛酸をなめたからだろう。おかげで、星野屋側とのだまし合いでも、最低限の利益は確保できた。（長井好弘）

母親（「堀川《ほりかわ》」）

大阪の裏長屋で喧嘩好きな息子源兵衛と二人で暮らしている。一見息子から虐待を受けているようだが、無茶な息子をうまくあやしながら操縦している。長屋の連中の同情もしっかり集めるしたたかな面もある。（小佐田定雄）

母親（「まめだ」）

膏薬《こうやく》屋。大阪の三津寺の門前で「家伝びっくり膏」を売っている。息子は歌舞伎の下回り役者の市川右三郎。色の黒い陰気な子供が膏薬を買いに来るようになるが、その日に限って銭箱の中の銭が一銭不足し、代わりに銀杏の葉が一枚まぎれこんでいることに気づく。（小佐田定雄）

母親（「妾馬《めかうま》」「八五郎出世《はちごろうしゅっせ》」）

長屋の名物婆さん。一男一女の母。赤井御門守《あかいごもんのかみ》の屋敷に奉公に出した娘おつるが、世継ぎを出産したことを知らされ長屋中を踊って回るほど喜ぶが、子守りもできず、おしめ一枚洗ってやることもできないと涙ぐむ。あまり出来のよくないおつるの兄八五郎には、はなから期待し

ていない。（原健太郎）

母親（「藪入《やぶい》り」）

長屋のかみさん。一人息子の金坊を、年季奉公させ、初の「藪入り（休暇）」で、戻るのを楽しみにしている。何を食べさせようかと思案して寝ずにいる父親と気持ちは同じ。湯屋に行った金坊の持ち物を調べると、法外の札《さつ》が入っているので、悪心でも起こしたのではないか、と夫に相談したことからあらぬ諍いが……。（太田博）

母親（「よかちょろ」）

大店《おおだな》のおかみ。集金の金を吉原で使い果たした放蕩息子孝太郎にも甘く、「他人の金を使ったわけではない」と肩を持ち、夫婦げんかとなる。（太田博）

浜野《はまの》矩随《のりゆき》（「浜野矩随」）

寛政年間の彫金師。父親は腰元彫りの名人浜野矩康。腕も料簡も未熟なことから、父の死後、得意先に次々と見放される。生前の父親への恩で矩随作品を買い続けてくれた若狭屋甚兵衛からも、三本足の馬や河童狸などの失敗作が原因で手切れ金を渡され、死を覚悟。この時、母親に観音像を彫るように命じられ、必死に彫り上げる。その作品は父親の遺作と見まがうほどの名作で、以後は親子二代の名人として称賛される。三本足の馬や河童狸も習作時代の希少作と再評価され、高額で売買され、若狭屋の懐を潤した。（布目英一）

早桶屋《はやおけや》（「付《つ》き馬《うま》」「早桶屋」）

職人の親方。朝方、なれなれしく「おじさん」と呼ぶ男に、腫れの病で亡くなった男のために、「図抜け大一番小判型」の早桶（棺桶）を作ってくれ、と頼まれる。作り始めたところで注文した男が去り、残された仏の弟（実は付き馬にきた吉原の若い衆）がやってくるが、「通夜の具合はどうだった？」「へえ。通夜はもう、陽気でござんした」「仏様はよろこんだろ？」「ええ。もう、かっぽれなんぞ踊ったりして」と、たがいの話がまったくかみ合わないため、男にだまされたことに気づく。しかし、早桶はすでにできあがっており、「職人の手間は負けておこう。木口代だけは払ってもらおう」と迫るが、「今は持ち合わせがない」。職人に向かって、「それじゃ、や

っこ、吉原《なか》まで馬に行きな」。（原健太郎）

林大学頭《はやしだいがくのかみ》（「名人長二《めいじんちょうじ》」「指物師名人長二《さしものしめいじんちょうじ》」）

実在の儒学者。寛政十二（一八〇〇）年〜安政六（一八五九）年。幕府朱子学者林家当主。号は復斎。南町奉行筒井和泉守から、親殺しで白洲が立った指物師長二を助けたいと、助言を求められる。長二の潔白な心根と非凡な腕前を、懇意の札差坂倉屋助七より聞いていたため、親身になって知恵をしぼる。（原健太郎）

早四郎《はやしろう》（「菊模様皿山奇談《きくもようさらやまきだん》」）

中山道松井田宿甲州屋五平の息子。宿泊客のお竹に恋文を送って、執拗に迫る。お竹の部屋に侵入して戻りを待っていたところ、お竹の金を奪おうとする五平に誤って殺されてしまった。（布目英一）

早見東作《はやみとうさく》（「盃《さかずき》の殿様《とのさま》」）

韋駄天の足軽。三百里を十日で往復する。国元に帰ってからも吉原の花魁《おいらん》花扇のことが忘れられない殿様と、その誠意に応えようとする花扇との盃のやりとりのため、七合入りの大きな盃をかついで行ったり来たりしている。途中、箱根の山中で、大名行列の供先《ともさき》を横切って捕らえられるが、事情を説明すると大いに感心される。戻って殿様に報告すると、こちらもいたく感激し、さらに大名に返盃するよう命じられ、走り出すが、領地がどこか聞くのを忘れていたので、今も日本のどこかをさまよっている。早見藤三郎の名で登場することもある。（原健太郎）

原丹三郎《はらたんざぶろう》（「塩原多助一代記《しおばらたすけいちだいき》」）

土岐《とき》伊予守家臣。原丹治の息子。護摩の灰の道連れ小平に誘拐されそうになった塩原多助の妻おえいを救ったのが縁となり、おえいと密通するようになる。邪魔者扱いをして殺そうとした多助が家出したので、おえいと婚礼を挙げる。しかし、分家の太左衛門に止められて刀を抜いたところ、多助の愛馬の青が暴れ出し、おえいとともにかみ殺される。（布目英一）

原丹治《はらたんじ》（「塩原多助一代記《しおばらたすけいちだいき》」）

土岐《とき》伊予守家臣。かどわかしにあった塩原多助の妻おえいを助けたことから、おえいの母おかめと忍び合う仲になり、多助の殺害を計画する。多助が逐電をしたので、息子の丹三郎とおえいの婚礼を挙げようとしたところ、分家の太左衛門に止められ、多助の愛馬の青も暴れ出して、丹三郎とおえいをかみ殺す騒ぎとなったので、青を殺し、家に火を放って、おかめと逃げる。改心して尼になったと語る護摩の灰の股旅おかくの寺に泊まったところ、金を狙われて争いとなり、おかくの息子の道連れ小平に殺される。（布目英一）

播磨屋《はりまや》又七《またしち》（「三年酒《さんねんしゅ》」）
大坂の北安治川二丁目に住み、神道に凝っているので「神道又」と呼ばれていた。茨住吉《いばらすみよし》神社の田中左弁太夫の神道講釈に凝り、葬式も神道で出してほしいと望んでいた。池田の伯父の家で、唐土《もろこし》渡来の「三年酒」という、酔うと三年間は覚めない酒をしこたま飲み、帰宅するなり眠ってしまう。それを「死んだ」と勘違いした女房と町内の連中によって、かねての望みどおりに神道の葬式を出される。（小佐田定雄）

春部《はるべ》梅三郎《うめさぶろう》（「菊模様《きくもよう》皿山《さらやま》奇談《きだん》」）
美作の国勝山城主粂野家の目付秋月喜一郎の甥。二十代前半。小姓頭をつとめ、十五石三人扶持。腰元若江と密通し、若江の艶書を拾った松蔭大蔵に脅されたため、秋月に松蔭の昇進を働きかける。若江が懐妊したので駆け落ちをするが、暗殺された重役渡辺織江の死骸のわきに若江の手紙と、父親が殿様の弟君紋之丞前次から拝領した小柄が落ちていたため、織江殺害の犯人に仕立てあげられる。松蔭一味の悪事を知り、織江の息子祖五郎とともに悪臣退治に貢献する。（布目英一）

半（はん）

「半ちゃん」「半さん」「半の字」「半てき」「半公」などと呼ばれ、熊五郎、八五郎とともに、庶民派の代表としてしばしば登場する。脇役ながら主役級の重要人物。熊・八と違うのは、多少教養がある点か。本名は、半次（二）、半七、半兵衛などだろう。愛敬者。おっちょこちょいで乗りやすいタイプ（「館林」）。町内の人気者だが、半か臭い、半可者、半可通、半端者などの言葉に通ずる中途半端な性格と見栄っ張り（「蛙茶番」）。気障《きざ》ったらしい言動（「浮世床」）で、しばしば同僚、仲間たちにからかわれ、疎んぜられる（「三人旅」）。ただし、それを気にしない無頓着さがある。職業は、建具屋か大工（「汲みたて」「青菜」）の場合が多い。たまに、仕立屋、経師屋になったりする。放屁癖の「へこ半」（「三軒長屋」）もいるし、愚かな言動から陰で「ばか半」などとも呼ばれる。「宮戸川」には、落語には珍しい坊ちゃん風な半ちゃんが登場する。時に浮気の相手になったり、町内の娘に色目を遣って物議をかもす。「半ちゃん」が最も気にしている女性は小間物屋または煙草屋、仕立て屋のみいちゃんだが、「足袋屋の看板」で――片思いである。（太田博）

半（「浮世床《うきよどこ》」）
髪結床の客。どんなに熟睡していても、「半さん一つ食わないかい」と言われればすぐ起きる。芝居小屋で知り合った女に頼まれて役者の掛け声を掛けたのが縁で料理屋に行き、尿意を催したので座敷にある徳利にしたところ、これは今見た夢だった。小用をたしたところだけ現実だったという演出もある。（布目英一）

半（「おしくら」「三人旅《さんにんたび》」）
江戸っ子。伊勢詣りの三人連れの一人。足に肉刺《まめ》をこしらえ往生するが、乗った馬も足が悪く、かえってくたびれる。小田原宿では、柳橋で芸者をしていた年増の未亡人……という仲間の甘言を真に受け、土地の婆さんの相手をさせられる。（原健太郎）

半（「館林《たてばやし》」）
剣術の稽古に熱を上げる町人。居酒屋で喧嘩騒ぎを起こし、土蔵に立てこもった侍を捕まえようと名乗りを上げる。道場の先生が上州館林城下で泥棒を生け捕った武勇伝を思い出し、その通りに蔵へ入るが、あっさり首を斬られ、「先生、うそばっかり」。（長井好弘）

半公《はんこう》（「青菜《あおな》」）
大工職。子供のころから青菜が大嫌い。風呂帰り、友人の植木屋に呼び止められ、分けのわからぬまま燗冷ましを「柳蔭《やなぎかげ》」（直し）、鰯の塩焼きを「鯉のあらい」と称してご馳走になり、青菜を無理やり食べさせられそうになる。実は、仕事先のお屋敷で覚えた隠し言葉を使いたかった植木屋の策略――。（太田博）

半公（「黄金《きん》の大黒《だいこく》」）
短気な長屋の住人。息子が黄金の大黒天を掘り当てた祝いに家主に招かれるが、失礼のないようにと、一枚の羽織を他の仲間と交代で着る約束をしたため、「こんちは」だけで出てきてしまう。（太田博）

半公（「花見《はなみ》の仇討《あだうち》」「桜《さくら》の宮《みや》」）
長屋の仲良し四人組の一人。花見の趣向の「仇討芝居」で仲裁役の六部（六十六部＝諸国巡礼の行脚僧）を受け持つ。約束の場に向かう途中、酒と腕力が強く、耳の遠い伯父に捕まり、さんざん酒を飲まされ、酔いつぶれてしまう。肝心の六部が行けなくなったばっかりに、他の仲間は大迷惑を喰らう。（太田博）

半次《はんじ》（「蛙茶番《かわずちゃばん》」）
建具屋。通称バカ半。いちもつが自慢。町内の素人芝居「天竺徳兵衛」で、舞台番（舞台の下手に座り、場内整理をする）の役に充てられるが、役不満だとすねている。岡惚れしている仕立屋のみいちゃんが楽しみにしているとおだてられてその気になり、湯屋に行って磨きを掛ける張り切りよう。ところが自慢の緋縮緬《ひぢりめん》の褌《ふんどし》を締め忘れて舞台番に座ったからチン騒動になる。（太田博）

万事世話九郎《ばんじせわくろう》（「宿屋《やどや》の仇討《あだうち》」「宿屋仇《やどやがたき》」）
侍。神奈川宿の旅籠《はたご》の客。三十二、三歳。前夜泊まった小田原宿で巡礼親子が泣き、相撲取りのいびきがうるさくてと静かな部屋を所望するが、同夜も隣室の河岸の若い衆三人組がどんちゃん騒ぎを演じて寝られない。その都度「伊八、伊八！」と番頭を呼び付けて注意を促すがらちが明かない。若い衆の一人、源兵衛の「川越で石坂段右衛門という侍のご新造《しんぞ》と情事を働き、殺して逃げた」という自慢話を耳に入れると、「万事世話九郎は仮の名。本当は、石坂段右衛門だ」と名乗り、夜が明けたら宿はずれで「出会い仇」として成敗すると、宿の者に命じて三人を縛り上げさせる。翌朝「あれは座興じゃ」と一笑に付す。それほど安眠したかった——。（太田博）

半七《はんしち》（「汲《く》みたて」）
建具屋。美人の常磐津の師匠といい仲になり、他の弟子連中を悔しがらせる。夕涼みの船で、師匠の三味線に合わせて端唄をうたうのを、ヤキモチ連中に邪魔されるが、歯牙にもかけない。（長井好弘）

半七（「宮戸《みやと》川《がわ》」）
小網町の質屋茜屋半左衛門のせがれ。将棋に夢中になり、閉め出しを食う。同様に閉め出しを「食べた」幼なじみのお花と霊岸島の伯父の家に泊まる。伯父の世話でお花と夫婦になり、横山町に店を持つ。浅草観音に参詣に行ったお花が行方不明となって一年。死んだものとあきらめ、寺詣りの帰り道、舟に乗り合わせた男の話により、お花が殺されたことを知るが、行方不明となったのは昼寝の夢だった。（布目英一）

半田《はんだ》屋《や》長兵衛《ちょうべえ》（「にゅう」）
茶器鑑定家。名高いが無欲。浅草駒形に住む。通人気取りの萬屋五左衛門から何度も招待を受けるが、金持ちの道楽茶会などへ行く気にならず、いたずら心で茶器の見分けもつかぬ使用人弥吉を身代わりに立てる。（長井好弘）

番頭（ばんとう）
商家を舞台にした落語には欠かせない名脇役。主役にはならなくても、物語が大きく動く時のキーパーソンである。それほど重要な役が回ってくるのは、商家の番頭という職業の複雑さと、それゆえの面白さのためだろう。「四十歳、世辞がうまく、商用で飛び回る」という「子ほめ」に登場する伊勢屋の番頭は、まだまだ前座クラス。大店《おおだな》の番頭ともなれば、現代の会社組織で言えば筆頭重役クラス、店では商売一切を任され、主人は表に出ず帳簿も見ないというほど実権があった。大番頭、小番頭、あるいは何番番頭などと、複数の番頭がいるのは当たり前。序列のトップまで上り詰めれば、小大名にも迫る収入があるというのは、「百年目」「山崎屋」の番頭を見れば明らかだろう。

　番頭までの道のりは長く遠い。丁稚《でっち》や小僧として数年間休みなく働き、元服をすませた後も、さらに数年の見習い期間（若い衆）がある。何とか脱落せずに手代となっても、それからが大変だ。失敗がなく、着実に営業成績を上げた者のみが競争に勝ち残って番頭に昇進できる。入店からこの地位に到達するまで、実に数十年。家も格も金もない町人の倅にとっては最高の出世である。それだけの苦労をして番頭の地位につくのは、ただものではない。十年前に一度来ただけの男の顔を覚えている（「鼠穴」）ほど有能で、若旦那の惚れた花魁《おいらん》を商家の嫁にするため詐欺まがいの計略を練る（「山崎屋」）アイデアマン。旦那を支え、道楽者の若旦那をかばったり、叱咤したり。仕事も遊びも人並み以上、時には店のために憎まれ役も買って出る（「柳田格（角）之進」「たちきり」）。病気の若旦那のために真夏にみかんを探して江戸市中をかけずり回るという災難に遭うことも（「千両みかん」）。

店の内外にこれほど影響力を持っていながら、番頭はたえず他者に気配りをし、自らを律している。主人の目をかすめて宴会を開く（「味噌蔵」「菊江の仏壇」）のも、びくびくものだ。これはもちろん、近い将来の「暖簾分け」「別家独立」をつつがなく実現するためである。商家の番頭を理解する第一歩が「子ほめ」なら、番頭が唯一主役を張る「百年目」は商人人生の全てが盛り込まれた、究極の番頭噺である。（長井好弘）

番頭（「足上《あしあが》り」）

船場の商家の奉公人。店の帳面をごまかして遊んでいる。なじみの芸妓、お茶屋の女将、仲居などを引き連れ、道頓堀の中座の桟敷で歌舞伎「東海道四谷怪談」を見物する。先に店に帰らせた丁稚《でっち》の定吉が、旦那の追及に合ってあっさり白状してしまうので、ついに足が上がる（首になる）。それを知らずに「四谷怪談」の「蛇山庵室」を身ぶりを交えて話し、体が宙に浮いたように見せた。宙に浮くのは当たり前、とうに足が上がっている。（小佐田定雄）

番頭（「穴釣《あなづ》り三次《さんじ》」「闇夜《やみよ》の梅《うめ》」「忍岡恋《しのぶがおかこい》の穴釣《あなづ》り」）

浅草三筋町の紙問屋甲州屋の奉公人。上方者。自分になびく奉公人だけをかわいがり、他の者はいじめている。特に手代の粂之助を嫌い、粂之助が甲州屋の娘お梅と恋仲となっているのを知ると騒ぎ立て、粂之助が店を追い出されるように仕向ける。お梅が殺され、店の金五十両がなくなる事件が起こると粂之助に濡れ衣を着せる。粂之助の兄の穴釣り三次が自分の犯行と認め、「お前と一緒にやったことと奉行所で言ってやる」とおどかされて青くなった。（布目英一）

番頭（「按摩《あんま》の炬燵《こたつ》」）
大店《おおだな》の奉公人頭。「寒さ」を訴える丁稚《でっち》、小僧のため、出入りの按摩杢市に酒を飲ませて、炬燵代わりになることを承知させるが……。（太田博）

番頭（「居酒屋《いざかや》」）
居酒屋の料理人。この店の主だろう。わが子を小僧として働かせているのかも知れない。店の奥で鉢巻をして算盤《そろばん》を持ち、じっとしている。客が店の小僧をからかいながらも、次々に徳利を空けているので、よしとしているようだ。（布目英一）

番頭（「市助酒《いちすけざけ》」）
船場の大きな質屋の奉公人。夜回りの市助が酔ってしつこく「火の用心を大切におたの申します」と声をかけるので、思わず「やかましい！」と怒鳴りつけてしまったのを旦那に聞かれ、ものの言いように注意するよう叱られる。その翌日、市助がくるのを待って酒をご馳走するが、初めは遠慮していた市助もつい飲みすぎて泥酔状態に。そのまま夜回りに出た市助が、「火の元大切にお頼い申しまっせ」と怒鳴りながら回り、質屋の前に戻ってきた市助がご馳走になったことを思い出してコツコツと小さく戸を叩くので、「市助、私とこは火の元は大切にいたしますぞ」と声をかけると、市助の返事は「滅相な、お宅はどうでも大事おまへん」。（小佐田定雄）

番頭（「帯久《おびきゅう》」）
本町二丁目帯屋久七の奉公人頭。評判の悪い主人に仕えているが、恩も義理も持ち合わせる。主人久七が世話になった同業の和泉屋与兵衛が、金を借りにきた際、「留守だ、と言って帰せ」という久七をなだめる。（太田博）

番頭（「お文《ふみ》さん」）
船場の酒屋萬両の奉公人。赤子を抱いた士族風の立派な身なりの客に酒を売るが、それが後々の騒動の発端になるとは知らなかった。（小佐田定雄）

番頭（「火事息子《かじむすこ》」）
神田三河町の質店伊勢屋の奉公人。近所の火事で、主人とともに質蔵の目塗りを始めるが、慣れない仕事で首尾よくいかない。そこへ、臥煙《がえん》（火消し人足）になって勘当された若旦那が現れて助けてくれたのがきっかけとなって、親子対面の仲立ちをする。（太田博）

番頭（「口入屋《くちいれや》」「引越《ひっこし》の夢《ゆめ》」）
船場の商家ぬの屋の奉公人。独身。店の若い男たちのもめごとの元になるので、新規の女子衆はできるだけ不器量な娘を……という経営者側の意向に反して、丁稚《でっち》に小遣いを与えてべっぴんさんの女子衆を連れてこさせる。その晩、二番番頭の杢兵衛に続いて果敢にも夜這いを敢行するが、暗闇の中誤って台所の膳棚を杢兵衛と二人で担ぐはめになってしまう。（小佐田定雄）

番頭（「外法頭《げほうあたま》」）
道修《どしょう》町の薬問屋葛城屋の奉公人。丁稚《でっち》の岩松が腫物を治す力を持った生き神であることを知り、出開帳をして一儲けしようと考える。（小佐田定雄）

番頭（「五貫裁《ごかんさば》き」「一文惜《いちもんお》しみ」）
町内一の物持ち、徳力屋の奉公人。主人万右衛門と、八百屋の開業資金を募る初五郎とのいさかいが大岡越前守に裁かれた結果、一見、万右衛門が勝訴したように見えたが、実は万右衛門の負担の方が格段に大きいと知り、示談を進言する。（布目英一）

番頭（「仔猫《こねこ》」）
船場にある流れ（質流れ品）の問屋の奉公人。「夜が更けるとどこかへ消える」と怪しい噂のある下女おなべの持ち物を調べたところ、葛籠《つづら》の奥から血まみれの猫の毛皮を発見する。旦那の言いつけで暇を出そうとするが、おなべの意外な告白を聞くことになる。（小佐田定雄）

番頭（「こぶ弁慶《べんけい》」「宿屋町《やどやまち》」）
東海道大津宿の老舗岡屋半左衛門の奉公人。口が達者な大坂から来た客が宿泊する部屋を決めるまでがひと騒動。風呂を先にするか食事を先にするかを決めるにあたっても、「風呂と食事を同時にできないか」などと無理難題を言い出され、途方に暮れる。（小佐田定雄）

番頭（「子《こ》ほめ」）
伊勢屋に奉公する。四十歳。色黒で愛想がいい。道端で熊五郎に年を尋ねられ、答えるが、四十五歳だの、厄（四十二歳）そこそこだのと言われ、憤慨する。（原健太郎）

番頭（「子別《こわか》れ」「子《こ》は鎹《かすがい》」）
大工熊五郎が出入りする大店《おおだな》の番頭。熊五郎一家の離別の経緯も承知で、一家の行く末を案じている。熊五郎と二人で木場へ行く途中、亀坊を見つけ、一家が元の鞘におさまる道筋をつける。鰻屋の二階での熊五郎夫婦の復縁話に立ち会う演出もある。（長井好弘）

番頭（「猿後家《さるごけ》」）
船場の大店《おおだな》川上屋の奉公人。猿に似ていることから「サル」という言葉に敏感になりすぎている後家に困惑しながらも、大切に思っている。奈良見物の土産話をしているうちにうっかり「猿沢の池」と口走って後家さんのご機嫌を損じた太兵衛をなぐさめ、以前に同じような失敗をした男が「お家さんそっくりの錦絵を見つけました」と言って飛び切りの美人の絵を持ってきてご機嫌を取り結んだという話をして、美女の例として小野小町、照手姫、楊貴妃の名前を教えてやる。（小佐田定雄）

番頭（「さんま火事《かじ》」）
油屋の使用人。しわい屋で知られる主人の信条に忠実で、ことあるごとに長屋の衆をいたぶっている。ある時は、長屋の連中が捨てた蛤の殻を、「ついでの時に捨てておくから」と集めさせ、ひび、あかぎれの膏薬《こうやく》を売り出した際に薬の容器にし、またある時は、「好きなように落書きをしてよいから」と、長屋の子供たちに炭のかけらを持ってこさせ、こっそり炭俵を三俵もこしらえたこともある。「うちのお嬢さんが、前の空き地に高価なかんざしを落とした。探してくれた者に莫大なお礼をする」と、長屋の連中にただで草むしりをさせた時は、さすがにみんなの怒りを買った。（原健太郎）

番頭（「持参金《じさんきん》」「金《かね》は廻《まわ》る」）
船場の商家の奉公人。旦那の名代で商売仲間の寄り合いに出かけ、悪酔いをして苦しんでいるところを不細工な女子衆のおなべに介抱してもらって以来、いい仲になってしまう。間もなくおなべは懐妊。こんなことが旦那に知れたら別家の話もなくなるので、世話好きな金物屋の佐助に頼んで、二十円の持参金付きでもらってくれる相手を見つけてもらう。その二十円を調達するため、以前に二十円を貸してやったやもめのもとを訪れ、返してもらおうとするのだが……。（小佐田定雄）

番頭（「七段目《しちだんめ》」）

大店《おおだな》で使用人を束ねている。芝居見物で三日間も家を空けた若旦那が帰ってきたが、芝居の真似ばかりしているので、大旦那が手を焼いているのを見かねて、二階で静かにするようにとすすめる。（太田博）

番頭（「質屋蔵《しちやぐら》」）

大阪の大きな質屋の奉公人。算盤《そろばん》より重いものを持ったことがないというから、体力と度胸には全く自信がない。旦那から妖しいことが起こっているという噂の立った三番蔵の監視を命じられるが「今晩一人で見届けならんようでございましたら、お暇をいただいて大和の親元へ帰らせていただきます」と言い始める。結局は腕力自慢の手伝《てった》いの熊五郎を応援に頼み、二人で監視することになるが、この熊五郎も実は怖がりで頼りにならない。二人で蔵の怪異の正体を見極めようとするが、現れた火の玉が庭石に当たった音に腰を抜かしてしまう。（小佐田定雄）

番頭（「質屋芝居《しちやしばい》」）

旦那から丁稚《でっち》、客に至るまでが大の芝居好きという質屋の奉公人。松っつあんが請け出しにきた葬式用の麻裃を三番蔵に取りに行った定吉が戻ってこないので、探しに行くと蔵の中で定吉が独りで「仮名手本忠臣蔵　三段目」の喧嘩場の真似をしているのを見つける。定吉に芝居の続きをやろうと誘われ、ついノッてしまい定吉の勘平を相手に伴内役を勤めてしまう。（小佐田定雄）

番頭（「須磨《すま》の浦風《うらかぜ》」）

大坂今橋の鴻池善右衛門家の番頭。たいへんな知恵者で、真夏に紀州公がお越しになるにあたり、須磨の浦風を長持に入れて、大坂に運んでくるという名案を思いつくが、とんでもない結末になってしまう。（小佐田定雄）

番頭（「千両《せんりょう》みかん」）
大店《おおだな》の奉公人。夏の盛りにみかんを食べたいという若旦那に安請け合いをしたために、大旦那に命じられて江戸中を探し歩くはめに。青果問屋の蔵一杯に保存されていた中のたった一つ腐っていないみかんを千両で買う。十房のうち七房を食べた若旦那に三房渡され、大旦那夫婦と分けるように言われる。しかしこれだけで三百両の値打ちがあり、のれん分けの金よりはるかに多いと考えて、三房のみかんを持ってドロン。（布目英一）

番頭（「たちぎれ線香《せんこう》」「たちきり」）
船場の大店《おおだな》の奉公人。南地の芸者小糸に惚れて莫大な金を使ってしまった若旦那を、策略をもって百日の間蔵住まいさせる。百日たって蔵から出てきた若旦那が、小糸から毎日のように届いていた手紙の最後の一通を読んで小糸に会いに行こうとしているのを察してか、財布を持たせて表に出してやる。結果的に若い二人の恋を邪魔してしまうが、店の後継者の教育係としては当然の判断であり、実際の船場の番頭にもこのような苦労人が大勢いたのではなかろうか。（小佐田定雄）

番頭（「月並丁稚《つきなみでっち》」）
十一屋の奉公人。本町の佐兵衛のところから使いに来た丁稚が口上を忘れ、「お尻をひねってもらうと思い出す」というのでひねってやるが、いくら力を加えても尻は固くてビクともしないので、「明日から算盤《そろばん》持たれやしまへん」とさじを投げる。（小佐田定雄）

番頭（「つづら」「つづら間男《まおとこ》」）
質商伊勢屋の奉公人。夜遅く、左官の由蔵に大きな葛籠《つづら》を「質に取れ」と言われたので「川へ捨てようと結構です」と断ったが、後から来た由蔵の女房お兼に葛籠には伊勢屋の旦那が入っていると知らされ、間男の示談金の相場七両二分で質に取る。（布目英一）

番頭（「壺算《つぼざん》」）
瀬戸物屋の店番。初めて来た客に、一荷入りの水がめを売るが、ほどなく戻って来て「実は二荷入りが欲しかった」というので、取り替えてやる。その際、先の水がめを下取りに取ってくれと言われて、頭が大混乱、どこか不信感が拭えないのだ。「お客さん！」と何度も呼び返し、算盤《そろばん》を取り替えて計算し直すのだが、納得できない。「お客さんの後姿を見ていると、商いをしたという充実感がない」からである。（太田博）

番頭（「どうらんの幸助《こうすけ》」）
京は柳馬場押小路虎石町の西側にあった帯屋に勤めている。もめごとの仲裁をしてやろうという謎の人物が突然乗り込んで来るが心当たりはない。関係者の名前を確認しているうちに、「お半長右衛門」（桂川連理柵）の登場人物の名前であることに気づく。（小佐田定雄）

番頭（「隣《となり》の桜《さくら》」「鼻《はな》ねじ」）
船場の商家大橋の奉公人。隣の漢学者が無断で自慢の桜の枝を折り取ったことに腹を立てた旦那の意を汲み、花見の宴を催すどんちゃん騒ぎを覗きに来た漢学者に逆ねじを食らわそうと企てる。呼んだ芸者の中に馴染みの妓がいたところなど、なかなかの遊び人。（小佐田定雄）

番頭（「土《ど》橋《ばし》万歳《まんざい》」）
船場の商家播磨屋の奉公人。堅物で主人思い。店の金で遊びまわっている若旦那を苦々しく思っている。家を抜け出して難波の一方亭というお茶屋で遊ぶ若旦那の座敷に乗り込み意見するが、逆ギレした若旦那に二階の階段から突き落とされる。新町に移動する若旦那を難波の土橋で待ち伏せし、追い剝ぎの真似をして改心を迫るが、怒った若旦那に履いていた草履《ぞうり》で額を割られてしまう。もうこれまでと覚悟を極め、若旦那を斬り殺してしまう……という夢で目を覚ます。（小佐田定雄）

番頭（「二《に》階《かい》ぞめき」）
大店《おおだな》の使用人。吉原通いにうつつをぬかしている若旦那が、女郎買いではなく、吉原そのものが好きだと知り、それならと町内の棟梁を呼んで、店の二階に吉原遊廓をそっくりそのまま再現してしまう。こんな大胆な計画をいっさい相談なく遂行できるとは、主人との信頼関係は番頭界ナンバーワン！（原健太郎）

番頭（「猫《ねこ》と金魚《きんぎょ》」）
大店《おおだな》の使用人。旦那が飼っている金魚を隣の猫がねらっているので、その対策を命じられる。しかし指示通りに行動せず、いつも小言ばかり言われている。「金魚はどうした?」と旦那に聞かれて「私、食べません」と答え、「金魚鉢を上に上げろ」と言われれば「金魚をどうしましょうか」、あげくは「子年《ねどし》の生まれなのでそばに寄ったら食われてしまう」と答える。(布目英一)

番頭(「鼠穴《ねずみあな》」)

①大店《おおだな》の奉公人。十年前に一度、店を訪れた主人の弟、竹次郎の顔をしっかりと覚えており、竹次郎に「さすが大店の番頭だ」と感心される。実は主人の言いつけで十年間、竹次郎の様子をこっそりと見守っていたという演出もある。

②深川蛤町の大店の奉公人。風が強い晩に出かける主人竹次郎に「火事の際には蔵の鼠穴を目塗りするように」と命じられるが、見事に忘れて、三つの蔵が焼け落ちる。掛け小屋で主人が再開した商売がうまくいかないのを見て店から立ち去る。火事が起きてからの出来事は竹次郎が見た夢だった。(布目英一)

番頭(「八九升《はっくしょう》」)

商家の奉公人。耳の遠い隠居とうまく接することができず、機嫌を損ねてばかりいる女中の清に、「こうすればよい」と見本を見せる。隠居に満面の笑みを浮かべて「くそじじい」などと悪口を言うが、何を言われているかわからない隠居は笑顔にだまされて機嫌よくあれこれと尋ねてくる。「めんどくせえなあ」と笑いながら言っていると、「このあいだ買った米は一両でいくらしたのか」と細かいことまで聞いてきたので、笑顔のままぼやきつつ、こよりをこしらえて隠居の鼻に突っ込む。すると隠居は「ハックション」とくしゃみをして、「ああ、八、九升ぐらいか」。(布目英一)

番頭(「雛鍔《ひなつば》」)

商家の奉公人。勝手によその植木屋を入れたため、出入りの植木屋を怒らせてしまい、謝りにいく。植木屋の息子が穴あき銭を「お雛様の刀の鍔《つば》かな」と言っているのを聞いて、「お宅の子は銭を知らないのかい」と尋ねたところ、「女房が屋敷奉公していたので、銭のような卑しいものは持たさない」と見栄を張ったのを本気にし、

手習いの道具を買ってあげる約束をする。番頭ではなく、大旦那とする演出もある。（布目英一）

番頭（「文七元結《ぶんしちもっとい》」）
日本橋横山町三丁目の鼈甲《べっこう》問屋近江屋の一番番頭。小梅の水戸屋敷へ五十両の集金に行かせた手代の文七が夜中になっても帰らず、屋敷からは碁に夢中になった文七が忘れたという五十両が届いたため主人卯兵衛と二人で文七の身を案じる。夜遅くなって文七が新たに五十両を所持して戻ってきたので、すでに集金の金が届いていることを伝え、文七を問いただす。金を紛失したと思った文七が吾妻橋から身を投げようとしたところ娘が吉原に身を売った金を恵んでくれた者がいたという供述を得て、妓楼の名を探ることになるが、「吉原に行ったこともないのでわからない」と卯兵衛に述べる。（布目英一）

番頭（「万金丹《まんきんたん》」「鳥屋坊主《とやぼうず》」）
万屋金兵衛の奉公人。主人が死んだので寺に知らせに行く。戒名をつけてほしいと願うと、にわか坊主の二人に万金丹の薬袋を渡されて、薬の名前が戒名だと言われるのだが……。（布目英一）

番頭（「味噌蔵《みそぐら》」）
味噌屋赤螺屋《あかにしや》の使用人頭。四十代。店のおかみさんが実家でお産をし、その祝いに吝嗇の主人が出かけた留守に店の者一同で羽をのばそうと企てる。刺身、酢の物、鯛の塩焼き、寿司と銘々の好物をあつらえ、店の帳面をどがちゃがにして誤魔化す魂胆。ところが大騒ぎの最中に主人が帰宅。一切の信用が吹き飛んでしまう。（布目英一）

番頭（「三井《みつい》の大黒《だいこく》」）
日本橋駿河町の豪商三井家に奉公。左甚五郎に依頼してあった大黒が彫り上がったので、甚五郎が寄留している日本橋橘町の棟梁政五郎宅に受け取りに行く。（太田博）

番頭（「よかちょろ」）
大店《おおだな》の奉公人。放蕩息子とその行状に手を焼く大旦那との間に入って、「若旦那を信用して」と掛取りに出すよう進言するが、見事に裏切られる。（太田博）

坂東《ばんどう》お彦《ひこ》（「派手彦《はでひこ》」）

踊りの師匠。二十二歳。長谷川町三光新道《さんこうじんみち》に住む。芸風も身なりも派手なので「派手彦」と呼ばれている。目鼻立ちがよく、口元に愛嬌があり、背はすらりと柳腰、髪は烏の濡れ羽色、ゾッとするほどのいい女だが、男嫌いの性格。男の弟子は取らなかったので、親たちが安心して娘を通わせていた。義理の兄の出入り先の番頭佐兵衛に見そめられ、兄のすすめで一緒になる。木更津の祭りに呼ばれて、家を留守にすることになり、佐兵衛が焦がれ死にしないか心配しながら小網町の船着場から船に乗ったのだが……。（布目英一）

坂東須賀《ばんどうすが》（「名人競《めいじんくらべ》」「錦の舞衣《にしきのまいぎぬ》」）

踊りの師匠で狂言師。舞の名手と謳われ、多数の弟子をもつ。美しく品がよい。霊岸島の家で母と暮らす。かねてから自分に思いを寄せる絵師狩野毬信《かのうまりのぶ》から静御前の舞の絵を贈られるが、左手の描き方が拙劣《まず》いと墨汁《すみ》をつけ、「これが本当に描けるようになったら、夫婦になりましょう」と励ます。六年後、上方で修業し直した毬信からみごとな静御前の絵を見せられ、約束どおり妻となる。毬信が根津清水の家にかくまっている、「大塩の乱」の残党宮脇数馬を、毬信を好いていると噂に聞く芸者小菊と勘違いし、嫉妬の炎を燃やす。家に乗り込み、毬信と言い争いをしているところに、与力金谷東太郎の手下に踏み込まれ、宮脇を自害に追い込み、毬信を捕縛させることに。金谷の配下石子伴作から、「おまえが金谷殿の望むようにすれば、牢の中の亭主は放免される……」と耳打ちされ、毬信を助けたい一心で、横恋慕されていた金谷に身をまかせる。だが、拷問のために毬信は獄死し、すべてが金谷の謀略であったと知る。「毬信が死んだあとは、旦那ばかりがたよりです」としたためた手紙を金谷に送り、根岸の料理屋安達屋の寮に呼び出し酔わせると、「亭主の敵」と叫んで刺し殺す。毬信の墓前に金谷の首を供え、喉をついて自害する。（原健太郎）

〈ひ〉

冷《ひ》え気《け》の男《おとこ》（「池田《いけだ》の猪買《ししか》い」）

体が冷えて困るので甚兵衛に相談すると、新鮮な猪肉を食べるのが一番だと教えられる。池田の山猟師六太夫のもとに捕れたての猪肉を求めに出かけ、一緒に猟に行くことになるが、肝心の猪は取り逃がしてしまう。冷え気とは淋病のこと。（小佐田定雄）

東山長助《ひがしやまちょうすけ》（「菊模《きくも》様皿山奇《ようさらやまき》談《だん》」）
美作国《みまさかのくに》東山村の郷士東山家の長男。三十一歳。妻とは三年前に離別。奉公人の千代に横恋慕するが、拒絶される。千代が嫁げぬよう、家宝の皿を割ったと濡れ衣を着せ、家訓に従い、指を切らせようとするが、下男権六に意見され、皿を割ったのは自分だと白状する。（布目英一）

飛脚《ひきゃく》（「明石《あかし》飛脚」）
足自慢の男。本職ではない。知り合いに頼まれて明石まで手紙を届けることになる。「大坂と明石は十五里」という情報を頼りに走り出すが、途中西宮で、明石までの距離を聞けばいいのに「大坂から明石まで何里おます?」と質問してしまったので「十五里」という答え。同じ質問を三宮、兵庫、須磨、舞子で繰り返すので、いつまでたっても明石までの距離が縮まらない。（小佐田定雄）

飛脚（「うわばみ飛脚」）
足自慢の男。本職ではない。明石まで手紙を届けた帰り道、山道に迷い込み、うわばみに呑みこまれるが、そのまま走り続け尻の穴からの脱出に成功する。（小佐田定雄）

飛脚（「紀州《きしゅう》飛脚」）
足自慢の男。本職ではない。和歌山へ手紙を届ける途中、走りながら小便をしたところ、草むらで寝ていた狐の頭にかかってしまい、帰り道に化かされて大事なイチモツを食い切られそうになる。（小佐田定雄）

飛脚（「堺《さかい》飛脚」）
足自慢の男。本職ではない。堺まで手紙を届ける途中、さまざまな化物に出食わすが、いずれも「古いわい」と一喝して退散させる。堺に到着して、浜辺で休憩していると波打ち際に目の下一尺からあろうという鯛が打ち上げられているのを見つけて捕えようとする。（小佐田定雄）

飛脚（「雪隠《せっちん》飛脚」）
足自慢の男。本職ではない。明石まで手紙を届けた帰り

道、近道を走っている最中に腹痛を催し、あわてて飛び込んだ野雪隠に弁当を落としてしまう。（小佐田定雄）

飛脚（「茗荷宿《みょうがやど》」）
神奈川宿の旅籠《はたご》、茗荷屋の常連客。帳場に預けた百両を狙う亭主から、食べると物忘れをするという茗荷を大量に食わされる。茗荷の効果が出たのか、翌朝金のことを忘れて旅立つが、すんでの所で思い出し宿へ引き返す。元々が人を疑うことをしらぬ善人なので、被害者意識はゼロ。結局、旅籠の夫婦が宿賃を取り忘れた以外の事件はなかったのである。（長井好弘）

比丘尼《びくに》（「三人旅《さんにんたび》」「おしくら」「尼買《あまが》い」「伊勢詣《いせまい》り」）
八十歳を超えた飯盛女。土地の言葉で「おしくら」と呼ばれている。高齢のために髪の毛が抜けあがり、尼のような風体。飯盛女の手が足りなくなった時には駆り出されるが、座敷は暗くしておく。夜中に客の手を借り、手水《ちょうず》に行くことがある。（布目英一）

比丘尼（「松山鏡《まつやまかがみ》」）
越後の山村に住む。隣の松山村の正助夫婦の喧嘩の仲裁に入る。喧嘩の原因は孝行のほうびに正助がもらった鏡だった。鏡を知らない正助は葛籠《つづら》に隠し、そこに映った自分の姿を父親と信じていたが、女房が見ると女が映るので喧嘩になった。真偽を確かめるため、鏡を見ると、頭を丸めた女がいるので、「安心しなさい。女は反省して頭を丸めた」。（布目英一）

彦三郎《ひこさぶろう》（「三人兄弟《さんにんきょうだい》」）
船場の商家の三人兄弟の次男。「なかぼん」あるいは「なかて」と呼ばれる。着流しに雪駄履きという姿で、爪弾きで新内でも口ずさもうという灰汁《あく》の抜けた遊び方をする。兄弟ともに極道が過ぎて自宅の二階に軟禁されている。兄が火の番の市助に頼んで屋根にかけさせた梯子を利用し脱出、色町に出かけて行く。（小佐田定雄）

菱川重信《ひしかわしげのぶ》（「怪談乳房榎《かいだんちぶさえのき》」）
絵師。柳島に住む。三十七歳。妻おきせと一子真与太郎との三人暮らし。元は間与島伊惣次《まよじまいそうじ》という侍だった。秋本越中守の家中で二百五十石の禄を食んでいたが独立し、絵筆一本で生計を立てる。その高名を聞いた高田砂利村《たかたじゃりむら》の南蔵院から天井画の制作を依頼され、墨絵による雌龍雄龍を描くために寺に泊まり込むが、留守の間に妻のおきせが弟子の磯貝浪江に寝取られてしまう。螢狩りの帰り道、落合橋の袂で浪江と下男の正介に襲われ、命を落とす。だが、創作への執念と仇への怨念はもの凄く、たちまち霊となって寺に戻り、龍の絵を完成させた。さらに、真与太郎を四谷角筈村、十二社権現の大滝に捨てようとした正介を思いとどまらせて養育を頼む。そして数年後には、練馬赤塚村の乳房榎前で、五歳になった真与太郎を助けて浪江を倒し、自らの仇討を成就させる。さて恐ろしき……。（長井好弘）

尾州公《びしゅうこう》（「紀州《きしゅう》」）

徳川御三家の一。将軍家に跡取りがない場合、後継者候補には尾張、紀伊の二家が最優先される。八代将軍を決める朝、鍛冶屋の槌音が「天下取る（トンテンカン）」と聞こえたので喜ぶが、結果は三家のひとつ、紀州公（吉宗）に決まった。（太田博）

左甚五郎（ひだりじんごろう）

江戸時代初期の伝説の名工。文禄三（一五九四）年、播州（兵庫県）明石生まれ説もある。日光東照宮の眠り猫や上野東照宮の龍などを彫った建築・彫刻家。全国を行脚し、それぞれの土地に作品を残している。生を受けたような名品（「ねずみ」「竹の水仙」「蟹」「三井の大黒」など）を彫ったかと思うと、大奥の女房を妊娠させる〝超能力〟をもった張り形まで作ったと伝えられる。ただし至って寡作。偏屈だが、反骨精神旺盛で、大名、金持ちなど権力者におもねることはない。無欲恬淡だが、無類の大酒飲み――。

以上は講談、浪曲、落語などで取り上げられている「甚五郎像」であるが、史実として裏付ける証拠は何ひとつない。京の生活誌や旅行記を残した江戸中期の歴史家、黒川道祐《くろかわどうゆう》の『遠碧軒記《えんぺきけんき》』（延宝三［一六七五］年）に「左の甚五郎と云もの（略）左の手にて細工を……」とあり、京、北野神社の透彫や豊国神社の龍を彫ったとする記載がある。腕のいい左利きの彫刻家が存在したことが、伝聞として残されている。姓の左も、左利き、酒好き、飛驒の出身説などから生まれた。ヒーローとして庶

民の間にもてはやされた名工である。（太田博）

左甚五郎（「竹《たけ》の水仙《すいせん》」）
相州藤沢宿大黒屋金兵衛の泊まり客。一文無しだが、朝昼晩と一升酒を飲む。宿賃を催促されると、竹で水仙をこしらえる。通りかかった長州萩藩主、毛利大膳大夫（細川越中守の場合も）の目に止まり、高額で買い取られる。ここで初めて甚五郎であることが知れる。（太田博）

左甚五郎（「ねずみ」）
仙台の粗末な宿、鼠屋の泊まり客。奥州への旅の途中、十二歳の卯之吉に呼び止められて客になる。繁盛していた虎屋の主人だった父卯兵衛が、番頭に裏切られて、物置を改造した鼠屋に転じた話に同情し、動く「福ねずみ」を彫り上げる。それへ「このねずみをご覧の方は、土地の人、旅の人を問わず、ぜひねずみやへお泊まりを」の一筆をしたためたため、連日超満員。厠《かわや》へも客を泊めるような大繁盛となる。（太田博）

左甚五郎（「三井《みつい》の大黒《だいこく》」）
彫り物師。江戸の棟梁政五郎の居候。通り掛かった仕事場で弟子たちの腕をけなしたため、袋叩きに遭うが政五郎に救われる。「ぽんしゅう」とあだ名されながらも、「富山の寒鰤《ぶり》はうまいよ」などと贅沢な酒肴を所望しながら三井家に頼まれた大黒天を彫り上げる。（太田博）

秀《ひで》（「一文笛《いちもんぶえ》」）
大阪の掏摸《すり》。幼いころから盗みの世界で育った。自分の仕事に誇りをもち、知恵もあり、新時代の職人芸を気取っている。兄貴分の長屋を訪ねた際、貧しい子供が一文笛を買えず、駄菓子屋の婆にいじめられている現場を目撃。一文笛を盗み取って子供の懐に放り込んで立ち去るが、盗みの疑いをかけられた子供は井戸に身を投げる。それを知って責任を感じ、自らの手で掏摸の命である右手の人差し指と中指を切り落としてしまうが、実は左利きであった。（小佐田定雄）

秀（「四《よ》人癖《にんぐせ》」）
仕立屋の若旦那。着物の袖を両手でピュッと引っ張る癖がある。「店の若い者の仕立てが下手くそで袖口があわ

ない。それが気になるからやるんだ」というが、実際は年がら年中、袖が破けるほどやっている。（長井好弘）

一《ひと》つ目《め》（「一眼国《いちがんこく》」）

一眼国の少女。五、六歳。のっぺらぽうで額に目玉が一つある。頭に赤い布をのせ、胸高に帯をしめている。江戸から北へ百四、五十里行ったところにある大きな原の真ん中の榎のもとにいて、夕方、旅人を見つけると、「おじさん、おじさん」と手招きをする。見世物の興行師に捕らえられるが、悲鳴で駆けつけた村人たちに助けられる。江戸から東へ東へと三日ばかり行ったところにある森に暮らす、男の子（一つ目小僧）という設定で演じられることもある。（原健太郎）

ひな（「骨釣《こつつ》り」）

白骨。元は大坂島之内の袋物屋の娘。流行病で両親を失い、親類の者に家も屋敷も取られてしまい、心に染まない縁談を押し付けられる。あまりの悔しさに木津川に身を投げたが、沈んだままになっていた。たまたま若旦那のお供で船遊びに来ていた幇間《たいこ》の繁八に釣り上げられ、回向してもらう。夜半娘姿に戻って繁八の家に礼に行き、意気投合して杯を交わすことになる。（小佐田定雄）

ひねり屋《や》曽《そ》根《ね》右《え》衛門《もん》（「ひねりや」）

日本橋本町の大店《おおだな》の主人。名代のひねりや（変わりもの、あまのじゃく）で、寒中に縁側で帷子《かたびら》を着て団扇を使い、暑い暑いと言って半分震えている。十年添って子ができなかったが、沢庵石に「ひねりそね大明神」と書いて信心したら、たちまち女房が懐妊。三年三月九十九日腹の中にいて一子曽根吉が誕生した。そんな生い立ちにもかかわらず、曽根吉が堅餅の焼きざましのような真面目人間に育ってしまったのを嘆き、倅が二十歳の時に「今日から心を入れ替えて道楽をするようなら家に置く。辛抱して道楽をしろ」と妙な説教をする。（長井好弘）

姫君《ひめぎみ》（「姫かたり」）

大名の姫を騙《かた》る町人の娘。十八、九歳の美人。浅草観音の歳の市に、供の武士（実は町の悪党仲間）と参詣のさなか、突然さしこみ（癪《しゃく》）に襲われ、医師吉田玄随《よしだげんずい》の家にかつぎこまれる。診察中の玄随を色仕掛けで誘い、ふところに手を入れさせたところで、「あれえぇぇーっ」と悲鳴を上げ、供に取り囲ませる。玄隋から口止め料をせしめると、「やい、これからは、若い娘が苦しんでいるときに、変な真似をするんじゃねえぜ」。そう言って帯を解き、正体を現すと、尻っぱしょりで立ち去る。白浪五人男の一人、弁天小僧のように、男が女に化けたふるまいとして演じられることもある。(原健太郎)

百姓《ひゃくしょう》(「雨夜《あまよ》の引窓《ひきまど》」「引窓与兵衛《ひきまどよへえ》」)
横堀村とその周辺の村の衆、十一人。野良の中の一軒家で寄合をして、月待ちの勘定や博打などをして楽しんでいる。表から、「何をしているんだ。喧嘩をすると聞かねえぞ」と、騒ぎをたしなめる声がしたので、「お前は誰だ」と言って戸を開けると、何者かが倒れ込んできた。それが名主の与左衛門の死体とわかり、酒を飲み、気づかぬうちに自分たちが殺してしまったものと思い込む。そこへやってきた遊び人の与兵衛に、「名主を殺したとなれば、ここにいる者は残らず解死人《げしにん》だ」と脅され、死体を片づけてもらうために百両の金を渡す。(原健太郎)

百姓(「七度《しちど》狐《ぎつね》」)
村人の仲間の田野四郎と野良仕事をしていたところ、二人の裸の旅人が頭上に荷をのせ、竹の棒を握り、「深いか、浅いか」と麦畑を踏みあらしているのを見つける。どうやら狐に化かされているようなので声をかけて助けてやるが、その後もまただまされている姿を目撃することになる。(小佐田定雄)

百姓(「茶《ちゃ》の湯《ゆ》」)
根岸の里の農夫。菜畑で作業中、飛んできた黒っぽい物(茶菓子)が顔に当たったので、この日も隠居所で茶の湯がおこなわれていることを知る。(原健太郎)

百姓(「目《め》黒《ぐろ》のさんま」)
目黒の住人。旬のさんまを昼食のおかずにしようと焼いていると、大名の家臣が買い求めにくる。焼きたてに採りたての大根おろしを添え、醤油をかけて差し上げたので、たいそう喜ばれ、今まで持ったこともない小判を頂戴し、目を丸くする。(布目英一)

百姓（「弥次郎《やじろう》」）

南部地方の農家のおやじ。悪い猪を退治してくれた旅人の弥次郎を、大歓迎したうえ、娘を嫁にもらってくれと申し出る。庄屋として登場する場合もある。（原健太郎）

百兵衛《ひゃくべえ》（「百川《ももかわ》」）

日本橋浮世小路の料理屋、百川の奉公人。山出しの男（一説では、上総国鹿野山のふもと出身）で訛りが強く、江戸っ子と上手くコミュニケーションをとることができない。思い込みも激しく、奉公した当日から失敗続き。魚《うお》河岸《がし》の若い衆の座敷に行き、「主人家の抱《かか》え人《にん》」と名のったところ、連中には、前年、祭りに使ったあと、質入れしたままになっている「四神剣《しじんけん》」の「掛け合い人」と聞こえたため、過剰なもてなしを受け、くわいのきんとんまで丸呑みさせられる。百川の奉公人だとわかったので、常磐津の師匠、歌女文字《かめもじ》を長谷川町の三光新道《さんこうじんみち》まで呼びに行かされるが、名前が似ている外科医の鴨地玄林《かもじげんりん》を訪ねてしまう。（原健太郎）

日向屋《ひゅうがや》の半七《はんしち》（「文違《ふみちが》い」）

内藤新宿の女郎、お杉のなじみ客。薄情な親と縁を切るための金だからと、お杉から三十両の用立てを頼まれ、十両だけを工面して渡す。「お杉殿へ、由じるしより」と記された手紙を見つけ、お杉に情夫がいることがわかると、怒り狂う。（原健太郎）

日向屋《ひゅうがや》半兵衛《はんべえ》（「明烏《あけがらす》」）

日本橋田所町三丁目、日向屋の主人。十九にもなるのに色街も知らない堅物のせがれ時次郎の行く末を案じている。町内の札付き、源兵衛と太助の二人組に頼み、吉原の遊びを経験させようと、遊びの段取りまで教示して送り出す。落語には、遊蕩にふけって、商売を顧みないせがれを勘当する父親の話はたくさん出てくるが、遊びを奨励するのは珍しい。善兵衛でやる人もいる。（太田博）

ひょこ作《さく》（「上方見物《かみがたけんぶつ》」）

大阪見物の客。おじと二人連れ。「みなみ」を「むなみ」、「ひがし」を「ふがし」と独特の方言で道を尋ね、大阪人を唖然とさせる。甚四郎という、より人間らしい名前で呼ばれることもある。（小佐田定雄）

〈ふ〉

鱶《ふか》の源太《げんた》（「百人坊主《ひゃくにんぼうず》」）

喧嘩っ早い男。大坂近郊の村に住む。村で喧嘩が起こったら、「相手は誰や」というだけで、片方はこの男と相場が決まっている。

　村で講を組んでの伊勢参りの途中、あまりに傍若無人な態度を取ったため、寝ている間に頭を丸められてしまう。が、その仕返しに、ひと足先に村へ戻り、旅に出た者が全員死んだと嘘をつき、嫁はん連中の髪を下ろさせ尼にしてしまう。その説得力は相当のものである。「鱶の源太」の異名は、いびきをかいてよく眠る人のことを鱶に例えることから付けられたものか。（小佐田定雄）

深見《ふかみ》新五郎《しんごろう》（「真景累ヶ淵《しんけいかさねがふち》」）
旗本深見新左衛門の長男。酒乱の父を嫌い家を出、奥州へ下る。久しぶりにわが家へ帰ると、父は乱行の果てに命を落とし家も絶えていた。刀を捨て町人として生きようと、谷中七面前の質屋下総屋に奉公。かつて父新左衛門が惨殺した皆川宗悦の次女である事を知らず、同輩の女中お園に一目ぼれする。何度冷たくされても諦めきれず、納屋で無理やり手籠めにしようとしたが、誤ってお園を殺してしまう。いったんは奥州へ逃亡するが、江戸に舞い戻ったところを捕まり獄門に処せられる。踏んだり蹴ったりの人生。その怨念はすさまじく、死後も弟、新吉の夢に出て悪事に誘う。（長井好弘）

深見《ふかみ》新左衛門《しんざえもん》（「真景累ヶ淵《しんけいかさねふち》」）
小普請組の旗本。小石川小日向服部坂に住む。無役のうっぷんを酒で紛らわす自暴自棄の日々を送っている。安永二（一七七三）年十二月二十日、借金の取り立てに来た座頭皆川宗悦のしつこい催促に怒り、酒の勢いで斬殺してしまう。以来、宗悦の霊にとりつかれ、一年後の同じ日、屋敷に呼んだ流しの按摩の顔が宗悦に見えたことから逆上し、誤って妻を斬り殺す。さらに一年後、錯乱して抜刀のまま隣家に暴れ込み、殺害される。家は改易、一家は離散。自らの死後も宗悦の霊は鎮まらず、息子の新五郎、新吉や、妾お熊とその娘お賤、奉公人らゆかりの人々の運命にも暗い影が差す。（長井好弘）

奉行《ぶぎょう》（「一眼国《いちがんこく》」）

一眼国の役人。一つ目を捕らえようと江戸からやってきた香具師《やし》を裁く際、香具師の顔の奇妙なことに気づき、「こいつは不思議なことに、目が二つある。調べはあとまわしだ。さっそく見世物に出せ！」。（原健太郎）

奉行（「おかふい」）

女房の鼻を削いだ萬屋卯兵衛の裁きを担当。瀕死の大病を患った卯兵衛が、自分の死後、美人の女房をほかの男に取られまいと鼻を削いだにもかかわらず、粗略に扱ったと聞き、卯兵衛の鼻も削ぐことに。（原健太郎）

奉行（「後家殺《ごけごろ》し」）

伊勢屋の後家殺しの裁きを担当。犯人とわかった常吉に、遺言代わりの義太夫を語らせる。お決まりのかけ声、「後家殺しッ」が見事に決まった。（長井好弘）

奉行（「てれすこ」）

珍魚の名をめぐる裁きを担当。魚の名を問う高札を見て、「てれすこ」と申し出た男に、百両の褒美をとらせる。同じ魚を干して、再度その名を尋ねたところ、同じ人物が「すてれんきょう」と答えたので裁判にかけ、打ち首を申し渡す。（原健太郎）

奉行（「天狗裁《てんぐさば》き」）

大坂西町奉行所の長。名前は不明。町人の見た夢の話に興味をもち、その内容を拷問にかけても聞き出そうと、庭の松の木に吊るしてしまうのだが……。（小佐田定雄）

福田福次郎《ふくだふくじろう》（「福禄寿《ふくろくじゅ》」）

資産家万右衛門の次男。勤勉家。父親からの財産分与は少なかったが、奉公人より早起きして働くといった勤勉さと質素な暮らしで財を成し、兄禄太郎に変わって両親の面倒を見ている。禄太郎が母親の元に金を無心に来ていることを知ったうえで「困る人が来たら貸してやってほしい」と、こっそりと五百円を預ける。「兄さんは自分の分度をわきまえず大きなことばかり考えるから失敗する」と母親に話しているのを禄太郎が陰で聞いていて、その後の改心の動機となった。（太田博）

福田万右衛門《ふくだまんえもん》（「福禄寿《ふくろくじゅ》」）
深川万年町の大店《おおだな》の主人。福と徳があるので福徳屋と呼ばれる資産家。生前、二十三人の子供全員に財産の生前分与をしたが、最も多かった長男禄太郎が怠け者で早々に財産を使い果たし、自分の喜寿の祝いにも来ないし、母親に度々泣き付いて金を無心しているのを気に病んでいる。九十七歳まで生きた。（太田博）

福田禄太郎《ふくだろくたろう》（「福禄寿《ふくろくじゅ》」）
資産家万右衛門の長男。下谷金杉村に住む。たくさんの財産を父親から分けてもらったが、怠け癖と放蕩で使い果たす。「北海道か奥州で土地を買って再起するから」と母親に泣き付き、次男福次郎が置いていった五百円を受け取るが、帰り際、酒に酔って落としてしまう。その金は弟福次郎が自分のために母親に預けたものと知り、「人間は分相応がある」という弟の話を陰で聞いて改心し、あらためて貰ったたった三円の資本で福島の荒れ地を開墾、さらに北海道へ渡って大地主となる。（太田博）

鰒腸長庵《ふぐわたちようあん》（「小倉船《こくらぶね》」）
竜宮に住む代官。河豚《ふぐ》の冠を頭に載せた、怖い侍として知られる。竜宮へやってきた贋浦島が珊瑚樹畑で盗みを働くのを楼門の上から見つけ、家来ともども芝居がかりで召し取りにかかるが、逃げられる。（小佐田定雄）

武士《ぶし》（「姫《ひめ》かたり」）
町のならず者。浅草観音の歳の市で、姫を騙《かた》った町人の娘の供に扮し、大芝居を打つ。突然さしこみ（癪《しやく》）に襲われたからと、姫を近くの町医者吉田玄隋《よしだげんずい》宅にかつぎこむ。診察中、姫にみだらな行為をしたと、玄隋をおっとり刀で取り囲み、「かようなことがお上に知れたら、拙者、腹を切らねばならぬ。その方、手討ちにしてくれる」と脅迫し、口止め料として二百両をせしめたところで、正体を明かす。（原健太郎）

藤太夫《ふじだゆう》（「柳の馬場《やなぎばば》」）
旗本の用人。嘘つき按摩の富の市をこらしめようと、主人と一計を謀り、無理矢理癖馬に乗せる。（原健太郎）

藤屋《ふじや》七兵衛《しちべえ》（「敵討札所《かたきうちふだしょ》の霊験《れいげん》」）
本郷六丁目の糸紙問屋の主人。根津遊廓の女郎お梅（源氏名は小増）を身請けして越中高岡へ移ったが、かつてお梅にふられ同地で住職になっていた水司又市に殺される。のちに二人の子供が仇を討つ。（長井好弘）

仏師屋《ぶつしや》（「仏師屋盗人《ぶつしやぬすっと》」）
大坂の職人。仏像の修繕を自宅で行っている。熟睡していると表の戸をこじ開ける物音で目を覚ます。枕元に立っていたのは盗人で、家にあった一両二分の金を与えてやる。帰ろうとした盗人が人間と間違えて修理したばかりの仏像の首を切り落としてしまったので、盗人に手伝わせて修理する。盗人が帰った後を見ると、やった金を忘れて膠《にかわ》の鍋を持っているので、後ろから「盗人屋ーっ！」と声をかけて呼び戻そうとする。（小佐田定雄）

仏頂《ぶっちょう》（「笑《わら》い茸《だけ》」）

生まれてから笑ったことがない男。四十五歳。女房が医者から教えられた妙薬笑い茸を服用すると、たちまち笑顔があらわれる。初めは、「ほっぺたの肉がゆるみ、肉が上下に動いているだけだ」と、笑い出したことを認めようとしなかったが、「夫婦になるとき、お前とおれは三つ違いだったが、いまだに、やっぱり三つ違い。あははは、こんなにおかしいことはない」などと、つまらぬことにも大笑いし、止まらない。女房とともに笑い通しに暮らしていると、「笑う門には福来る」の言葉通り、世界中の金《かね》が集まり、天国さえも不景気のどん底に陥れる。反撃に出て笑い立てる月に引きよせられ、家から出ていこうとする金に向かって、「あはは、お前たち、行くにはおよばない。ありゃ、空笑《そらわら》いだ」。

　この人物が、愛想のない顔つきを意味する「仏頂面」の語源だとする説は、落語のなかだけの定説のようだ。落語家の話はゆめゆめ鵜呑みにしてはならないという、よき見本ナリ。（原健太郎）

不動坊火焔《ふどうぼうかえん》（「不動坊火焔」「不動坊」）
旅まわりの講釈師。お滝という美人の女房を持つ。多額の借金を残して旅先で他界。「らくだ」の主人公とともにタイトルロールでありながら、出番がない。（布目英一）

太《ふと》った旦那《だんな》（「船徳《ふなとく》」）
柳橋の船宿大枡《だいます》の馴染み客。四万六千日の当日、友達を連れて浅草寺へ向かったが、途中、真夏の暑さに閉口し、なじみの船宿に寄ったのが運の尽き。実は商家の勘当息子のなれの果てとは知らず、若い船頭の舟に乗るが、舵捌きは未熟で乱暴。舟が三度廻る、石垣にぶつかる、流される、船頭に逆切れされる、はては船頭がギブアップしたため友達をおんぶして川の中を歩かされるという大災難に遭遇する。（長井好弘）

船上忠平《ふながみちゅうへい》（「菊模様皿山奇談《きくもようさらやまきだん》」）
粂野家の重役渡辺織江の家来。木具屋岩吉の息子。織江が暗殺された後、渡辺家を再興するため、遺児のお竹、祖五郎と仇討の旅に出る。途中、中山道松井田宿で病死、幽霊となって、お竹の危難を救う。（布目英一）

武兵衛《ぶへえ》（「永代橋《えいたいばし》」）
長屋の住人。神田大工町に暮らす独り者。深川富岡八幡宮の祭礼に行く途中、永代橋付近で掏摸《すり》にあい紙入れを盗まれたため、友達の家で朝まで酒を飲む。翌朝、長屋に帰ると、家主の太兵衛から、永代橋崩落事故でお前は死んだと言われ、一緒に死骸を引き取りにいく。いざ死骸に対面するが、しだいに自分ではないような気がしてきたので、「あっしの顔にほくろなんぞありませんよ」と言って首をひねるが、「死ねば、ほくろの一つぐらいはできることがある」などと応え、死骸が武兵衛であると言い張る太兵衛と押し問答になる。（原健太郎）

古道具屋《ふるどうぐや》（「応挙《おうきょ》の幽霊《ゆうれい》」）
久し振りに幽霊画が売れた前祝いに、その絵を床の間に掛け、酒をそなえて、自分も飲み始めると、絵から幽霊が抜け出てきて、一緒に酒盛りを始める。酔いつぶれ、幽霊ともども眠り込んでしまう。（布目英一）

文七《ぶんしち》（「文七元結《ぶんしちもっとい》」）
日本橋横山町三丁目、鼈甲《べっこう》問屋近江屋の手代。主人卯兵衛とは遠縁に当たり、他に身寄りはない。小梅村の水戸藩下屋敷《しもやしき》で集金した五十両を枕橋ですられたと勘違いし、吾妻橋から身を投げようとしたところを、娘が吉原に身売りをして得た五十両を懐にした長兵衛に助けられ、その金を与えられる。店に戻ると、水戸様で碁に夢中になって忘れてきたとわかり、金も屋敷から届いていた。旦那と番頭に吾妻橋での一件を話し、「助けてもらった際に、『今年十七になる娘のお久が吉原に身を売ってこしらえてくれた金だ。来年の大晦日までに返さないと客を取らされ、瘡《かさ》をかいて片輪になるかも知れないので金毘羅様でも不動様でもよいから祈ってくれ』と言われた」と半狂乱になる。吉原に明るい二番番頭の久助の助けで、お久が身を売った妓楼が佐野槌であることを思い出す。翌朝、卯兵衛に連れられて長兵衛に詫びに行き、卯兵衛のとりなしで親代わりになってもらう。後にお久と夫婦となり、麹町貝坂に元結屋を開き、「文七元結」と呼ばれて繁盛する。（布目英一）

文屋康次郎《ぶんやのやすじろう》（「朝友《あさとも》」）
日本橋伊勢町の高利貸し、文屋検校の息子。病死して、あの世で顔見知りのお里と再会、夫婦約束をする。お里に一目惚れした閻魔大王の差し金で離ればなれになるが、赤鬼・青鬼の魔手を逃れ、生塚《しょうづか》の婆《ばば》からお里を奪還し、晴れてこの世で夫婦になる。初心《うぶ》な若旦那に見えて、金貸しの地獄支店を作ろうとしたり、鬼たちを買収したりと、抜け目のない商才も併せ持つ。地獄での苦労で一皮むけ、親以上の悪徳商人になる可能性も。（長井好弘）

〈へ〉

兵右衛門《へいえもん》（「雪《ゆき》とん」）
佐野の物持ちの若旦那。両国の船宿に居候し、本町二丁目の糸屋の娘お糸を見そめ、恋わずらいとなる。船宿の女将に「盃の一つももらって故郷に帰りたい」と頼み、糸屋の女中お清を買収して、夜中の四つ刻に塀をトントンとたたいたら中に入れてもらう手はずを整えさせる。大雪となり、道を間違えたため、塀をたたいても、どの家も開けてくれず、夜明けまで歩き続け、雪だるまのようになる。朝、糸屋のしおり戸から男が送り出されるところを目撃する。後をつけ、居候先の女将の知り合いと分かったので、女将に素性を尋ねる。美男子なので女性が取り巻いて祭りのような騒ぎになることから「お祭佐七」というあだ名の男とわかり、「お祭り？　それでダシにされた」。（布目英一）

平助《へいすけ》（「王子《おうじ》の幇間《たいこ》」）

幇間。見番などには属さぬ、いわゆる野幇間《のだいこ》と思われるが、頭の回転が早く、口八丁手八丁で金持ちの客を取り巻くばかりか、芝居小屋や寄席にまで顔が売れている。ただ、皮肉な性格で、いつも一言多く、隙あらば他人の悪口をいうので、敵も少なくない。贔屓の旦那の店にぶらりと現れ、次々と奉公人をからかった揚げ句、調子に乗って出入りの鳶頭《かしら》の私生活を暴露したためにポカポカと殴られてしまう。それでも懲りず、旦那の留守をいいことに、ご新造相手に旦那の悪口を並べ始めるが、実は旦那は在宅で、鼻持ちならない幇間を懲らしめようと策を巡らしたご新造に逆に甘い言葉で誘惑され、妻子がありながら駆け落ちの約束をさせられる。家財道具を背負って逃げようとしたところへ旦那が現れたから、さあ大変。「背中で時計が鳴って、片手にやかんを提げて、こっちの手に猫を入れた籠を提げて、火鉢を背負ってそれはいったい何の真似だ！」「へえ、御近火《ごきんか》のお手伝いに来ました」。（長井好弘）

平三《へいぞう》（「緑林《みどりのはやし》門《かどの》松竹《まつたけ》」）

菓子売り。大門町の裏長屋に住む。悪行のため勘当した息子平吉が盗賊となって行いを改めぬことに怒り、故郷へ引っ込んでしまおうと、娘おひさを連れて常陸の大宝へと旅立つ。途中、護摩の灰に有り金全部を盗まれ、門《かど》付《づ》けをしながら飢えをしのいでいたが、空腹のあまり、おひさがホーソ村の豪農の家で雑穀を盗んでとらえられたため、絶望して入水しようとするところを、江戸から逃げて来たおせきと平吉夫婦に救われる。その晩豪農の家に入り込み、おひさを助け出してくれた平吉に「お前が惣二郎に渡した常盤木の身請け金が不正なものだったので、惣二郎がお縄をかけられた」と教え、平吉夫婦を江戸に帰す。（長井好弘）

平兵衛《へえべえ》（「算段《さんだん》の平兵衛《へえべえ》」）

よろず揉め事請負人。大坂近郊の農村に住む、今でいうブローカーか。要領が良く頭が切れることから「算段の平兵衛」の異名を取る。近所の者から困ったことがあったら「平兵衛に相談せえ」と言われる一方、まともに働かない上、金さえ積めば何でもする。

愛人の処遇に困った庄屋から、持参金付きでもらった嫁お花と二人暮らし。博打で食い詰め庄屋に美人局《つつもたせ》を仕掛けるが、誤って撲殺してしまう。がそれを逆手にとり、庄屋の嫁や隣村で盆踊りを稽古する連中に「自分が庄屋を殺した」と思い込ませることに成功。その都度相談料を手に入れた上、自らの悪事を闇に葬るが、按摩の徳にゆすられてしまう。「平兵衛」という名前は、大坂の侠客の「雁金五人男」のメンバーである「庵《あん》(案)の平兵衛」に由来か。(小佐田定雄)

可内《べくない》(「かわいや」「たけのこ」)
人名ではなく、江戸時代の武家の下男の通称。隣家から顔を出した筍をどちらが食べるかという難題の使者として両家を何度も往復する。結局主家が食べたが、お裾分けに与かれたのだろうか。(長井好弘)

可内(「やかんなめ」)
武家の下僕。見事なはげ頭を持つ主人に対等な口をきき、時に意見や皮肉もいう。それでも許されているのは、主従の間に強い絆と信頼関係があるからだろう。見知らぬ女性の癪《しゃく》をおさえるため、往来で女性にやかん頭を舐めさせることになった主人の災難に大笑いしながらも、人助けを支持し、協力を惜しまず、血の通った仕事をする。もちろん、帰宅してから何度も主人を冷やかしたにはちがいないが。(長井好弘)

へこ半《はん》(「三軒長屋《さんげんながや》」)
鳶の若者。やたらと屁をこくので、こう呼ばれる。口が悪く、喧嘩っ早い頭痛もち。横町の湯屋で、仲間の久次の前で一発やったところ、その屁がポコポコポコと久次の横っ面へぶつかったため、「くせえ屁をたれやがって、とんでもねえ野郎だ!」「屁はおれのもんだ。だまって嗅ぐやつがあるか!」と、取っ組み合いの喧嘩となる。こめかみを食いちぎられたと思ったら、貼っていた梅干だった。虎ん兵衛の名で登場することもある。(原健太郎)

紅羅《べにら》坊名《ぼうな》丸《まる》(「天災《てんさい》」)
心学の先生。長谷川町の新道に住む。通称「紅屋の隠居」。友人の岩田の隠居に頼まれ、長屋の乱暴者八五郎の了見を改めさせようと、「短気は損気」「何事も天の災いとあきらめよ」などと諭す。無学者に心学の教えを説くのは至難の業だが、「気に入らぬ風もあろうに柳かな」「むっとして帰れば門の柳かな」といった明解なたとえ話を用いた説教は模範的である。八五郎はいったん納得して長屋に帰ったが、奥義を理解したかは、はなはだ疑問である。心学とは、道徳の実践を説いた教えの一つ。江戸時代に流行った庶民教育思想。（太田博）

弁慶《べんけい》（「こぶ弁慶《べんけい》」）
武者。源義経につかえた。大津の岡屋半左衛門という宿屋の壁に、絵師の浮世又平が描いた絵姿として塗り込められていた。何とか再び世に出たいと願っていたところ、偶然にもその壁土を食べる男があり、その身体を借り、肩からこぶとなって現れ、男の手足の自由もわが物にしてしまう。とある大名の行列に行き当たり、頭を下げろと言われ激怒、行列に暴れこむ。五条橋の上での義経との出会いや、奥州まで落ち延びる道中、立ちながらの大往生など、多くの逸話が歌舞伎や文楽に描かれており、大津絵にもその姿が残されている。（小佐田定雄）

弁長《べんちょう》（「仏馬《ほとけうま》」）
壮年の僧侶。酒好きでずぼら。町で集めた布施物を道端につながれていた馬に乗せて寺に届けさせ、自分は手綱をまいてその場で酔いつぶれる。そこへ戻ってきた飼い主が「馬が人間になった」と驚くと、「自分は出家だが、素行が悪いから馬にされた。難行苦行の末、ようやくお釈迦さまの怒りが解け、本日出家の身に戻った」と嘘八百を並べて信用させ、酒をごちそうになる。翌朝には寺に戻ってくだんの馬を市で売ってしまう。本当に馬にされかねない悪僧だが、どこか憎めないのは、僧侶にあるまじき自由奔放な生き方のせいか。（長井好弘）

〈ほ〉

法印《ほういん》（「魂《たましい》の入替《いれかえ》」）
祈禱師。魂が入れ替わった手習いの先生と鳶頭《かしら》を元に戻そうと、日蓮宗の信者を頼み「ドンドンツクツク」と祈禱をする。だが、呼び寄せられた魂が家に入る直前、誤って井戸に落ちてしまい、「ドンドンプクプク」とすべて水の泡に。（長井好弘）

奉公人《ほうこうにん》（「おもと違《ちが》い」）

店の使用人。田舎者だが、主人の信頼はあつい。出入りの棟梁が、「万年青《おもと》を打《ぶ》ち殺して（質に入れ）、洞穴《ほらあな》を埋めた（金の手当てをした）。兄貴には極内《ごくない》に……」と言っていたのを、使いにいった家の隣の部屋で、酒に酔い夢うつつの中で聞く。万年青を、お店《たな》の旦那が棟梁に預けている娘お元と勘違いし、「お元さんが、棟梁に打ち殺され、洞穴に埋められた」と旦那に報告する。「家から縄付きは出したくないので、棟梁の兄貴分にたのんで、一切を任せてこい」と命じられ、兄貴分にかけあう。兄貴に棟梁を呼び出してもらい、二人の話を戸棚にかくれて聞いていると、やはり、棟梁はお元を殺し、川上に投げ捨てたらしい。やにわに戸棚から飛び出し、「あんた、川上（川の上流）に投《ほう》り込んだのは、いつのこんだ」と棟梁を詰問。「九か月ばかり前のことだ」「それじゃもう、とうに流されたんべえ……」「いや、ご安心なせえ。利揚げがしてございます」。

「利揚げ」とは、八か月間が過ぎると質種が流されてしまうのを防ぐため、この期間中に借主が利息を上げておくことだが、こんがらがった頭の中で、事件は今なお収束の気配を見せない。（原健太郎）

奉公人（「禁酒番屋《きんしゅばんや》」「禁酒関所《せきしょ》」）
酒屋の使用人たち。禁酒を徹底しているある藩の大酒飲みの侍近藤某から「寝酒にするから」と一升届けるように頼まれる。持参途中、〝禁酒番屋〟で、カステラの空き箱に詰めた一升瓶を「水カステラ」と言いくるめようとしたり、油徳利に詰めて偽装したがことごとく見破られ酒を飲まれてしまう。腹いせに小便を一升瓶に詰めて「松の肥やし」と称して持ち込む。（太田博）

奉公人（「死神《しにがみ》」）
麹町三丁目の大店《おおだな》伊勢屋の、屈強な若い衆四人。死神が枕元にいて、息も絶え絶えの主人が寝ている布団の四隅に待機。にわか医者熊五郎の指示で布団を百八十度回転させ、死神を退散させる。（原健太郎）

奉公人（「徳利芝居《とっくりしばい》」）
大店《おおだな》の使用人。芝居好きの御新造から、家に伝わるオウ

ムの徳利に芝居の台詞の一部始終を詰め込んで来るように頼まれ、首尾良く入れたのだが……。（太田博）

坊主《ぼうず》（「蛸坊主《たこぼうず》」）
高野山の修行僧を名乗る怪しい四人組。上野池之端の料理屋で精進料理を食した後、何だかんだと料理に難癖をつけ、主人を強請《ゆすり》にかかる。ところが向こう座敷の老僧に偽坊主を見破られ、その怪力で四人そろって不忍池に放り込まれる。（長井好弘）

星野屋平蔵《ほしのやへいぞう》（「星野屋《ほしのや》」）
大店《おおだな》星野屋の主人。養子らしい。水茶屋の女だった妾、お花の了見が本物かどうかを試そうと、心中（実は狂言）を持ちかける。自分は吾妻橋から隅田川へ飛び込んだが、お花は入水する気配もない。関係を清算するだけでは悔しいからと、自分が贋幽霊になってお花を脅したことで、星野屋対お花親子のだまし合いが泥沼化する。金が絡んだ男女の争いの愚かさ、滑稽さには、双方とも気がつかないようだ。（長井好弘）

細川　越中守《ほそかわえっちゅうのかみ》（「井戸《いど》の茶碗《ちゃわん》」）
肥後熊本五十四万石の当主。家臣の高木作左衛門が屑屋から買い求めた仏像の中から五十両が出てきたので、金をもとの持ち主である千代田卜斎に返そうとしたが、受け取ろうとせず、結局、卜斎から茶碗をもらいうけてけりがついたという噂を耳にする。近ごろに珍しき美談であると、茶碗を高木に持参させる。その際、鑑定家が青井戸という世に二つとない名器と折紙をつけたため、高木からゆずり受け、三百両を下げ渡す。（布目英一）

法螺尾福海《ほらをふくかい》（「地獄八景亡者戯《じごくばっけいもうじゃのたわむれ》」）
山伏の亡者。閻魔大王に地獄行きと判決を下される。娑婆にいたころ怪しげな加持祈禱をして、さまざまに人を悩ませ金銀をむさぼったというのがその理由。三名の亡者とともに熱湯の釜へ入れられそうになるが、「水の印」を結んでひなた水に変えてしまう。どうやら、山伏としての修行はきちんとしていたらしい。（小佐田定雄）

坊《ぼん》**さん**（「日和違《ひよりちが》い」）
通行中見知らぬ男から「今日は降りか？」と尋ねられる。

いつも「振り（褌《ふんどし》をしない）」で歩いているのをなぜ知っているのかといぶかりながらも「いいや、今日は褌をかい（締め）ておる」と答えた。（小佐田定雄）

本間《ほんま》弥《や》太《た》郎《ろう》（「品川心中《しながわしんじゅう》」）

博打好きの浪人。親分宅でガラッポンの勝負事をしていると、表の戸をドンドンと叩く音がしたので、手入れが入ったかと一同あわてふためく中、ひとり悠然と座っている。だが実は、腰がぬけて立てなかっただけ。

三代目蝶花楼馬楽の本名である。三遊亭圓生はこのほか、「小林七郎」（三代目桂三木助の本名）や「渡辺国太郎」（六代目春風亭柳橋の本名、渡辺金太郎のもじりか）などの名前でも演じた。近年の若手は、「郡山剛蔵《こおりやまたけぞう》」（柳家小三治の本名）をよく使う。（原健太郎）

本屋《ほんや》（「しびん」「花瓶《かびん》」）

高級書肆の主人。「江戸砂子」、「漢楚軍談」などを扱い、華道や書画骨董にも詳しい。国元へ帰る得意客の勤番侍の元へ、注文の書籍と土産の東錦絵を届けにきた折、客が尿瓶《しびん》を「しびんという名工が焼いた名器である」と思い込んで大枚五両で購入。そこに花を活けているのを見て仰天する。「旦那様、それは病人の下のものを取る時に用いる不浄物です。瀬戸物屋で買っても二十文あまりかと」と、それを販売した道具屋がいかに阿漕《あこぎ》な商売をしたのかを教える。（長井好弘）

本《ほん》を読《よ》む男《おとこ》（「浮世床《うきよどこ》」）

髪結床の客。「立て板に水の如く読んでみせる」と豪語するが、まともに字が読めず「太閤記」の「姉川の合戦」を「姉様の合戦」、真柄十郎左衛門を「まからじふらふさへもん」、「敵に向かって」を「てきにむかついて」などと読み、「それじゃあ、横板に餅だ」と揶揄される。さらに「真っ向」をいくら読んでも「まっこう」と言ってしまうので、そのたびに松公が返事をすることに。「一尺八寸の大太刀《おおだち》を」と言ったのを「あまり長くないね」と指摘されると「断わり書きが書いてあり、一尺八寸は横幅なり」、「そんなにあったら向こうが見えないね」と言われると「三角、四角の穴を開け……この穴から首を出しては、本多さん、ちょいと寄ってらっしゃい」。いつになったら読み終えるのだろうか……。（布目英一）

《ま行》

〈ま〉

間男《まおとこ》（「猫定《ねこさだ》」）

若い遊び人。魚屋定吉の女房お滝といい仲になっていたが、亭主の定吉が江戸に戻って以来、逢瀬がかなわない。お滝にそそのかされ、雨の中、博打場の帰りに采女《うねめ》が原《はら》で用を足している定吉を、後ろから竹槍で刺し殺すが、その時、定吉の胸元から飛び出した黒猫の熊にのど元を食いちぎられ、仇を討たれる。（長井好弘）

まかなの国蔵《くにぞう》（「業平文治《なりひらぶんじ》」「業平文治漂流奇談《なりひらぶんじひょうりゅうきだん》」）

浮草のお浪の亭主。混浴の銭湯で商家の番頭を誘惑してゆすろうとした女房が業平文治に懲らしめられて痣《あざ》だらけにされたので、それをネタに文治をゆすろうとたくらむ。文治の侠気を目の当たりにし、逆に諭され、金をもらって改心する。（布目英一）

牧野弥兵衛《まきのやへえ》（「苫ケ島《とまがしま》」）

武士。紀伊大納言源頼宣公につかえる。主君が領内の苫ヶ島へ狩りに出かけた折、大蛇に襲撃されているのを紀伊家に伝来の薙刀《なぎなた》「静の一振り」で救い出す。この手柄により、牧野兵庫守となって出世する。（小佐田定雄）

薪屋《まきや》（「にらみ返《がえ》し」）

掛取りの商人。大晦日、言い訳屋を雇う前の熊五郎に、自力で追い払われる。この日、四度にわたって訪問。「払ってくれるまで動かない」と凄むが、「払うまでは動かさない」と切り返されて引っ込みがつかなくなり、「もらった」ことにして退散する。（原健太郎）

馬子《まご》（「いいえ」「嵐民弥《あらしたみや》」）

のんきな馬方。旅の一座から逃げて来た女形を本物の女と勘違いして女房と同じ布団に寝かせたり、娘を一緒に寝かせたりする。あげく、本人も餌食になる。（太田博）

馬子（「馬《うま》の田楽《でんがく》」）
人客でなく、荷物を運ぶ。味噌の荷を三州屋まで届けにきたが、店の者を待つうちに居眠りをし、馬がいなくなる。耳の遠いおばあさんや辻で空を見ている村人などに居場所を尋ねるが、そっけなくされる。最後に酔っ払いに「味噌つけた馬を知らねえか」と尋ねると、「馬の田楽」と間違えられる。（布目英一）

馬子（「西行《さいぎょう》」）
伊勢の馬方。武門を捨てて旅をする途中の北面の武士、佐藤兵衛尉憲清《さとうひようえのじようのりきよ》（後の西行）を乗せる。「さんざんあと宿で喰らいやがって、われのような阿漕《あこぎ》なやつはねえぞ」と馬を叱ると、客の西行から「あこぎ」の意味を問われる。「まだ二宿も稼がねえうちに豆を食いたがるだ」と説明するが、思いも寄らぬ解釈をされる。（太田博）

馬子（「三人旅《さんにんたび》」）
小田原近郊の村の百姓。畑仕事のない時や荷を運んだ帰りなどに旅人を運んでいる。話好きで客を飽きさせない。足の悪い馬に乗せた江戸っ子に「この馬は驚くと疳《かん》を出して駆け出し、旅人を乗せたまま谷に落ちたこともあった」とからかう。（布目英一）

馬子（「鼻《はな》ほしい」「鼻の狂歌《きょうか》」）
しゃれっ気のある禿げの馬方。鼻の抜けた浪人を乗せたところ、頭の禿げたのを狂歌でからかわれたので、「山々に名所古跡は多けれど　花（鼻）のないのが寂しかるらん」と返すと、浪人が怒り出してしまう。（太田博）

政《まさ》（「くっしゃみ講釈《こうしゃく》」）
長屋の住人。友達の喜六が講釈師に仕返しをしたいと相談に来たので、講釈場の最前列で胡椒をくすべれば、くしゃみが止まらなくなると知恵を授ける。喜六ひとりでは心配なので、講釈場まで付き添って行くほど親切な男。笑福亭系の演出では清八。（小佐田定雄）

政五郎《まさごろう》（「三軒長屋《さんげんながや》」）
鳶頭《かしら》。三軒長屋の端の家に女房と暮らす。隣家に妾を囲う伊勢屋勘右衛門が、金にあかして長屋の店立《たなだ》てを計画していると聞かされ、一軒おいた端の家に住む、剣術の師匠楠 運平《くすのきうんぺえ》 橘 正猛《たちばなのまさたけ》と対抗策を協議。みごとな計略で伊勢屋をへこませる。（原健太郎）

政五郎（「大工《だいく》調《しら》べ」）

大工の棟梁。大家源六から店賃《たなちん》の抵当《かた》に道具箱を取りあげられた与太郎に、滞った家賃一両二分八百文にはわずかに足らぬ一両二分を与え、道具箱を引き取りにいかせる。だが、与太郎に先回りして知恵をつけたのが災いし、「口の利き方が悪い」と源六の怒りを買い、仕方なしに一緒に出向いていくことに。初めは下手に出ていたが、源六が強硬な態度でのぞんだため、ついには切れて大喧嘩。奉行所で決着をつけることになる。

若い大工の与太郎にも励みとなる仕事を回すなど、棟梁としてのリーダーシップをそなえている。しかし、いったんたががはずれると、立て板に水の弁舌で相手を圧倒し、自分の主張を一歩もゆずらない（→付録「口上・言い立て」）。お白洲では、与太郎が仕事に出られなかった二十日間の手間賃を水増しして答えるなど、抜け目のない一面も見せるが、これも決して自分の利益としないところに、この人物の一本気さがにじむ。（原健太郎）

政五郎（「三井《みつい》の大黒《だいこく》」）

大工の棟梁。日本橋橘町に住む。上方の番匠を名乗るとぼけた男「ぽんしゅう」を食客にし、その腕を見込んで彫り物作りをすすめる。彫り上げた大黒のあまりの出来栄えに感心しているところへ、三井家から引き取りの使いが来たことから、男が左甚五郎だと知る。（太田博）

桝屋《ますや》新兵衛《しんべえ》（「ざこ八《はち》」「先《せん》の仏《ほとけ》」）

町内の世話やきおやじ。眼鏡屋の鶴吉と、雑穀商ざこ八の一人娘お絹との縁談をまとめるが、婚礼の当日に鶴吉が姿を消し、面目丸つぶれに。十年後、江戸に戻った鶴吉に失踪の真相を聞き、ざこ八とお絹の没落を鶴吉に語りきかせる。（長井好弘）

又四郎《またしろう》（「髪結新三《かみゆいしんざ》」「白子屋《しろこや》政談《せいだん》」）

桑名屋弥惣右衛門の番頭。四十歳。ぶ男。持参金五百両のおかげで白子屋庄三郎の娘お熊の婿におさまる。ところが、お熊は奉公人の忠七といい仲になっており、名ば

かりの夫婦だった。（布目英一）

股旅《またたび》おかく（「塩原多《しおばらた》助一代記《すけいちだいき》」）
護摩の灰。道連れ小平の母。岸田宇内の妻おかめをだまし、娘おえいを誘拐する。江戸でおえいを茶屋娘として働かせていたが、火事で離ればなれに。義父塩原角右衛門に連れられて上州沼田にいるおえいを連れ戻しに行くが、言い負かされ、五両をもらって帰される。尼に化けて寺に住んでいるところへおかめとその不義の相手、原丹治が訪れたので、前非を悔いて尼になったと安心させて泊まらせ、金を盗もうとして殺される。（布目英一）

又兵衛《またべえ》（「お文《ふみ》さん」）
手伝《てつた》い職。船場の酒屋、萬両に出入りしている。若旦那作次郎と妾のお文の間に赤子ができたので、なんとか親子三人を本妻のいる店で同居させようと作戦を練る。赤子を捨て子に仕立て、お文をその乳母として店に入れることに成功するが……。（小佐田定雄）

又兵衛（「けんげしゃ茶屋《ぢゃや》」）
職業不詳。村上の旦那に頼まれ、正月早々十人ほどの偽の葬式の行列を引き連れて、南地の鶴の家を訪れる。「冥途から死人が迎えにきた」と言って「けんげしゃ（ゲンかつぎ）」の人々を恐れさせ、座敷でもゲンの悪いことを言い並べる。（小佐田定雄）

又兵衛（「向《むこ》う付《づ》け」「三人無筆《さんにんむひつ》」）
手伝《てつた》い職。十一屋の隠居の弔いで阿倍野の斎場に来たところ、帳場の者に自分で名前を書けと言われる。「字が書けないので特別に書いてほしい」と頼むが、帳場に座っていた二人も揃って無筆だったため、せっかく弔問に来たことを内緒にされてしまう。（小佐田定雄）

町方《まちかた》（「五貫裁《ごかんさば》き」「一文惜《いちもんお》しみ」）
夜回りの同心。深夜、徳力屋の前に不審な男初五郎が寝ているので事情を聞くと、奉行所のお裁きで徳力屋に届けるように命じられた一文を徳力屋が受け取らないのだという。代わりに戸をたたいて呼ぶと、中から「奉行もへちまもあるか」という声がしたので激怒し、初五郎の味方をする。（布目英一）

松《まつ》（「黄金《きん》の大黒《だいこく》」）
長屋の住人。息子が黄金の大黒天を掘り当てた家主から祝いに招かれるが、あらたまった席に着る羽織がないので、一枚だけあった羽織を長屋の連中が交代で着て挨拶する妙案をひねりだす。（太田博）

松（「皿屋《さらや》敷《しき》」）
姫路在住の若い者。伊勢参りの帰り路、三十石船の中で皿屋敷のことを尋ねられたものの知らずに恥をかく。近所の連中も知らないと言うので、皆で一緒に、裏の六兵衛のおやっさんに由来を聞きに行き、お菊さんの幽霊が今でも皿屋敷の井戸跡から出ることを知る。（小佐田定雄）

松（「質屋《しちや》芝居《しばい》」）
質屋の客。質屋に葬礼用の裃《かみしも》を預けたが急に親類の不幸があり、受け出しにきたところ、蔵から裃を出した丁稚《でっち》がこれを身につけ芝居の真似事を始めたため、皺くちゃになり着ていかれなくなった。（小佐田定雄）

松（「松竹梅《しょうちくばい》」）
職人。出入り先のお店《たな》の婚礼に仲間の竹、梅とともに呼ばれる。三人そろって松竹梅と縁起がいいので、余興をやれば喜ばれると隠居に提案され、謡の冒頭「なった、なった、じゃになった、当家の婿殿、じゃになった」の部分を担当する。（布目英一）

松（「人形買《にんぎょうか》い」）
長屋住まいの買い物上手。月番甚兵衛に頼まれ、神道者の息子の初節句に贈る五月人形を買いに行く。安い人形を買い、浮かした金で甚兵衛と一杯やる腹積もりで、うまく値切ったつもりが、売れ残りの人形を買わされる。太閤と神功皇后の人形のどちらがいいか易者と講釈師にうかがいをたてたところ、見料と木戸銭を取られ、一銭も残らなかった。（布目英一）

松（「四《よ》人癖《にんぐせ》」）
目をこするのが癖になってしまった男。甘いものが大好きで、羊羹《ようかん》食べては目をこすり、茶を飲んでは目をこするので大忙し。「癖を出したら罰金」という賭けが始ま

る前に、「やり溜め」として、目の縁が赤くなるまでこすりまくる。（長井好弘）

松井泉水《まついせんすい》（「地《じ》獄八景《ごくばつけい》亡者《もうじゃ》戯《のたわむれ》」）
歯抜き師の亡者。閻魔大王に地獄行きを命じられる。ほかの三人の亡者とともに、血の池や針の山をそれぞれの技で切り抜ける。最後に人呑鬼に食われそうになるところ、鬼の歯を全部抜いてしまい、噛み砕かれず丸呑みにされ、お腹の中で大暴れして鬼を困らせた。曲独楽《きょくごま》で人を集めては歯を抜いたり薬を売ったりしていた松井源水のパロディ的な人名。（小佐田定雄）

松浦屋《まつうらや》（「派手彦《はでひこ》」）
神田の乗物町で酒屋を営む。番頭の佐兵衛が踊りの師匠坂東お彦に一目ぼれをして寝込んでしまったので、お彦の兄の鳶頭《かしら》に頼んで、二人を添わせる。（布目英一）

松蔭大蔵《まつかげだいぞう》（「菊模様皿山奇談《きくもようさらやまきだん》」）
粂野家の奸臣《かんしん》。津山城主松平越後守の家来だったが父親とともに浪人となる。粂野家の重役渡辺織江親子が酔漢にからまれたところを救って近づきとなり、粂野家に仕官がかなう。家来思いのやさしい性格だったが、次第に出世欲が強くなり、自己中心的な人物へと変化する。側室お秋に取り入り、当主の弟紋之丞を毒殺してお秋の子の菊之助を跡目にする計画に加わって、織江を始め三人を殺害する。織江の息子祖五郎と同輩春部梅三郎らによって悪事が露見し、祖五郎に討たれる。（布目英一）

松公《まつこう》（「浮世床《うきよどこ》」）
町内の若い衆。髪結床で暇をつぶす。「太閤記」の「姉川の合戦」を読む男が「真っ向」を「まつこう」と読むたびに、「なんだよ」と返事をしてしまう。（布目英一）

松公（「金明竹《きんめいちく》」）
道具屋の甥。「掃除の前には、水をまけ」と言われ、二階の座敷にまで水をまくほどの粗忽者。雨宿りの見知らぬ男に高価な蛇の目傘を貸してしまい、「そんなときは、貸し傘は何本かありましたが、こないだからの長雨《ながじけ》で使いつくし、骨は骨、紙は紙でバラバラになって使い物になりませんので、焚《た》き付《つ》けにしようと思い、物置に放り込んでありますと言って断るんだ」、と主人に教えられる。そこで、鼠を捕りたいからと猫を借りにきた人に、「貸し猫は何匹もいましたが、こないだからの長雨で使いつくし、骨は骨、皮は皮でバラバラになって使い物になりませんので、焚き付けにしようと思い、物置に放り込んであります」と言い放ち、相手をおどろかす。「猫なら……家にも猫が一匹おりましたが、この間からさかりがつきまして、とんと家に帰りません。久しぶりに帰ってきたと思いましたら、どこかで海老のしっぽでも食べたんでしょう、お腹を下しまして、そちらで粗相でもあるといけませんので、またたびをなめさして寝かしてありますと言うんだ」、とまた叱られたため、店の主人に目利きをたのみに来た客に、「家にも旦那が一匹おりましたが、この間からさかりがつきまして、とんと家に帰りません。久しぶりに帰ってきたと思いましたら、どこかで海老のしっぽでも食べたんでしょう、お腹を下しまして、そちらで粗相があるといけませんので、またたびをなめさして寝かしてあります」。

店番をしていると、仕事の使いできたという男の口上が、早口の上方弁のために、何を話されているのかとんとわからない。面白くて何度もしゃべらせてみるが、覚えた言葉は「ひょうごのひょうごの……」ばかり。与太郎の名で登場することもある。（原健太郎）

松公（「ろくろ首《くび》」）

結婚適齢期の青年。二十五歳にもなって、自分のことを「あたい」と言う。恋女房と幸せそうに暮らす兄にあこがれ、嫁取りを決意。おじに相談したところ、婿養子の口を紹介される。相手は器量よしの財産家だが、夜、首を長く伸ばして行灯《あんどん》の油をなめる病をもつという。つまり、ろくろ首である。しかし、夜中は寝ていればいいと、暢気なもの。先方宅での見合いも、「さようさよう」「ごもっとも」「なかなか」と、三種の挨拶をおじと示し合わせてなんとか切り抜け、晴れて話がまとまる。だが婚礼の夜、長く伸びた新妻の首を目の当たりにし、裸足で逃げ出す。与太郎の名で登場することもある。（原健太郎）

松《ま》っちゃん（「高津《こうづ》の富《とみ》」「宿屋《やどや》の富《とみ》」）

職人か？　高津の富の札を一枚購入したところ、発表前日に夢枕に立った神様から「おまえに高津の二番くじを当ててやる」とお告げを受ける。勇んで境内に出かけ、周りの人に「二番が当たったら新町（遊郭）のなじみの女を一文も値切らず身請けして、仕事もやめて楽しく暮らす」とのろけ倒し、呆れられる。外れたら「うどん食べて寝る」と宣言するが、惜しいところで外れ、その晩はふて寝したものと思われる。（小佐田定雄）

松本留五郎《まつもととめごろう》（「代書《だいしょ》」「代書屋《だいしょや》」）
代書屋の客。近所の工場の夜警に就職するため、履歴書が必要となり、代書屋を訪れる。本籍地は大阪市浪速区日本橋三丁目二十六番地。誕生日は一月一日。年齢は四十六歳。本籍地内の小学校を二年で卒業。職業はポン（駄菓子製造）。代書屋が「生年月日、言うてください」と頼むと大きな声で「セーネンガッピ！」と叫び、あきれた代書屋が「『生年月日』と言うんやおまへんがな。生年月日を言うてください」と頼むと再び「セーネンガッピヲ！」と朗らかに言うなど自由奔放な言動で悩ませる。二代目桂枝雀の「代書」に登場。（小佐田定雄）

松本　某《まつもとなにがし》（「お文《ふみ》さん」）
謎の男。結城の着物に大島の羽織、仙台平の袴、白足袋に神戸下駄。金縁の眼鏡をかけて鼻下に髭をはやしているという立派ないでたち。ぜいたくな着物を着た生後百日足らずの男の赤子を抱き、船場の酒屋萬両に子を捨てて姿を消す。正体は易者だった。（小佐田定雄）

松本屋義平《まつもとやぎへえ》（「さじ加減《かげん》」）
品川の芸者置屋の主。気鬱《きうつ》の病にかかった抱え芸妓のおなみを座敷へ出すことができず、座敷牢に入れておく。料理茶屋加納屋に「三両出せば、医師の阿部玄益がおなみを引き取る」と言われ、それに従うが、年季証文を渡すのを忘れてしまう。おなみが回復し、「座敷に出せば商売になる」と加納屋にそそのかされ、玄益が証文を持っていないことにつけ込み、おなみを引き戻そうとするが、玄益が住む長屋の家主にうまくあしらわれた上、大岡越前守より、玄益に千二百六十両を支払うように命ぜられ、青くなる。（布目英一）

松山玄哲《まつやまげんてつ》（「怪談《かいだん》阿《お》三《さん》の森《もり》」）
お幇間《たいこ》医者。出入りのお屋敷の若主人、阿部新十郎を梅見に誘う。新十郎はそこの団子屋の娘お三と知り合って相思相愛となる。阿部家をはじめ、どこへでも顔を出して情報を蒐集し、人の世話を焼くやぶ医者。（太田博）

豆狸《まめだ》（「まめだ」）

道頓堀界隈に棲む子狸。通りがかりの人にいたずらをして遊んでいる。雨の夜、歌舞伎役者の市川右三郎の傘に乗りかかる悪さをしたところ、そのままトンボを返られて地面に叩きつけられた。その後、絣の着物を着た陰気な子供に化け、銀杏の葉をお金に変えて右三郎の実家の「びっくり膏《こう》」を買うものの、使用方法を知らず三津寺の境内でひっそり死んでしまう。哀れに思った右三郎に供養をしてもらって成仏した。（小佐田定雄）

豆屋《まめや》（「豆屋」「豆売《う》り」）

行商人。一人前の男になるのが目標の二十歳前後。気が弱いため、値段も量も客の言いなりになってしまう。一軒目では、怖い男に脅されて、一升二十銭を二銭にまけさせられ、二軒目では、先客と同じ二銭と言うと、「もっと高くしろ、量も減らせ」と言われ、一瞬喜ぶが、「俺んとこでは買わねえんだ」と追い返される。「豆屋」を与太郎でやる場合もある。（太田博）

丸山《まるやま》（「搗屋無間《つきやむげん》」）

吉原松葉屋で全盛を誇る花魁《おいらん》。錦絵を見て恋患いをしたという徳兵衛を客にするが、その正直さに惚れて、費用は自分の持ち出しで逢瀬を重ねる。だが、やがて金が尽き、離ればなれになる。（長井好弘）

万さん《まん》（「不動坊火焔《ふどうぼうかえん》」「不動坊《ふどうぼう》」）

ちんどん屋。千のうち三つしか本当のことを言わないのでセンミツ、チャラ万、ホラ万と呼ばれる。講釈師不動坊火焔の妻お滝にべた惚れ。不動坊が他界し、お滝が吉兵衛と所帯を持ち、吉兵衛が自分たちをけなしているのに腹をたて、不動坊の幽霊騒動を起こして夫婦別れさせようという仲間の計略に一口乗る。人魂《ひとだま》にするアルコールをアンコロ餅と間違え、おいしい餡《あん》を求めて隣の町内まで買いに行く。吉兵衛宅の屋根に上がり、天窓から幽霊をつり下ろすのに、ちんどん屋の姿で大売出しの幟までつけてやってくる。（布目英一）

万さん（「焼《や》き塩《しお》」）

大坂の町人。往来の真ん中で侍と商家の下女が泣いているのを目撃。そこへ通りかかった焼き塩屋の親父も、もらい泣きを始めたので困惑する。（小佐田定雄）

萬助《まんすけ》（「名人長二《めいじんちょうじ》」「指物師名人長二《さしものしめいじんちょうじ》」）

亀甲屋幸兵衛の手代。浅草鳥越片町に住む。お柳幸兵衛殺しの裁きでは、長二が金に目がくらんで主人夫婦を殺した、と偽証する。（原健太郎）

〈み〉

みいちゃん

町娘。滑稽噺の伝聞の中に、数知れず登場する名前なのに、肉声を聞いた者もいなければ、姿形をしかと認識した人もいない。第三者の噂や話題に登場するだけという落語界には稀有な存在。愛称は、みいちゃん、みい坊。本名は、（お）みよ、（お）みつ、みち、みな、みね、みのといったところか。年齢は、十七から二十歳見当、未婚である。たいていは小間物屋の娘で登場するが、ときに煙草屋の看板娘や仕立屋の娘（「蛙茶番」）にもなる。小体ながらも店舗持ちの商家の娘なので多少、お嬢様風なところもある。色白で愛敬者というので、町内の若い衆の羨望の的。特に、色目を使っているのが建具屋の半ちゃん（半公）だが、当の本人は無関心である。（太田博）

みいちゃん（「蛙茶番《かわずちゃばん》」）

仕立屋の娘。素人芝居の舞台番のはずが出てこない半次を引っ張り出すため。「役者をしないで舞台番に逃げるところが半さんらしいと、みいちゃんがほめているよ」とダシに使われる。もちろん、芝居小屋にみいちゃんはいない。本人のあずかり知らぬことである。（太田博）

帝《みかど》（「はてなの茶碗《ちゃわん》」）

関白鷹司公が宮中に持ち込み、公家の間で評判になっている傷がないのに水が漏れる不思議な茶碗を面白がり、万葉仮名で「波天奈《はてな》」と箱書きを添えたため、千両の価値が付くことに。（小佐田定雄）

三河屋《みかわや》（「掛取《かけと》り」「掛取り万歳《まんざい》」）
三河万歳の好きな店主。大晦日《おおみそか》、長屋の八五郎のところへ掛取りに行くが、怪しげな万歳で言い訳される。八五郎の術中にはまって、「（支払いを）……七十年が八十年、九十年も待っちゃろか、はァ」。（太田博）

三木屋吾助《みきやごすけ》（「出歯吉《でばきち》」）
出歯吉と呼ばれている気楽な男の親代わり。出歯吉が女郎の小照と一緒になるために六十両の金がいるというので、真意をはかるため女に心中を持ちかけるようすすめる。小照の目的が金だけであることが判明したので、出歯吉の幽霊を仕立て、小照を驚かす。（小佐田定雄）

水司又市《みずしまたいち》（「敵討札所《かたきうちふだしょ》の霊験《れいげん》」）
越後高田の下級武士。二十七歳で江戸に出て間もなく、根津遊廓で小増（本名お梅）を見初めたが振られ、重役の倅で小増の間夫《まぶ》だった中根善之進を斬殺して逃亡する。数年後、越中高岡で総持寺の住職永禅となったところへ、藤屋七兵衛の嫁となって高岡に来たお梅と再会。家内仕事を手伝いに来たお梅と関係を結び、亭主七兵衛を殺し、縁の下に隠すが、たまたま寺で開いていた賭博の手入れがあり、死骸が見つかってしまう。二人で各地を逃げ回るが、ついに江戸深川六間堀の猿子橋で、七兵衛の二人の子供に討たれる。（長井好弘）

三隅亘《みすみわたる》（「片袖《かたそで》」）
盗賊。知脳犯。大阪西警察の八木警部に目をつけられる。上本町の酒屋男山の山内清兵衛の一人娘が亡くなり、豪華な副葬品とともに埋葬されたと聞き、喜六を手下に墓をあばき金品を盗み出し大阪から姿を消す。三年後に娘の遺体から剝ぎ取った形見の片袖を持ち、六部姿で山内清兵衛の前に現れ、娘の幽霊と出会ったと偽り、さらに三百円の祠堂金《しどうきん》をせしめようとする。（小佐田定雄）

水屋《みずや》（「水屋《みずや》の富《とみ》」）
飲料水の行商。千両富が当たったが、盗まれるのを心配し、床板をはがして縁の下に隠す。朝晩、長い竿の先で包みにこつんと当てて安心していた。その様子を見ていた向かいに住む遊び人に盗まれ、「ああ、これで明日からゆっくり寝られる」。千両もの大金が手に入ったのだから、儲けの少ない水屋などやめて遊んで暮らせばいいのに、毎日待っているお得意先のことを考え、働き続ける。落語に登場する人物の多くが「性善説」に則っていることのいい例である。（太田博）

溝口三《みぞぐちさん》右《え》衛門《もん》（「熱海《あたみ》土産《みやげ》温泉《いでゆ》利書《ききがき》」）

相州小田原、大久保加賀守の下役。何をするにも念仏を唱えるので、「念仏三右衛門」「念仏爺」とあだ名がついた。娘のお濱が奉公先の次男と色恋沙汰を起こしたことから、お役御免となり、一家で三島に移り、煙草の葉巻きをして生計を立てる。お濱が恋人を追って家を出た後はさらに念仏にすがる毎日。後に波乱の運命に弄ばれ、流転の末に戻ってきたお濱を温かく迎え、父娘で念仏三昧の日々を送る。（長井好弘）

道連《みちづ》れ小平《こへい》（「塩原《しおばら》多助《たすけ》一代記《いちだいき》」）

護摩の灰。岸田右内、おかめの娘おえいを誘拐する。十二年後、大火によって行方知れずになったおえいが義父塩原角右衛門に連れられて上州沼田にいると知り、談判に訪れるが、やり込められ、五両を渡されて帰る。角右衛門が他界し、墓参に訪れたおえいを再び誘拐しようとして土岐《とき》伊予守家来の原丹治親子によって追い払われる。利根川の支流枝川で旅姿の塩原多助を襲うが、六百文しか持っていないので、身ぐるみをはぎ、多助を川へ突き落として逃げる。沼田を逐電した丹治とおかめが母親の股旅おかくの寺に泊まったので路銀をねらい、丹治を突き殺す。その後、江戸に現れ、炭荷主吉田八右衛門から証文を奪い、山口屋で金をだまし取ろうとしたところ、多助に見破られ、居直って強請《ゆすり》にかかるが、こんこんと意見をされ、何も取らずに帰る。しかし多助への遺恨は消えてはおらず、三年後に多助を襲うものの、多助の実父である武士の塩原角右衛門に御茶ノ水の神田川へ投げ込まれる。これでも改心することはなく、邪心を持ち続ける根っからの小悪党。（布目英一）

光《みつ》（「松山鏡《まつやまかがみ》」）

越後の在、松山村の百姓正助の女房。夫婦二人で野良仕事をするだけの毎日であっても、仲睦まじければ他に何も望みはないという貞女。亭主が隠している鏡に映った自分の姿を見て、女を囲っていると勘違いし、大喧嘩に

なってしまう。（布目英一）

水戸黄門《みとこうもん》（「雁風呂《がんぶろ》」）

水戸藩二代藩主徳川光圀。天下の副将軍。寛永五（一六二八）年〜元禄十三（一七〇〇）年。供を連れて東海道に上ったおり、立ち寄った粗末な茶屋で、松に雁を描いた屏風の絵に目が止まる。居合わせた町人が鮮やかに絵解きをしてみせたので、名を問うと、側用人柳沢美濃守に用立てた三千両を返済してもらうために江戸へ向かう、大坂の豪商淀屋辰五郎だという。

　辰五郎の話は次のとおり。何も知らない者が見たら理解できないだろうが、この絵は秋の雁ではなく、春の帰雁を描いたものである。雁は日本に渡ってくる際、松の枝を一本くわえ、疲れると海に落とし、それに止まって羽を休める。飛び立つ時は、また枝をくわえていく。そのことを知っている函館の猟師たちは、春になって雁が南の国に帰るころ、残った松の枝の数だけ雁が日本で命を落とした、と哀れに思い、その枝を薪にして風呂を焚き、旅人たちに利用させる。この風呂を「雁風呂」といい、大和絵の大家土佐光信が描いた、実に風流な図柄である……。この話にいたく感心し、もし柳沢が金を支払わない場合、屋敷へ願い出るとお下げ渡しになるという目録をしたため、辰五郎に渡す。（原健太郎）

みどり（「源太《げんた》の産《さん》」）

産婆学校を出たばかりの二十二歳。男嫌いで通っている。かなりの近眼。目の前の妊婦が、自分に恋患いをした男であることに気がつかずに、大きくなった男のモノにさわり、「元気なお坊ちゃんでございます」。（長井好弘）

皆川宗悦《みながわそうえつ》（「真景累《しんけいかさね》ヶ淵《ふち》」）

座頭。根津七軒町に娘二人と暮らす。揉み療治のほかに高利貸し業を営む。旗本深見新左衛門に借金の返済を迫り、逆に惨殺されてしまう。以後は怨霊となって深見家を悩ませ、ついには、新左衛門を錯乱させ、お家断絶、一家離散に追い込む。このすさまじい怨念が、自らの二人の娘、志賀（のちの豊志賀）、お園の人生まで狂わすことになる。（長井好弘）

身投《みな》げ屋《や》（「身投げ屋」）

身投げを商売にする親子。両国橋、吾妻橋あたりが仕事場らしい。父親は目が見えぬふりをし、子供は「あの世にいる母親に会いたい」と泣く。お涙頂戴の身投げ芝居を見せられれば、同業者ですらだまされて金を出す。けなげな演技力が光る息子の将来が、空恐ろしくもある。はたしてこんな珍商売が実在したのだろうか。有崎勉（柳家金語楼）作。（長井好弘）

美濃屋《みのや》（「笠碁《かさご》」）
商家の隠居。日課のように碁を打ちにいっている大店《おおだな》の主人の家で、たった一目を「待った」「待てない」で仲違いしてしまう。数日は孫の相手などをして無聊《ぶりょう》をかこっていたが、雨が降りつづくと外出もままならず、「また喧嘩になるから」と制止するかみさんを振り切って、出かけていく。かみさんが傘を貸してくれないので、大山詣りのときの菅笠をかぶった珍妙な姿で、雨の中、碁敵の家の前を何度も行ったり来たり。やがて、碁盤の音に誘い込まれるように店の中に入り、パチリパチリ。笠をかぶったままであることにも気づかず、夢中になって打ちつづける。（原健太郎）

美濃屋茂二作《みのやもじさく》（「名人長二《めいじんちょうじ》」「指物師名人長二《さしものしめいじんちょうじ》」）
下谷稲荷町の商人。五十五歳。屋敷稼業の亀甲屋半右衛門の妻お柳に幸兵衛を取り持ち、不義をさせ、共謀して半右衛門を殺す。のち、遠島に処される。（原健太郎）

三村新次郎《みむらしんじろう》（「中村仲蔵《なかむらなかぞう》」）
貧乏旗本。三十二、三歳。蕎麦屋の客。「仮名手本忠臣蔵」の斧定九郎《おのさだくろう》の役作りに悩む中村仲蔵に、重要なヒントを与える。本所清水町の蕎麦屋に黒羽二重、五分月代《さかやき》、大小を落とし差しにして、ずぶ濡れで入って来る。たまたま店にいた仲蔵はこの格好を真似て市村座の舞台に上がり、大当たりをとる。仲蔵を役者と見破り、「痩せても枯れても三村新次郎、旗本だ。なまじな現せ方をするとただじゃあおかねえぜ」と言って立ち去る姿が凛々しい。（太田博）

宮野辺源次郎《みやのべげんじろう》（「怪談牡丹燈籠《かいだんぼたんどうろう》」）
元旗本の次男。隣家の飯島平左衛門の妾お国の密通相手。お国と組んで平左衛門を殺害した際に、足に大けがをする。飯島家の金品を奪って栗橋宿《くりはしじゅく》に逃げるが、足の傷が悪化し、土手下の小屋で癒している。治療費稼ぎで宿場の料理屋で働くお国に手を出した伴蔵を脅迫するが逆襲される。お国と共に宇都宮に逃げ、さらに越後村上へと逃走するが、最後は孝助に討たれる。（太田博）

宮脇数馬《みやわきかずま》（「名人競《めいじんくらべ》」「錦《にしき》の舞衣《まいぎぬ》」）
武士。二十四、五歳。色白で目元のかわいい、婦人のような風貌。大塩平八郎の親類宮脇志摩の次男。天保八（一八三七）年に大坂で起こった「大塩の乱」にかかわり、江戸へ逃げる。父や大塩と旧知の絵師狩《か》野毬信《のうまりのぶ》を仕事先の谷《や》中日暮《なかひぐらし》の南泉寺に訪ね、「父の遺言状を王子に住む母に渡したのちは、自ら進んで処刑を受ける心得なので、それまでかくまってほしい」と懇願。深川で芸者をしている妹小菊から、変装用の着物を借り、根津清水の毬信の家にひそむ。毬信の妻坂東須賀が、夫の浮気相手と誤解して乗り込んできた直後、捕り方がなだれ込み、自害に追い込まれる。（原健太郎）

妙見《みょうけん》さん（「花《はな》の都《みやこ》」）
能勢の妙見山に鎮座まします大菩薩。百日の間、熱心に通って来た喜六の願いを受け入れ、長短一組の羽団扇を授ける。（小佐田定雄）

美代鶴《みよづる》（「土橋万歳《どばしまんざい》」）
芸者。船場の若旦那に呼ばれ、なじみの太鼓持ちや舞妓たちと一緒に難波の一方亭で食事をしていると、若旦那の店の番頭が意見にやってきて座がしらけたため、北へと河岸を変える途中、名指しで若旦那に肩を貸すことに。その後、難波の土橋で番頭が化けた追い剝ぎに驚き逃げ去ってしまう。これらは皆、若旦那と番頭が同時に見た夢らしい。（小佐田定雄）

海《み》松《る》杭《くい》の松《まつ》（「お富与《とみよ》三郎《さぶろう》」）
木更津の顔役、赤間源三右衛門の一の子分。親分の愛人お富が江戸から来た若旦那の与三郎といい仲になったことに素早く感づき、旅から戻った親分に耳打ちする。激怒した親分と共に、お富、与三郎の密会現場に踏み込み、与三郎の顔面を一寸刻み、五分試しにとめった斬りにし、三十四か所の傷を追わせる。あまりの恐ろしさに逃げ出

したお富を木更津の浜で追いつめるが、海に飛び込んで逃げられてしまう。（長井好弘）

視目嗅鼻《みるめかぐはな》（「お血脈《けちみゃく》」「善光寺骨寄《ぜんこうじこつよ》せ」）
閻魔大王の配下。男女の頭を幢《はたほこ》の上にのせた姿で、亡者の善悪を判別するといわれる。信州善光寺が発行する血脈の御印のために、罪を犯したものがみな極楽往生してしまい、地獄の衰退を招いているので、その御印を盗み出したらどうかと、閻魔に進言する。（原健太郎）

〈む〉

婿《むこ》（「短命《たんめい》」「長命《ちょうめい》」）
伊勢屋の一人娘の養子たち。今までに三人来て、一人目はいい男、二人目は丈夫一式で血なまぐさくて骨太い「鰤《ぶり》のアラ」など容貌が違うが、皆早死にする。全員、初めは元気だが、なぜか次第に衰弱していく。店は番頭さん任せ、夫婦二人はすることは何もなく、顔を見ればふるいつきたくなるいい女という状況から短命になると隠居が解き明かす。（布目英一）

息子《むすこ》（「親子酒《おやこざけ》」）
大酒飲みの若旦那。子供の将来を心配するやはり大酒飲みの父親と禁酒を誓う。得意先で「父親と飲まない約束をした。取引をやめると言われても飲まない」と出された酒を断ると、「男らしい奴だ。それを見込んで一杯！」とすすめられ、「そうですか」と、二人で二升五合飲んでしまった。へべレケで帰宅すると、やはりこっそり飲んでいたらしい父親から「こんな頭が七つも八つもある化け物に身代をゆずるわけにはいかない」と言われ、「冗談じゃない。こんなぐるぐる回る家をもらってもしょうがない」。（太田博）

息子（「近日息子《きんじつむすこ》」）
家主の不肖の息子。三十歳ぐらい。素直だが、人間がぼんやりしていて、すぐに早合点をする。「芝居の初日がいつか見てきてくれ」と父親に頼まれ、劇場前で「近日開演」の看板を見て、「近日は一番近い日だから、明日開演だ」と一人合点して報告する、「先へ先へと気を利かせろ」と言われれば、父親の腹具合が悪いのを見て医者を呼び、医者がちょっと首をひねっただけで葬儀社と寺の手配をし始める。ついには、表に「忌中」の札まで出してしまい、店子たちがくやみに来る騒ぎとなる。父親が激怒しても少しも動じず、「よく見ねえ。『忌中』のそばに『近日』と書いてあらア」。（長井好弘）

息子（「宗論《しゅうろん》」）
商家の若旦那。耶蘇教《やそきょう》を崇拝するあまり、仏教に凝り固まっている父親の前で聖母マリアの奇跡を外国人が日本語を話すような口調で語り、賛美歌を歌うので怒りを買ってしまう。（布目英一）

息子（「ちしゃ医者《いしゃ》」）
百姓。表に停まった駕籠からチシャを取ろうとした母親が、中から足で胸元を蹴られたのを見て激昂。中の男を引きずり出し殴打したところ医者だった。（小佐田定雄）

息子（「堀川《ほりかわ》」）
町内の鼻つまみ者。大阪の裏長屋に老父母と三人暮らし。酒乱で店を呑み潰し、今も毎晩トラになって帰宅し、近所に迷惑をかけている。（小佐田定雄）

娘《むすめ》（「有馬小便《ありましょんべん》」）
宿泊客。母親と有馬温泉に投宿。尿意を催したが、宿の二階の便所は先客が入ったまま。我慢の限界だと母親に訴えたところに、思わぬ救いの手が……。（小佐田定雄）

娘（「いいえ」「嵐民弥《あらしたみや》」）
馬子の一人娘。旅回りの女形役者を本物と勘違いした父親に同じ布団で寝るように言われる。（太田博）

娘（「帯久《おびきゅう》」）
本町四丁目の呉服商和泉屋与兵衛の一人娘。商売敵の帯屋久七の悪計により店が没落、流行り病で死ぬ。（太田博）

娘（「腕喰《かいなく》い」）
上町の河内屋勘兵衛の一人娘。今年十八歳。今小町と二つ名の別嬪《べっぴん》。しかし、もらう養子が次々と一晩で逃げ出し、過去に十八、九人にものぼった。原因は、夜中になると隣の常念寺の墓地に入り込み、バリバリと怪しい音をたてるからだという。今度は、大家の若旦那でありながら極道のあげくに乞食にまで身を落とした作次郎を養子に迎える……。（小佐田定雄）

娘（「金玉医者《きんたまいしゃ》」）
八丁堀の大店《おおだな》伊勢屋の娘。十八歳。ふさぎ込み寝てばかりいる気鬱《きうつ》という病を患い、家族を心配させている。股間から己の一物をちらりと見せるという、医師甘井羊羹《あまいようかん》の画期的な治療法が功を奏し、快方に向かう。ところが、それを真似た父親から過激な施療を受け、あごをはずすことになる。（原健太郎）

娘（「外法頭《げほうあたま》」）
船場の大店《おおだな》のお嬢さん。年のころは十六、七歳で別嬪。乳の間に悪性の腫物がある。医者も手を焼き高名な易者に見てもらったところ、七福神のげほうさん（福禄寿）のような長い頭の人に舐めてもらえば治るとの卦が出た。気晴らしに芝居見物に出かけたところ、隣の桟敷に長い頭の丁稚《でっち》が座っているのを見つける。乳母に訳を話してもらい、丁稚に腫物を舐めてもらうと、不思議なことに完治する。（小佐田定雄）

娘（「ちきり伊勢屋《いせや》」）
品川の質商ふじやの一人娘。文金高島田の十七、八歳。店の金策がつかず、赤坂弁慶橋の喰違坂で母とともに首をつろうとしているところを伊勢屋伝二郎に助けられた縁で、のちに再会した伝二郎を婿に迎える。（長井好弘）

娘（「道灌《どうかん》」「小町《こまち》」）
あばら家に住む二八（十六歳）ばかりの賤女。隠居が八五郎に託す床の間の掛け軸の絵の説明に登場する。にわか雨に遭った太田道灌公が雨具を借りに来た際、山吹の枝を差し出す。「七重八重花は咲けども山吹の　実のひとつだになきぞ悲しき」を踏まえて婉曲に断ったはずが道灌には通じなかった。（太田博）

娘（「なめる」「菊重《きくがさ》ね」）
悪性のできものが乳房の下にある女。十八、九歳。業平橋近くの寮で女中たちと暮らしている。二十二歳の男になめさせれば治ると、易者に言われ、猿若町の芝居小屋

で見つけた男を色仕掛けで誘い、できものをなめさせ、直後に行方をくらます。（原健太郎）

娘（「ねぎまの殿様《とのさま》」）
江戸随一の薬屋、金丹円の娘。上野小町として錦絵にもなる。不忍池《しのばずのいけ》の大蛇に見込まれて行方不明になったといい、上野七不思議の一つに数えられる。（布目英一）

娘（「のっぺらぼう」「こんな顔《かお》」）
十六、七歳。文金高島田、友禅の振袖姿。実はノッペラボー。深夜、赤坂見附のため池の橋から身投げしようとして、小間物商の吉兵衛に助けられる。（布目英一）

娘（「弥次郎《やじろう》」）
南部地方の百姓の子。うそつき弥次郎のほら話に登場。弥次郎を一方的に慕い、紀州白浜まで追いかける。日高川に飛び込むと、大蛇ならぬ、一尺五寸の小さな蛇に変身。道成寺では、飴細工のように細長く伸び、水瓶を七巻き半する。（原健太郎）

娘（「夢金《ゆめきん》」）
日本橋本町辺りの大店《おおだな》のお嬢さん。十七、八。品のある美人。店の奉公人と不義を働き、ひまを出された男を慕って家出。花川戸で癪《しゃく》に苦しんでいるところを浪人者に助けられる。ところが侍の目当ては娘の所持金。屋根舟の中で命をねらわれたが、船頭の熊蔵に助けられる。実は熊蔵の夢の中の人物だった。（布目英一）

村上《むらかみ》の旦《だん》さん（「けんげしゃ茶屋《ぢゃや》」）
大阪の通客。難波新地の鶴乃家の国鶴という芸妓を贔屓にしている、金離れのいい、まことにいい旦那だが、国鶴一家が大の「けんげしゃ（御幣《ごへい》かつぎ）」であることを知り、趣向をこらしたゲンの悪いことを仕かけ、国鶴たちが嫌がる様子を見て楽しんでいる。以前にも新町でいたずらが過ぎてしまい、「ババ（汚物）の旦さん」との異名を取った前科がある。（小佐田定雄）

村瀬《むらせ》東馬《とうま》（「操競女学校《みさおくらべおんながっこう》」「お里《さと》の伝《でん》」）
讃岐丸亀の領主京極備中守の家臣。粗忽だが、正直で親切。江戸詰めの際、同僚の関根元右衛門に頼まれ、父の仇討ちを心に誓う関根の姪お里と江戸まで同道し、旧知の旗本永井源助に預ける。京極備中守の上屋敷で、お里が仇討ちにのぞむ際は、検分をつとめる。お里が本懐を遂げたのちには、息子金之丞をお里の養子にし、再興した尼ヶ崎家を相続させる。（原健太郎）

村田《むらた》（「電話《でんわ》の遊《あそ》び」「電話室《でんわしつ》」「電話の散財《さんざい》」）
茶屋遊びが大好きな商家の大旦那。父親の道楽に批判的な真面目一方の若旦那の命で、たえず番頭に監視されているので、馴染みのお茶屋に出かけることができない。そこで思いついたのが「電話宴会」。電話室に酒や肴を運ばせ、受話器を通して芸者手古鶴の唄や幇間《ほうかん》を交えてのどんちゃん騒ぎを聞きながら、ご機嫌で杯を重ねていたが、当時の電話はいちいち交換手を呼ばねばならず、しばしば混線するので、「宴会」の途中、何度も「話し中！」と叫ぶはめになる。（長井好弘）

村《むら》**の衆**《しゅう》（「馬《うま》の田楽《でんがく》」）
道端で空を見上げていると、馬子に馬の行方を聞かれ、余計なことを長々としゃべった末、「今、ここに来たばかりだから知らない」と答える。（布目英一）

村人《むらびと》（「本膳《ほんぜん》」）
農夫たち。素直でバカ正直。庄屋の家で、婿の披露目に本膳を出すことになったが、だれも作法を知らぬため、手習いの師匠の食べ方を真似することに。その真似方が尋常ならずで、師匠が粗相で里芋を転がせば、全員が里芋を転がす。端から見れば異様な光景だが、本人たちは大真面目なのである。（長井好弘）

〈め〉

妾《めかけ》（「権助提灯《ごんすけぢょうちん》」）
大店《おおだな》の主人の囲われ者。二十代。本妻への対抗心は計り知れないが、表立っていがみ合うことは愚の骨頂と考えている。強風の夜、本妻の配慮で妾宅へやってきたという主人の言葉が火に油を注ぐこととなり、何があっても本宅へ戻っていただくという徹底抗戦に及ぶ。（布目英一）

妾（「三軒長屋《さんげんながや》」）
伊勢屋勘兵衛のお囲い者。年増。三軒長屋の真ん中の家で、お面相のよくない下女と暮らす。両隣が鳶頭《かしら》と剣術指南の家で、始終やかましいため、勘右衛門に引っ越しを迫るが、「近く追い立てる計画があるから、もう少し待て」と、諭される。（原健太郎）

妾（「湯屋番《ゆやばん》」）
年増女。湯屋の番台に座った勘当中の若旦那の妄想に現れる。女中のお清と二人暮らし。若旦那を呼び込み、酒を飲んでいるうち、落雷があったのをいいことに空癪《そらじゃく》して、口移しで水を飲ませてもらう。（太田博）

妾（「悋気《りんき》の独楽《こま》」）
商家の旦那の囲われ者。美形だが、お高くとまらず、万事に如才がない。本妻の命令で旦那を尾行してきた小僧を籠絡する、あしらいの見事さ。「辻占《つじうら》の独楽」などという花柳界の玩具を常備しているあたり、新橋、柳橋あたりの芸者から落籍されたのかもしれない。（長井好弘）

妾（「悋気《りんき》の火《ひ》の玉《たま》」）
元、吉原の遊女。浅草花川戸の鼻緒問屋立花屋のお囲い者。本妻が自分を祈り殺そうとしているのを知り、自分も本妻をのろい殺そうとして相打ちになり、成仏できず、火の玉となって大音寺前で本妻の火の玉と激突する。旦那の説得を聞き入れ、やっと成仏する。（布目英一）

女狐《めぎつね》（「王子《おうじ》の狐《きつね》」）
王子稲荷の裏手に生息。若い娘に化けるところを人間の男に見られ、だますつもりが実はだまされて料理屋扇屋へご同伴。慣れない酒に酔いつぶれている間に、飲食代を払わぬまま相手にドロンされてしまう。驚いて正体を現したため、店の奉公人に追いつめられ、最後っ屁をかまして何とか逃げ帰るが、全身打撲の重傷を負う。翌日、謝罪にきた男が持参したぼた餅を見て、仔狐に「食べちゃいけないよ。馬の糞かも知れない」。（長井好弘）

飯佐太《めしのさた》郎《ろう》（「煙草《たばこ》の火《ひ》」）
和泉の国の大金持ち。鴻池家とも親戚だという。別名和泉の暴れ旦那。昔便所に落ちているご飯つぶでも大事に食べたので、一代の分限者になったといわれる。また、いつ何人が食客となってもいいよう、千人分の冷や飯がすぐに用意できたので「飯」と呼ばれるようになったという伝説もある。身分を隠してキタの綿富というお茶屋へ遊びに行き、駕籠賃から舞妓・芸妓・幇間《たいこ》への祝儀まで立て替えてもらうが、しまいに店から断られる。そこで初めて手持ちの風呂敷から、それまでの借りを倍にして返し、残りの小判は座敷へばら撒いて帰った。最後の立て替えを断らなければ、綿富の若い者を小判漬けにしていただろう。（小佐田定雄）

飯盛女《めしもりおんな》（「三人旅《さんにんたび》」「おしくら」）
神奈川宿、大米屋に奉公。夜は客の求めにも応じる。地元ではおしくらという。（布目英一）

面屋《めんや》（「鬼《おに》の面《めん》」）
小商人。女の子が毎日のように店先に来てはお多福の面をジーッと眺めて、買わずに帰って行く。不思議に思って理由を聞くと、母親に顔が似ていると言うので、その面をプレゼントしてやる。（小佐田定雄）

〈も〉

毛利《もうり》大膳太夫《だいぜんだゆう》（「竹《たけ》の水仙《すいせん》」）
長州萩藩の太守。三島宿の旅籠《はたご》の店先に竹筒に挿した竹の水仙が花開いているのを見つけ、左甚五郎の作に相違ない、と家臣の大槻刑部に買い求めるように命じる。「百両という法外な値段が付いているので買ってこなかった」と手ぶらで帰って来たので、「もし、買い損なったら御身切腹、お家断絶」と叱り飛ばす。細川越中守でやる場合もある。（太田博）

杢市《もくいち》（「麻《あさ》のれん」）
按摩。盲人としての矜持が高く、「目明きが気の毒なくらい」と言ってはばからない。そのために、ときどき失敗もする。夏の晩、療治先の旦那から、遅いから泊まっていくようにすすめられる。床をとった女中が手を引くというのを断り、自分ひとりで行く。蚊帳の要領をわきまえていたはずだが、まくったつもりの蚊帳がその手前の麻のれんであったため、麻のれんと蚊帳の間で寝てしまい、一晩中蚊の攻撃を受ける。後日、くだんの旦那の家に再び泊まることになったが、今度は大丈夫だと、麻のれんをまくり、蚊帳をまくったつもりが、気を利かせた女中があらかじめ麻のれんをはずしておいたために、またもや蚊帳の外で寝ることになる。（原健太郎）

杢市（「按摩《あんま》の炬燵《こたつ》」）
酒好きの按摩。出入り先の番頭から、一杯飲ませるから炬燵《こたつ》代わりになって暖めてくれ、と頼まれ二つ返事で引き受ける。たっぷり飲んで身体も火照《ほて》ってきた。ところが、暖まりにきたのは番頭だけではなく、店の奉公人全員。その上、幼い小僧には寝小便までかけられ、「これで炬燵の火が消えた」。（太田博）

杢《もく》の市《いち》（「滑稽清水《こっけいきよみず》」）
京に住む盲目の按摩。友達の馬之助と女房がいい仲であると教えられ、復讐のため清水観音に「目を開けてください」と日参する。おかげで目は開いたが、見なくてもいいものを見てしまうことになる。（小佐田定雄）

杢兵衛《もくべえ》（「お化《ば》け長屋《ながや》」「借家怪談《しゃくやかいだん》」）
古い長屋の住人。人呼んで「古狸の杢兵衛」。物置代わりに使っていた空き家を他人に貸すから明け渡せ、という家主の話に憤り、差配人に成りすまして借り手を追い返そうと謀る。殺された女のお化けが出る怪談話をでっち上げる。小心の最初の借り手を首尾よく撃退したうえ、落としていった蟇口《がまぐち》までねこばばするが、次に来た乱暴者には怪談は通じず、逆に女殺しの犯人呼ばわりされたり、拾った財布を奪われたあげく、店賃《たなちん》まで払わされる羽目になる。（太田博）

杢兵衛《もくべえ》（「お見立《みた》て」）
千葉流山のお大尽《だいじん》。吉原の花魁《おいらん》喜瀬川と夫婦約束をしているが、喜瀬川には金づるの一人でしかなく、愛情がないどころか、虫唾《むしず》が走るほど嫌われている。だが、そのことにまったく気づいていない。久々に店を訪ねたところ、愛想尽《あいそづ》かしをしたい喜瀬川からたのまれた若い衆の喜助に、「花魁は焦がれ死にした」と言われたのを信じ、墓参りをしたいと山谷の寺町を案内させる。兵隊や子供の墓など、適当に連れ回されては涙を流す。喜瀬川に嫌われる理由は、「無垢の善意」や「野暮な無神経」が理解できないからだろう。

　川島雄三監督「幕末太陽傳」（昭和三十二［一九五七］年・日活）のラストは、この噺の墓場の場面を下敷きにしている。場所は品川遊廓だが、喜助ならぬ、フランキー堺扮する居残り佐平次が、役名も杢兵衛大尽そのままの市村俊幸を墓場に案内する。市村演ずる杢兵衛が、この人物の普遍的なイメージを具現化している。（原健太郎）

杢兵衛（「口入屋《くちいれや》」「引越《ひっこし》の夢《ゆめ》」）

布屋の二番番頭。ワカメが嫌いで、おかずに若布《わかめ》が出ると丁稚《でっち》に銭を渡し、ほかのおかずを買ってこさせる。口入屋から美人の女子衆が来てポーッとなっている一番番頭の前で、さっさと奥へ入った女子衆の代わりに風呂敷をかぶって座り、帳面上の秘密を聞き出してしまう。

　その晩から寝泊まりすることとなった美人女子衆のもとへ一番先に夜這いに行くが、二階へと上がるはしご段の先の引き戸に錠がかけられていたので、膳棚に足をかけ二階へ上がろうとするが、運悪く腕木が腐っていて膳棚を担ぐはめに。後からきた一番番頭も同じ轍を踏み、二人して膳棚を担いでいるところをご寮人《りょん》さんに見つかってしまう。（小佐田定雄）

杢兵衛（「五人廻《ごにんまわ》し」）
金持ちのお大尽《だいじん》。馴染みの喜瀬川花魁《おいらん》が、廻し客に待ちぼうけを食わせて、わが部屋に居続けているのがうれしくてたまらない。「年季が明けたら二人はヒーフ（夫婦）になる」とうそぶくが、自分も他の客と同じであることには気がつかない。（長井好弘）

杢兵衛（「道具屋《どうぐや》」）
神田三河町の家主。おいの与太郎の将来を心配し、内職でおこなっている道具屋の仕事を世話する。（原健太郎）

文字静《もじしず》（「猫の忠信《ただのぶ》」「猫忠《ねこただ》」）
清元の師匠。母と二人暮らし。なかなかの艶女。それを目当てに町内の若い衆が稽古に通ってくる。弁慶橋に住む吉野屋の常さん（常州）といい仲になり、二人ででれつきながら酒を飲んでいるところを、仲間に見られてしまう。実は、親猫の皮で作った三味線を慕う仔猫が常さ

んに化けて近づいていたことが、本物の常さんが乗り込んできたことからわかる。（太田博）

餅屋《もちや》（「上方見物《かみがたけんぶつ》」）
道頓堀の近くで営業。二人の田舎客にあんころ餅のあんだけを大量にえぐり取られて迷惑する。（小佐田定雄）

木拐《もっかい》（「鉄拐《てっかい》」）
鉄拐仙人の二番弟子。鉄拐が寄席の出番をすっぽかした時に代演する。腹からもう一人の自分を出す仙術をおこなったが、足が見えただけだった。（布目英一）

もと（「元犬《もといぬ》」）
女中。年齢、器量等一切不詳。長く千住の隠居と二人で暮らしていたが、ある日、色白で奇妙な行動をとる若い衆が、口入屋の紹介でやってきて……。存在感はゼロに等しいが、この物語を終わらせるための重要な役割をになっている。（原健太郎）

茂兵衛《もへえ》（「おさん茂兵衛《もへえ》」）
深川仲町《なかちょう》の呉服屋中島屋の手代。二十六歳。堅物で女嫌い。店の用事で三十両の金を持ち、桐生へ旅立つ。途中、立ち寄った上尾宿の一膳めし屋で、おさんという器量のよい女に一目ぼれする。「せめてお茶の一杯でも飲み合って、話がしてみたい」と、土地の親分三婦《さぶ》に仲立ちを頼みにいくが、「おさんは、子分金五郎の女房だからだめだ」と断られる。手持ちの金三十両を差し出し、「これをご亭主に差し上げますので」と懇願するが、やはり聞き入れられず、ふらふらと庭に出て井戸にはまりそうになる。見かねた三婦の算段で、おさんとの対面を果たす。「あなたにお目にかかれ、思い残すことはないが、主人の金に手を付けてしまったからには、身を投げて死ぬしかない」。この覚悟がおさんの心を動かし、手に手を取って逐電する。（原健太郎）

森宗意軒《もりそういけん》の妻《つま》（「深山隠《みやまがく》れ」）
夫は島原の乱で天草四郎とともに一揆軍として戦っている。娘二人と噺家山御霊ケ嶽《はなしかざんおんりょうがたけ》にたてこもり、千人の命を大臼如来《だいうすにょらい》（ゼウス）に捧げようと山賊をしていた。蟹田《かにた》源吾《げんご》のために、娘や手下を皆殺しにされたため、その仇

をとるため長刀を取って戦うが、反対に源吾に捕らえられ、川で水攻めにあう。（小佐田定雄）

森田金太郎《もりたきんたろう》（「真景累ヶ淵《しんけいかさねがふち》」）
表看板はこまい掻き（細い竹を編んで壁の下張りをする職人）だが、実は同心石川伴作の手先。捕物上手。本所松倉町で荒物屋をやらせている女房はるから「下総屋のお園を殺し奥州に逃げた深見新三郎が今、店にいる」と知らされ、鰻屋の若い衆に化けて店に押し入る。新三郎に小刀で額を斬り付けられて血を流すが、仲間を集めての捕物の末、新三郎を捕縛する。（長井好弘）

門中音蔵《もんなかおとぞう》（「鬼門風呂《きもんぶろ》」）
大阪の人力俥夫。正月三日に乗った客が姓名学を研究しており、「門の中に音があると『闇』という字になって、闇の中で働いてもあかん。喜びを集める男という意味で『喜三郎』と改名せえ」とすすめられる。それがきっかけとなって暮らし向きも楽になり、夫婦仲よく暮らせることから、以来、姓名学をはじめとする易学を信じるようになる。（小佐田定雄）

門番《もんばん》（「石返し《いしがえ》」）
「番町鍋屋敷」の使用人。代金を取りにきた夜鳴き蕎麦屋の男を、「あの場所に人は住んでいない、おまえが商売をした相手は狸だ」と言って追い払う。侍とグルになってただ食いをする、常習犯だと思われる。（原健太郎）

門番（「火焔太鼓《かえんだいこ》」）
屋敷番。火焔太鼓が三百両で売れ、浮き浮きしながら出てきた甚兵衛に、「どのくらい儲かった？」とお愛想をいうが、「大きなお世話だ！」と一蹴される。（太田博）

門番（「孝行糖《こうこうとう》」）
水戸藩邸の屋敷番。大声で口上を述べながら鉦《かね》や太鼓を打ち鳴らす、飴売りの与太郎を胡乱《うろん》な者と思い、六尺棒で叩く。通りがかりの者に、「おろかしい者ゆえ、お勘弁を」と頭を下げられ、解放する。徳川御三家の一つ、水戸家の上屋敷は、現在の東京都文京区にある後楽園一帯を占める広大な敷地を有し、江戸市中でもっとも警備のきびしいところといわれていた。（原健太郎）

《や行》

〈や〉

弥市《やいち》（「金明竹《きんめいちく》」）
古道具の仲買人。中橋広小路の古道具商加賀屋佐吉から、道具七品を請け負っている。誤解が重なり、「古池に飛び込んだ」と、あらぬ噂を立てられている。（原健太郎）

八重吉《やえきち》（「鏡《かがみ》ヶ池《いけ》 操《みさおの》松影《まつかげ》」「江島屋騒動《えじまやそうどう》」）
深川櫓下《ふかがわやぐらした》の芸者。医者倉岡元庵の女房おさよの娘。腹違いの兄とは知らず、倉岡元仲の馴染みとなり、末は夫婦と言い交す。（原健太郎）

八百屋《やおや》（「位牌屋《いはいや》」）
棒手振《ぼてふ》りの商人。赤螺屋《あかにしや》吝兵衛《けちべえ》のケチ商売の犠牲者第一

号。摘み菜を莫蓙《ござ》の上に広げるが、無茶な値切り方をされたので怒って帰る。莫蓙に残った摘み菜が、奉公人の朝の味噌汁の実になるとは思ってもいない。（長井好弘）

八百屋（「御神酒徳利《おみきどっくり》」「占《うらな》い八百屋《やおや》」）
行商人。得意先の新参女中が何も買ってくれないので、腹立ち紛れにお店《たな》の御神酒徳利を水がめに隠したため大騒ぎになる。そこへ「今は八百屋だが、元は易者」と名乗り出て、インチキそろばん占いで見つけ出す。感心した主人に「三島にいる弟の商売運を占って」と頼まれ、いやいや旅に出る。途中の小田原宿で起こった現金盗難事件を例の占いでタナボタ的に解決するや、失せもの探しの依頼が殺到。たまらず逃げ出すと、「今度は先生が紛失した」。（長井好弘）

八百屋（「くっしゃみ講釈《こうしゃく》」）
買うものの名前を忘れたという客が、突然のぞき機関《からくり》の「八百屋お七」を歌い始める。店の前は野次馬でいっぱいになって商売は上がったり。「駒込吉祥寺小姓の吉三」という文句が出て、男はようやく胡椒を買いに来たこと

を思い出すが、あいにく売り切れ。「火にくべたらくしゃみの出るもの」という注文に応え、唐辛子の粉を売ってやると、男は意気揚々と帰って行った。（小佐田定雄）

八百屋（「鍋墨大根《なべすみだいこん》」）

行商人。大根の荷を担いで長屋にやって来たところ、典型的な大坂のおばちゃんに捕まり、太い大根を安く買われてしまう。細い大根と取り換えて渡そうとすると、ちゃんと太い大根に鍋墨で印を付けていた。そのえげつなさに、八百屋に向いていないと悟り、駕籠屋に転向するが、また同じような目に遭ってしまう。（小佐田定雄）

八百屋（「もう半分《はんぶん》」）

棒手振《ぼてふ》りの老人。千住界隈で野菜を売り歩く。かつては表通りに大店《おおだな》を構えていたが、酒で身を持ち崩して、何もかも手放し、今は一人娘と裏長屋住まい。商いの帰りに居酒屋で「もう半分、もう半分」と言いながら半合ずつ飲むのが唯一の楽しみ。寄る年波で仕事が辛くなったのを見かねた娘が吉原遊廓に身を売り、受け取った五十両を持っての帰り道、いつもの店で酒を過ごし、大事な金を置き忘れてしまう。居酒屋夫婦に金を奪われ、絶望して千住大橋（永代橋の場合も）から身を投げる。酒と人に裏切られた男の怨念が、この後さらなる悲劇を呼ぶことになる。（長井好弘）

八百屋（「らくだ」）

長屋の商人。無頼漢のらくだに、連日商品を略奪されている。その兄貴分の使いでやってきた屑屋の久六に、らくだがふぐに当たって死んだことを知らされ、「棺桶がわりに、菜漬けの樽をゆずってくれ」と所望される。断ると、「死人《しびと》に『かんかんのう』を踊らせる。大家のところではもうやった」と言われ、心ならずも天秤棒と縄も提供する。（原健太郎）

弥吉《やきち》（「にゅう」）

茶器鑑定家の半田屋長兵衛お気に入りの使用人。三州西尾出身の十八歳。茶器の知識は皆無なのに、主人の代わりに金満家の茶会へ出て言いたい放題。はては火のついた香を食らい、「口の中に、にゅう（鑑定家の符丁で「傷」）ができた」。（長井好弘）

焼継屋《やきつぎや》（「両国八景《りょうごくはっけい》」）
両国広小路啖呵売《たんかばい》。焼継（割れた陶器を釉《うわぐすり》で焼きつけて接ぐこと）の効果を試すため、接着用の粉を酔っ払い客に渡すと、口に入れたので口がくっつく。（布目英一）

役者《やくしゃ》（「いいえ」「嵐民弥《あらしたみや》」）
地方回りの女形。座頭と喧嘩して飛び出したところを、帰宅途中の馬子に出会う。「婿と喧嘩して逃げ出した」と嘘をつき、同情した馬子の家に招かれる。女形の扮装のままなので娘と勘違いされ、女房や娘と寝てしまう。女形とはいえ、「据え膳」をしっかり頂いてしまい、さらに馬子にまで手を……。（太田博）

役者（「さんま芝居《しばい》」）
「江戸のお役者様一行」のふれこみだが、実はドサ回りの役者。鎮守の祭りの村芝居「蔦紅葉宇都谷峠《つたもみじうつのやとうげ》」で、文弥の幽霊が現れる場面の煙を、楽屋で食べるさんまの煙で代用し、「大根！」と野次られる。（長井好弘）

役者（「本能寺《ほんのうじ》」）
「三日太平記　本能寺の場」に出演。立ち回りの最中に客席から舞台上に大量の蝗《いなご》がピョンピョン跳び上がってきたので、芝居が中断してしまう。（小佐田定雄）

役人（「永代橋《えいたいばし》」）

永代橋崩落事故の現場に出動。家主の太兵衛に、事故で死んだ店子《たなこ》の死骸を引き渡したところ、何やら男とやり合っているので聞いてみると、相手は死骸の本人、武兵《ぶへ》衛《え》だと言うので驚く。太兵衛に頭を殴られた武兵衛が泣きついてくると、高笑いしながら「かような家主を持ったのが、そちの因果とあきらめよ。……太兵衛（多勢）に武兵衛（無勢）はかなわん」。

　永代橋は、元禄十一（一六九八）年八月、隅田川に四番目の橋として開通。文化四（一八〇七）年八月、深川富岡八幡宮の十二年ぶりの祭礼日に、つめかけた参詣客の重みに耐えかねて崩落。死者行方不明者千五百名以上の大惨事となった。（原健太郎）

役人（「唖《おし》の釣《つり》」）

寛永寺の見張り番。殺生禁断の不忍池《しのばずのいけ》で、与太郎と七兵衛が夜中にこっそり釣りにきたのをとがめるが、ともに親孝行という偽証を信じ、許してしまう。江戸時代、親孝行というのは万能の効力があった。（太田博）

役人（「禁酒番屋《きんしゅばんや》」「禁酒関所《せきしょ》」）

藩が酒の持ち込みを禁止したため設けられた、特設検問所に詰める。二人で担当。家中の近藤某に依頼された酒屋が「水カステラ」と偽って届けようとしたのを見破り、飲んでしまう。次の油屋と称したのも看破。仕返しにと酒屋が持参した小便を詰めたのを飲もうとして……。酒屋の奉公人が「水カステラ」の包みを「どっこいしょ」と持ち上げたのを不審に感じた眼力は大したものだが、藩では御法度のはずの酒とわかって飲んでしまうなどは、今も昔も、したたかな役人根性だ。（太田博）

役人（「てれすこ」）

奉行所の下役。漁師が届け出た珍魚の情報を、褒美百両をつけて広く募る。魚の正体を知ろうと、自らも古い書物に当たってみるなどしているところへ、多度屋茂兵衛という男が「てれすこ」だと言って出たため、真偽を確かめられぬまま百両を渡してしまう。（原健太郎）

役人（「二番煎《にばんせん》じ」）

見廻りの同心。町内の火の番小屋を巡回。煎じ薬と称して酒を飲み、口直しに猪鍋をつついて町内の衆が興じているのを見逃さない。自分も煎じ薬と口直しを要求し、上機嫌になる。煎じ薬が切れたと告げられると、「ひとまわりして来るので、二番を煎じておけ」。（布目英一）

役人（「ふたなり」）

地方の下役。森の中で、土地の親分亀右衛門が首をくくって息絶えているとの報せを受け、取り調べる。「お腹に子を宿し……」という書き置きを見つけ、捜査はがぜん混迷する。（原健太郎）

役人（「骨違《ほねちが》い」）

奉行所の同心。大工熊五郎が人殺しをしたと女房のおみつがわめくのを聞きつけ、熊五郎を召し取って取り調べることにする。（布目英一）

厄払い（「厄払《やくはら》い」）
節分の日に、にわか厄払いの与太郎がついてきて商売の邪魔をするので、大声で追い払おうとする。それでもまったく動じないので、怒りながら逃げ出す。（布目英一）

香具師《やし》（「一眼国《いちがんこく》」）
両国で見世物小屋を経営する興行師。諸国をめぐる六十六部に教えられ、江戸の北方百里あまりのところに出没するという、一つ目の化け物を探しにいく。捕まえようとすると悲鳴を上げられ、大勢の一つ目が現れて、反対に捕らえられてしまう。目が二つあるので珍しいと、一眼国の見世物に出される。（原健太郎）

野次馬《やじうま》（「高田馬場《たかたのばば》」「仇討屋《あだうちや》」）
高田馬場の茶屋の客たち。浅草奥山の仇討騒ぎが、時と場所を高田馬場に変更されたことから押しかけ、茶屋は大繁盛。仇を討たれるはずの浪人までがのんびり酒を飲んでいるのを不審に思って問いただすと、双方は実の親子であり、「仇討茶番」を策して茶屋から売り上げの一部をせしめていたことに気付く。（太田博）

野次馬（「たがや」）
両国の川開きに集まった群衆。両国橋の上で起こった侍一行とたが屋のいざこざを、終始たが屋の側に立って見守り、槍を構えた侍に下駄や草履《ぞうり》をぶっつける。聞いてもいないのに、「あたしの甥です」と言う者まで現れる。たが屋に斬られ、中天高く上がった侍の首に、花火のかけ声よろしく「たがや〜っ！」。（原健太郎）

弥次郎《やじろう》（「弥次郎」）

町内の天才的大ぼら吹き。現職は不詳だが、元は山伏という。もちろん、出鱈目にちがいない。一年ほど、北海道や奥州地方を旅して回ってきたと、土産話を隠居相手に披露する。これが、荒唐無稽にして奇想天外な物語。

北海道は寒いので、池に入った鴨は凍って動けない。たやすく鎌で刈り取ることができる。春になると、残った足から芽が出てくるが、これを「かもめ」という。火事までが凍る。凍った火事を牛に引かせて荷車で奥州へ運ぶ途中、突然溶け出して「焼け牛に水」。南部の山中で山賊に取り囲まれたときは、大岩を小脇に抱え、ちぎってはは投げ、ちぎっては投げて追い払った。突然現れた雄の大猪は、急所を握りつぶして気を失わせてやった。とどめを刺すべく腹を割くと、なぜかシシ十六匹の仔猪が出てきた。よくぞ悪い猪を退治してくれたと、辺りの百姓に喜ばれ、もてなされたのはよいが、百姓家の娘に熱をあげられた。所帯をもつのは面倒くさいと逃げ出し、いつしか紀州の白浜までやってきた。日高川の渡し場では、船頭を買収して舟に乗り込んだが、娘はざんぶと川に飛び込み、一尺五寸の小さな蛇の姿に身を変え、執拗に追走してくる。やっとの思いで道成寺に逃げ込み、水瓶の中に隠れたが、娘が化けた蛇は水飴のように長く伸び出し、水瓶を七巻き半。ところが水瓶の底に張りついていたなめくじのために、蛇は溶けだし、命拾い……。

紀州白浜へ逃げてからのくだりは、土地の伝説、安珍清姫にもとづく「道成寺」のパロディである。古今東西、弥次郎的キャラクターは愛されるらしく、十八世紀のドイツに実在したミュンヒハウゼン男爵（一七二〇〜一七九七年）の逸話は「ほら吹き男爵の冒険」として名高い。「弥次郎」という語は、決して人を傷つけることのない、愉快なつくり話を得意とする人を意味する一般名詞として、今日も通用している。上方落語には、同趣向の「鉄砲勇助」がある。（原健太郎）

安吉《やすきち》（「粟田口」《あわたぐち》「粟田口霑笛竹」《あわだぐちしめすのふえたけ》「澤紫《さわのむらさき》ゆかりの咲分《さきわけ》」）

駕籠屋。新橋で乗せた侍の客に「紙入れを鰻屋に忘れたので取ってこい」と命じられる。鰻屋にそのような物はなく、「言いがかりをつけるな」と小言を言われて戻ってくると相棒の寅が侍に斬りつけられ、川へ放り込まれるのを目撃する。腰が抜け、這ったり転がったりしながら、なじみの居酒屋まで逃げてくる。同じ侍に刀を奪われたという刀屋の番頭重三郎と荷足りの仙太に声をかけられ、一緒に刀を探すことになる。（布目英一）

保平《やすべえ》（「天神山」《てんじんやま》）

やもめ男。大阪高津新地百軒長屋がたがた裏に住む。異称「胴乱の保平」。隣家のへんちきの源助が一心寺で供養した女の幽霊を嫁にもらったのにあやかり、安井の天神さんで嫁を得ようとした。そこで人間に捕まり黒焼き屋へ売られそうになっていた雌狐を、二円出して助けてやると、その狐がきれいな娘に化けてやってきたので女房にする。命名の由来は歌舞伎「芦屋道満大内鑑《あしやどうまんおおうちかがみ》」の登場人物「保名」による。（小佐田定雄）

安兵衛《やすべえ》（「幸助餅《こうすけもち》」）
阿波座の雑穀問屋大黒屋の主人幸助のおじ。上町に住む。相撲に凝って身代を潰してしまった幸助が、妹を廓に売った金を贔屓の力士雷《いかずち》五郎吉に祝儀としてやってしまったのにあきれはて、雷に祝儀を返すよう直談判するが断られる。（小佐田定雄）

弥太五郎源七《やたごろうげんしち》（「髪結新三《かみゆいしんざ》」「白子屋政談《しろこやせいだん》」）
侠客。通称、葺屋町の親分。四十二歳。子分が百人以上。車力の善八の頼みで、豪商白子屋の娘お熊を監禁している廻り髪結の新三にお熊を返すよう掛け合いに行く。しかし新三が承諾しないので、刀を抜こうとする。これでは事件が世間に広く知られてしまうことになると善八に言われ、しぶしぶ帰る。後に閻魔堂橋で博打帰りの新三を待ち伏せて殺害する。（布目英一）

厄拐《やっかい》（「鉄拐《てっかい》」）
鉄拐仙人の一番弟子。売れている鉄拐の代演で寄席に出演。腹の中からもう一人の自分を出すという仙術を試みたが、首がうっすらと見えただけ。（布目英一）

宿屋《やどや》の主《あるじ》（「高津《こうづ》の富《とみ》」「宿屋《やどや》の富《とみ》」）
大坂の大川町で営業。鳥取の大金持ちを自称する宿泊客に、売れ残った富札を一分で売りつける。「どれが当たっても半分あげる」と言ってくれたので、富の当日には高津神社にやって来る。（小佐田定雄）

柳田格之進《やなぎだかくのしん》（「柳田格之進」「柳田角之進」）
正直一徹の浪人。江州彦根の城主、井伊《いい》掃部頭《かもんのかみ》の家臣で江戸留守居役を務めていた。上役の讒言《ざんげん》で職を追われ、浅草阿部川町の裏長屋に娘お絹と住む。碁会所で懇意になった萬屋源兵衛の誘いを受け入れ、源兵衛宅で碁に興じるうち、酒が出たり、土産をもらったりするようになる。十五夜の月見の晩、五十両が紛失する事件が起き、その場に居合わせたために番頭の徳兵衛に疑いをかけられる。切腹をして汚名を晴らそうとするが、お絹に「盗みを知られたために腹を切ったと言われたら無駄になる」と諭される。お絹の申し出に従い、親子の縁を切り、お絹が吉原に身を沈めて得た五十両を徳兵衛に渡し、「紛失した金が現れたら、徳兵衛と源兵衛の首をもらう」という約束をさせて姿を消す。旧主に帰参がかなった翌年の正月、湯島切通しで徳兵衛と再会し、五十両が見つかったことを知らされる。徳兵衛と源兵衛を手討ちにしようとしたが、かばい合う主従二人の姿を見て、刀で碁盤を割り、今後、囲碁はやらぬと誓う。（布目英一）

藪井竹庵《やぶいちくあん》（「幾代餅《いくよもち》」）
医師。自他ともに認める藪。病人と聞くと頭が痛くなるが、女郎買いというと気が勇む。姿海老屋の幾代太夫に恋焦がれる搗米屋《つきごめや》の職人清蔵と吉原に行き、会える算段をする。後に清蔵の恋が成就し、二人が所帯を持つことになった時には仲人をつとめる。（布目英一）

山井養仙《やまいようせん》（「地獄八景亡者戯《じごくばっけいもうじゃのたわむれ》」）
医者の亡者。閻魔の庁のお裁きで、「未熟なる医術をもって助かる病人を殺し、効きもせん薬を高い料金にて売り金銀をむさぼった罪」にて地獄行きを宣告される。ほかの三人の亡者とともに人呑鬼の腹の中に飲み込まれてしまうが、医術を駆使して鬼に「空《から》えずき」させたり腹痛を起こさせた上に、屁やくしゃみ、大笑いまでさせて、さんざん苦しめる。「山井養仙」という名前の医師は歌舞伎の「重重人重小町桜《じゅうにひとえこまちざくら》」にも登場する……と言ってもピンとこないかもしれない。舞踊でおなじみの「積恋雪《つもるこいゆきの》関扉《せきのと》」が、この芝居の大喜利所作事なのである。言ってみれば「藪井竹庵」のような代表的なヤブ医者の名前だったのだろう。（小佐田定雄）

山木秀永《やまきしゅうえい》（「緑林門松竹《みどりのはやしかどのまつたけ》」）
医師。根津七軒町で開業。極悪人の盗賊とは知らず、新助市を飯炊き男として雇ったのが運の尽き。新助市に女房を撲殺され毒薬を盗み取られ、その毒薬で自ら毒殺された上、本所一つ目に囲っていた元柳橋芸者のおすわと息子新太郎まで奪われる。（長井好弘）

山口屋善右衛門《やまぐちやぜんえもん》（「塩原多助一代記《しおばらたすけいちだいき》」）
神田佐久間町の炭問屋の主人。昌平橋から身投げをしよ

うとした塩原多助を助けて、店に奉公させる。勤勉ぶりと才覚を認めて十一年目にのれん分けさせる。（布目英一）

山坂《やまさか》（「矢橋船《やばせぶね》」）
西国辺のさる藩に仕える侍。同僚と二人で、紛失したお家の重宝小鳥丸を詮議するために諸国を経巡っている。矢橋から大津へ向かう船中で、それらしき刀を持った浪人者に出会い、確かめてみたが竹光だった。（小佐田定雄）

山坂転太《やまさかころんだ》（「苫ケ島《とまがしま》」）
紀伊大納言源頼宣公の家来。殿様が領地内禽獣鳥類のすみかとなっている苫ヶ島で狩りをするのに同行。同僚に犬糞踏太兵衛がいる。（小佐田定雄）

山崎平馬《やまざきへいま》（「紋三郎稲荷《もんざぶろういなり》」）
常陸国笠間八万石、牧野越中守の家臣。元々しゃれっ気のあるところに、江戸勤番が決まって、舞い上がってしまう。江戸への道中、羽織の裾から下に着込んだ狐の毛皮の尻尾がはみ出しているのを見た駕籠屋に「狐の化身」と誤解されたのをいい事に、「わしは紋三郎稲荷の眷属《けんぞく》だ」と口から出任せを言い放題。駕籠屋をだまし、松戸の宿の本陣でも贅沢三昧。賽銭まで集めたあげく、ばれないうちにと逃亡する。味を占めて犯行（？）を繰り返すようなら、「化かすのは人間にかなわない」とあきれていた本物のお狐様のたたりがあるだろう。（長井好弘）

山田《やまだ》（「女天下《おんなてんが》」）
銀行員。大学に通うための援助や就職口の世話をしてもらった恩人の娘をめとったために、女房には頭が上がらない。恐妻家である魚屋の金太に「女房に意見をしてほしい」と依頼されても応じることができない。二人で根津先生に助けを求めたが、先生も尻に敷かれていた。（布目英一）

大和屋《やまとや》（「言訳座頭《いいわけざとう》」）
米屋の主人。大のしみったれ。大晦日《おおみそか》、甚兵衛から借金の言い訳を頼まれた按摩の富の市に、「うんと言うまでは帰れねえ」と店先に座り込まれ、しかたなく来春まで待つことにする。（原健太郎）

山内清兵衛《やまのうちせえべえ》（「片袖《かたそで》」）

大阪上本町の酒問屋男山の主人。一人娘の糸が嫁入り直前に十八歳で病死したため、贅沢な衣装を着せ、三百円の金貨を添えて一心寺に埋葬した。三年目の命日に、怪しい六部が訪ねてきて「越中立山の幽霊谷魔の淵のほとりで娘さんの霊と出会い、高野山へ祠堂金《しどうきん》として三百円納めてほしいと頼まれた」と語りだす。娘を棺に入れるときに着せた着物の片袖を六部が持っていたので完全に信用し、金を六部に預けてしまう。（小佐田定雄）

山野《やまの》半六《はんろく》（「縁切榎《えんきりえのき》」「両手《りょうて》に花《はな》」）

古道具屋美濃屋の主人。五十一歳。両国の船宿松葉屋で働いていたお仙と所帯をもつ。元旗本の次男、野呂井照雄に柳橋の芸者と元旗本の娘のどちらを女房にしたらよいかと相談され、お仙の「本妻なら旗本の娘、妾なら芸者がよい」という考えに同意する。（布目英一）

山村座《やまむらざ》の若《わか》い衆《し》（「芝居《しばい》の喧嘩《けんか》」）

木挽町の芝居小屋で働く。金を払って入場した際に渡す敷物である半畳を持っている客と持っていない客を幕間《まくあい》に調べる「半畳改め」をおこない、持っていない客に退場を促すが、それに従わない男といさかいになり仲間を呼んで袋だたきにする。男が「幡随院長兵衛の子分の雷の重五郎だ」と名乗ったため、長兵衛率いる町奴と、対立する旗本の白柄組の喧嘩に発展していく。（布目英一）

山本志丈《やまもとしじょう》（「怪談牡丹燈籠《かいだんぼたんどうろう》」）

お幇間《たいこ》医者。浪人、萩原新三郎と旗本飯島平左衛門の娘お露を見合わせる。江戸を食い詰めた先の幸手《さって》にいるところへ、元は新三郎の郎党で、栗橋宿で荒物屋を開いた伴蔵から奉公人の治療を頼まれる。そこで伴蔵の悪事の一切を知って近づく。伴蔵と二人で江戸へ出て、根津清水の花壇に埋めた海音如来像を掘り出すが、悪事露見を恐れた伴蔵に殺される。小悪党だが、大長編の発端を演出する重要な人物である。（太田博）

やもめ（「嬶違《かかちが》い」）

若い衆。一人暮らしを心配した世話好きの甚兵衛の世話で、見合いなしで女房をもらうことになったが、仲人役の甚兵衛が急用で来れなくなったので、別の人が「頼まれ仲人」になって新婦を連れてやって来た。ところが、ちょうどその時に留守にしていたので、仲人は家を間違えたと判断して隣の清八の家に新婦を届ける。すると、この清八も親方の世話で女房をもらうことになっていたので、嫁と間違えて置いていってしまう。その後に清八の所へ行くはずの女房がやって来たが、そちらも親方が急用で別の人が「頼まれ仲人」となってやって来たので、知らずにその女と祝言を上げてしまう。その翌日になって甚兵衛がやって来て真相が明らかになる。（小佐田定雄）

やもめ（「昆布巻芝居《こんまきしばい》」）
長屋の独り者。周囲の者は名前ではなく「やもめ」と呼んでいる。鯖に当たった経験から、なんでも匂いを嗅ぐくせがついていて、その鼻力は絶大。家主の家の鍋の中に昆布巻が十八本入っているのを嗅ぎ分け、鍋の蓋を開けさせるために、宮本武蔵が打ち込んで来るのを鍋蓋で受け止めるという塚原卜伝の芝居「絵本《えほん》二嶋英勇記《にとうえいゆうき》」雪山中の場の話を延々と語りつづける。（小佐田定雄）

〈ゆ〉

幽霊《ゆうれい》（「応挙《おうきょ》の幽霊《ゆうれい》」）
圓山応挙の真筆の幽霊画に描かれている。古道具屋がその絵が売れた祝いに床の間に掛け、酒をそなえたのがうれしくて絵から抜け出す。古道具屋と飲んでいるうちに酔っぱらってしまい、青白い顔が赤くなり、絵に戻ると、ひじ枕で寝てしまう。鶯亭金升《おうていきんしょう》作。（布目英一）

幽霊（「ほうじの茶《ちゃ》」）
三年前に他界した旦那の幽霊。若旦那が茶を焙《ほう》じると出てきた。道楽にうつつを抜かし、葬式や三回忌もないがしろにしたことをなじる。（布目英一）

夢《ゆめ》の市郎兵衛《いちろべえ》（「芝居《しばい》の喧嘩《けんか》」）
江戸前期の侠客。町奴幡随院長兵衛の身内。大男。吉原で喧嘩仲裁をした際の紫鉢巻が歌舞伎の花川戸助六の扮装となったという伝説的人物。山村座で頬かむりをして芝居を見ていたところ、兄弟分の雷の重五郎が旗本奴金時金兵衛に張り倒されたので、兄弟分、唐犬権兵衛が金兵衛に仕返しをした。金兵衛の仲間の渡辺綱右衛門が権兵衛の背後から刀で斬りつけようとするのを、刀のさやを押して抜けないようにした上に力をこめて押し倒し、なぐりつける。七五調の芝居口調で「浮世は夢の五十年、夢と悟った市郎兵衛、つらを見知ってもれえてえ」と名乗り、客席から喝采を受ける。（布目英一）

〈よ〉

揚柳観世音《ようりゅうかんぜおん》（「景清《かげきよ》」）
京の清水寺に鎮座。眼病に霊験あらたか。盲目となった目貫き師定次郎が百か日日参したので、平家の武将悪七兵衛景清が奉納した目玉を貸し与える。（小佐田定雄）

与吉《よきち》（「しじみ売《う》り」）
しじみ売りの少年。十四歳。父を早くに失い、目の不自由な母親と病弱な姉を養うために、毎日素足に草鞋ばきで天秤棒を担ぐ。雪の降る日、しじみを全部買い上げてくれた旦那（鼠小僧次郎吉）の優しさに心を打たれ、身の上話をしてしまう。（原健太郎）

横谷宗珉《よこやそうみん》（「宗珉《そうみん》の滝《たき》」）
彫金の名人。江戸の人。弟子の宗三郎が刀の小柄《こづか》に彫った虎が死んでいるようにしか見えなかったので、見込みがないと勘当する。その宗三郎が腕を上げ、那智の滝を彫ったことから紀州家のお抱えとなった時には高齢で病床にあった。宗三郎に二代目襲名を許す。「金明竹」の道具七品の一つ横谷宗珉小柄付きの脇差が宗珉の作。寛文十（一六七〇）年～享保十八（一七三三）年。（布目英一）

与左衛門《よざえもん》（「雨夜《あまよ》の引窓《ひきまど》」「引窓与兵衛《ひきまどよへえ》」）
武蔵国葛飾郡横堀村の名主。親切者。日本橋芳町《よしちょう》の芸者を囲っていることを女房に打ち明けたところ、妾のお早を横堀村に呼び寄せ、三人で暮らすことになる。やがて、元髪結職の遊び人与兵衛に懇願され、お早を嫁がせる。雨の夕方、下駄を借りようと初めて与兵衛の家を訪ね、お早から亭主の変わらぬ行状を切々と打ち明けられる。そこへ当人が帰宅。お早の不義を疑った与兵衛が女房につかみかかったので、止めに入ったところ、与兵衛に打ち払われた粗朶《そだ》が脇腹に当たり死んでしまう。死体となったのち、村の百姓たちの寄合や、女房の待つわが家に連れ回され、あげくに井戸に投げ込まれる。芝居噺「引

窓与兵衛」では、与次兵衛の名で登場する。（原健太郎）

与《よ》三郎《さぶろう》（「お富与《とみよ》三郎《さぶろう》」）
もとは横山町三丁目、伊豆屋の若旦那。人もうらやむイイ男が、そのご面相ゆえに波乱の人生を歩む。色事がらみのトラブルに巻き込まれ、木更津の親類の家に預けられる。そこで地元の親分、赤間源左衛門の愛人で元深川芸者の横櫛お富といい仲になるが、親分一派に知られ、顔や体を三十四か所切り刻まれる（木更津）。一命は取り留めたが見るも無惨な顔となる。蝙蝠安と組んでたかりに入った玄冶店《げんやだな》の妾宅で、お富と再会する（玄冶店）。悪党仲間の坊主富がお富との仲を、お富の旦那利兵衛に告げ口したのを怒り、稲荷堀で坊主富を殺害する（稲荷堀）。お富と二人、ゆすり、美人局《つつもたせ》などの悪事を繰り返す。無宿狩りで佐渡送りになるが、嵐の夜、島抜けをして江戸へ戻る（島抜け）。気弱な若旦那が、お富や悪党仲間におだてられ、けしかけられ、「切られ与三」の異名をもつ、いっぱしの悪党へ落ちていく。ここにも人生の真実がある。（長井好弘）

芳《よし》（「後家殺《ごけごろ》し」）
質屋、伊勢屋の後家。二十七、八歳。色白の美人。義太夫好きの常吉とは三年越しの仲で、月々手当も払っていたが、荒井屋の板前、喜助との仲を疑われ、常吉に出刃包丁でめった突きにされる。（長井好弘）

芳（「質屋《しちや》芝居《しばい》」）
長屋の住人。金に詰まって質屋に貸し布団屋の布団を質入れしたが、返却を求められたので質請けに行く。そこで、質屋の番頭と丁稚《でっち》が蔵の中で、布団を塀の書割代わりに芝居をしているのを目撃する。（小佐田定雄）

芳（「抜《ぬ》け裏《うら》」）
長屋の住人。通称、ヨッちゃん。犬の泣き真似が得意。路地を通り抜ける人に吠える役を頼まれ、当初は奮闘するが、すぐに飽きてしまい、鳴き賃代わりの焼酎で酔っぱらい、いい女が通ると甘えた声を出す始末。（長井好弘）

由《よし》（「王子《おうじ》の狐《きつね》」）
王子稲荷神社の参詣客。途中、狐が若い娘に化ける場面を目撃し、「逆に狐をだましてやろう」と悪心をおこす。見られていたとは知らない狐とうまく話を合わせ、一緒に料理屋扇屋へ。さんざん飲み食いしたあげく、慣れない酒に酔って寝ている狐を置き去りにして、勘定を払わずに一人帰ってしまう。当初はしてやったりと得意満面だったが、次第に後のたたりが怖ろしくなり、翌朝、手土産にぼた餅を持って、王子稲荷の裏手にある狐穴まで詫びに行く。（長井好弘）

由次郎《よしじろう》（「文違《ふみちが》い」）

内藤新宿の女郎、お杉の情夫。浅黒く、目のぎょろりとした、いい男。三十歳前後。真珠という高価な薬をつけて眼病を治すためと、夫婦約束をしているお杉に三十両の金を用立てさせる。杖をついているが、眼病というのは偽りで、実は小筆という女が別におり、お杉は単なる金づるであることがお杉自身に知られてしまう。周囲の者たちの純情をもてあそび、こっそり薄ら笑いを浮かべているが、当人もまた、小筆にあざむかれているのかもしれない。芳次郎と表記されることもある。（原健太郎）

由蔵《よしぞう》（「つづら」「つづら間男《まおとこ》」）

長屋住まいの左官。博打で大きな借金をこさえる。成田のおじに金を借りに行こうとした時、母親の幼馴染で、同じ長屋に住む荒物屋のおばさんから、女房のお兼が質屋伊勢屋の旦那と密通していると知らされ、成田行きをとどまり、二人の密会の現場に乗り込む。とっさにお兼が旦那を葛籠《つづら》に隠したので、それに手をかけようとすると、「借金取りが来なくなったのはこの葛籠のおかげだよ」と諭される。すべては自業自得と悟り、葛籠を伊勢屋に運び、番頭に「間男の示談金である七両二分で質草に取れ」と談判する。（布目英一）

吉田玄隋《よしだげんずい》（「姫《ひめ》かたり」）

医師。浅草二天門付近で開業。かたわら金貸しを営み、荒稼ぎをしている。さしこみ（癪《しゃく》）に襲われたという大名の姫君を診察中、色香に迷い、ふところに手を差し入れてしまったため、悲鳴をあげられる。姫の供らに刀を抜いて取り囲まれたので、命ばかりはお助けと、二百両の口止め料を渡したあとで、町のならず者による騙《かた》りであることを知る。意気ようようと去っていく連中を見送りながら、浅草観音の歳の市のにぎわいの中、輪飾りの売り声が耳に届く。「市ぁ負けたぁ、市ぁ負けたぁ、主連《しめ》か、飾りか、橙《だいだい》か……」。それが、「医者（市ぁ）負けたぁ、医者（市ぁ）負けたぁ」と聞こえだし、思わず、「ああ、姫（主連）か、騙《かた》り（飾り）か、大胆（橙）な……」。高橋章珪《たかはししょうけい》、大野林庵《おおのりんあん》、吉田玄龍《よしだげんりゅう》、武見竹庵《たけみちくあん》などの名でも演じられる。（原健太郎）

由辰《よしたつ》（「よしたつ」）

大坂在住の神学者。毒舌家で、仏教のことをボロクソにこきおろすので人気があった。腹を立てた僧侶が自宅に乗り込んでくると、家には各宗派の仏壇が用意してあって誤魔化して帰すという、頭脳的な一面もある。「義竜」の表記もある。（小佐田定雄）

吉田《よしだ》の隠居《いんきょ》（「化物使《ばけものつか》い」）

元御家人。本所割下水《ほんじょわりげすい》に住む。人使いが荒く、今まで奉公人が三日と勤まったことがない。引っ越した化け物屋敷に一人で暮らすようになるが、初日の晩には一つ目小僧、翌日には三つ目の大入道、三日目にはのっぺらぼうの女が現れる。一つ目小僧には肩たたきに拭き掃除、大入道には屋根の草むしりに水汲み……と、怖がるようすも見せず、人間の奉公人さながらにこきつかう。四日目も化け物を待っていると、現れたのは大きな狸。「私が化け物でございます」「なぜ、今夜は化けてこない？」「へえ、あなたぐらい化け物使いの荒い人を見たことがありません」。（原健太郎）

吉田《よしだ》のおっ母《か》さん（「寝床《ねどこ》」）

長屋の住人。年寄り。息子が一人いる。大家でもあるお店《たな》の主人から、毎度、人命にかかわるほどへたくそな素人義太夫の会に招かれ、弱っている。「おまえはまだ先行きが長い身体。老い先の短い私が行く」「みすみす母親が殺されるのを、黙って見てはいられません。私が行きます」と、息子と愁嘆場を演じたあげくに振り切られ、泣き泣き送り出す。（原健太郎）

吉田《よしだ》の息子《むすこ》（「寝床《ねどこ》」）

長屋の住人。母親と二人暮らし。大家でもあるお店《たな》の主人から、毎度、へたくそな素人義太夫の会に招かれ、困惑している。「朝一番で、商用のために横須賀に立ち、帰りは最終電車になる」と、いったんは断るが、「義太夫を聞かない者はお店立《たなだ》て」の一言に、すがりつく母親を振り切って駆けつける。（原健太郎）

吉田屋《よしだや》（「金魚《きんぎょ》の芸者《げいしゃ》」）
柳橋の料亭の主人。金魚屋の六左衛門が連れてきた丸顔の女、お丸を一目で気に入り、実は人間に化けた金魚と知らず芸者に採用する。（長井好弘）

吉田八右衛門《よしだやえもん》（「塩原多助一代記《しおばらたすけいちだいき》」）
炭荷主。下野国阿蘇郡飛駒村《しもつけのくにあそごおりとびこまむら》在住。江戸の炭問屋山口屋に集金に来たところ、護摩の灰の道連れ小平に証文を奪われ、山口屋で金をだまし取られそうになるが、多助のおかげで損害を免れる。多助が独立したら千両の炭の荷を届ける約束をし、それを果たす。（布目英一）

吉野《よしの》（「吉野狐《よしのぎつね》」）
遊女。大阪の新町南通りの木原席に出ている。いい仲の島三郎が勘当され、うどん屋の養子となっていることを知り、押しかけ女房となる。客の注文をよく間違えるものの、熱心に働くが、実はこの吉野は奈良で野施行《のせぎょう》をしたときに助けられた狐の化身だった。（小佐田定雄）

吉野屋常吉《よしのやつねきち》（「猫の忠信《ただのぶ》」「猫忠《ねこただ》」）
若者頭。常州《つねしゅう》とも呼ばれ、やきもち焼きの女房と弁慶橋に住む。町内の若い衆とともに清元の師匠、文字静《もじしず》の元に稽古に通っている。風邪で寝ているところへ仲間の次郎吉と六兵衛が、「常州が師匠とよろしくやっている」と告げ口に来たので、不審に思って出かけると、中では確かに「わが身」と師匠が差し向かいで……。偽常州の告白で猫が化けていたことが判明、めでたく吉野屋の常吉の「義経」、文字静の「静御前」、駿河屋の次郎吉が「駿河の次郎」、六兵衛が「亀井の六郎」と、狐ならぬ猫の忠信（ただ飲む）と「義経千本桜」がそろった。（太田博）

与次平《よじへい》（「お玉牛《たまうし》」）
百姓。紀州と大和の国境にある堀越村に住む。女房お累と二人暮らし。冬の日、宿を取り損ねた京の禁裏北面《ほくめん》の武士松本丹下と娘の玉菊を泊めてやるが、その夜、丹下は急死。孤児になった玉菊を、お累の妹で京に養女に出していたのが戻って来たということにして、お玉と呼んで育てる。

　現在の演出では、松本丹下のくだりがカットされているので、お玉は義妹ではなく実の娘ということになっており、与次平も「おとっつぁん」と呼ばれるだけで、名前は明らかになっていない。（小佐田定雄）

与次兵衛《よじべえ》（「堀川《ほりかわ》」）
長屋住まいの猿回し。無茶者の息子に苦労するお婆んを不憫に思い、仕事に行かず寝ている息子を猿を使って起こしてやる。与次兵衛の名前は、義太夫の「近頃河原達《ちかごろかわらのたて》引《ひき》　堀川猿回しの段」に出てくる主人公お俊の兄で、やはり猿回しの与次郎から取られたもの。（小佐田定雄）

由松《よしまつ》（「おごろもち盗人《ぬすっと》」「もぐら泥《どろ》」）
頼りない男。友達からはよしまと呼ばれている。飲み屋に借金があり、友人とともに訪れたところケンもほろろに叩き出される。あてつけに向かいの店で散財するべく五円の金を思案していたところ、たまたま盗みの現場を見つかって縛られた盗人に遭遇。「縄を切って逃げるから小刀を出せ」と言われるが、五円入りの財布を抜き取り、盗人をそのままにして逃亡する。（小佐田定雄）

吉松（「坊主《ぼうず》茶屋《ちゃや》」）
職人。兄貴分と二人で最下層の女郎屋に泊まったが、相方が病気で付け鼻をしていて散々な目に会ったので、入れ歯の女をあてがわれた兄貴分と一緒に寝ている女の頭の毛を剃り、逃げ帰った。（小佐田定雄）

与太郎（よたろう）
滑稽を重んじる落語の世界で、もっとも重要な登場人物の一人。上方落語には登場しない。幸田露伴によれば、江戸語としての「与太郎」は虚言家とのことだが、落語では、やや知能が低く、社会的常識に欠けた人間として描かれ、虚言家として登場することはない。動作がスローモーで、周囲の者たちをいつもはらはらさせている。自らの一人称代名詞に「あたい」を用いる者もおり、ときにはからかいの対象にもなるが、心根は優しく、愛嬌があるので、疎んじる者は少ない。十五、六歳から三十代と年齢に幅があり、多くは独身の青年で長屋住まい。生来の能力のために何をやっても失敗してしまう、典型的な与太郎のほか、一つことに長けた、見方によっては優れた与太郎もおり、キャラクターは均一ではない。妻帯者はごく稀だが、女房が賢いのが特徴（「錦の袈裟」）。

将来を案じたおじが仕事の世話をしてくれるが、もとより労働意欲がないために、なかなか生業が定まらない。道具一式を借りて、路上で道具屋を開くが、「鋸《のこぎり》はあるか？」と客に聞かれ、「のこにある？」などと平然と駄洒落で返したり（「道具屋」）、やはり、おじの世話で、天秤棒をかついでかぼちゃを売りに町に出るが、「上を見て（掛け値をして）売れ」と教えられても、ただ空を見上げていただけなので、儲けることができなかったりする（「かぼちゃ屋」）。だが、失敗も、ときには転じて福となる。父親の代理で新築の祝辞を述べにいったときは、教えられた口上はほとんど忘れてしまったが、台所の節穴に秋葉様のお札を貼ることだけは覚えていたので、先方に大いに喜ばれたし（「牛ほめ」）、夏場、釜にしまいこんだためにカビだらけにしてしまった豆腐も、半可通の若旦那に食わせて一座を盛り上げるのに役立った（「酢豆腐」）。これらは、典型的な与太郎といえよう。

お上から青緡五貫文《あおざしごかんもん》の褒美をもらい、それを元手に飴の行商を始める孝行息子（「孝行糖」）や、店賃《たなちん》滞納の抵当《かた》として大家に道具箱をとられたものの、職人としての腕は申し分のない大工（「大工調べ」）などは、知能が低いというよりは、ただ少しぼうっとしていて社会的常識からずれているだけ、とも考えられる。

当意即妙の答えを用意して大人たちを煙に巻く、少年と思しき与太郎もいるが、こればかりは、「頭に霧がかかったやつ」などとは、誰からも言われまい（「穴子でからぬけ」）。

親分の家での博打のさなか、突然、手入れが入ったと勘違いし、あわてて肥溜《こえだ》めに落ちた与太郎（「品川心中」）や、原っぱに停めてあった自転車のかごの中から、味噌やビールを「拾って」、肴持ち寄りの飲み会に現れた与太郎（「寄合酒」）など、脇役として異彩を放つ者も多い。

与太郎に近い人物に「松公」がいる。店番をまかされたが、まったく役に立たなかった道具屋の甥っ子（「金明竹」）や、結婚願望が強すぎるために、化け物と所帯をもつことになった独身男（「ろくろ首」）などは、実際、演者によっては与太郎の名で演じられている。

落語的人物としての擬人名「与太郎」の出所は、寛文七（一六六七）年の遊女評判記「吉原すずめ」あたりとされている。（原健太郎）

与太郎（「穴子《あなご》でからぬけ」）

なぞなぞ好きな少年。十五、六歳か。大人を相手に、当初は「真っ黒で、角が二本あって、モーッと鳴くものー」などと簡単な謎を出して油断させ、賭け金が多くなったところで、「長いのもあれば短いのもある。太いのもあれば細いのもあって、つかむとヌルヌルするもの」と、答えが幾通りもある出題をし、相手から「鰻と言ったら泥鰌、泥鰌と言ったら鰻と言うのだろう」と詰め寄られると「両方言っていいよ」。「じゃあ、鰻に泥鰌だ」の答えに、「いや、穴子でから抜けだ」と、侮った大人にしっぺ返しを食わせる。

「から抜け」は、賭博用語で、現場から巧みに抜け出すこと。ここでは「勝ち逃げ」を意味する（太田博）

与太郎（「粟餅《あわもち》」）
ごく呑気な町内の若い衆。仲間にけしかけられ、人糞の形に練った粟餅を吉原の遊女の前で食べるという、汚い趣向の先棒を担ぐ。当人は何の邪気もなく、いたずらを楽しんでいるだけなのだが。（長井好弘）

与太郎（「磯《いそ》の鮑《あわび》」）
町内の若い衆。大人になるまで吉原が何たるかを知らず、仲間から「女郎買いは儲かるぞ。女郎買いを教える師匠に手紙を書いてやる」と吹き込まれ、その気になって蔵前八幡に住む隠居、鶴本勝太郎（梅村とも）の家にお櫃《ひつ》を背負って押し掛け、「何日でも居催促《いざいそく》をする覚悟です」と訴える。根負けした隠居が「妓夫《ぎゆう》にしゃれの一つも言え」「見世に上がったら粋に遊べ」「花魁《おいらん》に先制攻撃をかけて口説け」など若い頃の実体験から得た教訓を教えてくれたので、勇んで吉原へ突撃する。隠居に教わった通り「いかが様は百万石」、「お上がりったって、浅草公園の十二階じゃあなかろう」としゃれを言い、「私はお腹がくちいから、相方の食べるもので一本つけておくれ」と粋に注文したまではよかったが、張り切り過ぎて肝心の花魁に気味悪がられ、口説き文句の「磯の鮑の片思い」

が出てこない。「伊豆のワサビの片思い」と間違えたあげく、花魁の股を思い切りつねったら、「痛い痛い、涙が出たよ」「今のワサビが効いたのだろう」。（長井好弘）

与太郎（「氏子中《うじこじゅう》」）
町内の若い衆。多少ぼんやりだが、商売に精を出している。越後での商用から戻り、女房おみつの腹がふくらんでいるのに気づく。「相手は誰だ」と問いつめても、「神田明神にお願いして授かったから、氏神様の子だ」と言うばかり。「荒神様のお神酒《みき》で生まれた子の胞衣《えな》を洗うと、相手の紋が浮き出る」と親方に聞き、お七夜に実行した。浮き出た文字は「神田明神、氏子中」。いったい何人、父親候補がいるのだろうか？（長井好弘）

与太郎（「牛《うし》ほめ」「池田《いけだ》の牛《うし》ほめ」）
不肖の息子。二十歳前後か。小遣い欲しさに父親の代役で、叔父の家の新築祝いに行く。教えられた口上はほとんど言えなかったが、台所の節穴に秋葉様の火伏せのお札を貼れば火の用心になる、と名案を出してほめられる。が、飼い牛の尻の穴にも「屁の用心」と称してお札貼りを進言し、馬脚を表す。愚か者に見えるが、なぜか父親が教えた牛のほめ言葉「天角地眼《てんかくちがん》、一黒陸頭《いっこくろくとう》、耳小歯違《じしょうしちご》う」が言える、というのは……。（太田博）

与太郎（「おしくら」「三人旅《さんにんたび》」）
旅人。仲間の半、辰とともに、江戸から伊勢参りの旅に出る。「腹がへった」と言うと、みっともないとたしなめられ、「そういう時は、らはが北山だ（腹がすいている）」と、言葉をひっくり返す符牒を教えられる。三遊亭圓生は与太郎で演じたが、文五郎などの名前で登場することもある。（原健太郎）

与太郎（「唖《おし》の釣《つり》」「唖の魚釣り」）
長屋の住人。二十歳前後。知り合いの七兵衛に付いて、殺生禁断の上野寛永寺の池に鯉を釣りに行く。入れ食い状態で喜んでいるところを役人に見つかるが、あらかじめ七兵衛から教わった病気の親に鯉を食べさせるつもり、という「親孝行」の芝居を打ってまんまと許され、七兵衛に告げずに帰ってしまったので……。（太田博）

与太郎（「かぼちゃ屋《や》」）

二十歳の青年。ぶらぶら遊んでばかりいるのを見かねたおじから、かぼちゃを売り歩く仕事を世話されるが、元値より「上を見ろ」と教えられても、ただ口を開けて空を見上げるだけ。はなから儲けようなどという気はなく、完売しても掛け値がないので、一銭の儲けにもならない。もともと「唐茄子屋」という題でも演じられていたが、「唐茄子屋政談」と区別するために「かぼちゃ屋」が主流となった。（原健太郎）

与太郎（「汲《く》みたて」）

長屋のひょうきん者。常磐津の師匠の家で手伝いをしている。「半ちゃんが師匠とデキている」「師匠がお前らのことを有象無象と言った」などと内部情報を弟子連中に流したために、町内は大騒ぎに。（長井好弘）

与太郎（「孝行糖《こうこうとう》」）

二十歳の青年。「愚かしき者なるが親孝行ゆえに」と、お上から青緡五《あおざしご》貫文《かんもん》の褒美をもらう。町役五人組のすすめで、この金を元手に、孝行糖と名づけた飴の行商を始める。派手な衣裳に身をつつみ、鉦《かね》と太鼓をたたいて口上（→付録「口上・言い立て」）を言いながら、雨の日も風の日も売り歩く。水戸様の門前で、胡乱《うろん》な者と疑われ、折檻されるが、通りかかった町内の人に救われる。「どこを打たれた？」と聞かれ、「こーこぉとー（孝行糖）、こーこぉとー（孝行糖）……」。（原健太郎）

与太郎（「酒《さけ》の粕《かす》」）

町内の愛嬌者。お店《たな》の掃除を手伝った褒美にもらった酒の粕を食べて顔が赤くなる。それを指摘され、正直に「酒の粕を食べた」と答えると、「いい若い者がみっともない。酒を飲んだと言え」と教わる。次に会った源さんに「酒を飲んだ」と話すと、量を聞かれたので「これくらいのかけらで……」と答え、またもや酒の粕を食べたことが分かってしまう。「これくらいの茶碗で……と言え」と知恵をつけられ、おばさんにそう言うが、「冷やは毒だから、お燗をしたんだろうね」と聞かれ、「焼いて食った」。（布目英一）

与太郎（「酢豆腐《すどうふ》」）

長屋の若い衆。夏場、鼠に食われないように、豆腐を釜に入れ、上から沢庵石をのせておいたため、黄色く変色し、ぼうっと毛が生えたようにカビだらけ。せっかくの酒の肴が台なしだが、これがのちに、一座を盛り上げる重要な小道具となる。（原健太郎）

与太郎（「大工《だいく》調《しら》べ」）
大工。腕はいいが、少々浮世ばなれしており、大家に店《たな》賃《ちん》の抵当《かた》として道具箱を取られ、仕事に出るに出られない。見かねた棟梁に出してもらった金を持って、道具箱を取りにいくが、「八百文足りないから渡せない」と言われ、「八百ぐらい、御の字だ、あた棒だ」と悪態をつく。大家の剣幕は収まらず、ついには、棟梁を巻き込み、お白洲で決着をつける騒ぎになる。（原健太郎）

与太郎（「佃祭《つくだまつり》」）
長屋の月番。行動派だが、やや分別に欠ける。同じ長屋に住む次郎兵衛が、渡し船で遭難したため、悔やみにいく。ところが、通夜のさなか、仏のはずの次郎兵衛がひょっこり帰ってくる。驚いて話を聞くと、昔、身投げをしようとしていたところを助けた女と偶然再会し、家に引き止められたため船に乗らなかった、という。「人助けは、自分を助けることだ」と知り、身投げしそうな人を探そうと、江戸中の橋を駆け回る。（原健太郎）

与太郎（「道具屋《どうぐや》」）
三十歳過ぎの独り者。いつまでも働かずぶらぶらしているので、見かねた神田三河町のおじから、副業の道具屋をすすめられ、火事場で拾った鋸《のこぎり》や首の抜ける雛人形、表紙だけの唐詩選、二本脚の燭台《しょくだい》、シルクハットの縁の取れたもの、ひよろぴり（はいて、ひょろっとよろけると、ぴりっと破けるの意）の股引、抜けない短刀（実は木刀）などのガラクタを、蔵前の路上にならべ、店を開く。もとより商売っ気がないから何ひとつ売れない。しまいには、笛から指が抜けなくなった客について、家まで代金を取りにいくが、窓格子に首を突っ込み、今度は自分の首が抜けなくなる。（原健太郎）

与太郎（「猫怪談《ねこかいだん》」）
深川蛤町の長屋の住人。幼い時に両親は流行病《はやりやまい》で他界。

引き取ってくれた義父が病の床につくと、献身的に看病し、「与太郎は馬鹿じゃない。利口者の手本になる」と称賛されるが、薬効むなしく義父は世を去る。死とはどういうことかはっきりとは呑み込めず、死骸を墓に運ぶ途中で魔がさして動き出しても、生きている人間に対するように接する。（布目英一）

与太郎（「錦《にしき》の袈裟《けさ》」「ちん輪《わ》」）
長屋の若い衆。しっかり者の女房に頭が上がらず、いつも「町内のつき合い」と「怖いおかみさん」との板挟みに悩んでいる。派手な遊びをする隣町の連中に対抗すべく、「錦の褌《ふんどし》のそろいで女郎買いに行く」というバカな計画が持ち上がった時は、「あたいも行きたい」と素直に女房に相談したのが効を奏し、「お寺の住職の錦の袈裟を借りて、褌代わりに締めればいい」という妙案を授けられる。他の連中にくらべ、褌のモノがいいため、妓楼では「殿様の隠れ遊び」と誤解され、一人モテにモテまくるが、翌朝、敵娼《あいかた》に「今朝（袈裟）は帰（返）しませんよ」と言われ、寺方をしくじるかもしれないという危機に直面する。（長井好弘）

与太郎（「八問答《はちもんどう》」）
長屋の住人。多少ぼうっとはしているが、一応の向学心はあり、わからないことは徹底的に質問する。「八の字がつくのは何でも良い」という横丁の隠居に対し、「牛若丸は八がつかない」「石川五右衛門は？」「曾我兄弟は十郎と五郎だろ」と質問攻め。意地っ張りの隠居を本気にさせる。（長井好弘）

与太郎（「やかん泥《どろ》」）
新米の泥棒。失敗続きで今やクビ寸前なのだが、当人はいたって暢気。見張り役なのに、奇声を上げ、盗品の金《かな》盥《だらい》をたたき、あげくに住人のハゲ頭を薬缶《やかん》と間違えてしまう。泥棒行為を「新しい遊び」ぐらいに考えているのかもしれない。（長井好弘）

与太郎（「厄払《やくはら》い」）
二十五歳。仕事に就こうとしないのを心配したおじに節分の厄払いをすすめられる。口上（→付録「口上・言い立て」）を教わったが、覚えられず、紙に書いてもらう。

「厄払いのデコデコにめでたいの」と流して歩いていると、商家に呼び入れられる。口上を述べる前に銭と豆を要求して豆を食べ、お茶を出してもらい、それを飲み干して厄を払わずに帰ろうとする。紙を頼りに口上を述べるが、つっかえてばかり。「亀は萬年」の「萬」という字が読めず、向かいの酒屋の暖簾に書いてある「萬屋」という字の読み方を教えてもらって「亀はよろずねん」と読んだあげくに逃げ出す。（布目英一）

与太郎（「寄合酒《よりあいざけ》」）
若い衆。仲間と飲む酒の肴に味噌を持ってくる。「空き地に落ちていたよ」と言い、「味噌に似ている物を持ってきたのではないか」と仲間を心配させる。本物とわかり、「どんなふうに落ちていたんだ」と尋ねられ、「自転車が落ちていて、後ろにかごが落ちていて、中に醤油や酢や味噌の包みが落ちていた」と答える。（布目英一）

芳《よ》っさん（「ちしゃ医者《いしゃ》」）
大阪近郊の村人。奉公先の主人が危篤になったので、真夜中に隣村のヤブ医者赤壁周庵を迎えに飛び出す。赤壁先生を駕籠に乗せ、片棒を担いで主人の家を目指すが、途中で迎えの人たちと出会う。主人は既に亡くなり、それを親戚に知らせに行かなくてはならないと知らされ、「もう先生は要りません」と赤壁先生を野道に放置したまま、夜明け前の闇の中に消える。（小佐田定雄）

酔《よ》っ払《ぱら》い（「居酒屋《いざかや》」）
居酒屋の客。銭湯の帰りにすでに一杯ひっかけ、上機嫌になっていたところ、小僧が働く居酒屋を見つけ、からかい半分で入る。小僧に無理やり酌をさせ、「できますものは、つゆ、柱、鱈、昆布、あんこうのようなもの、鰤《ぶり》にお芋に酢蛸でございます」と肴の名をそらんじたのを面白がり、何度も言わせる（↓付録「口上・言い立て」）。「今、言ったのはなんでもできるのか」と尋ねると「そうです」と答えたので、「ようなものというのを持ってこい」と揚げ足を取る。壁の品書きに「口上」とあるのを見て、「口の上とは何だ」と尋ねたり、「どぜう汁」を「とせうけ」と読んだりして、小僧が真面目に受け答えするのをからかって面白がる。（布目英一）

酔っ払い（「仕立《したて》おろし」）

長屋の住人。泣き上戸。針仕事をしたことがない女房にゆかたを縫わしたら、四角いきれのまん中に丸い穴を開けてかぶせられる。（布目英一）

酔っ払い（「ずっこけ」）

長屋の住人。湯の帰りにふらっと居酒屋に入ったものの、所持金がなかった。泥酔状態になったところを閉店間際に迎えに来た友達に背負われ、家まで来る途中、どてらからずっこけてしまい、褌《ふんどし》一丁で往来に取り残されることに。（布目英一）

酔っ払い（「住吉駕籠《すみよしかご》」「蜘蛛《くも》駕籠」）

堺の住人。天気の良い日にふと思い立って住吉詣りをした帰り、知人の河内の狭山の治右衛門の孫お袖が勤める三文字屋（丸太格子屋という説も）で、銚子を十七本飲む。帰りに酔いを醒ますため、住吉街道の駕籠屋をからかっているうち、反吐をついてしまう。（小佐田定雄）

酔っ払い（「初天神《はつてんじん》」）

初天神の出店で一杯ひっかけ、いい気分で歩いていると、凧を持った金坊にぶつかる。声を荒げると、離れた所で糸を持った父親が謝っている。親子で凧あげをしていると納得し、歩いていくと、今度は父親にぶつかり、金坊に謝られる。（布目英一）

酔っ払い（「両国八景《りょうごくはっけい》」）

居酒屋の客。店が看板だというのに腰をあげようとしないので友達に連れ出される。両国広小路に出ていた焼継屋（欠けた茶碗の修理をする者）の粉をうっかり口に入れてしまったため、口が開かなくなる。（布目英一）

淀屋辰五郎《よどやたつごろう》（「雁風呂《がんぶろ》」）

実在した大坂の豪商の二代目。生没年不詳。柳沢美濃守に用立てた三千両を返済してもらうため、江戸に向かう途中、掛川宿の茶屋で、副将軍水戸黄門（徳川光圀）の一行が客でいるのも知らず、松に雁を描いた屏風絵の絵解きをおこなう。感心した黄門に名を問われ、江戸での仕事の子細を話すと、もし柳沢が金を払わないときは、柳沢屋敷へ願い出るとお下げ渡しになるという、目録を書いてくれる。

松に雁の由来は次のとおり。この屏風絵は、冬を函館の海岸で過ごした雁が、春になって南の常磐の国へ帰る姿を描いたもの。雁は松の枝を一本くわえてやってくる。疲れると松の枝を海に落とし、それに止まって羽を休める。函館の猟師はそのことを知っているので、雁が南の国に帰るころ、やってきた雁の数だけ、松の枝を用意する。残った枝の数が、日本で命を落とした雁の数であり、猟師は供養のため、その枝を薪にして風呂を焚き、旅人たちに利用させる。この風呂を「雁風呂」という。実に風流な図柄である。（原健太郎）

夜《よ》鳴《な》き蕎麦《そば》屋《や》（「石返《いしがえ》し」）
かつぎ屋台の商人。遊んでばかりいる倅を、自分の代わりに商売に行かせたところ、武家屋敷でただ食いされたと泣きながら帰ってきた。聞くと、二階から紐で鍋が下ろされたので、蕎麦の玉と汁を入れて渡すと、「代金は門番の親爺にもらえ」と言う。門番の親爺に請求すると、「人に化けた狸の仕業だから、そんなものは払えない」と、六尺棒を振り回して脅された――という。そこで仕返しを決意。屋台の看板を汁粉屋に換え、倅と一緒にくだんの武家屋敷に行き、下りてきた鍋の紐をほどいて、持ってきた大石をくくりつける。「汁粉屋、この石は何だ！」「さっきの石返し（意趣返し）！」。汁粉屋として登場し、「なべやきうどん」と看板を書き換えて出かけていく演出もある。（原健太郎）

米《よね》（「日和違《ひよりちが》い」）
長屋の住人。著しく判断力に欠け、出かけるときに天気が気になって、友達や易者に「今日は降るやろか」と相談する。易者の「降るような日和じゃない」の答えに安心して傘を持たずに出かけたところ、にわか雨でずぶぬれに。苦情を言うと「『降るような。日和じゃない』と答えたのだ」と言い返されてしまう。後日、外出時には道行く人たちに天気を聞きながら歩く。（小佐田定雄）

与《よ》兵《へ》衛《え》（「雨夜《あまよ》の引窓《ひきまど》」「引窓与兵衛《ひきまどよへえ》」）
武蔵国葛飾郡横堀村の遊び人。元は髪結職。心を改めて仕事に打ち込むと約束し、名主与左衛門の妾お早をもらい受けるが、相変わらず博打場通いに余念がない。雨の夕方、下駄を借りにきた与左衛門と女房が話をしているところに帰宅。二人の関係が今も続いていると誤解し、「お早を返す」と言い放つ。お早ともみ合いになり、止めに入った与左衛門を、打ち払った粗朶《そだ》で殺してしまう。

お早を家に残し、死体をかついで、村の百姓たちが月待ちの寄合をしている野良の中の一軒家に向かう。戸口に死体を立て掛け、草履《ぞうり》をはかせると、戸を叩き、「何をしているんだ。喧嘩をすると聞かねえぞ」と声をかける。「お前は誰だ」と中から声がし、ガラリと戸が開くと、死体が倒れ込む。それが与左衛門とわかり、みんなが騒いでいるところへ、顔を出す。「名主を殺したとなれば、ここにいる者は残らず解死人《げしにん》だ」と脅し、百両の金で死体を片づけることを請け負う。ふたたび死体をかつぐと、こんどは与左衛門の家に行き、「今、帰《けえ》ったよ」と、与左衛門の声色《こわいろ》で戸を叩く。お早との関係を疑っている女房に締め出されると、「面目ねえから、井戸へ身を投げる」と言い、死体をドブンと井戸に放り込む。大きな物音に気づき、女房が飛び出てきたときはもう遅く、家の男たちによって死体が上げられた頃合いを見計らい、何食わぬ顔で現れる。「あの女房なら亭主を殺しかねない、と噂されたら大変だ」と、失意の女房を脅し、五十両せしめる。

夜が明けぬうちに、お早と村を出る。中瀬の渡し近くの早川にさしかかると、深みをめがけてお早を突き落とす。助かる見込みはないと思っていたが……。

三遊亭圓朝作の中編。原型は圓朝の師である二代目三遊亭圓生作「早川雨後の月」。のちに二代目三遊亭圓楽（のち三遊一朝）が、「引窓与兵衛」の演題で芝居噺として口演。林家彦六に伝えられる。（原健太郎）

夜《よ》回《まわ》り（「幽女買《ゆうじょが》い」）
冥土の地蔵。新吉原ならぬ「死吉原《しによしわら》」で、夜中「火の用心、さっしゃりやしょう！」と言いながら、廓内《かくない》を巡回する。金棒ならぬ錫杖《しゃくじょう》を持っている。（原健太郎）

与《よ》力《りき》（「佐々木政談《ささきせいだん》」「佐々木裁《ささきさば》き」）
奉行所の上級役人。奉行佐々木信濃守の白州で桶屋のせがれ四郎吉に、「起き上がり小法師のようにお上の威光でぴんしゃんと立っているが、腰はぐらついている」と看破される。さらに、「与力の心は起き上がり小法師に天保銭を結びつけたようなもので、銭のある方にばかり転ぶ」とまで言われる。この言葉に真っ赤になってうつむく者もあれば、青筋を立ててにらみつける清廉潔白な者もいる。（布目英一）

万屋金兵衛《よろずやきんべえ》（「万金丹《まんきんたん》」「鳥屋坊主《とやぼうず》」）

村に一軒の万屋の主。屋根の草むしりをしていて足をすべらせて死ぬ。江戸っ子のにわか坊主二人に「官許伊勢《かんきょいせ》朝熊《あさま》霊宝万金丹《れいほうまんきんたん》」という薬の効能書から拝借した妙な戒名をつけられる。法事で読み上げられるたびに忍び笑いが起きたことだろう。（布目英一）

萬屋源兵衛《よろずやげんべえ》（「柳田格之進《やなぎだかくのしん》」「柳田角之進《やなぎだかくのしん》」）

浅草馬道一丁目の質両替商の主人。浪人柳田格（角）之進の碁敵。碁会所で知り合った格之進を自宅に招き、碁を囲んだ後、酒の用意をし、土産を渡すようになる。十五夜の晩、格之進と碁に打ち興じている時に、番頭の徳兵衛から五十両を預かり、厠《かわや》に行く際に額の裏に隠したのを碁に夢中になって忘れてしまう。格之進が盗んだと思った徳兵衛が返済を迫り、格之進が五十両を工面したことを知り、詫びに行くが、すでに姿を消していた。暮れの大掃除で額の裏の金が見つかり、「新たに金が出てきた時には自分たち二人の首を格之進に差し上げる」と徳兵衛が約束していたことを知らされるが、十両の褒美を出して、店の者に格之進の行方を探させる。正月になって格之進が見つかると、自分だけが討たれようとしたが、徳兵衛がそれに従わなかったため、徳兵衛は助けてくれるようにと格之進に懇願したが……。（布目英一）

萬屋五左衛門《よろずやござえもん》（「にゅう」）

金満家のにわか茶人。茶器鑑定の大御所、半田屋長兵衛をしつこく招くが、やってきたのは長兵衛に扮した使用人の弥吉。庭の青苔を踏みにじり、石灯籠を壊すなど、弥吉のやりたい放題を見て、「これぞ通人の戯れ」と感心する。真の茶人への道は遠い。（長井好弘）

萬屋清三郎《よろずやせいざぶろう》（「お藤松五郎《ふじまつごろう》」）

横山町の道具屋の主人。柳橋に水茶屋の女お藤を囲うが、一中節の師匠松五郎との仲を知り、いさかいになる。翌日、嫌がるお藤を料理屋に連れ込んだのを二人のよりが戻ったと松五郎に勘違いされ、殺害される。（布目英一）

《ら行》

〈ら〉

雷電《らいでん》（「鍬潟《くわがた》」）
江戸後期の実在の力士。為右衛門《ためえもん》。明和四（一七六七）～文政八（一八二五）年。信濃出身で大関まで務めた。張り手やかんぬきが禁じ手になったという強豪ぶりでいくつかの伝説を残している。三尺二寸の小型力士鍬潟が、七尺余の雷電を負かしたという逸話に登場する。（太田博）

〈り〉

りえ（「怪談牡丹燈籠《かいだんぼたんどうろう》」）
飯嶋家の後継、孝助の実母。酒浸りの夫、黒川孝蔵が若き日の飯嶋平左衛門に斬殺され、四歳で孝助と生き別れになった後、再婚する。十九年後、人相見の白翁堂勇斎の家で孝助と再会。孝助が主の仇と狙っているのが、自らの再婚相手の連れ子、お国と宮野辺源次郎だと知る。お国と源次郎を逃がしてから、孝助に事情を話し、再婚家に義理立てして自害する。（長井好弘）

李大権《りたいけん》（「代書《だいしょ》」「代書屋《や》」）
朝鮮全羅南道済州島翰林面上摹里《じょうもり》千九十六番地にある家の戸主。開国四〇六年生まれ。三十六年前の夜に山中で虎に食われて死亡したが、死亡届を出さなかったために戸籍上は生存している。日本にいる息子が、妹の渡航証明を取ろうとして代書屋に依頼したことで架空の生存が判明、やっと死亡届が出されるかと思いきや、罰金を取られると知った息子が逃げたため、未だに戸籍上は生存している。（小佐田定雄）

利兵衛《りへえ》（「梅若礼三郎《うめわかれいざぶろう》」）
背負《しょ》い小間物商。神田鍋町に住む。腰が抜けて寝たきりとなって三年余り、長屋住まいをするようになる。亭主思いのおかのという女房を持つ。（布目英一）

良観和尚《りょうかんおしょう》（『怪談阿三の森』《かいだんおさんのもり》）
法恩寺住職。旗本阿部新十郎に取り付くお三の化身である蛇を祈禱で捕獲し、深川蛤町の小山に埋葬するように進言する。ここが「お三の森」となる。（太田博）

竜五郎《りょうごろう》（「狸の化寺」《たぬきのばけでら》）
土木作業を請合う黒鍬の頭。別名火の玉の竜五郎。六尺ゆたかの大男で、背中一面に彫り物がある。土手の工事を請合った際、化け物が出ると噂のある寺に泊めてもらう。「化け物と聞いて後へ寄ったと知れたら大きな顔がでけん」との男気からだ。夜中、子分を寝かしつけて自ら番をしていると、きれいな女に化けた怪しの物が出てきたが、後に狸が化けたものだと判明する。（小佐田定雄）

漁師《りょうし》（「てれすこ」）
漁夫。見たことのない魚が捕れたので、役人に名を聞きにいく。魚に詳しいはずの自分たちでもわからないことを、役人に尋ねる了見はいかがなものか。（原健太郎）

猟師《りょうし》（「ふたなり」）
狩人。五両の借金が返済できず、夜逃げを考えている二人組。面倒見のよさで知られる土地の親分、亀右衛門に泣きつくが、手元に金はないという。翌朝、金策に出かけたまま帰らない亀右衛門を捜しにいき、天神の森で変わり果てた姿の亀右衛門を発見する。（原健太郎）

良輔《りょうすけ》（「井戸《いど》の茶碗《ちゃわん》」）
仲間《ちゅうげん》。細川家の家臣高木作左衛門に仕え、高輪の江戸屋敷に住む。作左衛門が屑屋から買った仏像の中から五十両が出てきたので、屋敷の窓下を通る屑屋の人相を確かめて、仏像を売った屑屋を探す。（布目英一）

良石《りょうせき》（『怪談牡丹燈籠』《かいだんぼたんどうろう》）
谷中三崎坂、新幡随院の和尚。不思議な力をもつ高僧。人相見の白翁堂勇斎に「女の幽霊に取り憑かれ、死相が出ている」と言われた浪人萩原新三郎に相談され、死霊除けの金無垢の海音如来と雨宝陀羅尼経、家に貼るお札を授ける。ところが間もなく新三郎は死んでしまう。新三郎が身につけているはずの海音如来が泥の不動像とすり替えられていたことから下男の伴蔵を疑う勇斎に、新三郎の死を見抜いていたことを伝え、「海音如来は来年の八月に出る」と予言。（長井好弘）

料理番《りょうりばん》（「ねぎまの殿様《とのさま》」）

大名の家臣。殿様に「ニャア」を所望される。あちこち聞きまわり、ねぎま鍋だとわかる。下賤な料理をなぜといぶかしく思い、まぐろの骨付き血合いや葱の青い部分は使わず、まぐろの上等な部分だけで作ったところ、味気なく仕上がり、作り直しを命ぜられる。（布目英一）

料理番（「目黒《めぐろ》のさんま」）

大名の御膳を担当する家臣。主君に招かれた親戚筋の大名になぜかさんま料理を申しつけられる。日本橋の魚河岸から房州産の最上のものを取り寄せたが、脂が強いのでお体に障ってはと、蒸して小骨を取り、汁物にして出す。さんまの風味がまったく抜けたため「さんまは目黒に限る」と嘆かれるが、どういう意味かわからなかったに違いない。（布目英一）

〈ろ〉

老中《ろうじゅう》（「紀州《きしゅう》」）

幕府の執政官。徳川八代将軍を決める際、尾州公と紀州公のどちらにするかの評定の席で、両人に「就任の意思ありや」と問う。大久保加賀守でやる場合も。（太田博）

老主人《ろうしゅじん》（「かわいや」「たけのこ」）

武家。隣家に顔を出したわが家のたけのこが先方に食われないようにと、知恵を絞って奪回を図る。「手打ちにした」「それなら亡骸《なきがら》を返せ」というやりとりの後、戻ってきたのは衣服（皮）だけ。（長井好弘）

浪人《ろうにん》（「そってん芝居《しばい》」）

追い剝ぎ。堺へ向かう街道で待ち伏せするところに駕籠が通りかかる。中に裸の怪しい男が乗っていたので、すでに追い剝ぎにあったものと判断する。（小佐田定雄）

浪人（「猫定《ねこさだ》」）

長屋の住人。八丁堀玉子屋新道に住む。剣術の腕はかなりのもの。采女《うねめ》ヶ原《はら》で間男に惨殺された魚屋定吉の通夜の席で、死骸がすさまじい形相で立ち上がる怪異が起きたが、定吉の飼い猫だった黒猫の熊の仕業だと見抜き、隣家で死骸を操っていた熊を刺し殺す。（長井好弘）

浪人（「鼻《はな》ほしい」「鼻の狂歌《きょうか》」）
手習いの師匠を内職にしている。病気で鼻が欠け、言語不明瞭。そのため人前に出たがらない。「湯治に行ったら」と妻にすすめられ、こっそり江戸を発つ。途中、禿げ頭の馬子を「はげ山の前に鳥居はなけれども　後ろに神（髪）がちょっとまします」とからかうと、「山々に名所古跡は多けれど花（鼻）のないのが寂しかるらん」と返され、奮然として帰宅してしまう。（太田博）

浪人（「矢橋船《やばせぶね》」）
乗合船の客。矢橋から大津まで乗船するが、横柄な態度で周囲の町人に嫌がられる。乗り合わせた武士から、「刀を拝見したい」と持ちかけられるが、実は竹光なので当惑する。（小佐田定雄）

浪人（「夢金《ゆめきん》」）
船頭熊蔵の夢に出てくる悪侍。二十五、六歳。月代《さかやき》は伸び放題。着古して変色し、襟垢《えりあか》のついた着物を着て、破柄《やれづか》に剥げ鞘《ざや》の大小に駒下駄という姿。雪の中で苦しむ娘が大金を持っているのを知り、屋根舟に誘い込んで奪おうと試みるが、熊蔵の計略にはまり、雪が降り続く深夜、隅田川の中州に取り残されてしまった。（布目英一）

老僧《ろうそう》（「蛸坊主《たこぼうず》」）
高野山真覚院の高僧。上野池之端の料亭で、強請《ゆすり》を働く僧形の四人組を見つけ、はじめは穏やかに僧侶の心得を説き聞かせているが、にせ坊主と喝破するや、「この蛸坊主！」と一喝。意外な怪力を発揮して四人を次々と不《し》忍池《ばずのいけ》に放り込む。（長井好弘）

六《ろく》（「伽羅《きゃら》の下駄《げた》」）
豆腐屋。ある朝、豆をひいていると、立派な武士から水を所望される。礼に置いていった下駄が芳香を放つので、家主に尋ねると、伽羅の下駄だと教えられた。片方だけ

でも百両もする銘木と聞いて驚く。（太田博）

六左衛門《ろくざえもん》（「金魚《きんぎょ》の芸者《げいしゃ》」）

本所の金魚屋の主人。「丸っ子」という珍種の金魚を助け、大切に育てる。この金魚の「お丸」が人間の姿になって恩返しをしたいというので、柳橋の料亭吉田屋に連れて行き、芸者にする。（長井好弘）

六太夫《ろくだゆう》（「池田《いけだ》の猪買《ししか》い」）

池田の山猟師。大阪まで名が知られた猪撃ちの名人。息子の猪之と二人暮らし。突然訪ねてきた大阪の男のたっての頼みで、雪がチラチラ舞う中、猟に出るハメになる。が、男が余計なことをべらべらしゃべるので、立腹して猪を撃ち損なってしまう。（小佐田定雄）

六部《ろくぶ》（「一眼国《いちがんこく》」）

法華宗の行者。正式名は六十六部。両国に見世物小屋をもつ香具師《やし》の親方に厄介になった際、「何か見世物に使えるものはないか」と尋ねられ、江戸から北方百里あまりのところにある大きな原で、一つ目の化け物と出くわした話をする。（原健太郎）

六兵衛《ろくべえ》（「薬違《くすりちが》い」「いもりの黒焼《くろや》き」）

町内の若い者。伊勢屋の娘に恋患いをした友人源治のために、惚れ薬のいもりの黒焼きを探しに行くが、間違えてヤモリの黒焼きを買ってしまう。ヤモリ（家守）だけに店賃《たなちん》の催促をされた源治はしょんぼり。イモリの効果は確認できず。（長井好弘）

六兵衛（「蒟蒻問答《こんにゃくもんどう》」「餅屋問答《もちやもんどう》」）

蒟蒻屋の親方。上州安中の在。蒟蒻づくりに自信があり、物事に動じない。江戸をしくじって流れてきた八五郎を寄宿させたのち、近くの空き寺、薬王寺の住職を世話する。沙弥《しゃみ》托善《たくぜん》と名のる永平寺の修行僧に、禅問答を挑まれて困っている八五郎を助けるために、大和尚になりすます（→付録「口上・言い立て」）。元より禅問答などできるはずもなく、「見ざる、言わざる、聞かざる」の黙《だんま》りで対応すると、修行僧は無言の行《ぎょう》と錯覚し、仕草での問答を仕かけられる。手で円をつくったのを見て、自分の蒟蒻が小さいとケチをつけられたと思い、「こんなに大きい」と、両手で大きな円をつくる身ぶりなどをしているうちに、相手は問答に負けたと思い込み、逃げ出す。「あの野郎は、永平寺の坊主なんかじゃない。おれが蒟蒻屋だってことを知ってやがった。十丁でいくらだって値を聞きやがるから、五百文だと答えると、三百文に負けろってえから、あっかんべえ」。（原健太郎）

六兵衛（「皿屋敷《さらやしき》」）

町内の物知り。姫路に住む。ただし、口が悪いので若い者からは敬遠されている。「皿屋敷」の由来を聞きにきた若い連中に、お菊の悲劇を物語ってやる。（小佐田定雄）

六兵衛（「鹿政談《しかせいだん》」）

奈良三条横町の豆腐屋。三代続いた奈良の住人で正直者。四十二歳。早朝、キラズ（おから）の桶が倒れて中身を犬が食べているのを見て、手ごろな割木を放ったところ打ち所が悪く死なせてしまう。運の悪いことに死んだのが犬ではなく鹿で、奈良では鹿殺しは大罪なのでお白洲へ引き出されるが、奈良奉行の情けある裁きにより無罪を言い渡される。（小佐田定雄）

六兵衛（「茶の湯《ちゃのゆ》」）

豆腐屋。根岸の里の三軒長屋に住む。見栄っぱり。大家である蔵前からやってきた隠居に、茶の湯の席に招かれる。作法がわからず、恥をかくのはいやだと、引っ越しを宣言するが、「せっかくお得意が増えたのに、もったいない」と女房に尻を叩かれる。長屋の様子を見にいくと、やはり引っ越しの支度をしている者がいる。とりあえず先方に出かけ、隠居から「ご流儀は？」と尋ねられたら、拳固で張っ倒し、それから引っ越せばいいと、何ともはや乱暴な相談がまとまる。（原健太郎）

六兵衛（「猫の忠信《ただのぶ》」「猫忠《ねこただ》」）

町内の若い衆。「亀屋の―」と呼ばれる。常磐津の師匠文字静のもとへ稽古に通っているが、稽古は二の次で、美貌の師匠が目当て。兄貴分の吉野屋の常吉が仲間を出し抜いて師匠を独り占めにしていると思い込み、相棒の駿河屋の次郎吉と二人で、嫉妬焼《やきもち》きの常吉のかみさんに告げ口に行く。亀屋なので「義経千本桜」の「亀井の六郎」のパロディーとなる。（太田博）

《わ行》

〈わ〉

若い衆（わかいし）

①長屋に暮らす若者たち。職人や棒手振《ぼてふ》りの商人が多く、ほとんどが独り者。暇を持て余し、ひとところに集まってお茶を飲み、酒をあおり、無駄話に興じている。床屋の順番待ちでは、仮名も読めないくせに講談本を読みふけり、夢で見た年増女とののろけ話を得意そうに語るなど、のんきに時を過ごしている（「浮世床」）。肴を持ち寄って酒を飲んだ時は、乾物屋のガキからせしめた鰹節の出汁に褌《ふんどし》を浸けた（「寄合酒」）。ほかにも、錦の褌を打ちそろって締め、廓に繰り出したり（「錦の袈裟」）、夏場、涼を求めて幽霊見物に出かけたり（「皿屋敷」）、腐った豆腐を気障《きざ》な若旦那に食わせて大笑いしたり（「酢豆腐」）……と、くだらない話ほどすぐにまとまり、ただちに実行に移される。

②廓の奉公人。若い者《もん》。ただし、必ずしも若者とは限らない。江戸なまりでは「わけえし」。喜助の名に代表される。見世の客引きや、呼び込みにあたる牛太郎《ぎゅうたろう》（牛《ぎゅう》、妓夫《ぎゅう》の表記も）のほか、遊客の部屋の手配をする二階番や、夜中、各部屋を回って行灯の油を足す二階廻し、火の用心や警備の仕事にあたる不寝番《わずばん》など、さまざまな職種がある。勘定が払えない客に付いて家まで出向いていく、付《つ》き馬《うま》という仕事を早朝からすることもある（「付き馬」）。「五人廻し」「お見立て」に登場する喜助のように、多くの者が禁欲的で、花魁《おいらん》の言い付けには絶対服従であることをモットーとしている。（原健太郎）

若い衆（「粟餅《あわもち》」）

遊客。吉原遊びに粋な趣向は付きものだが、数ある廓噺の中で最も汚いいたずらをやってのけたのがこの連中。粟餅をこねて人糞の形にし、座敷に持ちこんで遊女や幇間《ほうかん》らの前で食べまくる。通人と悪趣味の区別がつかぬ困った江戸っ子。（長井好弘）

若い衆（「居残《いのこ》り佐平次」「居残り」）
品川遊廓の奉公人。廓暮らしが長いのが自慢。再三にわたって、居残りの佐平次に遊興料を催促すると、「仲間が金を持って迎えに来る」など、のらりくらりと言いくるめられるが、支払い能力がないとわかり夜具部屋に押し込める。これは佐平次の目論み通り。（太田博）

若い衆（「勘定板《かんじょういた》」）
江戸の宿屋の奉公人。田舎の客が「勘定したい」（土地の言葉で用を足すこと）と言うので、「帰りにお願いします」と応えると、今度は「勘定板」（板状の簡易便器）なるものを要求される。きっと算盤《そろばん》だろうと……。（原健太郎）

若い衆（「汲《く》みたて」）
稽古所の弟子連中。常磐津の師匠を皆で張り合っていたが、師匠が建具屋の半七といい仲になり、他の弟子を「有象無象」と言っているのを知って激怒し、半七たちの船遊びをドラや太鼓をならし邪魔をする。（長井好弘）

若い衆（「酢豆腐《すどうふ》」）
長屋暮らしの若者たち。暇をもてあまし、始終集まっては無駄話に興じている。世の中に知らないものはないと豪語しているキザな若旦那に、舶来の貰い物と偽ってカビの生えた豆腐を食わせ、大笑いする。（原健太郎）

若い衆（「付き馬《うま》」「早桶屋《はやおけや》」）
妓楼の使用人。見世の客引きや呼び込みをする牛太郎《ぎゅうたろう》として働くが、ときに、勘定が払えない客の家まで付いていき、回収する「付き馬」の役目も果たす。ここでは、ずる賢い客にのせられ、風呂代や朝飯代を立て替えさせられ、浅草中を引き回されたあげく、早桶屋で思ってもみない損害をこうむる。（原健太郎）

若い衆（「突《つ》き落《お》とし」）
吉原の中見世《ちゅうみせ》の男衆。遊びの勘定を踏み倒そうと画策する職人連中の口車にまんまと乗ったのが運の尽き。廓の外に連れ出され、連れションの最中にお歯黒どぶに突き落とされたうえ、上物の煙草入れまで奪われるなど、さんざんな目にあう。（長井好弘）

若い衆（「つる」）
長屋の住人。隠居から教えられた、明らかに嘘八百の鶴の名の由来を信じ込み、聞きたくもない友人に無理やり話して聞かせようとするが、肝心なところに来ると説明の順番をまちがえ、なかなか鶴までたどり着かない。最後は、泣き出してしまう。（原健太郎）

若い衆（「鍋草履《なべぞうり》」）
芝居茶屋の新米奉公人。鍋料理を客席まで運ぶ途中、はしご段の下に置いたところへ、降りてきた客に草履のまま足を突っ込まれてしまう。知らぬ顔で客に届けるが、男が草履を取りに戻って来て……。（太田博）

若い衆（「錦《にしき》の袈裟《けさ》」「ちん輪《わ》」）
吉原の男衆。遊びの趣向として錦の袈裟のふんどしで登楼した与太郎を、「お殿様の隠れ遊び」と勘違いし、手厚くもてなす。袈裟に付く輪を「貴人が小用を足す際に逸物《いちもつ》を通すちん輪」と考えるなど、人間の思いこみは恐ろしくも愉快だ。（長井好弘）

若い衆（「百川《ももかわ》」）
魚河岸《うおがし》の青年たち。料理屋百川の二階で昼間から酒を飲んでいる。店に雇われたばかりの田舎出の男百兵衛がやってきて、「わしはシジンケ（主人家）のカケエニン（抱え人）」と言ったのを、「四神剣《しじんけん》の掛け合い人」と聞きまちがえ、あわてる。前年、祭りに使ったあと、隣町に返さなければならない四神剣を質入れしたままだからだ。平身低頭して酒や肴をすすめるが、百兵衛が店の奉公人とわかると手のひらを返し、長谷川町三光新道《さんこうじんみち》に住む常磐津の師匠歌女文字《かめもじ》を呼びにいかせる。まちがって医者の鴨池玄林《かもじげんりん》を訪ねた百兵衛に、袈裟がけに斬られて大怪我をしたことにされてしまう。（原健太郎）

若い衆（「幽女買《ゆうじょが》い」）
冥土の吉原ならぬ「死吉原《しによしわら》」で働く男。「じゃ、若ぇ衆、世話《やっかい》になった。また来るぜ」「へいっ、冥土ありがとうございます」。（原健太郎）

若江《わかえ》（「菊模様《きくもよう》皿山奇談《さらやまきだん》」）

粂野家の腰元。十八歳。小姓頭春部梅三郎と密通し、懐妊。駆け落ちをして鴻巣で宿屋を営む母親のもとに身を寄せる。梅三郎が悪臣を滅ぼし、主家に帰参がかなうと、宿屋は親族にゆずって梅三郎と結ばれる。（布目英一）

若様《わかさま》（「雛鍔《ひなつば》」）
大名家の子息。「お八歳」。高貴な人物に育つようにと、銭の存在を教えられていない。庭の泉水のかたわらに落ちていた穴あき銭を見ても、「丸くって四角な穴が空いていて、波の模様があって、裏には字が書いてあるからお雛さまの刀の鍔《つば》かな?」と語り、「卑しいものです」と教えられるとすぐに放り捨てた。（布目英一）

若侍《わかざむらい》（「巌流島《がんりゅうじま》」「岸柳島《がんりゅうじま》」）
渡し舟の客。三十二、三歳。水練に長けている。船べりできせるの火を払ったところ、雁首《がんくび》が抜けて水中に没した。それを見たくず屋から、不要になった吸い口を買いましょうと声を掛けられて激怒、無礼討ちにしようとするところを、老武士に仲裁されるが聞き入れず、立ち合いすることになった。が、「船中だから船着き場に戻って決着を付けよう」と提案する老獪な老武士の策で岸に置き去りにされる。されば、と泳いで船に近づくが、実は水中の雁首を探しに来た。（太田博）

若狭屋甚兵衛《わかさやじんべえ》（「小間物屋政談《こまものやせいだん》」「万両婿《まんりょうむこ》」）
芝露月町の江戸指折りの小間物問屋の主人。箱根に湯治に出かけた際、追い剥ぎにあうが、同業の相生屋小四郎に助けられる。着物と一両を借り、小田原の旅籠《はたご》布袋屋に泊まった晩に急死する。身元を表すものは小四郎の名と住所を記した紙だけだったので、小四郎と勘違いされてしまった。（布目英一）

若狭屋甚兵衛（「浜野《はまの》矩随《のりゆき》」）
芝神明の道具屋の主。確かな鑑識眼を持つ。男気のある人情家。腰元彫りの名人、浜野矩康に生前受けた恩を忘れず、息子矩随のつたない作品でも一分で買い取る。しかし三本足の馬を彫ってきたのでこれ以上、かばいきれぬと縁切り金を渡す。その際、「下手な作品を作って名人だった父親の顔に泥を塗るなら死んでしまえ」と言ったのが矩随の発奮につながり、父親の遺作と間違えるような名品を彫る。以後は矩随の作品を一手販売。何年先になるかわからぬ予約などできないという客には矩随先生初期の作として彫り損じの「河童狸」を五百両で売りつける。矩随を発奮させようと自殺をはかったものの一命をとりとめた母親とともに矩随を離れに住まわせて仕事に専念させるという演出もある。（布目英一）

若旦那（わかだんな）

大店《おおだな》の息子。家業はそっちのけで、のむ・うつ・かうの三道楽煩悩《さんどらぼんのう》に邁進している遊び人。多くは勘当を食らい、出入りの職人の家などに居候し、その家のおかみさんに邪険にあつかわれている。金の苦労を知らぬために労働意欲はまるでなし。船頭の見習い（「船徳」）や銭湯の番台（「湯屋番」）、紙屑の撰り分けの仕事（「紙屑屋」）などについたこともあるが、恰好ばかりが気になって、何をやっても腰がすわらない。粋であることを信条とするが、残念ながら、世間にそのようには評価されていない。

一方、真面目ひとすじ、馬鹿がつくほど堅物な若旦那もいる。町内の札付きの遊び人に、お稲荷さんへのおこもりとだまされて吉原へ連れていかれる、日向屋のせがれ時次郎である（「明烏」）。だが、泣いてわめいて、だだをこねても、最後はめでたく女性に開眼。「崇徳院」の作次郎も、「千両みかん」の若旦那も、噺の中では、うぶで一途な孝行息子だが、行動の振り幅は限りなく大きいように思われる。「夢の酒」の大黒屋の若旦那は女房持ち。ずいぶん色っぽい夢を見るが、これはあくまでも夢の中の出来事で、罪はない。

ほかに、吉原の花魁《おいらん》に惚れて店の金を湯水のごとく使う若旦那（「山崎屋」）や、入れ揚げた芸者を焦がれ死にさせてしまう若旦那（「たちきり」）、吉原に居続けをし、店の奉公人らを巻き添えにする若旦那（「木乃伊取り」）など、番頭の助けを借りて何とかおさまっている勘当予備軍もおり、今後の去就が注目される。いずれにしても、この若旦那たち、やることすべてが極端で、地道に暮らす世の人々に愉快な噂を提供し続けている。大旦那の心配の種は当分尽きそうもない。（原健太郎）

若旦那（「網船《あみぶね》」）

相模屋の跡継ぎ。町内一の大金持ちの息子だが、父が堅物なので困っている。家を抜け出し網打ちに出かけるため、野幇間《のだいこ》のちゃら喜に相談を持ちかける。策略図に当たり、船に乗ることはできるのだが、父親も同じ船に乗り込んで来るので、なんとか父親を船から上げる算段をするようちゃら喜に頼む。（小佐田定雄）

若旦那（「宇治《うじ》の柴船《しばふね》」）

大阪の材木問屋の倅。井上素山の描いた絵の中の女に恋患いをし寝込んでしまう。手伝《てつた》いの熊五郎に誘われ宇治へ保養に行く。七日目に絵とそっくりの女が宿の前に立ったのを見つけ、先回りして船頭に化け、女を船に乗せることに成功する。船の中で口説くが女が断るので、争うはずみに川の中に落ちた……ところで目を覚ます。（小佐田定雄）

若旦那（「貝野村《かいのむら》」）

船場の商家の一人息子。二十二歳で今業平《いまなりひら》と評される美男子。母親は亡くなっている。丹波の貝野村から大工の棟梁甚平の世話で奉公に来たおもよという十八歳の美しい娘に恋をする。商用のため二か月ほど九州に出かけ、店に戻って来ると惚れたおもよは母親が病気のために貝野村へ帰ってしまっており、代わりに名前こそ同じ「おもよ」だが、「人間一分化け物九分」という個性的な娘が奉公に来ていたため、ショックを受けて寝込んでしまう。事情を察した旦那が甚平を貝野村へ走らせ、おもよを連れ戻したので病気は全快。めでたく祝言を上げることになった。おもよも一人娘ということで、形だけの婿入りの儀式を執りおこなった後に大阪に嫁入りすることになり、おもよとともに貝野村に行く。式の翌朝、女中に「ちょうずを回しておくれ」と頼んだところ、頭の長い男がやって来て頭を回転し始めた。（小佐田定雄）

若旦那（「釜猫《かまねこ》」）

商家の放蕩息子。親旦那の怒りに触れ、自宅二階に軟禁されている。髪結いの磯七に頼んで家にある大きな釜を借りに来てもらい、その中に入って脱出するという名案を考えだすが、親旦那の知るところとなり、釜に入ったまま火にかけられ表へ飛んで出る。（小佐田定雄）

若旦那（「紙屑屋《かみくずや》」「浮《う》かれの屑撰《くずよ》り」）

勘当の身となった大店《おおだな》の跡取り。出入りの職人の家で居候をしている。業を煮やした職人に紹介状を持たされ、いやいや紙屑屋に奉公に出されるが、遊び気分がぬけない。「白紙は白紙、烏は烏、線香紙は線香紙、陳皮《ちんぴ》は陳皮、毛は毛……」という、独特な調子をつけた撰り分け作業を教わるが、義太夫の床本《ゆかほん》や都々逸の本、誰かが書いた恋文などにいちいち反応して、見得を切ったり、唸ったり、しまいには踊り出して外に飛び出す始末。親身になって指導してくれた紙屑屋の主に、「あなたは人間の屑です」と言われる。（原健太郎）

若旦那（「菊江《きくえ》の仏壇《ぶつだん》」「白《しろ》ざつま」）
大店《おおだな》の道楽息子。才色兼備の嫁お花がいながら、連日の茶屋通い。それを気に病み体調を崩したお花が実家に戻っても、見舞いにも行かない。お花の容体が急変して大旦那が実家へ急いだ後は、馴染みの芸者菊江を呼び出し、番頭や奉公人も巻き込んで、店の中でどんちゃん騒ぎを始める。お花が死んだという知らせを受けても顔色一つ変えることがない。薄情でわがままで、人の痛みもわからない。男の風上にも置けない奴と、斬り捨てるのは簡単なことだが、ここまで放蕩を続けるからには、何か理由があるのではないか。お店《たな》第一で体面ばかり気にする父親、嫁としては完璧だが女の弱さを決して見せないお花。そんな立派な家族と一緒では息が詰まる。かといって腹を割った話をするのは嫌だからと、茶屋遊びに逃げ、お花よりずっと愚かだが気のおけない菊江に安らぎを覚えたのかもしれない。屈託を抱えた、複雑な男であることは間違いない。（長井好弘）

若旦那（「鯉船《こいぶね》」）
ご大家《たいけ》の跡取り。東横堀に船を浮かべ網打ちをしようとしているところを、髪結いの磯七に見つかって同行させる。磯七が網を打つと大きい鯉がとれたので、船の上で料理をするように言いつける。（小佐田定雄）

若旦那（「五段目《ごだんめ》」「田舎芝居《いなかしばい》」）
近江屋の跡取り。町内の素人芝居で、「仮名手本忠臣蔵　五段目（山崎街道）」の斧定九郎役をくじで当てた。いのししが出て、さて鉄砲という段で、小道具係が口火を紛失して鉄砲が鳴らない。あわてて「鉄砲！」と楽屋に向かって怒鳴ると、口に含んでいた吐血用の卵のからが砕けて血だらけに。見物の、「鉄砲は抜きかい？」に、

すかさず、「きょうは吐血で死ぬんだ」。（太田博）

若旦那（「骨釣《こつつ》り」）

商家の放蕩息子。芸者や幇間《たいこ》、仲居などを屋形船に乗せて木津川口で釣り大会を催す。釣り上げた魚の長さを計り、一寸につき一円の祝儀を出すと言ったので大いに盛り上がるが、幇間の繁八がしゃり頭《こうべ》を釣り上げてしまい、釣り大会は中止になる。（小佐田定雄）

若旦那（「五目講釈《ごもくこうしゃく》」）

勘当された薬屋の息子。出入り職人の家に居候中だが、居づらくなり、講釈師になる。本職から簡単な稽古をつけてもらっただけで、長屋の住人を集めての初高座。「義士伝」を読み始めたが、途中から「伊達騒動」や「天保六花撰」などが紛れ込み、支離滅裂の高座となる。講釈師が薬屋の息子と知った客が「道理で、講釈に調合がしてあった」。（太田博）

若旦那（「山号寺号《さんごうじごう》」）

洒落好きな道楽息子。父親の代参で成田山新勝寺へ新年の恵方参りに行く途中、上野広小路でひいきの幇間一八《たいこいっぱち》とばったり会った。うまくできたら「祝儀をやるから」とさんざん山号寺号のしゃれを言わせたあげく、「一目散随徳寺」と金を持って逃げ出す。（長井好弘）

若旦那（「地獄八景亡者戯《じごくばっけいもうじゃのたわむれ》」）

大金持ちの亡者。娑婆で遊びつくし、行きたいところにも行きつくしたので、あの世にでも行って遊ぼうとの了見で死亡。なじみの芸妓や舞妓、お茶屋のおかみに仲居、幇間《たいこ》連中とともに、今まで怖くて食べられなかった河豚を食したのが死因である。男は河豚の五つ紋、女は河豚の紋に葱のすそ模様という出で立ちで、にぎやかに地獄へやってきた。三途の川を渡る前、幇間の一八が娑婆で使い込みをしていたことが判明するが、仕方なく許すことに。三途の川を渡った後の消息は不明。（小佐田定雄）

若旦那（「七段目《しちだんめ》」）

大店《おおだな》の跡取り。芝居狂い。芝居見物から三日ぶりに帰って大旦那に叱られても、芝居がかりで言い訳する始末。二階に追いやられても懲りず、ひとり、芝居の真似を始める。様子を見に来た小僧の定吉も芝居好きだったことから、二人で「仮名手本忠臣蔵　七段目」お軽平右衛門の場を始める。夢中になり、本身の刀を振り回したため、定吉は避けようとして階段の七段目から転げ落ちる。落語には芝居好きの若旦那が多く登場するが、これほどの〝危険人物〟はいない。（太田博）

若旦那（「酢豆腐《すどうふ》」）
大店《おおだな》の息子らしいが、年齢、職業等不詳。お世辞でも言ってごちそうになろうという連中に、つねにつきまとわれている。「こんつは（こんにちは）」「もちりん（もちろん）」など、独特な言葉をあやつる気取り屋で、長屋の若い衆に「表通りの変物《へんぶつ》」と言われている。「あなたは通人だから」とおだてられ、得体の知れない物（実は腐った豆腐）を食べさせられるが、日ごろ、「世の中に知らないものはない」と豪語している手前、断れない。仕方なく「目ピリ鼻ツン」しながら、何とか一口飲み込む。「何という食べ物か」と尋ねられ、「これは酢豆腐でげしょ」。今日も、半可通のことを「酢豆腐」というのは、この落語に由来する。（原健太郎）

若旦那（「千両《せんりょう》みかん」）
大店《おおだな》の跡取り息子。真夏にみかんが食べたくなり、寝込んでしまう。番頭の奔走で果実問屋の蔵にたった一つ残ったみかんを千両で買い求めてもらう。十房のうち、七房を味わったところで、残り三房を両親と番頭にと思いが至る。心根が優しいとともに、おおらかに育てられた若旦那ならではの気性が垣間見えるが、このために番頭の人生を狂わせたことは知らない。（布目英一）

若旦那（「たいこ腹《ばら》」）
典型的な商家のどら息子。小唄、ゴルフ、馬術など、新旧の遊びに次々手を出すものの、熱してはさめやすい性格が災いして、何ひとつ身に付かない。今度始めた「鍼」も、ろくに稽古もせずに壁、まくら、猫で試しただけですぐ生身の人間に打とうと決意する。幇間《たいこ》の一八《いっぱち》を茶屋に呼び、金品を餌に無理やり実験台に仕立てて腹に打ったが、肝心の鍼が途中で折れてしまい、血だらけの一八を置き去りに逃げ出した。次に茶屋へ現れるときは、性懲りもなくまた新しい遊びを見つけているのだろう。（長井好弘）

若旦那（「たちぎれ線香《せんこう》」）

船場の大店《おおだな》の息子。元はおとなしい跡取りだったが、父親の名代で出た寄り合いで、南地の初心《うぶ》な芸妓小糸と出会い恋に落ちる。一途な二人の恋に危うさを感じた周りの大人の策略で、百日間の蔵住まいを余儀なくされる。蔵住まいを終え、いったんはあきらめようとしたが、その間に届いていた小糸からの手紙を見て気持ちが再燃。慌てて会いに行くが、すでに小糸はこの世の人ではなく、仏壇の前で生涯女房はもたないと誓う。（小佐田定雄）

若旦那（「電話《でんわ》の遊《あそ》び」「電話室《でんわしつ》」「電話の散財《さんざい》」）

商家の主人。道楽者の父親とは正反対の堅物。区会議員に立候補している。歳をとっても茶屋遊びが止まらない父親に「世間体が悪いから、せめて選挙期間中は遊びをやめてください」と懇願する。（長井好弘）

若旦那（「土橋万歳《どばしまんざい》」）

船場の商家の跡取り。遊び好き。何度も家を抜け出すので、見張りの丁稚《でっち》を付けられる。言葉巧みに丁稚をだまし、大梅という茶屋で芸妓や舞妓と落ち合い、難波の一芳亭へ。意見をしにやってきた番頭をも追い返す。北へ河岸を変えようと土橋を渡っていると、追い剝ぎに化けた番頭に出会うが、正体を知って斬り殺されてしまう。ここは「夏祭浪花鑑《なつまつりなにわかがみ》」の泥場のパロディ。だが、これはすべて夢であった。番頭に対する処遇や、芸妓・幇間《たいこ》についても独自のドライな考えの持ち主。（小佐田定雄）

若旦那（「生兵法《なまびょうほう》」「胸肋鼠《きょうろくねずみ》」）

伊勢六という商家の跡取り息子。自称武術家。「剣道、柔道ともに免許皆伝の腕前で、若者二人を取って投げた」と自慢するが、相手は三歳と五歳だった。「気合もろとも鉄扇の陰に拙者の体を隠してみせる」とか「拙者の胸倉をつかんだ手を人差し指と親指で振りほどいてみせる」と大きなことを言うものの、どちらもできない。「殺した鼠を生き返らせる」と語り、鼠を握りつぶし、活を入れるが、生き返るはずもなく、さらに力を入れたため、鼠の目が飛び出てしまう。「心配するな。来年になれば新芽が出る」とうそぶく。（布目英一）

若旦那（「二階《にかい》ぞめき」）

大店《おおだな》の道楽息子。吉原を毎晩ひやかさないと眠れない。心配した番頭に、出入りの棟梁らを総動員して家の二階を改造し、吉原の張見世《はりみせ》を丸ごと再現してもらったので大喜び。日が暮れると、さっそく服装《なり》を整え、いそいそと二階へ繰り出す。ひやかしの一人芝居で、客と花魁《おいらん》と若い衆の立ち回りを演じているところへ、大旦那の命で様子を見にきた小僧の定吉がやってくる。「ここで会ったことは、親父にゃ内緒にしてくれ」。吉原の幻想に酔いしれながら、いつしか現実と空想の区別がつかなくなる。これぞ果報者。「ぞめき」とは、ひやかしながら歩くこと。または、ひやかし客の意味。（原健太郎）

若旦那（「羽織《はおり》の遊《あそ》び」）

伊勢屋の後継ぎ。お堅い商売よりも色っぽい場所が好き。自分のことを「セッ」と呼ぶ、キザで通人気取りの典型的などら息子だ。町内の若い衆は、廓遊びの軍資金が足りない時だけ「若旦那、若旦那」と取り巻いてくる。当人も腕っ節には自信がないので、遊びの指南役に甘んじ、かろうじて若旦那の貫禄を保っている。（長井好弘）

若旦那（「不孝者《ふこうもの》」）

商家の道楽息子。商いの使いに行ったまま店に戻らず、贔屓の料亭、柳橋の住吉でどんちゃん騒ぎ。芸者に習った唄がだんだん様になってきて、こっそり迎えに来た父親をやきもきさせる。（長井好弘）

若旦那（「ほうじの茶《ちゃ》」）

大店《おおだな》の息子。父親が三年前に他界したが、芸者遊びにうつつを抜かし、法事に顔を出さない。茶屋の座敷で、焙《ほう》じれば、望みの声が聞こえるという茶を試したところ、なじみの女ではなく、父親の霊が現れ、説教され、「ああ、ほうじ（法事）が足りなかった」。（布目英一）

若旦那（「木乃伊《みいら》取《と》り」）

大店《おおだな》の放蕩息子。母親から溺愛されている。吉原の妓楼、角海老の花魁《おいらん》かしくに惚れ、居続けをし、両親を心配させている。店の番頭、出入りの鳶頭《かしら》、飯炊きまでが、次々に連れ戻しにやってくるが、みんなを酒と女の虜にさせ、仲間に入れてしまう。（原健太郎）

若旦那（「夢《ゆめ》の酒《さけ》」）
大黒屋の息子。うたた寝の夢の中に現れた向島のご新造との色模様を、女房お花に無理やり問い質される。年のころは二十五、六、中肉中背、色白でぽちゃ愛嬌、泳ぐように出て来て、御膳が出て、料理が繰り込んで、「まぁ一杯」と盃をさされる。飲めない酒を飲んだため、頭が痛くなり、離れの四畳半に床を取ってもらって寝ていると、ご新造が燃えるような長襦袢で入って来た――ところまで話すと、お花が泣き出す。その後、父親まで巻き込んだ騒ぎとなる。（太田博）

若旦那（「湯屋番《ゆやばん》」）
勘当息子。店に出入りしている棟梁の家に居候している。カミさんとの折り合いが悪く、棟梁の世話でいやいや湯屋に奉公することになった。もとよりまじめに勤める気はないから、薪集めはいや、煙突掃除は汚れる、とダダをこね、女湯をのぞきたさに番台に座りたがる。主人の昼食時の間だけ番台を任せられるが、女湯は空っぽ。そこから白日夢が始まる。――客の中で自分を見初める乙な年増が現れて、と妄想は広がる一方。声を掛けられて家に遊びに行く。酒肴のもてなしを受け、落雷で気を失った女を介抱すると――。ひとり芝居をしたあげく、番台から転落して男湯の客をあきれさせる。（太田博）

鷲塚杢太左衛門《わしづかもくたざえもん》（「小言幸兵衛《こごとこうべえ》」）
仕立屋の一人息子。二十歳で独身の美男。家主幸兵衛の妄想の中で、古着屋の一人娘お花に手をつけ、添い遂げることが許されないため、陸軍払い下げのサーベルを腰にさげて、心中騒ぎを起こすと決めつけられてしまう。家の宗旨は法華。演出により、鷲塚与太八郎や中迫杢太《なかせこもくた》左衛門《ざえもん》と名が変わることがあるが、武骨で間抜けな名であることには変わりがない。（布目英一）

渡辺織江《わたなべおりえ》（「菊模様皿山奇談《きくもようさらやまきだん》」）
粂野家の重役。五十代半ば。飛鳥山の料理屋で酔漢をこらしめた浪人、松蔭大蔵を粂野家に世話をするが、出世欲にとりつかれて殿様の側室に取り入った大蔵に暗殺されてしまう。（布目英一）

渡辺喜平次《わたなべきへいじ》（「長崎《ながさき》の赤飯《こわめし》」）

八丁堀岡崎町の町方取締役。娘おいちと、質両替商金田屋金左衛門の息子金次郎との縁談を喜んでいるが、金次郎には長崎にお園という女房がすでにあり、折から金田屋を訪ねてきていると知り、憤る。「取り調べることがある」と言って、金田屋に乗り込み、お園を連行。女ひとりの道中など関所破りをしたも同然と、初めはお園をたしなめるが、夫恋しさのあまり、乞食に身をやつして江戸へやってきたお園の気持ちに、痛く心を動かされる。この夜、金次郎とおいちの輿入れをすることになったが、はたして綿帽子をかぶせて連れて行ったのは、おいちではなく、お園だった。（原健太郎）

渡辺祖五郎《わたなべそごろう》（「菊模様皿山奇談《きくもようさらやまきだん》」）

条野家の重役渡辺織江の息子。織江が暗殺され、渡辺家が改易になったため、父親の仇討と家の再興を願う。長旅の末、父親を殺害したのは同輩の松蔭大蔵であり、主君の弟君の暗殺をも企てていることをつかむ。これを国家老に報告、悪臣たちを滅ぼすことに貢献し、仇討を果たす。この働きで召し戻され、二代目織江と改名。若君菊之助の後見となる。（布目英一）

渡辺綱右衛門《わたなべつなえもん》（「芝居《しばい》の喧嘩《けんか》」）

江戸前期の旗本奴水野十郎左衛門の四天王の一人。芝居小屋山村座で仲間の金時金兵衛が町奴幡随院長兵衛の身内の唐犬権兵衛に張り倒されたのを見て、権兵衛を背後から斬りつけようとしたが、権兵衛の仲間の夢の市郎兵衛になぐりつけられる。ここから水野率いる旗本奴と長兵衛率いる町奴の大喧嘩へと発展していく。（布目英一）

和矢竹野良市《わやたけのらいち》（「軽業《かるわざ》」「軽業講釈《かるわざこうしやく》」「地獄八景亡者戯《じごくばつけいもうじやのたわむれ》」）

軽業師。綱渡りをしていて墜落。そのまま冥土の旅に出る。閻魔の庁のお裁きで、地獄行きを言い渡される。罪状は「諸人の頭の上ではらはらする業を演じて諸人の寿命を縮めたこと」。それが商売だ、と抗議するも受け入れられず。針の山へ登れと言われるが、ほかの三人の亡者を肩に乗せて軽業の要領で登り、針を蹴折りながら降りて鬼どもを困らせた。「軽業」や「軽業講釈」では、幕末に実在したスター軽業師早竹虎吉の門人と紹介されている。（小佐田定雄）

付録

口上・言い立て
はなしの舞台
江戸・明治商売往来
色里のことば
落語用語

口上・言い立て

落語に登場する早口の言い回しやキレのいい啖呵、口上を再録した。演者によって内容、文言が異なる場合があるが、有名、著名の噺家によるものを優先した。

◇東京編

青菜

夏季の落語のまくらで、「涼しい」の言葉を使うことなく涼しさを演出する際に使われる。大田蜀山人作といわれる狂歌。

庭に水、新し畳《だたみ》、伊予すだれ、透綾《すきや》ちぢみに色白の髱《たぼ》

逆に、耐えられない暑さを演出する言葉は――。

西日差す、九尺二間に太っちょの（う）、背なで児が泣く飯が焦げ付く

鮑のし

婚礼の祝いに鮑を届けたために「磯の鮑の片思い」で縁起が悪いと追い返された甚兵衛に、兄貴分が知恵をつける。

鮑ってものはな、志州鳥羽浦で海女が採るんだ。海女ったって色の白いのは絵空事で、本当の海女は潮風に吹かれてっから色が真っ黒だ。その色の黒い海女が海、飛び込んで採った鮑をのしにすんのはな、後家でいけず、やもめでいけず、仲のいい夫婦が一晩、よらなきゃ、のしってものはできねえんだ。その根本の鮑をなんだって取れねえんだいちきしょうめ。一円じゃ安いや、五円よこせって言ってやれ。（古今亭志ん生）

居酒屋

小僧が、客から「肴は何が出来るんだ?」と問われて。

へーえぇぃ、出来ますものは、けんちん、おしたし、鱈《たら》昆布《こぶ》、鮟鱇《あんこう》のようなもの。鰤《ぶり》にお芋に酢だこでございます……へーえぇぃ。（三代目三遊亭金馬）

牛ほめ

おつむの弱い息子与太郎に、父親が教える新築祝いの言葉。

家は総体檜《ひのき》造りでございますな。左右の壁は大阪土の砂摺《すなず》りでございますな。天井は薩摩の鶉木《うずらもく》でございます

な。畳は備後《びんご》の五分縁《ごぶべり》でございますな。お庭は、総体御影《みかげ》造りでございますな。

父親が教えた新築祝いの口上も、息子与太郎にかかると——。

家は総体ヘノキ造りでございます……、佐兵衛のカカアは引きずりで……、天井は薩摩《さつま》芋《いも》と鶉豆《うずらまめ》……、畳は貧乏の五分縁で……、お庭は総体見掛け倒しで……。

つづいて、牛を褒める口上。

牛は天角地《てんかくじ》眼《がん》、一黒陸頭《いっこくろくとう》、耳《じ》小歯違《しょうはちが》いというんだ。角《つの》は天に向かい、眼は地をにらみ、毛は黒く、頭は平らで耳は小さく、歯の食い違っているのがいいんだ。（五代目柳家小さん）

阿武松

師匠 錣山《しころやま》親方が見た、入門の日の阿武松。

相撲道で最高の地位と言えば、横綱でございます。初代が野州宇都宮の人で明石志賀之助、その次が野州栃木の綾川五郎次、次が奥州二本松で丸山権太左衛門、四代目が奥州宮城郡で谷風梶之助。「わしが国さで見せたいものは、昔ゃ谷風、今、伊達模様」と唄にも残りました名力士。次が大津の小野川喜三郎。六代目の横綱が、能登の国鳳至郡《ふげしごおり》鵜川村、阿武松緑之助と言う、相撲道開けて六人目に横綱免許を受け取る男が、敷居越しにお辞儀をしている。

御神酒徳利

大坂鴻池の御嬢様の病を治す大役を託された善六だが、インチキ算盤占いではどうにもならず、観念しかけたところ、神奈川宿で因縁のあった新羽屋稲荷が夢枕に立ち、治療法を教えてくれる。柳家系の「占い八百屋」では、このくだりはない。

よっく承れ。その昔、聖徳太子、守屋の大臣《おとど》と仏法をあらそいし時、当地は難波堀江と申す一面の入り江である、湖である。その中に数多《あまた》の物体を打ちこんだるが、埋まり埋まって大坂という大都会にあいなった。大坂の土中には諸所に仏像金像が埋もれおる。当家は大家である。乾隅《いぬいずみ》の柱四十二本目を三尺五寸掘り下げみよ。一尺二寸の観世音の物体が現れる。これを崇めよ。娘の病気たちどころに全快なし、まった、当家は万代不易にこれあるぞ。夢だに疑うことなかれ……ああ、腹が減った。

掛取り

掛取りに来た芝居好きの酒屋の番頭に対し、八五郎が芝居調で、近江八景の景色を歌い込んで言い訳する。歌舞伎「弁慶上使」の声色に三味線、鳴物を入れて派手に演出する。

雪晴るる、比良の高嶺の夕まぐれ、（略）……浮見堂やつす甲斐もなく、膳所（ぜぜ＝銭）はなし、城は落ち、堅田に落つる雁（かりがね＝借りた金）の、貴殿に顔を粟津（あわづ＝会わす）のも、比良の暮雪の雪ならで、消ゆる思いを推量なし、今しばし唐崎の……」「松で（待って）くれろという謎か」「今年も過ぎて来年の、あの石山の秋の月」「九月下旬か？」「三井寺の鐘を合図に……」

がまの油

寺社の境内、縁日の人だかりで、紋付袴、白鉢巻、白襷という格好の香具師《やし》が、蟇の膏薬を売っている。

さ……、ご用とおいそぎでない方は、ゆっくりとお聞きなさい。遠目山越し笠のうち、ものの文色《あいろ》と理方《りかた》がわからぬ。山寺の鐘は、轟轟《こうこう》として鳴るといえど、童子《どうじ》一人《いちにん》来たり、鐘に撞木をあてざれば、鐘が鳴るやら撞木が鳴るやら、とんとその音色がわからぬが道理。だが、しかし、お立ち会い。てまえ持ちいだしたる棗《なつめ》の中には、一寸八分唐子ぜんまいの人形。日本には人形の細工人あまたあるといえど、京都にては守随《しゅずい》、大坂おもてにおいては竹田《たけだ》縫之《ぬいの》助《すけ》、近江の大掾《だいじょう》藤原の朝臣《あそん》。てまえ持ちいだしたるは、近江がつもり細工。咽喉《のんど》には八枚の歯車をしかけ、背なかには十二枚のこはぜをしかけ、大道に棗をすえおくときは、天の光と地のしめりを受け、陰陽合体いたしたるとき、棗のふたをぱっととる。……つかつか進むが、虎の小ばしり、虎ばしり、すずめの小間《こま》どり、小間がえし、孔雀、霊鳥の舞い、人形の芸当は十二通りある。だが、しかし、いや、お立ち会い。……放り銭投げ銭はおよしなさい。てまえ、大道に未熟なる稼業をいたすといえど、はばかりながら天下の町人。放り銭投げ銭はもらわぬ。しからば、何を稼業にするやというに、てまえ年来商うは蟇蟬噪《ひきせんそう》は四六《しろく》のがまの油。そういうがまは、おれのうちの縁の下、流しの下にもいるといった御仁があるが、それは俗にいうおたまがえる、ひきがえるといって、薬力《やくりき》や効能の足しにはならん。てまえ持ちいだしたるは、四六のがま。四六、五六はどこでわかる。前の足の指が四《し》本《ほん》、あと足の指が六本、これを名づけて四六のがま。このがまの棲めるところは、これよりはるぅ〜か北にあたる、筑波山のふもとにおいて、おんばこという露草《つゆぐさ》を食らう。このがまの油をとるには、五月に八月に十月、これを名づけてに五八十《ごはっそう》は四六のがまの油。四方に鏡を立て、下に金網をしき、その中にがまを追いこむ。がまは、おのれの姿が鏡にうつるのを見て、おのれの姿におのれとおどろき、たら〜り、たらりと油汗を流す。その油を下の金網にてすきとり、柳の小技をもって、三七二十一日のあいだ、とろ〜り、とろりと煮つめたるが、このがまの油。赤いは辰砂椰子《しんしゃやしう》の油、てれめんてえなにまんてえか、金創《きんそう》には切り傷、効能は、出痔《でぢ》、いぼ痔、はしり痔、よこね、がんがさ、そのほか、はれものいっさいに用いて効く。いつもは、一貝《ひとかい》で百文であるが、こんにちは披露目《ひろめ》のため、小貝《こがい》をそえて、二貝《ふたがい》で百文。……んー、それで、ああ、いや、たのむ……、このがまの……、ああ、いや、ただいま、ちょっと、ちょっと、ちょっと、お待ちを、まあ、ただいまちょっとお待ちを……。がまの油の効能はそればかりかというに、切れ物の切れ味を止めることは不思議。……さ、てまえ持ちいだしたるは鈍刀たりといえど、先が切れて、もとが切れぬというようなものではない。さ、お目の前にてご覧に入れる。抜けば玉散る氷の刃。白紙一枚試してご覧に入れる。さ……、一枚の紙が二枚、二枚が四枚、四枚が八枚、十六枚、三十二枚。春は三月落花のかたち、比良《ひら》の暮雪《ぼせつ》は、フウーッ……雪ふりのかたち。……かように切れる業物《わざもの》でも、差裏差表《さしうらさしおもて》へがまの油をぬるときは、白紙一枚容易に切れぬ。さあどうだ、お立ち会い、このとおり、切れ味はぴたりと止まる。白紙一枚容易に切れぬ。……顔を試してご覧に入れる。さあ、このとおり、たたいて切れぬ。先ほどの御仁のように、面の皮が千枚張りで厚いから切れぬのであろうなどという、口の悪い御仁がある。腕を試してご覧に入れる、さあ、このとおり、たたいて切れぬ。たたいて切れぬ、引いても切れぬ。ふきとるときはどうかというと、鉄の一寸板もまっ二つ。さあ、ちょっとさわったばかりで、このくらい切れる。しかしこんな傷は何の造作もない。がまの油をひと付けつければ、痛みが去って、血がぴたりと止まる。なんと、お立ち会い……。（三遊亭圓生）

金明竹

店番の松公（与太郎）に、使いの男が早口まくし立てる。

わて、中橋《なかばし》のなぁ、加賀屋佐吉方から参じましたん。へえ。先度《せんど》仲買の弥市《やいち》が取り次ぎました道具七品《ななしな》のうち、祐乗《ゆうじょ》、光乗《こうじょ》、宗乗《そうじょ》三作の三所物《みところもん》、ならびに備前長船《びぜんおさふね》の則《のり》光《みつ》、四分一拵《しぶいちごしら》え横谷《よこや》宗珉《そうみん》小柄《こづか》付きの脇差《わきざし》、柄前《つかまえ》はな、旦《だ》那《な》はんが古鉄刀木《ふるたがや》と言やはってやったが、やっぱり埋木《うもれぎ》じゃそうにな、木ぃが違《ちご》うとりまっさかいな、念のためちょとおことわり申します。次は、のんこの茶碗、黄檗《おうばく》山《さん》金明竹、寸胴《ずんどう》の花活《はないけ》、「古池や蛙とびこむ水の音」と申します、あれは風羅坊正筆《ふうらぼうしょうひつ》の掛物《かけもん》で、沢庵《たくあん》、木庵《もくあん》、隠元禅師《いんげんぜんじ》張交《はりま》ぜの小屏風《こびょうぶ》……あの屏風はなぁもし、わての旦那の檀那寺《だんなでら》が兵庫におましてなぁ、へえ。この兵庫の坊主の好みまする屏風じゃによって、表具へやり、兵庫の坊主の屏風にいたしますとな、かよう伝言《ことづけ》願います。

（三代目三遊亭金馬）

孝行糖

飴売りの口上。孝行息子の与太郎が、派手な衣裳に身をつつみ、鉦《かね》と太鼓を叩きながら言い立てる。

孝行糖、孝行糖、孝行糖の本来は、粳《うる》の小米に寒晒《かんざら》し、榧《かや》に銀杏《ぎんなん》、肉桂《にっき》に丁字《ちょうじ》、チャンチキチン、スケテンテン、昔々、唐土《もろこし》の二十四孝のその中で、老莱子《ろうらいし》といえる人、親を大事にしようとて、こしらえあげたる孝行糖、食べてみな、おいしいよ、また売れた、うれしいね。（三代目三遊亭金馬）

黄金餅①

西念《さんねん》坊主の死骸を、下谷山崎町から麻布《あざぶ》絶口釜無村《ぜっこうかまなしむら》の寺まで運ぶ道のり。現代の道筋とほとんど変わらない。

下谷の山崎町《やまざきちょう》を出まして、あれから上野の山下へ出て、三枚橋《さんまいばし》から上野広小路へ出まして、御成街道《おなりかいどう》から五軒町《ごけんちょう》へ出て、そのころ堀様と鳥居様のお屋敷の前をまっすぐに、筋違御門《すじかいごもん》から大通りへ出まして、神田の須田町へ出まして、新石町《しんごくちょう》から鍛冶町へ出まして、今川橋から本白銀町《ほんしろがねちょう》へ出まして、石町《こくちょう》から本町《ほんちょう》へ出まして室町《むろまち》から日本橋を渡りまして、通り四丁目から中橋《なかばし》へ出まして、南伝馬町《みなみてんまちょう》から京橋を渡ってまっすぐに、新橋を右に切れまして、土橋《どばし》から久保町《くぼまち》へ出まして、新し橋の通りをまっすぐに、愛宕下《あたごした》へ出て天徳寺《てんとくじ》を抜けて、飯倉《いいくら》六丁目から坂をあがって飯倉片町《かたまち》、おかめ団子という団子屋の前をまっすぐに、麻布の永坂《ながさか》をおりまして、十番へ出まして、大黒坂をあがって、一本松から麻布絶口釜無村《あざぶぜっこうかまなしむら》の木蓮寺《もくれんじ》に来たときには、ずいぶんみんなくたびれた……、あたしもくたびれた。（古今亭志ん生）

黄金餅②

西念坊主の葬儀で、和尚が読むお経。

チーン、南無阿弥陀ぁ……、金魚、金魚、金魚、金魚、三《みい》金魚、最初《はな》の金魚いい金魚、中の金魚出目金魚、あとの金魚下等《せこ》金魚……、天神、天神、三《みい》天神、なまりの天神いい天神、虎が鳴く、虎が鳴く、虎が鳴いてはたいへんだ、犬の子は……、チーン、なんじ、元来ひょっとこのごとし……、君と別れて松原ゆけば、松の露やら涙やら、あじゃらか、なとせの、きゅうらいす、てけれっつのぱあ……。（古今亭志ん生）

五人廻し

花魁《おいらん》にフラれたうえ、若い衆にぞんざいな扱いを受けて怒り心頭に発した江戸っ子客が、知りうる限りの廓の知識を総動員して、啖呵を切る。吉原の歴史をほぼ忠実に再現している。

そもそも吉原というところはな、元和三年に庄司というお節介野郎が江戸の町から淫売をなくそうってんで御公儀に願って出て初めて出来たんだ。ええ？ 端《はな》っからここにあったんじゃあねェぞ。もとは日本橋葺屋町《ふきやちょう》二面四方にあったんだが、ここは以前《もと》はな、葦が茂った原だったんだ。なあ、だから葦原。縁起商売だから吉原《きちげん》と書いて吉原《よしわら》と読ましたんだい。江戸の町もだんだんだん開けてきた。なあ、町中にこういうものがあったんじゃ具合が悪いからってんで替地を命じここに移ってきたんだ、なあ。日本橋のほうを元吉原、こっちを新吉原ってんだ。わかったかい、こんちきしょう。なあ、ええ？ それから左っ手に伏見町があらァ、なあ？ うん。その先は江戸町一丁目二丁目、なあ、ええ？ それから揚屋《あげや》町に角《すみ》町だァ、ええ？ 奥は京町《きょうまち》一丁目二丁目、ええ？ これァおめえ、なあ、五箇町《ごかまち》ってんだ。よく覚えとけ、こんちきしょう、なあ、え？ いいか、今この吉原にな、茶屋が何軒あって、女郎屋は大見世が何軒、中見世が何軒、小見世が何軒あってよ、女郎の数が何人で、なあ、どこの見世は誰が御職《おしょく》を張っていて、どういう男が間夫《まぶ》にとらいてるのか、どこの見世のどういう妓《おんな》がいつどっから住み替いてきたのか、ええ？　（その妓の）源氏名は当たり前《めえ》だい、本名からどこの出身かまでちゃあんとわかってるんだ、こちとらァ本当にィ。ええ？　なあ。横町の芸者が何人いてよ、どういうきっかけでもって芸者ンなって、ええ？　どんな芸が得意で幇間《たいこ》が何人いてどういう客を持ってんのか、ええ？　おめえなんぞそんなことは知るめえ本当にィ！　こっちァ何でも知ってるんだ本当にィ！　なあ、ええ？　台屋の数がそうでェ。何十軒あって、え？　おでん屋だどことどことどこンところイいて、どこのおでん屋の汁が甘《あめ》ェだの辛いだの、ええ？　こっちのおでん屋ははんぺんがうめえがちくわがあんまりうまくねェなんてェのもちゃあんとこっちは心得てるんだ、なあ、雨が降らァ、雨が、なあ？　この吉原ンところイな、え？　あっちこっちに水たまりができんだ。てめえなんぞドジだからそういうところイ足を踏ん込むだろう。ええ？　おれなんざァどこンところイどういう形のどんな大きさの、え？　水ったまりができるか、ちゃあんと知ってるからな、目ェつぶったってそういう中に足を入れねェで歩いていかれんだい。ええ？　水道尻にしてある犬のくそだって、黒《くろ》犬がしたのか斑《ぶち》犬がしたのか茶《ちゃ》犬がしたのか、ええ？　端から順ににおいを嗅ぎ分けようてエお兄《あに》いさんでエい！　まごまごしやがるとってェと頭から塩ぶっかけて齧《かじ》るぞ、こんちきしょう！（古今亭志ん朝）

蒟蒻問答

破れ寺の住職と偽った蒟蒻屋六兵衛と寺の描写。

竜の鬚《ひげ》を踏み熊笹を分け、玄関の障子を左右に開く。寺は古いが広々《こうこう》としたもので、高麗縁《こうらいべり》の薄畳は雨漏りに黄ばみ、安信《やすのぶ》の描きしか格天井《ごうてんじょう》の雲竜《うんりょう》は鼠の小便にてご紛《ふん》失《じ》と相成り、金泥《きんでい》の丸柱は剝げわたり、運慶の彫りか欄間の天人《てんにん》は蜘蛛の巣に閉じられ、籏天蓋《はたてんがい》は朝風に翩翻《へんぽん》とひるがえり、正面には釈迦牟尼仏《しゃかむにぶつ》、右手の方《かた》には曹洞達《そうとうだる》磨《ま》大師《だいし》、左手の方には高祖道元禅師《こうそどうげんぜんじ》、三体の尊像を安置してありまするが、いずれも塗りは剝がれて煤《すす》をあびる、一段前に法壇を設け、一人《いちにん》の老僧、頭《かしら》には法子《ほうし》をいただき、手には払子《ほっす》をたずさえ、坐禅観法寂寞《ざぜんかんぽうじゃくまく》と控えしは、当山の大和尚とは真っ赤ないつわり、何にも知らない蒟蒻屋の六兵衛さん。（古今亭志ん朝）

三方一両損

「(拾った三両の金を)なぜ我が物にしなかった」と問われた大工の金太郎が、大岡越前守に涙ながらに憤って見せる。

はばかりながらあっしァねえ、そんな三両ばかりの金をもらって、猫糞《ねこばば》するような、そーんなさもしい料簡を持っているんだったら、とうの昔にこちァねえ、立派な親方ンなってるんでエ。ええ? こっちァ生涯え親方なんぞにはなりたくねえ、人間というものは、出世するような、そんな災難に遭いたくねえと思やこそ、あっしァ朝晩、神棚に手を……。(古今亭志ん朝)

締め込み

夫婦げんかのさなか、女房が昔、亭主に言われた口説き文句を述べ始める。

あたしが台所で働いてると、ちょうどお前さんが仕事に来てて、あたしの袖を引っ張ったんだ。「お福さんお福さん」「なんだい」「ほかのこっちゃないけども、友達が、お前とあたしともっぱら怪しいてえ評判だから、本当に怪しくなろうじゃねえか」。そう言やがった畜生め。そん時なんてった……「ご主人持ちだし、うちの両親てものは堅い人だから、お前さんがそういう気なら、順に話をしてもらって、立派なお前さんのおかみさんになろうじゃないか」「そんなこっちゃ待っちゃいられないから、さ、言うことを聞け、聞くか聞かないか、聞けばよし、聞かなきゃこの出刃だ、うんか出刃か、うん出刃か」って言やがる……(八代目桂文楽)

寿限無

和尚が付けた長寿で縁起のいい名前。「五劫のすりきれず」、「やぶらこうじのやぶこうじ」とする型もある。

寿限無寿限無、五劫《ごこう》のすりきれ、海砂利水魚の水行末、雲来末、風来末、食う寝るところに住むところ、やぶらこうじのぶらこうじ、パイポパイポ、パイポのシューリンガン、シューリンガンのグーリンダイ、グーリンダイのポンポコピーのポンポコナーの長久命の長助。

城木屋

殺人未遂を犯して逃げた番頭丈八が、大岡越前の取り調べに対して神妙に答える。

白状申し上げます。お嬢様のことは、もう、『東海道五十三次』より思いつめ、花の下も日本橋、お駒さまの色品川に迷い、川崎ざきの評判にもあんな女を神奈《かんな》川に持ったなら、さど程もよし保土ヶ谷と、戸塚まえてくどいてみたが頭《かぶり》も藤沢、平塚ぬ間も大磯っと婿話。どうかこの事が小田原になればよいと、箱根の山ほど夢にも三島、たとえ沼津、食わずにおりましても原は吉原いまいましいと蒲原立てても、口には由比かね、寝つ興津、江尻もじりいたしておりました。（三遊亭圓生）

鈴ふり（十八檀林《じゅうはちだんりん》）

古今亭志ん生版「鈴ふり」のまくらに登場。

大僧正の位となるまでの修行は大変。それは「十八檀林」というものを、寺をぬけてゆかなきゃ大僧正になれない。そのいちばん最初《はな》、その修行の、十八檀林のいちばん最初へ飛び込むのはてえと、下谷に幡随院という寺があった。その幡随院に入って修行をして、その幡随院をぬけて、鴻巣の勝願寺という寺へ入る。この勝願寺をぬけまして、川越の蓮馨寺《れんげじ》へ入る。蓮馨寺をぬけて滝山の大善寺という寺へ入る。大善寺をぬけまして、里見の大巖寺という寺へ入ります。大巖寺をぬけて、そうして、館林の善導寺へ入って、本所の霊山寺《りょうぜんじ》へ入り、結城の弘経寺《ぐぎょうじ》へ入って、紫の衣一枚と、それまで修行をしなければならない。それから、飯沼の弘経寺という寺へ入って、ここは十八檀林のうちで「隠居檀林」といって、この寺でたいがいもう身体が尽きちゃう。先へは進めない。そこでみんな参っちゃう。そこをもう一心になって、修行をしてこの寺をぬけて深川の霊巌寺へ入り、霊巌寺をぬけて新田《にった》の大光院《だいこういん》へ入って、水戸の常福寺に入って、そうして紫の衣二枚となって、それより小石川の伝通院へ入り、伝通院をぬけて、鎌倉の光明寺《こうみょうじ》へ入って、光明寺を出て、緋の衣一枚となって、それより芝の増上寺へ入って、増上寺で修行をして、緋の衣二枚になって、大僧正の位になる、ここまでの修行が大変。（古今亭志ん生）

「十八檀林」とは、関東にある浄土宗の十八か所の学問所で、後に僧侶の養成機関となったもの。増上寺・伝通院・幡随院・霊巌寺・霊山寺（以上江戸）、浄国寺（武蔵岩槻）、大善寺（武蔵八王子）、勝願寺（武蔵鴻巣）、蓮馨寺（武蔵川越）、光明寺（鎌倉）、常福寺（常陸瓜連）、大念寺（常陸江戸崎）、弘経寺（下総飯沼）、弘経寺（下総結城）、東漸寺（下総小金）、

大巖寺（下総生実）、大光院（上野太田）、善導寺（上野館林）の称。（小学館『日本国語大辞典』）

大工調べ

家賃の日延べを認めない因業な大家に腹を立てた、棟梁政五郎が吐く啖呵。

やい、こんちくしょう！　……べらぼうめ。大きな声はこちとらの地声だ。てめえが（大工道具を）渡さねえってから、こっちはいらねえって言ってるんだ。こんど渡すったって、素直には受け取らねえから、そのつもりでいろ、この丸太ん棒！　……てめえなんざ目も鼻もねえ、血も涙もねえ、のっぺら棒の野郎だから、丸太ん棒って言ってんだ。よく覚えておきやがれ、このキンカクシ！

……四角くて汚ねえから、キンカクシってんだ。おう、呆助《ほうすけ》、藤十郎《とうじゅうろう》、珍毛唐《ちんけいとう》、芋《いも》っ掘《ぼ》り、蕪《かぶ》っかじりめ！　てめえっちに頭を下げるお兄いさんとは、お兄いさんの出来が少ぉしばかりちがうんでえ。大家さん、大家さんとおだてりゃ、すっかりその気になりやがって。誰のお蔭でてめえなんぞ、大家だ、町役《ちょうやく》だのと言われるようになったんでえ。昔のことを忘れんねえ！　……ようし、じゃあ、おれがここでもってな、てめえの氏素姓をすっぱぬいてやるから、それを聞きやがって、びっくりして赤くなったり青くなったりすんなよ。

……おう、おめえなんざぁな、元はどこの馬の骨だか牛の骨だかわからねえで、この町内に流れ込んできやがった。そのときの様《ざま》は何でえ。寒空に向かい洗いざらしの浴衣一枚でもって、がたがたふるえてやがって。「どうぞみなさん、よろしくお願いします」ってんで、みんなの前でぺこぺこ頭を下げたことを忘れはしめえ。さいわい、この町内の人はみんなお慈悲深《ぶけ》えや、「かわいそうだから何とかしてやりましょう」ってんで、てめえはここの常番になったんだ。二文、三文の使《つか》い銭《ぜに》もらいやがって、てめえなんぞ使《つけ》え奴《やっこ》じゃねえか。「おい、源六さん、この手紙持ってあっちへ行っとくれ」「へい」「この手紙持って向こうへ行っとくれ」「いえ、向こうへは行かれません」「どうしてだい」「向こうの方から風が吹いてきます。わたくし、お腹がすいてますから、風に向かっちゃ歩けません」てんで、風のまにまにふわふわしてやがって、この風吹《かざふ》き烏《がらす》め！　そのてめえの運の向いたのは何だ、六兵衛番太が死んだからじゃねえか。六兵衛のことを忘れるってえと、てめえなんざバチが当たるぞ、ほんとに。「おい、源六さん、腹がへったら、この芋を持っていきなよ。寒かったら、あたしの袢纏《はんてん》を着なよ」ってんで、何くれとなくおめえの面倒を見てた。その恩を仇で返《けえ》しやがって。何やったってそうじゃねえか。……おい、そこにいるばばあは何でえ。元は六兵衛のかかあじゃねえか。その時分、ぶくぶくぶく太りやがって、色の生《なま》っ白《ちろ》い、いやらしいばばあだった。そのばばあがな、六兵衛がポックリといっちゃったあと、一人でいてさびしいばかりじゃねえや、人手のねえところをつけ込みやがって、「ばあさん、芋を洗いましょう。薪を割りましょう」てんで、親切ごかしにずるずるべったり、この家に入《へい》り込みやがったんだ。二人でろくに食う物も食わねえで、爪に火をともすようにしやがって金を貯めてよう、それを高い利息で貧乏人に貸し付けて、てめえのためには何人が泣かされてるかわからねえんだい。そんな怨みのかかった金でもって家主の株買いやがって、大家でござい、町役でござい。何を言いやがるんだ、町役が聞いてあきれるぜ。大悪《おおあく》だ、てめえなんざ。

芋だってそうだよ。六兵衛が売ってた芋ってのはな、川越《かわごえ》の本場の芋だ。これを厚っぺらに切って焚付《たきつ》けを惜しまねえから、うめえ芋だ。八つ刻になってみろよ、ほかの町内からわざわざ買いにきてな、六兵衛の家は黒山の人だかりだ。てめえの代になって、そんなことがあったか。場違《ばちげ》えな芋買ってきて焚付け惜しむから、なま焼けのガリガリの芋じゃねえか。それを食って腹ぁ下して死んだやつが何人いるか、わからねえんだ。この人殺し！

（古今亭志ん朝）

たらちね①

念願の女房をもらうことになって舞い上がる、八五郎の新婚生活の妄想。

箸《はし》だって、細いんじゃ握りでがねぇから、丸太ん棒てえわけにゃぁいかねえが、杉箸かなんかで、ざくざくっとかっ込むねえ。箸が茶碗のふちぃ当たるとごつごつっていやがる。沢庵だって小さく切っちゃ歯ごたえがねえから、丸っかじりかなんかで、ぽりぽりっとくらあ。かみさんのほうはやさしいよ。さぁくさくぅのちんちろりんのぽぉりぽり。さぁくさくぅのちんちろりんのぽぉりぽりのぽぉりぽり、ざぁくざくぅのごぉつごつぅのばぁりばりぃ……。

たらちね②

新婦清（千代）が、八五郎に名前を問われて——。

みずから事の姓名は、父はもと京都の産にして、姓は安藤、名は敬蔵《けいぞう》、字《あざな》を五光《ごこう》。母は千代（清）女と申せしが、三十三歳の折、ある夜タンチョウを夢見てはらめるがゆえに、たらちねの胎内を出でし時は、鶴女と申せしが、それは幼名。成長の後、これを改め、清（千代）女と申しはべるなり。

天災

心学の先生紅羅坊名丸が、乱暴者の八五郎に人の道を教える。

梁《はり》を行く鼠の道も道なれや、同じ道なら人の行く道——道のほかに人なし、人のほかに道なし、道は片時もはなれるものはない、はなれるものはこれ道に非ず、烏《からす》に反《はん》哺《ぼ》の孝えあり、鳩に三枝《さんし》の礼儀あり、羊はひざまずいて親の乳を吸う。雀は忠と鳴き、烏は孝と鳴く、鳥類でさえ忠孝《ちゅうこう》忠孝と鳴く。ましてや万物の霊長たる人間は、忠孝とないてもらいたい。

さらに、堪忍《かんにん》の心持ちを——。

「堪忍のなる堪忍は誰もする、ならぬ堪忍するが堪忍」「堪忍の袋をつねに胸に掛け、破れたら縫え破れたら縫え」。東照神君家康公の申されたことだそうだ。（続けて）「手折《たお》らるる人に薫るや梅の花」「気に入らぬ風もあろうに柳かな」「憎むとも憎み返すな憎まれて、憎み憎まれ果てしなければ」「負けて退《の》く人を弱きと侮るな、知恵の力の強き故なり」。

帰宅した八五郎が隣家の夫婦げんかに口をはさみ、聞きかじった「人の道」を教えるが……。

梁を行く道に鼬《いたち》の道、猫の道、犬の道、血の道……、烏はカアカア雀はチュウチュウ……、狐コンコン雉子《きじ》ケンケン、犬ワンワン猫ニャゴニャゴ」（続けて）「いいかい……、気に入らぬ風もあろうに蛙《かわず》かなってんだ。蛙は柳で、柳は柔らけえや。南風は生暖《なまあたた》けえし、北風は寒いし、東風は雨が降らあ」「堪忍の……、奈良の神主と駿河の神主が首へ頭陀袋《ずだぶくろ》をぶらさげたんだ」。（八代目林家正蔵〈彦六〉）

厄払い

節分の厄払いに出掛ける与太郎が、伯父から教えられた口上。

あァらめでたいな、めでたいな。今晩今宵の御祝儀に、めでたきことにて払おうなら、まず一夜明ければ元朝の門《かど》に松竹、しめ飾り、床《とこ》に橙《だいだい》、鏡餅、蓬莱山に舞い遊ぶ鶴は千年、亀は万年、東方朔《とうぼうさく》は八千歳《ざい》、浦島太郎は三千年、三浦の大助《おおすけ》百六つ、この三長年《ちょうねん》が集まりて、酒盛りいたす折からに、悪魔外道《げどう》が飛んで出《い》で、妨げなさんとするところ、この厄払いがかいつかみ、西の海へと思えども、蓬莱山のことなれば、須弥山《しゅみせん》の方《かた》へさらァり、さらり。（八代目桂文楽）

やんま久次

実家に遊びの金を借りに行ったばっかりに、兄貴に怒鳴られ、剣術の師に「腹を切れ」と迫られ、泣いて「真人間になる」と誓った久次の、最後の最後に放った啖呵。

手前達《てめえたち》には飛びっきりの肴の味も、喰らいつきたいようないい女を手籠めにするような乙な味も、生涯《しょうげえ》知ることはあるめェ。そうしてお前たちは歳をとれ。俺ァ真っ平御免だ。人間五十年、俺のやりてェ事をやって生きるまでの事だ。手前達木偶《でく》の坊に意見をされてたまるものかいっ。大べらぼうめェ！（五街道雲助）

◇上方編

景清

景清の目玉をもらった定次郎が、大名行列に暴れこんだときに語る自己紹介。

我が名が聞きたくば言っても聞かさん。耳をさらえて、承れ。過ぎし源平の戦いに、あえなく散りし平家の一門。我、無念ながら戦場を斬り抜け、一太刀たりとも頼朝を恨まんと、諸所うかがう内、南都東大寺大仏供養と承り、夜叉法師となって入り込みしを、無念や、畠山重忠に見顕《あらわ》され、六角堂の獄舎につながれしが、頼朝には我が器量を惜しみて「我に随身なさば平家倍増しの知行にて召しかかえん」とありしが、「暑くとも悪木《あくぼく》の影に佇もうや。渇しても盗泉の水食らわず」と義者のいましめ。我に両眼ある時は、頼朝を仇と狙おうや。我と我が手に両眼くり抜き、当音羽山へ奉納せり。いま我が祈願によりて、その両眼さずかる上からは、姿かたちは変われども、とりもなおさず平家の一門、悪七兵衛景清なり。うぬらごときに「下におろう」のいわれあらん。奇っ怪千万、なにを小癪《こしゃく》な。

（三代目林家染丸）

くっしゃみ講釈

「くっしゃみ講釈」に限らず「軽業講釈」「居候講釈」「狼講釈」など、上方落語の中で演じられる部分。

お早々からのお詰めかけさまにて、ありがたく御礼を申し上げます。毎夜、読み上げておりまするは、いずくの島々谷々津々浦々へ参りましても、御馴染深きところは「元禄快挙録」は「義士銘々伝」のお噂。後席は「浪花侠客伝　誰が袖の音吉」。前席、お人固めとして伺いまするは慶元両度は「難波戦記」のお噂。

頃は慶長の十九年も相改まり明くれば元和元年五月七日の儀に候や。大坂城中千畳敷、御《おん》ご上段の間には内大臣秀頼公、御《おん》左《ひんだり》座《ざ》にはご母公淀君、介添えとして大野《おおの》道犬《どうけん》主馬《しゅめ》修理《しゅり》之《の》助数馬《すけかずま》。軍師には真田左《さ》衛門尉《えもんのじょう》海野《うんの》幸村、同名倅大助幸昌。四天王の面々には木村長門守重成、長《ちょう》宗我部《そがべ》宮内少輔秦元親《くないのしょうゆはたもとちか》、薄田隼人正紀兼相《すすきだはやとのしょうきのかねすけ》、後藤又兵《ごとうまたびょう》衛《え》基次《もとつぐ》。七手組番頭《ばんがしら》には伊藤丹後守、早水甲斐守ら、いずれも持ち口持ち口を手配ったりしが。今や遅しと相待ったるところへ、関東方の同勢五万三千余騎、辰の一点より城中目がけて押し寄せたりしが、中にも先手の大将、その日の出立いかにと見てあらば、黒革縅の大鎧には白檀磨きの籠手脛当、鹿の角前立打ったる五枚錣の兜を猪首に着なし、駒は名にしおう荒鹿毛《あらしかげ》と名付けたる名馬には金覆輪《きんぷくりん》の鞍を掛け、ゆらーりがしっと。うちまたがり、駒の表には三十八貫目三十八粒打ったる金采棒《かなさいぼう》を軽々と引っ提げ、黒白《こくびやく》二段の手綱をかいぐり、あたかも城中目がけてハイヨートウトウトウトウ。タタッタッタッタッタッタッタッと打ち寄せたりしが。大手の門前に突っ立ち上がり、天地も割るる大音声。「やあやあ遠からん者は音に聞け。近くば寄って目にも見よ。我こそは駿遠三《しゅんえんざん》、三か国に、その名ありと知られたる本多平八郎忠勝が一子、同名忠政とは我がことなり。我と思わん者あれば、我が首取って功名せよ」と大音声に呼ばわったり。この時、大坂方にては「やあ、憎き本多のふるまいかな」と大手の門を八文字に押し開き……。

口入屋

口入屋から紹介されてやって来た新人に面接したご寮人さんが「針（裁縫）のほうはどうや?」と質問すると……。

もう、お針てなこと言われますと穴があったら入りたいように存じます。死にました母親からちょっと手ほどきをしてもらいましただけでございますので、ただもう袷《あわせ》が一通り、単衣《ひとえ》もんが一通り、綿入れが一通り、羽織に袴、とんびにマントに十徳、被布コート、その他、針のかかるもんでございましたら、綱抜《つなぬ》き（毛皮で作った乗馬用、狩猟用の沓）から雪駄の裏皮、畳の表替え、こうもり傘の修繕もいたします。

驚いたご寮人さんが三味線の腕前をたずねると……

もう三味線なんか言われますと消え入りたいように存じます。これも小さい時分に、死にました母親から糸道をつけてもらいましただけでございますので、ただもう地唄が百ほどと、江戸唄が百五、六十上がっただけでございまして、義太夫が三十段ばかり、常磐津に清元、新内、荻江に薗八、一中節。都都逸、大津絵、騒ぎ唄。よしこの、祭文、ちょんがれ、あほだら経……。鳴物も少々かじりまして、大鼓に小鼓は申すに及ばず、大太鼓に締め太鼓に甲太鼓《かんだいこ》。篠笛、尺八、笙篳篥《しょうひちりき》。月琴《げっきん》、木琴、鈴《りん》、チャンポン。銅鑼に四竹《よつだけ》、半鐘にほら貝……。

お子たちが夜習いでもあそばすようでございましたら卒爾《そうじ》ながらお手本ぐらいは書かせていただきます。書はお家流で仮名は菊川流でございます。盆画、盆石、香も少しは利きわけますで。お点前は裏千家、花は池坊、お作法は小笠原流。謡曲は観世流、剣術は一刀流、馬は大坪流、槍は宝蔵院流、柔術は渋川流で、軍学は山鹿流、忍術は甲賀流。そのほか大砲の据え方、鉄砲の撃ち方、地雷の伏せ方、狼煙《のろし》の上げ方……（桂米朝）

骨釣《こつつ》り

安治川口に流れ着いた髑髏《しゃりこうべ》供養の礼にやって来た石川五右衛門の台詞。

思いおこせば、おゝそれよ。我、京都三条河原にて処刑され、首足《しゅそく》、所を変えたり。五体はバラバラに切りほどかれ、流れ流れて大川の、中洲に醜き軀《かばね》を晒す。「やんぬるかな」と嘆く折から、あらありがたの今日のご回向。せめて御礼に参上なし、閨中のお伽などつかまつらん。

（桂米朝）

猫の忠信

常吉に化けて稽古屋に入り込んでいた猫が正体を現して自ら

の境遇を切々と語る。「義経千本桜」狐忠信のパロディ。

申します。もーしします。頃は人皇《にんのう》百六代、正親町《おおぎまち》天皇の御宇《ぎょう》。山城大和二か国に田鼠《でんそ》といえる鼠はびこり、民百姓の悲しみに、時の博士に占わせしに、高貴の方に飼われたる、素性正しき三毛猫の、生皮をもて三味に張り、天に向かいて弾くときは、田鼠ただちに去るとある。私の両親は、伏見院さまのお手元に飼われ、受けし果報が仇となり、生皮剝がれ三味に張られました。その時はまだ仔猫の私、父恋し、母恋し、ゴロニャンニャンと鳴くばかり。流れ流れてその三味が、ご当家さまにありと聞き、かく常吉さまの姿をば借り受け、当家へこそは入り込みしが……あれあれあれ、あれにかかりしあの三味の、表皮は父の皮、裏皮は母の皮。わたくしはあの三味線の子でございます。（桂米朝）

東の旅（発端）

昔の大阪の寄席では一番最初に高座に上がる前座は、見台を「タタキ」と呼ばれる張り扇と小拍子で交互に叩きながら、旅の噺を演じるのを常としていた。叩きながら前座を務めるので「前たたき」と呼ばれていた。

ようよう上がりました私が初席一番叟でございます。お後、二番叟に三番叟、四番叟には五番叟。御伴僧にお住持に旗に天蓋に銅鑼に鐃鈸《にょうはち》、影灯籠に白張りと、こない申しますと、こらまあ葬礼《そうれん》のことで。なんや、上がるなり葬礼のこと言うて、「縁起《げん》の悪いやっちゃ」とお叱りがあるかもしれませんが、決してそやないんで。至って縁起のええことを申してております。（中略）旅の噺もいろいろございますが、やはり一番陽気なんは「東の旅」……お伊勢詣のお噂ですな。（桂米朝）

東の旅（野辺）

伊勢へ向かう道中。「伊勢音頭」を歌いながら賑やかに行く道者（団体旅行）の一団とすれ違った喜六が、清八に「あれに負けんように陽気に行けんか」と相談する。清八は「あとづけ」という尻取り遊びを提案する。

そもそも妹背《いもせ》の始まりは。童小賢《わらべこざか》し牛売らぬ。うらの暮雪の雪よりも。よりもちっくり愛らしや。らしや（頭）が回らな尾が回らん。まわらぬ（俵の）藤太秀郷は。さとは小町のももとせも。もとせ（元手）も薄い小商い。そ商い者の煮え太り。ふとり（ひとり）娘のお染とて。そめとてここに須磨の浦。のうら（三浦）の大助百六つ。むつらむつらと恋こがれ。こいこがれ（ここまで）ござれ甘酒を。甘酒飲まそ猪口《ちょこ》出しゃれ。（同）

東の旅（**軽業**）

伊勢詣りの途中、立ち寄った村の祭礼で興行していた軽業小屋で披露される綱渡りの口上。

東西。一座高うはございまするが、御免お許しなこうむり、不弁舌なる口上なもって申し上げ奉ります。このたび、当白髭大明神屋根替え正遷宮につき、我々一座、お招きにあずかりましたなれども、ご当地は花の御地と承り、未熟不鍛錬なる我々、再三ご辞退いたしましたなれども、たってとのお勧めに従い、おこがましくも推参仕り、初日を出だしますやいなや、かくは永当永当のお運びをいただき、太夫元、勘進元は申すに及ばず、出方一同、物数ならぬ私に至りますまでが、ありがたき幸せに存じ上げ奉ります。

東西。まだまだ申し述べたき口上はござりまするが、長口上は芸当番数の妨げ。楽屋内にて太夫身支度な整いますれば、お目通り、正座までは控えされまあす。

東西。あれに控えましたる太夫、名目の儀は早竹虎吉が門人にて和矢竹野良一《わやたけのらいち》と申します。お目見得お引き合わせ相すみましたる上からは、舞台なかばにおきまして、芸当二度の身支度に、ヤ、取りかからせまあす。

東西。太夫、身支度な整いますれば、あれへしつらえたる蓮台へと足を移す。蓮台は次第次第にせり上がりましょうならば、この儀なぞらえ、出世は鯉の滝登り。

東西。首尾よく頂上まで登りつめたる上からは、こなたよりあなたへ張り置きましたる綱の上へと足《そく》を移す。まずしばらくは足調べ《そくしら》。深草の少将は小町がもとへ通いの足取り《そくど》……。野中に立った一本杉……。達磨大師は座禅の型……。邯鄲《かんたん》は夢の手枕……。名古屋名城は金のしゃちほこ立ち……。義経は八艘跳び。

東西。これまでは首尾よう勤め終わりましたなれども、いよいよこれからは太夫身にとり千番に一番の兼ね合い。綱の半ばに置きまして両手片足の縁を放す。まずしばらくは沖の大船《たいせん》、船揺りーっ。

ここからは「錣《しころ》」というリズミカルな囃子で語られる。

あ、さて、あ、さて、さて錆びたりな赤鰯。言わしておいて笑おでな、お手鳴るほうへ鳴るほうへ、ほえから落ちる簪《かんざし》を、かんざせ戻せと言うお軽。お軽い口の平右衛門、衣文つくろうそのひまに、ひま入った九太夫が石になる。石食うたむくいか伴内が、伴内頼む奥座敷。座敷は斬られて血ぃまみれ、まみれつこけつ来る力弥。力弥由良助はまだ来ぬか、小糠一升がただ五文。

（さてに雀は仙台さんの御紋）御紋どころは菊と桐。桐と褌《ふんどし》ゃかかねばならぬ。ならぬ旅籠《はたご》屋三輪の茶屋。茶屋の姐貴が飛んで出て、だまされしゃんすなお若い衆。わたしも若い時ゃ二度三度、だまされたしょんがいな。おっと違うた、うちの太夫さんの軽業は、綱のなかばにおきまして、あちらへユラリ、こちらへユラリ、ユーラリユラリ、落ちると見せて、足《そく》にて止める。この儀なぞらえ、古いやっちゃが、野田の古跡は下がり藤の、かるわざ、かるわざーっ！（同）

「さて錆びたりな」という「仮名手本忠臣蔵　七段目」の文句から入る場合は「さてに雀は仙台さんの御紋」は飛ばす。現行では「さて錆びたりな」以下の文句は飛ばして「さてに雀は」からスタートすることが多い。

東の旅（こぶ弁慶）

男の右肩から出現した弁慶が、大名行列に暴れこんだ時に語る自己紹介。

我が名が聞きたくば名乗って聞かせん。耳をさらえて、よく承れ。我を誰とかなす。天津児屋根命《あまつこやねのみこと》、中《なか》の関白道《かんぱくみち》隆公《たかこう》の後胤《こういん》にして、母は二位大納言《にいだいなごん》の娘、熊野参籠《さんろう》の折から別当《べっと》弁真《べんしん》と心を通わし、ついに夫婦の契約をなせしが、十八か月経って男子《なんし》出生《しゅっしょう》。幼名を鬼若丸と名付く。播州書写山圓教寺《ばんしゅうしょしゃさんえんきょうじ》にて観慶阿闍梨《かんけいあじゃり》の弟子となる。誕生《たんじょう》水《すい》、別当の屋敷に古跡を残し、それより京都へ上り、比叡山にて武蔵といえる荒法師あり。我その二代を継ぎ、観慶阿闍梨の「慶」の字と、父弁真の「弁」の字と、これを合わせて「武蔵坊弁慶」と名乗る。我、宿願の仔細あって、五条の天神へ丑の刻詣りの折から、橋にて牛若丸と出会い、名乗れば源家《げんけ》の御曹司、それより弁慶二十余年の栄華の夢、くまなく晴れて京都を払い、屋島壇ノ浦の戦いに、頼朝義経不和となり、奥、秀衡《ひでひら》を頼んで下向なる。我は衣川にて立ち往生。義経《ぎけい》大明神といわいこまれるまで、君の御供なしたるこの弁慶。汝らごときの下に居ようや。奇っ怪千万、なにを小癪な。（同）

船弁慶

大阪のおばちゃんの「おしゃべり」といえば、「船弁慶」に登場するお松が代表格。「雀のお松」、「雷のお松」と二つ名をとった婦人である。真夏に上町の伯父さんを見舞った際の説明である。

おお暑やのーお。まあ、お徳さん、おおきにはばかりさん。暑いやおまへんかあ。昨日もな、上町のおっさんとこから呼びに来たんで、行たところがあほらしい、ほんの風邪ひきでんねやないかいな。それに大層にあのおっさん、今にも死にそうな声だしてウンウン唸ってまんの。わたいの顔色見るなりケロッとした顔してな、「よう来てくれたな。おまえに逢いたかったんやで。西瓜の冷えたんあるさかい食べへんか。おれも一切れ付き合うで」て、こんなこと言うてまんねがな。開いた口もふさがれへんねやわ。帰ろと思うたら「せっかく来たんやさかい、ゆっくり遊んでいにいな」て。ベラベラしゃべってたらあんじょう晩になってしもうて、晩ご飯よばれて箸置くなり帰るわけにもいきまへんやないか。世間話してたら、いつもの伯母はんの息子自慢。とうとう夜が更けてしもうて、「女の一人歩きは危ないさかい。まあ泊《ま》っていに。喜やんもまんざら怒りもせえへんわいな」て言うさかい、わたい、泊めてもうて、朝ご飯よばれて帰ろうと思うたら、お医者はんが来はってなあ。伯母はん、「薬をもろて来るさかい、それまで店番しといとう」いうて、店番してたらとっかけひっかけお客さんが来まんの。とうとうお昼になってしもて。昼ごはんよばれて帰ろと思うたら、「お日ぃさんがカンカン照ってんねんさかい、片影になるまでゆっくり昼寝していきいな」「あほらしい。わて、ついぞこの年になるまで昼寝してしたことないがな」言うてる間にウッウッとしてしもうて。目え開いたら三時やおまへんか。びっくりして帰ろと思うたら「おまえが起きたら食べさそと思うて素麵がゆがいたあんねん。もうできあがるさかい食べていにいな」て。わてもいやしいやおまへんか。こんなお茶碗に二杯もよばれて、「もっと遊んでいに」言うのを振り切るようにして帰って来ましたんやないか。えらいすんまへんでしたなあ。うちの居まっか？　さよか。おおきに。暑おまんなあ。日が暮になったら難波橋へでも夕涼みに行きまひょか。わて、誘いに来まっさかいに。おおきにえらいすんまへんでした。（五代目桂文枝）

はなしの舞台

◇江戸・東京編

神田・江戸城下町、日本橋界隈、佃島

神田（「紺屋高尾」「三方一両損」「文七元結」）
町人の居住区。神田竪大工《たてだいく》町《ちょう》、横大工町、紺屋町、白壁町など、職人の業種が地名となったところが多い。神田多町《たちょう》には青物問屋が並び、神田青物市場の碑が今に残る。

「……そうだ、神田の多町へ行ってみねえ。あそこに、万惣というみかん問屋がある」（「千両みかん」）

神田お玉《たま》ヶ池《いけ》（「紺屋高尾」「佃祭」）
神田松枝町。現在の岩本町辺り。江戸初期までは池だった。横溝正史の『人形佐七捕物帳』の主人公は、「お玉が池の親分」と呼ばれた。江戸末期、蘭方医伊藤玄朴が開業、北辰一刀流の祖千葉周作が道場を開き、坂本龍馬らが剣を学んだ。

「あたしは、神田お玉が池におります、小間物渡世をしております次郎兵衛と申す者でございますが、助けた助けられたはございません」（「佃祭」）

小《こ》網町《あみちょう》（「派手彦」「宮戸川」）
現在の日本橋小網町。日本橋川の北岸。船宿もあれば、堅い大店《おおだな》も多くあった。

「ばあさんや、小網町から半七が来たよ」「そりゃあたいへんだ。この節は本当に物騒だね」「ばあさん、なにをあわててるんだい。腰巻に御先祖の位牌をくるんで……」「だっておじいさん、小網町で半鐘が鳴ったって……」（「宮戸川」）

麹町《こうじまち》（「厩火事」「ちきり伊勢屋」「平林」）
現在の新宿通りに面した細長い町。一丁目から十三丁目まであった。番町など屋敷町に隣接、民家と大店《おおだな》が軒を連ね、その御用を勤めた店が多かった。

「うまく唐土《もろこし》の方であってくれればよございますけど、これが麹町《こうじまち》の猿ンなった日にゃあしょうがありませんから……」（「厩火事」）

千代田のお城（「紀州」「道灌」）
元は太田道灌の城だったが、家康が徳川の居城にした。

明治維新以降、皇居となった。本丸跡は現在皇居東御苑として開放されている。

「千代田の名城、丸の内のお城は、太田持資《もちすけ》侯……、太田道灌が築いた城だ」（「道灌」）

日《に》本橋《ほんばし》（「明烏」「片棒」「天災」「三井の大黒」「百川」「夢金」）

江戸商業の中心地。本石町、室町などの大店《おおだな》が軒を連ねる江戸のメインストリート。駿河町の越後屋は後の三越。新材木町は材木商が多い。魚河岸、金座もあった。東側の浮世小路には有名な料理屋百川があり、ペリー来航の折に料理を出したことで知られ、明治初年まで続いた。日本橋長谷川町の三光新道《さんこうじんみち》には、心学の紅羅坊名丸先生や常磐津の歌女《かめ》文字師匠なども住んでいた。茅場町には明治、大正の第一次落語研究会の中心会場宮松亭があった。

「お初にお目に掛かります。あたしは、日本橋田所町三丁目、日向屋《ひゅうがや》半兵衛のせがれ時次郎と申します」（「明烏」）

「お初にお目に掛かります。わたし、越後屋の手代で久兵衛と申します。こちらに飛騨の甚五郎先生がご逗留と伺いまして参上いたしました」（「三井の大黒」）

「江戸はどちらさんで?」「日本橋橘町、大工政五郎内甚五郎と付けて下さい」（「ねずみ」）

葺屋《ふきや》町《ちょう》（「浮世床」「髪結新三」「三人旅」「中村仲蔵」「淀五郎」）

人形町通りの西側。江戸後期までは市村座をはじめ、近くの中村座、森田座を含め、江戸一番の芝居町だった。芝居関係者が多く住み、旨いもの屋が並んでいた。江戸の流行の発信地でもあった。

「（髪結新三に対して）兄い、葺屋町の親分（弥太五郎源七）がお見えになりましたよ」（「髪結新三」）

南町奉行所《みなみまちぶぎょうしょ》（「一文惜しみ」「小間物屋政談」「三方一両損」「大工調べ」）

現在の数寄屋橋辺り。有楽町マリオンの北側に奉行所跡のプレートがある。落語では主に大岡越前守が活躍。一方の北町奉行所は呉服橋辺り。

「南の御町奉行所大岡越前守さまへ駆け込み訴えをするんだ」（「大工調べ」）

柳原《やなぎわら》の土《ど》手《て》（「御慶」「三方一両損」）

神田川の万世橋から浅草橋までの右岸。昼間は古着屋が並び、夜は夜鷹が出没した。

「おめえ、柳原で財布を落っことしたろう?」「……柳原で落っことしたとわかりゃあ、自分で拾うじゃねえか」(「三方一両損」)

霊岸島《れいがんじま》(「宮戸川」)

隅田川、日本橋川とその支流の運河に囲まれた島状の地域。上方からの新酒(下り酒)が江戸で最初に届くことから酒問屋が多かった。小網町からは箱崎橋、湊橋を渡って行く。

「しょうがありませんから、霊岸島のおじさんのところへ行って厄介になろうと思ってます」(「宮戸川」)

隅田川、両国、浅草

浅草(「浮世根問」「心眼」「粗忽長屋」「唐茄子屋政談」「文七元結」「柳田格(角)之進」)

金龍山浅草寺《きんりゅうざんせんそうじ》(観音様)の門前町。江戸有数の盛り場。寺の西側、奥山には見世物小屋が並び、吉原遊廓への中継ぎでもあった。雷門の雷神、風神がこの地を守る。仲見世は現在でもたいそうな賑わい。馬道は吉原へ通う客が馬に乗ったからの説も。猿若町には芝居の江戸三座(中村座、市村座、河原崎座=森田座)が木挽町などから移った。猿若町は役者猿若勘三郎から取った名前。

「あれはな、金龍山浅草寺に安置し奉る、聖観世音《せいかんぜおん》菩薩《ぼさつ》というんだ、愚者!」(「やかん」)

「今朝あ、何に行ったろう、どさくさの、あの……どさくさじゃねえ、あすこの……浅草の……何い行ったろう?」(「粗忽長屋」)

吾妻橋《あづまばし》(「鰻屋」「佃祭」「唐茄子屋政談」「文七元結」「星野屋」「身投げ屋」)

江戸時代は両国橋、新大橋、永代橋と並んで四大橋と呼ばれた隅田川の橋。浅草と本所を結ぶ。落語では身投げの〝名所〟になっている。

「吾妻橋のところまで来ると、拾いものしちゃったんだ。……人間一匹拾っちまった」「まあ、誰が落としたんでしょうね」(「唐茄子屋政談」)

今戸《いまど》(「今戸の狐」「今戸焼」)

浅草寺の裏手。隅田川の橋場の渡しや山谷堀も近い。今戸焼の福助や招き猫が作られ、浅草土産となった。

「……誰に似てるんだよっ」「お前さんの、福助」「あの役者のかア?」「なーに、今戸焼の福助だよ」(「今戸焼」)

永代橋《えいたいばし》（「永代橋」「もう半分」）

深川の渡しがあった。文化四（一八〇七）年の崩落事故では死者約千五百人を数えた。

「お祭りであんまり人が出たんで、いま永代橋が落っこって、おおぜい川の中へどううっと……」（「永代橋」）

大川《おおかわ》（「汲みたて」「船徳」「宮戸川」「夢金」）

隅田川の別称。浅草周辺の流域の古称を「宮戸川」、吾妻橋から下流を「大川」といい、猪牙舟《ちょき》、屋根舟など、日本橋界隈から浅草方面をつなぐ交通水路。支流や運河を利用し、下総以東の北関東への物資輸送にも使われ、農村へ、肥料を運ぶ肥舟も航行した。

「早く大川に出なくちゃあ暑くてしょうがねえや。……若え衆、やに遅いじゃねえか」（「船徳」）

蔵前《くらまえ》（「あくび指南」「蔵前駕籠」「茶の湯」「元犬」）

隅田川（大川）沿いの商人街。幕府の米蔵が多くあったため、札差、両替商の大店《おおだな》が集中していた。労働力の需要も多く、桂庵（口入屋）や、地方から商談に来る人たちのための宿屋もあった。蔵前八幡境内に「元犬の像」がある。

「生まれはどこだえ、遠国だというが」「蔵前の酒屋の先の金物屋の裏で生まれました」（「元犬」）

小梅《こうめ》（「文七元結」）

向島。水戸家の広大な下屋敷があった。江戸っ子は「こんめ」と発音する。

「今日、小梅の水戸様へ、掛売金《かけ》を頂きに参りましたその帰りに、枕橋んところで、妙な男に突き当たられました」（「文七元結」）

大音寺前《だいおんじまえ》（「悋気の火の玉」）

浅草の北、龍泉寺町にある。吉原への近道だが、しばしば追い剝ぎが出没した。大音寺は樋口一葉『たけくらべ』の龍華寺《りゅうげじ》のモデル。

「今夜、おまえさんとあたしと大音寺前へ行って、両方から来た火の玉に……」（「悋気の火の玉」）

佃島《つくだじま》（「佃祭」）

隅田川河口の島。摂津国佃村（大坂）の漁民が本能寺の変後、徳川家康の危機に脱出を援助した功績で移住、冬季白魚漁の漁業権を与えられた。白魚の産地で佃煮の名の由来になっている。昔は橋がなく、渡船を利用した。佃祭は今も昔も盛大におこなわれる。

「おまえさんが、佃（島）へ行って、船がひっくり返ったという騒ぎ、……てっきり死んでしまったと思って……」（「佃祭」）


本所達磨《ほんじょだるま》横丁《よこちょう》（「唐茄子屋政談」「文七元結」）

隅田川左岸の本所界隈で、有名な貧乏長屋があった。

「本所の達磨横丁に、左官の長兵衛という、腕のいい親方――。博打に凝って……」（「文七元結」）


向島《むこうじま》（「おせつ徳三郎」「野ざらし」「花見酒」「百年目」「夢の酒」）

隅田川の左岸。江戸一番の花見の名所。三囲《みめぐり》神社、桜餅が有名な長命寺などの景勝地がある。江戸有数の高級料亭奥の植半もあった。

「こちらは旦那、玄伯というお幇間《たいこ》医者をひとり連れて、これも向島へお花見に来た」（「百年目」）


山谷《さんや》堀《ぼり》（「あくび指南」「お見立て」「夢金」）

大川（隅田川）から今戸橋下を通って浅草へ抜ける掘割。高級料理店八百善があった。江戸っ子は、山谷堀を縮めて「堀《ほり》」と呼んだ。永井荷風の『濹東綺譚』にある「夜は堀にかけられた正法寺橋、山谷橋、地方橋、髪洗橋などいう橋の灯が……」の髪洗橋は、本来は「紙洗橋」で浅草紙の職人がくず紙を水に浸したことからの命名。水に浸している間、職人は暇つぶしに吉原をひと回りした。見るだけの客を「素見《ひやかし》」というが、水に冷やかす、の語呂合わせ。現在、堀は埋め立てられて、山谷堀公園になっている。

「おい、船頭さん、船を上手《うわて》へやってくんな。……日が暮れたら、堀から上がって、吉原《なか》へでも行って乙な新造《しんぞ》でも買おうか……」（「あくび指南」）


両国橋《りょうごくばし》（「たがや」「おせつ徳三郎」「一眼国」「佐野山」「しじみ売り」「開帳の雪隠」）

武蔵と下総の二国を結んだ。花火見物の名所。橋の西詰の浅草見附界隈は両国広小路と呼ばれ、東両国は猥雑な見世物小屋や露店商などで賑わった。回向院には振袖火事の犠牲者が祀られている。

「いけねえ、（両国の）川開きだ、……永代橋を回っちゃあ（遠回りになって）しょうがねえし」（「たがや」）

上野、本郷、谷中、根津

上野（「長屋の花見」「崇徳院」「手紙無筆」「ねぎまの殿様」「臆病源兵衛」「啞の釣」「掛取り」「景清」「黄金餅」「団子

坂奇談」「なめる」「花見の仇討」「双蝶々」）
寛永寺の寺領。輪王寺には宮様も居住していたこともあり、花見の名所ながら、江戸時代は歌舞・飲食が禁じられ、「不忍池《しのばずのいけ》」も殺生禁断だった。御成街道は将軍が霊廟へ参詣するための道。山には京都の舞台を模した清水堂がある。

山を南に下ると、下谷（上野）広小路。火事の多い江戸では、延焼防止のため広小路を作った。空き地状態なので飲食の露店などが並んだ。池之端には出合茶屋があった。大きな池は琵琶湖を模した不忍池。中央の島には弁財天を祀る。南側に下ると長者町とは名ばかりの貧乏長屋もあった。山崎町には、願人坊主や金山寺味噌屋、下駄の歯入れ屋、納豆屋らが住んでいた。

「花見にねえ……、で、どこへ行くんです?」「上野の山は今みごろだってえから、近くていいから、どうだ」（「長屋の花見」）

「殺生禁断の場所、所は上野の寛永寺、御池の中にゃあ鯉がいる……」（「啞の釣」）

根岸《ねぎし》の里《さと》（「お若伊之助」「茶の湯」）

現在の鶯谷東部一帯。風光明媚。農業を営む人も多かった。隠居所や商家の別邸などもあった。「根岸の里のわび住まい」は、上五句に何を付けても俳句になる「万能七五句」だが、季が動くので褒められない。

「にぎやかな蔵前から、静かな根岸の里へ、定吉という小僧を連れて引き移った」（「茶の湯」）

根津《ねづ》（「阿武松」「怪談牡丹燈籠」「真景累ヶ淵」）

根津、千駄木《せんだぎ》界隈。小さな畑や家作を持つ小金持ちの家があったが、基本的には庶民の街。根津神社の近くに賑わった遊廓があったが、帝国大学が設置されるため、洲崎に移された。

「根津の清水谷に萩原新三郎という、今年二十一になる浪人者が住んでおりまして、……これが役者にしたいような、いい男で——」（「怪談牡丹燈籠」）

谷中《やなか》（「怪談牡丹燈籠」）

墓地は今でも桜や萩の名所。千駄木から東側の坂を上ったあたりが三崎《さんさき》。全生庵には三遊亭圓朝の墓所もある。谷中天王（感応）寺は江戸三大富くじのひとつ。

「あの、（お露さんは）今はどちらにおすまいですか?」

「はい、柳島の寮は引き払いまして、今は谷中の三崎におります」（「怪談牡丹燈籠」）

湯島天神《ゆしまてんじん》（「富久」「宿屋の富」「柳田格（角）之進」）

菅原道真を祀った勉学の神様。梅の名所。江戸時代は富くじで賑わい、江戸の三富の一つに数えられた。湯島の切通しは現在の春日通り、湯島天神から池之端、仲町へ抜ける坂だった。

「湯島天神の境内へ入って行くような心持ちがしない。どうしてもお閻魔さまへ入って行くような気分に……」（「柳田格（角）之進」）

新橋、芝、麻布

麻布《あざぶ》（「おかめ団子」「黄金餅」「小言幸兵衛」）

麻布近辺は現在でも寺が多い。渋谷川にかかる古川橋界隈は、江戸後期ころから庶民の街として広がった。麻布十番から坂を上がった飯倉片町《いいぐらかたまち》には、おかめ団子という繁盛した団子屋があった。「黄金餅」の霧ヶ谷の焼き場は、現在の五反田の桐ヶ谷斎場ではなく、麻布界隈の霧深い土地で霧ヶ谷と呼ばれた。

「麻布の古川に、家主《いえぬし》で田中幸兵衛という方がおりまして、……長屋じゅう、小言を言ってこないと飯がおさまらない」（「小言幸兵衛」）

芝（「芝浜」「富久」「江島屋騒動」「首提灯」「徂徠豆腐」「小間物屋政談」）

ＪＲ田町駅東側の線路沿いに「芝浜の碑」がある。この辺りに夕河岸があり、江戸湾で獲れた鰯、小鰭《こはだ》、穴子などが売られた。増上寺は徳川家の菩提寺。鐘の音が海に響いて、独特の音色を聞かせる。増上寺の山門の外は、昔はたいへん寂しいところで、辻斬りも出た。現在、常夜灯と案内板が建っている。新橋の烏森神社は柳森（神田須田町）、椙森《すぎのもり》（日本橋堀留町）と共に江戸三森のひとつ。

「なにい？　おれが芝の浜に行かねえ？　そんなことがあるもんか。おめえが起こしたろう？　そいで、おれぇ芝の浜へ行ったじゃねえか……」（「芝浜」）「芝はどっち見当です？」「え…　芝？　…　そうだねえ、金杉の手前……、たしかこれは……、ええ、金杉のずうっと手前になって……」（「富久」）

白金

清正公《せいしょうこう》（「井戸の茶碗」）

現在の白金台にある日蓮宗覚林寺で「白金の清正公様」

と呼ばれる。加藤清正の位牌や自画像が祀られている。もうひとつ浜町公園（中央区）にも「清正公」があるが、「井戸の茶碗」に出てくるのはこちら。

「……今日も弁当を持って朝早くからほうぼう流して来る。ちょうど、清正公様の脇を、『屑うーい』とやってまいります」（「井戸の茶碗」）

吉原

吉原《よしわら》（「あくび指南」「明烏」「紺屋高尾」「子別れ」「五人廻し」「三枚起請」「お見立て」「首ったけ」「突き落とし」「唐茄子屋政談」）

江戸城の北側にあった幕府公認の廓《くるわ》。「なか」「よしわら」「北国《ほっこく》」などと呼ばれた。元は日本橋（現在の人形町辺り）にあったが明暦の大火（一六五七年）で焼失、現在地に移った。「新吉原」のこと。入口は大門《おおもん》とよばれる一か所だけ。「入り」はともかく「出」は厳しく取り締まられた。周辺は、お歯黒《はぐろ》どぶと呼ばれる堀で囲まれた廓になっている。吉原へは、浅草橋や蔵前、浅草あたりの隅田川から船で山谷堀《さんやぼり》に入って土手を歩くか、浅草から駕籠で北を目指す。ふところの寂しい人は、入谷《いりや》方面から吉原田圃《たんぼ》を通って行った。山谷には寺も多かった。「弔いが山谷と聞いて親父行き」（江戸川柳）

「年が十九んなって、吉原の大門がどっちを向いてるかわからねえ変《か》わり者《もん》、お稲荷様のおこもりという筋読みで連れてきたんだよ」（「明烏」）

郊外他

王子《おうじ》（「王子の狐」「花見の仇討」）

江戸っ子が信仰する稲荷社の元締め、王子稲荷で栄えた街。近年まで、王子稲荷の裏山には狐が棲んでいて、穴が残っていて祀られている。飛鳥山《あすかやま》は、王子にある桜の名所。

「考えてみねえ。こうして王子で稼業していられるのは、何だと思っている。みんな、お稲荷様のお蔭じゃないか……、王子の稲荷様のお狐様が、わざわざ来てくださったんだ……」（「王子の狐」）

品川（「居残り佐平次」「品川心中」「品川の豆」「鈴ヶ森」「お七」）

江戸四宿の一。東海道一番目の宿場町。風光明媚。御

殿山は桜の名所。海が近いので魚もうまい。遊女屋もあり、江戸から上方へ向かう旅人の中にはここで路金《ろぎん》を使い果たす者もいた。「品川の客人偏《にんべん》のあるとなし」（江戸川柳）は、侍も坊主（寺）もいた様子を詠んでいる。品川宿を西に上ったところに鈴が森の処刑場があった。丸橋忠弥、天一坊、八百屋お七らが処刑された。現在は大経寺境内にある。

「品川の海は遠浅で、横になって潮を食ったのですから、どのくらい水を飲んだか知れませんが……、『助けてくれ』と、ひょいと立ち上がると、腰っきりしか水がございません」（「品川心中」）

千住《せんじゅ》（「藁人形」「安中草三」「お直し」「真景累ヶ淵」）

江戸四宿の一。奥州街道（日光街道、水戸街道）一番目の宿場町。千住大橋をはさみ、南北に延びている。北側が本宿で、南側はランクが落ちる。この宿場の岡場所は河川輸送の船頭のほか、地元を避けた吉原の近辺に住む人も足を延ばしたため、おおいに賑わった。南側の宿場はずれに、小塚原《こづかっぱら》の処刑場があり、鼠《ねずみ》小僧、片岡直次郎（直侍）らが処刑された。

「どういうわけで、こつと言ったかと申しますと、昔、千住というお女郎屋のありました場所を、こつと言ったからだと申します。千住というところには、小塚原という仕置場《しおきば》がありましたために、何か掘ると、きまって人間の骨が出てまいったもので、それでこつと言ったんだ、なんて申します」（「今戸の狐」）

内藤新宿《ないとうしんじゅく》（「文違い」）

江戸四宿の一。甲州街道一番目の宿場町。四谷の大木戸を過ぎると唐辛子畑があり、しばらく行くと追分団子、その先が宿場町。遊女屋もあり、甲州街道の馬方たちが利用した。「四谷怪談」の「於岩《おいわ》稲荷」は現在の左門町にある。

「三十両はととのえ候も、後金《あとがね》二十両にさしつかえ……、おん前様にご相談いたせしところ、新宿の女郎にてお杉とやら……『あらいやだ、あたしの名が出てるよ』……」（「文違い」）

深川《ふかがわ》（「鼠穴」「探偵うどん」「おせつ徳三郎」「子別れ」「辰巳の辻占」）

隅田川左岸の埋め立て地。大名屋敷が移された。江戸後期、庶民の街として、新興の商人などで栄えた。富岡八幡宮は境内で相撲興行がおこなわれ、「横綱力士碑」がある。木場は材木商と貯木場の街。洲崎遊郭は明治になって根津から移った。別名「辰巳」は江戸城からみて辰巳の方角（南東）にあったから。辰巳芸者は羽織を付け、冬も素足という伝法《でんぽう》を売り物にした。

「十年経つか経たないうちに、深川蛤町《はまぐりちょう》、間口の六間半、蔵の三戸前《みとまえ》もあろうという、大きな質屋の主《あるじ》となった」（「ねずみ穴」）


堀の内（「堀の内」）

甲州街道、内藤新宿をさらに進んだ杉並辺り。日蓮宗妙法寺の参拝客によって栄えた。

「おまえさん、お題目を唱えていたようだね」「へえへえ、お題目、唱えていました」「ことによっちゃ、堀の内のお祖師様へお詣りにいくんじゃないかい？……　堀の内ならまっすぐだよ。鍋屋横丁てえところから左へ曲がりな」（「堀の内」）


目黒（「目黒のさんま」）

郊外の風光明媚な丘陵地。将軍の鷹狩の場としても知られ、目黒不動の参拝客でにぎわった。落語にちなんで「さんま祭り」が毎年おこなわれる。

「このさんま、いず方より仕入れた？」「はっ、日本橋は魚河岸でございます」「なにっ、魚河岸？　それでいかん。さんまは、目黒に限る！」（「目黒のさんま」）


柳島《やなぎしま》（「中村仲蔵」）

現在の業平辺り。旗本屋敷なども多かった。妙見様は芸能の神様で役者や芸人の多くが参拝した。

「ここで仲蔵が、日ごろ信心をしている柳島の妙見様へ、一七日《いちひちにち》の間、いっしんに願掛けをした。満願の日になったが、工夫がつかない……」（「中村仲蔵」）


山吹《やまぶき》の里《さと》（「道灌」）

狩りの帰り、雨に遭った太田道灌が雨具を借りた場所とされる。これには新宿区山吹町、荒川区道灌山、豊島区面影橋、横浜、埼玉の越生《おごせ》など諸説はあるが……。

「借金じゃない。かりというのは、猟にいったんだ」「へえ、猟にね？」「ああ、山吹の里というから、今の牛込あたりをお歩きになっていた」（「道灌」）

◇上方編

愛宕山（「愛宕山」「いらちの愛宕詣り」）
京都盆地の北西部にそびえる標高九二四メートルの山。

頂上に全国に約九百社ある「愛宕神社」の本社が鎮座している。火伏の神様として信仰を集めているが、中には「いらち」を直してもらおうと訪れる者もいる。また、ピクニックにやってくる団体客もいる。落語では山のことを「あたごやま」、神様のことを「あたごさん」と呼んでいるが、現在は山も「あたごさん」と呼ぶことが多いようだ。

「京都に住んでる者の徳。いっぺん表へ出て西のほうを見てみなはれ。高いお山がある。あれが愛宕山。あのてっぺんに『愛宕さん』という神さんがある」

（「いらちの愛宕詣り」）

池田（「池田の猪買い」「池田の牛ほめ」「鬼の面」）

大阪市郊外の村。現在の池田市。いまなら阪急電車で十五分の距離だが、明治までは渡し船を使って行く「旅」だった。

「丼池の北浜には橋がない。左へ曲がってちょっと行くと淀屋橋という橋がある。淀屋橋、大江橋、蜆橋と橋を三つ渡る。お初天神の西門の所に紅卯という寿司屋の看板が見える。そこから北へ一本道。十三の渡し、三国の渡しと、渡しを二つ越える。服部の天神さんを尻目に殺して岡町から池田。池田でも町中ではあかんで。山の手へかかって山猟師の六太夫さんちゅうて訊いたら大阪まで聞こえたある猪撃ちの名人や」（「池田の猪買い」）

鰻谷（「鰻谷」「悋気の独楽」）

島之内の町名。元禄のころまでは長堀南通と呼ばれていたが、ある事情があって変更されたという。その由来については「鰻谷」に詳しいが、あまりよそでは言わないほうがいい。お妾さんなど粋筋の人も住んでいた。

「（お妾さんの家は）鰻谷中橋を東へ入った北側で張物屋の一軒路地だす」（「悋気の独楽」）

キタ（「菊江仏壇」「煙草の火」）

船場の北に位置する色町で曽根崎新地を指す。現在は北新地とよばれているが、正しくは「北の新地」。「煙草の火」の舞台である綿富が有名。

「なるほどなあ。やっぱりキタのお方は、どことなしに粋なところがございますなあ。わたしらなんか、キタなんか柄に合いやいたしまへんけれどもな。また、若旦那のお伴でいっぺん寄せていただきたいと

……」（菊江仏壇）

鞍馬山（「青菜」「天狗刺し」「天狗裁き」）

京都市左京区にそびえる標高五八四メートルの山。密教による山岳修験の霊場として有名。中でも奥の院、僧正ケ谷は天狗の棲息地としても名高く、大坂から天狗を捕獲するために訪れる者もいた。牛若丸が天狗から剣術を教わったという伝承もあり、ご馳走しようとしていた青菜がなかったときに「鞍馬から牛若丸が出でまして、その名を九郎判官」などと隠し言葉に使われたりもした。

源蔵町《げんぞうまち》（「米揚げ笊」）

天満天神社のすぐそばに位置する。文楽、歌舞伎でおなじみの「菅原伝授手習鑑　寺子屋」の武部源蔵の名前をとって町名にした。

「丼池の北浜には橋がない。右へ曲がってちょっと行くと栴檀の木橋という橋がある。もう少々行くとあるのんが難波橋。この難波橋を渡ると、そのへん一帯が天満の源蔵町や」（「米揚げ笊」）

雑《ざ》喉《こ》場《ば》（「こぶ弁慶」「鷺とり」「兵庫船」）

大阪の魚市場。現在の西区江之子島に昭和六年まであった。ちなみに「ざこば」は大阪独特の言葉ではなく、江戸でも使われていたようである。「兵庫船」に蒲鉾屋が出演。

「うそやと思うたら大坂へ来い、大坂の雑喉場へ。板石が敷いたあるで、朝。そこでとれとれの鯛があら縞のドテラ着て爪楊枝くわえて鼻唄歌うとるわ。それをバーンと手鉤に引っ掛けて、ピャッピャッピャーッと鱗おこして、シュッシュッーと三枚におろして、わさびのぼっかけで飯食うてみい。あけの朝、糞がステテコ踊って出て来よるぞ」（「こぶ弁慶」）

島之《しまの》内《うち》（「親子茶屋」「蔵丁稚」）

船場の南に位置し、北を長堀、東を東横堀、南を道頓堀、西を西横堀で囲まれていた地域。繁華街の心斎橋や色街の宗右衛門町が含まれている。

「十時すぎに店を出て五時前まで。船場から島之内まで、なんでそない時間がかかったんや」（「蔵丁稚」）

新町《しんまち》（「冬の遊び」）

船場の西に位置する色町。江戸の吉原、京の島原と並ぶ日本三大廓の一つ。太夫とよばれる最高級の遊女が居て、道中をする。その模様は「冬の遊び」に描かれている。
「ある年の夏、今年も新町の道中があるというので、堂島あたりからもずいぶんとお金が出ております。堂島の旦那が四人連れで新町橋をよいっと渡りますと、道中の当日のことでっさかい、全盛の太夫の顔が手近なところで無料で見られるというので、いっぱいの人間が歩いてます」（冬の遊び）

船場《せんば》
大阪市の中央部に位置している地域。北を土佐堀、東を東横堀、南を長堀、西を西横堀で囲まれている。商業、金融業の中心地で、落語に登場するお店は、ほとんどこの地域に存在する。そこで暮らし、働いている商人たちは船場商人としての高いプライドをもっている。一部を除き、南北に通っている道を「〇〇筋」、東西に通っている道を「〇〇通」と称する。古代は水際に位置していて船着き場だったことが地名の由来という説が主力になっている。

道頓堀《どうとんぼり》（「上方見物」「蔵丁稚」）
「日本のブロードウェイ」とよばれていた大阪の歓楽街。昔は「五座の櫓」と称して、立派な劇場が五軒並んでいた。劇場の名前は時代により変遷があるが、一般的なのは浪花座、角座、中座、朝日座、弁天座。落語によく登場するのは「中の芝居」、中座である。
「わたい、芝居大嫌いでんねん。道頓堀歩かんならんときも、看板見ただけで頭痛となるんで、浜側（川べりのほう）ばっかり見て、芝居のほう見んようにして通るくらいでんねん」（「蔵丁稚」）

丼池《どぶいけ》**筋**（「池田の猪買い」「米揚げ笊」ほか）
船場の心斎橋筋と三休橋《さんきゅうばし》筋に並行して走る南北の筋。物知りの甚兵衛が住んでいる。明治の初めまで、近くに蘆間《あしま》池《いけ》という泥池があったことが「どぶいけ」の名の起こりだと伝えられている。
「うちの前が丼池筋や。こいつを北へドーンと突きあたる。丼池の北浜には橋がない」（「池田の猪買い」「米揚げ笊」）

中《なか》**の芝居**《しばい》
道頓堀にあった代表的な芝居小屋、中座。芝居好きの丁稚たちには憧れの空間だった。道頓堀の五座の浪花座と角座の間に位置していたのでそうよばれていた。承応元（一六五二）年創設。空襲で焼失したが昭和二十二（一九四七）年に再建。平成十一（一九九九）年に老朽化のため閉館となったが、その直後に火災で焼失した。

西のご番所《ばんしょ》（「帯久」「佐々木裁き」「次の御用日」）

大坂西町奉行所のこと。現在のマイドームおおさかの位置にあった。東町奉行所は大坂城北西の京橋口に位置したが、より町中にあった西町奉行所のほうが大坂の庶民には馴染み深く、落語に登場するのはすべて西町奉行所である。

「本町橋の東詰めを北へ……。ただいまの大阪商工会議所が番所跡で、浜側が溜まりと言いまして控え所ですな。そこで控えてる間にお呼び出しになる」（「佐々木裁き」）

本町《ほんまち》の曲がり（「饅頭こわい」ほか）

本町橋と農人《のうにん》橋の間で東横堀がS字型に曲がっている箇所。流れが渦を巻いていて、ガタロ（カッパ）の棲家として恐れられていた。自殺の名所としても名高く、夜になると人通りも絶えていた。東横堀を掘る際に、お寺を避けたために曲がることになった。

「あのへんから本町の曲がりへかけて、そらぁ、夜は人も通らん寂しいとこやったで」（「饅頭こわい」）

松島（「近江八景」「義眼」）

明治元年に許可された廓。現在の西区千代崎の辺り。大坂の廓で官許なのは新町だけだったが、実際には市中あちこちに非公認遊所が散在しており、風紀が乱れていたため、この地に遊所を集めた。新町などに比べるとぐっと庶民的な所だった。「近江八景」の主人公がこの廓の紅梅という女に入れあげる。

「この間、みんちょとこの頼母子の四方建があってな、その帰りに若い者ばっかり、独り者ばっかり揃たがな。ひとつ行こか……ちゅうて松島へ繰り込んだんや」（「近江八景」）

ミナミ（「親子茶屋」「けんげしゃ茶屋」「たちぎれ線香」ほか）

船場の南に位置する道頓堀の芝居街を中心に広がった「南地《なんち》」と呼ばれる色町。宗右衛門町、九郎右衛門町、櫓町、坂町、難波新地を「南地五花街」と呼んだ。

「南へ南へ。戎橋をヨイと渡ります。橋筋中筋を東へ曲がりますと、色街の春というものは格別でございまして、羽根や手毬でなんとも言えず陽気なこってございます」（「けんげしゃ茶屋」）

江戸・明治商売往来

〈あ行〉

按摩《あんま》（「麻のれん」「按摩の炬燵」「言訳座頭」「真田小僧」「三人旅」「三味線栗毛」「心眼」「松山鏡」など）

ほとんどが盲人。得意先だけを定期的に回って療治をする者と、街を流して歩く「ふり」と称する者、自宅で開業する者がいる。普通、「流し」は笛を吹きながら歩くが、一部は笛を吹かずに「按摩、針療治」と呼ばわりながら歩く。揉み賃は、子どもの按摩が上下揉んで二十四文、大人が倍の四十八文。店を構えた按摩は「足力」といって手足を使って療治することがあり、効果も大きく揉み賃も百文になった。

落語の中の按摩は盲目ながら滅法明るい。酒も飲むし、女にもちょっかいを出す。得意先の主人、番頭、奉公人らとも親しくなり、夜遅くなると泊めてもらったりもする。盲人に限らず、江戸時代の心身障碍者は想像以上に大事にされた。

医者《いしゃ》（「代脈」「疝気の虫」「紺屋高尾」「怪談牡丹燈籠」「死神」など）

江戸時代の医者は資格試験も免許も不要で、「医者に石屋に犬の糞」と囃し立てられるほどいい加減な医者が多かった。「死神」には「いしゃ（医者）」とも「いしゃ（石屋＝墓石屋）」ともつかない即席医者が登場する。手術などの医療技術はなく、もっぱら薬による治療が中心だった。漢方の煎じ薬だから多少間違って飲んでも大事はなかった。ということは薬効も薄かった。落語に登場する医者は、おおかた藪《やぶ》である。中には藪の予備軍「タケノコ医者」。すべて「手遅れです」で片付けた「手遅れ医者」もいた。坊主頭が本来だが、「古方家《こほうか》」という流派だけがくわい頭。「医術開業試験」の導入は明治八（一八七五）年である。

鰻屋《うなぎや》（「鰻の幇間」「素人鰻」「後生鰻」「子別れ」など）

「うなぎ、そういっといておいで」——。江戸っ子の、来客の際のもてなしは鰻と相場が決まっている。現代同様、江戸時代から鰻は高級食物だったらしい。「ハレ」の日にしか食べられなかった。それゆえ、落語には鰻を食べる噺より鰻屋をからかったりする噺が多い。
幕末の江戸の有名鰻屋は、深河屋（神田）、岡本（茅場町）、大黒屋（霊厳橋）、大金（浮世小路）、大和田（親父橋）、和田平（田所町）、椎の木（神田明神前）、狐うなぎ（広尾）、尾張屋（尾張町）、すざき屋（向両国）、奴（浅草）、北川（尾張町）。有名店では蒲焼しか売らず、鰻どんぶり（上方では「まぶし」）は二流店が作った。鰻の裂き方は、江戸が腹から裂き、上方は背中からと『守貞謾稿』にあるが、どうやら近年は違ってきているようだ。

易者《えきしゃ》（「井戸の茶碗」「御慶」「ちきり伊勢屋」など）
「井戸の茶碗」の浪人千代田卜斎は、「売卜《ばいぼく》」をして糊を凌いでいる、という。つまり易者、八卦見である。卜斎のような武士上がり（浪人）をはじめ、神官、僧侶、山伏などが街頭で人相、手相、家相、方位などを占った。街中には店を構えて来客を待つ者もいたが、多くは辻々に台を置いて通行の客を待った。女易者もいて、主に吉原の遊女相手に筮竹《ぜいちく》で吉凶を占った。辻占の歴史は古く、「万葉集」にもある。

花魁《おいらん》（「お見立て」「明烏」「三枚起請」「五人廻し」など）
遊廓の遊女。吉原で部屋持ち以上の高級女郎を呼んだ。豊富な知識、教養を身に着け、遊芸百般に通じており、「〇〇高尾」などと呼ばれる最高級の花魁は「松の位」といって「大名道具」と称された。客は花魁に気に入られようと散財したと同時に、男を磨く修業の場ともなった。

女子衆《おなごし》（「仔猫」「口入屋」など）
上方で下女のこと。男の奉公人が暖簾分けするまでの終身雇用が原則であったのとちがい、半年あるいは一年で雇用契約を更新するシステムになっていた。

女髪結い《おんなかみゆい》（「厩火事」）
江戸時代の高収入女性職業。武家屋敷や大店《おおだな》に限らず、主に「回り髪結い」として各家を巡った。嘉永六（一八五三）年には江戸市中に千四百人余の女髪結がいたという調査結果がある。必然、「髪結いの亭主」が生まれる結果となり、ふしだらな亭主が横行して社会的に好ましくない風潮であると、天保の改革で「遠山の金さん」（北町奉行遠山左衛門尉景元）が女髪結い禁止令を出した。
ちなみに男性の方は、店を構えた「髪結床」が中心で、しっかりした店を張った「内床」と空き地や道端に小屋を掛けた程度の「外床」があった。「内床」の待ち合い部屋には碁・将棋盤や絵草子などが備えてあり、近所の若い衆、職人たちの社交の場でもあった（「浮世床」「崇徳院」）。もうひとつが、歌舞伎「髪結新三」でおなじみの「回り髪結い」。大店などを巡回して髪を結った。

〈か行〉

臥煙《がえん》（「火事息子」ほか）

町火消しに対する大名屋敷の火消し。江戸っ子で背が高く、男っぷりもよく色白、加えて腕力に長けているのが採用条件。いでたちは、身体中べた彫りの刺青、髷は奴銀杏、白足袋に切り立ての六尺（真白なふんどし）、さらしの腹巻に大名屋敷の法被《はっぴ》。町火消しは刺し子、臥煙は裸で火に飛び込む勇気が求められた。女の子にはけっこうもてたが、一方、威勢に任せて悪事も働いたため、町人には嫌われた。

駕籠屋《かごや》（「蔵前駕籠」など）

宿駕籠と辻駕籠がある。店舗を構え、商家の主人や医者など裕福な客に呼ばれて「迎え」に行く「宿駕籠」が現代のハイヤー。辻に立って客を捉まえる「流し」の「辻駕籠」がタクシー。料金は定額制ではなく、客と駕籠屋の申し合わせで決めたが、「酒代」と称するチップが物議をかもす元となった。

貸本屋《かしほんや》（「紙入れ」「品川心中」など）

草双紙、読本、洒落本、黄表紙が流行った江戸後期に繁昌、約八百軒もあって、三日に一回くらいの間隔で家々を回った。武家屋敷、商家、廓などを得意先とし、お堅いものは中国の古典から、柔らかいものは、洒落本、滑稽本、草双紙、人情本、実録など。春本もこっそり持ち込んだ。得意先の客は主に乳母や女中、女郎なので巡回は若者が多かった。好男子だと、「紙入れ」のように奥方やお嬢様の悪戯の対象にもなったらしい。

ガタロ（「商売根問」「代書」など）

上方語。①河童のこと。「河太郎」の略。②河川に埋没した廃品を回収して生計を立てている人。胸まであるゴムの長靴を履いて川の中に入り、川底に沈んでいる廃品をすくいあげて、金目のものを選っていた。

口入屋《くちいれや》（「口入屋」「元犬」など）

桂庵《けいあん》とも。現在の人材派遣業。江戸近在から出て来て奉公先を探す「出稼ぎ」は、私設職業斡旋業である口入屋を頼って商家の女中や下男として就職した。宝永七（一七一〇）年の幕府の調査では江戸市中に四百軒近い口入屋があった。繁盛の理由は、市内の女はほとんど武家屋敷に奉公してしまうので、近在の者がその穴埋めに回った。落語では、商家の女中には不器量な女が望まれたという。美人は若い番頭や手代と間違いを起こしかねないからとか。旧暦三月五日と九月五日が奉公人の契約更新日。

講釈師《こうしやくし》
現在は女性講釈師の方が多いが、講談は本来、男性が語る芸能だった。源は仏教の教えのために諸行無常を説く軍記物語を読んだことからで、僧侶や武士が転身することも多かった。尊称は「先生」。会話に漢語を用い、尊大な態度を取る印象が強く、落語にもそのような講釈師が登場し、揶揄される対象にもなっている。

小間物屋《こまものや》（「小間物屋政談」「宿屋の仇討」など）
化粧、装飾品販売業。店舗営業と背負《しょ》い小間物屋がある。得意先は主に大名や旗本屋敷の女中衆。中には、裏商売として屋敷の女中衆相手にこっそりと張り形などを届ける者もいた。

〈さ行〉

左官《さかん》（「三方一両損」「文七元結」「へっつい幽霊」など）
大工と並ぶ江戸の重要職人。新築、蔵の補修など仕事は多く、高収入。手間賃は三日で一分（一両の四分の一）が相場だが、いったん大火にでもなったら数倍に跳ね上がる。特に防火、防湿性に優れた「漆喰塗り師」ともなればさらに上がった。「文七元結」の長兵衛は「落雁肌《らくがんはだ》（キメの細かい）」にむらなく塗る左官で、戸前口（蔵の入り口）をこの人が塗れば火の入るようなことはない（類焼を防ぐ）」（三遊亭圓朝口演）。裏店《うらだな》の店賃が一か月せいぜい四百〜六百文。日当の一日分ほどだからまじめに働けば借金をするはずがない。が、稼ぎが多い分、金遣いが荒く、酒、女、博打……。

質屋《しちや》（「質屋庫」「ちきり伊勢屋」）
町人の身近な金融機関。着物から飯の入った大釜鍋まで何でも引き受けてくれた。また、手狭な住宅に住む庶民にとって、冬物と夏物を交互に預ける貸し倉庫的存在でもあった。へたに町の金貸しにでも借りたら地獄を見る。利息分をあらかじめ差っ引いて貸し、毎日少しずつ返済させる「日なし貸し」、夜が明けて烏が鳴くと高利と共に返さなくてはならない「烏金《からすがね》」、朝借りて夕方返す際に一分の利子を付けて返す「百一文」など、さながら現代の「ヤミ金融」である。質屋は庶民にとっては手軽で便利な存在だった。落語では親しみを込め、逆さ読みに「弥七さん」。

船頭《せんどう》（「船徳」「夢金」「岸柳島」「汲みたて」「三十石」「佃祭」「船弁慶」など）

江戸は水運の街だった。四方八方に運河が延び、大量運搬にも適していたから諸国、諸地方からの食料、日用品がわんさと運び込まれた。商取引には欠かせない存在だったが、落語に登場する船は、物見遊山、男女の密会などのお遊び用（屋根船）が多かった。花見や川開きの花火見物、寺社詣などもあったが、吉原への近道（猪牙船）、時には宴会場（屋形船）にもなった。隅田川沿いには二十軒余の船宿があったというし、他の河川を含めると文化年間（一八〇四〜一八）には六百軒以上もあったという。その九割が川遊び用の船宿で、荷船用はわずか十分の一だった。江戸っ子の遊び好きを物語っている。

船宿は大勢の船頭を抱えているが、中には得意先の大店《おおだな》を勘当された放蕩息子が転がり込んでくることも。むげには断れないし、こまった居候であった（「船徳」）。「竿《さお》は三年櫓《ろ》は三月」の修業を経て、腕っこきの船頭に成長する。

僧侶《そうりょ》（「錦の袈裟」「転失気」「蒟蒻問答」「寿限無」「黄金餅」など）

江戸時代の僧は、仏に仕えると同時に地域の知識人、教養人の代表として「村役人」的な存在で、「寺子屋」の師匠を兼ねることもあった。宗教の自由がなかったから住民はどこかの寺の檀家にならなくてはならない。その際の「宗門人別改帳」は一種の戸籍簿であり、引っ越しの際には必要になった。庶民の「よろず相談所」であり、長屋の家主と似た業務を果たしていた。従って、治外法権的な存在だった。第二次大戦直後の教員不足時代、小・中学校では僧侶が代用教員を務めた。願人坊主《がんにんぼうず》は、僧の姿をした乞食。

〈た行〉

大工《だいく》（「左甚五郎もの」「大工調べ」「粗忽の釘」「子別れ」「三方一両損」など）

江戸の代表的な職人。番匠《ばんじよう》と称し、諸職の司（長）となった。左官も屋根職人も大工の指図で動いた。上は宮大工から、一般住宅を受け持つ家屋大工、船、家具、建具、たたき大工等がいて、腕の悪い雪隠大工も。手間賃は銀勘定で支払われたが、実際には銀一匁に対して銅銭百八文の相場で受け取った。文化・文政期（一八〇四〜三〇年）の日当は食事付きで銀五匁四分。いったん火事にでもなったり急ぎ仕事でも頼まれれば手間は倍にも三倍にもなった。年に二十五両や三十両を稼ぐのはわけもなかった。「江戸っ子は宵越しの銭は持たない」は、増殖する江戸の大工の腕と稼ぎの良さの証しであった。大工の頭を棟梁。大勢の大工を抱えているため、現場（建築依頼主）を確保するために走り回った。上は名工左甚五郎、下は壁に瓦釘を打ってしまう粗忽大工まで。三度の休憩があり、実働時間は平均約四時間程度だったという。

代書屋《だいしよや》（「代書」）

今日の行政書士。手紙の代書、代読もした。特に無筆の遊女たちに人気があった。「代書」の作者で実際に代書屋をやっていた四代目桂米團治作の川柳に「儲かった日も代書屋の同じ顔」。お客がたくさん来て儲かっても、嬉しそうな顔をしてはいけない。もっともらしい顔をするのが自ずと信用につながり、商売繁盛のコツなのだ。

煙草屋《たばこや》（「転宅」「天災」「真景累ヶ淵」）

店の看板娘は「みいちゃん」。値段は江戸後期で十匁八文。賃粉切り（駄賃をもらって煙草の葉を刻んだ）職人の刻み方で値段も違った。「細刻み」といって髪の毛ほどの細さに刻んだ高級品があった。細いほどまろやかな味になる。客は各種各層に及び、ついでに世間話をしてゆくので真贋も定まらない雑多な情報の集積所でもあった。道を聞きに来るが、煙草は買わない客も多かった（「転宅」）。

茶店《ちやみせ》・茶見世（「愛宕山」「猫の皿」「長者番付」「二人旅」など）

「往来人の休息所なり」と『守貞謾稿』にある。街道や参詣客の多い境内などで商った。江戸では「出茶屋」

という小屋掛け。天保以前は、街中の茶見世では十六から二十歳くらいの美女が紅白粉を付け、着飾って店に出たが、幕府から風紀の乱れを咎められて着飾るのを止めた。店では客ごとに新しい葉茶を替え、漉《こ》し茶（現在のような茶の入れ方）にして出した。二服目には桜花の塩漬けを浮かべ、三服目には香煎《こうせん》（麦こがし）を出すこともあった。茶代は一人二十五文から百文まで店によって異なった。峠や街道筋で営業する落語の茶店には頑固爺さんか婆さん、中年のおばさんが相場である。

搗米屋《つきごめや》（「幾代餅」「搗屋幸兵衛」「胴斬り」など）
「越後の米搗き」は、越後の田舎者は米搗《つ》きくらいしか出来ない、の意と黙々と米を搗く勤勉の意味がある。江戸っ子は精米した米を食べたため、承応・明暦のころ（一六五二〜五八）に搗米屋が登場した。

妾《てかけ》（「悋気の独楽」「禍は下」など）
上方語。愛人。二号。囲い者。江戸では目をかけるので「めかけ」、上方ではいきなり手をかけるので「てかけ」と言う……というのは落語家の唱える説得力のある説。古い大阪弁では「こなから」という。一升升《ます》の半分の五合升を「半《なか》ら」、その半分の二合五勺の升を「小半《こなか》ら」というが「二号はん」で「こなから」というシャレである。

手伝《てつだ》い（「崇徳院」）
上方語。土木、建築の雑務をおこなう職人。江戸の仕事師にあたる。「崇徳院」等に手伝いの熊五郎として登場。

道具屋《どうぐや》（「道具屋」「家見舞」「へっつい幽霊」「火焔太鼓」「金明竹」「はてなの茶碗」など）
江戸っ子は引っ越し好きだった。その際、古道具屋に家財を売り、新居の近くの古道具屋で買いそろえた。参勤交代で単身江戸勤めをする武士らの利用も多かった。高級骨董品を扱う店から火事場で拾った鋸《のこぎり》を売る「日なた干し」と称する露天商まで、ピンからキリまで。

〈は行〉

噺家《はなしか》
落とし噺のほかに人情噺も話すことから、現在も落語家でなく、この名称を好んで使用する古典派の芸人もいる。身分制度のあった江戸時代は侍が道の真ん中を歩き、端を町人が歩いた。噺家は歩くところがなく、ドブを泳いだ、というように自身を卑下するのは噺家のギャグ。無責任な「楽説（楽屋の説）」である。

棒手振《ぼてふ》り（「鼠穴」「唐茄子屋政談」「豆屋」など）

「唐茄子屋政談」でカボチャを売り歩く若旦那のような例はほとんどないだろうが、江戸市中を天秤棒一本で様々な日用品を売り歩く小商人《こあきんど》の存在が庶民には便利だった。いわば江戸時代のコンビニ。魚、野菜、豆腐、納豆、花、苗、金魚、虫……。「先々の時計になれや小商人」――魚屋が来るのは〇〇時、納豆売りは××時と、地域住人に信用される物売りになれ――。この小商人たちは、その日の食い扶持を稼ぐのがやっとだが、いつの日か表通りに店を持つ夢を抱いている。

〈ま行〉

町師匠《まちじしょう》（「稽古屋」「あくび指南」「猫忠」「百川」など）

実働時間が平均四時間と短かった江戸職人は、余剰時間を習い事に充てた。琴、三味線、義太夫、長唄、清元、富本、一中節、小唄……。女師匠が多い。江戸中期には、町内にどんな芸にも対応出来る「五目の師匠」がいた。ほどほどの芸でよく、オツな年増が人気だった。一対一の相対稽古もしてくれた。彼女らは祭りや花見など町内の催しにはお囃子方として狩り出された。男客の狙いは別にあり、あわよくば師匠を、という「あわよか連」を巧みにあしらって商売繁盛した。落語には、生理現象の「あくび」を指南する奇抜な師匠も登場するが、実際には商売になったかどうか――。

耳掃除《みみそうじ》（商売噺のマクラ）

狼の皮を使った「猫の蚤取り」、爪を磨く「爪研《つめと》ぎ」、河川から廃品を回収する「よなげ屋」などと同様、江戸珍商売の一つ。当たりの柔らかい金製の耳かきが上等、中等が竹製、下等は五寸釘の頭で、というのだが……。「奥山で耳を掘らせてほととぎす」（其角）。

〈や行〉

役者《やくしゃ》（「中村仲蔵」「淀五郎」「武助馬」「きゃいのう」など）

落語には歌舞伎の名優の苦心譚も題材になっているが、動物の役しかもらえない大部屋役者たちの存在も面白い。猪（「五段目」）、鼠（「伽羅先代萩」「金閣寺」）、虎

（「国姓爺合戦」「傾城反魂香」）、狐（「義経千本桜」「李朝廿四孝」「葛の葉」）、猿（「靭猿」）、蟇（「天竺徳兵衛韓噺」）、土蜘蛛（「土蜘蛛」）、犬（「慶安太平記」）、鹿（「妹背山婦女庭訓」）、化け猫（「南総里見八犬伝」）……。馬の足なんていい方かも。

宿屋《やどや》（「高津の富」「抜け雀」「御神酒徳利」「宿屋の仇討」「三人旅」など）

大名は本陣、一般旅人は旅籠《はたご》、貧乏人は木賃宿《きちん》に泊まる。木賃宿は雑魚寝で、食事も自炊。旅を生業にする者、巡礼、長期滞在者などが利用した。街道の旅籠では飯盛り女が男の相手もして、江戸庶民の旅のお楽しみの一つでもあった。

湯屋《ゆや》（「湯屋番」「堀の内」「蛙茶番」「付き馬」など）

江戸で「湯屋」または「銭湯」。上方では現代と同じ「風呂屋」と言った。江戸は恒常的に水不足で、薪も高かったため庶民には内湯など無理な話でもっぱら湯屋を利用した。江戸っ子は見栄っ張り。身体はいつも清潔に、褌《ふんどし》は新しく、日髪《ひがみ》を結う（毎日髪を結い直す）、初物を食う、熱い湯に入る——を信条にしていた。湯屋が流行った理由だ。慶応三（一八六七）年には市中に五百五十軒の湯屋があったという。男女の入り口の境には「湯屋番」の若旦那が憧れる番台があって、湯屋番が湯銭を取った。入り口は別々だが中は混浴。不謹慎な者もいたらしく、寛政三（一七九一）年と天保十二（一八四一）年に混浴禁止令が出たが根絶できなかった。実際に別浴となったのは明治になってから。髪結床と同様、湯上がりの客は二階に上がって、飲食や碁・将棋に興じ、さながらサロンと化していた。

〈ら行〉

羅宇屋《らおや》（「紫壇楼古木」）

羅宇は、煙管の雁首と吸い口をつなぐ竹の管。詰まった管を交換する。長さは大方八寸だった。ラオス産の竹が質がいいというのが名前の由来。値段は一本八文が相場。縦長の箱に品物を詰めて売ったり、修理をして歩いた。商売に失敗して食うために仕方なくやるとか、引退した老人がやる仕事だった。落語にはよく、羅宇屋のじいさん、糊屋のばあさんが出てくる。「紫壇楼古木」は人名で、風流人だったのが、狂歌に凝って店を潰し、仕方なく羅宇屋になった。

色里のことば

〈あ行〉

あいぼれ

遊女と客がお互い惚れあっていること。相思相愛。

「あいぼれは顔へ格子の跡が付き」（俳風柳多留）

ありんす（「幾代餅」「紺屋高尾」など）

花魁が使う里言葉。「〜でありんす」は「です、ます」。「〜くんなまし」または「〜くんなんし」が「〜して下さい」。「あちき」が「わたし」などはほぼ廓全体の共通語だったが、妓楼によって違いがあり、松葉屋の「〜でおす」は「〜でありんす」、丁子屋《ちょうじや》の「〜ざんす」は「〜ですよ」。地方出身女性の多かった廓では方言、訛りを超越した共通語が必要だった。また、足抜け（脱走）した際、言葉ですぐ見破ることも出来たという。里言葉は大見世、中見世、小見世だけのもので、河岸の下級女郎は使わなかった。

居続け《いつづけ》

幾日も登楼を続けること。流連とも書く。昼の玉代を遣手に払って居続けるのを「大直し」という。居続けの昼膳には卵が添えられていた、というのは……。

居残り《いのこり》（「居残り佐平次」）

数人で登楼し、遊興費が払えない場合、知り合いが金を持ってくるまで一人が人質として妓楼に軟禁された。佐平次は「居残りが商売」とうそぶく不埒者《ふらちもの》だった。

馬《うま》（「付き馬」）

付き馬の略。「付け馬」とも。遊興費が払えない客の家まで取りに付いてゆく雇い人。当初は馬子が担当したが、客にまかれることが多かったため、妓楼の若い衆に替わった。

裏を返す

初めての花魁が付くのを初会、二度目を「裏を返す」という。三回通って初めて馴染みとなる。「初会限りは女郎の恥」。

花魁道中《おいらんどうちゅう》（「山崎屋」など）

花魁が揚げ屋や茶屋へ客を迎えに行く際、新造《しんぞ》、禿《かむろ》、若い衆らを連れ、内・外八文字で歩く。京町から江戸町を往来したため、東海道中（江戸・京）に模した。

大見世《おおみせ》

引き手茶屋を通して案内された客が遊ぶ高級妓楼。吉原の稲本、角海老《かどえび》、品川楼、大文字《だいもんじ》などが有名。大籬《おおまがき》といって格式が高く、半纏着の職人などは上がれなかった。中見世《ちゅうみせ》、小見世もある。

大引《おおび》け

吉原で、表の営業を終えて、大戸をおろす時間。引け四つ。現在でいうとだいたい午前二時頃。完全にシャットアウトされた。

大門《おおもん》（「明烏」）

吉原唯一の公式出入り口。現在、バス停などに地名が残っている。明治期、鉄柱の大門には作家福地桜痴揮毫による漢詩「春夢正濃満街桜雲」（右）、「秋信先通両行燈影」（左）が刻まれていた。「廻れば大門の見返り柳いと長けれど……」（樋口一葉「たけくらべ」）。「大門をそっと覗いて娑婆を見る」（俳風柳多留）。

岡場所《おかばしょ》

吉原以外の遊女屋街。民間の安直な私娼窟。遊興費が安かった。

お職《しょく》（「品川心中」）

吉原で一番の売れっ娘。古今亭志ん生は「ナンバーワン」といった。四宿では「板頭」。

お茶《ちゃ》を挽《ひ》く（「品川心中」など）

芸者や遊女にお客がつかないこと。暇な時間に臼でお茶を挽いていたらしい。

おちょぼ（「高津の富」「三枚起請」「三人兄弟」ほか）

上方の遊廓で茶屋の使い走りなどを勤める少女。「おちょやん」と呼ばれる。「ゝ」のことを大阪弁で「ちょぼ」ということから、小さな娘という意味であろうか。

お歯黒《はぐろ》どぶ（「首ったけ」「突落し」など）

遊女の逃亡を防ぐため、吉原遊廓を囲っている幅二間（約三・六メートル）のどぶ。遊女がお歯黒染めの残りや化粧品などを捨てたため黒く濁ったといわれる。

おばさん

遊女以外の女性従業員。「遣り手」「遣り手婆」。若くても「おばさん」。

お見立《みた》て（「お見立て」）

遊女が店先にショウ・ウインドウのように並んだ張り

見世で、好きな花魁を選ぶ。

おやま（「壺算」「三枚起請」）
江戸では歌舞伎芝居の女形を指すが、上方の遊廓では女郎、遊女のことを指す。「まんた」、「出て姫」とも呼ばれた。「まんた」の語源は「もし、あんた」が訛ったものだとの説がある。

〈か行〉

禿《かむろ》（「木乃伊《みいら》取《と》り」「強飯《こわめし》の女郎《じょろ》買《か》い」）
花魁に付いている少女。八〜十三歳くらい。雑用係り。長じて花魁となる子もいる。

起請《きしょう》（「三枚起請」）
起請誓詞、起請文の略。熊野牛王の用紙に血判を押して愛情を誓った。花魁が客を引き留めるために乱発した偽起請も？「約束を破ると熊野で烏が三羽死ぬ」といわれる。

喜《き》助《すけ》（「お見立て」）
吉原の妓楼や茶屋で雑用をする若い衆の通称。「あれ、なんだい、喜助でねえか。遠慮しねえで入ってこい」。

後朝《きぬぎぬ》の別《わか》れ
客は遊女に揺り起こされ、帰り支度となる。そして「後朝の別れ」。遊女は、なじみ客なら大門まで見送りする。

牛《ぎゅう》（「付き馬」「お見立て」など）
妓夫。妓夫太郎。妓楼の男衆。「若い衆」とも。客引きや用心棒まで務めた。

玉代《ぎょくだい》（「五人廻し」など）
遊女の揚げ代。基本料金。その他に飲食代がかかる。玉は線香の異称。揚げ代を線香で数える際に字画にすると、玉は五画（五本分）になる。遊女に振られた客の捨て台詞は「玉代返せ！」。

傾城《けいせい》
遊女のこと。城や国を傾けさせるほどの美女。漢書に「一顧すれば人の城を傾け、再顧すれば人の国を傾く」。

けころ（「お直し」）
吉原の羅生門河岸辺りにある最下級の女郎屋。通りがかりの客を蹴り込むように呼び込んだ。

五十間道《ごじっけんみち》
「通い慣れたる土手八丁」の日本堤から衣紋坂《えもんざか》に入ってすぐ左に見返り柳、右に高札場《こうさつば》。遊客はここで衣装を繕うから衣紋坂。そこから大門《おおもん》までS字状の道が五十間（約九〇㍍）あったという。ここまで来ると遠く廓の屋並みが見えて来て、遊客の胸を弾ませた。遊んだ帰りは、大門を出て右手の柳を振り返りながら遊女の情を懐かしんだ。

五丁町《ごちょうまち》

吉原一番の繁華街である仲之町でも特に江戸町一、二丁目、京町一、二丁目、角《すみ》町を五丁町と呼び、たんに「丁」とも言った。元吉原からある呼び名で、大見世、中見世が多かった。入り口には屋根付きの冠木《かぶき》文《もん》形の木戸があり、格式を誇った。

〈さ行〉

四宿《ししゅく》

江戸時代、五海道の出発点にあった宿（駅）。品川（東海道）、千住（日光、奥州街道）、板橋（中山道）、内藤新宿（甲州街道）を指す。それぞれに遊興場所があって、送る人、迎える人で賑わった。

新造《しんぞ》

姉女郎に付く若い遊女。妹女郎のこと。花魁の見習い。一般には若妻、若いおかみさん、二十歳前後の女性をいう場合もある。

新吉原《しんよしわら》（「五人廻し」）

明暦三（一六五三）年、当初日本橋にあった遊廓が焼けて現在の台東区に移され「新吉原」と呼ばれた。落語に出てくる吉原のほとんどは「新吉原」である。

清掻《すが》き（「二階ぞめき」）

遊女が客寄せのために店先で奏でた曲。昼見世・夜見世の開店合図になった。「見世清掻きに引き寄せられてつい居続けの朝の雪……なんてんでね」（立川談志）。長唄に「見世清掻きの……さっさとおせ、慣れし廓の袖の香に見ぬようで見るようで客は扇の垣根より……」。歌舞伎に取り入れられ、吉原の場面などで演奏される。

〈た行〉

台《だい》のもの

吉原で出す料理は台屋と呼ぶ料理専門店から取り寄せられた。仕出し屋。蕎麦台、寿司台、甘台（菓子）などを楼へ出前した。

大名道具《だいみょうどうぐ》（「紺屋高尾」「幾代餅」）

大名の相手をするくらいの格式のある花魁。松の位の太夫職。なお、元吉原に存在した階級名としての「太夫職」は宝暦年間に廃絶になったが、言葉だけ新吉原に残った。

立兵庫《たてひょうご》（「紺屋高尾」「明烏」など）
兵庫髷《まげ》の一種で主に花魁が用いた髪型。文金《ぶんきん》、赭熊《しゃぐま》、立兵庫でパタン、パタンと廊下を歩く音を聞けば誰でもここは廓ということが分かる。

猪牙《ちょき》（「船徳」など）
猪牙舟。牙の形をしてスピードが出た。吉原通いの客が盛んに利用した早船。山谷舟。「猪牙で行くのは吉原通い……」（大津絵・両国）。

土手《どて》
日本堤の異称。吉原に通う山谷堀の土手を指す。俗にいう土手八丁は山谷から三ノ輪まで八丁（約八七二メートル）あった。「通い慣れたる土手八丁、口八丁に乗せられて……」（吉原雀）。

〈な行〉

内証《ないしょ》（〈ないしょう〉とも。「お見立て」）
遊女屋の主人の部屋。帳場。また、その主人。普通は「ご内証」という。「私も勤めの身ですから勝手なことはできません。今、ご内証へ行って聞いてきますから」。

直《なお》す（「お直し」）
遊興客が時間を延長すること。

なか（「あくび指南」など）
廓。吉原のこと。外部とは厳格に隔離されていた。

仲之町《なかのちょう》
吉原のメインストリート。大門から、中央に延びた通り。花魁道中で賑わった。両側に大手の引手茶屋があった。

年季《ねん》が明《あ》ける（「幾代餅」「紺屋高尾」）
妓楼奉公の期間。吉原では二十七歳で年季が明ける。

〈は行〉

八文字《はちもんじ》
花魁道中での花魁の歩き方。腰をかがめ、大きく八の字を描いたので、太ももがチラついて色っぽく見えたという。内八文字（主に京・島原）と外八文字（吉原で好まれた）がある。

引き付け（「付き馬」「お見立て」）

初会に花魁に引き合わされる部屋。「幅の広いはしごをとんとんと上がって、引き付けへ通される。引き付けったって目をまわす所ではございません」。

引手《ひきて》茶屋《ぢやや》

吉原内にある茶屋。遊女の斡旋や大見世への案内を担った。仲之町に軒を並べていた。

緋《ひ》縮緬《ぢりめん》の長襦袢《ながじゆばん》

遊女の着る真っ赤な下着。男心を誘うあだっぽさを演出した。

素見《ひやかし》（「二階ぞめき」）

遊女屋で張り見世をしている遊女を見物しているだけの客。「ぞめき」ともいう。江戸川柳に「素見が七分買うやつが三分」。浅草紙の職人がくず紙を水にさらして冷やしている間、暇つぶしに見物したことから。五丁町のにぎわいに一役買っていた側面もある。

北国《ほっこく》（「山崎屋」）

吉原の異称。江戸城から見て北の方角にあったから。

〈ま行〉

間夫《まぶ》（「文違い」「お見立て」「五人廻し」など）

廓で、遊女の情夫《いろ》。ヒモ。「ひやかし千人客百人なじみ十人間夫ひとり」。

まわし（「五人廻し」など）

一人の遊女が何人もの客を相手にすること。参勤交代等で圧倒的に男性が多かった江戸特有の制度。まわし部屋があった。

身《み》請《う》け（「山崎屋」「高津の富」）

遊女が見世に残した借金を肩代わりして自分の妻や妾にする。「証文を巻く」。

見返《みかえ》り柳《やなぎ》（「明烏」など）

遊興帰り、吉原大門を出て衣紋坂に向かう右手前にあった柳の木。客は遊女との名残を惜しんで振り返った。「見返れば意見か柳顔を打ち」（俳風柳多留）。現在も六代目の柳がある。

紋日《もんび》（「品川心中」）

節句、祭日など。品川では官許の遊廓のしきたりに準じて、衣装を新しく調え、遣り手や若い衆に相応の祝儀を配らねばならなかった。物入りだったため「物日」とも。

〈や行〉

遣《や》り手《て》（「お直し」など）

やり手婆。廓では、若くても遊女以外の女性従業員は、やり手、またはおばさんと呼ばれた。若い衆との連携プレイで、客の自尊心をくすぐり、客から金を搾《しぼ》り出す手練手管に長けていた。遊女出身者が多かった。

指切《ゆびき》り

遊女の心中立ての一種。最も真実性のある約束とされる。小指の先端を切り落とした。

吉原細見《よしわらさいけん》（「文七元結」）

吉原のガイドブック。格付け表。花魁に山形や星がついているミシュラン形式で、ランクも知ることが出来た。毎年新版が発行され、地方からのお上りさんにとってまたとない江戸土産になった。写楽を見出した蔦屋重三郎（耕書堂）などが発行していた。

吉原雀《よしわらすずめ》

吉原遊廓に頻繁に出入りして内部の情報や知識に詳しい人。長唄、清元では、吉原の客と遊女の姿を描いている。

〈ら行〉

羅生門河岸《らしょうもんがし》

通称「河岸」。おはぐろどぶに沿った西河岸、東河岸の見世には最下級の女郎がいた。特に東河岸を「羅生門河岸」といって、通行人の髷《まげ》をつかんで引っ張り込むような乱暴な客引きをした。短時間の「鉄砲見世」、時間を切り売りする「切見世」。古今亭志ん生の廓噺に出て来る「切見世」はこれらを指している。

〈わ行〉

若《わか》い衆《し》（「お直し」「五人廻し」「お見立て」「付き馬」など）

遊女屋で働く男性従業員。妓夫太郎《ぎゅうたろう》。詰めて「ぎゅう」。年配でも若い衆。主たる業務は、呼び込みと遊女と客の世話係。口先三寸で男の自尊心をくすぐり、見世に上げちまえばこっちのもの。一分《ぶ》で済むわけがないし、通されるのは廻し部屋。おまけに遊女は来ない。だが、返金はしないし、責任も取らない。

割床《わりどこ》

一部屋を屏風で仕切り、多くの客を格安で遊ばせた。

落語用語

〈あ行〉

青緡《あおざし》五貫文《ごかんもん》（「孝行糖」）

穴の開いた一文銭四千八百枚（およそ一両一分に相当）を散らばらないように、銭の穴に青く染めた麻縄を通してひとまとめにしたもので、お上のご褒美によく使われた。一文銭千枚で一貫（一分）。五貫は一両一分。時代によっても異なるが現在の価値に換算すると、江戸初期では十二、三万円、後期となると三分の一程度に下がる。だが、親孝行の褒美に実質的な金銭を与えるとは粋な行政である。現代なら、さしずめ紙切れ一枚の表彰状で済まされてしまう。

赤鰯《あかいわし》（「たがや」）

手入れが悪いため赤くさびた刀。剣術の下手な武士をあざける。

赤《あか》ん坊《ぼう》の前《まえ》で風車《かざぐるま》を回《まわ》す

見え透いたお世辞を言ったり、したりする。「――ようなことを言っちゃあだめだよ」。

上《あ》げ潮《しお》のゴミ

家を出たなりあちこち引っ掛かってなかなか戻って来ない例え（古今亭志ん生のギャグ）。

足《あし》が上《あ》がる（「足上り」）

上方。「解雇される」、「おひまがでる」という意味。大阪の洒落言葉に「足袋屋の看板で足が上がってじゃ」というのがある。

あたい（「初天神」「道具屋」ほか）

幼児や下町の女性が自分を指す一人称だが、落語では与太郎の専売特許。

あたぼう（「大工調べ」ほか）

「当たり前だ、べらぼうめ」の略。「へら」はそっくい（米飯で作る接着剤）を練る道具。気の短い江戸っ子は、喧嘩の際に詰まらせてしゃべらないと、「温気《うんき》の時分にゃあ、口の中で啖呵が腐っちゃう」。

あんけらそ

上方。「あほ」、「ばか」、「まぬけ」という意味の罵声。

あんにゃもんにゃ（「大工調べ」ほか）

相手をののしる際に使う。「分けのわからない野郎……」くらいの意か（古今亭志ん生ギャグ）。

塩梅《あんばい》
程の良さ。「やかん」に「いい塩梅のお天気で」。按排。

いかい
「はなはだしい」の意を指す田舎言葉の形容詞。「いかくでっけえ」（権助〈田舎〉言葉）。

笊《いかき》
上方。ざるやかご。編み目の大きさによって「大間目《おおまめ》」、「中間目《ちゅうまめ》」、「小間目《こまめ》」と分けられる。最も編み目が細かいのが米を揚げるのに使う「米揚げ笊」である。

以下《いか》者《もの》
軽輩もの、くだらないもの。徳川時代、将軍のお目見え以下の身分を蔑称した。これに対抗するのは「このタコ（蛸）野郎」。

いけ
「――図々しい」「――しゃあしゃあ」「――ぞんざい」などの言葉の強調。

石部《いしべ》金吉《きんきち》鉄兜《かなかぶと》（「片棒」）
真面目な堅物。「あんな石部金吉みてえな奴とは金輪際付き合わねえよ」。

居職《いじょく》
自宅で仕事をする職人。飾り職人、指物師、桶屋など。対して、大工、左官、屋根屋、鳶などを「出職《でじょく》」。

一陽来復《いちようらいふく》新玉《あらたま》の春《はる》（「紺屋高尾」「幾代餅」ほか）
悪いことが重なった後、一転いいことがある。落語の場面転換で多用する。

一荷《いっかい》入り（「壺算」）
天秤棒で一度に担げる水桶二杯分の水が入ること。

嬢《いと》はん
上方。お嬢さんのこと。「いとし子」からきている。

芋《いも》の煮《に》えたも御《ご》存《ぞん》じない（「やかん」）
おっとりして世間知らずの人間を嘲る。「江戸いろはかるた」の「ゐ」。

いらち
上方。いつもイライラ、セカセカしている人のこと。「ぼんぼん」のことを「ぼんち」というのと同じ用法。

犬《いぬ》の糞《くそ》で仇《かたき》（「大工調べ」）
つまらぬことで復讐される。

印形《いんぎょう》（「三方一両損」）

印判。はんこ。「爪印《つめいん》」は、指先に印肉を付けた指紋による印判の代用。

牛盗人《うしぬすっと》
牛のようにのそのそとして、はっきりしない人。

うっ
主に職人らが使う強意の接頭語。「――たまげる」。

うすべったい
薄くて平たい。「平べったい」。職人の簡略語。

宇都宮《うつのみや》の釣《つ》り天井飯《てんじようめし》（「湯屋番」）
宇都宮城主本多正純が、将軍家光を暗殺しようと仕掛けた釣り天井。これに似て、茶碗に盛った飯が、見た目は満杯だが中は空洞。お茶をかけると直ぐに陥没してしまう。居候に対するお内儀の嫌がらせでこの手を使う。「そぎ飯のこき飯」。

腕《うで》っこき
腕利き。

売《う》られた喧嘩《けんか》（「天災」）
「売られた喧嘩は高いの安いの言ってねえで、全部買っちまうんだい」。

運否天賦《うんぷてんぷ》
運不運は天次第、お天気任せ。多少、破れかぶれの気分も含まれている。

江戸《えど》っ子《こ》は五月《さつき》の鯉《こい》の吹流《ふきなが》し
「口先ばかりで腸《はらわた》はなし」と続く。江戸っ子は単純で、鯉のぼりのように腹に含むところがない。

遠寺《えんじ》（「野ざらし」「お化け長屋」）
遠くの寺。「どこで打ち出すか遠寺の鐘」。「陰《いん》に籠もる」のが相場。

お家《いえ》・お家《え》さん
上方。商家の奥さんのこと。元は「ご寮人《りょん》さん」だったが、息子が旦那になって嫁が新しい「ご寮人さん」になった場合、格上げされて「お家《いえ》さん」と呼ばれるようになる。「猿後家」には風貌が猿そっくりのお家はんが登場する。

岡惚《おかぼ》れ（「蛙茶番」「つるつる」ほか）
よく知らない、異性に、傍から見ただけで恋心を抱くこと。相手からは見向きもされない半ちゃんの恋が典型。「岡惚れも三年経てば情夫《いろ》のうち」。

おきゃん
お転婆。はねっ返りの美人。下町娘。

奥《おく》や！（「青菜」）
商家の主人が奥で働く女性を呼ぶ。妻のことが多い。「奥や、植木屋さんに、ご酒を持って来ておあげなさい」。商家の旦那の言葉は、たとえ相手が職人でも慇懃無礼に近いくらい穏やかで丁寧である。

お籠《こも》り（「明烏」）
泊まりがけの信心。廓遊びの隠語？

おごろもち
上方。モグラのこと。「モグラモチ」から転訛したという。

御《お》先煙草《さきたばこ》
来客の接待に出すたばこ。たばこ入れを忘れて向こう様のたばこを頂戴する場合にも言う。こんな御先煙草は失礼に当たる。

おじゃん（「火焔太鼓」「火事息子」）
終わり。火事の鎮火に打つ半鐘。「ジャンジャンと二打した。一方、臥煙《がえん》（下級の火消し人足）の博打は「じゃん」（火災発生）が鳴ると、出動のためお開き（終い）になる。

恐《おそ》れ入谷《いりや》の鬼子母神《きしもじん》
語呂合わせの言葉遊び。ほかにも「飛んだところに北《きた》村大膳《むらたいぜん》」「知らぬ顔の半兵衛」「小言幸兵衛」「阿《あ》漕《こぎ》（あ、そう）の平次」「合点承知之助」「平気の平左（衛門）」「言い出しっ屁」「遅かりし由良之助」「驚き、桃の木、山椒の木」「しめこのうさぎ」「その手は桑名の焼き蛤」「敵もさる（猿）もの引っ掻くもの」「百も承知、二百も合点」「糞《ふん》は出たが別が出ない（分別が付かない）」「自棄《やけ》のやん八」など。

おっこち
相手の女（男）に溺れてしまう。夢中になる。「よっ！おっこちだネ」

乙《おつ》な仲《なか》（「包丁」）
男女の親しい間柄。曰くありげな仲。

おっぴしょる
へし折ること。職人言葉。「おっ」を付けて威勢の良さを演出する。類例に、「おったまげる」「おっぽり出す」「おっぴろげる」「おっぱじめる」。

お天道《てんと》様《さま》と米《こめ》の飯《めし》はどこへも付《つ》いて回《まわ》る（「唐茄子屋政談」）
どこでも暮らしができる。だが、「金だけは付いて来ない」。

男《おとこ》やもめに蛆《うじ》が涌《わ》き、女《おんな》やもめに花《はな》が咲《さ》く（「お化け長屋」）

男のやもめは不潔になりやすく、未亡人の周りには、けしからぬ目的を持った男どもが引きも切らない。

おとといこい（「二階ぞめき」）

二度と来るな。「一昨日」では来られるわけがない。

お流《なが》れ

①中止。②杯をもらう。「お流れを頂戴」。現代では社用語？

お鉢《はち》

順番。托鉢《たくはつ》行脚《あんぎゃ》の鉢から。「――が回る」。

おまいさん

お前さんの音便化。ほかにも朝っから（朝から）、やなこった（いやなことだ）、勝って（勝ちて）、書いて（書きて）、けえる（帰る）、こいだけ（これだけ）、こないだ（この間）、しんじく（新宿）、そいで（それで）、てえげえ（大概）、飛んで（飛びて）、へえる（入る）など、促音便、撥音便、イ音便、ウ音便、二重母音など江戸言葉の特徴的な発音。職人が多用。

おめっち

お前。「おら（俺）っち」

おやだま

悪人たちの頭。本来は、数珠の中心にある一回り大きな玉。

親旦《おやだん》さん・大旦《おおだん》さん

上方。旦那の父親。隠居している場合もあるが、息子である旦那が頼りない場合、会長としてにらみを利かせているケースもある。

親馬鹿《おやばか》ちゃんりん

親は子どもに対して盲目、他人には愚かに見える。「――そばやの風鈴」と続ける。

おん

御の字。おん出る、おんぼろなど、冠に付けて強調、誇張、リズム感を良くする効果。職人言葉。

女三界《おんなさんがい》に家《いえ》なし

嫁に行った女にはほかに住む所がないから離縁して帰って来るな、の意。「風呂敷」（古今亭志ん生）に「女というものは、三階にいて下りて来るったって大変だよ、そのくらい不自由だって……」。それに続いて、

「貞女屏風（両夫）にまみえず」「直《じか》（李下《りか》）に冠をかぶらず」「おでん（瓜田《かでん》）に靴を履かず」の珍解釈。

〈か行〉

廓法《かくほう》
吉原や遊郭のしきたり、おきて。（→付録「口上・言い立て」）

覚弥《かくや》の香物《こうこ》（「酢豆腐」「家見舞」）
古漬けを水にさらし、生姜と一緒に細かく刻んだ香の物。細かく刻んだ古漬けの香物。江戸の料理人（僧侶とも）岩下覚弥の創案、また、高野山の隔夜堂の老僧のために作られたからという説も。

駆《か》け込《こ》む（「大工調べ」ほか）
訴える。奉行所へ――。

駕籠《かご》に乗《の》る人担《ひとかつ》ぐ人《ひと》そのまた草鞋《わらじ》を作《つく》る人（「二人旅」ほか）
人にはさまざまな境遇や役割があること、また身分の上下関係もあることをいう。「――捨てた草鞋を拾う人」と続けることもある。

かつう
鰹《かつお》を粋に呼んだ。相州小田原辺りの訛。歌舞伎「髪結新三」の魚屋がこれ。他にもかつぶし（かつお節）。「竹んま（竹馬）」「野次んま（野次馬）」などと同類。

学校《がっこう》じゃあ教《おせ》えない（「お直し」「首ったけ」など）
廓遊びや酒場、博打場など大人の世界の作法やルールは学校では決して教えてくれない。だが、世俗世間を要領よく渡って行くうえで覚えておいた方が便利なことがたくさんある。「惚れて通えば千里も一里、長い田んぼもひと跨《また》ぎ、なんて――」（古今亭志ん生「首ったけ」）。

金棒引《かなぼうひ》き（「牛ほめ」）
言いふらす。（長屋中、噂を流して歩く）おしゃべり女。

兜正宗《かぶとまさむね》（「居酒屋」）
粗悪酒の銘柄。飲むと頭（兜）に来るから。ほかに、村から出るころに醒めてしまう「村雨《むらさめ》」、店の庭を出ると醒める「庭雨《にわさめ》」、飲む端から醒める「直雨《じきさめ》」。水で薄めた「酒《さか》っぽい水」、熟成し過ぎた「酢っぱ口」も。

烏《からす》カア
「烏カアで夜が明けて……」。「さて翌日」の意。落語特有の場面転換の表現。

空穴《からつけつ》（「竹の水仙」）

　無一文。一文無し。

から屋《や》（「味噌蔵」）

　本来は豆腐屋だが、おから（きらず）しか買ったことがない小僧がそう呼ぶ。

願人坊主《がんにんぼうず》（「らくだ」「黄金餅」）

　乞食坊主。家々を回って、願懸けの代理人を引き受け、報酬をもらった。

利《き》**いた風**《ふう》
　気取った。小生意気。「――な口を利く」

きめしき（「大山詣り」）

　約束、決めごと。「定式」または「極め式」と書く。

久離切る《きゅうりき》（「かぼちゃ屋」「湯屋番」「唐茄子屋政談」「船徳」ほか）

　落語では懲罰のため一時的に親子、親族の縁を切る「勘当」の意に使われることが多い。厳密には永久に縁を切る（人別帳からも外す）こと。落語ではよく若旦那を「久離切って勘当」するが、この場合の勘当はちょっとした懲らしめに使う。「勘当され、胡瓜《きゅうり》くらいしか食えない境遇になること」という珍解釈も。

金時《きんとき》**の火事見舞**《かじみま》**い**（「試し酒」「猫の災難」）

　酒を飲んで真っ赤な顔。金時は源頼光の四天王の一人坂田金（公）時。赤ら顔だったらしい。

銀流《ぎんなが》**し**（「酢豆腐」「ちりとてちん」）

　キザな奴。見かけ倒しのまがいもの。

くちくなる
　満腹で息苦しい。

下駄《げた》**を預**《あず》**ける**
　すべてを任せる。寄席や芝居小屋で、下足番に下駄を預けるともう逃げられない。

気取《けど》**る**（「お見立て」）

　気付かれる。田舎のお大尽が「他の客に気取られたか――」。

外面如菩薩《げめんにょぼさつ》**、内心如夜叉**《ないしんにょやしゃ》
　女性は、外見は菩薩のごとく優しそうだが、内心は夜叉のように怖い。

けんげしゃ
　上方。縁起を気にする人のこと。御幣担《ごへいかつ》ぎ。

こ（小《こ》）

　小ざっぱり、小綺麗、小憎らしい、小汚い、こっぴどい、こしゃく、小馬鹿にするなど接頭語。量や程度が小さい、軽んじる気持ちを表したり語調を整える。

こいさん

上方。末のお嬢さんのこと。「小いとさん」の略。

恋《こい》は思案《しあん》の外《ほか》（「稽古屋」）

恋は理屈ではない。「恋は指南（思案）の外」

口銭《こうせん》（「井戸の茶碗」）

商売の仲立ちをした手数料。口利き料。

こける

言葉の強調。「笑い――」「眠り――」。江戸職人が多用。

心《こころ》の丈《たけ》

心のすべて。「品川心中」の女郎お染は「心の丈を記して」恋文を書くが……。

拵《こしら》え

扮装。刀剣の装飾をいう。

拵《こしら》える（「付き馬」ほか）

つくる。（金銭などの）都合をつける。

御大身《ごたいしん》（「三味線栗毛」）

地位や財産の持ち主。金持ち。

ごたまぜ

ごちゃごちゃに混ぜる。

御馳《ごち》ンなる（「包丁」「青菜」ほか）

ご馳走になるの音便。江戸職人の常用語。

子供衆《こどもし》

上方。一般的には子供のこと。よその子供に対して使う。または、丁稚の意味。丁稚の場合は自分の店の丁稚を「子供衆」、よその丁稚は「子供衆さん」と呼ぶ。

こまっしゃくれる（「真田小僧」）

大人びる。ませている。

米《こめ》の飯《めし》がてっぺんへのぼる（「百年目」）

上方。奉公人や目下の者が増長している時に叱るフレーズ。「田舎で暮らしている時分は麦飯を食べていた分際の人間が、町へ出て来て米の飯を食うようになったもんで、その米の飯が頭のてっぺんにのぼったんか！」という意味である。

菰《こも》

乞食。目の粗い筵《むしろ》を持ち歩いたことから。お菰さん。

ご寮人《りょん》さん

上方。商家の当主、旦さんの奥さんのこと。元々は京の公家言葉で、未婚者の寮（部屋）住みの娘さんのことを指していたが、その娘が縁付いて奥さんになったあとも、ついて行った召使たちが相変わらず「ご寮人さん」と呼んでいたのを真似したのだという。

権八《ごんぱち》（「湯屋番」ほか）
居候の俗称。白井権八が幡随院長兵衛宅に居候していたことから。「——を決め込む」。

〈さ行〉

細工《さいく》**は流々**《りゅうりゅう》**仕上**《しあ》**げを御覧**《ごろう》**じろ**（「大工調べ」）
手はずはいろいろ抜かりなくやっている、安心して任せておけよ。

竿《さお》**は三年櫓**《さんねんろ》**は三月**《みつき》（「船徳」）
一人前の船頭になるための修業期間。

酒《さけ》**なくて何**《なん》**の己**《おのれ》**が桜哉**《さくらかな》（「長屋の花見」ほか）
花見には酒が付き物。酒のない花見なんぞは……。

差料《さしりょう》
自分が使う刀剣。

ざっかけない（「居残り佐平次」）
気遣い不要な、粗末なの意。前田勇編『江戸語の辞典』に「がさつ……」。『広辞苑』には載っていない。

差配人《さはいにん》（「お化け長屋」「小言幸兵衛」）
所有者に代わって家や土地を管理する人。家主。大家。

桟俵法師《さんだらぼっち》（「鼠穴」）
米俵のふた。

さんぴん（「たがや」）
年の扶持高が三両一分の下級武士の蔑称。

地獄《じごく》**の一丁目**《いっちょうめ》
悪の入り口。「弥次郎」に、「ここは地獄の一丁目で、二丁目のねえところだ」。

下地《したじ》（「居残り佐平次」ほか）
醤油や出汁。

しち
強意の接頭語。「——面倒」「——やかましい」

質《しち》**に取**《と》**られた木魚**《もくぎょ》（「五人廻し」）
置いてあるだけで、何の役にも立たない無用の物。

しっちゃぶく
「引き破る」の江戸弁。職人言葉。

芝居《しばや》
江戸っ子は「しばい」をこう呼ぶ。

四分一拵《しぶいちこしら》え
合金で作った細工物。「金明竹」の「お道具七品」の一つ。

渋皮《しぶかわ》のむけた女《おんな》（「包丁」「崇徳院」）

垢抜けしたいい女。年増のいい女。

時分時《じぶんどき》（「青菜」）

食事時。タイミングのいい時間。

四万六千日《しまんろくせんにち》（「船徳」）

観世音菩薩の縁日であるこの日に参拝すると四万六千日分のご利益がある。浅草浅草寺は七月九、十日。「――、お暑い盛りでございます」（八代目桂文楽）。

仕舞屋《しもたや》
しもうた屋。商売をやめてしまった商家の家。普通の家をいう場合もある。

癪《しゃく》
胃けいれん、胆のう炎、肝臓障害。

しゃらくさい
生意気だ。「しゃらくせえ」。

背負《しょい》い投《な》げ
廓などで振られた時に使われる。女郎にすっぽかされる。「――を食う」。

性根《しょうね》（「文七元結」）

近年は「根性」と使うことが多い。歌舞伎では役作りの気持ちの持ちよう。「――を入れ替えて」。

白鼠《しろねずみ》（「百年目」ほか）

何の疑問も抵抗もなく、盲目的に主人に忠実な番頭を揶揄していう。

沈香《じんこ》も焚《た》かず屁《へ》もこかず（「百年目」）

いい匂いは出さないが悪臭も放たない。善行をしない代わりに悪いこともしない、人畜無害の平凡な人間のこと。大して役に立たない人間を指す。

甚助《じんすけ》（「五人廻し」）

助兵衛。好き者。精力家。嫉妬深い人またはことの蔑称。

新造《しんぞ》（「湯屋番」ほか）
①若妻、若いおかみさん。二十歳前後の女性。「ご新造さん……」。②見習いの遊女。
しんねりむっつり
陰気臭く何を考えているかわからない様子。良く解釈すると「鳴かない猫は鼠を捕る」？

新道《しんみち》
路地、住人がこしらえた道。私道。「百川」に「長谷川町の新道の先生」。
随徳寺《ずいとくじ》（「お化け長屋」）
ずいと逃げる、の語呂合わせ。「山号寺号」に「一目山（一目散）随徳寺」。
すかす
気取る。音のしない屁をする。「野郎！　すかしゃがったな」。
すがれる（「付き馬」）
年代を経て（人間が）丸くなる。
ずく
「――だけ」の意。その手段のみで事をおこなう。「腕――」「因縁――」「金――」「権柄《けんぺい》――」など。
すってんてん
無一文。
すっぱぬく
出し抜く。暴く。「大工調べ」で、大工の棟梁が強欲大家の過去をすっぱぬく。「風吹き烏にちげえねえや、手前の昔のことをすっぱ抜いてやらあ、よく耳の穴かっぽじって聞いていろ」。
すててこ
吉原の幇間《たいこ》が、粗末なすててこ姿の乞食の踊りからヒントを得て作った踊り。初代三遊亭圓遊が教わって得意ネタにした。「向こう横丁のお稲荷さんへ一銭あげて、ざっと拝んでお仙の茶屋へ、腰を掛けたら渋茶を出した。渋茶よくよく横目で見たらば、米の団子か土の団子か、お団子団子で、こいつぁまたいけねえ。まだまだまだ（略）あんよを叩いてしっかりおやりよ、そんなこっちゃなかなか真打にゃなれない、ステテコステテコごろにゃんにゃん」。
捨《す》てる神《かみ》あれば助《たす》ける神《かみ》
「捨う神」とは言わない。古川柳に「捨てる神（紙）あるで助かる屑拾い」。
酢《す》豆腐《どうふ》（「酢豆腐」）
知ったかぶり。饐《す》えた豆腐のことだが、落語「酢豆腐」に知ったかぶりできざな男が、腐った豆腐を食べさせられて「酢豆腐」と呼んだ。落語から発生した言葉としては珍しく『広辞苑』『大辞林』にも載っていて、「半可通」とある。

図抜《ずぬ》け（「付き馬」）
飛び抜けている。特大の。「図抜け大一番小判型の早桶（棺桶）」。
するってえと
「そうするとだな」の意。これを使うと、普通の会話が、俄然落語めいてくる。「するってえと何かい？熊さん！」てな調子で……。
すれっからし
悪ずれ。莫連《ばくれん》者。海千山千の者。特に女性に使う。
銭《ぜに》っきり（「青菜」）
持ち合わせ全部の銭。「銭っきり飲んじゃう」。
先《せん》（「天災」ほか）
さき、以前。先のかみさん。先を越される。
そっくり
みんな。全面的に……。気持ちや心にも使う。「気持ちは——お前さんだよ」。
そっぽう
外の方。見当外れ。
そっぽぉ
頬。「妾馬」に「そっぽぉぶて」。「そっぽぉがいい」はいい顔をしている。
袖《そで》にする
（女が男を）振る。無視する。「——なかろうぜ」。
素読《そどく》（「井戸の茶碗」）
声を出して書を読む。幼児の国語教育。当初は、内容を理解しなくてもよい。素読指南は浪人武士の典型的な副業。
外後架《そとごうか》（「高野違い」「青菜」「へっつい幽霊」）
裏長屋の共同便所。
そのかし
その代わり。
ぞめき（「二階ぞめき」ほか）
浮かず騒ぐこと。落語では、遊郭を冷やかして歩く場合に使う。
空癪《そらじゃく》（「湯屋番」）
嘘で癪を起こしたふりをする。男を騙す女の手管。
ぞろっぺえ
ぞんざい。だらしない。

〈た行〉

代脈《だいみゃく》（「代脈」）
代理の診察。
竹《たけ》**に雀**《すずめ》（「抜け雀」）
釣り合う対のもの。植物と動物が対になっているのがミソ。ほかに「松に鶴」「梅に鶯」「牡丹に唐獅子」「竹に虎」。幕末から明治にかけて作られたと思われる尻取り唄に「牡丹に唐獅子、竹に虎、虎を踏まえた和藤内、内藤様は下がり藤、富士見西行後ろ向き、むき身蛤《はまぐり》ばか柱、柱は二階と縁の下、下谷上野は山かづら、桂文治は噺家で、でんでん太鼓に笙の笛、閻魔は盆とお正月、勝頼様は武田菱、菱餅三月雛祭、祭まんどう山車《だし》屋台、鯛に鰹の蛸鮪、ロンドン異国の大湊、登山するならお富士さん、三遍回って煙草にしよう」がある。
立《た》**て場**《ば》**・立場**《たてば》**・建場**（「井戸《いど》の茶碗《ちゃわん》」）
①街道筋で人足が駕籠や馬を止めて休息した所。②人の多く集まる所。③休むこと。中継ぎする所。
たてんぼ（「へっつい幽霊」ほか）
大まかな山分け。縦に二つ。縦棒の訛り。
店《たな》
店賃（家賃）、貸店、裏店、店立て（家を追い出す）、店子（大家と言えば親も同様、店子と言えば子も同然）。店開き、大店、お店者、お店、店振舞。
たんと
たくさん。
蓄音機《ちくおんき》**の犬**《いぬ》（「青菜」「町内の若い衆」ほか）
犬が蓄音機の前で首を傾げているビクターのマークから、感心ばかりしている人を軽蔑して呼ぶ。古今亭志ん生は「チコンキのイヌ」。
ちっとんべえ
ちょっと。少し。関東の田舎言葉、権助言葉。
茶献上《ちゃけんじょう》
将軍に献上した茶色の博多帯。武士の帯の定番。
茶人《ちゃじん》
酔狂な人、変わり者。
茶《ちゃ》**にする**
ご破算にする。馬鹿にする。ごまかす。『江戸の夢』（宇野信夫）に「茶にしておきなさい」。
中《ちゅう》**っ腹**《ぱら》（「火焔太鼓」ほか）
怒りやすい性質。「武士、鰹、大名、小路《こうじ》、生鰯《なまいわし》、茶店、紫、火消し、錦絵。（続けて）火事に喧嘩に中っ腹、伊勢屋、稲荷に犬の糞」。まくらで使う。

提灯婆《ちょうちんばばあ》（「天災」ほか）

皺だらけの婆さん。横皺が提灯、縦皺が唐傘、縦横が縮緬婆。

鳥目《ちょうもく》（「唐茄子屋政談」ほか）

銭のこと。穴開き銭の穴が鳥の目に似ていることから。「お――」。

ちょっとお茶漬《ちゃづ》けでも

上方。京都の家を訪問して、いよいよ帰ろうという段になると必ず京都人が発するという言葉。本当に茶漬けを出す気はなく、ほんのご愛想。言葉によるご馳走なのだ。

ちょろまかす

ごまかす。

月番《つきばん》（「長屋の花見」「佃祭」ほか）

長屋などの月交代の当番。祝い事、葬式など長屋の行事の雑役をこなした。

つっけんどん

邪慳《じゃけん》。喧嘩腰。

つべたい

冷たい。さむしい（寂しい）、ふるしき（風呂敷）、めっける（見付ける）、まっつ（直）ぐ。江戸っ子職人の訛り言葉。

爪印《つめいん》（「火焔太鼓」ほか）

印形の代わりに爪の先を使う。

木偶《でく》**の坊**《ぼう》

役立たず。木偶人形のように自身では動けない。

てけれっつのパア（「黄金餅」「死神」ほか）

行動を起こすきっかけの言葉。特に意味はない。テケツ（チケット）が語源か。

手銭《てせん》

身銭。「――を切る」。「ごち（ご馳走）になる」の対。

手許不如意《てもとふにょい》

金銭に不足。気取った武家が金のないことを多少気兼ねして、慎ましく言う。

天蓋《てんがい》（「蒟蒻問答」）

本尊、棺などの上に飾るシャンデリア風な装飾。隠語で、形から蛸を天蓋、酒を般若湯。例＝歌舞伎「道成寺」もの。

天水桶《てんすいおけ》（「天災」）
雨水を溜めて防火用に使った。

天道干《てんとうぼ》し（「道具屋」）
天日の下で商う簡易な店。露天商。大道商人。

伝法《でんぼう》（「浮世床」）
無頼なことや人。乱暴もの。威勢のいい女にも使う。

伝馬町《てんまちょう》
牢の代名詞。「デンマ町の牢」とは言わない。

唐桟《とうざん》（「権助提灯」「権助魚」「木乃伊取り」ほか）
縞柄の木綿の織物。固くて丈夫だったから田舎出の飯炊き権助が愛用した。

道中付《どうちゅうづ》け（「黄金餅」「城木屋」）
道順の描写、言い立て（→付録「口上・言い立て」）。

とーんと来《く》る（「三枚起請」）
気がある。好意を持っている。「とんとーんと来ている」。

どがちゃが（「味噌蔵」「口入屋」）
会計などをぐじゃぐじゃにしてしまう、勘定をいい加減にする。「でたらめ」の擬態語。

土左衛門《どざえもん》（「おせつ徳三郎」）
水死人。江戸の力士成瀬川土左衛門が、溺死者のように白くぶよぶよに太っていたところから。

どさくさ
混乱・混雑。「――まぎれ」。「粗忽長屋」に「――、じゃなかった浅草」。

とっちめる
取り締まる。懲らしめる。

賭場《どば》
賭場と書くが「ドバ」。博打場。「とば」は噺家符牒で着物。

〈な行〉

なか（「あくび指南」ほか）
廓。吉原。外部から厳格に隔離されていた。

仲坊《なかぼん》・中手《なかて》
上方。三人兄弟の次男のこと。三人姉妹の場合は「なかんちゃん」あるいは「なかいとはん」と称する。

生酔《なまよ》い、本性違《ほんしょうたが》わず（「替り目」「禁酒番屋」）
多少酒に酔っていても、本性は変わらないこと。

なり

服装。「明烏」に「なりが悪いとご利益がない……」。

なりったけ
「なるったけ」。出来るだけ。

縄付《なわつ》き
犯罪者。「居残り佐平次」に「家から縄付きを出したくねえ」。

何《なん》の多《た》足《そく》にもならないが（「船徳」「夢金」ほか）
ちょっとした手助け。ほとんど役には立たないけれど、気持ちだけでもといった様子。船宿の女将が出発する船の縁にほんの手を添える程度の善意。色っぽさを演出する。

荷《に》
やっかい、迷惑、負担。

二《に》本差《ほんざ》し（「たがや」ほか）
武士、侍のこと。大小二本の刀から。りゃんこ（「りゃん」は中国語）。「――が怖くて田楽が食えるか」。

女房子《にょうぼこ》（「かぼちゃ屋」ほか）
妻と子。「掛け値しなきゃ――が養えない」。

ぬけぬけ
ずうずうしく。

猫辞《ねこじ》退《たい》
欲しくて仕方ないのに無理に遠慮する。「猫の魚辞退」の略。三代目三遊亭金馬のまくら、随談。

ねんごろ
情を交わす。いい仲。「『仲がいい』と『いい仲』は違う」（「おせつ徳三郎」）

のさばる
横柄。大きな顔。

野《の》幇間《だいこ》（「干物箱」「鰻の幇間」ほか）
見番に未登録のもぐりの幇間。街頭で客をつかまえて取り巻く。夏目漱石『坊っちゃん』の野幇間は、それに似たお調子者。

のろま
喧嘩・悪口のひとつ。愚鈍なこと。野呂松《のろま》人形。「あほう」「でくのぼう」「唐変木」。

のんこのしゃあ（「金明竹」）
道楽者がしゃあしゃあと生きている。ずうずうしい。「何を言ってものんこのしゃあ」。

〈は行〉

這《は》えば立《た》て（「藪入り」）
「立てば歩めの親心」と続くことわざ。

葉茶屋《はぢやや》（「百年目」ほか）
飲料の茶商。料理店の水茶屋と区別。

春永《はるなが》（「芝浜」「掛取り」「狂歌家主」）
新年を祝っていう。陽が永くなって……。

ばれる
露見する。発見。壊れる。「破裂る」からか。

番《ばん》
番傘、番下駄、番茶、番夜具の「番」は、定番の粗末な、の意。「二番煎じ」の役人が言う「番」は、月番のこと。

反魂香《はんごんこう》（「伽羅の下駄」「反魂香」）
漢の武帝がこの香を焚いたところ、死んだ李夫人の面影が現れたという。その故事から落語「反魂香」の主人公島田重三郎が、許婚の高尾太夫の面影を見たさに香を炊く。ちなみに、この高尾は「仙台高尾」ともいい、伊達政宗の孫綱宗が伽羅《きやら》（香木）の下駄を履いて通った。このために伊達騒動が起こる。歌舞伎「伽羅《めいぼく》先代萩《せんだいはぎ》」を基にしている。

半畳《はんじよう》を入《い》れる
茶々を入れる。野次を言う。芝居見物の客が、下手な芝居に腹を立てて敷いていた畳半畳分の敷物を投げ込んだことから。

番太《ばんた》（「二番煎じ」ほか）
番太郎の略。江戸では番小屋の木戸番。火の番。一杯飲んで寝込んでしまったり、まじめに勤める者が少なく、仕方なく町内の旦那衆が見回りをした。

はんちく（「大工調べ」など）
中途半端。「あの野郎、字が読めるってんだよ……。道理で——な仕事しかできねえんだ」。

般若湯《はんにやとう》（「蒟蒻問答」ほか）
酒のこと。「般若」は知恵のこと（僧侶の隠語）。肴の蛸は「天蓋《てんがい》」または「かぶと頭巾」。

日陰《ひかげ》の桃《もも》の木《き》（「三枚起請」）
痩せて背の高い人間の例え。骨太で血生臭い顔は「鰤《ぶり》のアラ」。長い顔は「馬が飼い葉桶をくわえたよう」。

引《ひ》き摺《ず》り（「家見舞」）
無精な女。怠け者の女の蔑称。働かない女は裾を引きずって歩く。

膝《ひざ》とも談合《だんごう》
相談相手には膝でも結構……。膝を抱えてしゃべるしぐさ。

日向臭《ひなたくさ》い
江戸職人は「しょんべん臭い」とも。

冷《ひ》や飯喰《めしぐ》い（「三味線栗毛」）
居候。勘当された若旦那。武家の次男、三男。

河豚《ふぐ》は食《く》いたし命《いのち》は惜《お》しし（「ふぐ鍋」）
美味だが毒が怖い。

ふり
なじみでないこと。ふりの客。上方では一見《いちげん》さん。

べかこ
上方。アカンベのこと。正式な「べかこ」は、右手の人差し指で鼻を押し上げ、左手の人差し指と中指で左右の下まぶたを引き下げて「べかこ」と叫ぶことで完結する。

へったくれ
取るに足らないことをののしる語。

竈《へっつい》（「へっつい幽霊」「品川心中」「不動坊」ほか）
土で作ったかまど。上方で「おくどさん」。

へぼ
何ごとにも下手なこと。「笠碁」に「——碁」「ざる——」。古川柳に「へぼ将棋玉《ぎょく》より飛車を大事がり」。

べらぼう
米飯を潰して作るそっくい（接着剤）を練るのに使う篦《へら》の棒から。または、大阪道頓堀の異国人の見世物「べらぼう」から。

ヘンチキ
上方。変人のこと。他の人とは違った格好や行動をとって、人が驚くのを見て喜んでいる。

棒鼻《ぼうばな》・棒端
宿場のはずれ。宿場の境には棒が立っていたことから。

ほざく
「言う」の乱暴ことば。

ほっつき歩く
うろうろ当てもなく歩く。

ほの字
惚れるの「ほ」。

ぽんしゅう（「三井の大黒」）
ぽんつく、馬鹿な人。

本寸法《ほんすんぽう》（「味噌蔵」ほか）
本格的。正当な。対に「寸法違い」。

ぼんぼん・ぼんち
上方。男の子のこと。兄を「あにぼんさん」、次男を「中ぼんさん」、末弟を「こぼんさん」と呼ぶ。

盆屋《ぼんや》
上方。出会茶屋。現在でいうラブホテル。客が来ると小さな盆に湯呑を二つのせ、お盆の幅だけ襖《ふすま》を開けて部屋に差し入れる。用事が済んだあと、お客はその盆の上に代金を置いて帰るというシステム。

〈ま行〉

間尺《ましやく》に合《あ》わない（「火事息子」ほか）
割が合わない。計算に合わない。

間夫《まぶ》（「文違い」「お見立て」「五人廻し」など）
廓で、遊女の情夫《いろ》。ヒモ。

丸太《まるた》ン棒《ぼう》（「大工調べ」ほか）
血も涙もない、のっぺらぼうの非人情な奴。

まんまと
まったく。すっかり。

店二階《みせにかい》（「七段目」）
店の二階。奉公人の寝起き場所。

三《み》つ目《め》のボタン
役に立たない物の例え。古今亭志ん生が「お前なんざあ、シャツの三つ目のボタン」。

みょうちきりん
奇妙な。不思議な。

六日知《むいかし》らず（「味噌蔵」「片棒」など）
けちんぼ。指を折って数える際、六になると指を開くから折角握ったものを放すことになる。「しわい屋」「赤螺屋」とも。

虫《むし》（「疝気の虫」）
腹の虫。「──がいい」「──の知らせ」「──抑え」「──の居所」。

無闇《むやみ》に
分別がない。度を超した。無闇矢鱈。

めっきり（「藪入り」）
目立って。際立って。

めっけもん
見付け物。掘り出し物。

滅法《めっぽう》
飛び抜けた。法外な。「――うまい」「――強い」。

目鼻《めはな》の明《あ》く（「大工調べ」ほか）
気が利く。前途が明るい。

目見《めみ》え（「百川」「元犬」）
奉公人などの試用期間。

餅屋《もちや》は餅屋
それぞれの専門に任せる、の意。近年通用される「餅は餅屋」は誤用。本来は「餅屋は餅屋だけの価値がある」の意。

もらい（「居残り佐平次」ほか）
「――を掛ける」。贔屓の芸者、遊女などを他の客の席から譲り受ける。「佐平次を――に掛けな」。

〈や行〉

やかん（「やかん」）
薬缶《やかん》と書く。落語「やかん」から知ったかぶりすることをいう。落語では「禿げ頭」を指すことも多い。

屋敷者《やしきもの》
武家階級。「お店者《たなもの》」の対。

弥助《やすけ》（「五人廻し」）
噺家同士の隠語で鮨のこと。歌舞伎「義経千本桜」のいがみの権太の父親「鮨屋の弥助」からの連想。ちなみに、食べることを「乗せる」という。

柳影《やなぎかげ》（「青菜」）
焼酎とみりんを混ぜた甘い酒。夏場、冷用する。江戸・東京では「直し」。

野暮《やぼ》・野夫《やふ》
不粋、無風流。「粋」の対照。遊里では最も嫌われる。

やらずぶったくり
何も与えないでふんだくるだけ。「大工調べ」に「大家さん、それじゃあやらずぶったくりだよ」。

柔《やわ》らか物《もの》
手触りの柔らかい反物。絹物を指す。

夕立《ゆうだ》ちは馬《うま》の背《せ》を分《わ》ける（「天災」）
馬の背を左右に分けるほどの局地的な雨。

夢《ゆめ》は五臓《ごぞう》の疲《つか》れ（「鼠穴」）
五臓とは、心臓、肝臓、肺臓、脾臓、腎臓。これらの疲れが原因で夢を見ると信じられていた。「五臓六腑（胃、胆、大腸、小腸、膀胱、三焦）の疲れ」とも。

様子《ようす》のいい（「お見立て」「三枚起請」など）
好感の持てる、感じのいい。男前。

横根《よこね》（「豊竹屋」「疝気の虫」「がまの油売り」）
性病の一種。鼠蹊部《そけいぶ》。リンパ腺炎症が原因の腫瘍。落語には「遊び人の勲章」とでも思っている人物が登場する。

よしねえな
やめておけ。江戸職人言葉。

よっぴて
一晩中。「二十四孝」に「よっぴて扇いでいた」。

〈ら行〉

埒《らち》があく
はかどる。障碍《しょうがい》がなくなる。「埒外《らちがい》」。

らちもない
だらしない。つまらない。

れき（「野ざらし」）
女を指す「れこ」と同類。「れこ」は「これ」の逆さ読み。

廊下鳶《ろうかとんび》（「明烏」）
なじみの遊女が来ないので、廊下をうろうろする客。用もないのに他人の部屋などをのぞいたり、話し込んだりする図々しい人間。

ろくすっぽ
ほとんど。ろくに、ろくろく。

六部《ろくぶ》（「花見の仇討」）
諸国巡礼の行脚僧。乞食僧。六十六部のこと。

〈わ行〉

分《わ》からず屋《や》
察しの悪い奴。認識不足の人間。心得ているようなふりをしている奴。「あいつぁ、分からず屋だ」。与太郎ものに多用。

分《わ》けあり
男女間の曰く言い難い情交関係。「――の女」「あいつとはちょっと――なんで」。

若水《わかみず》（「かつぎや」）
元旦の朝に初めて汲む水。「―を汲んでおくれ」。

脇差《わきざし》（「金明竹」）
侍が腰に差す大小二本の小刀の方。（小柄付きの―）

編著者略歴

矢野誠一（やの　せいいち）
一九三五年東京生まれ。芸能・演劇評論家。芸術祭文部大臣奨励賞（一九六七年）、大衆文学研究賞（第十回、一九九六年）、スポニチ文化芸術大賞優秀賞（第十四回、二〇〇六年）。菊田一夫演劇賞、読売演劇大賞選考委員。著書に『志ん生のいる風景』（青蛙房）、『女興行師吉本せい』（筑摩書房）、『都新聞藝能資料集成』（大正編、昭和編上　白水社）、『落語手帳』（講談社）、『落語のこと少し』（岩波書店）等。

太田博（おおた　ひろし）
一九四〇年静岡県浜松市生まれ。早稲田大学卒。元朝日新聞学芸部記者。寄席評、伝統芸能、民俗芸能を執筆。朝日カルチャー講師、芸術選奨選考審査委員、文化庁芸術祭審査委員等。落語会「朝日名人会」（朝日新聞社主催）を創設。著書に『落語と歌舞伎粋な仲　ちょっと落語通』（平凡社）等。編・共著に桂文治『十代文治　噺家のかたち』（うなぎ書房）、イッセー尾形『思い出してしまうこと』（講談社）等。

小佐田定雄（おさだ　さだお）
一九五二年大阪市生まれ。落語作家。一九七七年桂枝雀に新作落語「幽霊の辻」を執筆したのを契機に、落語の新作や改作、復活などを手がける。これまでに執筆した新作落語台本は二百四十席を超えた。一九九五年第一回大阪舞台芸術賞奨励賞受賞。近年は狂言や文楽・歌舞伎の台本も手がけている。著書に『噺の肴　らくご副食本』（弘文出版）、『枝雀らくごの舞台裏』（ちくま新書）、『米朝らくごの舞台裏』（同）等。

長井好弘（ながい　よしひろ）
一九五五年東京生まれ。読売新聞東京本社編集委員。「よみうり時事川柳」選者。浅草芸能大賞専門審査員長等。著書に『新宿末広亭　春夏秋冬「定点観測」』（アスペクト）、『寄席おもしろ帖』（うなぎ書房）、『噺家と歩く「江戸・東京」こだわり落語散歩ガイド』（アスペクト）、『落語と川柳』（白水社）、『僕らは寄席でお言葉を見つけた』（東京かわら版）等。編著に桂歌丸『恩返し　不死鳥ひとり語り』（中央公論新社）等。

布目英一（ぬのめ　えいいち）
一九六〇年横浜市生まれ。浪曲研究家芝清之に師事。浪曲誌「月刊浪曲」の編集発行人を務めた後、横浜にぎわい座チーフプロデューサー。早稲田大学エクステンションセンター講師。東京新聞で演芸評を担当。日本芸術文化振興会「文化デジタルライブラリー大衆芸能編寄席」監修執筆。「日本の話芸特選集」（ＮＨＫＤＶＤ）、「特選落語名人寄席」（キングレコード）、「昭和浪曲名演集」（日本コロムビア）の解説ほか。

原健太郎（はら　けんたろう）
一九五五年東京生まれ。明治大学文学部卒業。大衆演劇研究家。東京喜劇研究会事務局。出版社で編集に従事するかたわら、一九八七年、喜劇研究誌「笑息筋」を創刊、二〇〇八年まで編集・発行人をつとめる。浅草芸能大賞専門審査委員。日本演劇学会会員。著書に『東京喜劇〈アチャラカ〉の歴史』（ＮＴＴ出版）、『日本喜劇映画史』（ＮＴＴ出版）、『エノケンと〈東京喜劇〉の黄金時代』（東京喜劇研究会編・論創社）等。

落語登場人物事典

二〇一八年二月一〇日 印刷
二〇一八年三月一〇日 発行

編　者 © 矢《や》野《の》誠《せい》一《いち》
発行者 及川直志
印刷所 株式会社 三秀舎
発行所 株式会社 白水社

東京都千代田区神田小川町三の二四
電話 営業部〇三（三二九一）七八一一
　　 編集部〇三（三二九一）七八二一
振替 〇〇一九〇―五―三三二二八
郵便番号一〇一―〇〇五二
http://www.hakusuisha.co.jp

乱丁・落丁本は、送料小社負担にてお取り替えいたします。

株式会社 松岳社

ISBN978-4-560-09416-7
Printed in Japan

演目別人名一覧

＊本文に立項されている動物や幽霊、屋号で呼ばれる者なども人物として収録した。
＊演目名の横にあるページは、総論で扱われていることを示す。

《あ行》

〈あ〉

《た行》

〈た〉

《な行》

〈な〉

《は行》

《ま行》

〈ま〉

《や行》

〈や〉